Behandlung
schizophrener Psychosen

Klinische Psychologie und Psychopathologie

Herausgeber: Prof. Dr. med. Dr. phil. Helmut Remschmidt

Band 64

# Behandlung schizophrener Psychosen

Von Wolfgang Böker und Hans Dieter Brenner

Unter Mitarbeit von

K. Andres
K.M. Bachmann
J. Brodbeck
R. Donati
W. Felder
K. Foerster
U. Giebeler
H.-P. Hirsbrunner
B. Hodel Wainschtein
T. Hubschmid
J. Jakubaschk
J. Körner
M. Maurer
S. Mentzos
M.C. Merlo
F. Moggi
C. Müller
M. Nöthen
U. Roder
A. Schaub
R. Wittig
P. Zorn

25 Abbildungen · 36 Tabellen

Ferdinand Enke Verlag Stuttgart 1997

Hauptautoren:

**Prof. Dr. med. Wolfgang Böker**
Universitäre Psychiatrische Dienste Bern
Direktion Ost
Bolligenstr. 111
CH-3000 Bern 60

**Prof. Dr. med. Dr. phil. Hans Dieter Brenner**
Universitäre Psychiatrische Dienste Bern
Direktion Mitte/West
Laupenstr. 49
CH-3010 Bern

**Ruth Genner**
erstellte das Sachregister

**Die Deutsche Bibliothek CIP-Einheitsaufnahme**

**Behandlung schizophrener Psychosen** / Wolfgang Böker und
Hans Dieter Brenner. Unter Mitarbeit von K. Andres ... – Stuttgart :
Enke, 1997
(Klinische Psychologie und Psychopathologie ; Bd. 64)
ISBN 3-432-27731-8
NE: Böker, Wolfgang; GT



Satz: Photocomposition Jung, F-67420 Diespach/Plaine, Schrift: 9/10 Times, TypoScript
Druck: C. Maurer, D-73312 Geislingen

5 4 3 2 1

# Vorwort

In dieser Buchreihe ist 1993 ein Band über die „Therapie psychiatrischer Erkrankungen" erschienen, in dem der „Behandlung schizophrener Erkrankungen" vom Herausgeber H.J. Möller ein umfangreiches Kapitel gewidmet war. Auf Wunsch von Herrn Remschmidt und dem Ferdinand Enke Verlag soll dieses Teilgebiet psychiatrischer Therapeutik nun ausführlicher monographisch dargestellt werden, wohl aus der Einsicht, dass sich die Palette der Behandlungsmöglichkeiten schizophrener Patienten in den letzten Jahren weiter verbreitert hat und neue Zugangsweisen, wie zum Beispiel die aus Selbstheilungsversuchen abgeleiteten Behandlungsansätze fruchtbare Entwicklungen versprechen.

Dieser Band versucht eine erweiterte Übersicht über die gegenwärtigen, durchaus im Fluss befindlichen Erkenntnisse zur Beeinflussung schizophrener Psychosen zu skizzieren. Nach einem Rückblick auf historische Krankheitskonzepte, einer Standortbestimmung zur Definition und Diagnostik sowie zur Epidemiologie und den Verlaufsformen schizophrener Störungen werden die Therapieansätze aus den derzeit gültigen Vorstellungen über Ätiologie und Pathogenese dieser Psychosengruppe entfaltet. Das Fundament bildet das bio-psycho-soziale Paradigma unseres psychiatrischen Krankheitsverständnisses, das in der Schizophrenielehre durch das weithin anerkannte Vulnerabilitäts-Stress-Bewältigungskonzept näher spezifiziert wird.

Dabei erscheint die als Konstrukt zu verstehende, im wesentlichen neurobiologisch verankerte schizotrope Vulnerabilität als solche kurativen Massnahmen gegenwärtig nicht unmittelbar zugänglich. In der Beeinflussung ihrer klinisch relevanten Auswirkungen auf die psychischen Funktionen sowie der vielfältigen Stressoren und Protektoren, die den Krankheitsverlauf der Schizophrenie modellieren, eröffnet sich jedoch ein breites Feld therapeutischer Möglichkeiten. Es erstreckt sich von den biologischen Methoden, die im wesentlichen von den Neuroleptika dominiert werden, über die verschiedenen Psychotherapieverfahren, den bewältigungsorientierten Therapieansätzen und den Rehabilitationsprogrammen bis zu den Bemühungen, ein unterstützendes soziales Netzwerk für Langzeitpatienten aufzubauen. Breiter Raum wird speziellen Fragen wie dem Umgang mit frühen Warnsymptomen, der Rückfallprophylaxe, der Behandlung schizophrener Syndrome im Kindes- und Jugendalter, den therapierefraktären Patienten, den sogenannten Doppeldiagnosepatienten und anderen gewidmet. Abschliessend wird auf die genetische Beratung, auf rechtsmedizinische Fragen sowie auf die immer wichtiger werdende Bedeutung von Selbsthilfegruppen, Angehörigenvereinigungen und den Einsatz von Laienhelfern eingegangen.

Die Beschreibung der einzelnen bio-psychosozialen Behandlungsbausteine bliebe in bezug auf eine komprehensive Therapeutik unzureichend, würde sie nicht durch Erkenntnisse über den Nutzen der interaktiven Wirkung der verschiedenen Ansätze ergänzt und verknüpft. Noch immer lässt sich allerdings der Wunsch nach einer spezifischen Heilmethode schizophrener Syndrome nicht erfüllen; noch immer ist unser Handeln Stückwerk; allein durch konzertiertes Vorgehen können wir Erfolge erzielen. Insofern erweist sich das in der Psychiatrie an Bedeutung gewinnende systemische Denken auch für die Psychosenbehandlung als fruchtbar. Als ermutigendes Ergebnis solchen Handelns zeichnet sich zunehmend sowohl ein plausibles Krankheitsverständnis als auch eine partnerschaftliche Therapeutik der Schizophrenie ab, die alle Betroffenen: Patienten, Angehörigen und professionelle Helfer, zu gemeinsamen Anstrengungen verbindet.

Die Mehrzahl der Autoren dieses Bandes wurde durch die Schizophrenieauffassung der Berner Psychiatrie geprägt. Diese fühlt sich der integrativen Sicht der Therapie verpflichtet, wie sie in den seit 1985 in Bern bisher viermal durchgeführten internationalen Schizophrenie-Symposien erarbeitet worden ist. Allen Mitarbeitern danken wir für ihre Beiträge. Wir haben uns bemüht, Überschneidungen und Redundanzen klein zu halten; ganz liessen sie sich nicht vermeiden.

Die erfolgreicher gewordene Therapeutik, die Öffnung und Verkleinerung psychiatrischer Krankenhäuser sowie die breite Ausfaltung ambulanter, teilstationärer und komplementärer gemeindepsychiatrischer Dienste haben einer wachsenden Zahl schizophren Erkrankter den

Weg zurück in die Familie und Arbeitswelt ermöglicht. Damit treten psychotisch Erkrankte und Gesunde in häufigere und engere Beziehungen miteinander. Möge dieses Buch dazu beitragen, solche Begegnungen zu erleichtern und alle Betroffenen zu einem angstfreieren, konfliktärmeren und hoffnungsvolleren Zusammenleben zu führen!

Bern, im Frühjahr 1997
Prof. Dr. med. W. BÖKER
Prof. Dr. med. Dr. phil. H.D. BRENNER

# Inhalt

# Autorenverzeichnis


Dr. phil. Karl Andres
Universitäre Psychiatrische Dienste Bern
Direktion Mitte/West
Bolligenstr. 111
CH-3000 Bern 60

Dr. med. Kurt Marc Bachmann
Universitäre Psychiatrische Dienste Bern
Direktion Ost
Bolligenstr. 111
CH-3000 Bern 60

Prof. Dr. med. Wolfgang Böker
Universitäre Psychiatrische Dienste Bern
Direktion Ost
Bolligenstr. 111
CH-3000 Bern 60

Prof. Dr. med. Dr. phil. Hans Dieter Brenner
Universitäre Psychiatrische Dienste Bern
Direktion Mitte/West
Laupenstr. 49
CH-3010 Bern

lic. phil. Jeannette Brodbeck
Universitäre Psychiatrische Dienste Bern
Direktion Ost
Bolligenstr. 111
CH-3000 Bern 60

Dr. phil. Ruth Donati
Universitäre Psychiatrische Dienste Bern
Direktion Ost
Bolligenstr. 111
CH-3000 Bern 60

Prof. Dr. med. Wilhelm Felder
Universitäre Psychiatrische Dienste Bern
Direktion Kinder- und Jugendpsychiatrie
Effingerstr. 12
CH-3011 Bern

Prof. Dr. med. Klaus Foerster
Sektion Forensische Psychiatrie
Psychiatrische Universitätsklinik
Osianderstr. 22
D-27076 Tübingen

Dr. med. Ulrich Giebeler
Universitäre Psychiatrische Dienste Bern
Direktion Mitte/West
Bolligenstr. 111
CH-3000 Bern 60

Dr. phil. Hans-Peter Hirsbrunner
Universitäre Psychiatrische Dienste Bern
Direktion Ost
Bolligenstr. 111
CH-3000 Bern 60

Dr. phil. Bettina Hodel Wainschtein
Universitäre Psychiatrische Dienste Bern
Direktion Mitte/West
Bolligenstr. 111
CH-3000 Bern 60

Dr. med. Theodor Hubschmid
Dufourstr. 15
CH-3005 Bern

Dr. med. Jürgen Jakubaschk
Universitäre Psychiatrische Dienste Bern
Direktion Ost
Bolligenstr. 111
CH-3000 Bern 60

Dr. med. Judith Körner
Psychiatrische Klinik
der Universität Bonn
Sigmund-Freud-Str. 25
D-53105 Bonn

Dr. med. Maja Maurer
Universitäre Psychiatrische Dienste Bern
Direktion Kinder- und Jugendpsychiatrie
Effingerstr. 12
CH-3011 Bern

Prof. Dr. med. Stavros Mentzos
Abteilung Psychotherapie und Psychosomatik
des Zentrums der Psychiatrie im Klinikum der
Johann-Wolfgang-Goethe-Universität
Heinrich-Hoffmann-Str. 10
D-60528 Frankfurt

Dr. med. MARCO CLEMENTE MERLO
Universitäre Psychiatrische Dienste Bern
Direktion Ost
Bolligenstr. 111
CH-3000 Bern 60

Dr. phil. FRANZ MOGGI
Universitäre Psychiatrische Dienste Bern
Direktion Ost
Bolligenstr. 111
CH-3000 Bern 60

Prof. Dr. med. CHRISTIAN MÜLLER
Herrengasse 23
CH-3011 Bern

Dr. med. MARKUS NÖTHEN
Institut für Humangenetik
Rheinische Friedrich-Wilhelms-Universität
Wilhelmstr. 31
D-53111 Bonn

Dr. phil. VOLKER RODER
Universitäre Psychiatrische Dienste Bern
Direktion Mitte/West
Bolligenstr. 111
CH-3000 Bern 60

Dr. phil. ANNETTE SCHAUB
Psychiatrische Klinik und Poliklinik
der Ludwigs-Maximilians-Universität
Nussbaumstr. 7
D-80336 München

Dr. phil. RUTH WITTIG
Universitäre Psychiatrische Dienste Bern
Direktion Ost
Bolligenstr. 111
CH-3000 Bern 60

Dr. phil. PETER ZORN
Universitäre Psychiatrische Dienste Bern
Direktion Mitte/West
Bolligenstr. 111
CH-3000 Bern 60

# 1 Geschichtlicher Rückblick

C. Müller

## Einleitung

Wer sich mit der Geschichte der Behandlungsformen der Schizophrenie abgibt, wird vor zwei Fragen gestellt:

1. Existierte das, was wir heute als schizophrene Psychose bezeichnen, seit dem Beginn der Medizin, d. h. seit der Antike?
2. Wurde das, was wir heute als schizophrene Psychose bezeichnen, seit jeher als Krankheit betrachtet, und ist es infolgedessen erlaubt, von „Behandlung" zu sprechen, da ja beide Begriffe logischerweise verknüpft sein müssen?

Die erste Frage ist leicht zu beantworten: Den Fallbeschreibungen der Antike (Hippokrates, Aretaeus, Soranus etc.) können wir entnehmen, dass unter verschiedenen Bezeichnungen doch immer wieder dieselbe schwere psychische Störung hervortritt, die wir heute mit dem Namen „Schizophrenie" belegt haben. Für die gelegentlich aufgetretene Vermutung, dass es sich gewissermassen um eine Zivilisationskrankheit handle, die erst im Laufe der Menschheitsgeschichte aufgetreten sei, fehlt heute jede Grundlage. Diese Feststellung korreliert im übrigen auch gut mit den modernen epidemiologischen Untersuchungen, wonach die Schizophrenie in allen heute auf der Welt festzustellenden Kulturen vorkommt.

Die Antwort auf die zweite Frage ist etwas schwieriger. Es steht fest, dass in Griechenland und im Rom der vorchristlichen Zeit die Störungen des seelischen Gleichgewichts durchaus als Krankheiten aufgefasst und auch dementsprechend behandelt wurden. Dass diese Auffassung im abendländischen Denken zeitweise verschwand und dem Besessenheitsglauben Platz machte, wird zu zeigen sein.

## Von der Antike zur Aufklärung

Wenn auch mit Ackerknecht (1985) bedauert werden kann, dass wir nicht über ausführliche Erörterungen in der antiken Medizin zum Problem der Geisteskrankheiten verfügen, erfahren wir doch einiges bei Hippokrates 460–377 v.Chr.) und Galen (130–201 n.Chr.). Zu erwähnen ist auch Celsus (ca. 30 n.Chr.) sowie Soranus (ca. 100 n.Chr.). Bei diesen Autoren finden sich verschiedene Bezeichnungen für die Schizophrenie, erwähnt sei nur die Phrenitis, die Manie. Für die Autoren ihrer Epoche, die alle in der Tradition des Hippokrates standen, gab es in ihren therapeutischen Bemühungen den später mit grösster Heftigkeit aufflammenden Konflikt um das Problem der Beziehung zwischen Leib und Seele noch nicht. Dass Geistesstörungen ihre körperliche Ursache hatten, war für sie klar, und auch die überragende Rolle des Gehirns war ihnen bewusst. Die Behandlung war denn auch dementsprechend kombiniert. Man riet zur Isolierung des Kranken in einem mässig hellen, warmen und geräumigen Zimmer mit hohen Fenstern, damit er nicht hinausspringen könne. Die Wärter sollten auf einige der Wahnideen eingehen, andere aber ablehnen. Bereits wird auch die Möglichkeit erwogen, bei grosser Unruhe eine vorsichtige Fesselung vorzunehmen. Empfohlen wurden warme Ölumschläge auf den Kopf und vorsichtiger Aderlass. Soranus wie auch Aretaeus empfehlen im übrigen das Ansetzen von Schröpfköpfen auf dem kahlgeschorenen Schädel. Ferner seien passive Übungen, beispielsweise auch Schaukeln, und vorsichtige Diäten angezeigt.

Da aber neben der Hirnstörung auch Überanstrengung, Ausschweifung, das Ausbleiben von Menstruation usw. als krankmachend betrachtet wurde, wurden Massage und Spaziergänge empfohlen. Interessant ist für uns, dass geraten wurde, den Verstand des Patienten zu stärken, indem man ihn Texte, die falsche Feststellungen enthielten, kritisch lesen liess. Auch Schach spielen und reisen wurde empfohlen. Wir sehen also, dass die Behandlung in der Antike vorwiegend körperlich, immer jedoch empirisch war.

Während nach der spätrömischen Zeit bis zum Mittelalter im westlichen Europa Mitteilungen über psychische Krankheiten und ihre Behandlung fehlen, erfahren wir einiges, was zwischen 800 und 1200 in der arabischen Medizin gedacht und getan wurde. Nicht nur haben Avicenna und andere diagnostische Schemata über psychische Störungen aufgestellt, sondern wir finden auch Mitteilungen über Behandlungsformen. In den für Geisteskranke bestimmten Institutionen, meist an allgemeine Krankenhäuser angeschlossen, die lange vor den im christlichen Abendland gegründeten Spitälern bestanden, wurden Geisteskranke und wohl auch vor allem Schizophrene mit Musiktherapie behandelt. Musikergruppen spielten und trommelten vor den Kranken, wobei offenbar unterschieden wurde, ob es sich um Trauer und Lähmung einerseits oder aber um Erregung und Euphorie andererseits handelte. Beides sollte je nachdem mit aufreizender oder beruhigender Melodik angegangen werden.

Ob im westeuropäischen Mittelalter die psychischen Störungen, also auch die Schizophrenie, als Krankheit erkannt wurden, oder ob sie ganz dem Wirken der Dämonen zuzuschreiben waren, kann nicht im Sinne eines Entweder-Oder entschieden werden. Es ist anzunehmen, dass je nachdem bei einzelnen Personen eine Krankheit, bei andern jedoch Besessenheit durch Dämonen angenommen wurde. Dass der Exorzismus, d. h. das Austrieben der Dämonen, der auch in zahlreichen bildlichen Darstellungen zum Ausdruck kam, nicht als Behandlungsform im heutigen Sinne aufgefasst werden kann, ist klar. Wir können heute vermuten, dass es ein Nebeneinander gab: Je nach den sozialen Folgen der Psychose, je nach den Wahninhalten beispielsweise, wurde entweder auf Hexerei und Dämonenwirkung geschlossen oder aber, immer noch im Rahmen der Viersäftetheorie von Hippokrates, eine Störung der biologischen Harmonie.

Ende des 16. Jahrhunderts kam nun eine gewisse Wende. Besonnene Ärzte wandten sich gegen die Meinung, das gestörte Seelenleben sei dem Einfluss des Teufels zu verdanken, und nahmen die Auffassung wieder auf, wonach es sich um Hirnkrankheiten handle. Dass damals, wie schon Jahrhunderte zuvor, Kräuterabgüsse verwendet wurden, steht ausser Zweifel, wissen wir doch, dass es in der Mitte des 16. Jahrhunderts ausführliche Kräuterverzeichnisse gab, die bis zu 300 verschiedene Spezies umfassten. Bei Felix Platter, Basel, finden sich eindrückliche Beschreibungen, wie er einer erregten Wahnkranken kühlende Pflanzenabgüsse auf die Stirne legte. Aber auch brutalere Methoden wurden angewendet. So empfahl Helmont, Kranke ins Wasser zu tauchen, bis sie bewusstlos seien. Später war es der berühmte Boerhaave, der das Eintauchen der Kranken empfahl (Jones 1983). Das Morphium als beruhigende schlaffördernde Substanz war bereits bekannt, ja es war schon in der Antike verwendet worden. Aber auch Helleborus, Hemorocallis, Safran wurden verwendet. Dass Pflanzenextrakte von Hyoszyamus, Mandragora, Belladonna, Cannabis auf die Psyche einwirkten, war bekannt. Schon Avicenna hatte von der entrückenden Wirkung des Cannabis gesprochen (Jones).

Als Kuriosität ist zu vermerken, dass 1668 ein Arzt, J. Denis, eine erste Bluttransfusion bei einem Geisteskranken vornahm (Quetel und Morel 1979). Bei einem Kalb wurde eine Arterie freigelegt, und dem Kranken wurden ungefähr zehn Unzen Blut entnommen und dementsprechend fünf oder sechs Unzen Kalbsblut injiziert. 48 Stunden später sei die Operation wiederholt worden, und Denis beschreibt, dass der Kranke ruhig geworden sei. Hier kann erwähnt werden, dass der totale Blutumtausch als Therapeutikum bei Schizophrenen in den letzten Dezennien zu einer kurzen Blütezeit kam.

Sollen die Pilgerfahrten, die man seit dem Mittelalter unternahm, um Geisteskranke zu heilen, auch zu den Therapiemethoden gerechnet werden? Eigentlich müsste dies abgelehnt werden, da es ja um den Glauben ging, dass Geisteskranke durch Fürbitte und Gebet beeinflusst werden könnten. Immerhin ist zu bedenken, dass vor allem der Kult der heiligen Dymphna schliesslich dazu geführt hat, dass im 19. Jahrhundert der kleine Ort Geel in Belgien nicht nur zu einem Wallfahrtsort für Schizophrene wurde, sondern dass sich daraus dann die erste „Irrenkolonie“ entwickelt hat, Vorbild während Jahrzehnten für die extramurale Betreuung von Schizophrenen.

Doch kehren wir in der Geschichte zurück: Während im 17. und wohl auch bis Mitte des 18. Jahrhunderts die Geisteskranken und damit auch die Schizophrenen noch vorwiegend zu Hause, sei es durch Exorzismus, sei es durch Ärzte mit ihren komplizierten Rezepten behandelt wurden, kam nun die Periode, welche der französische Philosoph Foucault (1961) als das „grand enfermement“ bezeichnet hat. Es ist hier nicht der Ort zu erörtern, ob es wirklich und ausschliesslich um das Absondern der Unproduktiven, der Parasiten ging oder ob nicht auch charitative Elemente eine wichtige Rolle spielten. Tatsache ist, dass gegen Ende des 18. Jahrhunderts die aufgeklärten Ärzte, allen voran Chiarugi, Daquin und vor allem dann Pinel ihre Proteste gegen die unmenschliche, ja barbarische Behandlung der Geisteskranken laut werden liessen. Darüber, dass das Hauptverdienst von Philippe Pinel nicht so sehr in der Entfernung der Ketten zu sehen ist, sondern vielmehr in seinem ersten Versuch, einfache Unterscheidungen zwischen den verschiedenen Geistesstörungen herzustellen, die Kompetenzen des Arztes abzugrenzen, die Bedeutung der „Leidenschaften" zu erkennen (worin damals das eingeschlossen war, was wir heute als Triebleben bezeichnen würden), darüber sind sich die modernen Medizinhistoriker einig.

Wie stand es indessen mit den Behandlungsmethoden eines Chiarugi, eines Pinel? Zwar wurde die Viersäftetheorie, d. h. das gestörte Gleichgewicht des Organismus, mehr und mehr in den Hintergrund gedrängt, doch was die körperlichen Behandlungsmethoden betraf, trat nichts grundlegend Neues hinzu. Es wurde weiterhin zur Ader gelassen, obgleich Pinel sich eher kritisch dazu äussert, es wurden Laxantien eingesetzt, da die fortschrittlichen Ärzte damals der Überzeugung waren, dass die gestörte Verdauung eine Rolle spielen könnte, aber auch das, was wir heute als repressive Methoden bezeichnen würden, wurde nicht verschmäht. So hören wir, dass auch die aufgeklärten Ärzte um 1800 einhellig der Meinung waren, dass festes Auftreten, Unterdrücken von Unbotmässigkeit, ja sogar körperliche Strafe bei gewissen Psychosen angezeigt seien. Es ist nicht abwegig, sich vorzustellen, dass auch in der mehr und mehr im Zentrum des europäischen Interesses stehenden Salpétrière in Paris gelegentlich die Peitsche geschwungen wurde, dass man fesselte und isolierte. Die Wassertherapie erhielt einen neuen Aufschwung, indem die Erkenntnis, dass lauwarme Bäder beruhigend wirken könnten, zur Praxis der Dauerbadtherapie führte. Die Deckelbäder, die bis in unser Jahrhundert in den meisten psychiatrischen Anstalten verwendet wurden, haben eine lange Tradition. Pinel kann im übrigen als vorsichtiger Praktiker bezeichnet werden, allen Theorien und Klassifikationen eher abhold, und wir finden bei ihm bereits eine Bevorzugung psychogener Mechanismen für die Entstehung der Psychosen (Ackerknecht).

Eine ähnliche Stellung wie Pinel in Frankreich nimmt in Deutschland Johann Christian Reil (1759–1813) ein. Er verwendet bereits den Ausdruck „Nervenkrankheiten" und wendet sich ähnlich wie Pinel gegen unnötige Klassifikationsversuche. Das Gehirn ist für ihn das „Seelenorgan". Über dessen Rolle bezüglich der Ursache der Schizophrenie drückt er sich vorsichtig aus, wird aber in seinen „Rhapsodien über die Anwendung der psychischen Kurmethode auf Geisteszerrüttung" heftig und polemisch, indem er sich leidenschaftlich gegen die menschenunwürdige Unterbringung und Pflege der Geisteskranken wendet. Wir stehen am Beginn dessen, was man für lange Zeit dann die „moralische" Behandlung der Schizophrenen genannt hat, wobei wir heute bedenken müssen, dass im damaligen Sprachgebrauch moralisch fast synonym mit psychisch war. Das Ziel von Reil war also, das Seelenorgan spezifisch zu erregen, die torpiden Teile zu erwecken und die exaltierten zur Ruhe zu bringen. Praktisch gesehen hiess das, dass Reil einerseits das Wohlbehagen anregen wollte (Bewegung, Reinlichkeit, Wärme, Schlaf, Sexualität), andererseits aber auch Schmerz und Missbehagen anwandte (Hunger, Durst, scharfer Wasserstrahl, ja sogar die Peitsche). Reil empfahl aber auch die Überredung, Überzeugung durch Argumente, die Musik, das Theater.

## Das 19. Jahrhundert

Wie wir gesehen haben, hatte sich die Erkenntnis Bahn gebrochen, dass es sich bei den Geisteskrankheiten und also auch bei der Schizophrenie nicht um mysteriöse Vorgänge handle. Im Anschluss an die Aufklärung wurde als wesentlichstes pathologisches Element bei der Schizophrenie die gestörte Vernunft betrachtet. Daraus leitete sich auch die therapeutische Überzeugung ab, dass eine persönliche Begegnung mit dem Schizophrenen und der Versuch der Einflussnahme auf psychologischem Weg sinnvoll sei. Die Psychose wurde zu einem naturwissenschaftlich erfassbaren Phänomen, und daraus leiteten sich auch die Therapieversuche ab, die über Jahrzehnte dem gleichen Muster folgen sollten. Freilich gab es Unterschiede zwischen den Nationen. So kann man etwas gerafft sagen, dass in der französischen Psychiatrie das Beschreiben vorherrschte, während die deutsche Psychiatrie sich vor allem um Erklärung bemühte.

Neu war in Zusammenhang mit dem Bau von Irrenanstalten das therapeutische Prinzip, den Kranken zu isolieren. Esquirol hat es 1838 in prägnanten Worten ausgesprochen: „Zuerst werden durch die Isolierung neue Empfindungen geweckt, der Kreis von Ideen, aus dem der Kranke nicht herauskommen konnte, wird gewechselt und gebrochen; unerwartete und neue Eindrücke frappieren und erregen die Aufmersamkeit des Kranken und machen ihn für die Ratschläge, die ihn der Vernunft zurückgeben sollen, zugänglicher. Der Arzt findet den Kranken von dem ersten Augenblick seiner Isolierung an überrascht, ausser Fassung; er bemerkt stets eine sehr wichtige Remission." Und weiter bei Esquirol: „Der stärkste Einwand gegen die Unterbringung in ein Haus, das für dergleichen Kranke bestimmt ist, betrifft die traurige Wirkung, die für den Geisteskranken daraus entstehen kann, mit seinen Unglücksgefährten zu leben. Ich antworte, dass im allgemeinen dieses Zusammenwohnen nicht schadet, dass es nicht ein Hindernis in der Heilung, sondern ein Mittel zu derselben ist, weil es die Kranken zwingt, über ihren Zustand nachzudenken, weil die gewöhnlichen Gegenstände in der Regel keinen Eindruck auf sie machen und sie so durch die Extravaganzen ihrer Mitgenossen zerstreut werden. Sie sind gezwungen, nach innen zu leben, sich mit dem, was um sie herum vorgeht, zu beschäftigen, in mancher Beziehung sich selbst zu vergessen, was schon eine Annäherung zur Gesundheit ist."

Die Auffassung, dass die gestörten Beziehungen zur Umgebung zu den krankmachenden Elementen gehöre, entspricht auch modernen Auffassungen. Der Gedanken lag also nahe, spezielle Krankenhäuser in ruhiger Umgebung, fern vom Lärm der Stadt, zu bauen, die Kranken dort einer geregelten Tätigkeit teilhaftig werden zu lassen und sie von den Kontakten mit der Familie abzuschirmen. Wie sehr diese Massnahme als Therapeutikum indessen versagt hat, zeigt die spätere Entwicklung der Spitalpsychiatrie. Ob nun Foucault recht hat oder nicht, eines steht fest: Im Laufe des letzten Jahrhunderts entstanden nach und nach immer mehr und immer grössere Anstalten, wuchsen sich zu Mammutinstitutionen aus, und da die dem Klosterleben nachgefühlte Devise von geregelter Tätigkeit, Ruhe, Naturnähe offenbar nicht den gewünschten Erfolg hatte, versank die europäische Psychiatrie in einen Zustand von therapeutischem Nihilismus. Dazu trug auch das Aufkommen der Überzeugung bei, dass bei den Geisteskranken, also auch bei den Schizophrenen, die Vererbung eine massgebliche Rolle spiele, und da die Erbanlage ja nicht zu ändern war, die Aufgabe des Spitals für viele darin bestehen musste, ihnen einen möglichst humanen Daueraufenthalt zu gewähren.

Aus unserer heutigen Perspektive müssen wir also annehmen, dass das, was in der ersten Hälfte des 19. Jahrhunderts als therapeutischer Fortschritt gewertet wurde, nämlich die immer ausgebautere Irrenfürsorge im Sinne der Hospitalisierung in Krankenhäusern, mehr Unheil angerichtet hat als irgendeine andere Massnahme.

Immerhin machte die Erforschung der Geisteskrankheit langsame, aber sichere Fortschritte, so beispielsweise als der führende Kopf der „Psychiker", Johann Christian Heinroth (1825), als einer der ersten die Abhängigkeit der Seelenstörung vom Lebenslauf erkannte und damit den Weg freimachte für Überlegungen zum Verlauf und zur Prognose. Und bei K.E. Ideler (1835–1838) finden wir ganz modern anmutende Hypothesen. So betont er nicht mehr, wie seine Vorgänger, das Fehlen von Vernunft beim Schizophrenen, sondern das gestörte Gleichgewicht der Leidenschaften. Ferner sagt er: „Fassen wir also den Wahnsinn als den Ausdruck einer Idee auf, welche nicht bis zur Reife und Gediegenheit eines tatkräftigen Charakters durchgebildet, deshalb im Zusammenstoss mit dem Widerspruch der wirklichen Welt scheitern, und sich nun deshalb ins Gebiet der Phantasie flüchten musste, um hier einen freien Raum zu ihrer Wiederherstellung im Bewusstsein zu finden." Der Wahnkranke, so meint er, befinde sich in einer „selbstgeschaffenen Welt" und erlebe den „Roman seiner selbst". Es könne eine vollständige Spaltung des Bewusstseins in das Ich und das Nicht-Ich auftreten. Die Geisteskrankheit sei eine bis aufs äusserste gesteigerte Individualität.

Was sagt Ideler zur Therapie? Er meint, dass die Energie der Seelenkräfte nur durch eine methodische Steigerung ihrer Tätigkeit gefestigt werden könne. So gelte beim tatenlosen, willensschwachen Wahnsinnigen die Arbeit als Methodus roborans für die Seele, welche nur durch anstrengende Selbsttätigkeit zur Selbstbeherrschung gelangt. Durch Disziplin zur Arbeit angehalten, muss sich der Kranke von seinen Träumereien losreissen und seine Gedanken und Taten, sein Streben den Leidenschaften entziehen. Durch die geregelte Nerventätigkeit geben die Sinne wieder ein getreues Bild der Aussenwelt, Visionen und Halluzinationen verschwinden. Und weiter: „Heilung kann nur mit Selbsterkenntnis und Selbstbeherrschung einhergehen: Der Kranke soll die Wirkungen, Quellen und Bedingungen seiner Leidenschaft kennen, ebenso wie seine eigenen Kräfte und äusseren Mittel zu ihrer Beherrschung. Weiss er um seine durch die Individualität bedingte Stellung im Leben, vermag er sich durch selbständige Reflexion zu behaupten unter der Anerkennung der sittlichen Kultur als seiner obersten Aufgabe".

So weit, so gut. Aber was hatten diese treffenden Überlegungen mit der Therapie zu tun? Versuchen wir uns vorzustellen, was um die Mitte des letzten Jahrhunderts mit einem Schizophrenen in therapeutischer Hinsicht geschah: War die Störung des Gedankengangs auffällig, sein Benehmen im Widerspruch zu den Regeln der Gesellschaft, hielt er an Wahnvorstellungen fest, die jedem Zureden unzugänglich blieben, wurde er in eines der nun bestehenden psychiatrischen Grosskrankenhäuser eingewiesen. Dort suchte man ihn durch geregelte Tätigkeit innerhalb und ausserhalb des Hauses abzulenken, zu beruhigen, man behandelte möglicherweise vorhandene körperliche Symptome wie Essstörungen oder Schlaflosigkeit, man suchte ihn im Gespräch von der Unsinnigkeit seiner Wahnvorstellung zu überzeugen, und wenn er erregt und unruhig war, wurde er über Stunden in einem lauwarmen Bad festgehalten. Morphiumpräparate wurden verabreicht, es wurde weiter laxiert, während der Aderlass langsam aber sicher verschwand.

Von einer zeitlich relativ kurzen, aber interessanten Periode der Behandlung muss nun noch berichtet werden, nämlich einer frühen Schockbehandlung. Man suchte gewissermassen eine Krise herbeizuführen und erfand dazu die verschiedensten Hilfsmittel. Das einfachste waren die Brechmittel. Wie Kraepelin (1918) später sagte, sollten diese Brechmittel einmal durch die Erschütterung zur Erregung der Unterleibsnerven und zur Anspornung der Tätigkeit verschiedener Organe führen, sodann die Befreiung des Magens und der oberen Darmteile von Schleim, Galle, unverdauten Nahrungsstoffen, Giften, Säuren und anderen Schädlichkeiten bewirken. Endlich sollten durch den Ekel gewisse Nervengebiete „antagonistisch" beruhigt oder angeregt werden. „Ihre erschütternden Wirkungen werden selbst dem Stumpfsten, Blödsinnigsten fühlbar", erklärte Vering (1817/18).

Einen breiten Raum nahmen auch die ableitenden und hautreizenden Mittel ein, wozu die Senfteige und Blasenpflaster auf Kopf und Nakken gehörten. Das plötzliche Eintauchen in kaltes Wasser benutzte man, um eine heftige Erschütterung des gesamten Körpers in nachfolgender Rückwirkung zu erzielen.

Durch starke Sinneseindrücke und durch erschütternde Stösse auf die Phantasie sollte der Kranke gleichsam aus seinem Taumel geweckt werden („man ziehe ihn mit einem Flaschenzug an ein hohes Gewölbe auf, dass er wie Absalom zwischen Himmel und Erde schwebt, löse Kanonen neben ihm, nahe sich ihm unter erschreckenden Anstalten, glühendem Eisen usw.").

Als eigentliche „Schocktherapie" kann das Drehstuhlbett von Horn bezeichnet werden. Obschon es sicher nicht in allen Irrenhäusern zu finden war, stellte es einen Versuch dar, das Prinzip der provozierten Krise mit hirnphysiologischen Überlegungen zu kombinieren.

Der Kranke – und es waren sicher vorwiegend Schizophrene – wurde nämlich auf einem Stuhl oder einem Bett festgebunden, das sich immer schneller im Kreis bewegte, bis er schliesslich das Bewusstsein verlor. Ganz offensichtlich ging es hier nicht nur um die Erregung von unangenehmen Gefühlen, die therapeutisch wirksam sein sollten, sondern darum, dass via Blutkreislauf auf das Gehirn Einfluss genommen werden sollte. Festzuhalten ist indessen, dass dieses Drehstuhlbett nur an einzelnen Spitälern verwendet wurde und insgesamt nur während einer kurzen Zeitspanne. Die grosse Diskussion um das No-restraint von Connolly (1860) hatte ja inzwischen angehoben.

Es ist wohl kein Zufall, dass bei A.K.A. Eschenmayer die Drehmaschinen auch „Erschütterungsmaschinen" genannt werden, und deren Wirkung beschreibt er 1817 wie folgt: „Es ist durch Erfahrung bestätigt, dass bei Gemütskranken die gewöhnliche ärztliche Behandlung ihren Zweck meistens verfehle. Dagegen scheinen diejenigen Mittel am meisten zu leisten, welche neben einer heroischen, oft gewaltsamen Einwirkung auf den Körper und die Sinnen zugleich die Einbildungskraft und das Gemüt auf einmal erschüttern. Dazu sind manche Apparate und Anstalten nötig."

Wenn wir also zu überblicken versuchen, was sich zwischen 1840 und 1890 an therapeutischen Massnahmen änderte, so müssen wir feststellen, dass es wenig oder nichts war. Wohl wurde der Bau von Spitälern meist in ländlich abgeschiedener Gegend weitergetrieben, aber in der Praxis der Kliniker finden wir nach wie vor die tätige Beschäftigung der Kranken, die Diät, das lauwarme Bad und unter den Medikamenten Morphium, Digitalis, Kampfer, Laxativa und Emetika.

Um 1890 sind nun aber zwei neue therapeutische Prinzipien zu beobachten: Einmal empfahl Neisser die Bettruhe. Er wollte beobachtet haben, dass diese auf Geisteskranke eine günstige Wirkung hatte. Heute können wir annehmen, dass dieses Bettruheprinzip nicht einfach sinnlos war, sondern dem Bedürfnis nach Geborgenheit und Ruhe entsprach. Subjektiv konnte der Kranke Gewinn ziehen aus einer erlaubten Regression. Freilich war dahinter auch die Idee zu vermuten, dass es gelte, den Geisteskranken wie einen körperlich Kranken zu behandeln, und die Bettruhe spielte ja damals bei den praktisch tätigen Ärzten eine grosse Rolle. Wer hätte indessen vermuten können, dass sich gerade diese Bettruhe bei Schizophrenen mit ihrer erzwungenen Untätigkeit und Abkapselung zu einem unheilvollen Vernachlässigen wichtigster Funktionen ausweiten sollte? Das Signal war unglücklich: In den darauffolgenden Jahren wurden Hunderte, wenn nicht Tausende, von Patienten in grossen Schlafsälen einem stumpfen Versanden preisgegeben, aus dem es kein Entrinnen mehr gab. Ein klassisches Beispiel also, wie sich eine gutgemeinte therapeutische Massnahme in ihr Gegenteil verwandelte.

In ebendiesem Jahr 1890 versuchte ein Schweizer Arzt, Gottlieb Burckhardt, aufgrund seiner hirnphysiologischen Forschungen und der daraus sich entwickelnden Theorienbildung zur Schizophrenie den ersten neurochirurgischen Eingriff. Seine Vorstellung war, dass es um gestörte Verbindungen zwischen den Sprachzentren gehe und dass gewisse Assoziationsbahnen dergestalt unterbrochen werden sollten, indem eine kleine Menge Hirnsubstanz entnommen wurde. Burckhardt hat in einem Privatsanatorium am Neuenburgersee insgesamt sieben Patienten mit dieser Methode operiert, und wir sind genauestens über seine Technik informiert. 1890 trug er nun seine Resultate an einem Kongress in Berlin vor und muss dabei seine Zeitgenossen erstaunt haben. Begreiflich, dass beim damaligen Stand des Wissens und angesichts der aufgetretenen Todesfälle diese Methode schnell wieder verlassen wurde. Trotzdem können wir sie heute als Pioniertat bezeichnen, hat doch später Egaz Moniz, auf den wir noch zu sprechen kommen, den Nobelpreis dafür erhalten. Wir können es den damaligen Neuropsychiatern nicht verübeln, wenn sie angesichts der rasanten Fortschritte der Hirnlokalisationen Mittel und Wege suchten, um fern von jeder psychologischen Betrachtung des schizophrenen Geschehens einen therapeutischen Weg zu finden. Konnte nicht Luys, der berühmte Neuropathologe, ausrufen: „Le délire, c'est un symptôme, c'est le cri du cerveau souffrant, au même que la dispnée est l'expression de la souffrance des organes respiratoires".

Krasser kann wohl eine einseitige Auffassung vom Wesen der Schizophrenie nicht ausgedrückt werden.

Nun begannen aber Ende des letzten Jahrhunderts auch mehr und mehr bedeutende Ärzte sich in immer gezielterer Weise den psychotherapeutischen Problemen zuzuwenden. Aber einhellig waren sie der Ansicht, dass der Schizophrene einer Psychotherapie nicht zugänglich sei. So konnte Bernheim (1911), der Führer der Hypnotismusschule in Nancy, ganz klar und eindeutig betonen, dass der Geisteskranke nicht hypnotisierbar sei, da es sich ja um eine Hirnkrankheit handle. In gleicher Weise äusserte sich Paul Dubois, um 1900 einer der bekanntesten Psychotherapeuten in Europa, der in seinen Schriften immer wieder darauf hinwies, dass die Geisteskrankheit kein Feld der Anwendung von psychotherapeutischen Massnahmen sei.

Insgesamt müssen wir feststellen, dass in den letzten Jahrzehnten des 19. Jahrhunderts ein weitgehender therapeutischer Nihilismus sich verbreitete. Dies spiegelt sich unter anderem auch darin, dass in den grossen Lehrbüchern der Psychiatrie von Griesinger bis Kraepelin der Therapie nur sehr wenig Raum gewidmet wird. Noch 1913 konnte Kraepelin schreiben: „Da wir die eigentliche Ursache der Dementia praecox nicht kennen, werden wir an deren Bekämpfung zurzeit nicht denken können."

Die Grosskrankenhäuser blähten sich immer mehr auf, waren überfüllt, in allen Staaten ertönte immer wieder der Ruf nach Vergrösserung der Bettenzahl, man klagte über Überfüllung, und insbesondere war es die amerikanische Psychiatrie, die sich bis zum zweiten Weltkrieg neuen therapeutischen Versuchen widersetzte mit dem klaren Hinweis darauf, dass es zuerst gelte, die Ursachen der Krankheit zu erforschen und dann erst nach neuen Wegen der Behandlung zu suchen.

Freilich gab es auch immer wieder naive Ansätze, Erkenntnisse aus der somatischen Medizin auf die Psychiatrie zu übertragen. So tauchen in den Fachzeitschriften Meldungen über erfolgreiche Behandlungen mit neuen Substanzen auf, die jedoch allesamt kurzlebig waren. Kaum ein Organ des Schizophrenen, an dem nicht manipuliert wurde. Man sprach der Kastration therapeutische Wirksamkeit zu, man injizierte tierische Organextrakte, kurz, die therapeutische Hilflosigkeit der damaligen Psychiater hatte kein Ende. Von der Idee, dass allein schon der Spitalaufenthalt heilsam sein könne, war immer wieder die Rede. Von einer theoretischen Begründung dieses Sachverhaltes findet man jedoch in den einschlägigen Arbeiten kaum eine Spur.

Überblickt man alle diese therapeutischen Versuche des 19. Jahrhunderts, so kommt man nicht darum herum, mit Scham und Unbehagen auf das Geschehen zurückzublicken. Dessen ungeachtet war es sicher so, dass die verantwortlichen leitenden Ärzte in diesen Grosskrankenhäusern ihr Bestes taten, mit väterlicher Autorität für Ruhe und Ordnung sorgen wollten, aber im übrigen mehr und mehr der Auffassung waren, dass Schizophrenie eine unheilbare Krankheit sei.

Kehren wir im übrigen zu Griesinger zurück. Es ist erstaunlich, wie optimistisch er die Heilungsmöglichkeiten der Schizophrenie beurteilte (1871). Auch er glaubte an die Wichtigkeit, die Umgebung des Kranken zu ändern. Auch er glaubte an den Wert der Isolierung von der Familie und an die Nützlichkeit der Arbeitstherapie. Die Dusche sollte nur als Strafmittel benützt werden. In empfehlendem Sinne erwähnt er Bäder, Opium, Digitalis, Blausäure und Datura. Das alte Ich sollte zurückgerufen und gekräftigt werden. Es habe keinen Zweck, Wahnideen zu diskutieren, im Gegenteil: man müsse von ihnen ablenken. Dass Griesinger sich gegen die Absonderung der Kranken in den Grosskrankenhäusern aussprach und dafür die Stadtasyle empfahl, sei hier nur am Rande erwähnt.

## Das 20. Jahrhundert

Trotz des erwähnten therapeutischen Nihilismus gab es immer wieder Versuche, in Neuland vorzustossen. Hiezu gehört beispielsweise die Fiebertherapie, die durch Julius Wagner-von Jauregg in einem Artikel 1887 erstmals diskutiert wurde. Dabei stellte sich heraus, dass diese Fiebertherapie, die Jauregg zuerst mit dem Kochschen Tuberkulin und später mit Typhusvakzine praktizierte, ein Spezifikum für die progressive Paralyse war. Indessen hatte er doch immer wieder die Hoffnung, dass die Behandlungsart Schizophrene heilen könne. In seinen Publikationen, aber auch in denjenigen seiner Schüler, finden sich immer wieder Ansätze dazu. In der Folge musste man jedoch einsehen, dass sie bei psychotisch Kranken nutzlos blieb.

Neue Initiativen zur besseren Behandlung von Schizophrenen wurden nun auf verschiedenen Ebenen nach dem ersten Weltkrieg ergriffen. Es ist unzweifelhaft, dass ernsthafte Bemühungen sich verbreiteten, dem therapeutischen Nihilismus ein Ende zu setzen. Dazu trugen einerseits die pharmakologische Forschung bei, andererseits aber die von Freud iniziierte psychoanalytische Bewegung, auf die wir später zu sprechen kommen. Jakob Klaesi hat 1922 unter dem Namen der Dauernarkose die Schlafkur eingeführt. Sie sollte sich über Jahrzehnte als ein wichtiges Therapeutikum bei schizophrenen Störungen erweisen. Die bessere Handhabungsmöglichkeit der Barbiturate als eines potenten Schlafmittels hatte das Interesse Klaesis erweckt, und er versuchte nun vor allem, bei erregten Psychotikern diese Methode systematisch voranzutreiben. Der Dauerschlaf bestand darin, dass mit regelmässigen Barbituratinjektionen der Kranke über mehrere Tage schlafend gehalten wurde. Die Technik wurde dadurch verfeinert, dass man auch zur künstlichen Ernährung durch Nahrungsklistiere griff. Freilich war diese Methode nicht ungefährlich, gab es doch häufig Pneumonien oder andere Infekte, die schwer zu kontrollieren waren. Klaesi vertrat die Ansicht, dass diese Behandlung den Circulus vitiosus zwischen Affekterregung und motorischer Agitiertheit unterbreche. Noch wichtiger aber war ihm, dass durch die Bettlägrigkeit und Pflegebedürftigkeit ein besserer Rapport des Kranken mit dem Arzt und dem Pflegepersonal geschaffen werden könne. Wir finden also hier wieder das Prinzip der Regression, die aber freilich im Gegensatz zur einfachen Bettruhe durch die tatsächliche körperliche und psychische Abhängigkeit des Kranken verstärkt wurde. Diese Methode der Schlafkur hat sich in verschiedenen Varianten bis zum Moment gehalten, als die Neuroleptika ihren Siegeszug antraten.

Als dritte Achse neben der ständig sich verbessernden Pharmakotherapie einerseits und der Psychotherapie andererseits können zwei Initiativen erwähnt werden, welche das psychiatrische Anstaltsleben nachhaltig beeinflusst haben. Einmal kam gegen Ende des letzten Jahrhunderts die Erkenntnis auf, dass nicht alle Chronischkranken eines Daueraufenthaltes in einem psychiatrischen Grosskrankenhaus bedurften, sondern dass sie, dem Beispiel schottischer Institutionen folgend, in Familien untergebracht werden könnten. So entstand in Deutschland die Familienpflege, die sich zu einem guten Teil auch auf das Beispiel des bereits erwähnten Geel stützte. Hierüber ist bei Alt (1899) nachzulesen. Bis zum ersten Weltkrieg fanden Hunderte, wenn nicht Tausende von Kranken – und vor allem waren es Schizophrene – bei Familien, die durch das Spital ausgewählt wurden, gegen ein Kostgeld Unterkunft und sollten dort im häuslichen Betrieb beschäftigt werden. Obschon anfangs ein grosser Enthusiasmus herrschte, wurden diese Bestrebungen doch gedämpft und vor allem auch durch den ersten Weltkrieg in ihrem Funktionieren gestört. Immerhin hat sich die Familienpflege als erste extramurale Institution in gewandelter Form bis heute erhalten. Wir können sie also ohne Zweifel zu den ersten sozialpsychiatrischen Einrichtungen zählen.

Als zweiter Impuls auf dieser Achse, den wir als Resozialisation bezeichnen können, muss der bahnbrechende Einfluss von Hermann Simon erwähnt werden. Als Leiter des Landeskrankenhauses Gütersloh gab er der längst bekannten Arbeits- und Beschäftigungstherapie ein neues Gesicht. In differenzierter und methodischer Weise setzte er die Beschäftigung für alle, auch die Akutkranken, ein. In seinem 1929 erschienenen Buch „Aktive Krankenbehandlung in der Irrenanstalt" erläuterte er im Detail sein Vorgehen. Gütersloh wurde berühmt und von vielen Psychiatern aus Europa besucht. Die unselige Bettbehandlung hörte auf, jedem Kranken wurde nach seinen Fähigkeiten eine sinnvolle Tätigkeit zugewiesen. Dadurch konnte Simon die Erstarrung und Abkapselung vieler Schizophrener lösen. Selbstverantwortung und Selbständigkeit wurden grossgeschrieben. Freilich wurde der recht militärische Stil und ein gewisser Fanatismus Simons später kritisiert. Er habe den Geisteskranken im Aspekt des unartigen Kleinkindes gesehen und die soziologische Seite überbewertet, die Erzeugung eines „Arbeitsautomaten" sei mit Besserung oder gar Heilung verwechselt worden (Schulte 1962).

Wenden wir uns nun den psychotherapeutischen Bemühungen in ihrem Ablauf zu. Mit dem steigenden Interesse, das weltweit der Psychoanalyse von Sigmund Freud galt, fing auch eine neue Epoche an. Allerdings ist zu sagen, dass Sigmund Freud seine Theorien vor allem anhand von neurotischen Kranken geschaffen hat. Mit psychotischen Menschen kam er viel seltener in Kontakt, da er ja nie in einer psychiatrischen Institution gearbeitet hat. Trotzdem sind seine Gedanken zur Psychologie des Schizophrenen bahnbrechend: Vor allem in seiner Analyse des Falles Schreber zeigt er, dass die Verdrängung und Verschiebung von Gedankeninhalten, aber auch die Verdichtung, die Projektion und die Begriffskontaminierung beim Schizophrenen gefunden werden. Er beschreibt die gelockerte Besetzung der realen Objekte. Die Halluzination kann ähnlich wie der Traum verstanden werden. Ihr symbolischer Gehalt manifestiert sich in regressiver Weise. Im Wahn sieht er eine Form von Selbstheilungsversuch. Unbewusste Inhalte werden beim Schizophrenen übermächtig und überschwemmen das Individuum. Einer aktiv-psychotherapeutischen Behandlung von Schizophrenen stand Freud jedoch wie seine bereits erwähnten Vorgänger im Rahmen der Psychotherapie, nämlich Dubois und Bernheim, skeptisch gegenüber. Eine psychoanalytische Behandlung von Schizophrenen sei nicht möglich, so meinte er, weil nämlich bei diesen die Unfähigkeit bestehe, eine Übertragung zu bilden. Unter seinen Schülern gab es aber nach und nach immer mehr, die sich trotzdem an die Behandlung wagten, so hat beispielsweise C.G. Jung während seiner Tätigkeit an der Psychiatrischen Universitätsklinik Zürich Versuche unternommen, getragen von der Auffassung, dass alle Phänomene der Psychose, insbesondere der Wahn und die Halluzination verstehbar und aus der Lebensgeschichte erklärbar seien. Insbesondere ist es aber Paul Federn, der massgeblich dazu beigetragen hat, dass eine psychoanalytische Behandlung Schizophrener denkbar wurde.

In den Jahren 1910–1920 waren vor allem amerikanische Psychoanalytiker aktiv und berichteten über mehrere erfolgreich behandelte Fälle, so zum Beispiel Kempf, Clark, Coriat. Sie lehnten sich in ihren Deutungen meist an die neuesten Arbeiten Freuds an und rückten oft das Problem der Homosexualität und des Oedipuskomplexes in den Vordergrund. Dass es unmöglich war, Schizophrene mit der gewohnten klassischen Technik des freien Assoziierens zu behandeln, war diesen Autoren zum vornherein klar. Viele liessen sich durch das „aktive" Vorgehen Ferenczis inspirieren. Andere lehnten sich an Waelder an. Dieser meinte beispielsweise, dass an und für sich kein Mechanismus der Schizophrenie realitätsunfähig sei, sondern dass nur die Qualität der Inhalte, das Verhältnis zu andern psychischen Phänomenen den Realitätswert oder -unwert bestimme. Dem Versuch, einem Schizophrenen seine Symbole eifrig zu übersetzen und sofort gedeutet anzubieten, setzten sich die meisten energisch entgegen. Wichtig sei nicht die Inhaltsdeutung des Symptoms an sich, sondern das Gefühl, vom Therapeuten verstanden zu werden.

In den Jahren 1929–1930 sind es vor allem Brill, Hinsie, Simmel, Bychowski, die der Therapie der Psychosen neue analytische Impulse zuführen. Bychowski erhebt beispielsweise die Forderung, dass der Analytiker sich teilweise mit dem Patienten identifizieren und seine psychotische Welt annehmen müsse, da dies ja auch der Versuch sei, die Welt des verlorenen Objektes wiederzufinden. Später führten in den USA A.F. Sullivan und im Anschluss an ihn Frieda Fromm-Reichmann in zahlreichen Arbeiten die Möglichkeit des Arbeitens mit Schizophrenen vor. In Europa war es vor allem Marguerite Sechehaye, die mit ihrer Methode der Réalisation symbolique von sich reden machte. Es wäre sicher falsch zu behaupten, dass alle diese intensiven Behandlungsversuche gescheitert seien. Ein neuer Aufschwung kam in Europa vor allem ab 1950, worüber in Kapitel 10 dieses Buches berichtet wird.

Zurück zur somatischen Therapie: Es ist auffällig, dass Schlag auf Schlag in den Jahren zwischen 1933 und 1940 neue Methoden entwickelt wurden. Hat sich also in diesen Vorkriegsjahren die alte Spaltung zwischen Psychikern und Somatikern in neuer Form aufgezeigt? Fast könnte man es vermuten, wenn man bedenkt, wie es wieder zu einer ungünstigen Polarisierung kam: Hier die Therapeuten, welche ganz einseitig nur auf eine somatische Behandlungsmöglichkeit pochten und jeden psychotherapeutischen Ansatz verwarfen, dort jene Psychotherapeuten, die von der Überzeugung geleitet wurden, dass die Schizophrenie eine rein psychogene Erkrankung sei und jeder Versuch einer pharmakotherapeutischen Beeinflussung sinnlos. Um welche „somatischen" Behandlungen handelte es sich denn in den bereits erwähnten dramatischen Jahren?

Beginnen wir mit der Insulintherapie: Hans Steck aus Lausanne war wohl der erste, der über seine seit 1929 an 77 Schizophrenen gesammelten Erfahrungen mit Insulin berichtete (1933). Allerdings hob er vor allem die wertvollen Dienste bei der Bekämpfung der Nahrungsverweigerung bei akuten Katatonien hervor. Er begann mit bescheidenen zehn Einheiten, die er behutsam von Tag zu Tag steigerte. In seinem Referat 1933 beschreibt er, dass seit 1929 Versuche im Gang waren, Insulin direkt als Beruhigungsmittel bei verschiedenen, besonders akuten psychotischen Erregungszuständen anzuwenden. Die Beruhigung sei vom ersten oder zweiten Tag an erfolgt, unter leichten hypoglykämischen Erscheinungen. Steck wagte sich also nicht so weit vor wie einige Jahre später Manfred Sakel, der es riskierte, hohe Dosen Insulin, die zum Koma führten, anzuwenden. Seine Publikationen erregten Kritik nicht nur der Internisten, welche die Erreichung des Komas für gefährlich hielten, sondern auch der Psychiaterkollegen, die an seinen Resultaten zweifelten. Trotzdem: Seine Methode wurde weltweit bekannt, und noch bis in den Jahren nach dem zweiten Weltkrieg gab es kaum ein psychiatrisches Spital, das sie nicht anwandte. Die Methode wurde von verschiedenen Autoren, unter anderem auch von Max Müller (1949), kodifiziert und verfeinert. Aufstieg und Fall der Insulinbehandlung kann im übrigen leicht aus den Publikationen abgelesen werden. Während in den Jahren 1938–1940 noch 247 Arbeiten zur Insulinbehandlung erschienen, waren es nach dem Krieg jährlich nur noch 20 bis 50. Heute ist diese Methode, wie bekannt, völlig obsolet geworden.

Es kann aber auch heute noch nicht bestritten werden, dass angesichts der trostlosen Zustände in den psychiatrischen Krankenhäusern zwischen den beiden Weltkriegen diese Methode sicher eine gewisse Zahl von Schizophrenen vor dem Versinken in die Chronifizierung bewahrt hat.

Die Konvulsionstherapie: Diese wird 1934 von dem ungarischen Psychiater von Meduna eingeführt, der durch Cardiazol epileptische Krämpfe auslöst. Er betrachtete – wie auch bereits Sakel mit der Insulintherapie – seine Methode als ein Spezifikum für Schizophrenien und ging dabei von der falschen Voraussetzung aus, dass ein Antagonismus zwischen Schizophrenie und Epilepsie bestehe. Diese Behandlung bestand darin, dass durch Injektionen von Cardiazol ein epileptischer Krampfanfall ausgelöst wurde, wobei dies während mehreren Wochen wiederholt wurde. Die Behandlung war jedoch für die Patienten äusserst unangenehm, so dass sie ohne weiteres aus dem Arsenal der Behandlungsmöglichkeiten gestrichen wurde, als 1938 Ugo Cerletti die Elektrokrampfbehandlung einführte. Angeregt durch Beobachtungen bei der Tötung resp. Anästhesierung von Schweinen im Schlachthaus durch elektrische Stromstösse, wandte er zusammen mit L. Bini diese Methode bei Schizophrenen mit Erfolg an. Aber auch hier, wie bei der Insulintherapie, erwies sich die Auffassung, dass es sich um ein Spezifikum handle, als irrtümlich. Mit den Jahren verlagerte sich die Indikation: Nicht mehr Schizophrene wurden mit dem Elektrokrampf behandelt, sondern nur noch depressive Patienten. Völlig verlassen wurde die Elektrokrampfbehandlung bei Schizophrenen allerdings doch nicht ganz, hat sich doch bis heute erwiesen, dass bei schwersten, lebensbedrohlichen katatonen Zuständen ein Elektroschock lebensrettend sein kann.

Und nochmals das Jahr 1935: In diesem Jahre veröffentliche Egaz Moniz, ein portugiesischer Neurologe, die Beschreibung eines ersten hirnchirurgischen Eingriffes, dem später der Name Leukotomie gegeben wird. Der Eingriff bezweckt eine Durchtrennung der Marksubstanz des Stirnhirns bzw. eine Trennung der Verbindung zwischen Vorderhirn und Thalamus mit sekundären Degenerationen der medialen und dorsalen Thalamuskerne. Ein italienischer Psychiater, Fiamberti, vereinfachte die Methode, indem er einen Eingriff durch die Orbitalhöhle beschrieb (1937). Vor allem in den USA gelangte diese Therapie dank Freeman und Watts zu einer weiten Verbreitung.

Was nun die Frage des Nebeneinander oder Miteinander der Psychotherapie und der somatischen Therapie betrifft, pendelte sich in den Jahren zwischen 1940 und 1970 allmählich ein Konsensus ein, wonach ein Entweder-Oder falsch wäre und eine kombinierte Behandlung die beste Lösung sei. Dementsprechend gab es auch immer wieder katamnestische Untersuchungen, die versuchten, die verschiedenen Wirkungsweisen gegeneinander abzugrenzen. So wurden z. B. eine Gruppe von Schizophrenen mit pharmakotherapeutischer Behandlung, aber ohne Psychotherapie, mit einer anderen verglichen, die beides enthielt. All diese Untersuchungen führten aber nicht zu stichhaltigen Schlussfolgerungen, vor allem wohl deshalb, weil Auslesefaktoren eine gewichtige Rolle spielen.

Die offensichtlichen Erfolge, aber auch die Misserfolge der „grossen" Schocktherapien, d. h. Insulin, Elektroschock, aber auch der Leukotomie, führten dazu, dass in den Jahren zwischen 1940 und 1950 eine grosse, heute beinahe unübersichtliche Zahl von psychotrop wirken sollenden Substanzen erprobt wurden. Es würde zu weit führen, sie hier alle im Detail aufzuzählen. Nennen wir nur z. B. das Pervitin, das bei gewissen schizophrenen Symptomen eine Normalisierung hervorrufen sollte. Mit Natriumdiphenylhydantoin sollten katatone Erregungszustände gebessert werden. In der Annahme, dass bei Schizophrenen allergische Reaktionen eine Rolle spielten und es deshalb um eine unspezifische Desensibilisierung gehe, wurde ein Vitamin versucht. Auch hier wurden zuerst günstige Resultate gemeldet, später wurde jedoch diese Methode vollkommen verlassen. Ähnliches ist zu sagen von der Adrenalinbehandlung. Wie kühn die Spekulationen über Ursache und Wirkung sein konnten, zeigt das Beispiel des Methylguanidin. Man hatte nämlich beobachtet, dass bei Verbrennungen ein Schizophrener mit einer Besserung der Symptomatik reagiert hatte, und flugs wurde das Methylguanidin empfohlen, weil es eine Substanz ist, die regelmässig im Urin von Patienten mit Verbrennungen nachgewiesen werden kann. Apomorphin, ein uraltes Emetikum, kam wieder zu Ehren. In Russland wurde die direkte Einführung von Heilmitteln durch Subokzipitalpunktion in den Liquor versucht. Da man Beziehungen zwischen der Schizophrenie und der Tuberkulose vermutete, gab man Tuberkulin in steigenden Dosen. Aufgrund der Vermutung, dass beim Schizophrenen eine kurze Periode von Anoxie heilsam sein könnte, benutzte man Stichoxyd und später Kohlendioxyd. Wiederum war es im übrigen von Meduna, der eine Mischung von $CO^2$ und Sauerstoff empfahl. Georgi (1944) empfahl bei Schizophrenen eine Leberschutztherapie, da seiner Meinung nach während den akuten Schüben eine gestörte Leberfunktion festgestellt werden könne. Schliesslich wäre noch über die Kältetherapie zu berichten, die darauf basierte, dass man eine enge Beziehung zwischen Hypothermie und Anoxämie vermutete, die offenbar wichtige Faktoren bei den verschiedenen Schockbehandlungen darstellten. Heroisch war der Versuch von Delay, Schizophrene durch lumbale oder subokzipitale Luftinjektionen in den Liquor zu behandeln.

Doch wie gesagt – dies alles waren kurzlebige Versuche, auf immer wieder veränderten neurophysiologischen Hypothesen fussend. All diese zahlreichen, unergiebigen Therapievorschläge fanden ihr Ende und wurden endgültig begraben mit dem Aufkommen der Neuroleptikatherapie, über die hier nicht berichtet wird.

## Zusammenfassung

Wenn wir die Geschichte der Therapie mit Schizophrenen durch die Jahrhunderte verfolgen, so wird deutlich, dass es sich im Grunde immer wieder um dasselbe Problem handelte, nämlich das Ringen um die Frage nach der Beziehung zwischen Leib und Seele. Galt es das Gehirn zu beeinflussen, war dort der Sitz der Krankheit, oder aber galt es die Persönlichkeit des Kranken anzusprechen, ihm im Rahmen des „traitement moral" entgegenzutreten? Es war ein ständiges Im-Dunkeln-Tappen, denn Fortschritt wollte sich über viele Jahrzehnte nicht einstellen. Hinter manchen sogenannt therapeutischen Ansätzen mag sich auch die unbewusste Reaktion der Umgebung, die Ärzte miteingeschlossen, abbilden: Wenn es hiess, dass der ungebärdige Kranke eben auch gestraft werden müsse, wenn das Prinzip der Zucht und Ordnung hochgehalten wurde, wenn man den Kranken isolierte, von seiner Umgebung trennte, so war dies sicher auch das Ergebnis der uneingestandenen Hilflosigkeit. Freilich gibt es Themen, die in den modernen Therapien nach wie vor anklingen: Wenn also beispielsweise zu Beginn des letzten Jahrhunderts der Wahlspruch war, dass durch das Isolieren an abgelegenen Orten der schädigende Einfluss der Gesellschaft, will sagen der Familie ausgeschaltet werden sollte, so könnte darin ein Ansatz zur Familientherapie gesehen werden. Aber ist dem wirklich so? Ich glaube, dass das Prinzip des Isolierens viel mehr Vorwand war, um den Schizophrenen einfach loszuwerden.

Auch die hilflosen Versuche, den Kranken „zur Räson" zu bringen, d. h. an seine Vernunft zu appellieren, ihm das Unsinnige seines Verhaltens zu zeigen, könnten an moderne verhaltenstherapeutische Prinzipien denken lassen. Aber auch da wäre der Vergleich hinkend. Vielmehr ging es damals wohl um die naive Vorstellung, dass der Kranke eigentlich etwas „könne", wenn man ihn nur energisch genug dazu zwinge.

Negativ hat sich vor allem bis zu Beginn unseres Jahrhunderts die Tatsache ausgewirkt, dass in all diesen therapeutischen Versuchen die Erlebnissphäre ausgeklammert, die lebensgeschichtlichen Zusammenhänge missachtet wurden. Nur so ist es zu erklären, dass es noch in unserem Jahrhundert zu den apodiktischen, aber von massgeblichen Koryphäen vertretenen Auffassungen kam, wie z. B. dass der Wahn uneinfühlbar und unverstehbar sei.

Im Rückblick muss es uns im übrigen schmerzlich berühren, wenn wir feststellen, dass es in der ersten Hälfte des Jahrhunderts gewissermassen zu einem Aufleben der alten Polarität zwischen Somatikern und Psychikern gekommen ist. Wie zu den Zeiten von Heinroth und Jacobi verrannten sich die Psychotherapeuten in eine einseitige Auslegung des schizophrenen Geschehens, und andererseits fühlten sich die Somatiker angespornt durch die stetigen Fortschritte der Hirnphysiologie und Biochemie, zu immer kühneren Versuchen einer körperlichen Therapie vorzustossen. Freilich kann gesagt werden, dass die sich gegenüberstehenden Methoden auf einer viel nuancierteren und wissenschaftlich besser untermauerten Vorstellung über das Was und Wie des Körpers und der Seele basierten.

Alles in allem kann gesagt werden, dass kaum ein anderes Fach wie das unsrige eine so unendlich lange, nie abreissende Fülle von Irrtümern gekannt hat, von Irrpfaden, verfehlten Spekulationen und enttäuschten Hoffnungen. Und trotzdem: Wenn wir auch heute noch kein Spezifikum für die Behandlung des Schizophrenen kennen, so muss doch anerkannt werden, dass dank der konzentrierten Bemühung um Rehabilitation und Resozialisation, dank der erhöhten Achtung vor der Einmaligkeit des Individuums die Chancen bedeutend gestiegen sind, dass der Schizophrene heute unendlich viel besser behandelt wird als vor hundert Jahren.

# Literatur


Ackerknecht, E.H.: Kurze Geschichte der Psychiatrie, 3. Aufl. Enke, Stuttgart 1985

Alt, K.: Über familiäre Irrenpflege. K. Marhold, Halle 1899

Bernheim, H.: De la psychothérapie dans les psychoses. Encéphale 6 (1911) 375

Bell, L.V.: Treating the mentally ill. Praeger Publ., New York 1980

Boerhaave, H.: Aphorismi de cognoscendis et curandis morbis. Leiden 1709

Brill, A.A.: The application of psychoanalysis to psychiatry. J. Nerv. Ment. Dis. 68 (1928) 561

Burckhardt, G.: Über Rindenexcisionen als Beitrag zur operativen Therapie der Psychosen. Allg. Z. Psychiat. 47 (1890) 463

Bychowski, G.: Über Psychotherapie der Schizophrenie. Nervenarzt 1 (1928) 478

Cerletti, U., L. Bini: L'elettroshock. Arch. gen. di Neurol., Psychiat. e Psycoanal. 19 (1938) 266

Chiarugi, V.: Della pazzia in genere et in specie. Firenze 1793/94 (deutsche Übersetzung Leipzig 1975)

Clark, L.P.: The phantasy method of analyzing narcisstic neuroses. Med. J. Rec. 123 (1926) 154

Conolly, L.: Die Behandlung der Irren ohne Zwang. Schauenburg, Lahr 1860

Coriat, I.: The treatment of dementia praecox by psychoanalysis. J. Abnorm. Psychol. 12 (1912) 326

Daquin, J.: La philosophie de la folie. 2e Ed. Chambéry An XII 1804 (erste Edit. 1791)

Delay, J.: Cerebral pneumotherapy. Psychosurgery, Lisbonne 1949

Denis, J.: Lettre écrite à Monsieur XXX. Paris 1668

Dörner, K.: Bürger und Irre. Europ. Verlagsanstalt, Frankfurt 1969

Dubois, P.: Die Psychoneurosen, 2. Aufl. Francke, Bern 1910

Eschenmayer, A.K.A.: siehe Holstein

Esquirol, E.: Des maladies mentales. Braillère, Paris 1838

Federn, P.: Ichpsychologie und die Psychosen. Huber, Bern 1956

Fiamberti, A.M.: Proposta di una technica operatoria modificata e semplificata per gli interventi alle Moniz sui lobi prefrontali in malati di mente. Rass. di studi psychiatr. 26 (1937) 797

Foucault, M.: Histoire de la folie à l'âge classique. Paris 1961

Freeman, W., J.W. Watts: Psychosurgery. Thomas, Springfield 1942

Freud, S.: Die Abwehrneuropsychose. Ges. Werke Bd. I. Fischer, Frankfurt 1968

Fromm-Reichmann, F.: Principles of intensive psychotherapy. The Univ. of Chicago Press, Chicago 1950

Georgi, F.: Rôle du chimisme sanguin. J. Suisse de Méd. 539, 1944

Griesinger, W.: Die Pathologie und Therapie der psychischen Erkrankungen, 3. Aufl. Krabbe, Stuttgart 1871

Heinroth, I.C.A.: Lehrbuch der Störungen des Seelenlebens. Vogel, Leipzig 1825

Hinsie, L.E.: The psychoanalytic treatment of schizophrenia. Psychiat. Quart. 1 (1927) 313

Holstein, K.: Die Psychiatrie A.K.A. Eschenmayers. P. Lang, Frankfurt a.M. Bern 1979

Horn, E.: Beschreibung der in der Irrenanstalt des königl. Charité-Krankenhauses zu Berlin gebräuchlichen Drehmaschine. Z. psych. Ärzte (1818) 219

Ideler, K.W.: Grundriss der Seelenheilkunde. Enslin, Berlin 1835–1838

Jacobi, M.: Die Hauptformen der Seelenstörungen in ihren Beziehungen zur Heilkunde. Weidmann, Leipzig 1844

Jones, W.L.: Ministering to minds diseases. Heinemann, London 1983

Jung, C.G.: Psychogenese der Geisteskrankheiten. Marhold, Halle 1907

Kempf, E.J.: Psychoanalytic treatment of dementia praecox. Psychoanalyt. Rev. 16 (1919) 15

Klaesi, J.: Über die therapeutische Anwendung der Dauernarkose mittels Somnifen bei Schizophrenen. Zeitschr. f. d. ges. Psychiat. u. Neurol. 74 (1922) 557

Kraepelin, E.: Hundert Jahre Psychiatrie. Springer, Berlin 1918

von Meduna, J.L.: Die Konvulsionstherapie der Schizophrenie. Marhold, Halle 1937

Moniz, E.: Tentatives opératoires dans le traitement de certaines psychoses. Masson, Paris 1936

Müller, M.: Prognose und Therapie der Geisteskrankheiten. Thieme, Stuttgart 1949

Pichot, P.: Un siècle de psychiatrie. Dacosta, Paris 1983

Pinel, Ph.: Traité médico-philosophique sur l'aliénation mentale ou la manie. Paris, An XII (1804)

Platter, F.: Observationes. Huber, Bern 1973

Postel, J., Cl. Quetel: Nouvelle histoire de la psychiatrie. Privat, Toulouse 1983

Quetel, Cl., P. Morel: Les fous et leurs médecins. Ed. Hachette, Paris 1979

Reil, J.Chr.: Rhapsodien über die Anwendung der psychischen Curmethode auf Geisteszerrüttungen. Halle 1803

Sakel, M.: Neue Behandlungsmethode der Schizophrenie. Perles, Wien Leipzig 1935

Scharfetter, C.: Definition, Abgrenzung, Geschichte. In: Psychiatrie der Gegenwart. Schizophrenie. Springer, Berlin Heidelberg 1987

Schrenk, M.: Über den Umgang mit Geisteskranken. Springer, Berlin Heidelberg New York 1973

Schulte, W.: Klinik der „Anstalts"psychiatrie. Thieme, Stuttgart 1962

Sechehaye, M.: Introduction à une psychothérapie des schizophrènes. Presses Univ. de France, Paris 1954

Simmel, E.: Psychoanalytische Gesichtspunkte zur Psychotherapie der Psychosen (Schizophrenie). Allg. ärztl. Z. Psychoth. 2 (1929) 437

Simon, H.: Aktivere Krankenbehandlung in der Irrenanstalt. Berlin Leipzig 1929

Steck, H.: Zur Insulinbehandlung akuter Psychosen. Schw. Arch. f. Neurol. u. Psychiat. 31(1933) 153

Sullivan, H.S.: Psychiatric training as a prerequisite to psychoanalytic practice. Am. J. Psychiat. 91 (1935) 1117

Vering, A.M.: Psychische Heilkunde, Bd. I/II. Barth, Leipzig 1817/1818

Waelder, R.: Mechanismen und Beeinflussungsmöglichkeiten der Psychosen. Internat. Z. Psychoanal. 10 (1924) 393

Wagner-Jauregg, J.: Über spezifische und unspezifische Behandlung von Geisteskrankheiten. Deutsche Nervenheilk. 117 (1931)

Wunderlich, G.: Krankheits- und Therapiekonzepte am Anfang der deutschen Psychiatrie. Matthiesen, Husum 1981

Wyrsch, J.: Über Geschichte der Psychiatrie. In: Beiträge zur Geschichte der Psychiatrie und Hirnanatomie. Karger, Basel 1957

# 2 Definition und Diagnostik

K. Andres, M.C. Merlo

## Einleitung

Seit der Begriff 'Schizophrenie' zum ersten Mal von E. Bleuler (1908) für die Benennung einer Gruppe von psychiatrischen Erkrankungen vorgeschlagen wurde, ist er in den verschiedensten Wissenschafts- und Laienkreisen aufgegriffen und für die unterschiedlichsten Strömungen des Zeitgeistes adaptiert worden. Da diesem Buch eine pragmatische Intention zugrunde liegt und die Behandlung des schizophrenen Patienten im Zentrum des Interesses steht, kann nicht auf diesen vielfältigen Sprachgebrauch in Fachgebieten wie Soziologie, Philosophie, Linguistik und Anthropologie eingegangen werden (vgl. Scharfetter 1990, Flack et al. 1991). Auch wenn der Fokus auf der praktischen psychiatrisch-psychotherapeutischen Diagnostik und Behandlung konzentriert wird, darf nicht übersehen werden, dass es bisher nicht gelungen ist, ein Aussenkriterium zu finden, mit dem die Diagnose einer Schizophrenie erhärtet werden könnte. Dies gilt sowohl für wissenschaftliche als auch für klinische Bestimmungsmethoden, sodass in der Schizophreniediagnostik Ausschlusskriterien eine wesentliche Rolle spielen (Carpenter und Buchanan 1994). Zu Recht äussern deshalb verschiedene Autoren Kritik am Konstrukt 'Schizophrenie'. So stellten Birchwood et al. (1988, p.4) die Frage: „is schizophrenia a valid, meaningful concept or is it simply a figment of the psychiatrist's imagination?“ Mary Boyle (1990) fragte in ihrem Buchtitel noch schärfer: „Schizophrenia – A scientific delusion?“ Cromwell (1991, p.46) gelangte zur affirmativen Aussage: „The word and the concept of schizophrenia are … arbitrary“.

Bevor Hintergrund und Berechtigung dieser skeptischen Äusserungen und ihre Folgerungen für die Therapie zur Sprache kommen, werden folgende Aspekte erörtert: Methoden zur Erfassung psychopathologischer Phänomene, operationalisierte Diagnosekriterien, Unterformen, Differentialdiagnosen, Komorbidität und Multiaxialität moderner diagnostischer Systeme.

## Methoden zur Erfassung psychopathologischer Phänomene

Die zur Diagnosestellung notwendigen Informationen werden traditionellerweise im klinischen (freien) Interview bzw. in der Exploration gesammelt. Art und Reihenfolge der Fragen sind dabei Sache des Untersuchers. Es empfiehlt sich indessen, von der aktuellen Lebenssituation auszugehen, um dann das Gespräch auf das soziale Netz und die Lebensgeschichte zu lenken (Kind 1990). Zu beachten ist, dass ein solches Gespräch eine Beziehung zwischen Patient und Untersucher in gewissem Mass sowohl voraussetzt wie auch konstituiert. Der diagnostische Prozess sollte von einer möglichst theorieunbelasteten Beschreibung der Phänomene zu einer davon deutlich abgegrenzten Benennung der Symptome (Psychostatus), zu einer Syndromdiagnose und schliesslich zu einer Diagnose im Sinne der gängigen Klassifikationssysteme führen (Wittchen 1994).

Interviews dieses Typs sind der klinischen Situation zwar angemessen, bergen aber die Gefahr einer unvollständigen und unsystematischen Datenerhebung (Stieglitz et al. 1992, Wittchen et al. 1994). Für den Gebrauch moderner diagnostischer Systeme empfehlen sich eher formalisierte Instrumente. Dazu zählen u.a. die Internationalen Diagnosen Checklisten für ICD-10 und DSM-IV (IDCL, Hiller et al. 1995), die ICD-10-Merkmalsliste (ICDML, Dittmann et al. 1992), die Schedule for Clinical Assessment in Neuropsychiatry (SCAN, van Gülick-Bailer et al. 1995) sowie das Composite International Diagnostic Interview (CIDI, Wittchen und Semler 1990).

## Diagnose nach ICD-10 und nach DSM-IV

Die beiden zurzeit massgebenden Klassifikationssysteme für psychische Störungen sind die 10. Revision der Internationalen Klassifikation psychischer Störungen (ICD-10, Dilling et al.

1993) und die 4. Ausgabe des Diagnostic and Statistical Manual of Mental Disorders (DSM-IV, American Psychiatric Association 1994). Beide Systeme sind der operationalisierten Diagnostik verpflichtet, welche die Feststellung einer Störung von der Erfüllung exakt definierter Kriterien abhängig macht. Der Schwerpunkt der vorliegenden Darstellung soll auf die ICD-10 gelegt werden, da diese im deutschen Sprachraum gebräuchlicher ist. Schizophrenie wird hier nicht als Krankheit, sondern als Störung angesprochen. Damit sind weniger weitgehende und neutralere theoretische Implikationen verbunden (Wittchen 1994). Im folgenden werden die Kriterien für die Diagnose Schizophrenie (F20) nach ICD-10 gemäss den Forschungskriterien (Dilling et al. 1994a) – eine von mehreren Fassungen der ICD-10 – in gekürzter Form dargestellt.

Für manche Unterformen der Schizophrenie, nämlich für den paranoiden, hebephrenen, katatonen und undifferenzierten Typ, gelten folgende *allgemeine Kriterien*:

G1. Während der meisten Zeit innerhalb eines Monats oder länger treten mindestens eines der unter 1. genannten Phänomene oder mindestens zwei der unter 2. genannten auf.

1. a) Gedankenlautwerden, -eingebung, -entzug oder -ausbreitung
   b) Kontrollwahn, Beeinflussungswahn, Gefühl des Gemachten, bezogen auf Körperbewegungen oder Gedanken; Wahnwahrnehmung
   c) kommentierende und dialogische Stimmen, Stimmen aus bestimmten Körperteilen
   d) kulturell unangemessener, bizarrer Wahn.
2. a) Anhaltende Halluzinationen jeder Sinnesmodalität
   b) Neologismen, Gedankenabreissen oder Einschiebungen, Zerfahrenheit, Danebenreden
   c) katatone Symptome wie Erregung, Negativismus, Mutismus, Stupor
   d) Apathie, Sprachverarmung, verflachte oder inadäquate Affekte, wobei sicher sein muss, dass diese Phänomene weder durch eine Depression noch medikamentös bedingt sind.

Nebst Einschlusskriterien werden unter G2 auch *Ausschlusskriterien* formuliert:

1. Die Diagnose Schizophrenie soll nicht gestellt werden, wenn auch die Kriterien für eine manische oder depressive Episode erfüllt sind, es sei denn, die schizophrene Symptomatik wäre der affektiven Störung vorangegangen.
2. Die Phänomene können nicht einer organischen Gehirnerkrankung, einer Intoxikation oder einem Abhängigkeits- oder Entzugssyndrom zugeordnet werden.

Ferner kann in der Diagnose auch der Verlauf kodiert werden, wobei folgende Ausprägungen

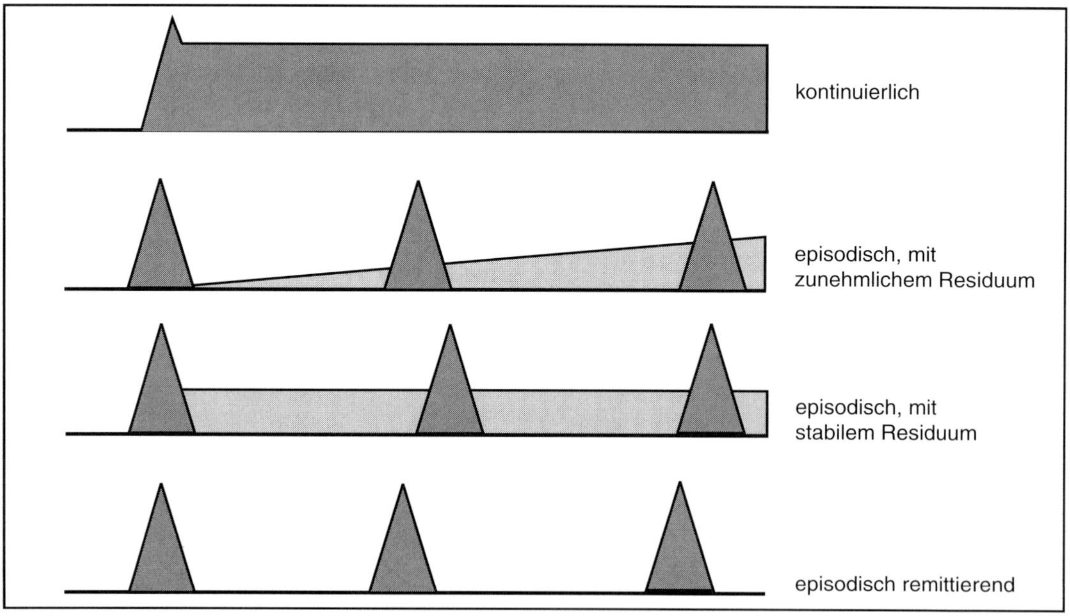


**Abb. 1** Verläufe nach ICD-10

unterschieden werden: kontinuierlich, episodisch mit zunehmendem Residuum, episodisch mit stabilem Residuum, episodisch remittierend, unvollständige Remission, vollständige Remission, sonstiger Verlauf und Verlauf unsicher wegen eines zu kurzen Beobachtungszeitraums (Abb. 1). Bei episodisch remittierenden (F20.x3) Formen kann eine Intervallbehandlung, bei kontinuierlich produktiven Formen (F20.x0) eine Suppressionstherapie indiziert sein (siehe Kapitel 6).

Das DSM-IV legt unter der Nummer 295 Kriterien fest, deren Abweichungen von den ICD-10 Kriterien Sartorius (1994) als 'trivial' bezeichnete. Im einzelnen werden leicht gekürzt folgende Merkmale genannt:

A. Während einer erheblichen Zeitspanne im Laufe eines Monats oder länger treten mindestens zwei der folgenden Symptome auf:
   1. Wahnphänomene
   2. Halluzinationen
   3. desorganisierte sprachliche Äusserungen
   4. erheblich desorganisiertes oder katatones Verhalten
   5. Negativsymptome wie Affektverflachung, Alogie oder Abulie.

   Bei den beiden ersten Kriterien reicht eines aus, sofern der Wahn bizarr ist, respektive die Halluzinationen in Form von kommentierenden oder miteinander konversierenden Stimmen auftreten.
B. Während eines erheblichen Teils der Zeitspanne seit Störungsbeginn liegt das Funktionsniveau in einem oder mehreren Bereichen wie Arbeit, soziale Beziehungen oder Pflege und Hygiene deutlich unter dem zuvor erreichten Niveau.
C. Manche Anzeichen für eine Störung persistieren während mindestens 6 Monaten. In dieser Zeitspanne treten während mindestens eines Monats Symptome auf, die unter A genannt werden, und/oder Prodromal- oder Residualsymptome.

#### Ausschlusskriterien

D. Eine schizoaffektive oder affektive Störung kann ausgeschlossen werden.
E. Die Störung lässt sich nicht auf Substanzen zurückführen wie Drogen oder Medikamente und auch nicht auf eine allgemeine medizinische Ursache.
F. Wenn in der Vorgeschichte Autismus oder eine andere anhaltende Entwicklungsstörung aufgetreten ist, kann eine Schizophrenie nur diagnostiziert werden, wenn Wahnphänomene und Halluzinationen während mindestens eines Monats in Erscheinung getreten sind.

Das Manual enthält zur Beschreibung der Verläufe besondere Kategorien ebenso wie die ICD-10.

## Untergruppen

Bereits in den Anfängen der Schizophrenieforschung wurde evident, dass der Kraepelinsche Begriff der 'Dementia praecox' (Kraepelin 1896) ein ausserordentlich heterogenes Spektrum klinischer Bilder abdeckt und dass folglich an verschiedene Schizophrenieformen zu denken ist. So titelte bereits E. Bleuler (1911) seine Monographie 'Dementia praecox oder Gruppe der Schizophrenien'. Ein Teil der heute gebräuchlichen Umschreibungen von Untergruppen lehnt sich stark an die traditionelle Kraepelinsche Einteilung in die paranoide, hebephrene und katatone Schizophrenie an. Die ICD-10 übernehmen zudem Bleulers Begriff der 'Schizophrenia simplex'. Aus Raumgründen beschränkt sich die folgende Darstellung auf die Kategorien der ICD-10 Forschungskriterien, die hier gekürzt wiedergegeben werden.

#### F20.0 paranoide Schizophrenie

Diese häufigste Form der Schizophrenie liegt unter folgenden Bedingungen vor:

A. die allgemeinen Kriterien für eine Schizophrenie sind erfüllt
B. Wahn, insbesondere Verfolgungs-, Beziehungs-, Abstammungs-, Sendungs-, coenästhetischer oder Eifersuchtswahn, oder Halluzinationen wie z. B. drohende oder befehlende Stimmen treten auf
C. verflachter oder inadäquater Affekt, katatone Symptome oder Zerfahrenheit dominieren nicht.

#### F20.1 hebephrene Schizophrenie

Diese Form zeichnet sich dadurch aus, dass

A. die allgemeinen Kriterien für eine Schizophrenie erfüllt sind
B. eine eindeutige und anhaltende Verflachung, Inadäquatheit oder Oberflächlichkeit des Affekts vorliegt
C. zielloses Verhalten oder Denkstörungen, die sich als weitschweifige oder zerfahrene Sprache äussern

D. Halluzinationen oder Wahnphänomene dominieren nicht.

Für die hebephrene Form der Schizophrenie verwendet das DSM-IV den Ausdruck des 'disorganized type'.

**F20.2 katatone Schizophrenie**

Sie liegt vor, wenn

A. die allgemeinen Kriterien für eine Schizophrenie erfüllt sind,
B. für mindestens zwei Wochen eines oder mehrere der folgenden Merkmale auftreten: Stupor, Erregung, Haltungsstereotypien, Negativismus, Rigidität, wächserne Biegsamkeit oder Befehlsautomatismus.

**F20.3 undifferenzierte Schizophrenie**

Es handelt sich dabei um eine Mischform, in der

A. die allgemeinen Schizophreniekriterien erfüllt sind und
B. so viele verschiedene Symptome auftreten, dass die Kriterien für zwei oder mehr der Unterformen der paranoiden, hebephrenen oder katatonen Schizophrenie, der unten erwähnten postschizophrenen Depression oder des schizophrenen Residuums erfüllt sind.

**F20.4 postschizophrene Depression**

Sie zeichnet sich durch folgende Charakteristika aus:

A. die allgemeinen Kriterien sind in den vergangenen 12 Monaten erfüllt gewesen, aber entsprechende Symptome treten zurzeit nicht auf
B. eines der allgemeinen Kriterien G1.2. a,b,c oder d ist erfüllt,
C. die depressiven Symptome sind so schwer und anhaltend, dass mindestens die Merkmale einer leichten depressiven Episode vorliegen.

**F20.5 schizophrenes Residuum**

A. Die allgemeinen Kriterien sind in der Vergangenheit erfüllt gewesen, in der Gegenwart hingegen sind sie es nicht.
B. Mindestens vier der folgenden negativen Symptome waren während der letzten 12 Monate nachweisbar:
   1. psychomotorische Verlangsamung oder verminderte Aktivität
   2. deutliche Affektverflachung
   3. Passivität und Initiativemangel
   4. sprachliche Verarmung
   5. geringe nonverbale Kommunikation
   6. verminderte soziale Leistungsfähigkeit und Vernachlässigung der Körperpflege.

**F20.6 Schizophrenia simplex**

A. Schleichende Progredienz der drei folgenden Merkmale während mindestens eines Jahres:
   1. Antriebs- und Interessenverlust, zielloses Verhalten, sozialer Rückzug
   2. Apathie, Sprachverarmung, verminderte nonverbale Kommunikation, Affektverflachung, Passivität
   3. deutliche Abnahme der schulischen oder beruflichen Leistungen
B. die unter G1 aufgeführten Symptome sind niemals aufgetreten
C. eine organische Störung ist auszuschliessen.

Die ICD-10 nennen ausserdem zwei Restkategorien, die mit den Begriffen 'sonstige Schizophrenie' respektive 'nicht näher bezeichnete Schizophrenie' belegt werden.

Nebst den in den erwähnten diagnostischen Systemen umschriebenen Subgruppen existiert eine Reihe anderer Einteilungen (Mundt und Lang 1987, Goldstein und Tsuang 1988, Marneros und Tsuang 1991, Mundt 1995). Dazu gehören die Differenzierungen in prämorbid gut versus schlecht angepasste Individuen (Angst et al. 1985), gute versus schlechte Prognose (Fowler et al. 1972), prozesshafte versus nicht-prozesshafte Schizophrenie (Stephens 1970), reaktive oder psychogene versus nicht-reaktive Schizophrenie (Strömgren 1986) etc. Aus dem Bedürfnis nach einer externen Validierung der Subtypen wurde auch versucht, eine Kategorisierung durch biologische Marker vorzunehmen. Dabei standen vier Hauptfaktoren im Vordergrund: Monoaminoxidase bei Thrombozyten, Dopamin, strukturelle Abnormitäten im Gehirn und funktionelle Gehirnasymmetrien (Goldstein und Tsuang 1988).

Strauss et al. (1974) schlugen eine Dreiteilung vor: positive Symptome, negative Symptome und Schwierigkeiten im sozialen Bereich. Ein besonderes klinisches Interesse fanden die negativen Symptome: Aufmerksamkeitsstörungen, Affektverflachung, Abulie, Anhedonie, Sprechverarmung, Ideenarmut, psychomotorische Verlangsamung, soziale Initiativelosigkeit und sozialer Rückzug (vgl. Müller-Spahn et al. 1995). Einige Autoren verwenden enge Kriterien, andere jedoch weite, die z.T. positive Symptome oder kognitive Störungen miteinschliessen (Möller et al. 1994). Carpenter et al. (1985) unterscheiden innerhalb des negativen Syndroms Zielsymptome, die therapeutische Relevanz haben: produktive Symptomatik, Akinesie, Dysphorie, postremissiver Zustand, soziale Unterstimulation, langdauernde Medikation und primäres Defizit. Goldstein und Tsuang (1988) bestätigen, dass negative Symptome in unterschiedlichsten Zusammenhängen auftreten können.

Im deutschsprachigen Raum hat die Erfassung der 'Basissymptome' Bedeutung gewonnen; darunter werden subjektiv wahrgenommene, subklinisch manifeste, substratnahe Beschwerden bei einer schizophrenen Psychose verstanden (Gross et al. 1987, Süllwold 1991). Diese Beschwerden werden als subjektives Korrelat von biologischen 'Basisstörungen' angesehen (Süllwold und Huber 1986). Klosterkötter (1988) konnte in Übergangsreihen den Wechsel von Basissymptomen zu manifesten psychotischen Symptomen aufzeigen. Die bewältigungsorientierte Psychotherapie setzt u.a. an den Basissymptomen an und erarbeitet mit dem Patienten Strategien, um diese Beschwerden zu kompensieren (s. Kapitel 12).

Neuerdings wird versucht, psychopathologische Differenzierungen zu finden, denen unterschiedliche pathophysiologische Mechanismen zugrunde liegen. Ausgehend von positronemissionstomographischen Untersuchungen schlugen Carpenter und Buchanan (1994) die folgende Unterteilung vor: psychotische Symptome (Halluzinationen, Wahnphänomene), kognitive Dysfunktionen (positive formale Denkstörungen, Aufmerksamkeitsstörungen oder Störungen in der Informationsverarbeitung) und negative Symptome. Diese Einteilung hat für die Planung und Durchführung von biologischen und psychosozialen Behandlungsmethoden Bedeutung gewonnen (s. Kapitel 6 und 8).

# Differentialdiagnose

## Organische Störungen mit schizophrenem Syndrom

Entsprechend den Ausschlusskriterien sowohl der ICD-10 als auch des DSM-IV muss die psychopathologische Exploration durch eine Abklärung organischer einschliesslich symptomatischer psychischer Störungen (ICD-10: F0) bzw. psychischer und Verhaltensstörungen durch psychotrope Substanzen (ICD-10: F1) ergänzt werden. Unterschiedliche ätiopathogenetische Ursachen können sehr ähnliche klinische Bilder entstehen lassen, ebenso wie vergleichbare Ursachen u.U. zu verschiedenartigen Phänomenen führen (Möller 1994). Das schizophrene Syndrom wird in der ICD-10 dementsprechend auch unter F06.1 *'organische katatone Störung'*, unter F06.2 *'organische wahnhafte (schizophreniforme) Störung'* und unter F1x.50 *'psychotische Störung, schizophreniform* (durch psychotrope Substanzen bedingt)' aufgeführt (Tabelle 1, Lishman 1987, Kaplan et al. 1994). Weil durch einige dieser organischen Erkrankungen eine vitale Gefährdung ausgeht, ist es notwendig, von jedem Patienten einen internistischen und neurologischen Körperstatus zu erheben und die in Tabelle 2 genannten Laboruntersuchungen durchzuführen. Wegen der grossen Häufigkeit des schädlichen Gebrauches oder der Abhängigkeit von psychotropen Substanzen

**Tabelle 1** Differentialdiagnose des schizophrenen Syndroms auf der organischen Ebene

a) Intoxikation (F1x.0), Entzugssyndrom ohne (F1x.3)/ mit Delir (F1x.4), psychotische Störung (F1x.4) oder verzögert auftretende psychotische Störung (F1x.7) bei Störungen durch psychotrope Substanzen:

Alkohol
Drogen (z. B. LSD, Meskalin, PCP, Amphetamine, Kokain, Cannabis)
Medikamente (z. B. Amantadine, Belladonna Alkaloide, Anticholinergika, Antidepressiva, Benzodiazepine, Barbiturate, Cimetidine, Digitalis, Disulfiram, Glucocorticoide, L-Dopa, Sympatikomimetika)
Vergiftungen (z. B. Kohlenstoffmonoxid, Blei)

b) Organisch, einschliesslich symptomatischer psychischer Störungen, (F0):

Enzephalitis (z. B. Herpes-Enzephalitis, AIDS-Enzephalitis, Creutzfeldt-Jakob, Neurosyphilis)
Hirntumoren
Hirntrauma
Epilepsie
hormonelle Störungen (z. B. Cushing-Syndrom, Hyperthyreose)
Neurodegenerative Erkrankungen (z. B. Morbus Alzheimer, Friedreich's Ataxia, Chorea Huntington, Morbus Parkinson, Leukody)
Stoffwechselstörungen (z. B. Akute intermittierende Porphyrie, Morbus Wilson, Urämie, B12-Mangel, Nikotinsäuremangel, Zinkmangel)
rheumatische Erkrankungen (z. B. Lupus erythematodes)
Multiple Sklerose
Narkolepsie

**Tabelle 2** Laboruntersuchungen zur Differentialdiagnose des schizophrenen Syndroms

Grosses Blutbild:

Erythrozyten
Hämoglobin
Hämatokrit
Thrombozyten
Differentialbild Leukozyten

Blutsenkung, evtl. auch C-reaktives Protein (CRP)
Quick
Alkalische Phosphatase
GOT
Gamma-GPT
Kreatinin
Kalium
Natrium
TSH
Freies T4
Blutzucker
Luesserologie
HIV-Test (mit speziellem Einvernehmen des Patienten)
Urinstatus (spezifisches Gewicht, Nitrit, pH, Eiweiss, Zucker, Aceton, Urobilinogen, Blut) mit Drogenscreening (Amphetamine, Barbiturate, Benzodiazepine, Cannabis, Kokain, Opiate)

evtl. Calcium und Magnesium
evtl. Vitamin B12 und Folsäure
evtl. Antikörper gegen neurotrope Viren
evtl. Rheumaserologie

sollte jeder psychotische Patient mit ein oder besser mehrmaligen Urinproben nach diesen Substanzen untersucht werden. Für den Diagnostiker ist bei jedem Patienten, bei dem eine psychotische Symptomatik erstmals oder wiederholt auftritt, ein Elektroenzephalogramm (möglichst) ohne vorherige Medikation wünschenswert. Die gleiche Untersuchung sollte bei Patienten, deren chronische Symptomatik sich verändert, durchgeführt werden, da eine einmalige organdiagnostische Abklärung nicht für längere Zeit Gültigkeit hat (Kaplan et al. 1994). Beim geringsten Verdacht auf ein organisches Geschehen ist auch eine neuroradiologische Untersuchung indiziert (vor allem eine Magnet-Resonanz-Aufnahme). Die regelmässige Bestimmung der Vitalzeichen (Puls, Blutdruck, Temperatur, evtl. Körpergewicht) ist besonders bei kataton-stuporösen Patienten von lebenserhaltender Notwendigkeit. Neuropsychologische Untersuchungen haben für die Planung der medikamentösen Behandlung und der psychosozialen Rehabilitation in den letzten Jahren zunehmend an Bedeutung gewonnen (siehe auch Kapitel 6 und 8). Diese Verfahren sollten mit einer genauen Anamnese bzw. Fremdanamnese der Schwangerschaft, Geburt und frühkindlichen Entwicklung kombiniert werden. Bei der Untergruppe der leicht hirngeschädigten schizophrenen Patienten mit Teilleistungsstörungen und leichten morphologischen Gehirnveränderungen stellt sich die Frage, wie die oben erwähnten Ausschlusskriterien zu werten sind (Merlo 1996).

## Nichtorganische psychiatrische Krankheitsbilder

Die erwähnten Formen der Schizophrenie teilen etliche Symptome und z.T. sogar das ganze Syndrom mit vielerlei anderen Störungen, die in der ICD-10 z.T. auch unter dem Abschnitt F2 aufgeführt werden. So treten in der *'schizotypen Störung'* Merkmale auf, wie sie auch in der Schizophrenie zu beobachten sind, ohne dass sie jedoch eine Prägnanz und Eindeutigkeit erreichen, die eine Schizophreniediagnose erlauben würden. Dazu gehören u.a. inadäquate Affekte, seltsames Verhalten und Denken, sozialer Rückzug, Misstrauen, ungewöhnliche Wahrnehmungen etc. Es wird angenommen, dass die schizotype Störung zum genetischen Spektrum der Schizophrenie gehört. Für diese Störung wurden u.a. auch die Begriffe Borderline Schizophrenie, latente Schizophrenie und schizotype (schizotypische) Persönlichkeitsstörung verwendet.

Die *'wahnhafte Störung'* zeichnet sich durch die Entwicklung einzelner Wahnideen aus, die jedoch nicht deutlich von anderen schizophrenen Symptomen begleitet werden. Die ICD-10 besagt, dass Verfolgungs-, Grössen-, Eifersuchts-, Liebes- oder hypochondrischer Wahn am häufigsten vorkommen.

Eine Gruppe weiterer Störungen unterscheidet sich von der Schizophrenie durch ihr vorübergehendes Auftreten. In *'akuten polymorphen psychotischen Störungen'* entsteht im Lauf von höchstens zwei Wochen ein klinisches Bild, das durch Wahnphänomene oder Halluzinationen geprägt ist, die in Art und Schwere von Tag zu Tag oder während desselben Tages wechseln und nach kurzer Zeit wieder abklingen. Diese Störung kann mit und ohne Symptome einer Schizophrenie auftreten.

Bei der *'akuten schizophreniformen psychotischen Störung'* sind Symptome beobachtbar, welche die Kriterien für die Schizophrenie ausgenommen die zeitlichen Bestimmungen erfüllen und relativ stabil sind, jedoch weniger als ein Monat andauern. Wenn die Symptome darüberhinaus persistieren, muss eine Schizophrenie diagnostiziert werden.

Eine grosse Gruppe von klinischen Bildern sind in *'schizoaffektiven Störungen'* sichtbar, die gegenüber den Schizophrenien und den affektiven Störungen manischer oder depressiver Prägung eine Mischform darstellen. Wesentlich ist, dass schizophrene und affektive Symptome gleichzeitig oder durch wenige Tage getrennt auftreten. Die häufige Durchmischung schizophrener und affektiver Phänomene lässt deutlich eine Problematik zutage treten, die sich ergibt, wenn ein Gegenstandsbereich mit klar dimensionalen Zügen in diskreten Kategorien abgebildet werden soll. Die daraus resultierenden differentialdiagnostischen Schwierigkeiten stellen sich prinzipiell in gleicher Weise bei allen oben erwähnten Abgrenzungen. Im Fall schizoaffektiver Störungen wurden Abgrenzungsfragen jedoch besonders kontrovers diskutiert (Goldstein und Tsuang 1988).

Weiterhin müssen auch tiefgreifende Entwicklungsstörungen z. B. das Asperger-Syndrom (F84.5) sowie paranoide (F60.0), schizoide (F60.1) und emotional instabile (Borderline-Typus, F60.31) Persönlichkeitsstörungen differentialdiagnostisch abgegrenzt werden. Besondere Probleme bereitet die Ausweitung der Psychosekriterien bei affektiven Störungen, da mit den neuen Klassifikationssytemen auch parathyme psychotische Symptome (F3x.x1) im Zusammenhang mit schweren depressiven oder manischen Episoden diagnostiziert werden können. Damit haben diese Diagnoseinstrumente eine erweiterte Konzeption der affektiven Störungen und eine engere für die Schizophrenie. Weitere Abgrenzungen betreffen psychogene Störungen, z. B. psychogener Stupor (F44.2), Depersonalisations- oder Derealisationssyndrom (F48.1), artifizielle Störungen (F68.1) und Simulieren (Z76.5).

## Komorbidität

Die klinische Erfahrung lehrt, dass in der Psychiatrie wie auch in somatischen Bereichen der Medizin oftmals zwei oder mehr Störungen zusammen auftreten. Wenn Gleichzeitigkeit vorliegt, findet der Begriff der 'simultanen Komorbidität' Anwendung, wenn die Störungen nacheinander Auftreten, liegt 'sukzessive Komorbidität' vor (Angst 1994). Häufig wird allerdings der Ausdruck Komorbidität zugunsten desjenigen der 'Assoziation' vermieden, weil jener einen medizinischen Krankheitsbegriff impliziert.

Die ICD-10 und das DSM-IV propagieren prinzipiell multiple Diagnosen (Mombour 1994). Im Sinne ihres atheoretischen Charakters lassen sie dabei offen, ob die Störungen zufällig kombiniert auftreten, sich gegenseitig beeinflussen oder gar eine gemeinsame Ätiologie haben.

Die Frage, wie häufig Komorbidität auftritt, ist eng mit der Relativität des diagnostischen Prozesses verknüpft. Wird die Schwelle der Falldefinition tief angesetzt, resultieren höhere Komorbiditätsraten. Dieselbe Funktion gilt für den Grad der Auffächerung der diagnostischen Kategorien (Angst 1994). In der Praxis ist jedoch evident, dass das Problem der Komorbidität, z. B. derjenigen von Schizophrenie und Sucht gravierend ist und besonderer Behandlungskonzepte bedarf (vgl. Kapitel 17).

## Multiaxialität

Die ICD-10 und das DSM-IV sind multiaxial angelegt, womit die Möglichkeit geboten wird, einen Patient auf mehreren voneinander unabhängigen Achsen oder Dimensionen zu beurteilen. Die ICD-10 geht von drei Achsen aus, nämlich: klinische Syndrome inklusive Persönlichkeitsstörungen und körperlichen Störungen (Achse I), Behinderungen (Achse II) und Umgebungsfaktoren (Achse III). Das DSM-IV bezeichnet fünf Achsen, nämlich klinische Syndrome (Achse I), Persönlichkeitsstörungen (Achse II), körperliche Störungen (Achse III), Schweregrad psychosozialer Belastungsfaktoren (Achse IV) und das psychosoziale Funktionsniveau (Achse V). Die ICD-10 und das DSM-IV bieten zur Beurteilung von Achse II und III spezifische Instrumente an (Katschnig 1994).

Mit ihrer multiaxialen Konzeption nähern sich die ICD-10 und das DSM-IV einem *biopsychosozialen Modell* an, das ein vielschichtiges, auch in einem sozialen Kontext stehendes Geschehen postuliert (Stefanis 1990). Währenddem Achse I dieser Systeme noch ganz in der Tradition der Kraepelinschen Vorstellung steht, dass sich Krankheiten qualitativ unterscheiden und durch spezifische Ätiologien, Erscheinungsbilder und Verläufe auszeichnen, rücken die Achsen, welche die psychosozialen Sachverhalte bezeichnen, davon ab. Zum einen liegt der Unabhängigkeit der Achsen die Auffassung zugrunde, dass sich die Störung auf mehreren voneinander relativ unabhängigen Ebenen vollzieht, was gegenüber Kraepelins medizinischem Krankheitsmodell eine Neuerung darstellt. Zum anderen stellen diese Achsen kontinuierliche Dimensionen dar, was ein psychologisches oder statistisches Störungsmodell impliziert. Die Berücksichtigung der psychosozialen Bereiche bei der Beurteilung des Schweregrades schizophrener Störungen ist wichtig für die Beurteilung des Behandlungserfolges bzw. der Therapieresistenz (Brenner und Merlo 1995). Langzeitbehandlung und Rehabilitation richten sich nicht nur nach psychopathologischen Kriterien, sondern vor allem nach dem sozialen Funktionsniveau und den Ressourcen des sozialen Netzes.

## Kritik der diagnostischen Systeme und Folgerungen für die Therapie

Will man Zweckmässigkeit und Berechtigung heutiger Schizophreniediagnosen aus therapeutischer Sicht beurteilen, empfiehlt sich zunächst ein Blick in die Geschichte des Schizophreniekonzepts. In der zweiten Hälfte des 19. Jahrhunderts wurden die Begriffe der 'demence précoce' oder Dementia praecox (Morel 1860), der Paranoia (Sander 1868), der Hebephrenie (Hecker 1871) und der Katatonie (Kahlbaum 1874) ausformuliert. Kraepelin (1896) fasste alle die mit diesen Ausdrücken gemeinten Phänomene in der fünften Auflage seines psychiatrischen Lehrbuchs unter dem Namen 'Dementia praecox' zusammen. Dabei ging er von der Annahme ähnlicher Ätiologien und Verläufe aus (Boyle 1990, Stefanis 1990, Steinberg 1992). Seine Auffassungen standen z. B. unter dem Einfluss von Beschreibungen syphilitischer Krankheitsbilder und der damit verbundenen Vorstellung von Krankheiten als Phänomene mit natürlichen Grenzen, einmaligen Mustern, spezifischen Ursachen und charakteristischen Verläufen (Miller und Flack 1991). Darauf gründet seine Nosologie psychiatrischer Krankheiten. Es ist zum Verständnis des heutigen Schizophreniekonzepts wesentlich, dass sich dieses in weiten Teilen nach wie vor an Kraepelin anlehnt, auch wenn sich mit Eugen Bleulers, Kurt Schneiders und heutigen Konzeptionen eine Hinwendung von einer nosologischen zu einer syndromatologischen Anschauung (vgl. Bellack 1979, Scharfetter 1990) vollzogen hat, d. h. einer Sichtweise, die sich weitgehend auf die aktuelle Symptomatik bezieht und hinsichtlich Ätiologie und Verlauf keine Aussagen trifft. Die Annahme, dass psychiatrische Krankheiten umschriebene Entitäten darstellen und sich folglich in diskreten Kategorien abbilden lassen, blieb weiterhin wegweisend. Mangels Aussenkriterien, z. B. biologischer Merkmale, an denen die diagnostischen Kategorien validierbar wären, wurde das entwickelt, was als 'operationale oder kriterienorientierte Diagnostik' (Hoff 1992) bekannt wurde. Darunter versteht man die exakte Formulierung von Einschluss- und Ausschlusskriterien inklusive zeitlichen Bestimmungen und Regeln, wie diese Kategorien miteinander zu verknüpfen sind (Dittmann 1994). Die Forderung nach solcher Exaktheit ist eine Konsequenz früherer Feststellungen, dass die Reliabilität psychiatrischer Diagnosen ausgesprochen dürftig war. Dies lässt sich z. B. daran ermessen, dass gemäss manchen Klassifikationssystemen viel mehr Patienten als schizophren diagnostiziert wurden als in anderen. So stellten Endicott et al. (1982) in einem Vergleich zwischen sechs Systemen fest, dass bei den gleichen Patienten gemäss dem am wenigsten restriktiven System siebenmal mehr Individuen schizophren waren als gemäss dem restriktivsten. Solche Ergebnisse legten die Dringlichkeit von Reformen nahe. Ein Ausweg wurde in der operationalen Diagnostik gesucht, die unter ziemlich weitgehendem Verzicht auf theoretische Prämissen bezüglich Ätiologie, Verlauf etc. das unmittelbar Beobachtbare fokussiert. Welche Beobachtungen zu welcher Diagnose führen sollen, wurde durch Konsens zwischen psychiatrischen Experten festgelegt (Sartorius 1994). Für die meisten Störungen wurden Listen von Merkmalen definiert, von denen in beliebiger Kombination eine Mindestanzahl vorliegen muss, damit die Diagnose gestellt werden kann (polythetischer Ansatz, Dittmann 1994). Die erstmalige Realisierung operationaler Kriterien im DSM-III (American Psychiatric Association 1980) wurde als Durchbruch ähnlicher Grössenordnung gefeiert wie die Einführung des Chlorpromazins (Klerman 1984).

Vor diesem historischen Hintergrund seien nachfolgend einige der wichtigsten positiven und negativen Kritikpunkte am Diagnostizieren generell und an der operationalen Diagnostik im besonderen zusammengefasst (vgl. Arolt 1994).

### Positiv

1. Mit den modernen Klassifikationssystemen wurde ein 'psychiatrisches Esperanto' entwickelt, das die fachliche Kommunikation wesentlich erleichtert (Strömgren 1992).

2. Die modernen Systeme gewährleisten eine hohe Vergleichbarkeit der Forschungsergebnisse.
3. Die heutige Diagnostik hat zu einer Disziplinierung diagnostischer Sprachspiele und zu einer Überwindung idiosynkratischer Schulrichtungen geführt (Sass 1994).
4. Die Transparenz des diagnostischen Vorgangs wurde wesentlich erhöht (Sass 1994).
5. Die Reliabilität der Diagnosen ist dank der operationalen Diagnostik zweifellos erheblich gestiegen (vgl. Stieglitz 1994).
6. Die Multiaxialität der ICD-10 und des DSM-IV wird einem vielschichtigen Störungsbild eher gerecht als ältere uniaxiale Systeme.

**Negativ**

1. In jeder Klassifikation tritt die Einmaligkeit des Individuums hinter einer Klassenbezeichnung zurück. Klassifikationen sind auf das Generelle ausgerichtet. Der diagnostische Prozess spielt sich stets im Spannungsfeld zwischen Idiographik und Nomothetik ab (vgl. Möller 1994). Die Einbettung der psychischen Störungen in seelische Strukturen, Lebensentwicklungen, situative Konstellationen und Einstellungen des Individuums zu einem problematischen Verhalten und Erleben muss im Umgang mit dem Patienten mitberücksichtigt werden (Sass 1990).
   Aus anthropologischer Sicht geht die den Regeln des logischen Empirismus folgende Psychopathologie an ihrem ursprünglichen Anliegen eines Bemühens um vertieftes Verstehen des Wesens und der Bedeutung seelischer Abwegigkeiten vorbei (Glatzel 1990, Krauss 1991).
2. Diagnosen sind Etiketten mit möglicherweise schädlichen Auswirkungen (Szasz 1976).
3. Aus systemtheoretischer Sicht ist eine Analyse der Betroffenen in ihrem sozialen Kontext einer Individualdiagnose vorzuziehen (vgl. Käser 1992).
4. die ICD-10 und das DSM-IV behandeln in Achse I Störungen nach wie vor als qualitativ abgrenzbare Kategorien, obschon empirische Argumente für ein dimensionales Modell mit kontinuierlichen Variablen vorliegen (Bentall 1990).
5. Psychiatrische Diagnosen lassen eine empirische wie auch theoretische Begründung vermissen (Helmchen 1994). Sie beruhen auf Meinungen über die lediglich ein Konsens erzielt wurde (vgl. Janzarik 1981). In Bezug auf die konventionell festgelegten Abgrenzungen zwischen den Störungen ergaben Cluster-, Diskriminanz- und Faktorenanalysen widersprüchliche Ergebnisse. Von einem tragfähigen empirischen Fundament für die Konstruktvalidität der Kategorien kann keine Rede sein (Bentall 1990, Miller und Flack 1991).
6. Die prädiktive Validität psychiatrischer Diagnosen im Sinne ihrer Nützlichkeit und Bedeutsamkeit in Hinblick auf Ätiologie, Verlauf, Outcome und Behandlungserfolg ist fraglich. Der Aspekt der Validität ist gegenüber demjenigen der Reliabilität bislang vernachlässigt worden (Bentall 1990). Wo Untersuchungen geführt wurden, z. B. hinsichtlich des prädiktiven Werts der klassischen Untergruppen der Schizophrenie für Verlauf und Behandlungserfolg, resultierten enttäuschende Ergebnisse (Goldstein und Tsuang 1988).
7. Psychiatrische Diagnosen verfehlen einen ihrer Hauptzwecke, nämlich die Therapiewahl zu begründen, in einem erheblichen Mass, weil es ihnen an therapeutischer Relevanz mangelt. Helmchen (1994) beurteilt deshalb den Einfluss von Diagnosen auf die Indikation für bestimmte Therapieformen abgesehen von einzelnen diagnostischen Kategorien als ziemlich gering.

Aus Raumgründen ist es unmöglich, die einzelnen Argumente zu diskutieren. Dennoch dürfte klar sein, dass auch die modernen Diagnosesysteme mit gewichtigen historischen Hypotheken belastet sind. Es kann keine Rede davon sein, dass ihre Konzeption auf wissenschaftlicher Erkenntnis beruht. Die Skepsis, die aus den eingangs angeführten Zitaten spricht, ist verständlich. Bentall (1990) plädiert deshalb im Zusammenhang mit dem Schizophreniebegriff dafür, die unfruchtbare Suche nach okkulten Krankheitsentitäten aufzugeben. Der Grund, weshalb trotz seiner offenkundigen Schwächen am Schizophreniekonzept festgehalten wird, liegt vermutlich in unserer Wahrnehmungsorganisation, die bekanntermassen dazu tendiert, unübersichtliche Gegenstände gestalthaft zu perzipieren und ihnen plastische Begriffe zuzuordnen.

## Ausblick

Aus therapeutischer Sicht ist vor allem eine behandlungsrelevante Taxonomie zu fordern (Carpenter and Heinrichs 1981, Carpenter et al. 1993,

Helmchen 1994), die Aussagen über therapeutische Indikationen erlaubt. Da unterschiedliche medikamentöse und psychotherapeutische Behandlungsmethoden auf verschiedenen Ebenen ansetzen, müsste ein diagnostisches System sicherlich multiaxialer Natur sein. Wegen ihrer therapeutischen Bedeutsamkeit sollte es mindestens folgende Informationen abbilden: Syndrome oder therapeutische Zielsymptome, Verlauf, Schweregrad, psychosoziale Dimensionen wie Behinderungen, sozialer Kontext, soziale Ressourcen, Ressourcen des Patienten zur Bewältigung der Störung etc. Darüberhinaus sollten pathophysiologische Prozesse und neurologische Dysfunktionen Beachtung finden, da diese für die medikamentöse Therapie eine besondere Bedeutung haben. Mit dem Ziel einer differenzierten medikamentösen Behandlung ist die Unterteilung in psychotische Symptome, kognitive Dysfunktionen, negative Symptome und Erregungszustände hilfreich (Merlo 1996; vgl. Kapitel 6). Auch in Bezug auf Forschungsvorhaben ist zu wünschen, dass diese künftig weniger auf der Validität der herkömmlichen diagnostischen Kategorien basieren als auf Dimensionen mit einem empirisch besser gesicherten prädiktiven Wert.

## Literatur


American Psychiatric Association: Diagnostic and Statistical Manual of Mental Disorders. 3rd edition. American Psychiatric Association,Washington DC 1980

American Psychiatric Association: Diagnostic and Statistical Manual of Mental Disorders. 4th edition. American Psychiatric Association, Washington DC 1994

Angst, J.: Das Komorbiditätskonzept in der psychiatrischen Diagnostik. In: H. Dilling et al. (Hrsg.) 1994b, a. a. O.

Angst, J., R. Isele, Ch. Scharfetter, P. Scheidegger: Zur prämorbiden Persönlichkeit Schizophrener. Schweiz. Arch. Neurol. Psychiatr. 136 (1985) 45

Arolt, V.: Die Einführung kriterienorientierter Klassifikationen: Probleme und Risiken in der Praxis. Krankenhauspsychiatrie. 5 (1994) 21

Bellack, L. (ed.): Disorders of the schizophrenic syndrome. Basic Books, New York 1979

Bentall, R.P.: The syndromes and symptoms of psychosis. In: R.P. Bentall (ed.): Reconstructing Schizophrenia. Routledge, London 1990

Birchwood, M.J., S.E. Hallett, M.C. Preston: Schizophrenia: an integrated approach to research and treatment. Longman, London 1988

Bleuler, E.: Die Prognose der Dementia praecox (Schizophreniegruppe). Allgemeine Zeitschrift für Psychiatrie und Psychisch-Gerichtliche Medizin. 65 (1908) 436

Bleuler, E.: Dementia praecox oder Gruppe der Schizophrenien. In: G. Aschaffenburg(Hrsg.): Handbuch der Psychiatrie, 4. Abteilung, 1. Hälfte. Deuticke, Leipzig 1911

Boyle, M.: Schizophrenia – a scientific delusion? Routledge, London 1990

Brenner, H.D., M.C. Merlo: Definition of therapy resistant schizophrenia and its assessment. Eur. Psychiatry, 10 (Suppl.) (1995) 11

Carpenter, W.T., D.W. Heinrichs: Treatment-relevant subtypes of schizophrenia. J. Nerv. Ment. Dis. 169 (1981) 113

Carpenter, W.T., D.W. Heinrichs, L.D. Alphs: Treatment of negative symptoms. Schizophr. Bull. 11 (1985) 440

Carpenter, W.T., R.W. Buchanan, B. Kirkpatrick, C. Tamminga, F. Wood: Strong inference, theory testing, and the neuroanatomy of schizophrenia. Arch. Gen. Psychiatry. 50 (1993) 825

Carpenter, W.T., R.W. Buchanan: Schizophrenia. N. Engl. J. Med. 330 (1994) 681

Cromwell, R.L.: Schizophrenia is a word. In: W.F. Flack, D.R. Miller, M. Wiener (eds.): What is schizophrenia? Springer, New York 1991

Dilling, H., W. Mombour, M.H.Schmidt (Hrsg.): Internationale Klassifikation psychischer Störungen: ICD-10, Kapitel V (F); klinisch-diagnostische Leitlinien/ Weltgesundheitsorganisation. 2., korr. Aufl. Huber, Bern 1993

Dilling, H., W. Mombour, M.H. Schmidt, E. Schulte-Markwort (Hrsg.): Internationale Klassifikation psychischer Störungen: ICD-10, Kapitel V (F); Forschungskriterien/ Weltgesundheitsorganisation. 1. Aufl. Huber, Bern 1994a

Dilling, H., E. Schulte-Markwort, H.J.Freyberger (Hrsg.): Von der ICD-9 zur ICD-10: neue Ansätze der Diagnostik psychischer Störungen in der Psychiatrie, Psychosomatik und Kinder- und Jugendpsychiatrie. 1. Aufl. Huber, Bern, 1994b

Dittmann, V.: Das Konzept der Persönlichkeitsstörungen (F6). In: H. Dilling et al. (Hrsg.) 1994b, a. a. O.

Dittmann, V., H.J. Freyberger, R.D. Stieglitz, H. Krüger, M. Zaudig, H. Dilling, R.R. Engel, P. Gugel: Methodik der Untersuchung und die Entwicklung der ICD-10-Merkmalsliste. In: V. Dittmann, H. Dilling, H.J. Freyberger (Hrsg.): Psychiatrische Diagnostik nach ICD-10: klinische Erfahrungen bei der Anwendung; Ergebnisse der ICD-10-Merkmalslistenstudie. Huber, Bern 1992

Endicott, J., J. Nee, J. Fleiss, J. Cohen, J.B.W. Williams, R. Simon: Diagnostic criteria for schizophrenia: Reliabilities and agreement between systems. Arch. Gen. Psychiatry. 39 (1982) 884

Flack, W.F., D.R. Miller, M. Wiener (eds.): What is schizophrenia? Springer, New York 1991

Fowler, R.C., M.S. McCabe, R.J. Cadoret, G. Winokur: The validity of good prognosis schizophrenia. Arch. Gen. Psychiatry. 26 (1972) 182

Glatzel, J.: Die Abschaffung der Psychopathologie im Namen des Empirismus. Nervenarzt 61 (1990) 276

Goldstein, J.M., M.T. Tsuang: The process of sybtyping schizophrenia: Strategies in the search for homogeneity. In: M.T. Tsuang, J.C. Simpson (eds.): Handbook of schizophrenia. Nosology, epidemiology and genetics of schizophrenia, vol 3. Elsevier, Amsterdam 1988

Gross, G., G. Huber, J. Klosterkötter, M. Linz: BSABS. Bonner Skala für die Beurteilung von Basissymptomen. Springer, Berlin 1987

van Gülick-Bailer, M., K. Maurer, H. Häfner (Hrsg.): Schedules for Clinical Assessment in Neuropsychiatry: SCAN/Weltgesundheitsorganisation. Huber, Bern 1995

Hecker, E.: Die Hebephrenie. Arch. Pathol. Ant. Pysiol. Klin. Med. 52 (1871) 394

Helmchen, H.: Relevanz der Diagnostik in der psychiatrischen Therapie. In: H. Dilling et al. (Hrsg.) 1994b, a. a. O.

Hiller, W., M. Zaudig, W. Mombour: IDCL, Internationale Diagnosen Checklisten für ICD-10 und DSM-IV. Huber, Bern 1995

Hoff, P.: Historischer Abriss zur Klassifikation und Diagnostik. In: V. Dittmann, H. Dilling, H.J. Freyberger (Hrsg.): Psychiatrische Diagnostik nach ICD-10: klinische Erfahrungen bei der Anwendung; Ergebnisse der ICD-10-Merkmalslistenstudie, Huber, Bern 1992

Janzarik, W.: Die Diagnostik idiopathischer Psychosen als psychopathologische Konvention. In: G. Huber (Hrsg.): Schizophrenie. Schattauer, Stuttgart 1981

Kahlbaum, K.: Die Katatonie oder das Spannungsirresein. Kirschwald, Berlin 1874

Kaplan, H.I., B.J. Sadock, J.A. Grebb: Synopsis of psychiatry, behavioral sciences, clinical psychiatry. Williams & Wilkins, Baltimore 1994

Käser, R.: Individualdiagnostik versus Systemtheorie? In: U. Imoberdorf, R. Käser, R. Zihlmann (Hrsg.): Psychodiagnostik heute; Beiträge aus Theorie und Praxis. Diagnostik-Kongress, Hirzel, Zürich 1992

Katschnig, H.: Der multiaxiale Ansatz in der psychiatrischen Diagnostik und die ICD-10. In: H. Dilling et al. (Hrsg.) 1994b, a. a. O.

Kind, H.: Psychiatrische Untersuchung. Ein Leitfaden für Studierende und Ärzte in Praxis und Klinik. Springer, Berlin 1990

Klerman, G.L.: The advantages of DSM-III. Am. J. Psychiatry. 141 (1984) 539

Klosterkötter, J.: Basissymptome und Endphänomene der Schizophrenie: eine empirische Untersuchung der psychopathologischen Übergangsreihen zwischen defizitären und produktiven Schizopreniesymptomen. Springer, Berlin 1988

Kraepelin, E.: Psychiatrie. 5. Aufl. Barth, Leipzig 1896

Krauss, A.: Phänomenologie und symptom-kriteriologische Diagnostik. Fundamenta Psychiatrica 5 (1991) 102

Lishman, W.A.: Organic Psychiatry, the psychological consequences of cerebral disorder. Blackwell, Oxford 1987

Marneros, A., M.T. Tsuang: Dichotomies and other distinctions in schizophrenia. In: A. Marneros, N.C. Andreasen, M.T. Tsuang (eds.): Negative versus positive schizophrenia. Springer, Berlin 1991

Merlo, M.C.: Neuere Entwicklungen in der pharmakologischen und neurobiologischen Grundlagenforschung und ihre Bedeutung für die klinische Praxis. In: W. Böker, H.D. Brenner (Hrsg.): Integrative Therapie der Schizophrenie. Huber, Bern 1996

Miller, D.R., W.F. Flack: Defining schizophrenia: a critique of the mechanistic framework. In: W.F. Flack, D.R. Miller, M. Wiener (eds.): What is schizophrenia? Springer, New York 1991

Morel, B.A.: Traité des maladies mentales. Paris, Masson 1860

Möller, H.J.: Psychiatrie: ein Leitfaden für Klinik und Praxis. 2., überarbeitete Aufl. Kohlhammer, Stuttgart 1994

Möller, H.J., H.M. van Praag, B. Aufdembrinke, P. Bailey, T.R.E. Barnes, J. Beck, H. Bentsen, F.X. Eich, L. Farrow, W.W. Fleischhacker, J. Gerlach, K. Grafford, B. Hentschel, A. Hertkorn, S. Heylen, Y. Lecrubier, J.P. Leonard, P. McKenna, W. Maier, V. Pedersen, A. Rappard, W. Rein, J. Ryan, M. Sloth Nielsen, R.D. Stieglitz, G. Wegener, J. Wilson: Negative symptoms in schizophrenia: considerations for clinical trials. Psychopharmacol. 115 (1994) 221

Mombour, W.: Das Konzept der neurotischen und psychophysiologischen Störungen (F4, F5). In: H. Dilling et al. (Hrsg.) 1994b, a. a. O.

Müller-Spahn, F., C. Hock, G. Kurtz: Definition, Diagnostik und Therapie schizophrener Minussymptomatik. In: D. Naber, F. Müller-Spahn (Hrsg.): Clozapin. Pharmakologie und Klinik eines atypischen Neuroleptikums. Springer, Berlin 1995

Mundt, Ch.: Schizophrenie. In: V. Faust (Hrsg.): Psychiatrie: ein Lehrbuch für Klinik, Praxis und Beratung. G. Fischer, Stuttgart 1995

Mundt, Ch., H. Lang: Die Psychopathologie der Schizophrenen. In: K.P. Kisker, H. Lauter, J.E Meyer, C. Müller, E. Strömgren (Hrsg.): Psychiatrie der Gegenwart 4. Schizophrenien. Springer, Berlin 1987

Sander, W.: Über eine specielle Form der primären Verrücktheit. Arch. Psychiatr. Nervenkrankh. 1 (1868) 387

Sartorius, N.: Operationale Diagnostik aus internationaler Sicht. In: H. Dilling et al. (Hrsg.) 1994b, a. a. O.

Saß, H.: Operationalisierte Diagnostik in der Psychiatrie. Nervenarzt. 61 (1990) 255

Saß, H.: Zur Problematik der operationalen Diagnostik in der Psychiatrie. In: H. Dilling et al. (Hrsg.): 1994b, a. a. O.

Scharfetter, Ch.: Schizophrene Menschen. 3. Aufl. Psychologie Verlags Union, München 1990

Stefanis, C.N.: On the concept of schizophrenia. In: A. Kales, C.N. Stefanis, J.A. Talbott (eds.): Recent advances in schizophrenia. Springer, New York 1990

Steinberg, R.: Die Schizophrenien im diagnostischen Prozess. In: R. Steinberg (Hrsg.): Schizophrenie: 17. Psychiatrie-Symposium, Pfalzklinik Landeck. Tilia-Verlag, Klingenmünster 1992

Stephens, J.H.: Long-term course and prognosis in schizophrenia. Sem. Psychiatry. 2 (1970) 464

Stieglitz, R.D.: Das Schizophreniekonzept (F2). In: H. Dilling et al. (Hrsg.) 1994b, a. a. O.

Stieglitz, R.D., V. Dittmann, W. Mombour: Erfassungsmethoden und Instrumente zur ICD-10. Fundamenta Psychiatrica 6 (1992) 128

Strauss, J.S., W.T. Carpenter, J.J. Bartko: An approach to the diagnosis and understanding of schizophrenia: speculations on the processes that underlie schizophrenic symptoms and signs. Schizophr. Bull. 1 (1974) 61

Strömgren, E.: Reactive (psychogenic) psychoses and their relations to schizoaffective psychoses. In: A. Marneros, M.T. Tsuang (eds.): Schizoaffective psychoses. Springer, Berlin 1986

Strömgren, E.: Nosology and classification – friends or foes? In: F.P. Ferrero, A.E. Haynal, N. Sartorius (eds.): Schizophrenia and affective psychosis. Nosology in contemporary psychiatry. John Libbey, Rom 1992

Süllwold, L., G. Huber: Schizophrene Basisstörungen. Springer, Berlin 1986

Süllwold, L.: Manual zum Frankfurter Beschwerde-Fragebogen (FBF). Springer, Berlin 1991

Szasz, T.: Schizophrenia: the sacred symbol of psychiatry. Basic Books, New York 1976

Wittchen, H.U., G. Semler: Composite International Diagnostic Interview. Beltz, Weinheim 1990

Wittchen, H.U.: Klassifikation. In: R.D. Stieglitz, U. Baumann (Hrsg.): Psychodiagnostik psychischer Störungen. Enke, Stuttgart 1994

Wittchen, H.U., H. Unland, B. Knäuper: Interview. In: R.D. Stieglitz, U. Baumann (Hrsg.): Psychodiagnostik psychischer Störungen. Enke, Stuttgart 1994

# 3 Einige Befunde zu Epidemiologie und Verlauf

J. Jakubaschk

## Einleitung

Valide Aussagen über die Schizophrenie aufgrund epidemiologischer Studien sind nicht einfach zu gewinnen, da die Krankheit relativ selten ist, sich in vielfältigen Erscheinungsformen darbietet, häufig mit unspezifischen Symptomen beginnt und in einem sehr breiten Spektrum von völliger Heilung bis hin zu schwerster Behinderung endet und zudem meist einen fluktuierenden Verlauf aufweist. Überdies sind epidemiologische Untersuchungen in der Regel sehr aufwendig und fordern von den Wissenschaftlern viel Geduld, da aussagekräftige Ergebnisse häufig erst nach Jahren, manchmal nach Jahrzehnten zu erwarten sind.

Grundsätzlich unterscheiden wir drei verschiedene Ansätze in der epidemiologischen Forschung, den deskriptiven, den analytischen und den experimentellen. In der deskriptiven Epidemiologie wird die Anzahl von Personen ermittelt, bei der eine Krankheit während eines bestimmten Zeitraumes in einer definierten Region auftritt. Die Zahl der Betroffenen wird zur Gesamtzahl der Risikobevölkerung ins Verhältnis gesetzt, so dass das Ergebnis deskriptiver Epidemiologie immer Raten oder Verhältniszahlen sind. Geht es um die Häufigkeit einer Erkrankung in der Bevölkerung, wird in der Regel die Inzidenz, d.h. alle *neuen* Fälle in einem Zeitraum, errechnet. Geht es eher um den Bedarf an Krankenhausbetten oder anderer medizinischer Versorgung, misst man die Prävalenz, d.h. das Vorkommen *aller* Krankheitsfälle zu einem Zeitpunkt oder in einer Zeitspanne. In der analytischen Epidemiologie wird versucht – wie der Name schon sagt – zu analysieren, warum hohe oder niedrige Raten in besonderen Bevölkerungsgruppen auftreten. Übliche Verfahren für diesen analytischen Ansatz sind Case-control – und Follow-up Studien oder auch prospektive Untersuchungen. Die experimentelle Epidemiologie wird nahezu ausnahmslos für die Therapieforschung eingesetzt. Das Quasi-Experiment besteht in der zufälligen Zuordnung von Patienten zu Untersuchungs- oder Kontrollgruppe, wobei weder Patient noch Kliniker (double blind), im Idealfall nicht einmal der Statistiker für die Datenauswertung die Gruppeneinteilung kennen (Bromet et al. 1988).

Trotz des hohen Aufwandes und trotz der genannten besonderen Schwierigkeiten bei der epidemiologischen Erforschung der Schizophrenie ist keine andere psychiatrische Krankheit häufiger Gegenstand epidemiologischer Untersuchungen gewesen. Dennoch lassen sich die wichtigsten epidemiologischen Erkenntnisse über die Schizophrenie und deren Verlauf in wenigen Sätzen zusammenfassen.

Etwa eine von hundert Personen erkrankt im Laufe des Lebens an Symptomen einer Schizophrenie (Häfner 1993). Die Ersterkrankungsraten variieren stark, wenn ihnen eine „breite" Definition der Schizophrenie zugrunde liegt: Jahresinzidenz um 25 pro 100'000 der Bevölkerung. Bei einer „engen" Definition liegen sie nahe beieinander, um 10 pro 100'000 der Bevölkerung (Jablensky et al. 1992).

Bei gleicher kumulativer Inzidenz finden sich in den Altersgruppen bis zum 25. Lebensjahr mehr Männer, danach mehr Frauen unter den Ersterkrankten. Die Schizophrenie beginnt meist zwischen dem 15. und 40. Lebensjahr, bei Männern in der Regel drei bis vier Jahre früher als bei Frauen (Häfner et al. 1993). Bei 70% der männlichen Schizophreniekranken liegt der Krankheitsbeginn vor dem 30. Lebensjahr, bei Frauen trifft das nur in 42% der Fälle zu (Shepherd 1987).

In der Ätiologie der Schizophrenie ist bis heute allein die erbliche Komponente nachweislich und unbestreitbar ein wesentlicher Faktor. Obgleich weder der Modus der Vererbung geklärt ist, noch das Ausmass des hereditären Einflusses auf Art, Verlauf und Ausgang der Krankheit, ist – vornehmlich durch Zwillingsuntersuchungen und Adoptionsstudien – bewiesen, dass je näher die Blutsverwandtschaft zu einem Schizophrenen, je grösser somit die Ähnlichkeit des Erbmaterials, umso höher auch das Erkrankungsrisiko ist. – Ein weiterer epidemiologisch gesicherter Befund, über dessen Bedeutsamkeit man allerdings noch streiten kann, ist die von der Norm abweichende Geburtsrate der Schizophrenen mit einem Plus von 10% im ersten Quartal des Jahres und einem Minus von 10% in den Sommermonaten. (Häfner et al. 1987, Dalén 1988, Dalén 1991).

Verlauf und Ausgang der Schizophrenien scheinen ebenfalls – zumindest auf den ersten Blick – einfach zu kategorisieren, weitgehend unveränderlich im Verlauf der Zeit und übereinstimmend beim Vergleich verschiedener Studien. In einer Arbeit über mögliche Änderungen des Schizophrenieverlaufs kommt Wing 1987 zu dem Schluss, dass Bleulers Formulierung auch weiterhin den generellen Ausgang der Schizophrenien gut zusammenfasst: ungefähr 20 bis 25% der Kranken erholen sich völlig, ungefähr 20 bis 25% bleiben durchgehend schwer behindert und die übrigen haben einen fluktuierenden Verlauf. Eine erstaunliche Übereinstimmung im Ausgang der Schizophrenien zeigen auch die Ergebnisse von fünf Langzeitstudien aus Europa und den USA. Nach Beobachtungszeiträumen von 22 bis 37 Jahren sind die Hälfte bis zwei Drittel der Erkrankten geheilt oder entscheidend gebessert (Harding 1992).

Aber wie bei allen Kurzfassungen vermitteln die wenigen Fakten ein nur unvollständiges Bild von der Epidemiologie und dem Verlauf schizophrener Erkrankungen. In den folgenden Abschnitten wollen wir einige Ergebnisse epidemiologischer Forschung anhand beispielhafter Untersuchungen aufzeigen und verdeutlichen, dass weder unterschiedliche Resultate noch verschiedenartige Interpretationen zwangsläufig gegen die Epidemiologie oder die Epidemiologen sprechen müssen.

## WHO-Studie: Determinants of Outcome (DOS)

Epidemiologen versuchen – etwas vereinfacht gesagt – aus der Häufigkeit bestimmter Merkmale der Erkrankten, aus immer wiederkehrenden Begleitumständen des Krankheitsausbruchs, aus unterschiedlichen Verläufen, dem verschiedenartigen Ausgang einer Krankheit und aus anderen Kriterien Hinweise auf die Ätiologie der untersuchten Erkrankung zu gewinnen oder Faktoren zu erkennen, die den Krankheitsverlauf beeinflussen. Die Akzeptanz epidemiologischer Resultate und die Glaubwürdigkeit der Epidemiologen leiden aber darunter, dass die Ergebnisse selbst sorgfältig durchgeführter Untersuchungen manchmal weit auseinander liegen. So schwanken z. B. die Schätzungen des Lebenszeitrisikos für Schizophrenie zwischen 0,6% und 3% der US-Bevölkerung, zwischen 0,19% und 0,9% in europäischen Studien und reichen in asiatischen Untersuchungen von 0,21% bis 0,38%. (Babigian 1985, Whitaker 1992). Zwar sind solche Diskrepanzen einfach zu erklären, entweder differieren die Falldefinitionen (case-definition) oder die Art der Erhebung (case-finding), dennoch zweifeln viele, ob eine Wissenschaft gültige Resultate z. B. über die Schizophrenie erbringen kann, wenn die Schätzungen über deren Vorkommen um das Fünffache voneinander abweichen.

Allerdings kann man in neueren Arbeiten auch Feststellungen lesen – um bei dem Lebenszeitrisiko der Schizophrenie zu bleiben – die keinen Zweifel mehr zulassen: „Generally speaking slightly less than 1% of the population of every country, independent of race or culture, will suffer from one form or another of schizophrenic illness during the course of their lifetime (lifetime morbidity risk)“ (Straube und Oades 1992) oder: „The worldwide lifetime prevalence of the disorder is about 0,85 percent across diverse geographic, cultural, and socioeconomic categories.“ (Carpenter und Buchanan 1994). Derartige Aussagen basieren auf transnationalen (Fallregister-)Untersuchungen, auf sorgfältigen Metaanalysen früherer Ergebnisse, aber vor allem auf der WHO-Studie „Determinants of Outcome of Severe Mental Disorders“ (Jablensky et al. 1992). Diese Untersuchung wurde von zwölf Zentren in zehn Ländern mit standardisierten Erhebungsinstrumenten (PSE, PPHS, DPS, DAS), übereinstimmender Krankheitsdefinition (ICD-9, CATEGO) und festgelegtem Altersrange (15 bis 54) durchgeführt. Sie war sicher das ehrgeizigste Unterfangen der psychiatrischen Epidemiologie in den letzten Jahren.

Die Untersuchung ist ein Folgeprojekt der WHO International Pilot Study of Schizophrenia (IPSS). Diese Studie zeitigte das unerwartete Ergebnis, dass schizophrene Patienten in Entwicklungsländern bei Nachuntersuchungen nach zwei wie nach fünf Jahren einen günstigeren Krankheitsverlauf aufwiesen als vergleichbare Patienten der entwickelten Länder (Sartorius et al. 1977, Sartorius et al. 1987). Fast ebenso wichtig war die Erkenntnis, dass eine umfangreiche Studie in verschiedenen Ländern mit unterschiedlichen Kulturen sehr wohl erfolgreich durchzuführen ist, wenn standardisierte Instrumente und Methoden für das psychiatrische Interview, das Beurteilen der Symptome und die diagnostische Klassifizierung benutzt werden.

Die Determinants of Outcome Study (DOS) basierte auf diesen Erfahrungen und wurde von den folgenden zwölf Zentren durchgeführt: Aarhus (Dänemark), Agra und Chandigarh (Indien), Cali (Columbien), Dublin (Irland), Honolulu und Rochester (USA), Ibadan (Nigeria), Moskau (USSR), Nagasaki (Japan), Nottingham (GB) und Prag (Tschechoslowakei). 1379 Patienten wurden bei ihrem ersten Kontakt wegen psychischer Probleme mit sogenannten „case-finding agencies" – vom psychiatrischen Krankenhaus über praktische Ärzte und traditionelle Heiler bis hin zu Polizeistationen – erfasst und untersucht; etwa vier Fünftel (78,2%) konnten zweimal in jährlichen Abständen nachuntersucht werden. Auf diesen Erhebungen und den Angaben der Patienten fussen die Resultate der Determinants of Outcome Study (Sartorius et al. 1986).

Die Ergebnisse dieser WHO-Studie waren in vielerlei Hinsicht bemerkenswert. Die *Gründe für den Erstkontakt* waren in entwickelten Ländern wie in Entwicklungsländern ähnlich. Bei 90% der Patienten wurde das Verhalten als ungewöhnlich angesehen und Selbst- oder Fremdgefährdung befürchtet.

Die mittlere *Krankheitsdauer vor Aufnahme* in die Studie war bei Patienten in Entwicklungsländern und entwickelten Ländern praktisch gleich, obwohl eine kürzere Erkrankungszeit in entwickelten Ländern mit mehr Behandlungsangeboten und einem dichteren Versorgungsnetz nahegelegen hätte. Auch in der *Erstmanifestation* gab es keine Unterschiede zwischen entwickelten Ländern und Entwicklungsländern: „Negative" Verhaltensauffälligkeiten wie Vernachlässigung üblicher Aktivitäten und sozialer Rückzug waren häufiger erste wahrnehmbare Krankheitszeichen als Wahnideen, Stimmenhören oder andere offen psychotische Symptome.

Von allen Fällen der Studie wurden 82% der „broad group of schizophrenia and related disorders" zugerechnet; 56% gehörten zur „group of 'nuclear' schizophrenia". Diese Kerngruppe der Schizophrenie war durch das Auftreten von einem oder mehreren Symptomen ersten Ranges (Schneider 1950) definiert.

Die *jährliche Inzidenz*, also die neuen Fälle der weit definierten Schizophrenie, lag in den verschiedenen Zentren zwischen 15 und 42 pro 100'000 der Risikobevölkerung (Alter 15 bis 54). Bei der eng definierten Schizophrenie liessen sich

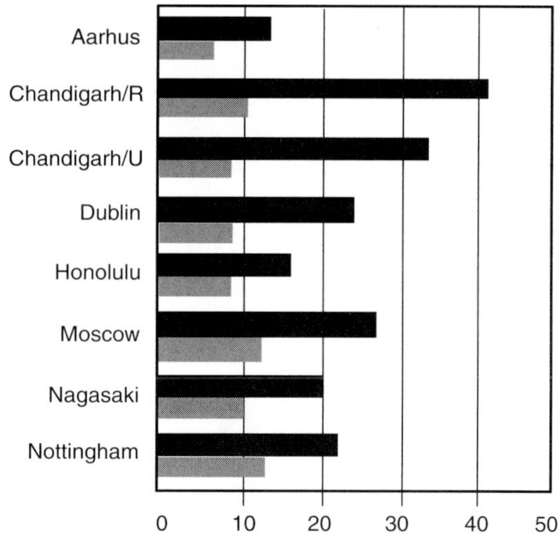


**Abb. 1** Jährliche Inzidenzraten pro 100'000 der Bevölkerung im Alter von 15–54 für eine „weite" Schizophreniedefinition (klinische Diagnose oder CATEGO S,P, O; schwarze Reihen) und für eine „enge" Schizophreniedefinition (CATEGO S+; gerasterte Reihen); nach: Jablensky et al.: Schizophrenia: A World Health Organisation Ten-Country Study. Psychol. Med. Suppl. 20, 1992)

keine statistisch bedeutsamen Unterschiede zwischen den einzelnen Erhebungsorten mehr ausmachen; die Inzidenz schwankte nur mehr zwischen 7 und 14 pro 100'000 der Bevölkerung. Das Erkrankungsrisiko für Schizophrenie, bestimmt auf der Basis der Inzidenzdaten, lag zwischen 0,5% und 1,72% für die breite diagnostische Schizophreniedefinition und zwischen 0,26% und 0,54% für die schizophrene Kerngruppe.

Die *alters- und geschlechtsspezifische Inzidenz* der Schizophrenie zeigte in allen Untersuchungsregionen ähnliche Verteilungen: Die Erkrankung begann bei Männern in einem früheren Lebensalter als bei Frauen.

Die meisten Patienten der Studie hatten in der zweijährigen Follow-up Phase einen *Krankheitsverlauf*, der durch Remissionen bestimmt war: 50,3% hatten nur eine einzige psychotische Episode, weitere 31,1% hatten zwei oder mehr psychotische Episoden, denen jeweils Remissionen folgten. Lediglich 15,7% der Patienten hatten eine kontinuierliche psychotische Krankheit ohne Remissionen. Auch in dieser Studie bestätigte sich, was sich in der IPSS bereits gezeigt hatte, in den Entwicklungsländern waren die Verläufe mit Remissionen häufiger als in den entwickelten Ländern.

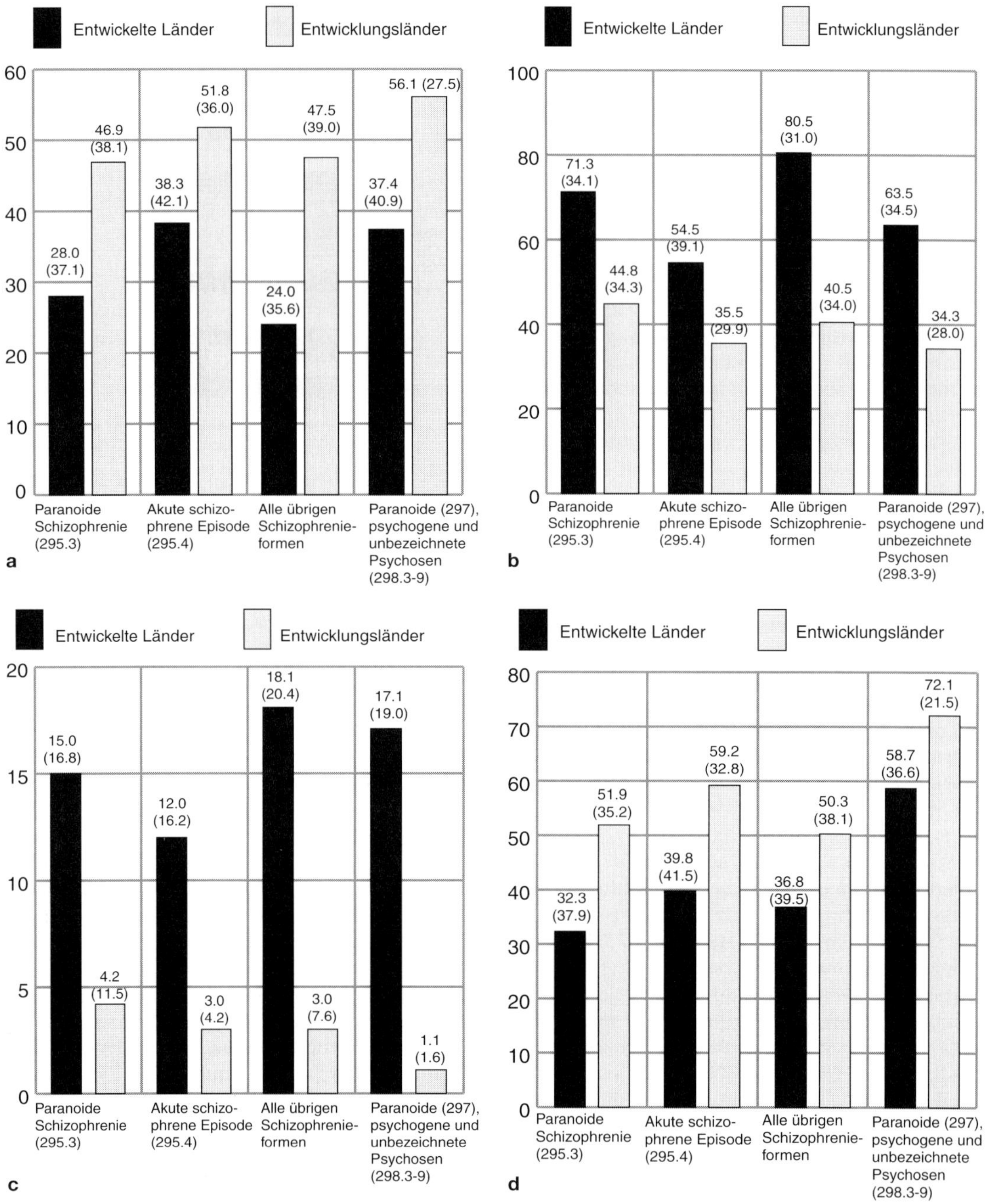


**Abb. 2a–d** Prozentanteile von der Nachuntersuchungsperiode (Mittelwerte und Standardabweichungen) in vollständiger Remission (**a**), unter antipsychotischer Medikation (**b**), im Krankenhaus (**c**) und ohne soziale Behinderung (**d**) nach der klinischen Diagnose bei der Erstuntersuchung aufgeteilt nach entwickelten Ländern (schwarz) und Entwicklungsländern (gerastert) (nach: Jablensky et al.: Schizophrenia: A World Health Organisation Ten-Country Study. Psychol. Med. Suppl. 20 (1992)

Der Krankheitsverlauf und -ausgang in der Nachuntersuchungsperiode wurde anhand von sechs Kriterien gemessen: Verlauf mit und ohne volle Remission; Dauer der psychotischen Episoden; Dauer der vollständigen Remission; antipsychotische Medikation; Hospitalisierung und Ausmass der sozialen Behinderung. In fünf dieser sechs Dimensionen (Ausnahme: Dauer der psychotischen Episoden) hatten die Patienten der Entwicklungsländer eine deutlich bessere Prognose als Patienten aus den entwickelten Ländern. Obwohl ein Drittel aller Patienten nie in einem psychiatrischen Krankenhaus behandelt wurde, erhielten 95% der Patienten eine neuroleptische Medikation. Diese Behandlung dauerte in entwickelten Ländern – entsprechend dem dortigen schlechteren Krankheitsverlauf – länger als in Entwicklungsländern.

Als wichtigste *Prädiktoren für den Verlauf* in der Nachuntersuchungsphase erwiesen sich die Art des Krankheitsbeginns – akut, subakut oder schleichend – und das sozioökonomische Umfeld – entwickelte Länder gegenüber Entwicklungsländern. Neben den diagnostischen Untergruppen – Hebephrenie und paranoide Schizophrenie zeigten schlechtere Krankheitsverläufe, akute schizophrene Episoden den besten – trugen auch klinische Erstdiagnose, Zivilstand, Geschlecht u.a. zur Vorhersage des Krankheitsverlaufs bei. Aber diese Prädiktoren hatten weit weniger Gewicht als Krankheitsbeginn und Herkunftsland.

Die Determinants of Outcome Study hat unter der kundigen Leitung der WHO gezeigt, dass eine weltweite Zusammenarbeit auf dem Felde psychiatrischer Epidemiologie erfolgreich möglich ist. Für die Schizophrenie hat die Studie überzeugend bewiesen, dass es sich um eine Krankheit handelt, deren Kernsyndrom – offensichtlich unbeeinflusst von sozialen, kulturellen und ökonomischen Gegebenheiten – in der ganzen Welt mit gleicher Häufigkeit auftritt. Auf der anderen Seite wies die Untersuchung ebenso überzeugend nach, dass der Verlauf durch kaum einen Faktor so nachhaltig bestimmt wird wie durch die Tatsache, ob die Krankheit in einem entwickelten Land oder in einem Entwicklungsland auftritt und behandelt wird. Im Verlauf sind also offensichtlich soziale, kulturelle oder ökonomische Gegebenheiten von erheblicher Bedeutung. Dieser scheinbare Widerspruch kann nur dann aufgelöst werden, wenn wir akzeptierten – wie das auch von anderen Autoren diskutiert wird (Häfner 1987) –, dass die Schizophrenie selbst mit ihren typischen psychotischen Einbrüchen auf dem Boden einer ubiquitär vorhandenen, massgeblich erblich bedingten Vulnerabilität entsteht, während die weitere Entwicklung des Verlaufs weitgehend durch charakterliche Anlagen, durchlaufene Sozialisationsprozesse und Einflüsse des Umfelds bestimmt wird. Mit dieser Annahme sind die Resultate der WHO-Studie in Einklang zu bringen, nämlich einerseits das unveränderliche Erkrankungsrisiko in allen Ländern und Kulturen und andererseits der bestimmende Einfluss sozioökonomischer Gegebenheiten auf den Verlauf. Der unbestreitbar günstigere aber in seinen Ursachen ungeklärte Krankheitsverlauf in den Entwicklungsländern, deren materielle und personelle Mittel begrenzter sind und deren medizinisch-psychiatrisches Versorgungsnetz gröber geknüpft ist, wirft Fragen auf: Verzögert und verhindert das differenzierte umfassende Behandlungsangebot der entwickelten Länder Heilung und Besserung der Schizophrenie? – Darf man in Entwicklungsländern weniger gesund sein, um schon als geheilt oder gebessert zu gelten und den Lebensanforderungen entsprechen zu können? – Gibt es Faktoren, die mit dem sozioökonomischen Standard oder dem geistig-kulturellen Hintergrund einer Gesellschaft verknüpft sind und den Schizophrenieverlauf beeinflussen?

Trotz der erfolgreichen Durchführung der Studie und trotz der vielfältigen wichtigen Resultate klingen die Schlussbemerkungen von Jablensky et al. (1992) deprimierend, auch wenn die Autoren einräumen, dass die WHO einen Beitrag zur Lösung der genannten Schwierigkeiten leistet.

„The study of the epidemiology of a disorder can provide critical leads to the understanding of causes and risk factors. In the instance of schizophrenia, this has not occurred because of continuing uncertainties due to the absence of reliable diagnostic indicators and markers, and of a sharp demarcation between its symptoms and the symptoms of other psychiatric conditions."

## ZISG(Zentralinstitut für Seelische Gesundheit)-Studie: Altersunterschiede zwischen Männern und Frauen beim Ausbruch der Schizophrenie

In zahlreichen Studien zeigte sich, dass es bei Erstaufnahmen – die man aus Gründen der besseren Erfassbarkeit dem eigentlich wichtigeren Krankheitsbeginn vorzog – einen deutlichen Altersunterschied zwischen Männern und Frauen gibt. Letztere kamen im Mittel drei bis vier Jahre später erstmals in stationäre Behandlung. Neuere Übersichten von Angermeyer und Kühn (1988), Harris und Jeste (1988), Riecher-Rössler et al. (1991) belegen, dass es sich hierbei um einen ubiquitären Befund handelt. Weder differentes Hilfesuchverhalten noch unterschiedliche Geschlechtsverteilung in der Bevölkerung, weder Selektionsfaktoren der untersuchten Patienten noch diagnostische Systeme, die durch Altersbegrenzungen geschlechtsspezifische Verschiebungen des Durchschnittsalters ermöglichen könnten, erklären hinreichend den Altersunterschied zwischen den Geschlechtern. Eine Forschungsgruppe des Zentralinstituts in Mannheim hat diesen über Länder und Kulturgrenzen hinweg stabilen Befund zum Ausgangspunkt eines bemerkenswerten Forschungsprojektes gemacht (Häfner et al. 1993).

In einem ersten Schritt wurden auf der Basis von Daten des nationalen dänischen Fallregisters und des Fallregisters Mannheim/BRD Artefakte als Ursachen für den Geschlechtsunterschied im Erstaufnahmealter ausgeschlossen. Durch bevölkerungsbezogene Raten liess sich eine abweichende Altersverteilung in der Bevölkerung (Selektionsartefakt) ausgleichen. Dem Einwand, „die unterschiedliche soziale Rolle der Geschlechter führt zur späteren Selbst- und Fremdwahrnehmung der beginnenden Psychose und damit zur vergleichsweise späteren Erstaufnahme von Frauen bei gleichem Ersterkrankungsalter“, begegneten die Forscher mit einem Vergleich von berufstätigen Frauen und Männern, der einen praktisch unveränderten Altersunterschied auswies (Häfner et al. 1993). Zu klären blieb allerdings die Frage, ob der Unterschied im Erst*aufnahmen*alter auf einen Geschlechtsunterschied im Erst*erkrankungs*alter zurückzuführen war.

Um nachträglich etwas so Vages, schwer Operationalisierbares wie den Krankheitsbeginn mit einiger Sicherheit zu erfassen, entwickelte die Arbeitsgruppe ein strukturiertes Interview, das IRAOS („Instrument for the Retrospective Assessment of the Onset of Schizophrenia“), dies auf der Basis international bewährter Skalen (sozialer Bereich: PHSD, PPHS; Symptomatik: PSE; Minussymptomatik: SANS; prämorbide Anpassung: PAS; soziale Behinderung: DAS; funktionale Beeinträchtigung: PIRS).

Symptomatik, Krankheitsbeginn und Frühverlauf vor Erstaufnahme wiesen nur geringe, statistisch nicht bedeutsame, Unterschiede auf. Damit waren zwei weitere mögliche Erklärungen für die Geschlechtsdifferenz widerlegt: Die mehrere Jahre später erfolgende Erstaufnahme schizophrener Frauen basiert weder auf schwächeren Symptomen noch auf einem längeren Frühverlauf. Gleichgültig, ob das früheste Anzeichen einer psychischen Störung, das erste psychotische Symptom, der Beginn der Index-Episode oder die Erstaufnahme zugrunde gelegt und unabhängig davon, ob eine enge oder weite Schizophreniedefinition gewählt wird, die Altersunterschiede zwischen Männern und Frauen bleiben signifikant und in der Grössenordnung von drei bis vier Jahren.

Auch wenn manche hypothetischen Erklärungsmodelle für den Altersunterschied inzwischen ausgeschlossen oder widerlegt waren – Selektionsartefakt, soziale Rolle mit unterschiedlicher Selbst- und Fremdwahrnehmung, Hilfesuchverhalten, geschlechtsspezifische Schizophrenie„typen“ mit milderer Symptomatik oder anderem Verlauf bei Frauen – so fehlte doch immer noch eine plausible, möglichst beweisbare Ursache für den Geschlechtsunterschied beim Ausbruch der Schizophrenie.

Da bekanntlich Frauen in der Regel früher heiraten und schizophrene Männer extrem häufig unverheiratet bleiben, (Ødegard 1946) gingen Mitarbeiter dieser Forschungsgruppe bereits 1992 der Frage nach, ob es einen Einfluss des Familienstandes auf das Alter beim Ausbruch einer Schizophrenie gibt (Riecher-Rössler et al. 1992).

Das IRAOS-Interview ermöglichte nicht nur eine genaue zeitliche Bestimmung von krankheitsrelevanten Fakten, sondern erfasste natürlich auch Lebensdaten wie Heirat u.a. Mit diesem Instrument liess sich zeigen, dass nur ganz wenige Männer wie Frauen nach dem Auftreten erster Zeichen einer psychischen Erkrankung oder gar psychotischer Symptome noch geheiratet hatten. „Die Schizophrenie scheint also ... die Chance einer Eheschliessung radikal zu vermindern. Ledig bleiben ist damit eher eine Folge der Erkrankung als ein Beitrag zu ihrer Verursachung“ (Häfner et al. 1993). Für eine protektive Wirkung der Ehe liess sich kein Anhaltspunkt finden: Der zeitliche Abstand zwischen ersten Krankheitszeichen und Krankenhausaufnahme betrug bei Verheirateten im Mittel 3,5, bei Alleinlebenden 3,8 Jahre.

Die These, dass die erheblichere soziale Beeinträchtigung bei Männern zur früheren Auslösung der Schizophrenie führt, lässt sich ebenfalls nicht halten. Zum einen treten die Einbrüche in die soziale Lebensgeschichte bei Männern wie Frauen überwiegend *nach* dem Ausbruch der Krankheit,

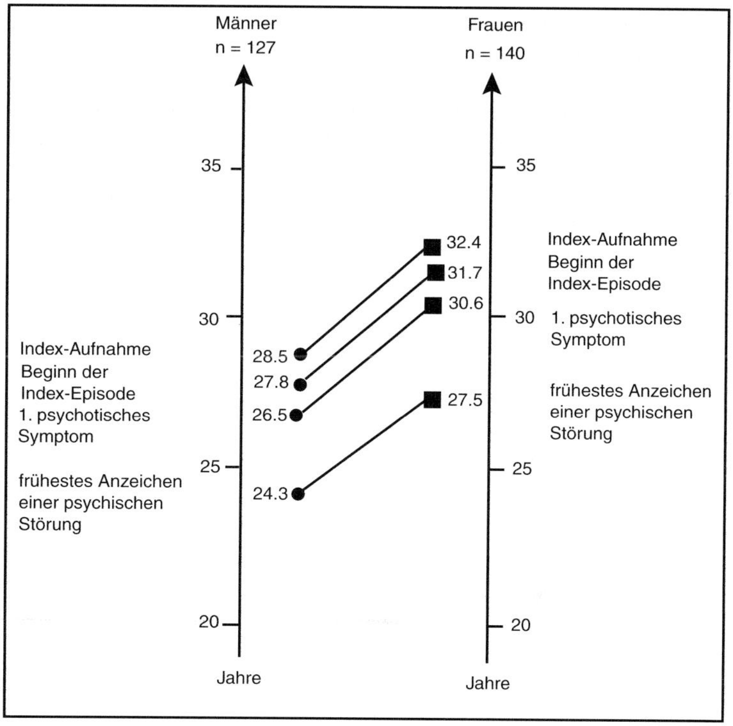


**Abb. 3** Mittleres Alter zu verschiedenen Zeitpunkten im frühen Verlauf der Schizophrenie (weite Definition ICD-9: 295, 297, 298.3, 298.4) (nach: Häfner et al.: Ein Kapitel systematischer Schizophrenieforschung. Nervenarzt (1993)

wenn auch häufig vor der ersten Hospitalisation auf und können somit schwerlich den Ausbruch der Schizophrenie beeinflussen. Zum anderen lassen sich soziale Auswirkungen bei männlichen Schizophrenen sehr gut als *Folge* des früheren Krankheitsbeginns begreifen. Denn zwischen dem 24. Lebensjahr, dem Ersterkrankungsalter der Männer, und dem 27. oder 28. Lebensjahr, dem Ersterkrankungsalter der Frauen, werden stabile Partnerbeziehungen geknüpft, Berufsausbildungen abgeschlossen, Arbeitsplätze gesichert und selbständige Wohn- und Lebenssituationen geschaffen. In der Regel besetzen Frauen ihre sozialen Rollen in Partnerschaft, Beruf und Eigenständigkeit sowieso früher als Männer, sie haben aber ausserdem noch drei bis vier Jahre länger Zeit, ein stabiles soziales Umfeld aufzubauen. Dem gegenüber trifft der Krankheitsausbruch die Männer häufig zu einem Zeitpunkt, wenn ihre sozialen Beziehungen noch nicht stabilisiert sind.

Während bei Männern die Häufigkeit des Schizophrenieausbruchs in der Altersgruppe 20. bis 24. Lebensjahr nach einem steilen Anstieg den Gipfel erreicht und danach kontinuierlich abfällt, kommt es bei Frauen erst in der Altersgruppe 25. bis 29. Lebensjahr zum ersten Gipfel, dem – nach einem Abfall der Häufigkeitskurve – ein zweiter in der Altersgruppe 45. bis 49. Lebensjahr folgt. Allein aus dem Kurvenverlauf mit einem verzögerten Anstieg in jungen Jahren und einem zweiten Gipfel in der Zeit der Menopause, lag ein Zusammenhang mit der Oestrogensekretion nahe. Die Forschergruppe überprüfte – auch angeregt durch Überlegungen anderer Wissenschaftler (Seeman und Lang 1990, Lewine 1988) – folgende Hypothese: Oestrogen erhöht die Vulnerabilitätsschwelle für Schizophrenie. Das Absinken des Oestrogenspiegels in der Menopause führt zu Spätmanifestationen bei genetisch disponierten Frauen, die bis dahin durch die Oestrogensekretion geschützt waren.

Nach den Ergebnissen verschiedener Tierversuche einschliesslich postmortaler Gehirnuntersuchungen (Häfner et al. 1991a, Häfner et al. 1991b) war die Arbeitsgruppe von der Annahme überzeugt, „dass der neuromodulatorische Effekt von Oestrogen der Erhöhung der Vulnerabilitätsschwelle für Schizophrenie und damit dem höheren Ersterkrankungsalter bei Frauen zugrunde liegt“ (Häfner et al.1993).

Aber es galt noch in klinischen Studien herauszufinden, in wieweit diese Resultate aus den Tierversuchen auf Menschen übertragbar sind. Bei der Hypothesenbildung gingen die Forscher von der bekannten Tatsache aus, dass es im normalen menstruellen Zyklus Phasen mit unterschiedlicher Oestrogensekretion gibt. Wenn dem Oestrogen (oder hier besser Oestradiol) eine protektive Wirkung zukommt, ist zu erwarten, dass Oestradiol-Serumspiegel und schizophrene Symptomatik negativ korrelieren, dass sich in akuten schizophrenen Episoden die Intensität der Symptomatik in Abhängigkeit von der Zyklusphase, genauer gesagt, in Abhängigkeit von der jeweiligen Höhe des Oestradiol-Serumspiegels verändert und dass Aufnahmen im akuten Stadium der Schizophrenie gehäuft in der perimenstruellen Zyklusphase (beginnend dritter Tag vor Menstruation) erfolgen müssten, weil Krankenhauseinweisungen häufig durch eine zunehmende Symptomatik initiiert werden. Alle drei Hypothesen liessen sich verifizieren! Das wichtigste Ergebnis: Es gibt eine signifikante negative Korrelation zwischen Oestradiolspiegel und der Symptomatik (Riecher-Rössler et al. 1992, Riecher-Rössler et al. 1994).

Dieses bemerkenswerte, vielseitige, vornehmlich epidemiologisch orientierte Forschungsprojekt kommt damit zur Beantwortung der ursprünglichen Frage: Der Geschlechtsunterschied im Ersterkrankungsalter für Schizophrenie und der zweite Gipfel beim weiblichen Geschlecht um die Menopause beruhen auf der Wirkung des Oestrogens. Allerdings spielt dieser Wirkmechanismus für die Ätiologie der Schizophrenie keine Rolle. Das Oestrogen „moduliert" Ausbruch, Verlauf und Symptomatik, aber es verhindert keine einzige schizophrene Erkrankung. Wie sonst wäre die gleiche kumulative Inzidenz bei den Geschlechtern zu verstehen?

## Genetik

Nicht zuletzt aufgrund epidemiologischer Studien ist zumindest ein ursächlicher Faktor in der Entstehung von Schizophrenien unbestreitbar, nämlich die Genetik. In Abhängigkeit vom Verwandtschaftsgrad mit einem Schizophrenen, also auch abhängig von der Wahrscheinlichkeit gemeinsamer Erbanlagen, steigt das Risiko zu erkranken. So haben Verwandte ersten Grades ein zehnfach höheres Risiko als die Allgemeinbevölkerung. Das Risiko steigt auf 40%, wenn beide Elternteile an einer Schizophrenie leiden. – Die Konkordanzrate beträgt bei dizygoten Zwillingen etwa 10%, bei monozygoten hingegen 40% bis 50%. (Straube und Oades 1992, Kendler 1988).

Der Einwand, dass das Aufwachsen mit einem kranken Elternteil oder Geschwister – auch ohne jede genetische Verknüpfung – das Erkrankungsrisiko erhöht, ist heute durch sorgfältige Adoptionsstudien widerlegt (Straube und Oades 1992, Flekkøy 1987). Um nur ein Beispiel zu nennen:

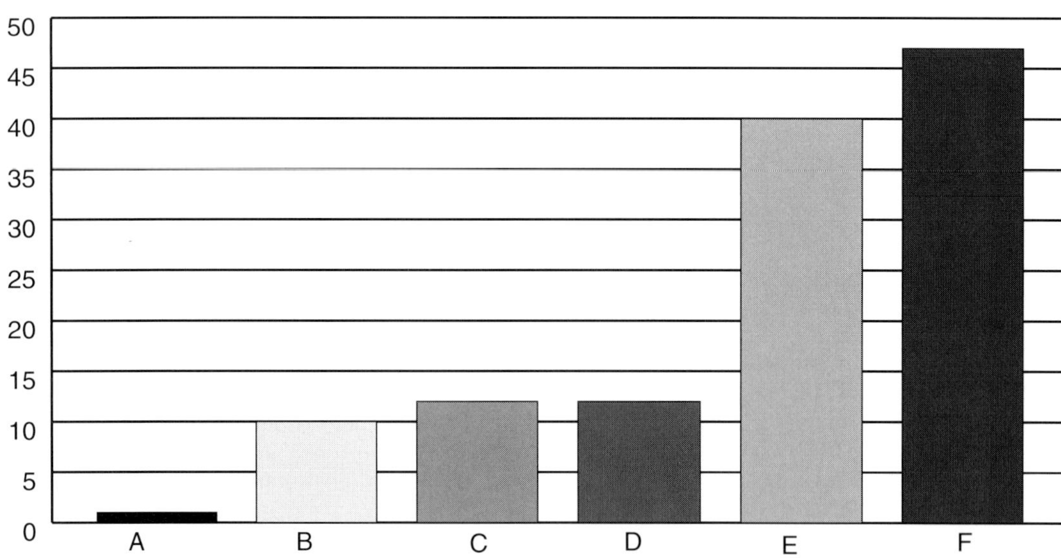


**Abb. 4** Prävalenz und Erkrankungsrisiko der Schizophrenie. A Allgemeinbevölkerung, B Geschwister eines schizophrenen Patienten (nicht Zwillinge), C dizygote Zwillinge, D Kind mit einem schizophrenen Elternteil, E Kind mit zwei schizophrenen Eltern, F monozygote Zwillinge (nach: Ferrero: A propos des troubles schizophréniques. Sandorama (1994)

Leidet ein biologischer Elternteil an Schizophrenie, dann ist das Risiko des Adoptionskindes signifikant grösser als wenn ein Adoptivelternteil erkrankt.

Obgleich also der Beweis für eine genetische Vulnerabilität für Schizophrenie unzweideutig ist, gibt es noch keine spezifischen Informationen über die Anzahl der betroffenen Gene, über den Modus der Übertragung, über eine mögliche genetische Heterogenität oder darüber, welche Gene oder welche Genanteile betroffen sind und bis zu welchem Ausmass die Entwicklung der Schizophrenie im späteren Leben bereits bei der Empfängnis festgelegt wird (Carpenter und Buchanan 1994). So widersprüchlich es auch klingen mag, gerade die unzweifelhaften genetischen Resultate beweisen, dass auch nichtgenetische Faktoren eine bedeutende ursächliche Rolle in der Schizophrenie spielen müssen. Wie sonst ist eine Konkordanzrate von 40% bei eineiigen Zwillingen zu erklären? Wäre allein das Erbgut für die Entstehung einer Schizophrenie von Bedeutung, müssten monozygote Zwillinge mit absolut identischem Erbgut stets beide erkranken oder beide gesund bleiben, also eine Konkordanzrate von 100% aufweisen. Die tabellarische Übersicht von Kringlen 1987 (zitiert nach Häfner 1989) veranschaulicht jedoch, dass die Zwillingspartner von sicher schizophrenen, monozygoten Zwillingen zwar überwiegend nicht psychisch gesund sind, aber ebenfalls auch überwiegend nicht schizophren.

Ein Erkrankungsrisiko, das – wie die WHO-Studie Determinants of Outcome zeigt – über Länder und Kulturen gleich verteilt ist, in der kumulativen Inzidenz auch zwischen den Geschlechtern keine Unterschiede zeigt und offenbar selbst über die Zeit nicht wesentlich schwankt (Goldhamer und Marshall 1949, Ødegard 1971), ist kaum durch ökologische, soziokulturelle oder infektiöse Faktoren kausal erklärbar, denn diese variieren üblicherweise räumlich und zeitlich erheblich (Häfner 1993). Dennoch müssen wir festhalten, dass der Verlauf der Schizophrenie ganz wesentlich durch Umgebungseinflüsse bestimmt wird, wie sich ja ebenfalls in der Determinants of Outcome Study gezeigt hat, und dass vermutlich auch der Zeitpunkt des ersten Auftretens produktiv psychotischer Symptome durch Belastungen im sozialen Umfeld mitbestimmt wird.

Die Beurteilung über die Bedeutung der Genetik für die Schizophrenie (siehe auch Kapitel 20) wird noch dadurch erschwert, dass andere möglicherweise ätiologisch wirksame Faktoren ebenfalls bereits von Geburt an Einfluss haben können. So gibt es Anhaltspunkte dafür, dass bei Schizophrenen Schwangerschafts- und Geburtskomplikationen häufiger vorkommen (Lewis und Murray 1987), aber niemand weiss bisher, ob überhaupt und gegebenenfalls wie diese Komplikationen die Ätiologie der Schizophrenie beeinflussen. Immerhin ist die Annahme naheliegend, dass der übergreifende ätiologische Mechanismus von Schwangerschafts- und Geburtskomplikationen in einer mangelhaften Sauerstoffversorgung der sich entwickelnden Hirnregionen liegen könnte (Bracha et al. 1992). Diese Annahme stimmt mit den Resultaten über strukturelle Besonderheiten im Gehirn Schizophrener insofern überein, als die strukturellen Auffälligkeiten sich vornehmlich im Gebiet des Hippocampus und Parahippocampus finden, eine für Hypoxie besonders empfindliche Region (Altshuler et al.

**Tabelle 1** Zwillingspartner sicher schizophrener monozygoter Zwillinge in systematischen Studien (nach Kringlen: Contributions of Genetic Studies on Schizophrenia. In: Häfner, Gattaz, Janzarik (eds.): Search for the Causes of Schizophrenia. Springer (1987)

| Studie | Anzahl der Paare | Schizophrenie | Mögliche Schizophrenie, reaktive Psychose, „borderline states" | Neurose-ähnliche Störungen | Klinisch normal |
|---|---|---|---|---|---|
| Essen-Møller (1941) | 6 | – | 4 | 1 | 1 |
| Slater und Shields (1953) | 34 | 18 | 8 | 2 | 6 |
| Tienari (1963) | 14 | – | – | 6 | 8 |
| Kringlen (1967) | 45 | 14 | 4 | 13 | 14 |
| Gottesman und Shields (1972) | 22 | 8 | 3 | 6 | 5 |
| Fischer (1973) | 21 | 5 | 5 | 2 | 9 |
| Gesamt | 142 | 45 (32%) | 24 (17%) | 30 (21%) | 43 (30%) |

1990). Allerdings ist auch eine andere Erklärung möglich: Es wäre denkbar, dass die „Schizophrenie"-Gene auch die embryonale Entwicklung verändern und so Schwangerschaftskomplikationen wahrscheinlich machen (Carpenter und Buchanan 1994).

## Jahreszeitliche Häufigkeitsverteilung der Geburten Schizophrener

Da es bekanntlich nicht allzu viele konsistente epidemiologische Befunde bei der Schizophrenie gibt, die eine regelhafte Abweichung von der Allgemeinbevölkerung belegen und somit möglicherweise einen Hinweis auf die Ätiologie liefern könnten, findet sich in fast jeder Arbeit zur Epidemiologie der Schizophrenie eine Erörterung über die jahreszeitliche Häufigkeitsverteilung der Geburten.

Die Geburtsrate Schizophrener liegt im Winter und Frühjahr, vornehmlich in den Monaten Januar bis April, ca. 10% über jener der Allgemeinbevölkerung und im Sommer im Mittel um 10% niedriger (Boyd et al. 1986, Bradbury und Miller 1985, Dalén 1988, Dalén 1991). Nach der Übersichtsarbeit von Boyd et al. (1986) kann es kaum noch begründete Zweifel an dem Faktum selbst geben. Die Autoren konnten nämlich belegen, dass der Geburtenüberschuss im Winter und Frühling in zwei Drittel der reanalysierten 30 Studien auch statistisch signifikant war.

Anhand einer grossen Stichprobe aus dem kumulativen psychiatrischen Fallregister des Zentralinstituts in Mannheim konnte das Ergebnis ebenfalls bestätigt werden. Allerdings wurden aus dem gleichen Haus auch Resultate vorgelegt, die erhebliche Zweifel an der Bedeutsamkeit der abweichenden Geburtsrate für die Ätiologie der Schizophrenie wecken (Häfner et al. 1987, Häfner 1987). Wenn man alle geistig Behinderten von 13 Geburtsjahrgängen aus Mannheim mit einer Kontrollpopulation vergleicht, zeichnet sich ein sehr ähnliches Verteilungsmuster wie bei der Schizophrenie ab.

1984 befassten sich Watson und Mitarbeiter mit der jahreszeitlichen Verteilung der Geburtsrate von Schizophrenen in bezug auf das Auftreten von Infektionskrankheiten und extremen Temperaturen. Neben diesem Hauptanliegen der Arbeit sahen sie 23 Studien durch, die Angaben über die Geburten von psychisch Kranken in den verschiedenen Jahreszeiten enthielten. Dabei erwies sich, dass das Verteilungsmuster, das so charakteristisch für Schizophrene zu sein schien, offensichtlich auch bei anderen psychisch Kranken vorkommt, wenn auch nicht so konstant und z.T. auch nicht statistisch signifikant von der Allgemeinbevölkerung unterschieden. Immerhin fand sich eine Häufung der Geburten im ersten Teil des Jahres in mehr als der Hälfte der Studien über manisch-depressive Patienten, bei zwei

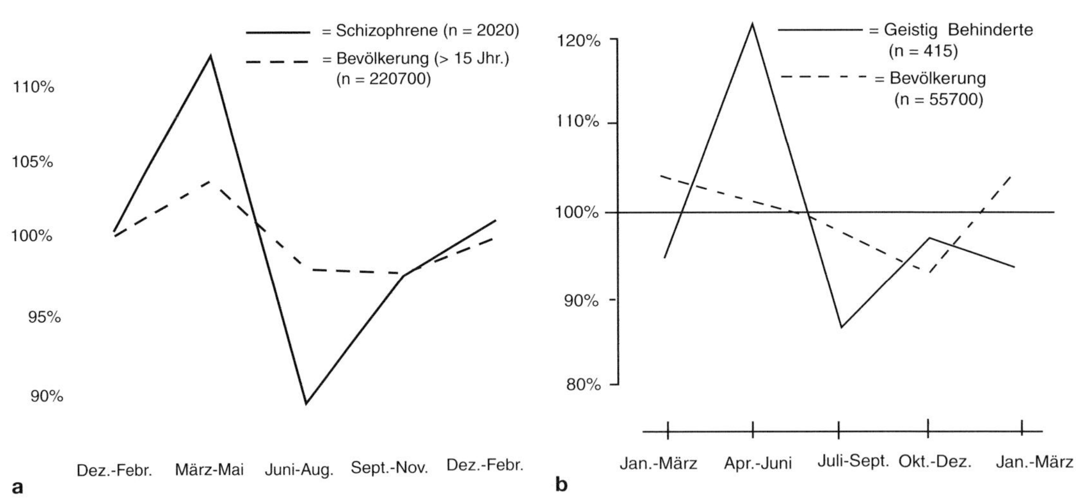


**Abb. 5a/b a** Jahreszeitliche Verteilung der Geburten Schizophrener verglichen mit der Bevölkerung ihrer Herkunftsregion (> 15 Jhr.). **b** Jahreszeitliche Verteilung der Geburten geistig Behinderter verglichen mit der Bevölkerung gleicher Jahrgänge (nach: Häfner: Epidemiology of Schizophrenia. In: Häfner, Gattaz, Janzarik (eds.): Search for the Causes of Schizophrenia. Springer (1987)

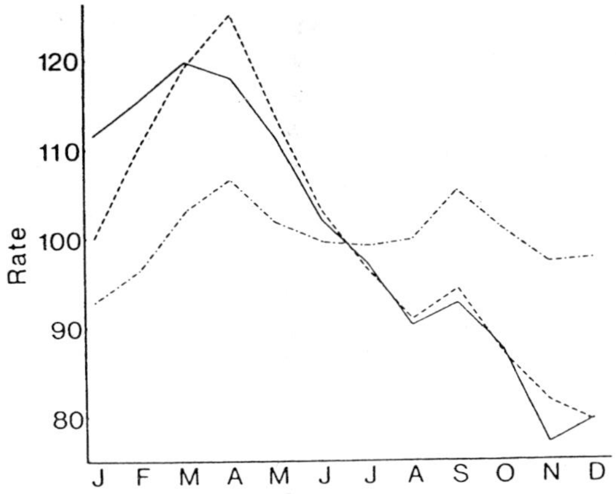


**Abb. 6** Monatliche Aenderungen der Geburtsraten in Abhängigkeit vom Lebensalter der Mütter in Schweden (1967–1979): - . - . - . ≤ 24 Jahre; - - - 25–34 Jahre; —— ≥ 35 Jahre (aus: Dalén: Deviant Birth Season Distribution: Does it Offer a Clue to the Aetiology of Schizophrenia? In: Häfner and Gattaz (eds.): Search for the Causes of Schizophrenia, Volume II, Springer, 1991)

Dritteln der Untersuchungen über Neurotiker und bei einem Drittel der Arbeiten über Persönlichkeitsstörungen. Wir können also festhalten, dass das in der Allgemeinbevölkerung übliche Verteilungsmuster der Geburten – im Frühjahr überdurchschnittlich, im Sommer und Herbst unter dem Durchschnitt – in ausgeprägterer Form bei Schizophrenien und geistig Behinderten regelmässig vorkommt, aber auch bei anderen psychischen Störungen anzutreffen ist. Diese Tatsache allein relativiert – um es zurückhaltend zu sagen – die Bedeutung dieses Befundes für die Ätiologie der Schizophrenie. Dennoch bleibt natürlich die Frage, ob es für dieses Phänomen eine plausible Erklärung gibt.

Dalén wies 1991 darauf hin, dass sich die jahreszeitliche Verteilung der Geburten markant zwischen den Altersgruppen der Mütter unterscheidet. Junge Mütter haben eine eher gleichmässige Verteilung ihrer Geburten übers Jahr, während Mütter der Altersgruppen 25 bis 34 und ≥ 35 ein Verteilungsmuster der Geburten zeigen, das von demjenigen der Schizophrenen kaum zu unterscheiden ist. Ein Erklärungsmodell wäre demnach, dass Schizophrene vorwiegend von älteren Müttern geboren werden. Das zu überprüfen, wäre sicherlich relativ leicht möglich und ist überdies sehr sinnvoll, da wir ja derartige Zusammenhänge zwischen Erkrankungshäufigkeit und dem Alter der Mutter bei der Geburt bestens kennen. Beispielsweise kommt das Down-Syndrom – durchschnittliche Häufigkeit: ein Fall auf 600 Geburten – bei 25jährigen Müttern im Verhältnis 1:1000, bei 35jährigen im Verhältnis 1:100 vor.

Da zurzeit sowohl aussagekräftige Untersuchungen über die Altersverteilung der Mütter von Schizophrenen wie auch methodisch überzeugende Studien über die jahreszeitlichen Unterschiede in den Geburtsraten anderer psychiatrischer Krankheiten fehlen, können wir vorerst nur festhalten, dass bei Schizophrenen die Ungleichverteilung der Geburten übers Jahr, die wir in allen Bevölkerungen antreffen, statistisch signifikant ausgeprägter ist. – Allerdings können wir überlegen, ob die diskutierten Zusammenhänge überhaupt einleuchtend sind.

Es hat den Anschein, dass wir alle in der warmen Jahreszeit vermehrt erotisch-sexuellen Stimuli ausgesetzt sind und ein aktiveres Sexualverhalten zeigen mit der Folge eines Geburtenhochs im Winter und Frühjahr. Gleichgültig, ob dies allein den höheren Temperaturen, erotisierender Bekleidung oder günstigeren Gelegenheiten zum Sexualverkehr zuzurechnen ist, oder ob hormonelle Jahreszyklen oder sonstige Faktoren eine Rolle spielen, es erscheint denkbar, dass die Eltern Schizophrener und anderer psychisch Kranker – wenigstens aber ein Teil von ihnen – der zusätzlichen Stimuli mehr bedarf als die übrige Bevölkerung (Ødegard 1974, Häfner 1987).

Aus der weitgehenden Gleichverteilung der Geburten bei jungen Müttern (und Vätern) ist wohl auf ein gleichmässig aktives Sexualleben zu schliessen. Umgekehrt müssen wir annehmen, dass ältere Mütter (und Väter) in diesem Bereich eher auf zusätzlich stimulierende Anreize, welcher Art auch immer, angewiesen sind. Dürfen wir letzteres nicht mit einigem Recht auch für einen Teil der Eltern psychisch Kranker, vielleicht einen grösseren Teil als von der Allgemeinbevölkerung postulieren? Denn es könnte sich ja sehr wohl erweisen, dass die uns bekannten Schwierigkeiten Schizophrener in Partnerbeziehungen sich auch – vielleicht weniger ausgeprägt – bei einem Teil ihrer Eltern finden und dass diese Beziehungsprobleme späte, feste Partnerbeziehungen und damit späte Geburten begünstigen. Es scheint in jedem Fall zu kurz gegriffen, wenn Dalén 1991 die Bedeutung des Lebensalters der Mutter als zumindest *eine* Erklärung für die jahreszeitliche Verteilung der Geburten Schizophrener mit dem Argument verwirft, dass auch Mütter unter 25 Jahren schon zukünftige Schizophrene geboren haben. „However, mothers of future schizophrenic patients are also found below the age of 25, and this is therefore not an acceptable model.“ (Dalén 1991).

## Verlauf und Ausgang

Als Kraepelin den Begriff der „Dementia praecox“ prägte, ging er davon aus, dass sich der Zustand von der ganz überwiegenden Mehrzahl der Kranken zunehmend verschlechtert, eben bis hin zu einer vorzeitigen Demenz (Kraepelin 1893, Kraepelin 1920). Auch wenn sich die grundsätzlich pessimistische Einschätzung von Verlauf und Ausgang der Schizophrenie lange gehalten hat und z.T. ja heute noch hält, so ist eine derartige negative Sicht dieser Krankheitsgruppe nicht mehr gerechtfertigt.

Manfred Bleuler, der wohl beste langjährige Kenner der Schizophrenie und deren sorgfältiger Chronist und Erforscher, legte 1972 als erster die Ergebnisse einer Verlaufsuntersuchung vor, die auf über 20jährige Beobachtungen gründeten. In seiner Monographie „Die schizophrenen Geistesstörungen im Lichte langjähriger Kranken- und Familiengeschichten“ hebt er hervor, dass sich die schizophrenen Psychosen nach dem fünften Jahr der Erkrankung in der grossen Mehrzahl in einem mehr oder weniger stabilen „Endzustand“ befinden. Nach mehr als 20 Jahren waren von 208 schizophrenen Probanden 152 (= 73%) in einem solchen „Endzustand“, 56 (= 27%) waren entweder noch in einer akuten Krankheitsphase oder der stabile Zustand hatte noch nicht fünf Jahre gedauert. Diese „Endzustände“ teilen sich folgendermassen auf:

| „Endzustand“ | n = 152 | Prozent |
|---|---|---|
| Heilung | 30 | 20% |
| leicht krank | 50 | 33% |
| mittelschwer krank | 36 | 24% |
| schwerst krank | 36 | 24% |

Diese ursprüngliche Gruppe der 208 Schizophrenen setzte sich nicht allein aus Ersthospitalisierten zusammen. Deshalb hat Bleuler die Ersterkrankten und die schizophrenen Geschwister der Probanden, soweit sie hospitalisiert werden mussten, in einer weiteren Gruppe zusammengefasst und auch deren Krankheitsausgang beschrieben. Von den 129 Fällen hatten 47 (= 36%) noch keinen „Endzustand“ erreicht. Die übrigen 82 Schizophrenen (= 64%) verteilen sich wie folgt:

| „Endzustand“ | n = 82 | Prozent |
|---|---|---|
| Heilung | 25 | 30% |
| leicht krank | 31 | 38% |
| mittelschwer krank | 14 | 17% |
| schwerst krank | 12 | 15% |

Auf dem 2. Weissenauer Schizophreniesymposion, ein Jahr nach dem Erscheinen seiner Monographie, sprach Manfred Bleuler über die langen Verläufe der Schizophrenie und ihre Formbarkeit. Zwei Aussagen hob er besonders hervor:

1. Der Verlauf der Schizophrenie ist beeinflussbar sowohl vorübergehend wie auch auf Jahre hinaus.
2. Im Durchschnitt verschlimmern sich schizophrene Psychosen nach dem fünften Jahr der Erkrankung nicht mehr, viel eher zeigen sie von da an im Laufe der Jahre und Jahrzehnte noch eine Tendenz zur Besserung.

Noch pointierter als in seinem Buch betont Bleuler: Bei einem Drittel der Kranken treten auch nach dem fünften Krankheitsjahr noch „dramatische Verschlimmerungen und Besserungen“ auf, aber eben insgesamt gesehen doch mit der oben erwähnten „Tendenz zur Besserung“. Auch eine neuere Untersuchung von zehn nordamerikanischen Follow-up Studien bestätigt Bleulers Aussage: „On the average, functional deterioration appears to plateau and even to relent somewhat after five to ten years of manifest illness.“ (McGlashan 1988).

Auf dem gleichen Schizophreniesymposion präsentierte die Arbeitsgruppe Gross, Huber, Schüttler erste Ergebnisse einer Langzeitstudie an rund 500 Schizophrenen nach einem mittleren Krankheitsverlauf von 22,4 Jahren. 1979 legte diese Arbeitsgruppe dann ihre Monographie vor „Schizophrenie – eine verlaufs- und sozialpsychiatrische Langzeitstudie“, die differenziert – wenn auch in der den Autoren eigenen Terminologie und Typologie – über den Verlauf, den Krankheitsausgang und deren soziale Implikationen bei diesen 500 Fällen ausführlich berichtet. Die „Endzustände“ dieser Bonner Untersuchungspopulation teilen sich folgendermassen auf:

| „Endzustand“ | n = 367 | Prozent |
|---|---|---|
| Heilung | 95 | 25,9% |
| leichte | 115 | 31,3% |
| mittelschwere | 105 | 28,6% |
| schwere | 52 | 14,2% |

**Tabelle 2** Fünf Langzeituntersuchungen (nach Harding 1992)

| Studie | Stichprobengrösse | Mittlere Beobachtungsdauer | geheilte oder signifikant gebesserte Fälle (%) |
|---|---|---|---|
| M. Bleuler (1972) Zürich CH | 208 | 23 | 53–68 |
| Huber et al. (1979) Bonn BRD | 502 | 22 | 57 |
| Ciompi & Müller (1976) Lausanne CH | 289 | 37 | 53 |
| Tsuang et al. (1979) Iowa USA | 186 | 35 | 46 |
| Harding et al. (1987) Vermont USA | 118 | 32 | 62–68 |

Die Schizophrenie ist also offensichtlich nicht eine Krankheit, die zwangsläufig zu langsam progredienter Verschlechterung führt. Selbst in der zweiten oder dritten Krankheitsdekade gibt es noch ein Potential für vollständige oder partielle Heilung (Huber et al. 1980).

In einer eindrucksvollen Arbeit zeigte Harding 1992 auf, dass der Begriff der Chronizität für die Schizophrenie zweifelhaft geworden ist, wenn man die Ergebnisse neuerer, methodisch unanfechtbarer Studien zugrunde legt. Die Hälfte bis zwei Drittel von über 1300 Kranken, sämtlich mehr als 20 Jahre beobachtet, erreichen eine Heilung oder eine wesentliche Besserung. Diese Resultate widerlegen die immer noch anzutreffende Auffassung, der Krankheitsausgang der Schizophrenie führe unausweichlich zu randständiger Existenz oder – stets abwärts gerichtet – in einen Verlauf mit fortschreitender Verschlechterung (Harding 1992).

Es gibt allerdings auch kritische Stimmen, die jeden Vergleich von Verlauf und Krankheitsausgang zwischen verschiedenen Untersuchungen als unzulässig ansehen, da die Konzepte der Schizophrenie zu unterschiedlich sind (Angst 1988). Harding selbst zeigt, dass trotz völlig anderer Zusammensetzung der Patientenpopulationen bei Bleuler, Ciompi und Müller sowie im Vermont Research Project – gemessen anhand der acht Verlaufstypen nach Ciompi (1980) – die Endzustände weitgehend übereinstimmen: Die Hälfte bis zwei Drittel der Patienten sind geheilt oder nur geringfügig beeinträchtigt (Harding 1988). Auch Retterstøl (1987) beschreibt sorgfältig die Unterschiede zwischen den drei Studien von Bleuler, von Ciompi und Müller sowie von Huber und Mitarbeitern und stellt dann fest, „dass die Ergebnisse verblüffend ähnlich sind. … Bei rund der Hälfte dieser Patienten ist der Ausgang als günstig einzuschätzen.“ Diese Übereinstimmung wirft die Frage auf, in wieweit die Art des Krankheitsausbruchs, die diagnostischen Untergruppen, die Verlaufstypen, die therapeutischen Möglichkeiten oder andere Faktoren den Krankheitsausgang beeinflussen können, wenn bei allen Langzeituntersuchungen, unabhängig von der Zusammensetzung der Patientenpopulation, die Ergebnisse so „verblüffend ähnlich sind.“ Oder liegt der Grund dafür – wie Häfner (1987) meint – in der gut gemeinten, übereinstimmenden Interpretation sehr weicher Daten: „The supposedly high consistency of outcome rates in schizophrenia reported in the European longitudinal studies can be attributed to a well-meant concordant interpretation of very soft data.“

Es hat im übrigen den Anschein, dass sich im Laufe der Zeit, wohl einhergehend mit den kontinuierlichen Verbesserungen der therapeutischen Möglichkeiten, die Behandlungsresultate erheblich verbessert haben (Ødegard 1967). Kraepelin konstatierte noch um die Jahrhundertwende, dass nur ungefähr 17% der in der Heidelberger Klinik behandelten Patienten viele Jahre später einigermassen sozial angepasst waren. Bei einer Folgeuntersuchung an Patienten, die 1912 und 1913 in der gleichen Klinik aufgenommen wurden, fand Mayer-Groß, dass 35% sozial unauffällig und weitere 5% zwar sozial behindert, aber aus der Klinik entlassen waren (Mayer-Groß 1932). Eine Nachuntersuchung von Patienten, die zwischen 1945 und 1950 für eine Insulinbehandlung hospitalisiert wurden, zeigte, dass 45% ein unabhängiges Leben führten, weitere 12% waren von irgend einer Form der Hilfe abhängig, 9% schwer beeinträchtigt aber ausserhalb eines Krankenhauses (Harris et al. 1956). In einer Follow-up Studie an ersterkrankten Patienten aus drei Einzugsgebieten Englands fanden sich nach fünf Jahren 56%, die eigenständig lebten und keine oder nur mässig schwere Symptome aufwiesen (Brown et al. 1966, Wing 1987). Mit anderen Worten: Trotz der sicher sehr fraglichen Vergleichbarkeit der Untersuchungen bleibt festzuhalten, dass sich der Anteil der deutlich gebesserten Krankenhauspatienten von Kraepelins 17% im Laufe der Zeit bis zu Brown mit 56% erheblich erhöht hat und damit in den 60er Jahren nach der Einführung der Neuroleptika die von Harding (1992) ausgewiesene Grössenordnung von Heilungen und signifikanten Besserungen im Langzeitverlauf erreichte.

Alle hier genannten Untersuchungen haben allerdings gemeinsam, dass sie ausnahmslos aus entwickelten Ländern stammen. Sollten sich die Unterschiede im Krankheitsverlauf, wie sie von der Determinants of Outcome Study in der zweijährigen Nachuntersuchungsphase aufgezeigt wurden, auch langfristig bestätigen, können wir in den Entwicklungsländern noch weit günstigere Resultate erwarten.

Dass sich die Behandlungsresultate gerade bei Schizophrenen im Verlauf der Zeit eklatant verbessert haben, wird besonders augenfällig durch einen Vergleich von zwei schwedischen Studien (Kay und Lindelius 1973). 237 schizophrene Patienten, zwischen 1900 und 1910 erstmals hospitalisiert, wurden mit 111 Schizophrenen verglichen, die zwischen 1961 und 1965 erstmals in stationäre psychiatrische Behandlung kamen (Kay und Lindelius 1970, von Sivers 1973). Die Gegenüberstellung der Behandlungsresultate bei Krankenhausentlassung ist eindrücklich, auch wenn die Untersuchung manche methodischen Schwachpunkte aufweist.

| | 1900–1910<br>n = 237<br>(%) | 1961–1965<br>n = 111<br>(%) |
|---|---|---|
| symptomfrei } | 26 (symptomfrei und leichte Symptome) | 50 |
| leichte Symptome } | | 25 |
| schwere Symptome | 21 | 25 |
| dauerhospitalisiert | 53 | – |

Die Dauer des Krankenhausaufenthaltes war erwartungsgemäss bei der älteren Untersuchung erheblich länger als bei der neueren Studie. Während bei letzterer alle Patienten vor Ablauf eines Jahres entlassen werden konnten, traf das bei der früheren nur für 21% zu, wohingegen 60% der Patienten länger als drei Jahre hospitalisiert waren. Um so erstaunlicher ist die Erkenntnis der Autoren, dass sich „die Rückfallquote nach erfolgter Entlassung in den 60 Jahren, die zwischen den beiden Untersuchungen liegen, nicht verändert" hat.

Bei allem begründeten Optimismus in der heute vorherrschenden Einschätzung des Verlaufs schizophrener Erkrankungen – gegenüber der früheren ja auch nicht ganz unbegründeten resignativen Sichtweise – darf man nicht ausser Acht lassen, dass die Schizophrenie dennoch im Vergleich mit anderen psychiatrischen Erkrankungen schlecht ausgeht. In einer Follow-up Untersuchung von Aufnahmen der Jahre 1934 bis 1945 in das University of Iowa Psychiatric Hospital wurden 30 bis 40 Jahre später fünf Patientengruppen verglichen mit den Diagnosen: Schizophrenie (n = 200), atypische Schizophrenie (n = 310), Manie (n = 100), Depression (n = 225) und Kontrollgruppe (n = 336). In dieser methodisch einwandfreien Studie zeigte sich, dass die schizophrenen Patienten die schlechtesten, die Patienten mit atypischer Schizophrenie jeweils die zweitschlechtesten Ergebnisse erzielten, und zwar in all den vier Bereichen, die zur Beurteilung des Krankheitsausgangs herangezogen wurden: Psychischer Zustand, Familienstand, Wohnsituation und berufliche Situation. Der psychiatrische Befund verdeutlicht am besten das Ausmass an krankheitsbedingten Einschränkungen, die mit den verschiedenen Krankheiten verbunden sind. Die psychiatrische Beurteilung „schlecht" traf bei der Schizophrenie 54% der Patienten, bei der atypischen Schizophrenie 42%, aber nur 29% der manischen Patienten und 22% der depressiven. (Tsuang und Fleming 1987). Auf der Basis der Ergebnisse von zehn neueren nordamerikanischen Follow-up Studien kommt McGlashan 1988 zu einer ähnlich negativen Einschätzung: Die Schizophrenie ist zwar nicht unausweichlich progressiv, aber sie kann chronisch verlaufen und ihr Ausgang ist im Durchschnitt schlechter als der von allen anderen psychiatrischen Erkrankungen, zudem verknüpft mit einem erhöhten Risiko für Suizid, körperliche Krankheit und Tod.

Eine weitere Besonderheit der Schizophrenien verdient es, hervorgehoben zu werden. Bei dieser Krankheitsgruppe ist die kumulative Inzidenz für beide Geschlechter identisch, die Symptomatik ist bei männlichen und weiblichen Kranken ähnlich, aber sowohl das Alter bei Ausbruch wie auch der Verlauf der Schizophrenie weisen deutliche Geschlechtsunterschiede auf. Wenn auch die Altersdifferenz im Beginn der schizophrenen Erkrankungen durch die Wirksamkeit der

Oestrogensekretion als weitgehend geklärt gelten kann (Häfner et al. 1993, Riecher-Rössler et al. 1992a, Riecher-Rössler et al. 1992b), so sind doch die Unterschiede im Verlauf weiterhin Anlass zu vielfältigen Spekulationen. Mehr oder weniger unbestritten ist allerdings die Tatsache, dass Frauen sich eines günstigeren Verlaufs erfreuen können (Loranger 1984, Seeman 1986, Watt et al. 1983, Maurer und Biehl 1987, Biehl et al. 1987). Doppelt so viele Frauen wie Männer erreichen eine vollständige 5-Jahres-Remission, während umgekehrt doppelt so viele Männer einen sich verschlechternden Verlauf erleiden. Ausserdem ist die durchschnittliche Dauer der Krankenhausbehandlung bei Männern in einem Fünfjahreszeitraum dreimal länger als bei Frauen und das obwohl der gleiche Anteil von beiden Geschlechtern, nämlich 35%, einen Verlauf mit Rückfällen zeigt. Schliesslich sind die sozialen Fähigkeiten in allen Bereichen bei den Frauen durchgehend besser erhalten (Shepherd 1987). Allerdings gibt es auch Untersuchungen, die die Geschlechtsunterschiede im Verlauf zweifelhaft erscheinen lassen. Auf der Datenbasis des dänischen nationalen Fallregisters wurde der Krankheitsverlauf von 331 Männern und 262 Frauen über eine Zehnjahresperiode verglichen. Dabei ergaben sich keine signifikanten Geschlechtsunterschiede in der Zahl der Episoden, noch in der Gesamtlänge der Krankheitsphasen und der gesunden Intervalle, auch wenn bei dieser Untersuchung die Männer auf den ersten Blick benachteiligt erscheinen. Sie durchlaufen in den zehn Jahren im Mittel 3,8 Episoden mit 481 Krankenhaustagen, während die Frauen nur 3,5 Episoden haben und lediglich 360 Tage in stationärer Behandlung verbringen (Riecher-Rössler et al. 1991).

In der sogenannten ABC-Studie (Age of Beginning and Course) untersuchte die Arbeitsgruppe um Häfner 267 erstaufgenommene Schizophrene u.a. bezüglich ihrer sozialen Biographie im Frühstadium ihrer Krankheit. Es zeigte sich, dass die Männer auch und gerade im Frühverlauf, also in der Zeitspanne zwischen den frühesten Anzeichen einer psychischen Störung und der Erstaufnahme gegenüber Frauen benachteiligt sind. 56% der Männer und 35% der Frauen verloren ihre Beschäftigung, 64% der Männer und 47% der Frauen ihre jeweiligen Partner und 35% der Männer und 27% der Frauen ihr eigenes Einkommen, ehe sie erstmals zur Behandlung in ein psychiatrisches Krankenhaus aufgenommen wurden (Häfner 1993).

Die unübersehbaren Verlaufsunterschiede zwischen den Geschlechtern wurden verschiedenen Faktoren angelastet. Dem Oestrogen wurde eine Quasi-Neuroleptika-Wirkung unterstellt, da es offensichtlich in den Dopaminstoffwechsel einzugreifen vermag und wohl die Sensitivität der D2-Rezeptoren vermindert. Selbst wenn sich eine neuroleptische Wirksamkeit bewahrheitet hätte – das aber ist nach heutigen Erkenntnissen eher unwahrscheinlich – wäre zumindestens eine generelle Abschwächung der schizophrenen Symptomatik bei Frauen zu fordern gewesen, die nachweislich nicht besteht, auch wenn sich eine negative Korrelation zwischen der Schwere der Symptomatik und der Höhe des Oestrogenspiegels im Menstruationszyklus belegen liess. Ein weiterer Erklärungsversuch basierte auf der mutmasslich besseren Compliance weiblicher Schizophreniekranker. Andere Überlegungen gehen von den unterschiedlichen sozialen Rollen und den damit verknüpften differenten Belastungen durch Stress aus. Uns erscheint es allerdings am sinnvollsten, der Frage nachzugehen, in welchem Mass eine stabile Partnerbeziehung, abgeschlossene Berufsausbildung, fester Arbeitsplatz, eigenes Einkommen und selbständiges Wohnen positiven Einfluss auf den Schizophrenieverlauf haben. Da wir zum einen wissen, dass Frauen generell ihr soziales Netz früher knüpfen als Männer und dass sie zum anderen darüber hinaus noch drei bis vier Jahre später erkranken, könnten die Geschlechtsunterschiede im Krankheitsverlauf und -ausgang in diesem Faktum begründet sein. Um diese Annahme zu bestätigen, ist allerdings Voraussetzung, dass sich der protektive Wert eines stabilen sozialen Umfeldes nicht nur – wie zu erwarten – bestätigt, sondern dass er sich auch in einen messbaren Zusammenhang mit dem Schizophrenieverlauf bringen lässt.

## Diskussion

Im vorliegenden Kapitel wurden einige Befunde zu Epidemiologie und Verlauf schizophrener Erkrankungen am Beispiel ausgewählter Untersuchungen und Publikationen dargestellt. Wir sind uns sehr wohl bewusst, dass aufgrund dieser sehr subjektiven Auswahl etliche, z.T. bedeutsame epidemiologische Erkenntnisse gar nicht oder nur am Rande erwähnt und viele Faktoren, die den Verlauf der Schizophrenie mitbestimmen, nicht diskutiert wurden. So haben wir z. B. weder die Resultate der life-event Forschung noch den Einfluss von „high expressed emotion“ auf die Rückfallhäufigkeit dargestellt. Die Unterschiede in der geographischen Verteilung der Schizophrenie, die es ja trotz der Ergebnisse der WHO-Studien – IPSS und DOS – dennoch gibt, wurden genauso wenig besprochen wie die Kontroverse über eine soziale (Mit-)verursachung der Schizophrenie und die These vom social drift. Die wichtigen Ergebnisse aus dem Bereich der experimentellen Epidemiologie werden in anderen Kapiteln des Buches dargestellt und diskutiert. Bei unserer Auswahl der epidemiologischen Untersuchungen und Publikationen, die wir hier besprochen haben, hatten wir die Ätiologie der schizophrenen Erkrankungen im Auge.

Das Kernsyndrom der Schizophrenie tritt weltweit mit der gleichen Häufigkeit auf: Die jährliche Inzidenz beträgt 7 bis 14 pro 100'000 einer Risikobevölkerung im Alter von 15 bis 54 Jahren. Dieses Faktum spricht dagegen, dass soziale, ökonomische, kulturelle oder ökologische Gegebenheiten in der Verursachung der Schizophrenie eine entscheidende Rolle spielen, wie auch Infektionen als ätiologische Faktoren weitgehend auszuschliessen sind. Gleiche Häufigkeit in den verschiedensten Regionen der Welt und annähernd gleiche Häufigkeit auch über lange Zeitperioden sind mit derartigen Ursachen unvereinbar. Sollten soziale Umstände, kulturelle oder ökonomische Verhältnisse oder auch die Oekologie die Schizophrenie (mit-)verursachen, müsste diese Krankheit in den zehn Ländern der WHO-Studie ganz unterschiedlich häufig auftreten, und bei einer infektiösen Genese wäre eine wellenförmige Häufigkeitsverteilung im zeitlichen Verlauf zu erwarten.

Dass die gleichen Faktoren, deren Bedeutung für die Ätiologie, wenn überhaupt, nur als gering anzusehen ist, für den Krankheitsverlauf und -ausgang – ob nun einzeln oder gemeinsam – eminent wichtig sind, wird ebenfalls durch die WHO-Studie Determinants of Outcome bewiesen. Gemessen an allen relevanten Kriterien ist der Verlauf in Entwicklungsländern günstiger als in den entwickelten Ländern. Aber leider ist das bisher alles, was wir wissen. Wir kennen nicht einmal den Bereich, in dem wir suchen müssen: Ist es die Oekonomie, die gesellschaftliche Struktur oder sind es ökologische Gegebenheiten?

Erfreulicherweise konnte in den letzten Jahren ein anderer, lange bekannter Befund aufgeklärt werden, nämlich die Tatsache, dass Frauen durchschnittlich drei bis vier Jahre später an Schizophrenie erkranken als Männer. Da die kumulative Inzidenz, also die Häufigkeit des Auftretens während des ganzen Lebens, bei Männern und Frauen gleich ist, galt es eine Einflussgrösse zu finden, die die unterschiedliche Auftretenshäufigkeit zwischen den Geschlechtern in der Adoleszenz und bei jungen Erwachsenen erklärt aber keinen bedeutsamen Einfluss auf die Ätiologie hat. Wir können heute davon ausgehen, dass das Oestrogen diese „Modulator"-Funktion hat. Diese Substanz erhöht die Vulnerabilitätsschwelle für Schizophrenie, so dass die Krankheit bei Frauen erst später ausbricht als bei Männern. Das Absinken der Oestrogensekretion in der Menopause führt dann bei genetisch disponierten Frauen zu einer Spätmanifestation der Schizophrenie, die den nur beim weiblichen Geschlecht üblichen zweiten Häufigkeitsgipfel der Inzidenz in der Altersgruppe 45 bis 49 erklärt. So wichtig diese Erkenntnisse auch sind, es lassen sich daraus erwartungsgemäss keine neuen Resultate für die Ätiologie ableiten und selbst die Bedeutung des Oestrogens für eine „Modulation" des *gesamten* Verlaufs ist fraglich. Der nachgewiesene Zusammenhang zwischen der Höhe des Oestradiolspiegels und der Schwere der Symptomatik während eines Menstruationszyklus ist zwar ein wichtiger Beweis für die Bedeutung des Oestrogens, aber aus diesem Ergebnis ist leider nicht abzuleiten, dass Frauen *generell* eine mildere Symptomatik aufweisen, auch wenn der Krankheitsverlauf bei ihnen zumindest tendentiell günstiger zu sein scheint. Mit anderen Worten, die Hoffnung hat sich bisher nicht erfüllt, im Oestrogen einen neuen therapeutischen Baustein gefunden zu haben.

Allein die wesentliche Rolle der Genetik für die Ätiologie der Schizophrenie ist unbestritten. Zwillings- und Adoptionsstudien belegen, dass tatsächlich Erbfaktoren und nicht (allein) das familiäre und gesellschaftliche Umfeld vulnerabel machen, mit anderen Worten, das Erkrankungsrisiko für Schizophrenie weitgehend bestimmen. Aber auch in diesem Bereich gibt es noch viele Unklarheiten: Wie erfolgt die genetische Übertragung? Welche Gene oder Genanteile sind betroffen? Können unterschiedliche genetische Muster die gleiche erhöhte Vulnerabilität für Schizophrenie bedingen? Bestimmt die Vererbung nur den Grad der Vulnerabilität und damit das Erkrankungsrisiko oder legt das genetische Material bereits fest, ob sich eine paranoid-halluzinatorische oder eine hebephrene Schizophrenie entwickeln oder ob die Krankheit in einem schweren psychotischen Endzustand oder in Heilung ausgeht? Und schliesslich: Was ist genetisch und was ist durch Schwangerschafts- und Geburtskomplikationen verursacht?

Die jahreszeitliche Häufigkeitsverteilung der Geburten Schizophrener ist für die Ätiologie der

Schizophrenie wohl unerheblich. Deshalb ist es auch ohne Bedeutung, ob die Ungleichverteilung eher durch das Alter der Mutter, differentes Sexualverhalten der Eltern Schizophrener oder andere Faktoren hervorgerufen wird.

Wenn wir von den eklatanten Verlaufsunterschieden zwischen entwickelten Ländern und Entwicklungsländern absehen, hat es in den letzten zwanzig Jahren zum Verlauf und Krankheitsausgang der Schizophrenien keine grundsätzlich neuen Erkenntnisse gegeben. In der Regel erreicht der Krankheitsverlauf nach fünf bis zehn Jahren einen Endzustand. Die Hälfte bis zwei Drittel der Patienten werden geheilt oder leiden an nur geringfügigen Beeinträchtigungen. Dennoch führt die Schizophrenie im Vergleich mit allen anderen psychiatrischen Krankheiten am häufigsten zu Funktionseinbussen, Behinderungen und persistierender (psychotischer) Symptomatik.

Wenn wir uns die hier nochmals kurz skizzierten Ergebnisse ansehen, dann bleiben wenige sichere Erkenntnisse zur Ätiologie übrig.

- Die Schizophrenie, zumindest ihr Kernsyndrom, ist eine ubiquitär in gleicher Häufigkeit auftretende Krankheit.
- Die Vererbung ist unbestreitbar ein wichtiger – im Ausmass und in der Wirkungsweise noch unerforschter – Faktor der Verursachung schizophrener Erkrankungen.
- Das gleich häufige Auftreten der Schizophrenie in Ländern verschiedener Klimazonen und Kulturen mit unterschiedlichem sozioökonomischen Status und differenten gesellschaftlichen und ökologischen Belastungen spricht gegen wesentliche schizophrenietypische, regelhaft wirksame externe Einflüsse auf die Ätiologie.

Wir sind auch heute noch auf dem Wissensstand, den Manfred Bleuler 1984 so formulierte: „Es bestehen erwiesenermassen vielerlei Prädispositionen zu schizophrenen Erkrankungen, aber keine einzige Prädisposition, die bei allen Schizophrenen vorhanden wäre, und keine, die nicht auch bei anderen Kranken und sogar bei Gesunden manchmal vorkäme. … Heute müssen wir ernsthaft mit der Möglichkeit rechnen, dass eine Vielzahl von Prädispositionen in mannigfachen Kombinationen der Genese von schizophrenen Psychosen zugrunde liegt und dass vielleicht keine spezifischen, einheitlichen Ursachen für die Entwicklung zu schizophrenen Störungen existieren."

## Literatur

Altshuler, L.L., M.F. Casanova, T.E. Goldberg, J.E. Kleinman: The hippocampus and parahippocampus in schizophrenia, suicide, and control brains. Arch. Gen. Psychiatry 47 (1990) 1029

Angermeyer, M.C., L. Kühn: Gender differences in age at onset of schizophrenia. Eur. Arch. Psychiatry Neurol. Sci. 237 (1988) 351

Angst, J.: European long-term followup studies of schizophrenia. Schizophr. Bull. 14 (1988) 501

Babigian, H.: Schizophrenia: Epidemiology. In: H.J. Kaplan, B.J. Sadock (eds.): Comprehensive textbook of psychiatry, Vol 1. Williams and Wilkins, Baltimore 1985

Biehl, H., K. Maurer, C. Schubart: Dimensionen der Psychopathologie und sozialen Anpassung im natürlichen Verlauf schizophrener (Erst-)Erkrankungen. In: R.K. Olbrich (Hrsg.): Prospektive Verlaufsforschung in der Psychiatrie. Springer, Berlin 1987

Bleuler, M.: Die schizophrenen Geistesstörungen im Lichte langjähriger Kranken- und Familiengeschichten. Thieme 1972

Bleuler, M.: Die Schizophrenien: die langen Verläufe und ihre Formbarkeit. In: G. Huber (Hrsg.): Verlauf und Ausgang schizophrener Erkrankungen. Schattauer, Stuttgart 1973

Bleuler, M.: Das alte und das neue Bild des Schizophrenen. Schweiz. Arch. Neurol. Neurochir. Psychiatr. Band 135 (1984) 143

Boyd, J.H., A.E. Pulver, W. Stewart: Season of birth: schizophrenia and bipolar disorder. Schizophr. Bull. 12 (1986) 173

Bracha, H.S., E.F. Torrey, I.I. Gottesman, L.B. Bigelow, C. Cunniff: Second-trimester markers of fetal size in schizophrenia: a study of monozygotic twins. Am. J. Psychiatry 149 (1992) 1355

Bradbury, T.N., G.A. Miller: Season of birth in schizophrenia: a review of evidence, methodology, and etiology. Psychol. Bull. 98 (1985) 569

Bromet, E., M. Davies, S.C. Schulz: Basic principles of epidemiologic research. In: H.A. Nasrallah (ed.): Handbook of schizophrenia, Vol. 3. Elsevier, Amsterdam 1988

Brown, G.W., M. Bone, B. Dalison, J.K. Wing: Schizophrenia and social care. Oxford University Press, London 1966

Carpenter, W.T. jr., R.W. Buchanan: Schizophrenia. New Engl. J. Med. 330 (1994) 681

Ciompi, L., C. Müller: Lebensweg und Alter Schizophrener. Eine katamnestische Langzeitstudie bis ins Senium. Springer, Berlin 1976

Ciompi, L: Catamnestic long-term study on the course of life and aging of schizophrenics. Schizophr. Bull. 6 (1980) 606

Dalén, P.: Deviant birth season distribution: Does it offer a clue to the aetiology of schizophrenia. In: H. Häfner, W.F. Gattaz (eds.): Search for the causes of schizophrenia, Vol. II. Springer, Berlin 1991

Dalén, P.: Schizophrenia, season of birth, and maternal age. Br. J. Psychiatry 153 (1988) 727

Essen-Möller, E.: Psychiatrische Untersuchung an einer Serie von Zwillingen. Acta Psychiatr. Scand. Suppl. 23 (1941) 7

Ferrero, F.: A propos des troubles schizophréniques. Sandorama 4 (1994) 16

Fischer, M.: Genetic and environmental factors in schizophrenia. Acta Psychiatr. Scand. Suppl. 238 (1973) 5

Flekkøy, K.: Epidemiologie und Genetik. In: K.P. Kisker, H. Lauter, J.-E. Meyer, C. Müller, E. Strömgren (Hrsg.): Psychiatrie der Gegenwart. Bd. 4. 3. Aufl. Springer, Berlin 1987

Goldhamer, H., A.W. Marshall: The frequency of mental disease: long-term trends and present status. The Rand Corp., Santa Monica, Calif. 1949 (Rand report R-157)

Gottesman, I.I., J. Shields: Schizophrenia and genetics: a twin study vantage point. Academic Press, New York 1972

Gross, G., G. Huber, R. Schüttler: Verlaufsuntersuchungen bei Schizophrenen. In: G. Huber (Hrsg.): Verlauf und Ausgang schizophrener Erkrankungen. Schattauer, Stuttgart 1973

Häfner, H.: Epidemiology of schizophrenia. In: H. Häfner, W.F. Gattaz, W. Janzarik (eds.): Search for the causes of schizophrenia. Springer 1987

Häfner, H., S. Haas, M. Pfeifer-Kurda, S. Eichhorn, S. Michitsuji: Abnormal seasonality of schizophrenic births – a specific finding? Eur. Arch. Psychiatry Neurol. Sci. 236 (1987) 333

Häfner, H.: Ist Schizophrenie eine Krankheit? Epidemiologische Daten und spekulative Folgerungen. Nervenarzt 60 (1989) 191

Häfner, H., S. Behrens, J. de Vry, W.F. Gattaz, W. Löffler, K. Maurer, A. Riecher-Rössler: Warum erkranken Frauen später an Schizophrenie? Erhöhung der Vulnerabilitätsschwelle durch Oestrogen. Nervenheilkunde 10 (1991a) 154

Häfner, H., S. Behrens, J. de Vry, W.F. Gattaz: An animal model for the effects of estradiol on dopamin-mediated behavior: Implications for sex differences in schizophrenia. Psychiatry Res. 38 (1991b) 125

Häfner, H.: Schizophrenie – Suche nach Ursachen und Auslösern. Spektrum der Wissenschaft (1993) 50

Häfner, H., W. an der Heiden, M. Hambrecht, A. Riecher-Rössler, K. Maurer, W. Löffler, B. Fätkenheuer: Ein Kapitel systematischer Schizophrenieforschung – Die Suche nach kausalen Erklärungen für den Geschlechtsunterschied im Ersterkankungsalter. Nervenarzt 64 (1993) 706

Harding, C.M., G.W. Brooks, T. Ashikaga et al.: The Vermont longitudinal study: II. Long-term outcome of subjects who retrospectively met DSM-III criteria from schizophrenia. Am. J. Psychiatry 144 (1987) 727

Harding, C.M.: Course types in schizophrenia: an analysis of European and American studies. Schizophr. Bull. 14 (1988) 633

Harding, C.M., J. Zubin, J.S. Strauss: Chronicity in schizophrenia: Revisited. Br. J. Psychiatry 161, Suppl. 18 (1992) 27

Harris, A., V. Norris, I. Linker, M. Shepherd: Schizophrenia: a prognostic and social study. Br. J. Prev. Soc. Med. 10 (1956) 107

Harris, M.J., D.V. Jeste: Late-onset schizophrenia: an overview. Schizophr. Bull. 14 (1988) 39

Huber, G., G. Gross, R. Schüttler, M. Linz: Longitudinal studies of schizophrenic patients. Schizophr. Bull. 6 (1980) 592

Huber, G., G. Gross, R. Schüttler: Schizophrenie – Eine verlaufs- und sozialpsychiatrische Langzeitstudie. Springer, Berlin 1979

Jablensky, A., N. Sartorius, G. Ernberg, M. Anker, A. Korten, J.E. Cooper, R. Day, A. Bertelsen: Schizophrenia: Manifestations, incidence, and course in different cultures. A WHO ten-country study. Psychol. Med. Monogr. Suppl. 20. (1992) 1

Kay, D.W.K., R. Lindelius: Mortality for first admissions, with special regard to pulmonary tuberculosis. In: R. Lindelius (ed.): A study of schizophrenia. Acta Psychiatr. Scand. Suppl. 216 (1970) 55

Kay, D.W.K., R. Lindelius: Der Wandel in der Prognose der Schizophrenie mit besonderer Berücksichtigung der Mortalität. In: G. Huber (Hrsg.): Verlauf und Ausgang schizophrener Erkrankungen. Schattauer, Stuttgart 1973

Kendler, K.S.: The genetics of schizophrenia and related disorders: a review. In: D.L. Dunner, E.S. Gershon, J.E. Barrett (eds.): Relatives at risk for mental disorder. Raven Press, New York 1988

Kraepelin, E.: Die Erscheinungsformen des Irreseins. Zeitschrift für die Gesamte Neurologie und Psychiatrie 62 (1920) 1

Kraepelin, E.: Psychiatrie 4. Aufl. Verlag Ambr. Abel (Arthur Meiner), Leipzig 1893

Kringlen, E.: Heredity and environment in the functional psychoses: an epidemiological-clinical study. Oslo University Press, Oslo 1967, reprinted by Heinemann, London 1968

Kringlen, E.: Contributions of genetic studies on schizophrenia. In: H. Häfner, W.F. Gattaz, W. Janzarik (eds.): Search for the causes of schizophrenia. Springer 1987

Lewine, R.J.: Gender and schizophrenia. In: H.A. Nasrallah (ed.): Handbook of schizophrenia, Vol 3. Elsevier, Amsterdam1988

Lewis, S.W., R.M. Murray: Obstetric complications, neurodevelopmental deviance, and risk of schizophrenia. J. Psychiatr. Res. 21 (1987) 413

Loranger, A.W.: Sex difference in age of onset of schizophrenia. Arch. Gen. Psychiatry 41 (1984) 157

Maurer, K., H. Biehl: Vergleich schizophrener Verlaufstypen bei Watt, Katz und Shepherd (1983) und der WHO Behinderungsstudie (Rhein-Neckar-Kohorte). Unveröffentlichtes Manuskript 1986, zitiert in H. Häfner: Epidemiology of schizophrenia. In: H. Häfner, W.F. Gattaz, W. Janzarik (eds.): Search for the causes of schizophrenia. Springer, Berlin 1987

Mayer-Groß, W.: Die Klinik. In: O. Bumke (Hrsg.): Handbuch der Geisteskrankheiten, Bd 9, Spezieller Teil V: Die Schizophrenie. Julius Springer, Berlin 1932

McGlashan, T.H.: A selective review of recent North American long-term follow-up studies of schizophrenia. Schizophr. Bull. 14 (1988) 515

Ødegard, Ø.: Marriage and mental disease. J. Ment. Sci. 92 (1946) 35

Ødegard, Ø.: Changes in the prognosis of functional psychoses since the days of Kraepelin. Br. J. Psychiatry 113 (1967) 813

Ødegard, Ø.: Hospitalized psychoses in Norway: time trends 1926–1965. Soc. Psychiatry 6 (1971) 53

Ødegard, Ø.: Season of birth in the general population and in patients with mental disorder in Norway. Br. J. Psychiatry 125 (1974) 397

Retterstøl, N.: Schizophrenie – Verlauf und Prognose. In: K.P. Kisker, H. Lauter, J.-E. Meyer, C. Müller, E. Strömgren (Hrsg.) Psychiatrie der Gegenwart, Bd. 4. 3. Aufl. Springer, Berlin 1987

Riecher-Rössler, A., H. Häfner, M. Stummbaum, K. Maurer, R. Schmidt: Can estradiol modulate schizophrenic symptomatology? Schizophr. Bull. 20 (1994) 203

Riecher-Rössler, A., K. Maurer, W. Löffler, B. Fätkenheuer, W. an der Heiden, P. Munk-Jørgensen, E. Strömgren, H. Häfner: Gender differences in age at onset and course of schizophrenic disorders. A contribution to the understanding of the disease? In: H. Häfner, W.F. Gattaz (eds.): Search for the causes of schizophrenia, Vol II. Springer, Berlin 1991

Riecher-Rössler, A., B. Fätkenheuer, W. Löffler, K. Maurer, H. Häfner: Is age of onset in schizophrenia influenced by marital status? Some remarks on the difficulties and pitfalls in a systematic testing of a „simple“ question. Soc. Psychiatry Psychiatr. Epidemiol. 27 (1992) 122

Riecher-Rössler, A., H. Häfner, K. Maurer, M. Stummbaum, R. Schmidt: Schizophrenic symptomatology varies with serum estradiol levels during menstrual cycle. Schizophr. Res. 6 (1992) (Special Issue) 114

Sartorius, N., A. Jablensky, A. Korten, G. Ernberg, M. Anker, J.E. Cooper, R. Day: Early manifestations and first-contact incidence of schizophrenia in different cultures. Psychol. Med. 16 (1986) 909

Sartorius, N., A. Jablensky, G. Ernberg, J. Leff, A. Korten, W. Gulbinat: Course of schizophrenia in different countries: some results of a WHO international comparative 5-year follow-up study. In: H. Häfner, W.F. Gattaz, W. Janzarik (eds.): Search for the causes of schizophrenia. Springer, Berlin 1987

Sartorius, N., A. Jablensky, R. Shapiro: Two-year follow-up of the patients included in the WHO international pilot study of schizophrenia: Preliminary communication. Psychol. Med. 7 (1977) 529

Schneider, K.: Klinische Psychopathologie. 3. Aufl. Thieme, Stuttgart 1950

Seeman, M.V.: Current outcome in schizophrenia: women vs. men. Acta Psychiatr. Scand. 73 (1986) 609

Seeman, M.V., M. Lang: The role of estrogens in schizophrenia gender differences. Schizophr. Bull. 16 (1990) 185

Shepherd, M.: Formulation of new research strategies on schizophrenia. In: H. Häfner, W.F. Gattaz , W. Janzarik (eds.): Search for the causes of schizophrenia. Springer, Berlin 1987

Sivers, E.v.: Persönliche Mitteilung an Kay und Lindelius (1973)

Slater, E.: Psychotic and neurotic illnesses in twins. Her Majesty's Stationery Office, London 1953(Medical Research Council Special Report Series 278)

Straube, E.R., R.D. Oades: Schizophrenia: empirical research and findings. Academic Press, San Diego 1992

Tienari, P.: Psychiatric illnesses in identical twins. Acta Psychiatr. Scand. 39, Suppl. 171 (1963) 9

Tsuang, M.T., R. Woolson, J.A. Fleming: Long-term outcome of major psychoses: I. Schizophrenia and affective disorders compared with psychiatrically symptom-free surgical conditions. Arch. Gen. Psychiatry 36 (1979) 1295

Tsuang, M.T., J.A. Fleming: Long-term outcome of schizophrenia and other psychoses. In: H. Häfner, W.F. Gattaz, W. Janzarik (eds.): Search for the causes of schizophrenia. Springer, Berlin 1987

Watt, D.C., K. Katz, M. Shepherd: The natural history of schizophrenia: a 5-year prospective follow-up of a representative sample of schizophrenics by means of a standardized clinical and social assessment. Psychol. Med. 13 (1983) 669

Watson, C.G., T. Kucala, C. Tilleskjor, L. Jacobs: Schizophrenic birth seasonality in relation to the incidence of infectious diseases and temperature extremes. Arch. Gen. Psychiatry 41 (1984) 85

Whitaker, L.C.: Schizophrenic disorders – sense and nonsense in conceptualization, assessment, and treatment. Plenum Press, New York 1992

Wing, J.K.: History, classification, and research strategies: Discussion. In: H. Häfner, W.F. Gattaz, W. Janzarik (eds.): Search for the causes of schizophrenia. Springer, Berlin 1987

Wing, J.K.: Has the outcome of schizophrenia changed? Br. Med. Bull. 43 (1987) 741

# 4 Neuere ätiopathogenetische Befunde zur Schizophrenie und Hauptansatzpunkte therapeutischer Interventionen

H.D. BRENNER, W. BÖKER

## Einleitung

Die Forschung zur Ätiologie, Pathogenese, Psychopathologie, Diagnostik und Behandlung der Schizophrenie ist gegenwärtig wieder voll im Fluss. Wesentlich dazu tragen insbesondere neue Forschungsansätze und – methoden in den Neurowissenschaften bei, wie die ständig fortschreitende Entwicklung auf dem Gebiet der molekularen Neurobiologie oder der bildgebenden Verfahren (EEG-Brain Mapping, CT, PET, Spect, MRI, f-MRI), aber auch die Entwicklung und klinische Erprobung neuer atypischer Neuroleptika, die Arbeiten über neue internationale Klassifikationsschemata und deren Fortschreibung oder die gerade in den letzten Jahren immer differenziertere Entfaltung psychologischer und psychosozialer Behandlungs- und Rehabilitationsverfahren sowie intensiver gemeindepsychiatrischer Programme.

Oft wird in diesem Zusammenhang von der Gefahr einer neuen biologischen Grundwelle gesprochen, welche die ätiopathogenetischen Erkenntnisse und therapeutischen Erfahrungen der psychodynamisch oder psychosozial orientierten Schizophrenielehre hinwegspülen könnte. Dies erscheint eher unwahrscheinlich. Einseitige biologistische Erklärungsversuche der Schizophrenie werden heute ebenso als Utopien erkannt wie die rein psychogenetischen oder soziogenetischen Schizophrenietheorien der 50er und 60er Jahre. Aufgrund von neueren Erkenntnissen der Neurowissenschaften scheint nämlich erstmals ein Wissensstand erreicht, bei welchem sich die unfruchtbare Gegenüberstellung von Psycho- oder Soziogenese und Organogenese sowohl im grundsätzlichen Verständnis psychophysiologischer Prozesse wie auch in der raumzeitlichen Modellierung umschriebener psychobiologischer Funktionsabläufe überwinden lässt. Dafür stehen Konzepte wie Neuroplastizität und Verhaltenssensitivierung oder Arbeitsrichtungen wie Soziopsychophysiologie, Psychoneuroimmunologie und Stresslehre. Bei einem Krankheitsbild wie der Schizophrenie, das so lange an der Schnittstelle unterschiedlicher psychiatrischer Weltanschauungen stand und entsprechend immer wieder ideologisch motiviert für die eine oder andere davon vereinnahmt wurde, markieren übergreifende, empirisch begründete Konzepte einen bemerkenswerten Entwicklungsschritt.

Wie immer, wenn sich auf einem Forschungsgebiet neue Horizonte eröffnen, bedeutet dies zunächst einmal eine enorme Zunahme an Komplexität auf allen Betrachtungsebenen. Wir scheinen daher heute von einer umfassenden Theorie der Schizophrenie weiter entfernt zu sein als von manchen Beobachtern noch vor einigen Jahren angenommen wurde. Die vorerst rein heuristische Natur grosser Entwürfe wie des Vulnerabilitäts-Stress-Modells von Zubin und Spring (1977) und seinen Weiterentwicklungen z. B. von Nuechterlein und Dawson (1984) oder von Liberman (1994) zum Vulnerabilitäts-Stress-Kompetenz- Bewältigungs-Modell ist im Lichte dieser Entwicklung wieder klarer zu erkennen, nachdem sie zum Teil voreilig als Durchbruch zu einem geschlossenen biopsychosozialen Krankheitskonzept verstanden worden waren. Gerade dieser heuristische Charakter macht aber aus, dass diese Modelle seit ihrer Formulierung kaum an Aktualität eingebüsst haben, und es sich lohnt, sie bei der Einordnung neuer Forschungsergebnisse immer wieder zur kritischen Reflektion von deren potentieller Bedeutsamkeit für ein Gesamtverständnis der Schizophrenie heranzuziehen.

Gleiches gilt auch für das integrative psycho-sozio-biologisch orientierte Dreiphasenmodell der Schizophrenieentwicklung von Ciompi (1984, 1994), das in enger Beziehung zu seiner Theorie der Affektlogik steht (Ciompi 1982) und eine grosse Zahl empirischer Befunde aus den unterschiedlichsten Bereichen der Schizophrenieforschung zu integrieren vermag. Die Psyche wird dabei als komplexes hierarchisches Netzwerk affektspezifischer und kontextabhängiger Bedeutungsstrukturen verstanden, die insbesondere im Verlauf interpersonaler Interaktionen entstehen, auf der neuronalen Ebene in bestimmten neurophysiologischen Funktionssystemen verankert sind und durch spezifische emotionale oder kognitive Auslöser aktiviert werden. In einer ersten prämorbiden Phase bis zum manifesten Krankheitsausbruch wird die Entstehung einer schizophrenogenen Vulnerabilität über zirkuläre Wechselwirkungen zwischen ungünstigen biologischen (genetischen oder perinatalen) und psychosozialen Einflüssen beschrieben. Auf dieser Grundlage kommt es in der Phase des manifesten Krankheitsausbruchs durch zusätzliche, überwiegend altersspezifische biologische und/oder psychosoziale Stressoren zu einer zunehmenden Überforderung und Labilisierung bis hin zu einem plötzlichen Umschlag in eine psychotische Funktionsweise im Sinne eines nicht linearen Phasensprungs. In der Phase der Langzeitentwicklung schliesslich wird der Verlauf ganz wesentlich vom Einfluss wechselnder situativer und sozialer Faktorenkombinationen bestimmt.

Die empirische Basis für die Annahme ätiologischer Effekte psychosozialer Faktoren ist in den letzten Jahren allerdings schwach geblieben und beschränkt sich im wesentlichen im indirekten Sinn auf den Nachweis der protektiven Wirkung einer positiven Familienatmosphäre in den prospektiven Adoptionsstudien von Tienari et al. (1994). Frühere psychogenetische oder soziogenetische Schizophrenietheorien auf der Grundlage ausschliesslich tiefenpsychologischer, epidemiologischer oder soziologischer Studien mussten wieder aufgegeben werden, weil sich entsprechende Befunde durchgehend entweder nicht replizieren liessen oder als unspezifisch herausgestellt haben. Die von Ciompi (1995) in diesem Zusammenhang genannten Faktoren wie therapeutisches Milieu, emotionale Atmosphäre in der Familie oder engeren sozialen Umgebung, affektiv-kognitiver Stress und lebensverändernde Ereignisse (life-events) haben zwar Einfluss auf den Verlauf und Ausgang der Erkrankung und wohl teilweise auch einen episodenauslösenden Effekt, eine ursächliche Rolle scheint ihnen aber nicht zuzukommen. Frühe umweltbezogene Faktoren scheinen bisher eher biologischer Natur zu sein, wie z. B. die aktuell vieldiskutierte mütterliche Exposition für virale Infekte während der Schwangerschaft oder Geburtskomplikationen (Lewis 1989, Wright und Murray 1993). Auch wenn für diese Annahmen jeweils eine Reihe von Untersuchungen mit positiven Ergebnissen vorliegen, ist der jeweilige Effekt für die einzelnen Faktoren eher gering ausgeprägt und ihr ätiologischer Einfluss am ehesten im Sinne einer Interaktion mit genetischen Faktoren begründbar. Neue Perspektiven gerade auch für eine psychodynamisch oder psychosozial orientierte Forschung könnten sich hier jedoch durch Befunde ergeben wie die von Shore (1994) zur Neurobiologie der ersten Lebensmonate berichteten: demnach wird die Reifung von für die spätere Bindungsfähigkeit wesentlichen, dopaminergen limbo-frontalen Bahnen in der wichtigsten Prägephase zwischen dem 12. und 18. Monat von bei positiven Mutter-Kind-Interaktionen ausgeschütteten Endorphinen stimuliert. Dies regt zumindest eine neuerliche Sichtung und Überprüfung der Bedeutung von in der Vorgeschichte schizophrener Patienten gefundener soziofamiliärer Diskontinuitäten an.

Wo über die Formulierung allgemeinerer konzeptueller Vorstellungen hinaus spezifische Einflussfaktoren in die Modellierung einbezogen werden, sei es auf biologischer, psychologischer oder sozialer Ebene, resultieren anstelle umfassenderer Konzepte vorläufig bestenfalls Verständnisansätze zu Teilbereichen des Krankheitsgeschehens. Ihnen kommt jedoch eine wesentliche Brückenfunktion zu, weil sie einerseits den Bezug zu ganzheitlichen Theorien aufrecht erhalten und andererseits für die weitere ätiopathogenetische wie therapeutische Forschung hypothesengenerierenden Wert besitzen. Dies gilt beispielsweise ebenso für das kürzlich von Henn (1995) vorgeschlagene neurobiologische Modell einer auf einen Entwicklungsdefekt zurückgehenden, weit gestreuten funktionalen Desorganisation der Hirntätigkeit in schaltkreisartigen Verbindungen zwischen Cortex, Striatum pallidum, Thalamus und limbischem System, durch welche die auf der Ebene des Thalamus stattfindenden Prozesse der Informationsaufnahme und -filterung beeinträchtigt und Cortexregionen unangemessen stimuliert werden; es gilt für die im Rahmen der Forschungsarbeit der Berner Psychiatrie entwickelten psychophysiologischen Konzepte einer zustandsabhängigen Informationsverarbeitungsstörung (Koukkou 1987) bzw. eines sich selbst verstärkenden Bias in den Wechselwirkungen zwischen neuronalen, kognitiven und emotionalen Kontrollprozessen der Informationsverarbeitung (Brenner 1989) oder auch für die unausgesprochen konstruktivistische Konzeption personaler Heilungsprozesse von Strauss (1992).

Alle diese Ansätze bleiben auf ein biopsychosoziales Gesamtverständnis der Schizophrenie hin ausgerichtet, machen aber auch wahrscheinlich, dass wir es bei der Schizophrenie mit einer Gruppe von Erkrankungen mit ähnlicher Psychopathologie, jedoch mit unterschiedlichen ätiologischen Faktoren und pathogenetischen Mechanismen zu tun haben. Aus ihnen lässt sich auch ableiten, dass primär biologische und primär psychosoziale Therapieverfahren nicht nur jeweils ihre eigene Berechtigung haben, sondern auch vielfältig interagieren und sich entsprechend ergänzen können (siehe Kapitel 18). Ebenso wie sich diese unterschiedlichen Konzepte jeweils auf verschiedene Aspekte der Entwicklung, der Phänomenologie und des Verlaufs schizophrener Erkrankungen beziehen, müssen folgerichtig auch die unterschiedlichen Therapieansätze hinsichtlich ihrer Wirksamkeit auf die verschiedenen Dimensionen des Erlebens und Verhaltens schizophrener Patienten differenziert betrachtet werden, z. B. auf Informationsverarbeitungsstörungen, Positivsymptomatik, Negativsymptomatik, psychosoziales Funktionsniveau, Lebensqualität usw.

## Bewertung und Einordnung neuerer ätiopathogenetischer Befunde

Annäherungsweise wird die Komplexität der vorliegenden Zusammenhänge bei genauerem Nachdenken über die grundsätzliche Bedeutung der sich in den letzten Jahren häufenden Befunde über Normabweichungen in der Gehirnstruktur schizophrener Patienten verständlicher. Diese sind mittlerweile unübersehbar, in ihrer Vielzahl gleichzeitig aber auch verwirrender geworden, und es erscheint schwieriger als noch vor einigen Jahren, eine Aussage darüber zu machen, welchen Hirnstrukturen dabei die entscheidende Bedeutung zukommt. Zusammengefasst zeigen morphometrische und neuropathologische Untersuchungen der letzten Jahre sowie neuere radiologische Studien mit unterschiedlichen Untersuchungsmethoden recht konstant verschiedene makro- und mikrostrukturelle Normabweichungen bei schizophrenen Patienten. Makrostrukturell fanden sich vor allem ein reduziertes Gewicht und reduzierte Grössenmasse des Gehirns insgesamt, namentlich des medialen temporalen Cortex und der Hippocampusformation, aber auch des Thalamus sowie eine entsprechende Vergrösserung des Ventrikelsystems, insbesondere der Vorder- und Temporalhörner der Seitenventrikel. Solche Befunde haben durch entsprechende positive Ergebnisse auch bei monozygoten, jedoch bezüglich einer schizophrenen Erkrankung diskordanten Zwillingen zusätzliches Gewicht gewonnen (Goldberg et al. 1994). Mikrostrukturell wurden fokale zytoarchitektonische Veränderungen wie z. B. eine Desorganisation der Schichtbildung bei den Pyramidenzellen gefunden, wiederum speziell in paralimbischen und limbischen Hirnstrukturen, aber auch im Frontalhirn. Auch ein mehr generalisierter cortikaler Zellverlust wurde beschrieben (Seidman et al. 1994). Zwischen beiden Untersuchungslinien besteht insofern ein Zusammenhang, als mit dem reduzierten Gewicht und den reduzierten Grössenmassen Veränderungen auch auf der neuronalen Ebene verbunden sein müssen. Das Fehlen von begleitenden glialen Veränderungen (z. B. Proliferation von Gliazellen, Zunahmen von glialen Proteinen), die man üblicherweise als Reaktion auf degenerative, infektiöse oder entzündliche Prozesse erwarten würde, legt eine intrauterine Entwicklungsstörung genetischen oder anderen Ursprungs nahe. Dafür sprechen auch die Art der zytoarchitektonischen Besonderheiten sowie die offenbar weitgehende Unabhängigkeit der strukturellen Veränderungen von der Krankheitsdauer. Am wahrscheinlichsten ist heute, dass genetische Faktoren und schädigende Einflüsse während der Schwangerschaft sowie saisonale Faktoren und Geburtskomplikationen unabhängig voneinander und interaktiv zur Entstehung der neurobiologischen Normabweichungen beitragen.

Neuere Übersichtsarbeiten beschreiben eine ganze Reihe struktureller Normabweichungen bei schizophrenen Patienten und stellen teilweise auch Verbindungen zu charakteristischen neurophysiologischen Dysfunktionen her (Shapiro 1993, Pilowsky et al. 1993, Martin und Albers 1995). Aus tierexperimentellen Untersuchungen ist bekannt, dass derartige Entwicklungsstörungen in mit den direkt betroffenen Arealen durch Projektionsbahnen verbundenen Hirnregionen zu abnormen neuronalen Vernetzungen im Sinne einer neuroplastischen Reaktion und zu einer abnormen physiologischen Aktivierung führen können. Damit sind immer neurochemische Veränderungen verbunden. Zu denken ist hier in bezug auf die Schizophrenie speziell an den dorsolateralen präfrontalen Cortex und an die dopaminergen mesolimbisch mesocortikalen Bahnen, aber auch an gabaerge und glutaminerge Dysfunktionen im frontalen und paralimbischen Cortex. Für die Bedeutung einer frühen Störung der Gehirnentwicklung bei der Schizophrenie sprechen auch Untersuchungsergebnisse aus anderen Forschungsgebieten. So fanden Jones et al. (1994) bei später an Schizophrenie erkrankten Kindern eine verzögerte Sprachentwicklung und verzögertes Gehenlernen. Auch nach den Ergebnissen von Done et al. (1994) und Walker et al. (1994) zeigten später an Schizophrenie Erkrankte im Kindesalter mehr Störungen der Psychomotorik, aber auch der sozialen Anpassung, als seelisch gesund bleibende Kinder oder solche, die später affektive oder neurotische Störungen entwickelten. Torrey et al. (1994) fanden bei der Untersuchung monozygoter, bezüglich Schizophrenie diskordanter Zwillingspaare bereits im Alter von fünf Jahren bleibende Auffälligkeiten in der Motorik und im Verhalten bei den später erkrankenden Probanden.

Offensichtlich müssen alle Befunde über Normabweichungen in der Gehirnstruktur in einen umfassenderen Zusammenhang gestellt werden, weil sie für sich genommen nur eine von mehreren unterschiedlichen, aber in enger Wechselbeziehung stehenden Betrachtungsebenen betreffen. Die verschiedenen Hirnstrukturen (neuroanatomische Ebene) sind bei ihrer Aktivität auf eine wechselseitige Kooperation angewiesen, die über die unterschiedlichen Neurotransmittersysteme, Neuropeptide usw. gesteuert und koordiniert werden muss (neurochemische Ebene) und in Abhängigkeit von internen und externen Anforderungen bzw. Aufgabenstellungen erfolgt (neurofunktionale Ebene). Aber nicht nur diese Interdependenzen erschweren die Interpretation der Befunde; eine besondere Schwierigkeit ergibt sich auch aus dem Umstand, dass zur Frage der neuralen und neurochemischen Basis selbst gut dokumentierter und vielfach bestätigter struktureller Normabweichungen schlüssige Aussagen bisher noch nicht möglich sind (vgl. Deakin 1996). Genausowenig herrscht über ihre Verursachung Klarheit, auch wenn vieles für den Einfluss genetischer wie auch nicht genetischer Mechanismen in der frühen (prä-, peri- oder postnatalen) Gehirnentwicklung spricht. Genetische Faktoren (siehe auch Kapitel 20) scheinen bei der Mehrzahl schizophrener Patienten auch ohne das Vorliegen einer familiären Belastung von Bedeutung zu sein. Neuere Forschungsergebnisse sprechen dabei für die Wahrscheinlichkeit des Zusammenwirkens multipler Gene mit jeweils relativ kleiner Effektstärke sowie für Gen-Umweltinteraktionen, während sogenannte Hauptgene eher bei Vorliegen einer familiären Belastung eine Rolle spielen dürften. Die Heterogenität all dieser Befunde, die sich zudem jeweils nur bei einem Teil der untersuchten Patientenstichproben finden lassen, erlaubt grundsätzlich zwei Erklärungsmöglichkeiten: Zum einen die Cofaktor-Hypothese, nach der strukturelle Hirnanomalien zwar nicht das Erkrankungsrisiko als solches, jedoch den Verlauf und Ausgang der Erkrankung beeinflussen, zum anderen die Subgruppen-Hypothese, nach der sie als ätiologische Faktoren einer primär exogenen Form der Schizophrenie gegenüber einer genetisch determinierten Erkrankungsform ohne solche Normabweichungen verstanden werden (vgl. Häfner 1993).

Die Notwendigkeit verschiedene Betrachtungsebenen miteinander verbindender Untersuchungen zeigte sich in jüngster Zeit auch im Bereich der neuropsychologischen und biochemischen Schizophrenieforschung. So brachten klassische neuropsychologische Testverfahren, bei denen nach den resultierenden Testprofilen auf Störungen von spezifischen Hirnstrukturen geschlossen wird, die Schizophrenie immer wieder mit Dysfunktionen im frontalen, temporalen und limbischen System bzw. mit einer gestörten frontotemporalen und frontolimbischen Integration in Verbindung. Die Ergebnisse differenzierterer Untersuchungen der unterschiedlichen Funktionen beispielsweise des Lernens und Gedächtnisses, zweier in der Literatur konsistent als defizitär beschriebenen Funktionsbereiche, zeigen jedoch, dass die gängigen neuropsychologischen Defizitmodelle für die Schizophrenie unzureichend sind (z.B. Paulsen et al. 1995, Gold et al. 1996). Nur wenn Verfahren der experimentellen Neuropsychologie zur kognitiven Aktivierung mit neurophysiologischen Methoden kombiniert werden, lassen sich tatsächlich schizophrenietypische Befunde erheben. Entsprechende Untersuchungsergebnisse z.B. von Frith et al. (1995), Hemsley (1994) und Gray et al. (1991), wonach bei Gesunden bestehende enge Korrelationen zwischen den jeweiligen Aktivierungsmustern bei schizophrenen Patienten nicht festzustellen sind, sprechen dabei vor allem für eine strukturell verankerte Störung der reziproken frontotemporalen Verbindungen. Frith (1995) sieht darin ein Defizit in einem für die Unterscheidung interner und externer Wahrnehmungen oder 'Realitäten' entscheidenden zentralen Monitoringprozess.

Auch die schon länger bekannten Befunde eines reduzierten cerebralen Blutflusses oder Metabolismus konnten über einen Mehrebenenansatz in letzter Zeit dahingehend spezifiziert werden, dass schizophrene Patienten (bei einschlägigen Aufgabenstellungen wie beispielsweise dem Wisconsin Card Sorting Test [WCST]) eine verminderte Aktivierung insbesondere des dorsolateralen präfrontalen Cortex aufweisen (Rubin et al. 1994). Von manchen Autoren wird dies als genetisch determinierte Normabweichung betrachtet, die aber erst im Zusammenwirken mit einer erworbenen temporalen Dysfunktion zum Auftreten schizophrener Krankheitssymptome führt (Hellewell und Deakin 1995). In Übereinstimmung mit dieser Annahme scheinen die Ergebnisse verschiedener tierexperimenteller Untersuchungen zu stehen, nach denen beispielsweise eine neonatale Schädigung im Bereich des anterioren Hippocampus zu erst in der Adoleszenz auftretenden Veränderungen des dopaminergen Systems analog denjenigen führt, die bei einer direkten Schädigung des präfrontalen Cortex beobachtet werden können. Weitere Zusammenhänge zwischen neuroanatomischen und biochemischen Befunden scheinen sich auf der Grundlage der wiederholt bestätigten zytoarchitektonischen Desorganisation kleiner, vermutlich gabaerger Interneuronen in spezifischen Schichten der Stirnhirnrinde sowie von bestimmten Pyramidenzellen im paralimbischen Cortex zu ergeben (Benes et al. 1991, Akbarian et al. 1993), welche auf einen frühen (pränatalen) Defekt in der Entwicklung der Neuronen bei unvollständiger Zellwanderung hinweist. Sie betreffen insbesondere das Glutamat als wichtigsten corticalen Neurotransmitter. Henn (1995) hat dazu aufgrund der Ergebnisse von tierexperimentellen Untersuchungen die Hypothese aufgestellt, dass es als Folge dieses Entwicklungsdefekts und einer damit einhergehenden mangelhaften inhibitorischen Gaba-Wirkung zu einer glutaminergen Überaktivität kommt, welche im frühen Erwachsenenalter zu einer Schädigung von Neuronen bis hin zum Zelltod führen kann, während eine solche schädigende Wirkung im jüngeren Alter noch nicht eintritt (vgl. auch Olney und Farber 1995).

## Schizophrenie als systemische Dysfunktion

Die Ergebnisse der jüngsten neurobiologischen und neuropsychologischen Schizophrenieforschung können hier nicht weiter ausgeführt und diskutiert werden. Aufgezeigt werden sollte aber, auf welchem methodischen und fachlichen Niveau sich diese Forschung heute vollzieht, und welche Komplexität sich jeweils bereits in Teilbereichen bei der gemeinsamen Betrachtung mehrerer Untersuchungsebenen ergibt; dies zeigt sich besonders dann, wenn die Perspektive auf ein biopsychosoziales Gesamtverständnis hin erweitert wird.

Will man also beim derzeitigen Wissensstand Krankheitskonzepte und Hauptansatzpunkte therapeutischer Interventionen in einer Gesamtsicht zueinander in Beziehung setzen, dann kann dies vorerst nur auf einem hohen Abstraktionsniveau erfolgen. Eine entsprechende Heuristik, welche dennoch die Einordnung unterschiedlicher Behandlungsansätze und -verfahren in einen übergeordneten Zusammenhang erleichtern und das Verständnis für die Möglichkeiten ihrer planvollen Kombination fördern soll, haben wir bereits an anderer Stelle zu entwickeln versucht (Brenner et al. 1992). Mit einigen Ergänzungen und mit der Relativierung gewisser aus heutiger Sicht eher zu stark betonter Aspekte hat diese Heuristik weiterhin ordnenden und handlungsleitenden Wert.

Beim heutigen Kenntnisstand sollten schizophrene Erkrankungen grundsätzlich mehr als *systemische Dysfunktion* denn als Krankheit im üblichen medizinischen Sinn verstanden werden. Diese systemische Dysfunktion ist dann Ausdruck genetisch determinierter oder erworbener struktureller und/oder funktionaler Variationen in der Gehirnorganisation, die ihrerseits individuellen Abweichungen im Wahrnehmen und Denken, d. h. individuellen Prozessen der Informationsverarbeitung zugrunde liegen, welche bei der Transformation der biologischen Normabweichungen in manifeste Krankheitssymptome mit Umweltfaktoren interagieren. Im Sinne eines allgemeinen Vulnerabilitäts-Stress-Konzepts der Psychosen können dabei die Variationen in der Gehirnorganisation als Ausdruck einer biologisch verankerten Vulnerabilität aufgefasst werden, während die individuellen Abweichungen in den Prozessen der Informationsverarbeitung als Ausdruck einer kognitiv-affektiven Vulnerabilität zu verstehen sind.

Beide stehen miteinander in Wechselwirkung. Die informationsverarbeitenden Systeme des zentralen Nervensystems entwickeln sich zwar mit der genetisch gesteuerten neuronalen Vernetzung des Neocortex, d. h. vor allem mit der postnatalen Reifung der Axone und der Bildung von Synapsen, sie erfordern zu ihrer Ausreifung aber ständige sensorische Erfahrungen. Neuronale Aktivität ist somit ein entscheidender Strukturierungsfaktor. Soweit diese neuronale Aktivität durch externe Informationen hervorgerufen oder moduliert wird, beeinflussen letztere auch die Entwicklung der neuronalen Netze und damit strukturelle Charakteristika der Hirnorganisation. So können pathogene psychosoziale Faktoren, etwa im Sinne der angesprochenen soziofamiliären Diskontinuitäten im frühen Lebensalter, zu überdauernden Dysfunktionen im Bereich der Aufmerksamkeit, der Wahrnehmung und des Denkens, aber auch der Emotionsverarbeitung führen (Nuechterlein et al. 1994, Lieb et al. 1994, Morris et al. 1995). Diese Dysfunktionen sind dann in ihrer Akzentuierung jeweils abhängig von aktuellen funktionalen Hirnzuständen, d. h. sie können sowohl durch autonome interne wie durch externe Reize verstärkt oder gemildert werden (Koukkou 1987). Für die Entstehung solcher überdauernden Dysfunktionen spielen aus kognitionspsychologischer Sicht die Objekt-Beziehungen eine entscheidende Rolle. Diese werden dabei aber nicht von psychoanalytischen, sondern entwicklungspsychologischen Konzepten her verstanden. Nicht eigentlich die Bezugspersonen und ihre Repräsentationen sind von Bedeutung, sondern die Konzepte, die sich aus der Interaktion mit ihnen ergeben, insbesondere in bezug auf die Sicht der Welt, der Menschen und der Beziehungen. Die erlebten Beziehungsformen zu den Erziehungspersonen werden so für die psychische Gesundheit zu Schlüsselerlebnissen von ausschlaggebender Bedeutung, welche der Erwachsene weiter in sich trägt. Die psychotische Symptomatik ist dann nicht als Fixierung auf ein bestimmtes Entwicklungsstadium oder als Regression zu verstehen, sondern vielmehr als Entwicklung in eine falsche Richtung, bedingt durch das Zusammenwirken von vorgeschädigtem neuronalem Substrat und ungünstigen psychosozialen Einflüssen.

Der zwischen den biologischen Verhaltensgrundlagen im Sinne schizophrenietypischer struktureller und funktioneller Normabweichungen der Gehirnorganisation und der klinisch manifesten Krankheitssymptomatik sowie sozialen Defiziten vermittelnde intermediäre Charakter von Störungen des Informationsverarbeitungsprozesses ist also in zweifacher Hinsicht zu sehen. Zum einen entstehen diese Störungen im Verlauf der individuellen Entwicklung in der Interaktion genetischer und anlagebedingter Faktoren mit psychosozialen Einflussfaktoren, zum anderen stellen sie das Bindeglied zwischen Normabweichungen auf den biologischen Ebenen und den späteren Auffälligkeiten auf den Verhaltensebenen dar. Bei schizophrenen Patienten treten nun in vielen Bereichen des Informationsverarbeitungsprozesses Veränderungen auf. Während diesbezüglich zunächst hauptsächlich kognitive Dysfunktionen etwa der Aufmerksamkeit oder des visuellen und semantischen Gedächtnisses sowie des verbalen Lernens Beachtung gefunden haben, wurden in den letzten Jahren auch spezifische Veränderungen der Emotionswahrnehmung und -verarbeitung berichtet (vgl. Hodel und Brenner 1996). Machleidt (1992) nimmt aufgrund von EEG-Brain Mapping Untersuchungen dabei eine dominierende Rolle der Erlebnisqualität 'Angst' an und hat postuliert, dass die Vulnerabilität schizophrener Patienten im Grunde durch eine affektive Grundstörung charakterisiert ist, auf welche auch die kognitiven Dysfunktionen zurückgeführt werden könnten. In jedem Fall führen diese Störungen des Informationsprozesses zu in typischer Weise veränderten neuropsychologischen Testprofilen und zeigen einen über die Zeit relativ stabilen, nicht-progressiven Charakter, d. h. sie gehen schizophrenen Krankheitsepisoden sowohl voran und folgen ihnen auch nach. Sie treten ausserdem bereits bei high-risk Personen (z. B. Kindern mit einem schizophrenen Elternteil) signifikant gehäuft auf (vgl. Goldberg et al. 1995).

Diese Konzeption schizophrener Erkrankungen als systemische Dysfunktion korrespondiert auch gut mit neueren Forschungsergebnissen der Neurobiologie, wie sie oben berichtet wurden. Entsprechend deren Vielfalt und teilweisen Widersprüchlichkeiten werden die verschiedenen Einflussfaktoren allerdings unterschiedlich gewichtet, und es wurden jeweils unterschiedliche Gehirnstrukturen und -funktionen in den Vordergrund gestellt. Auch deshalb ist jede Heuristik, die versucht, von vorliegenden empirischen Befunden ausgehend, ein systemisches Verständnis zu ermöglichen, notgedrungen immer selektiv. Dies gilt auch für die nachstehenden Überlegungen. Da die konsistentesten neurobiologischen und neuropsychologischen Befunde jedoch immer wieder frontale und temporale Hirnregionen sowie frontotemporale Verbindungen und im speziellen den medialen Temporallappen betreffen, kann dabei in Anlehnung an Arbeiten von Bogerts (1989, 1990) und Arnold et al. (1991) doch relativ gut begründet von einer seit frühester Kindheit bestehenden Abnormität frontotemporaler Hirnregionen im Sinne einer biologischen Trait-Variablen als Basis für die krankheitsauslösende Wirkung biologischer oder psychosozialer State-Faktoren angenommen werden. Bei ersteren ist insbesondere an alters- und stressabhängige Neurotransmitter (z. B. Dopamin) oder Neurohormone (z. B. Cortisol) zu denken, bei letzteren an sogenannte lebensverändernde Ereignisse oder chronische emotionale Belastungen im engeren sozialen Umfeld, wobei die moderne Stressforschung unmittelbare Beziehungen zwischen beiden Arten von State-Faktoren aufzeigt. Aus neuropsychologischer Sicht stellt speziell die paralimbische Hirnregion ein supramodales sensorisches Assoziationsareal dar, in dem alle aus der Umwelt oder der Körperperipherie kommenden Informationen im engen Austausch mit limbischen Strukturen (insbesondere Hippocampus und Amygdala) integriert und mit gespeicherten früheren Erfahrungen auf kontextuelle Relevanz und emotionale Bedeutsamkeit hin verglichen werden. In Abhängigkeit davon erfolgt durch rückläufige Verbindungen eine Hemmung des Assoziationscortex einerseits und die Steuerung der im Hypothalamus/Septumbereich und in tieferen Strukturen des Hirnstamms generierten Antriebe und Emotionen andererseits, wodurch Wahrnehmung und Denksphäre sowie Motivations-, Antriebs- und Emotionssphäre jeweils miteinander koordiniert werden.

Fällt nun aufgrund einer aktuellen Überforderung vorgeschädigter paralimbischer und limbischer Strukturen deren überwiegend hemmender Einfluss auf die im Informationsverarbeitungsprozess vorgeschalteten sensorischen Assoziationsareale und auf den nachgeschalteten Septum/Hypothalamusbereich weg, kann dies zur schizophrenietypischen Lockerung assoziativer Prozesse, zu Mangel an Leitbarkeit von Aufmerksamkeits-, Wahrnehmungs- und Denkprozessen oder zur Interferenz durch im gegebenen Kontext unangemessenen Assoziationen und Verhaltensantworten führen. Gleichzeitig können elementare affektive Reaktionen spontan und unkoordiniert mit kognitiven Prozessen freiwerden. Für den störungsfreien Abruf einer die Realität wiedergebenden Erfahrung ist zudem die zeitgleiche Koaktivierung aller diese Erfahrung ursprünglich konstituierenden Repräsentationsfragmente erforderlich (vgl. Damasio 1989). Paralimbische und limbische Strukturen spielen dabei aufgrund ihrer integrierenden Funktionen im Wahrnehmungsprozess sowie wegen ihrer Bedeutung für Gedächtnis- und Lernprozesse vermutlich eine besonders wichtige Rolle. Ihre entwicklungsbedingte Hypoplasie bzw. Desorganisation dürfte deshalb insbesondere unter bestimmten physiologischen Bedingungen, wie etwa autonomen oder durch Stress bedingten Veränderungen im Neurotransmittergleichgewicht, zu Störungen dieser Retroaktivierungsprozesse und damit der Realitätstestung führen.

# Hauptansatzpunkte therapeutischer Interventionen

Betrachtet man diese Heuristik mit Blick auf die wesentlichen Folgerungen, welche sich daraus für die Therapie schizophrener Patienten ableiten lassen, ergibt sich folgendes Gesamtbild für Hauptansatzpunkte besonders erfolgversprechender Interventionen. Im Einklang mit der Auffassung der Schizophrenie als systemische Störung behindern die schizophrenietypischen kognitiv/affektiven Dysfunktionen im Informationsverarbeitungsprozess bereits die prämorbide Entwicklung adäquater sozialer Fertigkeiten und Problemlösefertigkeiten sowie die Möglichkeiten einer erfolgreichen Stressbewältigung, sei es durch einen angemessenen Umgang mit dem Stresserleben selbst (Coping) oder durch eine effektive Nutzung vorhandener sozialer Ressourcen (soziales Netzwerk/soziale Unterstützung). Schizophrene Patienten zeigen dementsprechend signifikante Defizite in sozialen Fertigkeiten und Problemlösefertigkeiten, ebenso wie signifikante Abweichungen im Bewältigungsverhalten. Die schizophrenietypischen Störungen der kognitiv/affektiven Informationsverarbeitung können dann in der akuten Situation noch durch eine zunehmende Komplexität sozialer Anforderungen und eine damit einhergehende zentralnervöse Aktivierung, aber auch durch autonome physiologische Zustandsveränderungen verstärkt werden. Beide können dabei zudem in vitiöser Interaktion mit der vorbestehenden, neurobiologisch verankerten Störanfälligkeit insbesondere frontotemporaler Hirnstrukturen stehen. Akuter wie chronischer psychosozialer Stress beeinflusst nämlich direkt auch die Konzentration sowie die Balance zentralnervöser Neurotransmitter. So führen entsprechende Belastungen zunächst einmal zu erhöhten Bewältigungsanstrengungen entlang bestimmter Verhaltenslinien, die mit einem Anstieg der Synthese der Monamine verbunden sind, wodurch die Funktionskapazität insbesondere paralimbischer und limbischer Hirnstrukturen zusätzlich begrenzt werden. Über das wechselseitige Zusammenspiel biologischer Trait- und Statefaktoren mit schizophrenierelevanten psychologischen und sozialen Faktoren, die einerseits aus der individuellen Entwicklung resultieren und andererseits die aktuelle Situation charakterisieren, kann es also zu einem Zusammenbruch der geordneten Informationsverarbeitung mit den oben genannten Auswirkungen auf die Wahrnehmungs- und Denksphäre, die Emotions-, Motivations- und Antriebssphäre sowie den Verhaltensbereich kommen.

Diese vitiösen Abläufe kann man nun an mehreren Stellen zu unterbrechen versuchen. Die neuroleptische Medikation als einer der Hauptpfeiler der heutigen Schizophrenietherapie zielt auf die Restabilisierung (Akutmedikation) gestörter frontotemporaler Funktionen bzw. auf eine verminderte oder verzögerte Funktionshemmung durch vermehrte Dopaminfreisetzung unter psychosozialem Stress ab (Dauermedikation). Man könnte diesbezüglich von einer 'Abpufferung' der Vulnerabilität von der biologischen Seite her sprechen. Dabei wird die Zeit der klassischen Neuroleptika mittelfristig vermutlich zu Ende gehen, ohne dass sich mit dem Aufkommen der gegenwärtig neu eingeführten oder in Erprobung befindlichen, vorerst noch 'atypisch' genannten neuroleptischen Substanzen bereits ein voll befriedigender medikamentöser Behandlungszugang zur Schizophrenie abzeichnen würde.

Kognitiv/affektive Therapieprogramme zur Verminderung oder Kompensation schizophrenietypischer Störungen der Informationsverarbeitung sollen demgegenüber die Vulnerabilität von der Seite des Informationsverarbeitungsprozesses her vermindern. Dabei können sowohl Trainingsverfahren aus dem experimentellen Labor (z. B. Corrigan et al. 1995, Wiebel 1995), als auch integrierte kognitive und soziale Interventionen unter Verwendung lebensnäherer Therapiematerialien (Roder et al. 1995) oder primär auf eine bessere Bewältigung maladaptiver Emotionen zielende Therapieprogramme (Hodel und Brenner 1996) eingesetzt werden. Durch eine Neuroleptikamedikation allein lassen sich nämlich die kognitiv/affektiven Dysfunktionen im Informationsverarbeitungsprozess nicht ausreichend normalisieren. Entsprechende Untersuchungen zeigen ein eher uneinheitliches Bild. Basale Beeinträchtigungen wie etwa Aufmerksamkeitsstörungen werden zum Teil positiv beeinflusst, während Störungen komplexerer kognitiv/affektiver Funktionen wenig oder gar nicht gebessert werden, und insbesondere Gedächtnis- und Lernprozesse auch erschwert werden können.

Neben dem Versuch einer Beeinflussung der Vulnerabilität auf der neurobiologischen und neuropsychologischen Ebene bietet sich als weiterer wesentlicher therapeutischer Ansatzpunkt eine Stärkung protektiver Faktoren wie etwa der sozialen Kompetenz an. Darauf zielen insbesondere Trainingsprogramme zu sozialen Fertigkeiten wie zu Problemlösefertigkeiten ab, aber auch weniger strukturierte allgemeinere soziotherapeutische Verfahren. Entsprechende Interventionsprogramme wurden z. B. von Bellack und Mueser (1994) und von Liberman et al. (1993) in detaillierter Form entwickelt und breit evaluiert. Sie sind neben kognitiven Interventionen auch Bestandteil des Integrierten Psychologischen Therapieprogramms (Brenner et al. 1987, Roder et al. 1995). Den gegenwärtigen Entwicklungsstand solcher Programme spiegeln am eindruckvollsten „social and independent living skills"-Programme von Liberman et al. (1994) sowie die Programme zur Wohn-, Arbeits- und Freizeitrehabilitation von Roder et al. (1996) wieder. Im weiteren Sinne könnten hierzu auch die verschiedenen Ansätze einer psychodynamisch orientierten Psychotherapie mit ihrer Zielsetzung einer Stärkung von Ichfunktionen und einer (Re-)Strukturierung der Ichgrenzen gerechnet werden.

Einen weiteren wichtigen Interventionsweg für die Therapie und Rückfallprophylaxe bei der Schizophrenie stellt die Verminderung oder Entschärfung gefährdender Belastungen sowie die Stärkung des sozialen Netzwerks und der sozialen Unterstützung dar. Hier sind vor allem die Familientherapie und die Angehörigenarbeit zu nennen, aber auch allgemeinere milieu- und soziotherapeutische Ansätze. Die speziellen in der Familientherapie angewandten Verfahren sind im einzelnen recht unterschiedlich, zum Teil mehr verhaltenstherapeutisch, zum Teil mehr strukturell orientiert, manchmal auch ausschliesslich auf Familienangehörige begrenzt. Trotzdem gibt es einige wesentliche Gemeinsamkeiten. Die familientherapeutische Arbeit setzt zu Beginn der Remission ein. Es wird ein strukturiertes, wenig affektprovozierendes Vorgehen bevorzugt, und alle Verfahren lassen sich einem kognitiv-behavioralen oder systemischen Ansatz zuordnen. In den letzten Jahren ist ausserdem allgemein eine zunehmende Betonung psychoedukativer Elemente bis hin zu rein psychoedukativ ausgerichteten Programmen festzustellen.

Sowohl die Trainingsprogramme zu sozialen Fertigkeiten, zu Problemlösefertigkeiten als auch die psychoedukativ betonten familientherapeutischen Interventionen enthalten zudem jeweils bereits Elemente eines erfolgversprechenden weiteren Therapieansatzes, nämlich der Optimierung des Bewältigungsverhaltens gegenüber psychosozialen Stressoren allgemein sowie der Krankheitsverarbeitung im engeren Sinne. Dieser Ansatz beinhaltet die Identifikation individuell gefährdender Belastungen, ihre möglichst frühzeitige Wahrnehmung und einen optimalen Umgang damit. Dafür können je nach Art der belastenden Situationen, der verfügbaren Ressourcen und der personalen Voraussetzungen einmal mehr aktive, problemorientierte Verhaltensweisen, ein anderes Mal mehr Rückzug und Vermeidung geeignet sein (vgl. Kapitel 11 und 12). Systematische Untersuchungen dazu und eine Standardisierung dieses Ansatzes werden gegenwärtig durchgeführt (z. B. Wiedl 1992, Schaub et al. 1996).

Die therapeutische Beeinflussung des Bewältigungsverhaltens kann sich aber auch spezifisch auf die Identifizierung und rechtzeitige Wahrnehmung von Prodromen und frühen Warnsymptomen einer drohenden neuerlichen Krankheitsepisode und den erfolgreichen Umgang damit richten (vgl. Böker 1986, Herz et al. 1992). Entsprechende Interventionen finden ebenfalls zunehmend Eingang in psychoedukativ orientierte Therapieprogramme. Besondere Bedeutung haben sie zudem in Kombination mit neuen pharmakotherapeutischen Strategien wie der Niedrigdosierung oder der intermittierenden Therapie erlangt. Bei der Niedrigdosierung wird eine wesentlich kleinere Neuroleptikadosis als bei der konventionellen Dauermedikation eingesetzt. Als wichtigste Vorteile gelten eine geringere Beeinträchtigung der Motorik, der Gedächtnis- und Lernprozesse sowie eine verminderte Gefahr des Auftretens von Spätdyskinesien. Der grösseren Rückfallgefährdung soll mit einem sorgfältigen Monitoring von Früh- und Warnsymptomen sowie von Prodromen und mit einer allfälligen sofortigen Dosiserhöhung oder einer anderweitigen Intervention begegnet werden.

## Ausblick

Aus den Darlegungen in diesem Kapitel ergibt sich bezüglich einer möglichst effektiven Therapie der Schizophrenie nicht zuletzt, dass sich die auf die unterschiedlichen Hauptansatzpunkte gerichteten Interventionen in der Praxis nicht nur miteinander verbinden lassen, sondern dass entsprechende planmässige Kombinationen unbedingt erforderlich sind (vergleiche Kapitel 18). Diesem Aspekt wird in der Therapieforschung zur Schizophrenie bisher noch zu wenig Aufmerksamkeit geschenkt. Dafür gibt es mehrere Gründe. Wo in der Therapieforschung am meisten Finanzmittel eingesetzt werden, nämlich in der Erfassung der Wirksamkeit pharmakologischer Substanzen, interessiert im wesentlichen lediglich der Vergleich mit einer bereits eingeführten und bewährten Referenzsubstanz oder mit Placebo. Selbst dabei sind heute die strengen Anforderungen an kontrollierte, randomisierte Doppelblindstudien in Anbetracht der meistens eher geringen Unterschiede in den Effektstärken nur mittels aufwendiger Multizenterstudien zu erfüllen. Für entsprechende Studien im Bereich psychotherapeutischer und psychosozialer Therapieverfahren fehlt schlicht das Geld. Diese beschränken sich in aller Regel daher auf Einzelprojekte einschlägig interessierter und ausgewiesener Forschungsgruppen mit meist kleinen Stichproben. Wenn hier wenigstens zu den wichtigsten Therapieansätzen mehr Kooperationsprojekte auch im internationalen Rahmen zustande kämen, wäre schon viel erreicht.

Für einen wirklich entscheidenden Schritt hin zur systematischen Untersuchung einer multimodalen Therapie wäre es wohl aber zuerst einmal notwendig, dass sich von der Grundlagenforschung her vermehrt die Erkenntnis durchsetzen würde, dass medikamentöse und psychologische Interventionen sich in ihren Auswirkungen auf das neurobiologische Substrat vermutlich in derselben pathologischen Endstrecke treffen und dort ihre Wechselwirkungen entfalten.

Was immer die weitere Forschung darüber hinaus an therapeutischen Fortschritten noch erreichen wird, der Charakter schizophrener Erkrankungen als letztlich systemische Störung schliesst aus, dass es einmal einen einzigen Königsweg ihrer Behandlung geben kann. So sehr sich also in der Vergangenheit gerade am Krankheitsbild der Schizophrenie die Geister innerhalb wie ausserhalb der Psychiatrie geschieden haben, so sehr führt heute das Bemühen um bessere therapeutische Erfolge und um die Linderung des immer noch unendlichen Leids der von dieser Erkrankung Betroffenen und ihrer Angehörigen die unterschiedlichen Richtungen der Psychiatrie auf einem nach wie vor zentralen Feld psychiatrischen Forschens und Handelns wieder zusammen.

## Literatur

Akbarian, S., A. Viñuela, J.J. Kim, S.G. Potkin, W.E. Bunney Jr., E.G. Jones: Distorted distribution of nicotinamide-adenine dinucleotide phosphate-diaphorase neurons in temporal lobe of schizophrenics implies anomalous cortical development. Arch. Gen. Psychiat. 50 (1993) 178

Arnold, S.E., B.T. Hyman, G.W. van Hoesen, A.R. Damasio: Some cytoarchitectural abnormalities of the entorhinal cortex in schizophrenia. Arch. Gen. Psychiat. 48 (1991) 625

Bellack, A.S., K.T. Mueser: Schizophrenia. In: L.W. Craighead, W.E. Craighead, A.E. Kazdin, M.J. Mahoney (eds.) Cognitive and behavioral interventions: An empirical approach to mental health problems. Allyn & Bacon, Boston 1994

Benes, F.M., J. McSparren, J.P. San-Giovanni, S.L. Vincent: Deficits in small interneurons in cingulate cortex of schizophrenic and schizoaffective patients. Arch. Gen. Psychiat. 48 (1991) 996

Bogerts, B.: Limbic and paralimbic pathology in schizophrenia: interaction with age and stress related factors. In: S.C. Schulz, C.A. Tamminga (eds.) Schizophrenia: scientific progress. Oxford Universitiy Press, New York 1989

Bogerts, B.: Pathophysiologische und pathomorphologische Aspekte bei schizophrenen Psychosen. In: K. Heinich, B. Bogerts (Hrsg.) 8. Düsseldorf Symposium. Schattauer, Stuttgart 1990

Böker, W.: Zur Selbsthilfe Schizophrener: Problemanalyse und eigene empirische Untersuchungen. In: H.D. Brenner, W. Böker (Hrsg.) Bewältigung der Schizophrenie. Huber, Bern 1986

Brenner, H.D.: Die Therapie basaler psychischer Dysfunktionen aus systemischer Sicht. In: W. Böker, H.D. Brenner (Hrsg.) Schizophrenie als systemische Störung. Huber, Bern 1989

Brenner, H.D., B. Hodel, R. Genner, V. Roder, P. Corrigan: Biologische und kognitive Vulnerabilitätsfaktoren bei schizophrenen Störungen: Implikationen für die Behandlung. In: H.D. Brenner, W. Böker (Hrsg.) Verlaufsprozesse schizophrener Störungen. Huber; Bern 1992

Brenner, H.D., B. Hodel, G. Kube, V. Roder: Kognitive Therapie bei Schizophrenen: Problemanalyse und empirische Ergebnisse. Nervenarzt 58 (1987) 72

Ciompi, L.: Affektlogik. Ueber die Struktur der Psyche und ihre Entwicklung. Ein Beitrag zur Schizophrenieforschung. Klett-Cotta, Stuttgart 1982

Ciompi, L .: Modellworstellunge zum Zusammenwirken biologischer und psychosozialer Faktoren in der Schizophrenie. Fortschr. Neurol. Psychiat. 52 (1984) 200

Ciompi, L.: Affect logic: an integrative model of the psyche and its relations to schizophrenia. Br. J. Psychiat. 164 (1994) 51

Ciompi, L.: Der Einfluss psychosozialer Faktoren in der Schizophrenie. Theoretische und praktisch-therapeutische Konsequenzen. Schweiz. Arch. Neurol. Psychiat. 146 (1995) 207

Corrigan, P.W., J.N. Hirschbeck, M. Wolfe: Memory and vigilance training to improve social perception in schizophrenia. Schizophr. Res. 17 (1995) 257

Damasio, A.R.: Time-locked multiregional retroactivation: A systems-level proposal for the neural substrates of recall and recognition. Cognition 33 (1989) 25

Deakin, J.F.W.: Neuopsychological implications of brain changes in schizophrenia: an overview. Psychopathology 27(1994) 251

Done, D., T.J. Crow, E.C. Johnstone, A. Sacker: Childhood antecedents of schizophrenia and affective illness: social adjustment at ages 7 and 11. B.M.J. 309 (1994) 699

Frith, C.D.: Functional imaging and cognitive abnormalities. Lancet 346 (1995) 615

Frith, C.D., K.J. Friston, S. Herold, D. Silbersweig, P. Fletcher, C. Cahill, R.J. Dolan, R.S.J. Frackowiak, P.F. Liddle: Regional brain activity in chronic schizophrenic patients during the performance of a verbal fluency task. Br. J. Psychiat. 167 (1995) 343

Gold, J.M., T.A. Blaxton, B.P. Hermann, C. Randolph, P. Fedio, T.E. Goldberg, W.H. Teodore, D.R. Weinberger: Memory and intelligence in lateralized temporal lobe epilepsy and schizophrenia. Schizophr. Res. (1996) (in press)

Goldberg, T.E., J.M. Gold, E.F. Torrey, D.R. Weinberger: Lack of sex differences in the neuropsychological performance of patients with schizophrenia. Am. J. Psychiat. 152 (1995) 883

Goldberg, T.E., E.F. Torrey, K.B. Berman, D.R. Weinberger: Relations between neurophysiological performance and brain morphological and physiological measures in monozygotic twins discordant for schizophrenia: use of an interpair method. Psych. Res. Neuroimaging 55 (1994) 51

Gray, J.A., J. Feldon, J.N.P. Rawlins, D.R. Hemsley, A.D. Smith: The neuropsychology of schizophrenia. Behav. Brain Sci. 14 (1991) 1

Häfner, H.: What is schizophrenia? Neurol. Psychiat. Brain Res. 2 (1993) 36

Hellewell, J.S.E., J.F.W. Deakin: Impaired frontal lobe function in schizophrenia is familial. Schizophr. Res. 15 (1995) 121

Hemsley, D.R.: A cognitive model for schizophrenia and its possible neural basis. Acta Psychiatr. Scand. 90 (1994) 80

Henn, F.A.: Neurobiologie der Schizophrenie. Schweiz. Arch. Neurol. Psychiat. 146 (1995) 224

Herz, M.I., W. Glazer, A.M. Mostert, H. Szymanski, H. Hafez: Intervallmedikation versus Dauermedikation bei Schizophrenie: Resultate einer Zwei-Jahres-Studie. In: H.D. Brenner, W. Böker (Hrsg.) Verlaufsprozesse schizophrener Störungen. Huber, Bern 1992

Hodel, B., H.D. Brenner: Weiterentwicklungen des „Integrierten Psychologischen Therapieprogrammes“ für schizophrene Patienten (IPT): Erste Ergebnisse zum Training „Bewältigung von maladaptiven Emotionen“. Nervenarzt (im Druck)

Jones, P., P. Rodgers, R. M. Murray, M. Marmot: Child development risk factors for adult schizophrenia in the British 1946 birth cohort. Lancet 344 (1994) 1398

Koukkou, M.: Hirnmechanismen des normalen und schizophrenen Denkens. Eine Synthese von Theorie und Daten. Springer, Berlin 1987

Lewis, S.W.: Congenital risk factors for schizophrenia. Psychol. Med. 19 (1989) 5

Liberman, R.P.: Psychosocial treatments for schizophrenia. Psychiatry: Interpersonal & Biological Processes 57 (1994) 104

Liberman, R.P., C. Wallace, G. Blackwell, T.A. Eckman, J.V. Vaccaro, T.G. Kuehnel: Innovations in skills training for the seriously mentally ill: the UCLA social and independent living skills modules. Innov. Res. 2 (1993) 43

Lieb, K., G. Merklin, C. Rieth, R. Schüttler, R. Hess: Preattentive information processing in schizophrenia. Schizophr. Res. 14 (1994) 47

Machleidt, W.: Typology of functional psychosis – A new model on basic emotions. In: F.P. Ferrero, A.E. Haynal, N. Sartorius (eds.) Schizophrenia and affective psychoses. Nosology in contemporary psychiatry. John Libbey CIC, Roma 1992

Martin, P., M. Albers: Cerebellum and schizophrenia: A selective review. Schizophr. Bull. 21 (1995) 241

McGuffin, P., P. Asherson, M. Owen, A. Farmer: The strenght of the genetic effect: is there room for an environmental influence in the aetiology of schizophrenia? Br. J. Psychiat. 164 (1994) 593

Morris, R.G., T. Rushe, P.W.R. Woodruffe, R.M. Murray: Problem solving in schizophrenia: a specific deficit in planning ability. Schizophr. Res. 14 (1995) 235

Nuechterlein, K.H., M.E. Dawson, M.F. Green: Information-processing abnormalities as neuropsychological vulnerability indicators for schizophrenia. Acta Psychiatr. Scand. 89 (Suppl. 382) (1994) 58

Olney, J.W., N.B. Farber: Glutamate receptor dysfunction and schizophrenia. Arch. Gen. Psychiatr. 52 (1995) 998

Nuechterlein, K.H., M.E. Dawson: A heuristic vulnerability/stress model of schizophrenic episodes. Schizophr. Bull. 10 (1984) 300

Paulsen, J.S., R.K. Heaton, J.R. Perry, W. Perry, D.C. Delis, D. Braff, J. Kuck, S. Zisook, D.V. Jeste: The nature of learning and memory impairments in schizophrenia. J. Int. Neuropsychol. Soc. 1 (1995) 88

Pilowsky, L.S., R.W. Kerwin, R.M. Murray: Schizophrenia: a neurodevelopmental perspective. Neuropsychopharmacology 9 (1993) 83

Roder V., H.D. Brenner, N. Kienzle, B. Hodel: Integriertes Psychologisches Therapieprogramm für schizophrene Patienten (IPT). Psychologie Verlags Union, München 1995

Roder, V., B. Jenull, H.D. Brenner, P. Zorn: (Re-)integration schizophren Erkrankter in die Gesellschaft durch verhaltenstherapeutische Interventionen. In: W. Böker, H.D. Brenner (Hrsg.) Integrative Therapie der Schizophrenie. Huber, Bern 1996

Rubin, P., R. Hemmingsen, S. Holm, S. Mollermadsen, C. Hertel, U.J. Povlsen, A. Karle: Relationship between brain structure and function in disorders of the schizophrenic spectrum: single positron emission computerized tomography, computerized tomography and psychopathology of first episodes. Acta Psychiatr. Scand. 90 (1994) 281

Seidman, L.J., D. Yurgelun-Todd, W.S. Kremen, B.T. Woods, J.M. Goldstein, S.V. Faraone, M.T. Tsuang: Relationship of prefrontal and temporal lobe MRI measures to neuropsychological performance in chronic schizophrenia. Biol. Psychiat. 35 (1994) 235

Schaub, A., K. Andres, H.D. Brenner, G. Donzel: Entwicklung einer bewältigungsorientierten Gruppentherapie für schizophrene Patienten. In: W. Böker, H.D. Brenner (Hrsg.) Integrative Therapie der Schizophrenie. Huber, Bern 1996

Shapiro, R.M.: Regional neuropathology in schizophrenia: Where are we? Where are we going? Schizophr. Res. 10 (1993) 187

Shore, A. N.: Affect regulation and the origin of the self. Lawrence Erlbaum, Hilldale 1994

Strauss, J.S.: Der Mensch als Schlüssel zu Verständnis geistiger Erkrankungen: Auf dem Weg zu einer neuen dynamischen Psychiatrie, III. In: H.D. Brenner, W. Böker (Hrsg.) Verlaufsprozesse schizophrener Störungen. Huber, Bern 1992

Tienari, P., L.C. Wynne, J. Moring, I. Lahti, M. Naarala, A. Sorri, K.-E. Wahlberg, O. Saarento, M. Seitamaa, M. Kaleva, K. Läksy: The Finnish adoptive family study of schizophrenia: implications for family research. Br. J. Psychiat. 164 (Suppl. 23) (1994) 20

Torrey, E.F., E.H. Taylor, A.E. Bracha, T.F. McNeil, R.R. Rawlings, P.O. Quinn, L.B. Bigelow, K. Rickler, K. Sjostrom, E.S. Higgins, I.I. Gottesman: Prenatal origin of schizophrenia in a subgroup of discordant monozygotic twins. Schizophr. Bull. 20 (1994) 423

Walker, E.F., T. Savoie, D. Davis: Neuromotor precursors of schizophrenia. Schizophr Bull 20 (1994) 441

Wiebel, B.: Kognitiv-psychophysiologische Evaluation eines computergestützten Trainings basaler Funktionen der Informationsverarbeitung Schizophrener. Schizophrenie 10 (1995) 6

Wiedl, K.H.: Zur Einschätzung der Bewältigung einer schizophrenen Erkrankung: Belastungen, Bewertungen und Bewältigungsverhalten. In: H.D. Brenner, W. Böker (Hrsg.) Verlaufsprozesse schizophrener Störungen. Huber, Bern 1992

Wright, P., R.M. Murray: Schizophrenia: Prenatal influenza and autoimmunity. Ann. Med. 25 (1993) 497

Zubin J., B. Spring: Vulnerability – a new view on schizophrenia. J. Abnorm. Psychol. 86 (1977) 103

# 5 Das Problem der Krankheitseinsicht und die Erarbeitung eines gemeinsamen Krankheitsverständnisses bei Ersterkrankten

W. Böker

## Diagnose als Kränkung

Es ist eine oft beklagte Erfahrung, dass psychotisch Ersterkrankte die Einweisung und teilweise auch den Aufenthalt in einer psychiatrischen Klinik – gewöhnlich die erste Begegnung mit der Psychiatrie überhaupt – im Nachhinein vielfach überaus negativ bewerten (Windgassen 1989). Urteile wie: „Erst die Klinik hat mich krank gemacht; dort gab man mir Medikamente, die an meinen jetzigen Schwierigkeiten schuld sind; die Ärzte haben mich falsch beurteilt und falsch behandelt, von ihnen wurde ich als „Verrückter" abgestempelt, vorher war ich gesund", werden allzu oft gehört, als dass man sie als extreme Fehlbewertung einiger weniger abtun könnte. Die fatale Folge solcher Urteile sind eine oft ablehnende Einstellung zur empfohlenen Nachbehandlung, schlechte Compliance für Neuroleptika, Verleugnung eigener Schwächen und Schwierigkeiten im Vorfeld der ersten psychotischen Episode und die Tendenz, die schwere seelische Krise aus dem biographischen Zusammenhang auszublenden. Wurde dem Patienten und seinen Angehörigen die Diagnose „Schizophrenie" unvorbereitet mitgeteilt, dann sind Schrecken und Ablehnung erfahrungsgemäss meist noch ausgeprägter (Stark und Stolle 1994). Bemühungen um eine Rückfallprävention, die vom Patienten eine zumindest partielle Krankheitseinsicht und das Eingeständnis verlangt, vulnerabel und deshalb psychisch hilfsbedürftig zu sein, können dann bereits im Ansatz scheitern. Diagnosegespräche des Arztes mit dem Patienten finden allerdings noch immer eher selten statt und wenn ja, wird der Diagnosebegriff „Schizophrenie" vom Kranken oft nur oberflächlich intellektuell, nicht aber tiefergehend als wirklichkeitsgetreue Beschreibung seines Leidens zur Kenntnis genommen (Zöllner und Döpp 1979). Erst nach dem dritten, vierten oder fünften Psychoserezidiv wird allmählich die schmerzliche Erkenntnis zugelassen, ein langfristig psychisch Kranker zu sein.

Welche Konsequenzen haben diese Erfahrungen für unsere psychiatrische Arbeit mit erstmals schizophren erkrankten Menschen? Didaktisch lassen sich folgende Schritte herausarbeiten.

## Unterschiedliche Interpretationskonzepte von Arzt und Kranken

1. Wir müssen mehr Einfühlungsvermögen dafür aufbringen, was sowohl die hereingebrochene Psychose wie auch die Einweisung in die fremdartige und beunruhigende Welt des psychiatrischen Krankenhauses für den Patienten bedeuten und welche Reaktionen sie bei ihm auslösen!

Die beginnende, besonders die akut einsetzende Schizophrenie zieht den Erkrankenden in ein rätselhaftes, unheimliches, neuartiges Erleben hinein, das mit ängstigenden, verwirrenden, gelegentlich auch faszinierenden Gefühlsanteilen verknüpft zu sein pflegt. Er nimmt etwa seine einst vertraute Umwelt fremdartig verzerrt wahr und erlebt Trugwahrnehmungen; aus seinem Welterleben sind die „natürliche Selbstverständlichkeit" (Blankenburg 1971) und der Zufall verschwunden; er spürt sich im Mittelpunkt eines bedrohlich abgewandelten Beziehungsgeflechtes; in sein Denken schieben sich quälende Impulse oder störende Ablenkungen ein; die Fähigkeit, sich auf gewohnte Aufgaben zu konzentrieren, schwindet; sonderbare, aber oft mit intensiver Gewissheit empfundene Ideen entfremden ihn von seinen Mitmenschen u.a.m. Wir Ärzte fassen diesen Erlebniswandel in den Begriff „Psychose" und stellen die Diagnose einer Schizophrenie. Damit verfügen wir auch über ein theoretisches Konzept, das uns, obschon darin noch viele Elemente ungeklärt sind, doch einen Verständnis- und Handlungsrahmen liefert, der eine gewisse Sicherheit vermittelt.

Dem Kranken hingegen steht für diese Erlebnisse, die so gänzlich von seinen bisher gemachten üblichen Krankheitserfahrungen (Kinderkrankheiten, Grippe und andere somatische Leiden, auch Unfallfolgen) abweichen, zunächst noch kein plausibles Interpretationsmodell zur Verfügung. Vieles bleibt ihm zu Beginn der Psychose noch im diffusen Zustand quälenden Missbehagens oder in angstvoller Benommenheit. Ein staunendes Gebanntsein durch phantastische Wahrnehmungen oder durch beunruhigende Gefühlserlebnisse, vielleicht auch das Empfinden, mit unerhörter Evidenz den letzten Rätseln der Welt nahe zu sein, kann mit Phasen chaotischer Angst und Verwirrtheit abwechseln.

„Krankheitseinsicht" von ihm zu verlangen hiesse, ihn zu diesem Zeitpunkt weitgehend zu überfordern. – In der Literatur besteht Einigkeit darüber, dass es sich bei diesem Begriff um ein mehrdimensionales Konstrukt handelt (Schulte 1958, David 1990, Wienberg 1995). Es sind dabei das Empfinden, irgendwie „gestört" zu sein, die Fähigkeit, psychotische Symptome wahrzunehmen und sich von ihnen zu distanzieren, Vorstellungen über die Ursachen, ein eigentliches Krankheitsbewusstsein und die Behandlungswilligkeit zu unterscheiden (Bender 1988, Greenfeld et al. 1989, David 1990, Amador et al. 1994 ). Der mit konkretem Wissen verbundenen Krankheitseinsicht geht ein oft diffuses Krankheitsgefühl bzw. Krankheitsbewusstsein voraus (Blankenburg 1989).

Es ist möglich, dass der Patient seinen veränderten Zustand bereits selbst als Ausdruck einer psychischen Krankheit interpretiert. Dies ist offenbar besonders bei episodischem Krankheitsverlauf dann der Fall, wenn Prodromalsymptome wahrgenommen und als Frühzeichen eines Rückfalls bewertet werden können (Heinrichs et al. 1985). Oft wird er aber mindestens bei der psychotischen Ersterkrankung andere Erklärungskonzepte verwenden, die sich zum Teil überlappen (Angermeyer und Klusmann 1988, Dittmann und Schüttler 1990, Linden et al. 1988, Stark und Stolle 1994): „Nervenzusammenbruch" nach Überanstrengung; Folge von zwischenmenschlichen Konflikten, Erziehungsfehlern der Eltern oder ungünstiger Erbanlage; Schädigung durch Drogengebrauch oder falsche Lebensführung; Beeinflussung durch fremde Mächte, z. B. aus der Welt der Technik; Folge einer Vergiftung oder Hypnose; Auswirkungen einer religiösen Krise, etwa bei der Gewissheit, erwählt oder verdammt zu sein, u.a.m. Erlebt er, dass die Ärzte ihn sogleich in ihr naturwissenschaftlich-medizinisches Erklärungsraster einordnen, dann mag er sich dagegen sträuben, weil er sich falsch aufgefasst oder sogar vergewaltigt empfindet. Es ist deshalb dringend zu empfehlen, sich dem rätselhaften, ungewöhnlichen Erleben des Betroffenen schonend anzunähern, wenn es darum geht, eine gemeinsame Interpretationsbasis dafür zu erarbeiten.

Dies heisst nicht, auf erste notwendige Behandlungsmassnahmen zu verzichten: Eine hochgradige Erregung mit suizidalen oder fremdaggressiven Impulsen verlangt unsere sofortige ärztliche Intervention. Wenn wir andererseits zulassen, dass uns der Kranke selbst als Führer in seine psychotische Welt hineinbegleitet, ohne von uns interpretativ bedrängt und voreilig „abgestempelt" zu werden, dann wird er rascher Vertrauen entwickeln und über seine Erlebnisse offener mit uns sprechen.

## Der Arzt als Dolmetscher

2. In einem nächsten Schritt sollten wir den Kranken behutsam mit Stellungnahmen anderer Personen bekanntmachen, beispielsweise, dass seine Angehörigen oder Kollegen über sein abnormes Verhalten beunruhigt sind, weil sie dahinter eine ernste Gesundheitsstörung vermuten, und schliesslich: dass auch die Ärzte an eine seelische Krise und Krankheit denken. Die Kunst des erstuntersuchenden Psychiaters besteht also darin, das naturwissenschaftlich-medizinische Psychosekonzept in den Verständnishorizont des Patienten zu transponieren, d. h. eine erfolgreiche Dolmetscharbeit zu leisten (Böker 1980). Es muss Verständnis dafür erweckt werden, dass weitere diagnostische Massnahmen, z. B. sorgfältige Untersuchungen des Gehirns oder eine psychologische Testung zur Klärung des Zustandes vonnöten sind.

Die Schizophrenie-Diagnose, vom Laien noch immer mit der erschreckenden Vorstellung völliger Entfremdung und unheilbarem Siechtum verknüpft, kann erst nach sorgfältiger Vorbereitung im Schutz einer gewachsenen Vertrauensbeziehung ins Gespräch gebracht werden. Besser ist es, zunächst volkstümliche Metapher wie „nervöse Überanstrengung" oder „Nervenzusammenbruch" zu gebrauchen und dann den allgemeinmedizinischen Ausdruck „Psychose" einzuführen. So bringen wir den Kranken und seine Angehörigen allmählich auf den Boden eines uns und ihnen gemeinsamen Krankheitsverständnisses, in welches sich die subjektiven Erlebnisse des Patienten plausibel integrieren lassen sollten. Erst wenn er nicht mehr auf seinem privatlogischen Interpretationsmodell der Psychoseentstehung beharrt, kann mit der Verwirklichung eines rezidivprophylaktischen Nachsorgeprogrammes begonnen werden. Es hängt also ausserordentlich viel davon ab, ob Patient und Angehörige für ein solches gemeinsames Grundverständnis – nach heutiger Kenntnis des Vulnerabilitäts-Stress-Bewältigungskonzeptes – gewonnen werden können oder nicht.

## Behutsam, nicht ängstigend, handeln!

3. Die ersten Begegnungen mit den Experten und Betreuern im psychiatrischen Spital sind vielfach entscheidend, ob dieser Verständnisprozess gelingt oder nicht, da sie angstvolle Vorurteile bestärken oder Vertrauen schaffen. So behutsam und verständnisvoll wir in die Erlebniswelt des Kranken eintreten sollten, so wenig invasiv und ängstigend sollen unsere ersten therapeutischen Massnahmen auf ihn wirken. Ein ruhiges, übersichtliches und wohnliches Stationsmilieu, in dem sich nicht zu viele andere erregte psychotische Kranke drängen, ist eine erste Voraussetzung dafür (siehe Kapitel 19). Die anfängliche Erregungsdämpfung mit Hilfe von Benzodiazepinen statt mit hochdosierten Neuroleptika vermeidet unerwünschte extrapyramidale und kognitive Nebenwirkungen, die vom Patienten nachträglich allzu oft als „chemische Keule" kritisiert werden. Nicht selten verschwinden rasch aufgeflammte produktive Symptome bereits unter dieser initial sedierenden Behandlung. Bleiben sie bestehen, muss eine Medikation mit hochpotenten Neuroleptika in der niedrigst möglichen Dosierung eingeleitet werden (siehe Kapitel 6), die nun dem beruhigteren und damit für Informationen leichter zugänglichen Patienten fasslicher erklärt und dann von ihm bereitwilliger akzeptiert werden kann.

Es gilt also: Je positiver der nun in die Restabilisierungsphase eintretende Schizophrene die um Verständnis bemühte Haltung der Betreuer, das Stationsmilieu und die Medikamentenwirkung erlebt, desto eher wird er den Ratschlägen des Arztes folgen, wie er nach der Entlassung aus stationärer Behandlung das wiedererlangte Gleichgewicht bewahren und sich vor Rückfällen in die Psychose schützen lernen kann.

## Was heisst Vulnerabilität?

4. Um diese Beratung in der wirksamsten, individuell angepassten Weise vornehmen zu können, muss die prämorbide Persönlichkeit und die Lebenssituation in den Wochen und Monaten vor Ausbruch der ersten Krankheitssymptome sorgfältig exploriert werden. Stösst der Arzt dabei auf Erlebnisse und Umweltfaktoren, die im pathogenetischen Prozess als Stressoren gewirkt haben dürften, dann sollte der Patient davon unterrichtet werden, damit er in Zukunft gleichen oder ähnlichen Belastungen, wenn möglich, aus dem Weg gehen lernt. Dies schafft die Gelegenheit, das psychologische Konstrukt der seelischen Vulnerabilität, d. h. einer Dünnhäutigkeit gegenüber Konflikten, Auseinandersetzungen, Überstimulationen oder Überbelastungen zur Sprache zu bringen. Auch hierbei dürfen wir den Patienten nicht unnötig kränken, verunsichern oder gar in seiner Selbstachtung schädigen. Vulnerabilität muss nicht zwingend mit Schwäche oder Defizienz gleichgesetzt werden. Wenn wir dem Betroffenen darlegen, dass damit auch Feinfühligkeit und nicht selten sogar Kreativität verbunden sind, wird er diese Persönlichkeitsdiagnose von uns leichter annehmen können. Er wird besser verstehen, warum wir ihn vor Überforderung und Überstimulation warnen, wenn wir mit einprägsamen Beispielen arbeiten wie: ein feingespitzter Bleistift macht filigranere Striche als ein grober, bricht aber leichter ab; oder: das empfindliche Objektiv eines wertvollen Fotoapparates darf nicht mit einem rauhen Lappen gereinigt werden u.ä.

## Umgang mit Verletzlichkeit

5. Da es sich bei ersterkrankten Schizophrenen typischerweise um junge Erwachsene handelt, deren persönliche und berufliche Lebensentwicklung noch unabgeschlossen ist, kann der Patient mit dem Rat, er solle sich vor belastenden Entscheidungen oder anstrengenden Bemühungen hüten, häufig nicht viel anfangen. So pauschal gegeben, erinnert diese Empfehlung an das ebenso wenig hilfreiche Rezept mancher Ärzte, ein Hypertoniekranker möge sich „vor Aufregungen schützen". Es müssen deshalb viel detailliertere, an die wechselnden Anforderungen von Fall zu Fall angepasste Hinweise gegeben werden, wie der individuell ja übrigens unterschiedlich gearteten Verletzlichkeit Rechnung getragen

werden soll. Die Erfragung sogenannter Basissymptome und Basisstörungen (Süllwold 1977), deren fluktuierende Ausprägung bei wachsender subjektiver Wahrnehmung als Früh- und Warnsignale eines nahenden Psychoserezidivs genutzt werden kann, benötigt ebenfalls Zeit. Sie lassen sich während der Ersterkrankung nicht ein für allemal erfassen und für die Zukunft festlegen. Dies ist unter anderem eine stichhaltige Begründung für die dem Patienten einsichtig zu machende Notwendigkeit, sich in eine fachkundige Nachbetreuung zu begeben, wo auch die weitere Einnahme einer optimalen Neuroleptikadosis als Schutz vor nervöser Übererregbarkeit vereinbart und austariert werden muss.

## Die postpsychotische Verletzlichkeit

6. Mit abklingender Akutsymptomatik und auch noch Wochen nach der Krankenhausentlassung leiden viele genesende Schizophrene unter einem Zustand der Initiativelosigkeit und subdepressiven Unlust (postremissives Erschöpfungssyndrom, Heinrich 1967), der nicht voreilig als „Defekt" bzw. als unbeeinflussbare Negativsymptome fehlinterpretiert werden darf. Patienten und Angehörige sind erleichtert, wenn ihnen dieser Zustand als Rückzugs- und Schonverhalten im Sinne eines Selbstheilungsgeschehens erläutert wird, der mit einer vegetativen Schwächephase nach einer schweren körperlichen Erkrankung, z. B. nach einer Grippe, verglichen werden kann. Das Vertrauen des Patienten in die therapeutische Arbeit des Arztes – und damit auch in dessen medizinisches Störungsmodell – wird gestärkt, wenn er ihn in dieser Erholungsphase nicht mit anspruchsvollen Rehabilitationsprogrammen überfordert, sondern ihm Zeit zur Restabilisierung lässt (siehe auch das „Schneckenhaus"-Erholungsmuster von Strauss 1989).

## Gemeinsam verstehen und bewältigen

7. Immer wieder gilt es zu beherzigen, dass der Verarbeitungsweg, den der erstmals erkrankende Schizophrene – sofern es nicht nach dieser ersten Episode zu einer Heilung kommt – zurücklegen muss, um Einschränkungen wie seine Vulnerabilität und eine Disposition zu neuen psychotischen Krisen als sein Schicksal anzunehmen, mit vielen Kränkungen, Ängsten und den Versuchen verleugnender Abwehr belastet ist. Nur Schritt für Schritt kann dieser Weg mit Hilfe gut ausgebildeter Betreuer und die Last geduldig mittragender Angehöriger und Freunde bewältigt werden. Wir wissen, dass noch immer allzu viele Psychosekranke den Belastungen dieses Schicksals nicht gewachsen sind und ihrem Leben ein Ende setzen. Eine verständnisvolle, kenntnisreiche, unermüdliche und langfristig durchgehaltene Arbeit der Betreuer wird sowohl die Gefahr produktiv psychotischer Rückfälle verringern wie auch die Bürde bleibender psychischer Einschränkungen und Behinderungen erleichtern.

Eine wesentliche Grundbedingung für das Gelingen dieser Anstrengungen aber ist die frühzeitige Verständigung über eine *gemeinsame Konzeption von Schizophrenie*, die von allen Helfenden und Betroffenen als Basis ihrer Kooperation anerkannt wird (Böker 1991). Daraus lässt sich dann eine gemeinsame Sprache entwickeln, in der miteinander kommuniziert werden kann. Die Einigung auf das Vulnerabilität-Stress-Bewältigungsmodell ermöglicht die Bereitschaft des Patienten, seinen psychotischen Erlebniswandel als Ausdruck eines beeinflussungsfähigen Krankheitszustandes aufzufassen, so gut es geht anzunehmen und Hilfe im medizinischen System zu suchen. Sie fördert seine Einsicht, dass die heute zur Verfügung stehenden Behandlungsbausteine ihren guten Sinn in einem therapeutischen Gesamtzusammenhang besitzen.

## Literatur

Amador, X.F., M. Flaum et al.: Awareness of illness in schizophrenia and schizoaffective mood disorders. Arch. Gen. Psychiatry 51 (1994) 826

Angermeyer, M.C., D. Klusmann: The causes of functional psychoses as seen by patients and their relatives. I. The patients' point of view. Eur. Arch. Psychiatr. Neurol. Sci. 238 (1988) 47

Bender, W.: Krankheitseinsicht und Krankheitsgefühl bei psychiatrischen Patienten. Enke, Stuttgart 1988

Blankenburg, W.: Der Krankheitsbegriff in der Psychiatrie. In: K.P. Kisker, H. Lauter, J.-E. Meyer, C. Müller, E. Strömgren (Hrsg.) Psychiatrische Gegenwart 9, 3. Aufl. Springer, Berlin Heidelberg New York 1989

Böker, W.: Der Arzt als Dolmetscher. Psycho 6 (1980) 381

Böker, W.: Die Entwicklung eines partnerschaftlichen Therapieverständnisses der Schizophrenie als Folge neuer Ätiologiekonzepte und Wandlungen des psychiatrischen Zeitgeistes. Psychiatr. Prax. 18 (1991) 189

David, A.J.: Insight and psychosis. Brit. J. Psychiat. 156 (1990) 798

Dittmann, J., R. Schüttler: Disease consciousness and coping strategies of patients with schizophrenic psychosis. Acta psychiatr. scand. 82 (1990) 381

Greenfeld, D., J.S. Strauss, M.B. Bowers, M. Mandelkern: Insight and interpretation of illness in recovery from psychosis. Schiz. Bull. 15 (1989) 245

Heinrich, K.: Zur Bedeutung des postremissiven Erschöpfungssyndroms für die Rehabilitation Schizophrener. Nervenarzt 38 (1967) 487

Heinrichs, D.W., B.P. Cohen, W.T. Carpenter: Early insight and the management of schizophrenic decompensation. J. Nerv. Ment. Dis. 173 (1985) 133

Linden, M., J. Natter, J., H.U. Wilm: Zur Definition, Bedeutung und Messung der Krankheitskonzepte von Patienten. Die Krankheitskonzeptskala (KK-Skala) für schizophrene Patienten. Fortschr. Neurol. Psychiat. 56 (1988) 35

Schulte, W.: Zum Problem der Krankheitsuneinsichtigkeit. Nervenarzt 29 (1958) 501

Stark, F.M., R. Stolle: Schizophrenie: Subjektive Krankheitstheorien – eine explorative Studie: Teil 1: Patienten. Psychiat. Prax. 21 (1994) 74

Strauss, J.S.: Intermediäre Prozesse in der Schizophrenie: Zu einer neuen dynamisch orientierten Psychiatrie. In: W. Böker, H.D. Brenner (Hrsg.) Schizophrenie als systemische Störung. Huber, Bern Stuttgart Toronto 1989

Süllwold, L.: Symptome schizophrener Erkrankungen. Uncharakteristische Basisstörungen. Springer, Berlin Heidelberg New York 1977

Wienberg, G. (Hrsg.): Schizophrenie zum Thema machen. Psychiatrie Verlag, Bonn 1985

Windgassen, K.: Schizophreniebehandlung aus der Sicht des Patienten. Springer, Berlin Heidelberg New York 1989

Zöllner, H.-M., S. Doepp: Die Einstellung depressiver und schizophrener Kranker zu ihrer Diagnose. Nervenarzt 50 (1979) 28

# 6 Biologische Behandlungsmethoden

M.C. Merlo, H.D. Brenner

## Einleitung

Mit der Entdeckung der antipsychotischen Wirkung von Chlorpromazin Anfang der fünfziger Jahre (Delay et al. 1952) hat die Pharmakotherapie ihren festen Platz in der Behandlung der Schizophrenie gefunden. Frühere biologische Behandlungsmethoden (z. B. Insulin- oder Kardiazolschock, psychochirurgische Eingriffe) werden seither als obsolet angesehen; eine Ausnahme bildet dabei die Elektrokrampfbehandlung, die bei vitaler Indikation in seltenen Fällen noch zum Einsatz kommt. Aus diesem Grunde werden in dieser Übersicht über die biologischen Behandlungsmethoden schizophrener Psychosen nahezu ausschließlich pharmakotherapeutische Verfahren dargestellt.

Obwohl bis heute über vierzig Jahre lang Erfahrungen im Einsatz von neuroleptischen Medikamenten in der Behandlung schizophrener Psychosen gesammelt wurden, sind erst in den letzten fünf Jahren wirklich neue Befunde aus der Grundlagenforschung und der klinischen Forschung veröffentlicht worden, die einerseits zum Überdenken bisher gebräuchlicher Behandlungsschemata Anlaß geben, andererseits zur Entwicklung und Einführung von neuen antipsychotischen Substanzen geführt haben. Im Abschnitt „Grundlagen und Grundsätze" werden einige dieser neueren Befunde zusammengefaßt und als Basis für ein möglichst rationales Vorgehen in der pharmakologischen Behandlung genommen.

Als allgemein anerkanntes Ziel der modernen Pharmakotherapie schizophrener Psychosen gilt, dass das Antipsychotikum in der *minimalen wirksamen Dosis* (Kane 1995a) verabreicht und die pharmakologische Intervention als Baustein in einen komplexeren Therapieplan mit psycho- und soziotherapeutischen Verfahren (Brenner und Gasser 1993) integriert werden sollte. Mit dem Konzept der minimalen wirksamen Dosis wird angestrebt, daß die antipsychotische Substanz bei guter Wirksamkeit möglichst wenige unerwünschte Arzneimittelwirkungen (UAW) bedingt.

Die von Andres und Merlo in Kapitel 2 vorgeschlagene Einteilung des schizophrenen Syndroms in vier pathophysiologisch abgrenzbare *Untergruppen* soll als Basis für spezifischere pharmakologische Interventionen dienen. Danach ist beim Erregungszustand das unmittelbare Behandlungsziel eine Sedation und bei der produktiv-psychotischen Symptomatik eine antipsychotische Wirkung im engeren Sinne. Weiterhin werden eine Optimierung kognitiver Leistungen bei kognitiv-dysfunktionellen Störungen und

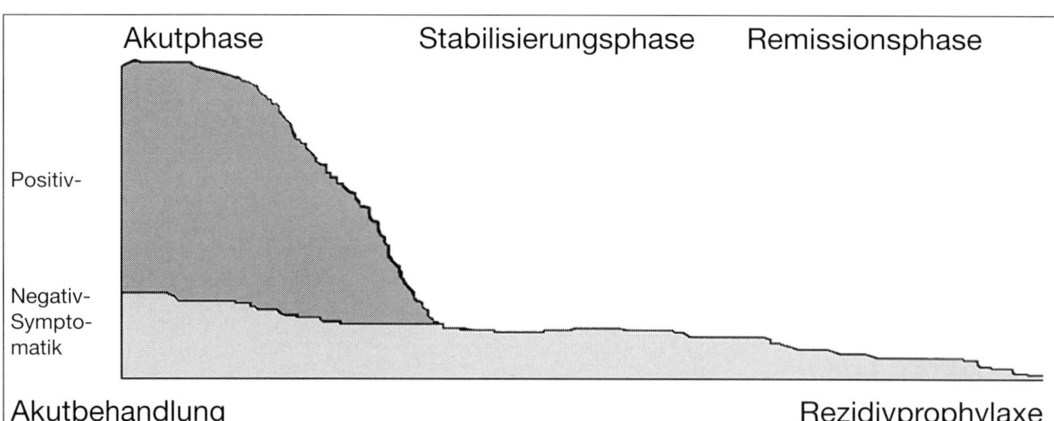


**Abb. 1** Unterscheidung von drei Phasen für eine phasenorientierte pharmakologische Behandlung

eine Verbesserung der Negativsymptomatik sowie eine Vermeidung von UAW angestrebt.

Wie die psychosozialen Interventionsstrategien sollte auch die Pharmakotherapie *phasenorientiert* strukturiert werden. So ist zwischen einer Behandlung während der akuten Phase, der Stabilisierungsphase und der Remissionsphase bzw. der chronisch produktiven Phase zu unterscheiden (Abb. 1). Eine weitere Unterteilung in Behandlungsstrategien für *erst-* und *mehrfacherkrankte* bzw. *chronisch kranke* schizophrene Patienten hat sich sowohl auf psychosozialem als auch auf pharmakologischem Gebiet bewahrt. Dabei wird die Behandlungsstrategie bestimmt durch die Feststellung, ob eine *Response*, eine *Teilresponse* oder eine *Nonresponse* auf die initiale Behandlung vorliegt. Eine Response liegt vor, wenn unter der Behandlung sowohl die positiven als auch die negativen Symptome remittieren, d. h. wenn nach ICD-10 eine vollständige Remission (F20.x5) oder ein Zwischenstadium bei episodisch remittierendem Verlauf (F20.x3) erreicht wird. Nach neueren Studien ist sowohl bei Erst- wie bei Mehrfacherkrankten in ca. 50% der Fälle mit einer klinisch bedeutenden Besserung nach 4 – 6 Wochen zu rechnen (siehe Tabelle 5). Nach einem Zeitraum von 1 Jahr haben Lieberman et al. (1993) bei 83% der Ersterkrankten eine Response gefunden, dabei betrug die mittlere Dauer 35,7 Wochen (Median 11 Wochen). Während Teilresponse bzw. Nonresponse einen Wechsel des Medikamentes und/oder eine Kombinationsbehandlung notwendig machen können, sollte bei Response in der Regel das anfänglich oder früher wirksame Medikament weiter gegeben werden. Schon im Anschluß an die erste psychotische Episode wird großer Wert auf die frühe Einleitung einer *Rezidivprophylaxe* gelegt.

Das Auftreten eines schizophrenen Syndroms macht eine ausgiebige *Diagnostik* notwendig, da z. B. im ICD-10 (Dilling et al. 1993) erst nach Ausschluß einer eindeutigen Gehirnerkrankung, einer Intoxikation oder eines Entzuges und bei einmonatiger Dauer der Symptomatik von einer Schizophrenie gesprochen wird (siehe auch Andres und Merlo, Kapitel 2). Zu den Routineuntersuchungen werden neben der allgemein üblichen Labordiagnostik (mit der Bestimmung der Schilddrüsenparameter) auch die Untersuchung des Urins auf psychotrope Substanzen und ein Elektroenzephalogramm (EEG) empfohlen. Neben dem differentialdiagnostischen Wert geben diese Befunde Hinweise auf Faktoren, welche die Pharmakokinetik beeinflussen (Elektrolythaushalt, Leberstoffwechsel etc.) und auch die Pharmakodynamik (psychotrope Substanzen wie Cannabis) verändern können. Das EEG ist besonders aussagekräftig, wenn es ohne Medikamente abgeleitet wird. Um eine optimale Diagnostik zu ermöglichen, sollte eine medikamentöse Behandlung also nur in Ausnahmefällen, d. h. bei Vorliegen einer Selbst- oder Fremdgefährdung, vor der Ableitung des EEGs durchgeführt werden.

*Kurzdauernde psychotische Zustände* (ICD-10 F23: akute vorübergehende psychotische Störungen mit akuter Belastung) können sich durch den Wechsel aus der Belastungssituation in ein entspanntes und angstminderndes Milieu oder unter der Wirkung unspezifischer sedierender Medikamente zurückbilden. Da diese Differentialdiagnose häufig nur ex juvantibus und nicht allein aufgrund des psychopathologischen Querschnittsbildes oder anderer Befunde zu gewinnen ist, wird empfohlen, die $D_2$-antagonistische Behandlung erst nach ein paar Tagen zu beginnen (Fleischhacker 1995); Bellak (1979) schlug sogar vor, damit eine Woche zu warten. Vor dem *Beginn einer antidopaminerg-antipsychotischen Behandlung* sollte daran gedacht werden, daß diese Behandlung nur Sinn hat, wenn sie mindestens 6–12 Monate lang durchgeführt wird. Für eine kurze pharmakologische „Krisenintervention" sind diese Substanzen wegen der langen Latenz des Wirkungseintrittes nicht geeignet. Andererseits haben verschiedene Autoren zeigen können, daß eine lange Verzögerung des Behandlungsbeginns zu einem schlechteren Verlauf, bzw. einem geringeren Ansprechen führt (Wyatt 1991, Loebel et al. 1992).

Dem modernen Sprachgebrauch folgend (van Kammen und Marder 1995a, 1995b) wird in diesem Kapitel nicht mehr die alte Einteilung in klassische und atypische Neuroleptika verwendet, sondern in *Dopamin-antagonistische (DA) Antipsychotika* (z. B. Haloperidol, Flupentixol oder Fluphenazin), *Serotonin-Dopamin-antagonistische (SDA) Antipsychotika* (z. B. Risperidon) und *atypische Antipsychotika* (z. B.Clozapin) unterteilt; eine eigene Gruppe bilden auch die *sedierenden Antipsychotika* (z. B. Chlorprothixen, Levomepromaxin oder Promazin).

*Spezielle Probleme* bereitet die Behandlung bei Negativsymptomatik, bei Komorbidität, d. h. gleichzeitigem Vorliegen einer schizophrenen Symptomatik und hirnorganischen Störungen, depressiven Zuständen, Abhängigkeit oder Epilepsie. Die pharmakologische Behandlung schizophrener Psychosen während Schwangerschaft und Stillzeit bedarf besonderer Vorsichtsmaßnahmen. Weiterhin müssen auch Interaktionen zwischen der antipsychotischen Medikation und anderen Medikamenten bzw. psychotropen Substanzen berücksichtigt werden; in einigen Fällen führen auch genetisch bedingte Störungen des Abbaus eines Antipsychotikums zu Problemen in der Pharmakotherapie. Speziell zu diskutieren sind auch Fragen zu Äquivalenzdosierungen und Spätdyskinesien.

*(Übersichten: Kane 1995a, Buckley und Meltzer 1995, Schulz 1995, Wirshing et al. 1995, Csernansky und Newcomer 1995).*

## Grundlagen und Grundsätze

Das *Vulnerabilitäts-Streß-Modell* gilt allgemein als am besten geeignet, um biologische und psychosoziale Auslösefaktoren zu erfassen und um therapeutische Interventionen auf beiden Ebenen zu koordinieren (Kaplan et al. 1994). Bei der Weiterentwicklung dieses Modells wurde in letzter Zeit vermehrt Wert auf die Berücksichtigung des Bewältigungsverhaltens im Sinne einer aktiven Auseinandersetzung mit Belastungen gelegt (siehe Böker und Schaub, Kapitel 11 und 12). Vergleichbar gibt es auch auf der biologischen Ebene adaptative Mechanismen, die der psychotischen Dekompensation entgegen wirken. Ebenso wie es in der psychosozialen Behandlung darum geht, das Bewältigungsverhalten zu optimieren, legt auch die moderne biologische Behandlung Wert darauf, diese Adaptationsmechanismen des Organismus zu stärken.

Besonders wichtig für den richtigen Einsatz von antipsychotisch wirksamen Substanzen ist die Kenntnis ihrer *pharmakodynamischen* Mechanismen. Die meisten Antipsychotika blockieren das dopaminerge System (siehe unter „Dopamin"). Während die Rezeptorblockade innerhalb von Minuten erfolgt, treten biologisch meßbare Veränderungen des dopaminergen Systems, die mit der antipsychotischen Wirkung in Zusammenhang gebracht werden, erst nach zwei bis drei Wochen ein. Dieser zeitlich *verzögerte Wirkungseintritt* wurde sowohl in vivo bei elektrophysiologischen Tierversuchen („Depolarisationsblockade") (Bunney 1984) als auch in vivo bei Patienten durch Messung der Homovanillinmandelsäure (HVA) im Blutplasma (vgl. Friedhoff und Silva 1995) gefunden. Es entspricht der klinischen Erfahrung, daß meistens mehrere Wochen vergehen (oft bis zu 5 Wochen), bis es zu einer bedeutsamen Reduktion der produktiv-psychotischen Symptomatik kommt (Schulz 1995, van Kammen und Marder 1995a).

Ein weiterer pharmakodynamischer Aspekt ist, daß das dopaminerge System neuerdings als *Modulator* (Friedhoff und Silva 1995) für die Erregungsausbreitung im Gehirn aufgefaßt wird. Dabei scheint eine Voraussetzung für das Ansprechen auf eine antidopaminerge Medikation die Adaptationsfähigkeit dieses Systems zu sein. Demzufolge sprechen Patienten mit niedriger Ausgangs-HVA und geringem Abfallen der HVA darauf eher schlecht an (Friedhoff und Silva 1995). Die adaptativen Ressourcen sind ausgeschöpft und das dopaminerge System scheint bei diesen Patienten wie 'ausgebrannt'. Psychopathologisch herrschen dementsprechend auch negative Symptome vor.

Wichtige Erkenntnisse über die Pharmakodynamik antipsychotischer Substanzen an dopaminergen Rezeptoren des Striatum konnten mit der Positronenemissionstomographie gefunden werden. Eine *$D_2$-Dopaminrezeptorblockade* von mehr als 75% war verbunden mit dem Auftreten von extrapyramidalen Symptomen (mit Ausnahme der Akathisie, die schon ab 60% auftreten kann); gleichzeitig bestand jedoch bereits eine ausreichende antipsychotische Wirkung bei einer Rezeptorblockade zwischen 65–75% (Farde und Halldin 1995, Seeman 1995). Diese Ergebnisse bestätigen eine frühere Meta-Analyse klinischer Studien durch Baldessarini et al. (1988), die zeigen konnten, daß eine Dosierung zwischen 300 und 600 mg Chlorpromazin-Äquivalenten (entsprechend 6 und 12 mg Haloperidol) für eine antipsychotische Wirkung ausreichend ist. Ebenfalls finden dadurch verschiedene klinische Studien Bestätigung, die während der Akutbehandlung keinen zusätzlichen antipsychotischen Effekt bei Dosen > 10 mg Haloperidol zeigten (siehe Tabelle 5). In einer kürzlich veröffentlichten Meta-Analyse haben Bollini et al. (1994) für die Langzeitbehandlung einen oberen Wert von 375 Chlorpromazin-Äquivalenten berechnet; dies entspricht einer Dosis von ca. 8 mg Haloperidol (siehe auch Tabelle 6).

Neuere Befunde zur *Pharmakokinetik* antipsychotischer Substanzen geben ebenfalls Anlaß, bisher gebräuchliche klinische Behandlungsschemata zu überdenken. So wurde in einer Arbeit von Khot et al. (1993) bestätigt, daß die Halbwertszeit von oral verabreichtem Haloperidol 16,5 Stunden beträgt und daß nach ca. 5–6 Tagen ein *Fließgleichgewicht* erreicht wird. Depotpräparate benötigen einen weitaus längeren Zeitraum, bis sich ein Fließgleichgewicht eingestellt hat,

z. B. Fluphenazin-decanoat 3 Monate (Marder et al. 1989). Beim Einsatz von antipsychotischen Substanzen ist es zum andern wichtig zu wissen, daß die Bioverfügbarkeit in Abhängigkeit von Verteilungs- und Eliminationsprozessen um den Faktor 10 (– 20) variieren kann (Müller 1993). Plasmaspiegelbestimmungen können in diesem Zusammenhang hilfreich sein (siehe Abschnitt „Akutbehandlung der Therapieresistenz"). Praktische Folgerungen aus den pharmakokinetischen Befunden sind:

- dopamin-antagonistische Antipsychotika (z. B. Haloperidol, Fluphenazin, Flupentixol) können wegen ihren relativ langen Eliminationshalbwertszeiten einmal am Tag gegeben werden (Baldessarini et al. 1991);
- zur Beurteilung, ob die minimale wirksame Dosis verabreicht wurde, ist es notwendig, bei oraler Gabe mindestens 7 Tage und bei Depotpräparaten mindestens 3 Monate zu warten, da sonst kein Fließgleichgewicht erreicht wird. Treten extrapyramidalmotorische Symptome schon vorher auf, kann davon ausgegangen werden, daß die Dosis des Fließgleichgewichtes zu hoch sein dürfte, und eine frühe Dosisreduktion notwendig ist;
- die Entscheidung, ob eine Response, eine Teilresponse oder eine Nonresponse vorliegt, bedarf jedoch wegen der speziellen pharmakodynamischen Gegebenheiten der Antipsychotika einer Beobachtungszeit von mindestens 3–4 Wochen.

*(Übersichten: Schulz 1995, van Kammen und Marder 1995a, Yamamoto und Meltzer 1995, Wyatt et al. 1995, Merlo 1996).*

# Neurotransmitter

## Dopamin

In den fünfziger und sechziger Jahren haben verschiedene Grundlagenforscher – wie z. B. Arvid Carlsson, A.M. Ernst, Robert Fog, Kjell Fuxe, Oleh Hornykiewicz, Paul M. Janssen, I. Munkvad, A. Randrup und Johan van Rossum – wissenschaftliche Beobachtungen gemacht, die zu der *Dopaminhypothese* führten und zu der Annahme, dass Antipsychotika auf das dopaminerge System einwirken (van Kammen und Marder 1995a). Ein weiterer Hinweis für die Bedeutung des Dopamins zur Erklärung von psychotischen Symptomen ergaben sogenannte Modellpsychosen (z. B. Amphetamin-Psychosen). Zusammenhänge zwischen Abbauprodukten des Dopamins und der Wirkung von Antipsychotika (Friedhoff und Silva 1995) haben die Dopaminhypothese diesbezüglich zwar in vivo am Patienten bestätigt, mit positronenemissionstomographischen Rezeptorbestimmungen konnten bei medikamentenfreien Ersterkrankten jedoch bis auf eine Studie keine Veränderungen im Vergleich zu Gesunden gefunden werden (Wiesel 1994). Da die Dopamin-Rezeptorblockade innerhalb von Stunden nach Medikamenteneinnahme erfolgt, die antipsychotische Wirkung meist jedoch erst nach ca. 3–4 Wochen (Kahn und Davis 1995), wird derzeit davon ausgegangen, daß das Auftreten einer psychotischen Symptomatik nicht direkt mit einer Dysfunktion des dopaminergen Systems erklärt werden kann, sondern daß die Überforderung seiner Modulatorfunktion (Friedhoff und Silva 1995, Kahn und Davis 1995) zum Zusammenbruch eines Gleichgewichtes verschiedener Transmittersysteme führt. Mit diesem Konzept werden gegenwärtig neuronale Netzwerke in ihren Wechselwirkungen studiert (Wyatt et al. 1995).

Diese integrative Sicht verschiedener Transmittersysteme wird ergänzt durch die Entdekkung unterschiedlicher Rezeptoruntergruppen zu den einzelnen Neurotransmittern. Zurzeit sind zwei dopaminerge Rezeptorfamilien bekannt: $D_1/D_5$ und $D_2/D_3/D_4$ (Mansour und Watson 1995). Die DA- und SDA-Antipsychotika blokkieren die $D_2$-Rezeptoren. Die $D_4$-Rezeptoren haben besondere Bedeutung im Zusammenhang mit der speziellen Wirkungsweise des Clozapins bekommen (Seeman 1995). $D_1/D_5$-Rezeptoren sind vor allem an den mesokortikalen Bahnen lokalisiert. Diese Unterschiede in der Verteilung der Rezeptoruntertypen könnten genutzt werden, um die Balancestörung eines relativen Überwiegens des mesokortikalen Systems gegenüber dem mesolimbischen System medikamentös auszugleichen.

*(Übersichten: Le Moal et al. 1995, Kahn und Davis 1995, Wyatt et al. 1995).*

## Serotonin

Seit der Entdeckung der serotonin-agonistischen Wirkung des LSD wird auch dieses Neurotransmittersystem im Zusammenhang mit schizophrenen Psychosen erforscht. Clozapin hat neben einer eher schwachen antidopaminergen Wirkung ebenfalls eine starke antiserotoninerge Wirkung. Auf der Grundlage dieser Erkenntnis wurden neue Antipsychotika entwickelt, die beide Transmittersysteme antagonisieren (z. B. Risperidon)

(Roth und Meltzer 1995). Dabei scheinen vor allem die Rezeptoruntergruppen 5-HT2 und 5-HT3 für die Pharmakotherapie der Schizophrenie wichtig.

*(Übersichten: Roth und Meltzer 1995, Wyatt et al. 1995).*

## Noradrenalin

Noradrenalin ist vor allem im Hypothalamus, Thalamus, limbischen System und Zerebellum lokalisiert und wurde mit Anhedonie bzw. mit Hyperarousal in Zusammenhang gebracht (Wyatt et al. 1995). Das Hauptkerngebiet ist der Locus coeruleus. Wie die Konzentration des Dopamins wird auch die des Noradrenalins im synaptischen Spalt durch Amphetamin erhöht. Andere Befunde weisen auf eine Mitbeteiligung dieses Transmitters in der Auslösephase schizophrener Psychosen hin, z. B. erhöhte Liquorkonzentrationen vor einem Rückfall und höhere Blutplasmawerte des Abbauproduktes vor Beginn der antipsychotischen Behandlung. Eine medikamentöse Beeinflussung der Psychose durch spezifisch anti-noradrenerge Substanzen konnte bisher nicht gezeigt werden, wenn auch verschiedene Antipsychotika eine solche Wirkung aufweisen, z. B. das Clozapin (Baldessarini et al. 1992).

*(Übersichten: van Kammen und Kelley 1991, Wyatt et al. 1995).*

## Glutamat

In neuerer Zeit hat das Glutamat, das zu den exzitatorischen Aminosäuren gehört, besonderes Interesse für die Erforschung schizophrener Psychosen gefunden. Der Glutamat-Antagonist Phenylcyclidin (PCP) verursacht psychotische Zustände, die eine größere Ähnlichkeit mit schizophrenen Psychosen aufweisen als Amphetaminpsychosen. Das schlechtere Ansprechen der antipsychotischen Behandlung nach längerer Dauer einer akuten schizophrenen Psychose wird mit einem neurotoxischen Effekt dieser Substanz in Zusammenhang gebracht. Glutamat hat eine wichtige Funktion in der Verbindung von kortikalen und subkortikalen Neuronen und dürfte durch dopaminerge Bahnen moduliert werden. Antipsychotisch wirksame Medikamente mit direkter Beeinflussung des glutamatergen Systems sind bisher noch nicht in klinischem Gebrauch.

*(Übersichten: Bunney et al. 1995, Wyatt et al. 1995).*

## Acetylcholin

Während cholinerge Substanzen negative Symptome verstärken können, wurde bei manchen Patienten unter Anticholinergika eine Besserung dieser Symptome gefunden (Wyatt et al. 1995). Ein direkter Einfluß auf die positive Symptomatik wird derzeit nicht angenommen. Klinisch von Bedeutung ist die Verschlechterung kognitiver Leistungen – besonders der Gedächtnisfunktionen – durch anticholinerg wirksame Substanzen. Eine andere Schwierigkeit ergibt sich daraus, daß anticholinerg wirksame Substanzen Delirien auslösen können und diese Zustände nur schwer von akuten schizophrenen Psychosen zu unterscheiden sind. Weitere Argumente für das Bemühen, möglichst geringe Wirkungen auf das cholinerge System auszuüben, ergeben sich aus den Strategien zur Vermeidung von Spätdyskinesien (siehe Abschnitt „Medikamentöse Langzeitbehandlung der chronisch produktiven Symptomatik“).

Eine Fülle von anderen neurochemischen und hormonellen Befunden *(Übersicht: Lieberman und Koreen 1993)* sprechen für eine komplexe Dysregulation auf biologischer Ebene während schizophrener Psychosen und haben dazu geführt, vermehrt auf neuronale Kreisläufe und Wechselwirkungen zu achten (Wyatt et al. 1995). Dabei wird insbesondere die Bedeutung des Ungleichgewichts zwischen kortikalen und subkortikalen Systemen (Kahn und Davis 1995) sowie von Störungen in der Integration und Koordination zwischen rechten und linken Kortexfunktionen (Seeman 1995) für die Erklärung psychotischer Zustände betont.

# Substanzen zur Behandlung schizophrener Psychosen

## Dopamin-antagonistische (DA) Antipsychotika

Zu den Dopamin-antagonistischen Antipsychotika (auch klassische Neuroleptika genannt) gehören Substanzen wie z. B. Haloperidol, Fluphenazin, Flupentixol, d. h. Substanzen aus verschiedenen chemischen Stoffklassen (Butyrophenone, Phenothiazine und Thioxanthene). Allen gemeinsam ist eine starke antagonistische Wirkung auf postsynaptische dopaminerge Rezeptoren, vor allem auf $D_2$-Rezeptoren.

Vier dopaminerge Nervenbahnen werden durch diese Substanzen blockiert: a) die nigro-

**Tabelle 1** Unerwünschte Wirkungen der Antipsychotika und entsprechende therapeutische Maßnahmen (Bandelow et al., 1993; Gerlach & Peacock, 1995; Kane & Liberman, 1992; Keshavan & Kennedy, 1992; Tornatore et al., 1991)

| System/Organ | Symptome | Behandlung/Maßnahmen |
|---|---|---|
| **Zentralnervensystem** | *Extrapyramidale Symptome:*<br>frühe:<br>akute Dystonie<br>akute Dyskinesie<br>Akathisie<br><br>Parkinsonoid, „Rabbit"-Syndrom<br>späte:<br>tardive Dyskinesie (Spätdyskinesie)<br>tardive Dystonie, Pisa-Syndorm<br>tardive Akathisie<br><br>tardives Parkinsonoid | <br><br>Anticholinergika (z. B. Biperiden)<br>s.o.<br>Dosisreduktion, β-Blocker<br>(z. B. Propranolol), (Benzodiazepine)<br>Dosisreduktion, (Anticholinergika)<br><br>Clozapin, Tiaprid, Propranolol, Clonidin<br>s.o.<br>β-Blocker (z. B. Propranolol),<br>Benzodiazepine)<br>Dosisreduktion |
| | Malignes neuroleptisches Syndrom (MNS) | Verlegung auf eine Intensivstation; sofortiges Absetzen; Dantrolen i.v. |
| | Epileptische Anfälle | Medikamentenwechsel, Dosisreduktion, Antiepileptika |
| | kognitive Störungen | Vermeiden anticholinerger Substanzen |
| | anticholinerges Delir | Clomethiazol, Cholinergikum (s.a. Tabelle 2) |
| | Exazerbation der Psychose | Dosisreduktion, ggf. Anticholinergika |
| | „Supersensitivitätspsychose" | Ausschleichen beim Absetzen |
| | Sedierung | Dosisreduktion, Medikamentenwechsel |
| | Entzugssyndrome (anticholinerg, Spätdyskinesie) | Ausschleichen beim Absetzen |
| | „pharmakogene Depression" | Dosisreduktion, Medikamentenwechsel |
| **Vegetatives NS** (anticholinerg s.a. unter ZNS) | Mundtrockenheit<br>Akkomodationsstör., Mydriasis<br>**Glaukom**<br>**Harnverhaltung**<br>Obstipation<br>**paralytischer Ileus** | Kaugummi, Bonbons, Glandosane<br>Dosisreduktion, Med.wechsel<br>Augenarzt<br>Dosisreduktion, Carbachol<br>Diät, Flüssigkeit, Laxanzien<br>Verlegung in Chirurgie |
| | vermindertes Schwitzen<br>Temperaturerhöhung/Hitzschlag | <br>Fiebersenkende Maßnahmen,<br>evtl. Antikoagulantien<br>evtl. Antiepileptika |
| | EKG-Veränderungen<br>ventrikuläre Tachykardie<br>orthostatische Dysregulation | EKG-Kontrollen, Med.wechsel<br>evtl. Propranolol<br>Eosisred., Secale-Alkaloide<br>(z. B. Dihydroergotamin), Noradrenalin |
| **Blut** | Granulozytopenie<br>Agranulozytose | Differentialblutbild<br>Verlegung in Innere Medizin |
| | Leukozytose | Ausschluß Infektion |
| | Benigne Leukopenie | – |
| | Eosinophilie | Differentialblutbild |
| | Lymphozytose | – |
| | Thrombopenie | Kontrolle Thrombozytenzahl |
| | Panzytopenie | Differentialblutbild, Absetzen |

(Fortsetzung nächste Seite)

**Tabelle 1** (Fortsetzung)

| System/Organ | Symptome | Behandlung/Maßnahmen |
|---|---|---|
| **Leber** | Erhöhung Transaminasen<br>cholestatischer Ikterus | evtl. Absetzen<br>Absetzen, Medikamentenwechsel |
| **Endokrinium** | Amenorrhö, Galaktorrhö<br>Sexualstörungen<br>Gynäkomastie<br>Syndrom der unangemessenen ADH-Sekretion, Wasserintoxikation | Dosisreduktion, Bromocriptin<br>Dosisreduktion, Medikamentenwechsel<br>Dosisreduktion, Medikamentenwechsel<br>Absetzen, Flüssigkeits-Reduktion |
| **Stoffwechsel** | Hyperglykämie<br>Gewichtszunahme | Blutzuckertagesprofil<br>Medikamentenwechsel, Glucosetoleranztest |
| **Haut** | Photosensitivität | Medikamentenwechsel |
| | Pigmentbildung | Medikamentenwechsel |
| | Arzneimittelexanthem | Absetzen |
| **Augen** | Pigmentablagerung in Kornea | Medikamentenwechsel |
| | Epitheliale Keratopathie | Medikamentenwechsel |
| | Linsentrübung | Medikamentenwechsel |
| | Retinopathia pigmentosa | Thioridazin < 800 mg/d<br>augenärztliche Kontrollen |

striatale, b) die mesolimbische, c) die mesokortikale und d) die tuberoinfundibuläre. Die pharmakologische Beeinflussung dieser vier Bahnen erklärt einen Großteil der erwünschten und unerwünschten Arzneimittelwirkungen (siehe Tabelle 1) dieser Substanzen.

Die hauptsächlich erwünschte Wirkung, also der im engeren Sinne antipsychotische Effekt, erfolgt wahrscheinlich durch die Blockade der *mesolimbischen* Bahnen. UAW in diesem System können entstehen, wenn es zu einer Up-Regulation der dopaminergen Rezeptoren kommt. Dies würde zu einer Überempfindlichkeit des mesolimbischen Systems führen und wird von einigen Autoren mit einer höheren Empfindlichkeit für Rückfälle in Zusammenhang gebracht (Chouinard 1991). Das Vorkommen dieser sogenannten Rebound- oder Supersensitivitätspsychosen wird noch kontrovers diskutiert (American Psychiatric Association 1992, Tornatore et al. 1991, Mayerhoff und Lieberman 1992).

Im Zusammenhang mit *nigrostriatalen* antagonistischen Effekten stehen die extrapyramidalen motorischen Symptome: (1) Frühsymptome – akute Dystonie, akute Dyskinesie, Akathisie, Parkinsonoid und „Rabbit"-Syndrom; (2) Spätsymptome – tardive Dystonie und Pisa-Syndrom, tardive Dyskinesie (Spätdyskinesie), tardive Akathisie, tardives Parkinsonoid, (Gerlach und Peacock 1995) (siehe auch Tabelle 1).

Antagonistische Effekte dopamin-antagonistischer Antipsychotika auf das *mesokortikale* System führen vor allem zu unerwünschten Wirkungen im Sinne einer Verschlechterung der Negativsymptomatik und der kognitiven Funktionen. Mit der Blockade des mesokortikalen Systems ließe sich auch ein gewisser Anteil der Hypofrontalität bei chronisch schizophrenen Patienten erklären. Inwieweit eine „Dysmentia" als unerwünschte Spätwirkung von Langzeitbehandlungen mit Antipsychotika auftreten kann, wird noch kontrovers diskutiert (Mayerhoff und Lieberman 1992).

Antagonistische Effekte im *tuberoinfundibulären* System sind für hormonelle Dysregulationen und ihre Folgen verantwortlich, die vor allem durch die Erhöhung des Prolaktins erklärt werden. Dazu gehören Gynäkomastie und Galaktorrhoe sowie Libidoverlust und Impotenz.

Die neuroanatomischen Gegebenheiten des dopaminergen Systems führen dazu, daß eine rein antipsychotische Wirkung ohne Nebeneffekte im motorischen, kognitiven und hormonalen Bereich mit $D_2$-antagonistischen Antipsychotika nicht möglich ist. Darum muß es das Ziel sein, die sogenannte minimale wirksame Dosis einer antidopaminergen Substanz zu finden.

Weitere UAW betreffen Einflüsse auf das *cholinerge (muskarinerge)* System (siehe Tabelle 1).

**Tabelle 2** Anticholinerge Überdosierung (mod. nach Baldessarini et al., 1991)

**Symptome:**
- Angst, Agitiertheit, Verwirrtheitszustände, Gedächtnisstörungen, Halluzinationen, Myoklonus, Anfälle;
- Tachykardie, Arrhythmien, Mydriasis, sklerale Injektion, gerötete, warme trockene Haut, erhöhte Temperatur, verringerte Sekretion der Schleimhäute, Harnretention, reduzierte Darmmotilität.

**Antidot:**
Anfangsdosis 1–2 mg Physostigminsalicylat i.m. oder langsam i.v.; nach Bedarf nach mindestens 15–30 Minuten wiederholen (bei Kindern Anfangsdosis 0,5–1,0 mg Physostigminsalicylat).

Im Zusammenhang mit anticholinergen Wirkungen von Antipsychotika ist auch der Einsatz von Anticholinergika (z. B. Biperiden) kritisch zu betrachten. Wie die Tabelle 2 zeigt, ist eine anticholinerge Überdosierung mit toxisch bedingten psychotischen Symptomen verbunden. Dies gilt es besonders bei der Kombination von stark anticholinergen Antipsychotika (z. B. Levomepromazin, Thioridazin etc.) und Anticholinergika zu berücksichtigen. In einem Task Force Report (American Psychiatric Association 1992) empfiehlt die American Psychiatric Association keine Anticholinergika von Beginn der Behandlung an zu verabreichen, sondern nur bei Auftreten von Frühdyskinesien. Anticholinergika sollten auch nicht für längere Zeit verabreicht werden, da sie ein frühzeitiges Erkennen von Spätdyskinesien verhindern. Ebenfalls ist es unter Anticholinergika nicht möglich, die vorgeschlagene Strategie der Dosisfindung für $D_2$-antagonistische Antipsychotika einzusetzen (siehe Abschnitt „Behandlung der produktiven Symptomatik mit antidopaminergen Antipsychotika“), da das Parkinsonoid durch diese Substanzen unter Einwirkung auf ein anderes Transmittersystem unterdrückt wird. Weitere Argumente gegen eine längerfristige Verabreichung von Anticholinergika sind ihre potentielle Suchtgefahr und vor allem ihre Beeinträchtigung kognitiver Funktionen (Spohn und Strauss 1988, McEvoy et al. 1992). Stark anticholinerge Substanzen, die in höheren Dosierungen und über längere Zeit verabreicht wurden, können bei abruptem Absetzen eine cholinerge Krise auslösen. Folgende Symptome sind dafür typisch: Verwirrtheit, epileptische Anfälle, Übelkeit und Erbrechen, Myoklonus, Halluzinationen, Bradykardie, Miosis, verstärkte Drüsensekretion (Tränen, Verdauung, Bronchien), Darmkolik, Gallenkolik und Harndrang (Baldessarini et al. 1991). Zu Informationen über weitere, seltenere UAW der DA-Antipsychotika, wie des Herz-Kreislaufsystems, des Blutbildes, der Leber, des Endokriniums, des Stoffwechsels, der Haut und der Augen wird auf entsprechende *Übersichtsarbeiten (Tornatore et al. 1991, Kane und Lieberman 1992, Keshavan und Kennedy 1992, Bandelow et al. 1993)* verwiesen (siehe auch Tabelle 1). Das gefürchtete *maligne neuroleptische Syndrom (MNS)* dürfte nach den Ergebnissen einer prospektiven Studie von Modestin und Mitarbeitern (1992) bei moderaten Dosierungen nur sehr selten auftreten. Die Symptome dieses Syndroms sind:
- Fieber (bis 42° C)
- Tremor, Rigor, Akinesie, Dyskinesie, Muskelkrämpfe
- Tachykardie, Schwitzen, labiler Blutdruck, Blässe, Sialorrhoe
- Stupor oder Koma (auch klares Bewußtsein möglich)
- Tachykardie
- Leukozytose; Blutsenkung, Transaminasen und Creatin-Kinase (CK) erhöht (Bandelow et al. 1993).

Die bei Behandlungsbeginn und im Verlaufe der Therapie notwendigen Laboruntersuchungen sind in Tabelle 3 aufgeführt.

**Tabelle 3** Routineuntersuchungen bei DA- und SDA-Antipsychotika (modifiziert nach Bandelow et al., 1993)

**Vor Behandlungsbeginn:**
Blutstatus (Erythrozyten, Hämoglobin, Hämatokrit, Thrombozyten, Leukozyten-Differentialblutbild), Alkalische Phosphatase, GOT, GPT, γ-GT, Quick, Kreatinin, Harnstoff, Kalium, Natrium, Cholesterin, Blutzucker, Blutsenkung; Urinstatus, Drogenurin, Schwangerschaftstest.

**Verlaufsuntersuchungen:**
Kleiner Blutstatus (Erythrozyten, Hämoglobin, Hämatokrit, Leukozytenzahl, Thrombozyten); GPT, Kreatinin (im ersten halben Jahr monatliche Kontrollen, danach 1/4jährlich).

**zusätzliche Untersuchungen:**
EEG, Blutdruck und Puls, Körpergewicht; nach Bedarf EKG, CT bzw. MRI.

## Serotonin-Dopamin-antagonistische (SDA) Antipsychotika

Von den neuen antipsychotischen Substanzen, die in den letzten Jahren entwickelt wurden, ist bisher nur Risperidon auf dem Markt eingeführt. Wegen schwerer aplastischer Anämien mußte Remoxiprid nach anfänglich guten Behandlungsergebnissen zurückgezogen werden. Risperidon ist eine antidopaminerge und antiserotoninerge Substanz, die diesbezüglich große Ähnlichkeit mit Clozapin hat, jedoch im Gegensatz zu Clozapin keine spezifische $D_4$-blockierende Wirkung aufweist.

Wie große randomisierte Doppelblind-Studien in den USA (Marder und Meibach 1994), Kanada (Chouinard et al. 1993) und Europa (Peuskens et al. 1995) zeigen konnten, hat Risperidon im Vergleich zu Haloperidol eine gute antipsychotische Wirksamkeit bei geringeren UAW vor allem im Bereich der extrapyramidalen Symptome (EPS) und der negativen Symptome. Wegen einer zusätzlich starken alpha-1-antagonistischen Wirkung und dadurch bedingter Hypotonie darf es nur einschleichend verabreicht werden.

Nach dem Einschleichen beträgt die Anfangsdosis bei Patienten mit mehrmaligen psychotischen Episoden während der ersten Tage 6 mg/Tag, danach sollte die Dosis gemäß den Kriterien bei Dopamin-antagonistischen Antipsychotika (siehe Abschnitt „Dopamin") angepaßt werden (siehe Abb. 3). Für Patienten mit erster Manifestation einer Psychose liegen noch keine Studien vor; die Anfangsdosis dürfte zwischen 2 und 4 mg liegen (siehe Abb. 2). Die Laboruntersuchungen werden ebenfalls entsprechend dem Vorgehen bei dieser Medikamentengruppe durchgeführt (siehe Tabelle 3). Derzeit sind noch nicht genügend *Langzeiterfahrungen* mit Risperidon erhoben worden, sodaß eine Aussage betreffend Spätdyskinesien noch nicht möglich ist.

*(Übersichten: van Kammen und Marder 1995a, Meltzer 1995a, Borison und Diamond 1996).*

## Atypische Antipsychotika

Den atypischen Antipsychotika wird hier ein eigener Abschnitt gewidmet, da diese Substanzen weder bei den DA- noch bei den SDA-Antipsychotika einzuordnen sind (Gerlach 1991, van Kammen und Marder 1995a, 1995b). Clozapin wurde in den sechziger Jahren in Bern von Wander entwickelt und erwies sich in der Folgezeit als stark wirksames antipsychotisches Mittel, das jedoch nur in geringem Maße die üblichen spezifischen antidopaminergen, d. h. $D_2$-blockierenden Effekte aufwies. Wegen der 1975 in Finnland aufgetretenen Todesfälle an Agranulozytose wurde es zunächst aus dem Markt genommen, und in der Folgezeit durfte es nur unter Einhaltung von strengen Blutbildkontrollen verabreicht werden. Ausgelöst durch die Arbeit von Kane et al. (1988), in der gezeigt werden konnte, daß 30% der chronischen Langzeitpatienten unter Clozapin eine deutliche Besserung zeigten, kam es in den USA, Kanada, England und Frankreich neuerlich zu einem starken Interesse an dieser Substanz. Derzeit ist sie eine der am meisten untersuchten Substanzen, deren atypische Wirkung mit folgenden fünf Wirkmechanismen in Zusammenhang gebracht wird: (a) spezifische $D_4$-blockierende Wirkung; (b) sowohl $D_1$- als auch $D_2$-blockierende Wirkung; (c) anticholinerge und antidopaminerge Wirkung; (d) antiserotoninerge und antidopaminerge Wirkung; (e) antiadrenerge und antidopaminerge Wirkung.

Die Sonderstellung dieser Substanz wurde in molekularbiologischen, neurophysiologischen und positronenemissionstomographischen Studien bestätigt. Nicht zuletzt konnte auch in klinischen Studien wiederholt gezeigt werden, daß mit Clozapin auch bei solchen Patienten noch gute Erfolge erzielt werden, bei denen sich andere Antipsychotika als unwirksam erwiesen hatten (z. B. Kane et al. 1988). Clozapin hat sich also speziell bei diesen sogenannten therapieresistenten Patienten und bei starken extrapyramidalmotorischen UAW bewährt.

Wegen der Agranulozytose-Gefahr darf es aber nur mit Einverständnis des Patienten oder seines rechtlichen Vertreters verabreicht werden. Die besonderen Richtlinien für die Laboruntersuchungen, vor allem die Blutbildkontrollen, sind in Tabelle 4 aufgeführt. Damit ist Clozapin für hoch erregte psychotische Patienten weniger geeignet: Zum andern ist eine anfängliche rasche Dosissteigerung nicht möglich, da delirante Syndrome, epileptische Anfälle oder hypotone Krisen ausgelöst werden können.

Empfehlenswert ist eine anfängliche Gabe von 12,5–25 mg Clozapin als Probemedikation, die bei guter Verträglichkeit am ersten Tag weiter erhöht werden kann (Merlo et al. 1997). In den folgenden Tagen sollten die Dosissteigerungen zwischen 25 und 50 mg liegen. Eine Dosis > 600 mg sollte nur in Ausnahmefällen gegeben werden, da oberhalb dieser Dosis mit erhöhter Krampfanfälligkeit zu rechnen ist.

Clozapin hat anfänglich eine stark sedierende Wirkung, die jedoch nach einigen Tagen abnimmt. Die antipsychotische Wirkung scheint gemäß klinischer Erfahrung früher als bei den dopamin-antagonistischen Antipsychotika einzutreten. Nachdem sich die anfänglich durch Äng-

**Tabelle 4** Routineuntersuchungen bei Clozapin (Müller-Spahn & Kurtz, 1994a)

**vor Behandlungsbeginn:**
Blutstatus (Erythrozyten, Hämoglobin, Hämatokrit, Thrombozyten, Leukozyten diff.), Alkalische Phosphatase, GOT, GPT, γ-GT, Blutsenkung; Urinstatus, Drogenurin, Schwangerschaftstest.

**Verlaufsuntersuchungen:**
Leukozytenzahl (wöchentlich in den ersten 18 Wochen, danach monatlich).

**Cave: Agranulozytose!!** *(klinische Zeichen beachten,* Aufklärung des Patienten und seiner Angehörigen: Warnzeichen!! Fieber, Schüttelfrost, Halsweh, Tonsillitis, gestörte Wundheilung etc.).

**Prozedere bei Leukozytenabfall:**
weniger als 3,5 x $10^9$/l Leukozyten bzw. 2,0 Neutrophile Granulozyten: *Differentialblutbild 2 x pro Woche*
weniger als 3,0 x $10^9$/l bzw. 1,5 Neutrophile Granulozyten: *sofort absetzen!!*
weniger als 1,0 x $10^9$ Leukozyten bzw. 0,5 Neutrophile Granulozyten: *Verlegung in ein spezialisiertes Zentrum!!*

**zusätzliche Untersuchungen:**
EEG, Blutdruck und Puls, Körpergewicht; nach Bedarf EKG, CT bzw. MRI.

ste mitbedingte Tachykardie zurückbildet, kann es bei einer weiteren Dosissteigerung wiederum zu einer Beschleunigung der Herzfrequenz kommen. Bei Pulsfrequenzwerten von > 100/Minute, die nicht durch eine orthostatische Dysregulation ausgelöst sind, empfehlen wir eine Dosisreduktion oder eine zusätzliche Gabe von Propranolol (20–80 mg/die).

Nach einer längeren Behandlungszeit sollte das Absetzen des Clozapins ausschleichend erfolgen, da es zu einer cholinergen Krise (siehe auch Abschnitt „Dopamin-antagonistische (DA) Antipsychotika") kommen kann. Bei weniger als 3,0 x $10^9$/l Leukozyten bzw. weniger als 1,5 x $10^9$/l Neutrophilen muß jedoch sofort abgesetzt werden.

In der Schweiz hat kürzlich eine Arbeitsgruppe praxisnahe Empfehlungen für den Einsatz von Clozapin aufgestellt (Merlo et al. 1997).

*(Übersichten: Naber und Müller-Spahn 1992, 1994, 1995, van Kammen und Marder 1995b, Meltzer 1995a).*

Olanzapin, Sertindol und Seroquel gehören zu einer neuen Generation atypischer Antipsychotika. Die beiden ersten Substanzen sind unlängst in einigen Ländern auf den Markt gekommen. Zusätzlich zu einer Dopamin-Serotonin-antagonistischen Wirkung sind sie – ähnlich dem Clozapin – durch eine selektive Blockade der mesolimbischen dopaminergen Bahnen charakterisiert. Olanzapin blockiert stark die muskarinergen und leicht die histaminergen Rezeptoren. Sertindol hemmt stärker als Olanzapin die alpha-adrenergen Bahnen. Sertindol wird deshalb in 4 mg-Schritten von jeweils 3–4 Tagen bis zu einer Dosis von 12–24 mg verabreicht. Bei Olanzapin kann direkt mit 10 mg begonnen werden, danach sollte die Dosis individuell in einem Bereich zwischen 5–20 mg angepaßt werden. Beide Substanzen haben ein breites Wirkprofil, das dem des Clozapins entspricht. Bisher sind keine Fälle von Agranulozytose oder anderer schwerwiegender unerwünschter Arzneimittelwirkungen bekannt, sodaß die Laboruntersuchungen wie bei den Dopamin-antagonistischen Antipsychotika durchgeführt werden (siehe Tabelle 3).

*(Übersicht: Breier 1996).*

## Sedierende Antipsychotika

Zu den *sedierenden Antipsychotika* (auch niederpotente Neuroleptika genannt), die in der Behandlung eines Erregungszustandes bei akuter schizophrener Psychose eingesetzt werden, gehören Levomepromazin, Chlorprothixen, Pipamperon, Promazin und Thioridazin. Diese Substanzen unterscheiden sich in ihrer Pharmakodynamik sowie -kinetik. Bei Levomepromazin und Chlorprothixen ist die besonders starke anticholinerge Wirkung zu berücksichtigen, die sowohl zu einem Delir als auch zu weiteren anticholinergen Nebenwirkungen führen kann. Ebenfalls ist zu berücksichtigen, daß die Krampfschwelle deutlich gesenkt wird und daß bei vorgeschädigtem Gehirn ein epileptischer Anfall ausgelöst werden kann. Dies gilt ganz besonders für Temporallappenepilepsien mit Dämmerzuständen, die ohne zusätzliche Informationen rein vom psychopathologischen Querschnittsbild her nur schwer von einem schizophrenen Erregungszustand abzugrenzen sind. Wegen der kurzen Halbwertszeit und der geringeren Beeinträchtigung des EEGs empfehlen wir bei Patienten mit starken Ängsten, jedoch mit geringer psychomotorischer Erregung, Promazin oder Pipamperon.

## Benzodiazepine und andere Substanzgruppen

Bei Unruhe und Ängsten können auch *Benzodiazepine* (z. B. Diazepam, Lorazepam) als Zusatzmedikation zur Behandlung der akuten schizophrenen Psychose eingesetzt werden. Diese Substanzen wirken sedierend und anxiolytisch und ermöglichen es, die DA-Antipsychotika niedrigdosiert einzusetzen (Kane 1995a). Besonders bei hoch erregten, aggressiven Patienten wurde von guten therapeutischen Ergebnissen berichtet (z.B. Salzman et al. 1986). Dabei wurde auch eine parenterale Applikation empfohlen (Garza-Trevino et al. 1989). Bei zu schneller Dosissteigerung des Benzodiazepins ist jedoch eine Enthemmung des Verhaltens zu berücksichtigen, die aber auf Dosisreduktion gut anspricht (Wolkowitz 1993).

Ein Benzodiazepin ist auch einem sedierenden Antipsychotikum bei bekannter Epilepsie oder bei Verdacht auf erniedrigter Krampfschwelle als Zusatzmedikation zu einem DA-Antipsychotikum vorzuziehen. Wegen der besseren Steuerbarkeit sind dabei Benzodiazepine mit mittellanger Halbwertszeit besser geeignet. Eine Dämpfung durch Benzodiazepine hat auch den Vorteil, daß Frühdyskinesien ohne zusätzliche Gabe eines Anticholinergikums vermieden werden können.

*Unerwünschte Arzneimittelwirkungen der Benzodiazepine* bestehen bei akuter Verabreichung in einer Blutdrucksenkung und bei rascher i.v. Gabe in einer Atemdepression und Kollapsgefahr. Deshalb sollten anfangs die Vitalzeichen in kurzen Abständen überprüft werden.

UAW der Benzodiazepine werden häufig durch Kumulation oder Rebound, die beide von der Eliminations-Halbwertszeit abhängen, verursacht (Müller 1993). Eine schwerwiegende UAW ist die Abhängigkeitsentwicklung, die als low-dose- oder als high-dose-Abhängigkeit sowie im Rahmen einer Polytoxikomanie auftreten kann (Smith et al. 1989). Die Zunahme von Doppeldiagnose-Patienten sollte dazu führen, den Einsatz von Benzodiazepinen bei schizophrenen Patienten möglichst gering zu halten.

*(Übersichten: Ayd 1995, Arana et al. 1986, Wolkowitz und Pickar 1991, Easton und Janicak 1991).*

Bei schizoaffektiven Psychosen mit Vorherrschen der affektpsychotischen Symptomatik empfiehlt sich, *Lithium* sowohl in der Akutbehandlung als auch in der Langzeitbehandlung mit einem Antipsychotikum zu kombinieren (Greil et al. 1994).

*(Übersichten: Schou 1993, Jefferson und Greist 1995).*

Bei Patienten, die im EEG Dysrhythmien oder in der magnetresonanztomographischen Darstellung (MRI) erweiterte Ventrikel bzw. Sulci aufweisen, kann ein *Antiepileptikum* (Carbamazepin, Valproat) als Zusatzmedikation zum Antipsychotikum sinnvoll sein. Dabei sollte Clozapin mit Valproat und nicht mit Carbamazepin (Agranulozytose-Gefahr!) kombiniert werden. Ebenfalls besteht eine Indikation für diese Substanzen bei schizoaffektiven Psychosen, bei denen Lithium starke UAW oder keine ausreichende Wirkung aufweist.

*(Übersichten: Dose und Emrich 1989, Schmidt und Greil 1989, Dose 1994, Post 1995, Pope und McElroy 1995).*

## Medikamentöse Behandlung in der akuten Erkrankungsphase

### Behandlung der produktiven Symptomatik mit antidopaminergen Antipsychotika

Dopamin-antagonistische (DA) Antipsychotika gelten als Mittel der ersten Wahl zur Akutbehandlung der produktiv-psychotischen Symptomatik (siehe auch „Dopamin-antagonistische (DA) Antipsychotika"). In der klinischen Praxis ist es häufig schwierig, die *minimale wirksame Dosis* dieser Substanzen zu finden, so daß immer wieder zu hohe Dosierungen verabreicht werden. In den letzten Jahren sind verschiedene Studien veröffentlicht worden, die eine gute therapeutische Wirksamkeit bei Dosierungen von durchschnittlich < 10 mg Haloperidol bzw. Fluphenazin gezeigt haben (siehe Tabelle 5). In neuerer Zeit wird die Meinung vertreten, daß höhere Dosierungen nur im speziellen Einzelfall sinnvoll sind (Hirsch und Barnes 1994, Thompson 1994). Dabei ist jedoch zu beachten, daß es sich bei diesen Angaben um Gruppen-Mittelwerte handelt und daß die individuell nötige Dosis um den Faktor 10 (– 20) schwanken kann.

Im folgenden sollen *Kriterien für die individuelle Dosisfindung* vorgeschlagen werden. Das erste klassische Kriterium ist die Veränderung des psychopathologischen Zustandsbildes, d.h. insbesondere Veränderungen im Wahnerleben und in der Wahrnehmung von Halluzinationen. Dabei handelt es sich um Beschreibungen des Patienten über sein inneres Erleben. Nur allzu oft gehört es zur klinischen Erfahrung, daß diese Symptome schon früh von den Patienten verleugnet werden, zum Beispiel mit dem Ziel einer vorzeitigen Entlassung. Zum anderen ist es gerade bei diesen Symptomen besonders schwierig, sie

**Tabelle 5** Neuere Studien zur Akutbehandlung mit DA-Antipsychotika

| Studie | n = | Tage | Med | mg/d | BPS | Abbruch | p = | gebessert | p = |
|---|---|---|---|---|---|---|---|---|---|
| Levinson et al. (1990)+ | 73<br>+7 | 24<br>bzw.<br>28 | FLU | **10**<br>20<br>*30* | – | insges. 20 (27,4%) | – | insges. 25 von 53 (45%) | ns |
| Rifkin et al. (1991) | 87 | 42 | HAL | **10**<br>20<br>*80* | – | insges. 23 (26%) | – | insges. 42 von 64 (65%) | ns |
| McEvoy et al. (1991)+ | 95<br>+11 | 38 | HAL | **3,4 ± 2,3**<br>11,6 ± 4,7 | – | **4 (8%)**<br>15<br>(32%) | ** | **34 v. 48 (72%)**<br>33 v.<br>47 (70%) | ns |
| van Putten et al. (1990)++ | 80 | 28 | HAL | **5**<br>10<br>*20* | – | **1 (5%)**<br>2 (5%)<br>7 (35%) | ** | Unterschied Woche 1; Woche 4 Trend 5 mg < 20 mg | ns |
| Volavka et al. (1992)+++ | 132<br>+44 | 42 | HAL | | **2–13**<br>13,1–24<br>*24,1–35* | **3 (8%)**<br>4 (8%)<br>*8 (17%)* | ns | **18 v. 40 (45%)**<br>21 v. 45 (47%)<br>*19 v. 47 (40%)* | ns |

\+ signifikanter Effekt (p < .001 bzw. p < .01) der Dosis und Dosis/Kilogramm Körpergewicht nur in der Gruppe der Gebesserten

++ die Auswertung der Blutplasmaspiegel ergab einen optimalen Bereich für 5–12 ng/ml (van Putten et al., 1992)

+++ die Blutplasmaspiegel entsprachen den folgenden verabreichten oralen Dosen: **14,8 ± 8,4**/30 ± 11,6/ *46 ± 12,7*.

standard = Daten aus der niedrigsten Dosis (nur bei van Putten et al.)
**fett** = Daten aus der Gruppe: niedrige Dosis
unterstrichen = Daten aus der Gruppe: mittlere Dosis
*kursiv* = Daten aus der Gruppe: hohe Dosis
ns = p > .05; * = p < .05; ** = p > .01
HAL: Haloperidol oral; FLU: Fluphenazin oral; BPS: Blutplasmaspiegel in ng/ml

zu quantifizieren. Diese Schwierigkeiten führten schon früh zur Suche nach anderen Kriterien für die Wirksamkeit einer neuroleptischen Medikation. Bereits Anfang der sechziger Jahre wurde von Haase (1977) als feines Kriterium für erste Anzeichen eines extrapyramidal-motorischen Syndroms eine Schreibprobe vorgeschlagen. Seine Arbeitshypothese bestand darin, daß leichte EPS mit der antipsychotischen Wirksamkeit des Neuroleptikums korrelieren würden. Zusammen mit Janssen kam er damals zu einer optimalen Dosis zwischen 3 und 7 mg Haloperidol.

In neuerer Zeit wurde dieses Konzept der neuroleptischen Schwellendosis wieder aufgenommen und in einer neuen Dosisfindungsstudie für Haloperidol eingesetzt (McEvoy et al. 1991). Dabei wurde eine optimale Dosis für Haloperidol von 2.1 ± 1.1 mg bei Ersterkrankten und 3.4 ± 2.3 mg pro Tag bei Mehrfacherkrankten gefunden. Zur Frage, inwieweit extrapyramidale Nebenwirkungen, vor allem das Parkinsonoid, Aussagen über die wirksame Dosis ermöglichen, wurden in letzter Zeit auch positronenemissionstomographische Untersuchungen durchgeführt. Dabei konnte gezeigt werden, daß eine Rezeptorblokkade von ca. 75% und mehr hoch mit dem Auftreten von Dyskinesien und Parkinsonoid korrelieren. Andererseits zeigte sich, daß bereits eine Blockade von 65–75% mit einem guten antipsychotischen Effekt einhergeht. In der Literatur uneinheitlich bewertet wird die Frage, von welchem Prozentsatz an mit einer Akathisie zu rechnen ist. Da diese früher eintritt als die anderen extrapyramidalen Frühzeichen, empfehlen wir, eine subjektive Akathisie als Kriterium für eine beginnende Überdosierung anzusehen.

Aus den bisherigen Überlegungen ergeben sich Behandlungsschemata, die in den Abbildungen 2 und 3 dargestellt sind. Selbstverständlich sind diese Vorschläge auf den Einzelfall anzupassen. Zum anderen sind Behandlungsstrategien mit niedrigen Dosierungen von Antipsychotika darauf angewiesen, daß das Stationsmilieu vom Patienten angstmindernd erlebt wird (siehe Kapitel 19).

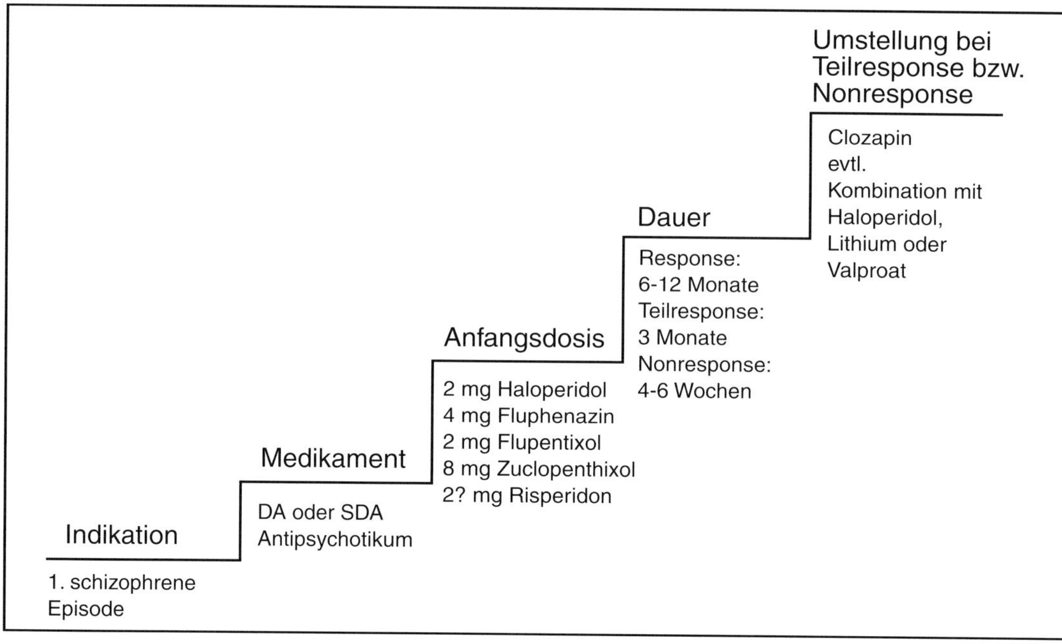


**Abb. 2** Behandlungsschema für die Akutbehandlung der ersten schizophrenen Episode: Die vorgeschlagenen Probedosierungen werden nach Auftreten eines Parkinsonoids und/oder einer Akathisie nach unten korrigiert. Eine Dosiserhöhung ist erst nach circa 2–3 Wochen sinnvoll

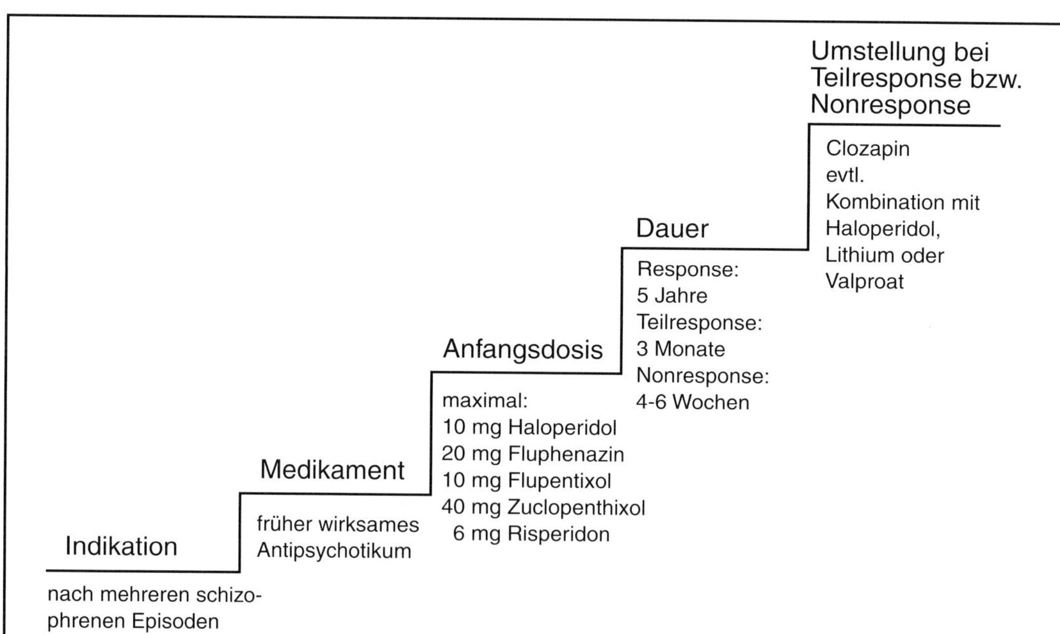


**Abb. 3** Behandlungsschema für die Akutbehandlung nach mehrmaligen schizophrenen Episoden: Es empfiehlt sich, das bei früheren Episoden wirksame Medikament einzusetzen. Ein Überschreiten der angegebenen maximalen Dosierungen bringt bei den meisten Patienten keinen therapeutischen Vorteil

Eine weitere Möglichkeit zur Feststellung einer Überdosierung ergibt sich aus dem Vergleich eines Vor-*EEG*s mit einem EEG unter Medikation. Wie schon im Abschnitt „Grundlagen und Grundsätze" dargelegt, setzt dies jedoch voraus, daß möglichst ein medikamentenfreies EEG abgeleitet werden konnte. Das Auftreten einer bisher nicht erkennbaren Dysrhythmie oder eine deutliche Verschlechterung einer zuvor bestehenden leichten Dysrhythmie können Hinweise für eine Überdosierung geben.

In den letzten Jahren hat ähnlich wie bei den Antidepressiva auch die Bestimmung der *Blutkonzentration* des Neuroleptikums an Bedeutung gewonnen. Vor allem lassen sich mit dieser Methode Fragen der Noncompliance sowie eines abnormen Metabolismus bzw. einer mangelhaften Resorption abklären. Bei Patienten, die einen niedrigen Plasmaspiegel (z. B. <5 ng/ml Haloperidol oder <1 ng/ml Fluphenazin) aufweisen, sollte die Dosis erhöht werden.

*(Übersicht: Marder et al. 1993).*

Von Anfang an gilt es, verschiedene *Einflußfaktoren auf die Wirksamkeit* $D_2$-antagonistischer Antipsychotika zu berücksichtigen. Zu diesen gehören insbesondere Interaktionen mit anderen Medikamenten oder Substanzen, Fragen der Compliance, Störungen des Metabolismus, Dauer der vorbestehenden psychotischen Symptomatik, Dauer und Höhe der Dosis bei einer vorgängigen neuroleptischen Behandlung, Alter des Patienten und Vorschädigung des Gehirns. Morphologische Veränderungen des Gehirns sind in über zweihundert computertomographischen Studien und vielen Magnetresonanz-Imaging-Studien bei mindestens 30% der untersuchten schizophrenen Patienten gefunden worden. Verschiedene Autoren fanden dabei Zusammenhänge zwischen diesen morphologischen Veränderungen und der Wirksamkeit typischer Neuroleptika. In der Hillside-Hospital Studie (Lieberman et al. 1993) remittierten ersterkrankte schizophrene Patienten mit morphologischen Veränderungen langsamer und auf ein geringeres Funktionsniveau. In einer Untersuchung von psychotischen Patienten mit geringgradigen („soft") neurologischen Dysfunktionen (Convit et al. 1994) wiesen Patienten mit solchen Störungen ein höheres Ausmaß von Negativsymptomen auf und benötigten eine niedrigere neuroleptische Medikation (Merlo und Gerlach 1995).

Von großer klinischer Bedeutung sind die *Interaktionen mit psychotropen Substanzen* wie z. B. Cannabis, Halluzinogenen, Alkohol, Phenylzyklidin, LSD usw. (siehe auch Tabelle 8). Dies ist besonders wichtig, da in den letzten Jahren die sogenannten Doppeldiagnosepatienten, d. h. Patienten, die sowohl an einer schizophrenen Psychose als auch an einer Drogenabhängigkeit leiden, deutlich zugenommen haben (siehe Kapitel 17). Regelmäßige Urinproben auf Drogeneinnahme sollten deshalb zur Routine einer neuroleptischen Behandlung schizophrener Patienten gehören. Vor allem hat die Einnahme von Cannabis einen entgegengesetzten Effekt auf die Wirkung antidopaminerger Substanzen. Nikotin- und Koffeinabusus sollte besonders bei chronisch schizophrenen Patienten berücksichtigt werden, da beide Substanzen die Wirksamkeit neuroleptischer Behandlung herabsetzen (Merlo und Gerlach 1995).

Im Sinne des Vulnerabilitäts-Streß-Bewältigungs-Modells sind auch psychosoziale Faktoren, die mit der pharmakologischen Behandlung interagieren, von Bedeutung. Situativer Streß, vor allem im Sinne von negativen Affekten, führt zu einer Reduktion der Wirksamkeit der neuroleptischen Behandlung und einer deshalb oft vorgenommenen sukzessiven Erhöhung der Medikation. Die neuere „high expressed emotion"(EE)-Forschung hat ergeben, daß entsprechende emotionale Belastungen auch durch Behandlungsteams erzeugt werden können. Obwohl bisher noch keine Daten vorliegen, inwieweit der damit verbundene Streß auch zu einer erhöhten Medikation führt, zeigen erste Studien, daß es dadurch zumindest zu einer erhöhten Rückfallhäufigkeit kommt (Bebbington und Kuipers 1994).

Ein weiterer wichtiger Bereich psychosozialer Faktoren, welche die Wirksamkeit von Neuroleptika beeinflussen, betrifft Fragen bezüglich der *Compliance*. Wichtig ist dabei, die durch die Medikation vom Patienten subjektiv wahrgenommenen Veränderungen zu berücksichtigen. Hier spielen insbesondere die Akathisie und das Parkinsonoid eine große Rolle, die sich direkt in der Compliance zur Einnahme der Medikamente und zur Teilnahme am gesamten Behandlungsangebot überhaupt zeigt (Gjerris und Kissling 1994).

Im Umgang mit *unerwünschten Arzneimittelwirkungen* antidopaminerger Antipsychotika haben sich folgende Vorgehensweisen bewährt (siehe auch Tabelle 1). Bei Frühdyskinesien sollte ein Anticholinergikum (z. B. Biperiden) verabreicht werden, von einer prophylaktischen Gabe eines Anticholinergikums ist aber abzuraten (siehe Abschnitt „Dopamin-antagonistische (DA) Antipsychotika"). Ebenfalls sollte die Gabe von Anticholinergika auf ca. vierzehn Tage be-

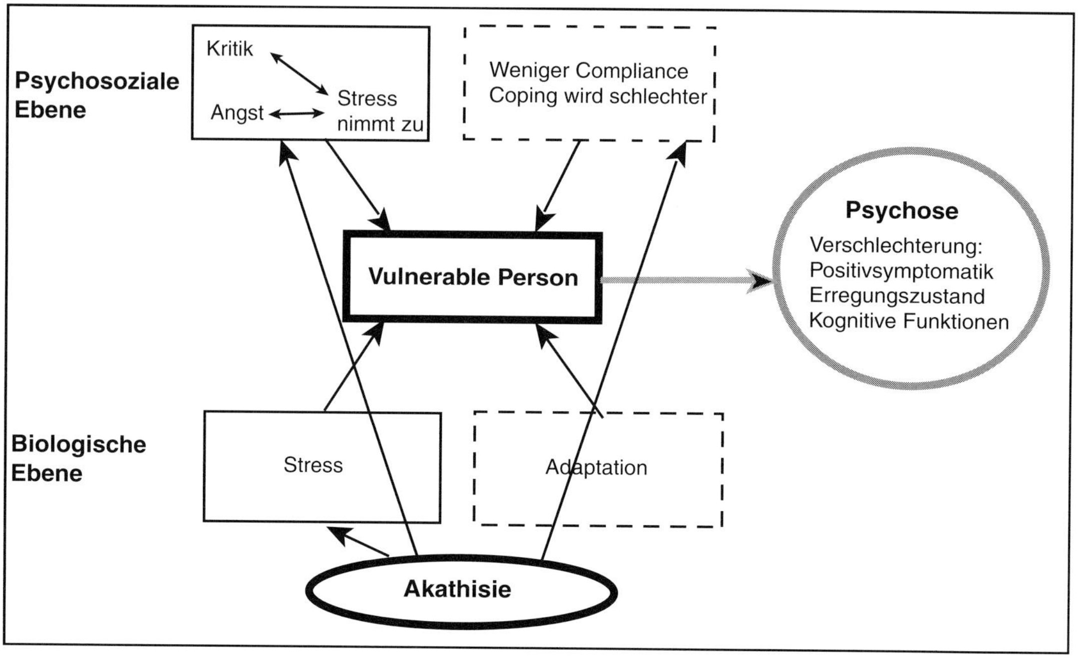


**Abb. 4** Auswirkungen der Akathisie (modifiziert nach Merlo & Gerlach, 1995): Die medikamentös bedingte Akathisie führt zu einer Verschlechterung der Positivsymptomatik, des Erregungszustandes und der kognitiven Funktionen. Gleichzeitig löst sie innerpsychisch Angst und bei wichtigen Bezugspersonen Kritik aus. Zusätzlich nimmt die Compliance ab und das Coping wird schlechter

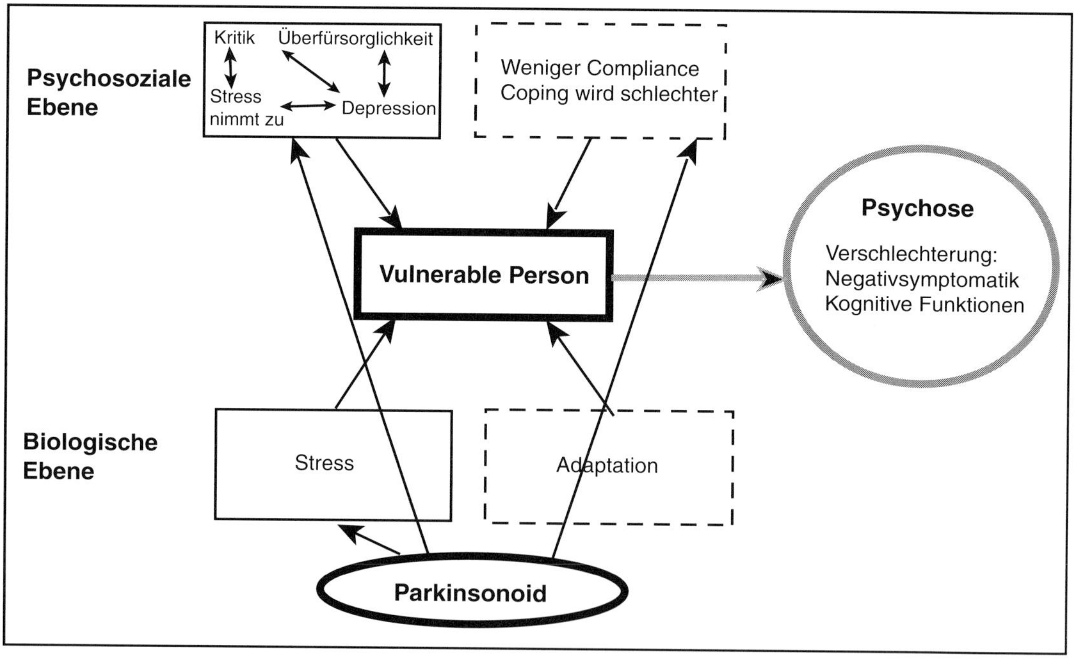


**Abb. 5** Auswirkungen des Parkinsonoids (modifiziert nach Merlo & Gerlach, 1995). Das medikamentös bedingte Parkinsonoid führt zu einer Verschlechterung der Negativsymptomatik und der kognitiven Funktionen. Gleichzeitig löst sie innerpychisch Depression und bei wichtigen Bezugspersonen Kritik und/oder Überfürsorglichkeit aus. Zusätzlich nimmt die Compliance ab und das Coping wird schlechter

schränkt bleiben, da die meisten Frühdyskinesien nur in diesem Zeitraum auftreten, allerdings aber auch bei deutlichen Dosisveränderungen und bei Absetzen der Medikation. Bei *Akathisie* (Abb. 4) und *Parkinsonoid* (Abb. 5) empfehlen wir eine Dosisreduktion und nicht die Gabe von Anticholinergika. Aus den Abbildungen folgt, dass beide UAW vermieden werden sollten. Zur Behandlung der Akathise wird zunächst eine Dosisreduktion bzw. ein Medikamentenwechsel empfohlen. Falls dies nicht möglich ist, können β-Blokker (vor allem Propranolol) eingesetzt werden. Behandlungserfolge wurden auch mit Anticholinergika, Clonidin und Benzodiazepinen beschrieben (Fleischhacker et al. 1989, Barnes 1992, Blaisdell 1994). Die Behandlung der Spätdyskinesien wird im Abschnitt „Medikamentöse Langzeitbehandlung der chronisch produktiven Symptomatik“ gesondert dargestellt. Ist die epileptische Krampfschwelle deutlich erniedrigt, kann eine Umstellung auf Haloperidol hilfreich sein, evtl. unter Zugabe eines Antiepileptikums. Diese Substanz erscheint ebenfalls dann indiziert, wenn eine Agranulozytose durch trizyklische Neuroleptika (Phenothiazine, Thioxantene) ausgelöst wurde.

In der klinischen Praxis kann es notwendig werden, die antipsychotische Wirksamkeit verschiedener Neuroleptika miteinander zu vergleichen; dies kann zum Beispiel der Fall sein, wenn ein Patient unter neuroleptischer Vorbehandlung überwiesen wird und der weiterbehandelnde Arzt das bisher verabreichte Medikament nicht aus eigener Erfahrung kennt. Zum andern kann es wegen unerwünschter Arzneimittelwirkungen (z. B. bei Leukopenie oder epileptischen Anfällen) notwendig sein, von einem Neuroleptikum zum andern zu wechseln. Als Hilfe für eine solche Umstellung wurden verschiedene Tabellen mit Äquivalenzwerten vorgeschlagen (siehe unter Abschnitt „Medikamentöse Langzeitbehandlung der chronisch produktiven Symptomatik“).

*(Übersichten: Schöny und Rittmannsberger 1992, Fleischhacker 1995, Merlo 1996).*

## Behandlung des Erregungszustandes

Der Erregungszustand im Rahmen einer akuten schizophrenen Psychose steht oft mit panischen Ängsten in Verbindung, die in der Regel aus einem Gefühl des direkten Bedrohtseins bis hin zur Auflösung der eigenen Existenz entspringen. In einem solchen Zustand besteht höchste Gefahr sowohl der Selbst- als auch der Fremdschädigung. Ziel ist eine rasche *Sedierung* und eine Dämpfung der Ängste. Pharmakotherapeutisch erreicht man dies am ehesten mit niederpotenten Neuroleptika oder Benzodiazepinen (siehe unter Abschnitt „Sedierende Antipsychotika“ und „Benzodiazepine und andere Substanzgruppen“). Sollte eine Zwangsmedikation nötig sein, empfiehlt sich eine intramuskuläre Verabreichung der Medikation (z. B. Zuclopenthixol-Acetat oder Levomepromazin mit Haloperidol). Zuclopenthixol-Acetat hat den Vorteil, daß die Wirkung ca. drei Tage anhält und dadurch die Traumatisierung des Patienten mit wiederholten Injektionen möglichst gering gehalten werden kann (Pilowsky et al. 1992, Wistedt et al. 1994).

## Pharmakologische Behandlung der Negativsymptomatik

Im Vordergrund der Behandlung der Negativsymptomatik steht eine genaue Differentialdiagnose. Wie in Kapitel 2 dargestellt, können dabei die folgenden Formen bzw. Ursachen unterschieden werden: primäres Defizitsyndrom, Parkinsonoid, Depression, Hospitalismus (Carpenter et al. 1985). Therapeutische Ansatzpunkte für psychologische Therapieverfahren bestehen beim primären Defizitsyndrom sowie beim Hospitalismus (siehe Kapitel 7 und Kapitel 8). Das therapeutische Prozedere bei Akinese im Rahmen eines Parkinsonsyndroms wurde im Abschnitt „Behandlung der produktiven Symptomatik mit antidopaminergen Antipsychotika“ erläutert.

Für die medikamentöse Therapie der primären Negativsymptomatik werden Clozapin, Sulpirid und Zotepin empfohlen, als Alternative auch Niedrigdosierungen von Flupentixol, Fluphenazin, Perazin und Pimozid.

*(Übersichten: Möller und Laux 1994, Müller-Spahn und Kurtz 1994b, Möller 1995).*

## Akutbehandlung bei Therapieresistenz

Die *Therapieresistenz* akuter psychotischer Zustände gegenüber einer medikamentösen Behandlung ist auch heute noch ein großes Problem (Merlo und Gerlach 1995). 5–20% der schizophrenen Patienten zeigen unter Routinebehandlung eine Nonresponse (Meltzer 1992a). Dazu müssen noch 5–20% hinzugezählt werden, die wegen starker extrapyramidalmotorischer Symptome die dopamin-antagonistischen Antipsychotika nicht vertragen (Meltzer 1992a, Kane und Freeman 1994). Bei der Definition der Therapieresistenz schizophrener Psychosen ist jedoch zu beachten, daß dafür nicht nur psychopathologische Kriterien von Bedeutung sind (Brenner et al. 1990, Brenner und Merlo 1995). Auch eine Teilremission hat nicht selten für den Patienten und seine Angehörigen eine große Bedeutung und sollte deshalb vom Kliniker nicht unterschätzt werden (Marder 1995).

Der Umgang mit der Therapieresistenz auf antidopaminerge Antipsychotika hat sich in letzter Zeit gewandelt. Während noch bis vor kurzem die Auffassung bestand, daß man nach einigen Wochen zu einem antidopaminergen Antipsychotikum einer anderen chemischen Substanzklasse wechseln sollte, erscheint dieses Prozedere in Anbetracht der allen DA-Antipsychotika gemeinsamen $D_2$-blockierenden Wirkung nicht mehr sinnvoll (Kinon et al. 1993). Wiederholt konnte gezeigt werden, daß die wichtigste Maßnahme, um bei anfänglicher Therapieresistenz dennoch einen Therapieerfolg zu erreichen, die ausreichende Dauer der Verabreichung des Antipsychotikums darstellt. Wir empfehlen darum, die anfänglich verabreichte Substanz mindestens 4–6 Wochen ohne Unterbrechung zu geben, natürlich nur soweit keine schwerwiegenden unerwünschten Wirkungen auftreten. Nach dieser Zeit sollte auf ein Antipsychotikum mit einem anderen Wirkmechanismus umgestellt werden. Das einzige atypische Antipsychotikum mit nicht spezifisch $D_2$-blockierender Wirkung ist derzeit das Clozapin (siehe Abschnitt „Atypische Antipsychotika").

In der Akutbehandlung therapieresistenter Patienten hat deshalb in den letzten Jahren Clozapin erheblich an Bedeutung gewonnen, so daß es als Mittel der zweiten Wahl empfohlen wird. Voraussetzung für seinen Einsatz ist, daß keine antipsychotische Wirkung mit einem DA- bzw. SDA-Antipsychotikum bei Verabreichung in einer genügenden Dosierung über einen angemessenen Zeitraum hinweg erzielt werden konnte. Wie oben ausgeführt, sollte dieser mindestens 4–6 Wochen betragen (vgl. auch Abschnitt „Dopamin").

Verschiedene Medikamente wurden als Zusatz zu DA-Antipsychotika bei therapieresistenten Patienten erprobt: u.a. Lithium, Benzodiazepine, Reserpin, Carbamazepin und Propranolol (Christison et al. 1991, Meltzer 1992a).

*(Übersichten: Angrist und Schulz 1990, Hinterhuber et al. 1993, Möller 1994, Merlo und Gerlach 1995).*

## Medikamentöse Behandlung in der Stabilisierungsphase

Entsprechend dem Prozedere bei schweren Depressionen sollte auch bei der Behandlung schizophrener Psychosen nach der Akutbehandlung eine Stabilisierungsphase von 3–6 Monaten Dauer vorgesehen werden. In dieser Zeit sollte die minimale wirksame Dosis des klassischen Neuroleptikums anhand der oben erwähnten Kriterien optimiert werden. Diese Phase ist meistens mit der Entlassung des Patienten aus der Klinik verbunden und damit stark mit Streß belastet. Sowohl der Patient als auch die Angehörigen sollten aufgeklärt sein, daß die Medikation weiterhin notwendig und ein Absetzen des Neuroleptikums erst sinnvoll ist, wenn sich der Patient wieder gut resozialisiert hat, d.h. wenn er von seiner Arbeits- bzw. Ausbildungssituation sowie seiner Wohn- und Freizeitsituation her gut integriert ist. Erfahrungsgemäß wird diese soziale Integration auch beim Ersterkrankten mindestens sechs Monate, wenn nicht ein bis zwei Jahre dauern. Wegen der damit verbundenen starken Streßbelastung sollte die neuroleptische Medikation bei Ersterkrankten also möglichst über einen Zeitraum von sechs Monaten bis zu einem Jahr gegeben werden. Die medikamentöse Behandlung in der Stabilisierungsphase geht dann fließend in die Langzeitbehandlung über.

*(Übersicht: Kissling 1991).*

## Medikamentöse Langzeitbehandlung in der Remissionsphase

Die medikamentöse Langzeitbehandlung nach der Stabilisierungsphase eines vollständig remittierten Patienten versteht sich als *Rezidivprophylaxe.*

### Rezidivprophylaxe mit dopaminantagonistischen Antipsychotika

Die Langzeitbehandlung schizophrener Psychosen hat einerseits zum Ziel, bei Respondern Rückfälle zu vermeiden, andererseits bei Teil- oder Nonrespondern eine langsame Besserung oder wenigstens eine Stabilisierung des psychischen Zustandes, aber auch des sozialen Integrationsniveaus zu erreichen. Bei Patienten, die ein

**Tabelle 6** Langzeitbehandlung: Niedrigdosierung (1- und 2-Jahres-Ergebnisse)

| Studie | t = | n = | Med | Dosis in mg | Rückfallrate | p = |
|---|---|---|---|---|---|---|
| Kane et al. (1983, 1986) | 1 J | 163 | FLD | 1,25–5/14d<br>12,5–50/14d<br>(2,5–10/14d) | 56%<br>14%<br>(24%) | ** |
| Marder et al. (1984)+ | 1 J | 47 | FLD | 5/14d<br>25/14d | 35,5%<br>42,9% | ns |
| (1987)+ | 2 J | 66 | | | 69%<br>36% | * |
| Johnson et al. (1987)+ | 1 J | 59 | FPD | 1,7–10/7d<br>4–20/7d | 32%<br>10% | * |
| | 3 J | | | | 70%<br>56% | |
| Hogarty et al. (1988) | 1 J | 70 | FLD | durchsch. 3,8/14d<br>durchsch. 25/14d | 22%<br>14% | ns |
| | 2 J | | | | 30%<br>24% | ns |
| Kane et al. (1993) | 1 J | 104 | HAD | 25/28d<br>50/28d<br>100/28d<br>200/28d | 63%<br>25%<br>23%<br>15% | |
| Schooler et al. (1995)++ | 2 J | 106<br>107 | FLD | 2,5–10/14d<br>12,5–50/14d | 34 (32,5%)<br>25 (23%) | |

* Dosissteigerung bei Verschlechterung auf 10 bzw. 50 mg möglich, dann Unterschied ns.
++ siehe auch Tabelle 7 (Langzeitbehandlung: Intervallbehandlung)

ns = p > .05; * = p < .05; ** = p > .01
FLD: Fluphenazin Decanoat; FPD: Flupentixol Decanoat; HAD: Haloperidol Decanoat

oder mehrere Rezidive erlitten haben, sollte die *Rezidivprophylaxe* über einen Zeitraum von zwei bis fünf Jahren durchgeführt werden. Am besten geeignet erscheint dafür diejenige antidopaminerge Substanz, welche die Remission bewirkt hat. Dabei ist zu berücksichtigen, daß neuere Langzeitstudien gezeigt haben, daß für die Rezidivprophylaxe *Niedrigdosierungen* ausreichend sind (Tabelle 6). Eine andere Strategie ist die der *Intervallbehandlung*, bei der nur nach Auftreten von Prodromalzeichen das Antipsychotikum wieder gegeben wird. Vergleichsstudien haben gezeigt, daß dieses Prozedere nur bei einer kleinen Gruppe von Patienten erfolgreich ist (Gaebel 1995). Einen Überblick über die Ergebnisse häufig zitierter Studien gibt Tabelle 7. Am wirkungsvollsten dürfte bei den meisten Patienten eine Kombination von Niedrigdosierung und Intervallbehandlung sein (Marder et al. 1987). Soweit sie vom Patienten akzeptiert werden, erscheinen Depotpräparate für die Langzeitbehandlung als die am besten geeignete Darreichungsform (Gerlach 1994).

In einer Konsensuskonferenz wurden die folgenden Richtlinien für die Langzeittherapie mit Neuroleptika vorgeschlagen (Kissling 1991):

- nach der ersten Episode sollte eine Rezidivprophylaxe mindestens 1–2 Jahre lang, bei Mehrfacherkrankten mindestens fünf Jahre lang durchgeführt werden; bei Patienten mit Suizidversuchen oder mit gewaltsamem, aggressivem Verhalten sollte eine Rezidivprophylaxe mehr als fünf Jahre dauern;
- wenn möglich sollte ein Depotpräparat verabreicht werden;
- folgende Werte werden als minimale wirksame prophylaktische Dosierungen empfohlen:
  *parenteral*

| | |
|---|---|
| Fluphenazine Decanoat | 6,5–12,5 mg/zweiwöchentlich |
| Flupentixol Decanoat | 20 mg/zweiwöchentlich |

**Tabelle 7** Langzeitbehandlung: Intervallbehandlung (2-Jahres-Ergebnisse)

| Studie | n = | Abbruch | p = | Rückfall | p = | Hospit. | p = | sonst. Sign. |
|---|---|---|---|---|---|---|---|---|
| Carpenter et al. (1987) | **21** *21* | **7 (33%)** *9 (43%)* | ns | **11 (52%)** *9 (45%)* | ns | **11 (52%)** *9 (45%)* | ns | LFS: **IN**? *SB* Dosis: **IN** < *SB** |
| Carpenter et al. (1990) | **57** *59* | **29 (51%)** *11 (19%)* | ** | $\mathbf{x_1 = 2{,}8 \pm 6}$ $x_1 = 4{,}2 \pm 3{,}7$ | * | **30 (53%)** *21 (36%)* | ns | LFS: **IN** < *SB** GAS/QOL: **IN** = *SB* Dosis: **IN** < *SB** |
| Jolley et al. (1990) | **27** *27* | **15 (56%)** *9 (33%)* | * | **12 (50%)** *3 (12%)* | ** | $\mathbf{x_2 = 8}$ $x_2 = 2$ | * | EPS: **IN** < *SB** SAS: **IN** = *SB* Dosis: **IN** < *SB*** |
| Herz et al. (1991) | **50** *51* | **31 (62%)** *14 (27%)* | ** | **15 (30%)** *8 (16%)* | ns | **12 (24%)** *8 (16%)* | ns | PAS/GAS/EPS/ AIMS: **IN** = *SB* *OB/SB:* **IN** > *SB** Dosis: **IN** < *SB*** |
| Pietzcker et al. (1993)+ | **127** *122* | **76 (60%)** *52 (43%)* | ** | **62 (49%)** *28 (23%)* | ** | **47 (37%)** *29 (24%)* | ** | GAS/PDS/EPS/ AIMS: **IN** = *SB* Dosis: **IN** < *SB*** |
| Schooler et al. (1995)++ | **100** *107* | – – | | **44 (44%)** *25 (23%)* | ** | **46 (46%)** *27 (25%)* | | Dosis: **IN** < *SB*** |

+ in dieser Studie wurde zusätzlich eine Gruppe mit neuroleptischer Kriseninterventionuntersucht.
++ siehe auch Tabelle 6 (Langzeitbehandlung: Niedrigdosierung)

**fett** = Daten aus der Gruppe: Intervallbehandlung (**IN**)
*kursiv* = Daten aus der Gruppe: *Standardbehandlung (SB)*
ns = p > .05; * = p < .05; ** = p > .01
$x_1$ = durchschnittliche Anzahl Dekompensationen pro Patient
$x_2$ = durchschnittliche Anzahl Hospitalisationen pro Patient
LFS: Level of Functioning Scale; QOL: Quality of Life Scale; SAS: Social Adjustment Scale; PAS: Problem Appraisal Scale; GAS: Global Assessment Scale; PDS: Paranoid Depression Scale; EPS: Extrapyramidal Symptom Scale; AIMS: Abnormal Involuntary Movement Scale (= SKAUB); OB/SB: Objective/subjective burden

| | |
|---|---|
| Haloperidol Decanoat | 50–60mg/vierwöchentlich |
| *per os* | |
| Haloperidol | 2,5 mg/täglich |
| Fluphenazine Hydrochlorid | 2,5 mg/täglich |

Zu den Laboruntersuchungen bei Langzeitbehandlung siehe Tabelle 3.

## Rezidivprophylaxe mit Clozapin

In denjenigen Fällen, in denen eine Remission unter einem DA- bzw. SDA-Antipsychotikum nicht erzielt werden konnte und diese erst auf die Gabe von Clozapin hin erfolgte, empfiehlt es sich, auch die Rezidivprophylaxe mit Clozapin durchzuführen. Dabei ist zu beachten, daß in den ersten 18 Wochen wöchentlich Leukozytenzählungen durchgeführt werden müssen, anschließend dann monatlich. Sehr wichtig ist es, den Patienten und die Angehörigen davon in Kenntnis zu setzen, daß erste Zeichen eines Infektes (z. B. Fieber, Schüttelfrost, Erkältung, Halsweh, Tonsillitis, gestörte Wundheilung, Mundschleimhaut- und Zahnfleischentzündung) sofort zum Anlaß genommen werden sollten, einen Arzt aufzusuchen, der sogleich ein Differentialblutbild anordnen sollte. Clozapin muß sofort abgesetzt werden, wenn die Leukozyten < 3 x $10^9$/l oder die neutrophilen Granulozyten < 1,5 x $10^9$/l betragen. Eine Einweisung in ein spezialisiertes Zentrum ist notwendig, wenn die Anzahl der Leukozyten < 1 x $10^9$/l bzw. der neutrophilen Granulozyten < 0,5 x $10^9$/l (Agranulozytose) liegt. Die Prognose ist schlecht, wenn die neutrophilen Granulozyten < 0,5 x $10^9$/l sind, eine Infektion aufgetreten ist und Clozapin spät abgesetzt wurde. Mit hämatopoetischen Wachstumsfaktoren (GM-CSF oder G-CSF) konnten beschleunigte Erholungszeiten bis zur Normalisierung der Blutwerte gefunden werden (im Durchschnitt dauern diese 2–4 Wochen). Die Laboruntersuchungen, die während der Langzeitbehandlung mit Clozapin notwendig sind, sind in Tabelle 4 aufgeführt.

*(Übersicht: Müller-Spahn und Kurtz 1994a).*

## Absetzen der antipsychotischen Medikation

Die Frage nach dem *Absetzen* der antipsychotischen Medikation wurde vor kurzem anhand einer ausführlichen Literaturübersicht diskutiert (Gilbert et al. 1995) und kommentiert (Baldessarini und Viguera 1995, Carpenter und Tamminga 1995, Greden und Tandon 1995, Meltzer 1995b, Nuechterlein et al. 1995, Wyatt 1995). Unter Einbezug von 66 Studien mit insgesamt 4365 Patienten wurde dabei eine mittlere kumulative Rückfallrate von 53% bei Absetzen der Medikation gegenüber 16% bei weiterer Gabe der Medikation für einen Zeitraum von durchschnittlich 9.7 Monaten gefunden. Prädiktoren für einen Rückfall waren junges Alter der Patienten, hohe Dosis vor dem Absetzen und kurze Dauer des Klinikaufenthaltes. Die meisten Patienten, die einen Rückfall erlitten, reagierten offenbar gut auf eine erneute Gabe des Antipsychotikums. Die Autoren betonen, daß eine Reduktion oder gar ein Absetzen einer langjährigen antipsychotischen Medikation nur sehr langsam erfolgen sollte.

Die Ergebnisse der erwähnten Studie und die meisten Kommentare dazu entsprechen einer klinischen Praxis, bei der nach Symptomremission und Stabilisierungsphase eine sehr langsame Dosisreduktion auch bei Mehrfacherkrankten gewagt werden kann. Dies ist jedoch nur möglich, wenn in dieser Zeit kein besonderer psychosozialer Streß auf dem Patienten lastet (z. B. Wohnungswechsel, Abschluß einer Ausbildung etc.). Die Dauer der Reduktion ist abhängig von der Ausgangsdosis und ist häufig im höheren Dosisbereich nicht so einschneidend wie im niedrigen. Besondere Vorsicht gilt dem Absetzen einer langjährigen anticholinergen Medikation wegen der Gefahr einer cholinergen Krise (siehe unter „Dopamin-antagonistische (DA) Antipsychotika").

## Medikamentöse Langzeitbehandlung der chronisch produktiven Symptomatik

Patienten, die trotz längerer Gabe von antipsychotischen Substanzen weiterhin unter Halluzinationen, Wahn oder Denkzerfahrenheit leiden, werden als therapieresistent bezeichnet (siehe auch „Akutbehandlung bei Therapieresistenz"). Zunächst kann eine Dosisreduktion bzw. ein Absetzen der DA-antipsychotischen Medikation versucht werden. Smith (1994) hat bei chronisch psychotischen Patienten eine Besserung bei einer Verminderung der Medikamentendosis um ein Fünftel bis ein Drittel alle ein bis zwei Monate beschrieben. Danach ist ein Therapieversuch mit Clozapin indiziert.

Falls auch unter Clozapin produktiv-psychotische Symptome stark im Vordergrund bleiben, empfiehlt sich die zusätzliche Gabe von Haloperidol 2–5 mg. Wie die Studie von Meltzer (1992b) gezeigt hat, können im Verlaufe einer Behandlung mit Clozapin Remissionen auch noch nach Monaten auftreten. Lindström et al. (1988) haben die Wirkung auf die Lebensqualität und -situation unter einer solchen Langzeittherapie über 2 Jahre hinweg beobachtet und einen hoch signifikanten Unterschied für den Bereich Arbeitsfähigkeit und Rückgang der Anzahl Hospitalisationen gefunden. In einer neuen Untersuchung konnte zudem gezeigt werden, daß Clozapin auch auf die Suizidalität einen positiven Einfluß hat (Meltzer und Okayli 1995). Es sollte darum parallel zu psychosozialen Interventionen die pharmakotherapeutische Behandlung fortgesetzt werden.

## Spezielle Fragestellungen

### Pharmakologische Behandlung bei Vorliegen einer Komorbidität

Der Einfluß *hirnmorphologischer Veränderungen* auf die Wirkung von DA-Antipsychotika wurde im Abschnitt „Behandlung der produktiven Symptomatik mit antidopaminergen Antipsychotika" beschrieben; Patienten mit solchen Veränderungen können besonders starke extrapyramidalmotorische Symptome zeigen. Ebenfalls wurde im Abschnitt „Benzodiazepine und andere Substanzgruppen" darauf hingewiesen, daß bei Anzeichen für eine erniedrigte Krampfschwelle im EEG ein Antiepileptikum als Zusatzmedikation indiziert ist (Dose und Emrich 1989, Stoll et al. 1994). Dies gilt ebenfalls bei hirngeschädigten Patienten mit Verlust der Impulskontrolle (vor allem bei aggressivem Verhalten).

Ein häufiges Begleitsyndrom schizophrener Störungen ist die *Depression* (Hartmann 1995,

Zapotoczky und Fabisch 1995). Diese Komorbidität ist mit einer hohen Suizidgefahr verbunden. Ihre Abgrenzung gegenüber extrapyramidalmotorischen und negativen Symptomen kann im Einzelfall Schwierigkeiten bereiten (siehe auch „Akutbehandlung bei Therapieresistenz"). Depressive Symptome können bei einer Verschlechterung der Psychose oder auch während einer stabilen Phase auftreten. In diesen Fällen sprechen diese Symptome meist gut auf ein Antipsychotikum an. Depressive Symptome nach Remission der Psychose können eine Behandlung mit einem Antidepressivum notwendig machen (Kane 1995a, Fleischhacker 1995).

*Zwangsphänomene* können ebenfalls als Begleitsymptome schizophrener Störungen auftreten. Es liegen zur Zeit noch keine kontrollierten Studien zum Einsatz eines Antidepressivums mit spezifischer Serotonin-Wiederaufnahmehemmung als Adjuvanz zum Antipsychotikum vor, jedoch wurde in Kasuistiken von guten Erfolgen berichtet (Kasper und Rieder 1995).

Eine Komorbidität, die in den letzten Jahren die Behandlung schizophrener Psychosen zunehmend erschwert, ist diejenige der *Abhängigkeit von psychotropen Substanzen* (siehe auch Abschnitt „Behandlung der produktiven Symptomatik mit antidopaminergen Antipsychotika" und Kapitel 17). Drogen wie Amphetamine, Phencyclidin, Halluzinogene und Cannabis, aber auch Alkohol beeinflussen durch pharmakodynamische und -kinetische Interaktionen die Wirksamkeit der Antipsychotika (Bowers et al. 1990, Kapur und Keshavan 1992, Smith und Hukker 1994, Sokolski et al. 1994).

Schizophrene Psychosen können auch zusammen mit *Epilepsie* auftreten, und zusätzlich haben viele Antipsychotika einen epileptogenen Effekt. Sowohl antidopaminerge und antiadrenerge als auch anticholinerge Mechanismen werden mit der Auslösung eines epileptischen Anfalles in Verbindung gebracht. Dieser ist abhängig von der Dosis und dem speziellen Wirkprofil des Antipsychotikums. Während Haloperidol als relativ wenig epileptogen angesehen wird, besteht bei Clozapin eine deutliche Dosisabhängigkeit. Während Anfälle unter Dosierungen von weniger als 300 mg Clozapin bei ca. 1% der Patienten auftraten, war dies bei Dosierungen von über 600 mg bei 4.4% der Fall. Andererseits erhöhen auch Polypragmasie, Vorschädigungen des Gehirns oder epileptische Anfälle in der Vorgeschichte bzw. in der Familie die Wahrscheinlichkeit, daß ein Anfall ausgelöst wird.

*(Übersicht: Schaul et al. 1992).*

## Wechselwirkungen zwischen Antipsychotika und anderen Medikamenten bzw. Substanzen

Das Bestreben, möglichst geringe Dosierungen von Antipsychotika zu verwenden, hat dazu geführt, daß *Wechselwirkungen* zwischen diesen Medikamenten und anderen psychotropen Substanzen sorgfältiger beachtet wurden. Auch Veränderungen der Bioverfügbarkeit und Elimination der Antipsychotika durch nicht-psychotrope Medikamente bei Komorbidität sind speziell zu berücksichtigen. Besonders wichtig ist heutzutage zudem der Umstand, daß immer mehr schizophrene Patienten schädlichen Gebrauch von Drogen und psychotropen Medikamenten machen. Es ist für die pharmakologische Behandlung von grundlegender Bedeutung, über diesen Mißbrauch informiert zu sein, um eine mögliche Beeinträchtigung der Wirksamkeit des Antipsychotikums richtig beurteilen zu können. Exzessiver Coffein- und Tabakkonsum sowie Alkohol- und Cannabismißbrauch dürften diesbezüglich zur Zeit die größten Probleme bereiten. Iatrogen bedingte, vermeidbare negative Wechselwirkungen ergeben sich insbesondere aus einer falschen Verschreibungspraxis für Anticholinergika und Benzodiazepine. Beide Substanzen können zu Abhängigkeit führen und verschlechtern die kognitiven Leistungen. In Tabelle 8 sind die wichtigsten Wechselwirkungen zusammengefaßt.

*(Übersichten: Goff und Baldessarini 1995, Barnhill et al. 1995, Ayd 1995).*

## Genetisch bedingte Abbaustörung der Antipsychotika

Das Enzymsystem des *Cytochroms P-450* wird in seiner pharmakogenetischen Bedeutung in den letzten Jahren intensiv erforscht. Isoenzyme dieses Systems sind verantwortlich für den Abbau von fast allen Medikamenten, die vor der Konjugation und Exkretion oxidiert werden müssen. Zwei Isoenzyme sind für den Abbau von Psychopharmaka besonders wichtig: die Debrisoquin Hydroxylase (CYP2D6) und die Mephenytoin Hydroxylase ($CYP_{mp}$). Zu den Substraten der CYP2D6 gehören u.a. Clozapin, Fluphenazin, Haloperidol, Perphenazin, Risperidon, Fluoxetin, Imipramin, Clomipramin, dagegen werden von $CYP_{mp}$ u.a. Diazepam, Imipramin und Propranolol abgebaut.

Infolge von Mutationen haben einige Menschen eine veränderte Struktur und Aktivität die-

**Tabelle 8** Wichtige Wechselwirkungen mit Antipsychotika (Ayd, 1995; Barnhill et al., 1995; Goff & Baldessarini, 1995)

| Substanzgruppe | Substanz | BPS | WM | andere unerwünschte Wirkungen |
|---|---|---|---|---|
| – | Alkohol | ↑ | EH | Sedation ↑<br>Koordinationsstörungen<br>EPS ↑ |
| Antazida | – | ↓ | Abs | |
| Anticholinergika | z.B. Biperiden,<br>Benzatropin | ? | ZW | anticholinerge UAW ↑<br>kognitive Störungen |
| Antiepileptika | Carbamazepin<br><br>Phenytoin<br>Phenobarbital<br>Valproat | ↓<br><br>↓<br>↓<br>(↑) | EI<br><br>EI<br>EI | Delir, Hyponatriämie;<br>Agranulozytoserisiko ↑<br>Phenytoin-Überdosierung<br>Sedation ↑<br>Valproat ↓ |
| Antidepressiva | Trikyzklische AD<br>bestimmte SSRI* | ↑<br>↑ | EH<br>EH | EPS ↑<br>EPS ↑ |
| Anxiolytika | z.B. Alprazolam<br>Lorazepam<br><br>Buspiron | ↑<br><br><br>↑ | EH<br><br><br>EH | Sedation ↑, Hypotonie ↑<br>Cave: paradoxe Reaktion<br>Vorsicht mit Clozapin |
| Antiarrhythmika | Quinidin/<br>Procainamid | – | – | Herzleitungsstörungen ↑ |
| Antihypertensiva | Methyldopa<br>Guanethidin<br>Propranolol | –<br>–<br>↑ | ZW<br>–<br>EH | Hypotonie ↑, Delir<br>antihypertensive Wirkung ↓<br>Herzleitungsstörungen ↑<br>Hypotonie ↑ |
| Calcium-Antagonist | Nifedipin | ↓ | EH | |
| Hypertensiva | Adrenalin | – | – | **Cave: starker Blutdruckabfall!!** |
| | Cimetidin | ↓<br>↑ | EI<br>EH | bei Chlorpromazin<br>bei Clozapin |
| | Lithium | – | ZW | EPS ↑, Delir, NMS ↑? |
| | Disulfiram | ↑ | EH | EPS ↑, Delir |
| | Bromocriptin | – | ZW | niedrige Dosierungen ohne Verschlechterung der Psychose |
| Psychostimulantien | Amphetamin<br>Cannabis | | ZW<br>ZW | Psychose |
| | Nikotin | ↓ | EI<br>ZW | EPS ↓<br>Cave: plötzliches Absetzen |
| | Koffein | ↓ | Abs<br>ZW | Angstzustände;<br>Verschlechterung der Psychose |

* besonders bei Fluoxetin und Fluvoxamin
BPS = Blutplasmaspiegel des Antipsychotikums; WM = Wirkmechanismus; EH = Enzymhemmer; EI = Enzyminduktion; Abs = Absorptionsstörung; ZW = Zentrale Wirkung

ser Enzyme und metabolisieren deshalb bestimmte Psychopharmaka langsamer („poor metabolizer") oder besonders schnell („extensive metabolizer"). Die Prävalenzraten für langsame Metabolisierer sind ethnisch verschieden; z. B. betragen sie bei kaukasischen Völkern für CYP2D6 3–9,2% und für $CYP_{mp}$ 2,5–6,7%, dagegen für Menschen mit lateinamerikanischer Abstammung rund 4,5% bzw. 4,8%. Wie im Abschnitt „Akutbehandlung bei Therapieresistenz" beschrieben, sollte aufgrund dieser genetisch bedingten Abbaustörungen bei Nichtansprechen der Medikation eine Blutplasmaspiegel-Bestimmung des Antipsychotikums und evtl. auch ein Debrisoquin-Belastungstest durchgeführt werden.

*(Übersichten: Baumann 1993, Lin und Poland 1995, Goff und Baldessarini 1995).*

## Äquivalenzdosen

Als Kriterium für den Vergleich zwischen der antipsychotischen Wirksamkeit der Neuroleptika wurde die sogenannte Chlorpromazin-Äquivalenz eingeführt. Davis (1974, 1976) schlug Vergleichswerte für Neuroleptika vor, die gegen Chlorpromazin in 23 Doppelblind-Studien geprüft wurden. Auch Wyatt (1976) berechnete aus verschiedenen Dosisfindungsstudien einen Wert „relativer Potenz". Ein anderer Zugang wurde von Haase (1977) vorgeschlagen, der den Begriff der neuroleptischen Potenz prägte und anhand feinmotorischer Bewegungshemmungen („Schriftprobe") die optimale therapeutische Dosis festlegte. Eine weitere Möglichkeit ist die Berechnung von Chlorpromazin-Äquivalenten aus in vitro-Rezeptorbindungsaffinitäten (Seeman 1992). Auffällig ist bei diesem Vorgehen, daß sich dabei für Fluphenazin um den Faktor 2 bis 2,5 höhere Werte als in den Studien von Davis, Wyatt und Haase ergeben. Nach Kulhanek (1995) ist dieser Unterschied durch die geringere Bioverfügbarkeit des Fluphenazins gegenüber dem Haloperidol erklärbar. Eine neue Methode ergibt sich aus der Umrechnung von in vivo Rezeptoraffinitätsstudien, die mittels Positronenemissionstomographie erhoben wurden. Bei einer Umrechnung der Ergebnisse von Farde und Halldin (1995) ergibt sich für Haloperidol ein Wert von ca. 50, für Flupentixol von ca. 30. Dabei erscheinen die Rezeptoraffinitäten in vivo deutlich verschieden von denjenigen in vitro.

Für den Vergleich der Wirksamkeit verschiedener DA-Antipsychotika liegen heutzutage nur wenige schlüssige Untersuchungen vor. Es ist deshalb noch nicht möglich, genaue Umrechnungsfaktoren zu bestimmen. Wie in Tabelle 9 dargestellt ist, sind in neueren Übersichtsarbeiten – mit Ausnahme der Werte für Fluphenazin – dennoch ähnliche Werte vorgeschlagen worden. Entsprechend der in dieser Arbeit verwendeten Einteilung der Antipsychotika wird vorgeschlagen, die Äquivalenz-Dosen nach dem am häufigsten untersuchten DA-Antipsychotikum auszurichten, d. h. die Wirksamkeit von Haloperidol als Referenz zu nehmen. Fluphenazin bindet zwar am Dopamin-Rezeptor sogar stärker als Haloperidol, jedoch wird bei oraler Gabe ein großer Anteil nach Resorption in der Leber abgebaut („first pass effect"), sodaß bei gleicher oralen Dosis von einer geringeren Wirkung als bei Haloperidol ausgegangen werden sollte.

*(Übersichten: Rey et al. 1989, Dietmaier und Laux 1992, Kane 1995, Kulhanek 1995, van Kammen und Marder 1995a).*

## Spätdyskinesien

Die Spätdyskinesien treten von den schweren unerwünschten Arzneimittelwirkungen der DA-

**Tabelle 9** Äquivalenztabelle bezogen auf 1 mg Haloperidol für DA- und SDA-Antipsychotika (Dietmaier & Laux, 1992; Kane, 1995; Kulhanek, 1995; van Kammen & Marder, 1995a)

| | Dietmaier & Laux, 1992 | Kane, 1995 | van Kammen & Marder, 1995a | Kulhanek, 1995 |
|---|---|---|---|---|
| Haloperidol | 1 | 1 | 1 | 1 |
| Benperidol | .6 | – | – | – |
| Bromperidol | 1 | – | – | – |
| Pimozid | 1.2 | – | .75 | 1.2 |
| Fluphenazine | 1 | 1 | 1 | 2 |
| Flupentixol | 1.2 | – | – | 1.2 |
| Perphenazine | 6.4 | 5 | 4 | 6.4 |
| Zuclopenthixol | 12 | – | – | (15)* |
| Risperidon | – | 0.5 | 0.3 | – |

* die Clopenthixol-Angabe wurde für Zuclopenthixol umgerechnet

Antipsychotika am häufigsten auf. Die Pathophysiologie konnte bisher nicht geklärt werden. Dennoch liegen indirekte Hinweise vor, dass das Dopamin oder vielleicht auch andere Neurotransmitter eine modulierende Rolle dabei spielen (Casey 1995). Ihre Inzidenz liegt bei jungen Erwachsenen bei 5% pro Behandlungsjahr, bei älteren Menschen erheblich höher (Kane 1995b). Bei SDA-Antipsychotika liegen noch keine ausreichend langen Studien vor, dagegen sind unter Clozapin noch keine Spätdyskinesien beschrieben worden. Alle Patienten, die länger als drei Monate lang ein DA- oder SDA-Antipsychotikum erhalten, sollten in regelmäßigen Abständen auf Bewegungsstörungen hin untersucht werden. Besonders günstig für die Dokumentation und den Vergleich über die Zeit ist es, wenn der Befund mit einem standardisierten Erhebungsinstrument, z. B. der Skala für abnormale unwillkürliche Bewegungen (SKAUB)(Seeler und Kulhanek 1980), durchgeführt wird. Falls erste Anzeichen einer Spätdyskinesie beobachtet werden, empfiehlt sich das Absetzen des Antipsychotikums und gegebenenfalls die Umstellung auf Clozapin. Falls dieses Medikament nicht verabreicht werden kann, sollte die niedrigst mögliche Dosis des DA-Antipsychotikums verabreicht werden, evtl. kann auch ein Therapieversuch mit dem SDA-Antipsychotikum Risperidon sinnvoll sein.

Die Differentialdiagnose einer medikamentös bedingten Spätdyskinesie kann im Einzelfall schwierig sein. Transitorische Dyskinesien beim Absetzen des Antipsychotikums, stereotype Manierismen bei schizophrenen Störungen, orale Dyskinesien älterer Patienten und andere Krankheitsbilder, bei denen subkortikale Schädigungen oder degenerative Prozesse auftreten, gilt es davon zu unterscheiden.

*(Übersichten: Baldessarini et al. 1991, American Psychiatric Association 1992, Kane 1995b, Gardos und Cole 1995).*

## Antipsychotische Behandlung während der Schwangerschaft und Stillzeit

Obwohl Antipsychotika die Plazenta passieren, ist bisher wenig über eine allfällige teratogene Wirkung dieser Substanzen bekannt. Dennoch sollten sie wegen des Mangels an Untersuchungen während der Schwangerschaft nur mit Vorsicht verabreicht werden. Da die derzeit im Handel befindlichen Antipsychotika in die Muttermilch übertreten (Butyrophenone stärker als Phenothiazine), sollte bei Notwendigkeit einer medikamentösen antipsychotischen Behandlung der Mutter abgestillt werden.

*(Übersichten: Schöny und Rittmannsberger 1992, van Kammen und Marder 1995a).*

## Nicht-pharmakologische biologische Behandlungsverfahren

Das einzige derzeit in nennenswertem Umfang angewandte nicht-pharmakologische biologische Behandlungsverfahren bei schizophrenen Psychosen ist die *Elektrokrampftherapie (EKT)*. Diese Methode wurde zum ersten Mal 1938 von Ugo Cerletti und Lucio Bini in Rom am Menschen angewandt. Ihre Wirkung bei schizophrenen Erkrankungen wird kontrovers diskutiert (Sackeim et al. 1995, Dubovsky 1995). Als Prädiktoren für gutes Ansprechen bei schizophrenen Psychosen gelten: episodischer Verlauf, kurze Krankheitsdauer, Vorhandensein affektiver Symptome, Katatonie, Ratlosigkeit, Suizidgedanken, Schuldgefühle, gering ausgeprägte prämorbide schizoide Persönlichkeitszüge und früheres Ansprechen auf EKT (Dubovsky 1995). Eine besondere Indikation ergibt sich aus dem sogenannten neuroleptischen Dilemma, d. h. wenn differentialdiagnostisch nicht unterschieden werden kann, ob eine lebensbedrohliche Katatonie oder ein malignes Neuroleptikasyndrom vorliegt. Eine Elektrokrampftherapie muss in diesem Fall besonders dann empfohlen werden, wenn eine orale Verabreichung von Clozapin nicht möglich ist (eine i.m. Gabe sollte bei diesen Zuständen unbedingt vermieden werden, da dadurch der für die Diagnose und die Beurteilung des Behandlungsverlaufes wichtige Creatin-Kinase-Wert verfälscht würde). Die Frage der Wirksamkeit der EKT bei Patienten, die auf Clozapin therapieresistent sind, ist nicht geklärt (Krueger und Sackeim 1995).

Die Elektrokrampftherapie wird bilateral oder unilateral unter Narkose und Muskelrelaxation mit zuätzlicher Sauerstoffbeatmung durchgeführt (im Beisein eines Anästhesisten). Für die Betreuung nach der Narkose bedarf es eines gut geschulten Pflegeteams, um die Vitalfunktionen zu überwachen. In der Regel werden 6–10 Behandlungen im Abstand von 2–3 Tagen durchgeführt. Die EKT wirkt im Tierversuch auf das noradrenerge System, indem die Empfindlichkeit der b-Rezeptoren abnimmt, dagegen nimmt im serotoninergen System die Empfindlichkeit der 5-$HT_2$ Rezeptoren zu; gleichzeitig nimmt Acetylcholin im Gehirn und im Liquor zu, und durch Dopamin gesteuertes Verhalten wird verstärkt (Dubovsky 1995). Während die genauen biochemischen Mechanismen noch geklärt werden müssen, ist gesichert, daß EKT nur wirkt, wenn ein Krampfanfall ausgelöst wurde.

*(Übersichten: Kissling und Lauter 1993, Dubovsky 1995, Krueger und Sackeim 1995, Sackeim et al. 1995).*

Andere biologische Behandlungsverfahren werden in Kapitel 1 über die Geschichte der Behandlung schizophrener Psychosen beschrieben. Diese Methoden haben heutzutage praktisch nur noch historischen Wert und zeigen am ehesten, wie gefährlich es ist, wenn Therapeuten mit gewaltsamen Mitteln versuchen, auf schizophrene Patienten einzuwirken. Für eine Wirksamkeit anderer biologischer Methoden, wie Homöopathie, Vitaminkuren etc. wurden bisher noch keine empirisch fundierten Ergebnisse vorgelegt, weshalb diese nicht empfohlen werden können.

## Ausblick

Die Zukunft der biologischen Behandlungsmethoden der Schizophrenie wird einerseits durch die Überprüfung bisheriger Strategien mit dem Ziel, die minimale wirksame Dosis bekannter Antipsychotika zu finden, andererseits klinische Erfahrungen mit neuen Antipsychotika, wie z. B. Risperidon, Olanzapin und Sertindol, geprägt sein.

Durch eine bessere Integration der Pharmakotherapie mit psycho- und soziotherapeutischen Interventionen hat die Behandlung der Schizophrenie auch neue Zielsetzungen gefunden. So sind zukünftige Behandlungspläne ohne Berücksichtigung der erreichbaren Lebensqualität für den Patienten und auch seine Angehörigen nicht mehr vertretbar. Dies führt zwangsläufig dazu, dass auch die biologischen Behandlungsmethoden in ihrer Langzeitwirkung besser evaluiert, d. h. auch Verläufe von drei bis fünf Jahren untersucht werden müssen. Ein für die notwendige weitere Optimierung der Behandlung eher hinderlicher Einfluß könnte sich aus einer forcierten Kostensenkung im Gesundheitswesen ergeben, insbesondere wenn dabei nur kurzsichtige Beurteilungen des Kosten-Nutzen-Verhältnisses neuerer Behandlungsmethoden angestellt werden. Es bedarf deshalb unbedingt der langfristigen Voraussicht, um zu vermeiden, daß notwendige Mittel für diese Weiterentwicklungen nicht zur Verfügung stehen.

## Literatur

American Psychiatric Association: Task force on tardive dyskinesia. American Psychiatric Association, Washington DC 1992

Angrist, B., S.C. Schulz.: The neuroleptic-nonresponsive patient: Characterization and treatment. American Psychiatric Press, Washington DC 1990

Arana, G.W., M.L. Ornsteen, F. Kanter: The use of benzodiazepines for psychotic disorders: A literature review and preliminary clinical findings. Psychopharmacol. Bull. 22 (1986) 77

Ayd, F. J.: Lexicon of psychiatry, neurology, and the neurosciences. Williams & Wilkins, Baltimore 1995

Baldessarini, R. J., B.M. Cohen, M.H. Teicher: Significance of neuroleptic dose and plasma level in the pharmacoloigal treatment of psychosis. Arch. Gen. Psychiat. 45 (1988) 79

Baldessarini, R.J., W.W. Fleischhacker, G. Sperk: Pharmakotherapie in der Psychiatrie. Thieme, Stuttgart 1991

Baldessarini, R.J., D. Huston-Lyons, A. Campbell, E. Marsh, B.M. Cohen: Do central antiadrenergic actions contribute to the atypical properties of clozapine? Brit. J. Psychiat. 160 (Suppl. 17) (1992) 12

Baldessarini, R.J., A.C. Viguera: Neuroleptic withdrawal in schizophrenic patients. Arch. Gen. Psychiat. 52 (1995) 189

Bandelow, B., R. Grohmann, E. Rüther: Unerwünschte Begleitwirkungen der Neuroleptika und ihre Behandlung. In: H.-J. Möller (Hrsg.) Therapie psychiatrischer Erkrankungen. Enke, Stuttgart 1993

Barnes, T.R.E.: Neuromuscular effects of neuroleptics: Akathisia. In: J.M. Kane, J.A. Lieberman (eds.) Adverse effects of psychotropic drugs. Guilford Press, New York 1992

Barnhill, J.G., A.M. Ciraulo, D.A. Ciraulo, J.A. Greene: Interactions of importance in chemical dependence. In: D.A. Ciraulo, R.I. Shader, D.J. Greenblatt, W.L. Creelman (eds.) Drug interactions in psychiatry. 2nd ed. Williams & Wilkins, Baltimore 1995

Baumann, P.: Genetischer Polymorphismus des Metabolismus von Neuroleptika: Klinische Relevanz? In: H.-J. Möller (Hrsg.) Therapieresistenz unter Neuroleptikabehandlung. Springer, Wien 1993

Bebbington, P., L. Kuipers: The clinical utility of expressed emotion in schiophrenia. Acta psychiat. scand. 89 (Suppl. 382) (1994) 46

Bellak, L.: The schizophrenic syndrome: What the clinician can do until the scientist comes. In: L. Bellak (ed.) Disorders of the schizophrenic syndrome. Basic Books, New York, NY 1979

Blaisdell, G.D.: Akathisia: A comprehensive review and treatment summary. Pharmacopsychiatry 27 (1994) 139

Bollini, P., S. Pampallona, M.J. Orza, M.E. Adams, T.C. Chalmers: Antipsychotic drugs: Is more worse? A meta-analysis of the published randomized control trials. Psychol. Med. 24 (1994) 307

Borison, R.L., B.I. Diamond: Zur Weiterentwicklung der Dopamin-Hypothese: Klinische Erfahrungen und Forschungsergebnisse mit Risperidon. In: W. Böker, H.D. Brenner (Hrsg.) Integrative Therapie der Schizophrenie. Huber, Bern 1996

Bowers, M.B. Jr., C.M. Mazure, J.C. Nelson, P.I. Jatlow: Psychotogenic drug use and neuroleptic response. Schizophr. Bull. 16 (1990) 81

Breier, (ed.): The new pharmacotherapy of schizophrenia. American Psychiatric Press, Washington 1996

Brenner, H.D., S.J. Dencker, M.J. Goldstein, J.W. Hubbard, D.L. Keegan, G. Kruger, F. Kulhanek, R.P. Liberman, U. Malm, K.K. Midha: Defining treatment refractoriness in schizophrenia. Schizophr. Bull. 16 (1990) 551

Brenner, H.D., C. Gasser: Interaktive Prozesse in der Therapie von Psychosen. In: T. Platz (Hrsg.) Brennpunkte der Schizophrenie. Springer, Wien 1993

Brenner, H.D., M.C.G. Merlo: Definition of therapy-resistant schizophrenia and its assessment. Eur. Psychiat. 10 (Suppl. 1) (1995) 11s

Buckley, P. F., H.J. Meltzer: Treatment of schizophrenia. In: A.F. Schatzberg, C.B Nemeroff (eds.) Textbook of psychopharmacology. American Psychiatric Press, Washington 1995

Bunney, B.S.: Antipsychotic drug effects on the electrical activity of dopaminergic neurons. TINS 7 (1984) 212

Bunney, G.B., W.E. Bunney Jr., A. Carlsson: Schizophrenia and glutamate. In: F.E. Bloom, D.J. Kupfer (eds.) Psychopharmacology. The fourth generation of progress. Raven Press, Ltd., New York 1995

Carpenter, W.T., T.E. Hanlon, D.W. Heinrichs, A.T. Summerfelt, B. Kirkpatrick, J. Levine, R.W. Buchanan: Continuous versus targeted medication in schizophrenic outpatients: Outcome results. Amer. J. Psychiat. 147 (1990) 1138

Carpenter, W.T.Jr., D.W. Heinrichs, L.D. Alphs: Treatment of negative symptoms. Schizophr. Bull. 11 (1985) 440

Carpenter, W.T.Jr., C.A. Tamminga: Why neuroleptic withdrawal in schizophrenia? Arch. Gen. Psychiat. 52 (1995) 192

Casey, D.E.: Tardive diskinesia: Pathophysiology. In: F.E Bloom, D.J. Kupfer (eds.) Psychopharmocology. The fourth generation of progress. Raven Press, New York 1995

Chouinard, G.: Severe cases of neuroleptic-induced supersensitivity psychosis. Diagnostic criteria for the disorder and its treatment. Schizophr. Research 5 (1991) 21

Chouinard, G., B. Jones, G. Remington, D. Bloom, D. Addington, W. McEwan, A. Labelle, L. Beauclair, W. Arnott: A canadian multicenter placebo-controlled study of fixed doses of risperidone and haloperidol in the treatment of chronic schizophrenic patients. J. clin. Psychopharm. 13 (1993) 25

Christison, G.W., D.G. Kirch, J. Wyatt: When symptoms persist: Choosing among alternative somatic treatment for schizophrenia. Schizophr. Bull. 17 (1991) 217

Convit, A., J. Volavka, P. Czobor, J. de Asis, C. Evangelista: Effect of subtle neurological dysfunction on response to haloperidol treatment in schizophrenia. Amer. J. Psychiat. 151 (1994) 49

Csernansky, J.G., J.G. Newcomer: Maintenance drug treatment for schizophrenia. In: F.E. Bloom, D.J. Kupfer (eds.) Psychopharmacology. The fourth generation of progress. Raven Press, New York 1995

Davis, J.M.: Comparative doses and costs of antipsychotic drugs. Arch. Gen. Psychiat. 33 (1976) 858

Davis, J.M.: Dose equivalence of the antipsychotic drugs. J. Psychiat. Res. 11 (1974) 65

Delay, J., P. Deniker, J.M. Harl: Traitements des états d'excitations et d'agitation par une méthode médicamenteuse dérivée de l'hibernothérapie. Ann. Med. Psychol. 110 (1952) 276

Dietmaier, O., G. Laux: Übersichtstabellen. In: P. Riederer, G. Laux, W. Pöldinger (Hrsg.) Neuro-Psychopharmaka, Band 4. Neuroleptika. Springer, Wien 1992

Dilling, H., M. Mombour, M.H. Schmidt (Hrsg.): Internationale Klassifikation psychischer Störungen: ICD-10, Kapitel V(F); klinisch-diagnostische Leitlinien /Weltgesundheitsorganisation, 2., korr. Aufl. Huber, Bern 1993

Dose, M.: Kombination von Neuroleptika mit anderen Pharmaka als Therapiestrategie bei Neuroleptika-Nonrespondern. In: H.J. Möller (Hrsg.) Therapieresistenz unter Neuroleptikabehandlung. Springer, Wien 1994

Dose, M., H. Emrich: Carbamazepin als Adjuvans der neuroleptischen Behandlung schizophrener Psychosen. In: B. Müller-Oerlinghausen, S. Haas, K.-D. Stoll (Hrsg.) Carbamazepin in der Psychiatrie. Thieme, Stuttgart 1989

Dubovsky, S. L.: Electroconvulsive therapy. In: H.I. Kaplan, B.J. Sadock (eds.) Comprehensive textbook of psychiatry. 6th ed. Williams & Wilkins, Baltimore 1995

Easton, M.S., P.G. Janicak: Benzodiazepines for the management of psychosis. Psychiatric Medicine 9 (1991) 25

Farde, L., C. Halldin: D2-dopamine receptors in schizophrenia. In: R. Fog, J. Gerlach, R. Hemmingsen (eds.) Schizophrenia, Alfred Benzon Symposium 38. Munksgaard, Copenhagen 1995

Fleischhacker, W. W.: Die pharmakologische Behandlung schizophrener Störungen. In: H. Hinterhuber, W.W. Fleischhacker, U. Meise (Hrsg.) Die Behandlung der Schizophrenien. State of the Art. Verlag Integrative Psychiatrie, Innsbruck 1995

Fleischhacker, W. W., C.H. Miller, K.J. Bergmann: Die neuroleptikainduzierte Akathisie. Nervenarzt 60 (1989) 719

Friedhoff, A.J., R.R. Silva: The effects of neuroleptics on plasma homovanillic acid. In: F.E. Bloom, D.J.

Kupfer (eds.) Psychopharmacology. The fourth generation of progress. Raven Press, New York 1995
Gaebel, W.: Neuroleptische Intervalltherapie – eine Alternative zur Langzeitmedikation? In: H. Hinterhuber, W. W. Fleischhacker, U. Meise (Hrsg.) Die Behandlung der Schizophrenien. State of the Art. Verlag Integrative Psychiatrie, Innsbruck 1995
Gardos, G., J.O. Cole: The treatment of tardive diskinesias. In: F.E. Bloom, D.J. Kupfer (eds.) Psychopharmocology. The fourth generation of progress. Raven Press, New York 1995
Garza-Trevino, E.S., L.E. Hollister, J.E. Overall, W.F. Alexander: Efficacy of combinations of intramuscular antipsychotics and sedative-hypnotics for control of psychotic agitation. Am. J. Psychiat. 146 (1989) 1598
Gerlach, J.: New antipsychotics: Classification, efficacy, and adverse effects. Schizophr. Bull. 17 (1991) 289
Gerlach, J.: Oral versus depot administration of neuroleptics in relapse prevention. Acta psychiat. scand. 89 (Suppl. 382) (1994) 28
Gerlach, J., L. Peacock: Intolerance to neuroleptic drugs: The art of avoiding extrapyramidal syndromes. Eur. Psychiat. 10 (Suppl. 1) (1995) 27s
Gilbert, P.L., M.J. Harris, L.A. McAdams, D.V. Jeste: Neuroleptic withdrawal in schizophrenia patients. A review of the literature. Arch. Gen. Psychiat. 52 (1995) 173
Gjerris, A., W. Kissling (eds .) The role of compliance in the treatment of schizophrenia. Acta psychiat. scand. 89 (Suppl. 382) (1994)
Goff, D.C., R.J. Baldessarini: Antipsychotics. In: D.A. Ciraulo, R.I. Shader, D.J. Greenblatt, W.L. Creelman (eds.) Drug interactions in psychiatry. 2nd ed. Williams & Wilkins, Baltimore 1995
Greden, J.F., R. Tandon: Long-term treatment for lifetime disorders? Arch. Gen. Psychiat. 52 (1995) 197
Greil, W., W. Ludwig-Mayerhofer, B. Steller, A. Czernik, H. Giedke, B. Müller-Oerlinghausen, M. Osterheider, G.A.E. Rudolf, H. Sauer, J. Tegeler, T. Wetterling: Lithium- oder Carbamazepinprophylaxe bei affektiven Psychosen? Ergebnisse einer kontrollierten, multizentrischen Studie. In: B. Müller-Oerlinghausen, A. Berghöfer (Hrsg.) Ziele und Ergebnisse der medikamentösen Prophylaxe affektiver Psychosen. Thieme, Stuttgart 1994
Haase, H.-J: Therapie mit Psychopharmaka und anderen seelisches Befinden beeinflussenden Medikamenten. 4. Auflage. Schattauer, Stuttgart 1977
Hartmann, W.: Differentialdiagnostik depressiv-apathischer Zustände im Rahmen schizophrener Erkrankungen und ihre Behandlung. In: H.-J. Möller (Hrsg.) Therapie psychiatrischer Erkrankungen. Enke, Stuttgart 1993
Herz, M.I., W.M. Glazer, M.A. Mostert, M.A. Sheard, H.V. Szymanski, H. Hafez, M. Mirza, J. Vana: Intermittent vs maintenance medication in schizophrenia. Arch. Gen. Psychiat. 48 (1991) 333
Hinterhuber, H., F. Kulhanek, W.W. Fleischhacker, R. Neumann: Prädiktoren und Therapieresistenz in der Psychiatrie. Vieweg, Braunschweig/Wiesbaden 1993
Hirsch, S.R., T.R.E. Barnes: Clinical use of high-dose neuroleptics. Brit. J. Psychiat. 164 (1994) 94
Hogarty, G.E., J.P. McEvoy, M. Munetz, A.L. DiBarry, P. Bartone, R. Cather, S.J. Cooley, R.F. Ulrich, M. Carter, M.J. Madonia: Dose of fluphenazine, familial Expressed Emotions, and outcome in schizophrenia. Arch. Gen. Psychiat. 45 (1988) 797
Jefferson, J.W., J.H. Greist: Lithium. In: H.I. Kaplan, B.J. Sadock (eds.) Comprehensive textbook of psychiatry. 6th ed. Williams & Wilkins, Baltimore 1995
Johnson, D.A. W., J.M. Ludlow, K. Street, R.D.W. Taylor: Double-blind comparison of half-dose and standard-dose flupenthixol decanoate in the maintenance treatment of stabilised out-patients with schizophrenia. Brit. J. Psychiat. 151 (1987) 634
Jolley, A.G., S.R. Hirsch, E. Morrison, A. McRink, L. Wilson: Trial of brief intermittent neuroleptic prophylaxis for selected schizophrenic outpatients: Clinical and social outcome at two years. Brit. Med. J. 301 (1990) 837
Kahn, R.S., K.L. Davis: New developments in dopamine and schizophrenia. In: F.E. Bloom, D.J. Kupfer (eds.) Psychopharmacology: The fourth generation of progress. Raven Press, New York 1995
Kane, J.M.: Clinical psychopharmacology of schizophrenia. In: G.O. Gabbard (ed.) Treatments of psychiatric disorders. 2nd ed. American Psychiatric Press, Washington 1995a
Kane, J.M.: Tardive diskinesia: Epidemiological and clinical presentation. In: F.E. Bloom, D.J. Kupfer (eds.) Psychopharmacology. The fourth generation of progress. Raven Press, New York 1995b
Kane, J.M., J.M. Davis, N.R. Schooler, S.R. Marder, B. Brauzer, D.E. Casey: A one-year comparison of four dosages of haloperidol decanoate. Schizophr. Research 9 (1993) 239
Kane, J. M., H.L. Freeman: Towards more effective antipsychotic treatment. Brit. J. Psychiat. 165 (Suppl. 25) (1994) 22
Kane, J., G. Honigfeld, J. Singer, H. Meltzer and the Clozaril Collaborative Study Group: Clozapine for the treatment-resistant schizophrenic. A double-blind comparison with chlorpromazine. Arch. Gen. Psychiat. 45 (1988) 789
Kane, J.M., J.A. Lieberman (eds.): Adverse effects of psychotropic drugs. Guilford Press, New York 1992a
Kane, J.M., A. Rifkin, M. Woerner, G. Reardon, S. Sarantakos, D. Schiebel, J. Ramos-Lorenzi: Low-dose neuroleptic treatment of outpatient schizophrenics. Arch. Gen. Psychiat. 40 (1983) 893
Kane, J.M., M. Woerner, S. Sarantakos: Depot neuroleptics: A comparative review of standard, intermediate, and low-dose regimens. J. Clin. Psychiat. 47 (Suppl 5) (1986) 30
Kaplan, H.I., B.J. Sadock, J.A. Grebb: Synopsis of psychiatry. Behavioral sciences clinical psychiatry 7.th ed. Williams & Wilkins, Baltimore 1994
Kapur, S., M.S. Keshavan: Psychotherapeutic drug abuse and dependence. In: M.S. Keshavan, J.S. Kennedy (eds.) Drug-induced dysfunction in psychiatry. Hemisphere Publishing Corporation, New York 1992

Kaspar, S., N. Rieder: Die Begleitmedikation bei schizophrenen Erkrankungen. In: H. Hinterhuber, W. W. Fleischhacker, U. Meise (Hrsg.) Die Behandlung der Schizophrenien. State of the Art. Verlag Integrative Psychiatrie, Innsbruck 1995

Keshavan, M.S., J.S. Kennedy: Drug-induced dysfunction in psychiatry. Hemisphere Publishing Corporation, New York 1992

Khot, V., C.L. DeVane, E.R. Korpi, D. Venable, L.B. Bigelow, R.J. Wyatt, D.G. Kirch: The assessment and clinical implications of haloperidol acute-dose, steady-state, and withdrawal pharmacokinetics. J. Clin. Psychopharm. 13 (1993) 120

Kinon, B.J., J.M. Kane, C. Johns, R. Perovich, M. Ismi, A. Koreen, P. Weiden: Treatment of neuroleptic-resistant schizophrenic relapse. Psychopharm. Bull. 29 (1993) 309

Kissling, W. (ed.): Guidelines for neuroleptic relapse prevention in schizophrenia. Springer, Berlin 1991

Kissling, W., H. Lauter: Indikation und Durchführung der Elektrokrampftherapie. In: H.-J. Möller (Hrsg.) Therapie psychiatrischer Erkrankungen. Enke, Stuttgart 1993

Krueger, R.B., H.A. Sackeim: Electroconvulsive therapy and schizophrenia. In: S.R. Hirsch, D.R. Weinberger (eds.) Schizophrenia. Blackwell Science, Oxford 1995

Kulhanek, F.: Über die Bedeutung neuroleptischer Aequivalenzdosen. In: H. Hinterhuber, W.W. Fleischhacker, U. Meise (Hrsg.) Die Behandlung der Schizophrenien. Verlag Integrative Psychiatrie, Innsbruck 1995

Le Moal, M.: Mesocorticolimbic dopaminergic neurons: Functional and regulatory roles. In: F.E. Bloom, D.J. Kupfer (eds.) Psychopharmacology: The fourth generation of progress. Raven Press, New York 1995

Levinson, D.F., G.M. Simpson, H. Singh, K. Yadalam, A. Jain, M.J. Stephanos: Fluphenazine dose, clinical response, and extrapyramidal symptoms during acute treatment. Arch. Gen. Psychiat. 47 (1990) 761

Lieberman, J., D. Jody, S. Geisler, J. Alvir, A. Loebel, S. Szymanski, M. Woerner, M. Borenstein: Time course and biologic correlates of treatment response in first-episode schizophrenia. Arch. Gen. Psychiat. 50 (1993) 369

Lieberman, J.A., A.R. Koreen: Neurochemistry and neuroendocrinology of schizophrenia. Schizophr. Bull. 19 (1993) 371

Lin, K.-M, R.E. Poland: Ethnicity, culture, and psychopharmacology. In: F.E. Bloom, G.J. Kupfer (eds.) Psychopharmacology: The fourth generation of progress. Raven Press, New York 1995

Lindström, L. H.: The effect of long-term treatment with clozapine in schizophrenia: A retrospective study in 96 patients treated with clozapine for up to 13 years. Acta psychiat. scand. 77 (1988) 524

Loebel, A.D., J.A. Lieberman, J.M.J. Alvir, G.I. Meierhoff, S.H. Geisler, S.R. Szymanski: Duration of psychosis and outcome in first-episode schizophrenia. Amer. J. Psychiat. 149 (1992) 1183

Marder, S.: Defining and characterising treatment-resistant schizophrenia. European Psychiatry 10 (Suppl. 1) (1995) 7s

Marder, S.R., J.N. Davis, P.G. Janicak (eds.): Clinical use of neuroleptic plasma levels. American Psychiatric Press, Washington DC 1993

Marder, S.R., J.W. Hubbard, T. van Putten, K.K. Midha: The pharmacokinetics of long-acting injectable neuroleptic drugs: Clinical implications. Psychopharmacology (Berl) 98 (1989) 433

Marder, S.R., R.C. Meibach: Risperidone in the treatment of schizophrenia. Amer. J. Psychiat. 151 (1994) 825

Marder, S.R., T. Van Putten, J. Mintz, J. McKenzie, M. Lebell, G. Faltico, P.R.A. May: Cost and benefits of two doses of fluphenazine. Arch. Gen. Psychiat. 41 (1984) 1025

Marder, S.R., T. van Putten, J. Mintz, M. Lebell, J. McKenzie, P.R.A. May: Low- and conventional dose maintenance therapy with fluphenazine decanoate. Arch. Gen. Psychiat. 44 (1987) 518

Mayerhoff, D.I., J.A. Lieberman: Behavioral effects of neuroleptics. In: J.M. Kane, J.A. Lieberman (eds.) Adverse effects of psychotropic drugs. Guilford Press, New York 1992

McEvoy, J.P.: Anticholinergic drug-induced dysfunction. In: M.S. Keshavan, J.S. Kennedy (eds.) Drug-induced dysfunction in psychiatry. Hemisphere Publishing Corporation, New York 1992

McEvoy, J.P., G.E. Hogarty, S. Steingard: Optimal dose of neuroleptic in acute schizophrenia. A controlled study of the neuroleptic threshold and higher haloperidol dose. Arch. Gen. Psychiat. 48 (1991) 739

Meltzer, H.Y.: Atypical antipsychotic drugs. In: F.E. Bloom, D.J. Kupfer (eds.) Psychopharmacology: The fourth generation of progress. Raven Press, New York 1995a

Meltzer, H.Y.: Neuroleptic withdrawal in schizophrenia patients. An idea whose time has come. Arch. Gen. Psychiat. 52 (1995b) 200

Meltzer, H.Y.: Dimensions of outcome with clozapine. Brit. J. Psychiat. 160 (Suppl. 17) (1992b) 46

Meltzer, H.Y.: Treatment of the neuroleptic non-responsive schizophrenic patients. Schizophr. Bull. 18 (1992a) 515

Meltzer, H.Y., G. Okayli: Reduction of suicidality during clozapine treatment of neuroleptic-resistant schizophrenia: Impact of risk-benefit assessment. Amer. J. Psychiat. 152 (1995) 183

Merlo, M.C.G., J. Gerlach: Treatment-resistant schizophrenia. Reviews in Contemporary Pharmacotherapy 6 (1995) 153

Merlo, M.C.G.: Neuere Entwicklungen in der pharmakologischen und neurobiologischen Grundlagenforschung und ihre Bedeutung für die klinische Praxis. In: W. Böker, H.D.Brenner (Hrsg.) Integrative Therapie der Schizophrenie. Huber, Bern 1996

Merlo, M.C.G., H.D. Brenner et al.: Empfehlungen für den therapeutischen Einsatz von Clozapin (Leponex®). Schweizer Archiv für Neurologie, Neurochirurgie und Psychiatrie Suppl. 1 (1997)

Modestin, J., G. Toffler, J.P. Drescher: Neuroleptic malignant syndrome: Results of a prospective study. Psychiat. Res. 44 (1992) 251

Möller, H.-J.: Neuere Aspekte in der Konzeptualisierung und Behandlung der Negativsymptomatik schizophrener Patienten. In: H. Hinterhuber, W.W. Fleischhacker, U. Meise (Hrsg.) Die Behandlung der Schizophrenien. State of the Art. Verlag Integrative Psychiatrie, Innsbruck 1995

Möller, H.-J: Therapie psychiatrischer Erkrankungen. Ferdinand Enke, Stuttgart 1993

Möller, H.-J. (Hrsg.): Therapieresistenz unter Neuroleptikabehandlung. Springer, Wien 1994

Möller, H.-J., G. Laux (Hrsg ): Fortschritte in der Diagnostik und Therapie schizophrener Minussymptomatik. Springer, Wien 1994

Müller, W. E.: Therapie mit Psychopharmaka. In: H.-J. Möller (Hrsg.) Therapie psychiatrischer Erkrankungen. Enke, Stuttgart 1993

Müller-Spahn, F., G. Kurtz: Blutbildveränderungen und andere schwerwiegende Nebenwirkungen unter Clozapintherapie. In: D. Naber, F. Müller-Spahn (Hrsg.) Clozapin. Pharmakologie und Klinik eines atypischen Neuroleptikums. Neuere Aspekte der klinischen Praxis. Springer, Berlin 1994a

Müller-Spahn, F., G. Kurtz: Medikamentöses Therapieschema bei Patienten mit schizophrener Minussymptomatik. In: H.-J. Möller, G. Laux (Hrsg.) Fortschritte in der Diagnostik und Therapie schizophrener Minussymptomatik. Springer, Wien 1994b

Naber, D., F. Müller-Spahn: Clozapin. Pharmakologie und Klinik eines atypischen Neuroleptikums. Eine kritische Bestandsaufnahme. Schattauer, Stuttgart 1992

Naber, D., F. Müller-Spahn: Clozapin. Pharmakologie und Klinik eines atypischen Neuroleptikums. Neuere Aspekte der klinischen Praxis. Springer, Berlin Heidelberg 1994

Naber, D., F. Müller-Spahn: Clozapin. Pharmakologie und Klinik eines atypischen Neuroleptikums. Erfahrungen bei Therapieresistenz, Minussymptomatik, Rezidivprophylaxe und Langzeitbehandlung. Springer, Berlin Heidelberg 1995

Nuechterlein, K.H., M.J. Gitlin, K.L. Subotnik: The early course of schizophrenia and long-term maintenance neuroleptic therapy. Arch. Gen. Psychiat. 52 (1995) 203

Peuskens, J.: Risperidone in the teatment of patients with chronic schizophrenia: A multi-national, multicentre, double-blind, parallel-group study versus haloperidol. Brit. J. Psychiat. 166 (1995) 712

Pietzcker, A., W. Gaebel, W. Köpcke, M. Linden, P. Müller, F. Müller-Spahn, J. Tegeler: Intermittent versus maintenance neuroleptic long-term treatment in schizophrenia – 2 year results of a german multicenter study. J. Psychiat. Res. 27 (1993) 321

Pilowsky, L. S., H. Ring, P.J. Shine, M. Battersby, M. Lader: Rapid tranquilization. A survey of emergency prescribing in a general psychiatric hospital. Brit. J. Psychiat. 160 (1992) 813

Pope, H.G., S.L. McElroy: Valproate. In: H.I. Kaplan, B.J. Sadock (eds.) Comprehensive textbook of psychiatry, 6th ed. Williams & Wilkins, Baltimore 1995

Post, R.M.: Carbamazepine. In: H.I. Kaplan, B.J. Sadock (eds.) Comprehensive textbook of psychiatry, 6th ed. Williams & Wilkins, Baltimore 1995

Rey, M.-J, P. Schulz, C. Costa, P. Dick, R. Tissot: Guidelines for the dosage of neuroleptics. I: Chlorpromazine equivalents or orally administered neuroleptics. Int. clin. Psychopharm. 4 (1989) 95

Rifkin, A., S. Doddi, B. Karajgi, M. Borenstein, M. Wachspress: Dosage of haloperidol for schizophrenia. Arch. Gen. Psychiat. 48 (1991) 166

Roth, B.L., H.Y. Meltzer: The role of serotonin in schizophrenia. In: F.E. Bloom, D.J. Kupfer (eds.) Psychopharmacology: The fourth generation of progress. Raven Press, New York 1995

Sackeim, H.A., D.P. Devanand, M.S. Nobler: Electroconvulsive therapy. In: F.E. Bloom, D.J. Kupfer (eds.) Psychopharmacology: The fourth generation of progress. Raven Press, New York 1995

Salzmann, C., A.I. Green, F. Rodriguez-Villa: Benzodiazepines combined with neuroleptics for management of severe disruptive behavior. Psychosomatics 27 (1986) 17

Schaul, N., G. Degreff, C.N. Gershon: Psychotropic drugs and seizures. In: J.M. Kane, J.A. Lieberman (eds.) Adverse effects of psychotropic drugs. Guilford Press, New York 1992

Schmidt, S., W. Greil: Hinweise zur praktischen Durchführung einer Behandlung mit Carbamazepin. In: B. Müller-Oelinghausen, S. Haas, K.-D. Stoll (Hrsg.) Carbamazepin in der Psychiatrie. Thieme, Stuttgart 1989

Schöny, W., H. Rittmannsberger: Praktische Durchführung, allgemeine Behandlungsrichtlinien. In: P. Riederer, G. Laux, W. Pöldinger (Hrsg.) Neuro-Psychopharmaka, Band 4. Neuroleptika. Springer, Wien 1992

Schooler, N.R., S.J. Keith, J.B. Severe, S.M. Matthews, A.S. Bellack, I.D. Glick, W.A. Hargreaves, J.M. Kane, P.T. Ninan, A. Frances, M. Jacobs, J.A. Lieberman, R. Mance, G.M. Simpson, M.G. Woerner: Relapse and rehospitalization during maintenance treatment of schizophrenia: A review of the effects of dose reduction and family treatment. In: H. Hinterhuber, W. W. Fleischhacker, U. Meise (Hrsg.) Die Behandlung der Schizophrenien. State of the Art. Verlag Integrative Psychiatrie, Innsbruck 1995

Schou, M.: Lithium treatment of manic-depressive illness, 5th ed. Karger, Basel 1993

Schulz, S.C.: Schizophrenia: Somatic treatment. In: H.I. Kaplan, B.J. Sadock (eds.) Comprehensive Textbook of Psychiatry, 6th ed. Williams & Wilkins, Baltimore 1995

Seeler, W., F. Kulhanek (Hrsg.): Späte extrapyramidale Hyperkinesen. Schwarzeck, München 1980

Seeman, P.: Dopamine receptor sequences. Therapeutic levels of neuroleptics occupy D2 receptors, clozapine occupies D4. Neuropsychopharmacology 7 (1992) 261

Seeman, P.: Dopamine receptors: Clinical correlates. In: F.E. Bloom, D.J. Kupfer (eds.) Psychopharmacology: The fourth generation of progress. Raven Press, New York 1995

Smith, D.E., M.J. Landry, D.R. Wesson: Barbiturate, Sedative, Hypnotic Agents. In: A task force report of the American Psychiatric Association: Treatments of psychiatric disorders. Volume 2. American Psychiatric Association, Washington 1989

Smith, J., S. Hucker: Schizophrenia and substance abuse. Brit. J. Psychiat. 165 (1994) 13

Smith, R.C.: Lower-dose therapy with traditional neuroleptics in chronically hospitalized schizophrenic patients. Arch. Gen. Psychiat. 51 (1994) 427

Sokolski, K.N., J.L. Cummings, B.I. Abrams, E.M. DeMet, L.S. Katz, J.F. Costa: Effects of substance abuse on hallucination rates and treatment responses in chronic psychiatric patients. J. clin. Psychiat. 55 (1994) 380

Spohn, H.E., M.E. Strauss: Relation of neuroleptic and anticholinergic medication to cognitive functions in schizophrenia. J. Abnorm. Psychol. 98 (1988) 367

Stoll, A.L., M. Banov, M. Kolbrener, P.V. Mayer, M. Tohen, S.M. Strakowsky, J. Castillo, T. Suppes, B.M. Cohen: Neurologic factors predict a favorable valproate response in bipolar and schizoaffective disorders. J. Clin. Psychopharm. 14 (1994) 311

Thompson, C.: The use of high-dose antipsychotic medication. Brit. J. Psychiat. 164 (1994) 448

Tornatore, F.L., J.J. Sramek, B.L. Okeya, E.H. Pi: Unerwünschte Wirkungen von Psychopharmaka. Thieme, Stuttgart 1991

van Kammen, D.P., M. Kelley: Dopamine and norepinephrine activity in schizophrenia. An integrative perspective. Schizophr. Res. 4 (1991) 173

van Kammen, D.P., S.R. Marder: Dopamine receptor antagonists. In: H.I. Kaplan, B.J. Sadock (eds.) Comprehensive Textbook of Psychiatry, 6th ed. Williams & Wilkins, Baltimore, MD 1995a

van Kammen, D.P., S.R. Marder, S. R.: Clozapine. In: H.I. Kaplan, B.J. Sadock (eds.) Comprehensive Textbook of Psychiatry, 6th ed. Williams & Wilkins, Baltimore, MD 1995b

van Putten, T., S.R. Marder, J. Mintz: A controlled dose comparison of haloperidol in newly admitted schizophrenic patients. Arch. Gen. Psychiat. 47 (1990) 754

van Putten, T., S.R. Marder, J. Mintz, R.W. Poland: Haloperidol plasma levels and clinical response: A therapeutic window relationship. Amer. J. Psychiat. 149 (1992) 500

Volavka, J., T. Cooper, P. Czobor, I. Bitter, M. Meisner, E. Laska, P. Gastanaga, M. Krakowski, J.C.-Y. Chou, M. Crowner, R. Douyon: Haloperidol blood levels and clinical effects. Arch. Gen. Psychiat. 49 (1992) 354

Wiesel, F.-A: Neuroleptic treatment of patients with schizophrenia. Mechanisms of action and clinical significance. Brit. J. Psychiat. 164 (Suppl. 23) (1994) 65

Wirshing, W.C., S.R. Marder, T. van Putten, D. Ames: Acute treatment of schizophrenia. In: F.E. Bloom, D.J. Kupfer (eds.) Psychopharmacology: The fourth generation of progress. Raven Press, New York, 1995

Wistedt, B., L. Helldin, M. Omerov, T. Palmstierna: Pharmacotherapy for aggressive and violent behaviour: A view of practical management from clinicians. Criminal Behaviour and Mental Health 4 (1994) 328

Wolkowitz, O.M.: Rational polipharmacy in schizophrenia. Ann. clin. Psychiat. 5 (1993) 79

Wolkowitz, O.M., D. Pickar: Benzodiazepines in the treatment of schizophrenia: A review and reappraisal. Amer. J. Psychiat. 148 (1991) 714

Wyatt, R.J.: Biochemistry and schizophrenia (part IV). The neuroleptics – their mechanism of action: A review of the biochemical literature. Psychopharm. Bull. 12 (1976) 5

Wyatt, R.J.: Neuroleptics and the natural course of schizophrenia. Schizophr. Bull. 17 (1991) 325

Wyatt, R.J.: Risks of withdrawing antipsychotic medications. Arch. Gen. Psychiat. 52 (1995) 205

Wyatt, R., D.G. Kirch, M.F. Egan: Schizophrenia: Neurochemical, viral, and immunological studies. In: H.I. Kaplan, B.J. Sadock (eds.) Comprehensive Textbook of Psychiatry, 6th ed. Williams & Wilkins, Baltimore 1995

Yamamoto, B.K., H.Y. Meltzer: Basic neuropharmacology of antipsychotic drugs. In: G.O. Gabbard (ed.) Treatments of psychiatric disorders, 2nd ed. American Psychiatric Press, Washington 1995

Zapotoczky, H.G., J. Fabisch: Komorbidität schizophrener Erkrankungen. In: H. Hinterhuber, W.W. Fleischhacker, U. Meise (Hrsg.) Die Behandlung der Schizophrenien. State of the Art. Verlag Integrative Psychiatrie, Innsbruck 1995

# 7 Kognitive Therapieverfahren bei schizophren Erkrankten

B. HODEL, H.D. BRENNER

## Theoretische und empirische Grundlagen

Im allgemeinen versuchen kognitive Therapieverfahren Denkabläufe zu verändern. Dafür kommen in Abhängigkeit vom jeweiligen Therapieziel unterschiedliche Interventionsansätze zur Anwendung, wobei bei schizophren Erkrankten vorwiegend drei Störungsebenen therapeutisch angegangen werden: Störungen der Informationsverarbeitung, Störungen der Wahrnehmung und des Denkens sowie Störungen der emotionalen Verarbeitung.

### Störungen der Informationsverarbeitung:

Unter Berücksichtigung experimentalpsychologischer Untersuchungsergebnisse werden als schizophrenietypische Störungen der Informationsverarbeitung vorwiegend Defizite der Aufmerksamkeit und des Gedächtnisses sowie eine fehlerhafte Auswahl von Verhaltensantworten beschrieben (Holzman et al. 1986, Süllwold und Huber 1986, Brenner 1986, Goldberg et al. 1993, Spaulding et al. im Druck). Phänomenologisch können die Störungen der Informationsverarbeitung entweder als Basis einer Positivsymptomatik (z.B. Störungen des Denkablaufs und der Verhaltenskontrolle) oder einer Negativsymptomatik (z.B. verminderte Aufmerksamkeit) verstanden werden (Miller 1992). Diese phänomenologisch-orientierten Unterteilung der Informationsverarbeitungsstörungen könnte ein Grund sein, dass ihre Verursachung unter verschiedenen Aspekten diskutiert wird. Allerdings wird heutzutage mehrheitlich vertreten, dass von der Phänomenologie unabhängig die erwähnten Störungen als „core psychological deficit“ und als Folge einer generell reduzierten Verarbeitungskapazität („limited capacity“) betrachtet werden (Nuechterlein und Dawson 1984, Green 1993, Corrigan et al. im Druck), die vermutlich mit Defiziten der neuronalen Differenzierung des Neo-Cortexes und damit mit der prä- und postnatalen Entwicklung der Axone und der Synapsenbildung zusammenhängt.

### Störungen der Wahrnehmung und des Denkens:

Wahrnehmungs- und Denkstörungen werden vorwiegend als Halluzinationen und Wahnideen beschrieben, die sich auf Fehlinterpretationen und auf Fehlerwartungen von (Umwelt-)Reizen zurückführen lassen (Hemsley und Garety 1986, Kingdon et al. 1994; Alford und Beck 1994). Phänomenologisch sind die Störungen der Wahrnehmung und des Denkens eindeutig Symptome der Positivsymptomatik (Miller 1992).

Nach Alford und Correira (im Druck) können Halluzinationen einerseits auf eine schizophreniespezifische zentralnervöse Übererregung (Hyperarousal), anderseits vor allem auf die oben beschriebenen Auffälligkeiten innerhalb der Informationsverarbeitung zurückgeführt werden. Beide Ursachen können zu Fehlinterpretationen von wahrgenommenen (organismus- und oder umweltbezogenen) Reizen sowie zu Fehlerwartungen und damit auch zu Halluzinationen führen. Nach Kingdon et al. (1994) und Alford und Beck (1994) resultieren auch Wahnideen aus solchen Fehlinterpretationen und Fehlerwartungen: bei schizophren Erkrankten erfolgt keine adäquate Hypothesenüberprüfung, statt dessen werden Mutmassungen wie Fakten betrachtet. Überzeugungen basieren also auf nicht überprüfbaren Annahmen, so dass die Auftretenswahrscheinlichkeit einzelner Reize fehlerhaft eingeschätzt wird.

Nach Perris und Mitarbeitern (Perris 1989, Perris und Skagerlind 1994) beruhen Wahnideen auf komplex entstandenen dysfunktionalen Bewertungsstrukturen über sich selber und über die Umwelt und sind Folge eines seit der Kindheit bestehenden kontinuierlichen Zusammenspiels zwischen relativ invarianten biologischen Auffälligkeiten der Erkrankten und negativen psychosozialen Einflüssen.

**Störungen der emotionalen Verarbeitung:**

Störungen der emotionalen Verarbeitung bei schizophren Erkrankten werden in der Literatur unter drei Aspekten behandelt: Erstens werden sie als Fehlinterpretationen oder Negierungen der im sozialen Umfeld gezeigten Emotionen aufgefasst (Feinberg et al. 1986, Heimberg et al. 1992, Archer et al. 1992, Lewis und Garver 1995), d. h. entweder wird die Intensität einer Emotion inadäquat eingeschätzt, oder das Vorhandensein – insbesondere von negativen – Emotionen wird negiert (Bellack 1992, im Druck). Gaebel und Wolwer (1992) sowie Lewis und Garver (1995) weisen zudem darauf hin, dass solche Fehlinterpretationen relativ konstant und weitgehend unabhängig vom Ausmass psychopathologischer Symptome beobachtet werden können. Abgesehen von der Affektverflachung bzw. des Verlustes der Emotions- und Ausdruckskraft, welche im Rahmen der Negativsymptomatik in Erscheinung treten (Miller 1992), sind damit Zuteilungen zu Unterformen der Schizophrenie kaum möglich. Die Gründe dieser fehlenden Zuordnungsmöglichkeit sind nach Feinberg et al. (1986) in defizitären Mechanismen des Gedächtnisses zu suchen, welche ein schnelles und richtiges Erkennen des jeweiligen Gesichtsausdruckes unmöglich machen. Heimberg et al. (1992) weisen in diesem Zusammenhang darauf hin, dass entsprechende Dysfunktionen wahrscheinlich auf noch nicht bekannten Störungen der Mikrostruktur des Gehirns basieren dürften. Zweitens werden in der Literatur die Störungen der emotionalen Verarbeitung schizophren Erkrankter als Folge von Störungen des zentralnervösen Erregungsniveaus betrachtet. Gjerde (1983) postulierte bereits vor einigen Jahren aufgrund einer Analyse der damals vorliegenden Untersuchungen zur Aufmerksamkeit und zur zentralnervösen Erregung (z. B. Studien von Schwartz 1974 oder von Hemsley und Richardson 1980), dass schizophren Erkrankte unter Stress (Zeitdruck, Reizüberflutung etc.) mit einer abnormen Erhöhung des zentralnervösen Erregungsniveaus (Arousal) reagieren, welche ihrerseits die oben beschriebenen Störungen der Informationsverarbeitung verstärken kann. Braff (1992) konnte dieses Postulat aufgrund seiner Forschungsergebnisse über die attentionale Leistung schizophren Erkrankter nachträglich experimentalpsychologisch bestätigen. Drittens werden die Störungen der emotionalen Verarbeitung als Resultat einer bereits seit der Kindheit bestehenden Vulnerabilität verstanden: ähnlich wie beim Arousalansatz wird dabei insbesondere im Rahmen der Expressed-Emotion-Forschung vertreten, dass eine emotional belastende Atmosphäre bei schizotrop-vulnerablen Personen psychotische Episoden auslösen oder schizophreniespezifische Störungen verstärken kann (Nuechterlein et al. 1992, 1994). Ventura et al. (1989) und Nuechterlein et al. (1991, 1992) führten dies auf eine generell tiefere Toleranzschwelle gegenüber externen sozialen Stressoren zurück, welche nicht nur aus einer allgemeinen Arousalstörung, sondern aus einer spezifischen psychobiologischen Vulnerabilität resultiert.

**Wechselwirkungen zwischen den drei Störungsebenen:**

Vor einigen Jahren hat Brenner (1989) ein Modell vorgeschlagen, in dem eine Integration der kognitiven Störungen bei schizophren Erkrankten in ein Gesamtverständnis der Wechselwirkungen zwischen neuralen, kognitiven und emotionalen Prozessen der Verhaltenskontrolle versucht wird. Basierend auf Pribram und McGuiness (1975) wird in diesem Modell zwischen einem sog. Arousal-System, das die Reaktionen auf externe Informationen kontrolliert, und einem Aktivations-System unterschieden, das eine interne Verarbeitungsbereitschaft aufrechterhält. Das neurochemische Substrat des Arousal-Systems stellen reziproke norepinephrinerge und serotonerge Neuronenbahnen dar. Die neurale Aktivität dieser Bahnen ist eng mit der perzeptuellen Informationsverarbeitung und der externen Kontrolle verbunden. Demgegenüber wird das Aktivations-System durch dopaminerge nigrostriatale und mesolimbisch-mesokortikale Neuronenbahnen sowie deren Verbindungen reguliert. Dabei wird die Aufmerksamkeit auf interne Kontrollmechanismen gerichtet. Die entsprechende neurale Aktivität korrespondiert also mit konzeptuellen Informationsverarbeitungsprozessen. Beiden Systemen ist jeweils ein regulatorischer Feedback-Mechanismus eigen.

Die norepinephrinerg-aktivierenden Neuronenbahnen des Arousal-Systems habituieren bei wiederholtem Input und sorgen dafür, dass vor allem neue oder unerwartete Ereignisse im Sinne einer externen Kontrolle die perzeptuelle Informationsverarbeitung verändern können. Die neurale Aktivität korrespondiert dann vor allem mit neuen Informationen, weniger mit solchen, die mit den aktuellen Repräsentationen im Arbeitsgedächtnis übereinstimmen. Damit wird es

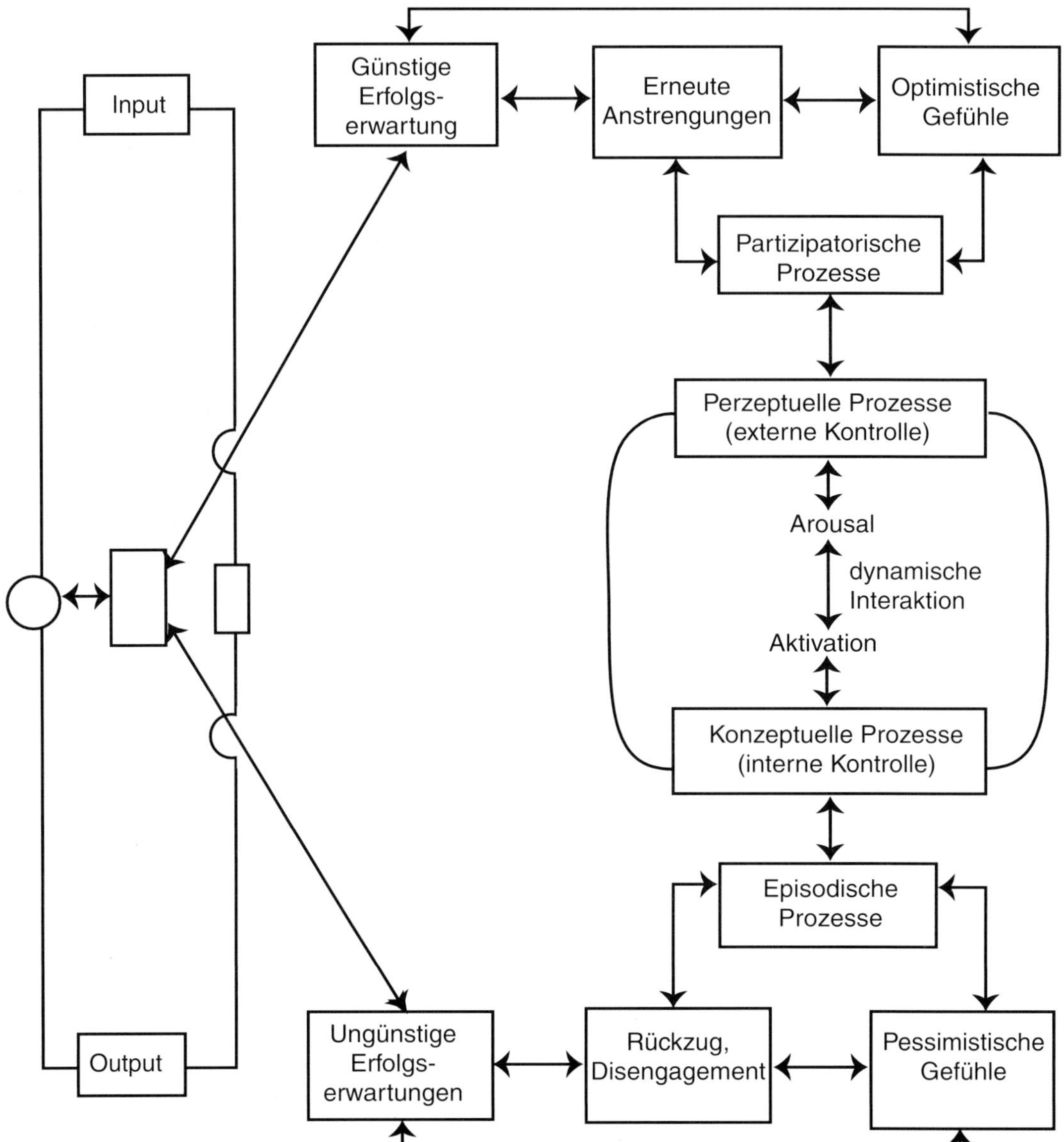


**Abb. 1** Heuristisches Modell der Interaktion zwischen neuralen, kognitiven und emotionalen Prozessen der Verhaltenskontrolle (nach Brenner, 1989)

möglich, in komplexen neuen Situationen vorerst global einen weiten perzeptiven Bereich zu fixieren. Durch das Arousal-System bereits habituierte Informationen des perzeptiven Bereiches können durch diese Redundanz-Tendenz des Aktivations-Systems mittels Eingrenzung der zu verarbeitenden Reize differenziert und analysiert werden. Die gegenseitige Ergänzung der Systeme und Prozesse wird durch dynamische, kontrollierende Interaktionen sowohl zwischen perzeptuellen und konzeptuellen Prozessen der Informationsverarbeitung als auch zwischen Arousal- und Aktivations-System gewährleistet. Somit gelingt es, spezifische Handlungsmuster zu aktivieren und zu kontrollieren. Handlungsmuster sind jedoch nicht nur von den beschriebenen neuralen und kognitiven, sondern auch von emotionalen Prozessen abhängig. Unterschieden wird diesbezüglich zwischen episodischen und partizipatorischen Prozessen. Die Korrelationen zwischen perzeptueller Informationsverarbeitung und dem Arousal-System sind gleichzeitig auch Merkmale sog. partizipatorischer Prozesse. Sie tolerieren vorübergehend Inkongruenzen zwischen Situationswahrnehmung und Vergleichswerten, wodurch neue bzw. relevante Aussenreize überhaupt erst als solche erkannt und verarbeitet werden können. Wenn neue oder überraschende Aussenweltreize in diesem Sinne als relevant eingeschätzt werden, wenn also die Erwartung besteht, durch eine intensivierte Wahrnehmung Inkongruenzen zu vermindern und damit die Situation zu kontrollieren, dann können optimistische Gefühle entstehen. Der Glaube an die Möglichkeit des Erfolgs ist verbunden mit Interesse, Hoffnung und sozialer Hinwendung. Alle diese Gefühle motivieren zu situationsveränderndem Handeln.

Demgegenüber korrespondieren die Korrelationen zwischen Aktivations-System und konzeptuellen Prozessen der Informationsverarbeitung mit sog. episodischen Prozessen. Sie tendieren dazu, eine relativ dauerhafte Stabilität zu erreichen, die gleichzeitig auf frühere Organisationszustände zurückgreift. Aussenweltreize werden nur insofern selektiv verarbeitet und strukturiert, als sie für interne Prozesse relevant und interferenzfrei sind. Wenn sie diese dagegen stören, werden sie als irrelevant ausgeblendet. Interne Konfigurationen werden auf diese Weise konserviert. Wenn Aussenweltreize als irrelevant oder störend für die Aufrechterhaltung der internen Kontrolle eingeschätzt werden, wenn also die Erwartung besteht, dass von der Situationswahrnehmung für die angestrebte Verminderung von Inkongruenzen kein Gebrauch gemacht werden kann, dann können Gefühle von Hoffnungslosigkeit und Pessimismus entstehen, verbunden mit dem Bewusstsein mangelnder Kompetenz, Besorgnis, Angst und sozialer Entfremdung (siehe Abb. 1).

Dieses Modell ermöglicht ein systemisches Verständnis für die pathogenetische Strecke zwischen elementaren kognitiven Dysfunktionen und Störungen des offenen Verhaltens. Die seit längerem bekannte dopaminerge Überaktivation schizophren Erkrankter ermöglicht danach sog. „run-away-Prozesse" (siehe Ciompi 1982, Nuechterlein und Dawson 1984), welche über vitiöse positive Feedback-Zirkel zur manifesten Erkrankung führen können: es scheint, dass kognitive und affektive Kontrollprozesse in den entsprechenden neuralen Kontrollprozessen miteinander „verschmelzen". Aufgrund der Übererregung im Aktivations-System und der Tendenz zu einer einseitigen Dominanz interner Kontrollprozesse mit rigider inflexibler Wahrnehmung und Verhaltensplanung bleiben schizophren Erkrankte in krisenhaften Überforderungssituationen in einem negativen Beurteilungsprozess der Erfolgserwartung häufig „eingefroren", was durch ihr meist negatives Selbstkonzept weiter verstärkt wird. Versuche, die externe Situation zu verändern sind sporadisch und kurz, da eine negative Erfolgserwartung dominiert. Somit dissoziieren die partizipatorischen und episodischen Prozesse und der Betroffene entfernt sich mehr und mehr von der externen Realität. Dementsprechend wird die Informationsverarbeitung ebenfalls inadäquat und inflexibel, so dass der Bezug zur Aussenwelt mehr und mehr fragmentiert und zufallsbedingt erscheint.

## Kognitive Therapieansätze

Die unterschiedlichen therapeutischen Interventionsverfahren zu den oben beschriebenen Störungsebenen lassen sich schematisch in direkte, indirekte und in kombinierte Interventionen unterteilen. Direkte Interventionen sind primär auf die Störungen selbst ausgerichtet. Sie verfolgen das Ziel einer unmittelbaren Störungs- oder Symptomreduktion und beinhalten dabei exakt definierte therapeutische Schritte innerhalb eines quasi-experimentellen Vorgehens. Demgegenüber setzen indirekte Interventionen in erster Linie am Umfeld der Störung an. Ihr Ziel besteht somit in einer Stabilisierung des Störungs- oder Symptomfeldes. Weiterhin beinhalten sie häufig ein breit gefächertes therapeutisches Vorgehen, um so sekundär auch Störungen auf anderen Ebenen reduzieren zu können. Kombinierte Interventionen schliesslich verbinden beide Interventionsansätze mit dem Ziel, eine Störungs- oder Symptomreduktion zu erzielen und erreichte Verbesserungen zudem längerfristig zu stabilisieren.

### Interventionen zur Verbesserung von Störungen der Informationsverarbeitung

Die Notwendigkeit gezielter Interventionen zur Reduktion von Störungen der Informationsverarbeitung in der Therapie und Rehabilitation schizophren Erkrankter wurde erst vor wenigen Jahren allgemein anerkannt (Carpenter 1988,

Möller 1988, Häfner 1988). Diese relativ späte therapeutische Umsetzung entsprechender experimentalpsychologischer Befunde dürfte im wesentlichen darauf zurückzuführen sein, dass Störungen der Informationsverarbeitung bei schizophren Erkrankten nicht nur individuell verschieden ausgeprägt sind (Freedman und Chapman 1973, Spring et al. 1990), sondern auch intraindividuell fluktuieren (Corrigan et al. 1994). Damit erschienen sie über lange Zeit als schwer operationalisierbar und als therapeutisch wenig zugänglich.

## Direkte Interventionen

Direkte Interventionen zur Reduktion von Informationsverarbeitungsstörungen umfassen meist repetitives Training von kognitiven Aufgaben zur Verbesserung von attentionalen und mnestischen Funktionen, so dass in Anlehnung an Green (1993) von einem Stimulationsansatz gesprochen werden kann. In der Literatur wird dafür neuerdings zunehmend der Begriff „kognitive Remediation" verwendet (siehe Bellack und Mueser 1993).

Frühe Untersuchungsansätze dazu stammen beispielsweise von Rosenbaum et al. (1957), welche die Reaktionszeiten schizophrener Patienten durch Bestrafung bei Fehlern zu beeinflussen versuchten, und von Meiselman (1973), der demgegenüber die spontan richtig gezeigten Reaktionszeiten verstärken liess. Wagner (1968) trainierte schizophren Erkrankte ein visuelles Feld abzusuchen und einzugrenzen (sog. „scanning" bzw. „field articulation"), indem das Erkennen von Übereinstimmungen zwischen Aufgaben- und Teststimuli eingeübt wurde. Wishner und Wahl (1974) versuchten die selektiven Aufmerksamkeitsfunktionen schizophren Erkrankter durch Erkennen von Buchstaben unter auditiver Distraktion zu optimieren. Hammond und Summer (1972) liessen zur Verbesserung des Kurzzeitgedächtnisses Silben- und Wortfolgen memorieren. Zur Veranschaulichung dieser Formen direkter Interventionen zur Verbesserung der Informationsverarbeitung soll hier ein Vorgehen angeführt werden, welches Larsen und Fromholt (1976) entwickelt haben.

Schizophren erkrankten und gesunden Versuchspersonen wurden 20 willkürlich gewählte ein- bis zweisilbige Wörter vorgelegt. Diese Wörter mussten während 7 Minuten individuell gewählten Kategorien zugeordnet werden. Anschliessend memorierten die Versuchspersonen ihre kategorisierten Wortlisten in zwei 5-minütigen Durchgängen. Der Vergleich der Leistungen in nonverbalen Gedächtnistests vor und nach dem Training zeigte für die schizophren Erkrankten eine signifikante Verbesserung auf, zudem konnten beim nachträglichen Abfragen der memorierten Wörter keine Unterschiede in den Leistungen zwischen den beiden Versuchsgruppen gefunden werden.

Verschiedene aktuelle Ansätze versuchen, an die Ergebnisse der früheren direkten Interventionen anzuknüpfen. Beispielsweise konnten Classen und Laux (1989) wie zuvor Meiselman (1973) die Reaktionszeiten schizophren Erkrankter durch Verstärkung richtiger Lösungen verbessern. Mussgay et al. (1991) trainierten wie bereits Hammond und Summer (1972) das Erkennen und Wiedergeben von Wörtern oder Bildern wie auch das Unterscheiden zwischen wichtigen und unwichtigen Stimuli innerhalb der Bilder. Andere aktuelle Trainingsverfahren basieren auf EDV-gesteuertem Vorgehen. Lamberti et al (1988) berichteten, dass damit die aktive Aufrechterhaltung der selektiven visuellen Aufmerksamkeit verbessert werden kann. Gestrich und Hermanutz (1991) liessen schizophren Erkrankte auf diese Weise erfolgreich Reaktionszeiten trainieren. Gansert und Olbrich (1992) und Olbrich et al. (in Vorb.) berichteten über erste positive Erfahrungen mit einem Programmpaket, welches schizophreniespezifische attentionale, mnestische sowie nonverbale und verbale konzeptuelle Funktionen zu verbessern versucht.

Eine spezielle Rolle innerhalb der aktuellen Ansätze spielt darüber hinaus die Wisconsin Card Sorting Task (WCST, Heaton und Pendleton 1981). Mit entsprechenden Trainingsanordnungen wird versucht, direkt konzeptuelle Funktionen zu verbessern.

Die WCST beinhaltet die Aufgabe, Spielkarten einer von insgesamt 4 Zielkarten aufgrund von Farbe, Form oder Zahl zuzuordnen. Nach van den Bosch et al. (1992) weisen dabei schizophren Erkrankte meist perseverative Fehler auf. Von ersten Erfahrungen mit dem Training der WCST berichteten Goldberg et al. (1987). Sie liessen schizophrene Patienten die WCST zuerst ohne Anleitung, dann anschliessend unter detaillierten Lösungsangaben durchführen. Beim dritten Durchgang, wiederum ohne Lösungsanleitung, fielen die Leistungen jedoch auf das Baseline-Niveau zurück. Erst durch den Einsatz eines repetitiven Trainings der WCST-Aufgaben mit gleichzeitiger Verstärkung der richtigen Lösungen erreichten Bellack et al. (1990) und Summerfelt et al. (1991) eine längerdauernde Leistungsverbesserung bei schizophrenen Patienten.

Green et al. (1992) überprüften ein vergleichbares Vorgehen, welches hier beispielhaft für die aktuellen direkten Interventionen zur Verbesserung der Informationsverarbeitung etwas näher ausgeführt werden soll. Zwei Gruppen schizophrener Patienten bearbeiteten eine EDV-gestützte Version der WCST mit drei Durchgängen. Der ersten Gruppe wurden im ersten Durchgang die WCST-Karten ohne weitere Angaben vorgelegt. Richtige Zuordnungen wurden dabei verstärkt. Im anschliessenden Durchgang wurden für jede Zuordnung detaillierte Instruktionen gegeben, d. h. nach welchem Kriterium aussortiert werden sollte. Im letzten Durchgang wurden die WCST-Karten wiederum ohne Instruktionen vorgelegt, wobei sich deutliche Leistungsverbesserungen im Vergleich mit dem ersten Durchgang zeigten. Die zweite Gruppe arbeitete nach dem gleichen Vorgehen mit den WCST-Karten, allerdings ohne Verstärkung der richtigen Lösungen. Vergleiche zwischen den Gruppen zeigten, dass die Verstärkung eine signifikante Erhöhung der Leistung bewirken konnte. Die Effektivität der Kombination „Anleitung und Verstärkung" konnten in Einzelfallstudien auch Hellman et al. (1992) nachweisen, weil eine Woche nach Trainingsende die erreichten Leistungsverbesserungen beobachtbar waren, nach Delahunty et al. (1993) sogar noch nach sechs Monaten.

Mit den beschriebenen direkten Interventionen sollen insgesamt gesehen primär die Leistungen einzelner Funktionen der Informationsverarbeitung verbessert werden. Die Aussagekraft der vorliegenden Forschungsergebnisse – insbesondere der Studien aus den 60er und 70er Jahren – erscheint jedoch fraglich: in kaum einer Untersuchung wurden die Interventionen mit Kontrollbedingungen verglichen, so dass beispielsweise unspezifische Effekte wie vermehrte Zuwendung oder spontane Fluktuationen im Krankheitsverlauf nicht ausgeschlossen werden können. Zudem wurden die trainierten Funktionen meist mit sich selbst kontrolliert und nicht mit Messungen, die unabhängig vom experimentellen Setting waren. Beispielsweise mass Meiselman (1973) die Reaktionszeiten nie unter anderen Bedingungen als jenen des Therapiesettings. Aussagen unabhängig von den Versuchsbedingungen erscheinen deshalb fragwürdig. Diese methodischen Mängel haben zunächst die Aussagekraft der Ergebnisse derart eingeschränkt, dass der Weiterentwicklung dieser Interventionsrichtung mehr geschadet als genutzt wurde. Aktuelle Studien versuchen demgegenüber eindeutige Aussagen über Funktionsveränderungen zu finden. Realisiert wird dies, indem Kontrollbedingungen parallel zu den Therapiebedingungen eingeführt werden, wie beispielsweise Vergleiche zwischen den kognitiven Leistungen von trainierten mit jenen von nicht trainierten Patienten (vgl. Gestrich und Hermanutz 1991), oder zwischen erkrankten und nicht erkrankten Personen (vgl. Gansert und Olbrich 1992). Zudem versuchen aktuelle Studien nicht nur Funktionsveränderungen, sondern auch die Relevanz und Wirksamkeit der jeweiligen Interventionsart zu analysieren (siehe Spaulding et al 1986, Saupe et al 1991). Beispiele dazu sind die Untersuchungen zu den Auswirkungen der Verstärkung beim WCST-Training nach Green et al. (1992) und Hellman et al. (1992).

Auch wenn deshalb in den aktuellen Studien methodische Mängel kaum noch zu kritisieren sind, bleiben trotzdem wesentliche Fragen weiterhin offen. So ist unklar, ob die trainierten Funktionen der Informationsverarbeitung direkt verbessert, oder ob sie durch kompensatorische Leistungen überdeckt werden. Weiter ist zu klären, ob unter laborähnlichen Bedingungen überhaupt alltagsrelevante Funktionen erlernt werden, und ob relativ kurzzeitig durchgeführte Trainingsverfahren längerdauernde Funktionsverbesserungen bei schizophren Erkrankten bewirken können. Schlussendlich sind auch noch Fragen bezüglich der Auswirkungen dieser Interventionen auf die unterschiedlichen Formen der Symptomatik der Schizophrenie offen: Hogarty und Flesher (1992) vertreten die Ansicht, dass der Negativsymptomatik Defizite im Bereitstellen von kognitiven Fertigkeiten zugrunde liegen. Diese Annahme erscheint theoretisch gut begründbar, allerdings gibt es bis heute keine empirischen Ergebnisse dazu. In den vorliegenden Untersuchungen werden die teilnehmenden Patienten als chronisch erkrankt beschrieben, es wird aber nicht weiter differenziert, ob sich die Chronifizierung auf negative Symptome, positive Symptome oder eine Mischform bezieht. In der Forschung zu den direkten Interventionen sollte demzufolge eine entsprechende Differenzierung vorgenommen werden.

### Indirekte Interventionen

Indirekte Interventionen zur Reduktion von Informationsverarbeitungsstörungen zielen primär auf Störungen im Bereich der sozialen Fertigkeiten und der Verhaltenssteuerung ab, sollen jedoch auch sekundäre Wirkungen auf die kognitiven Funktionsstörungen entfalten: durch therapeutisch bewirkte Veränderungen der Verhaltensplanung sollen dabei gleichzeitig attentionale und komplexere kognitive Funktionen verbessert werden. In Anlehnung an Green (1993) können solche Interventionen als Verhaltensmodifikationsansatz charakterisiert werden.

Die ersten indirekten Interventionen zur Reduktion von gestörten Informationsverarbeitungsprozessen gehen auf Liberman et al. (1976) zurück, welche feststellten, dass es bei der Erfassung der sozialen Defizite schizophren Erkrankter nicht auf die Häufigkeit gezeigter sozialer Fertigkeiten, sondern auf die gezeigte Flexibilität und Anpassung ankommt, d. h. auf den Grad des kompetenten Einsatzes von „Social Problem Solving Skills“. Ein Abbau von sozialen Defiziten erfordert deshalb Trainingsverfahren, welche nebst dem Erlernen von sozialen Fertigkeiten und von Problemlösefertigkeiten auch die dazu notwendigen „Kognitionen“, bzw. bei schizophren Erkrankten die Störungen der Informationsverarbeitung mitberücksichtigen. Wallace (1982) setzte als einer der ersten dieses Postulat therapeutisch um, indem er Programm- und Interventionsabläufe in Anlehnung an D'Zurilla und Goldfried (1971) nach dem Prinzip des Problemlösens (Problemdefinition – Zieldefinition – Lösungssuche) strukturierte.

Basierend auf Wallace (1982) entwickelten Bellack und Liberman unabhängig voneinander spezifische Trainingsprogramme zum Aufbau von sozialen Fertigkeiten bei schizophren Erkrankten (Bellack 1986, 1989, Liberman 1988). Bellack und Mitarbeiter (Bellack und Hersen 1978, Bellack und Morrison 1982) wiesen zudem darauf hin, dass bei schizophren Erkrankten nicht nur die motorischen und die para- und nonverbalen sozialen Fertigkeiten zu trainieren sind, sondern insbesondere auch die Funktionen sozialer Kognitionen, wie beispielsweise diejenigen der sozialen Wahrnehmung. Liberman und Mitarbeiter (Liberman et al. 1984, 1985, 1987) entwickelten sog. Module, mit deren Hilfe jene Problemkreise bearbeitet werden können, die einen erfolgreichen Umgang mit der Krankheit verhindern. Formal gesehen beinhalten die Module immer vier Therapieschritte („Beschreibung“, „Erklärung“, „Modelldemonstration“ sowie „Modellausführung“), welche während den Therapiesitzungen und in Form von Hausaufgaben langsam, repetitiv und unterteilt in kleinste Lernschritte durchgeführt werden. Inhaltlich bearbeiten die Module beispielsweise den eigenverantwortlichen Umgang mit Medikamenten, die Bewältigung von Symptomen sowie das Erlernen von Fertigkeiten zur Erfüllung von sozialen Rollenerwartungen (Liberman 1988). Beispielhaft soll hier das Modul zum eigenverantwortlichen Umgang mit Medikamenten kurz ausgeführt werden (Liberman 1988).

In kleinen Gruppen werden insgesamt vier Schritte bearbeitet. Das Ziel des ersten Schrittes ist, die Wirkungen der Medikamente verständlich zu machen. Im zweiten Schritt erlernen die Patienten die korrekte Handhabung der Medikamente, im dritten die Erkennung von Nebenwirkungen und im vierten das Besprechen von Medikamentenproblemen mit Ärzten und Pflegepersonal. Jeder Schritt wird dabei in gleicher Weise durchgeführt: zuerst stellt der Therapeut das jeweilige Ziel dar, anschliessend werden mittels Videobändern modellhaft Verhaltensweisen zum Erreichen dieses Zieles demonstriert, und diese dann anschliessend in Rollenspielen eingeübt. Schliesslich werden die Möglichkeiten und Voraussetzungen (Ressourcen) eruiert, unter denen das Zielverhalten auch im Alltag ausgeführt werden kann. Ebenfalls werden mögliche Schwierigkeiten dabei sowie auch deren Lösungsmöglichkeiten antizipiert. Jeder Schritt wird dann mit in-vivo Übungen und Hausaufgaben abgeschlossen.

Aktuelle Versionen der indirekten Interventionen beinhalten also nach wie vor die ursprünglichen Elemente des Trainings sozialer Fertigkeiten. Neu ist jedoch, dass sie zusätzlich auch die Störungen der Informationsverarbeitung als zentral berücksichtigen, indem die Prinzipien der Wiederholung und des Überlernens betont werden, z. B. durch mehrmaliges audio-visuelles Demonstrieren eines Therapieschrittes oder des Modellverhaltens aber auch durch weiterführende in-vivo Übungen nach Abschluss eines Moduls. Mit dieser Vorgehensweise können auch ein bis zwei Jahre nach Therapieende Interventionseffekte bezüglich Fertigkeitswissen und -ausführung nachgewiesen werden (Eckman et al. 1992, Vaccaro et al. 1992, Wallace et al. 1992). Zusätzlich finden neuerdings im indirekten Interventions-Ansatz auch Aspekte der Wahrnehmung und Interpretation von affektiven Reizen besondere Beachtung (Bellack, im Druck), wobei speziell Fertigkeiten zur Diskrimination der Abstufungen innerhalb von Emotionen eingeübt werden, wie beispielsweise jene zwischen leichtem Ärger und starkem Zorn. Zu diesen Weiterentwicklungen liegen jedoch noch keine abgeschlossenen Evaluationsstudien vor.

Zusammenfassend kann festgehalten werden, dass die indirekten Interventionen zur Verbesserung der Informationsverarbeitung schon von Beginn an mit methodisch adäquaten Untersuchungsmethoden überprüft (z. B. mittels kontrollierten Gruppenstudien von Wallace 1982) und als effektiv belegt worden sind (Eckman et al. 1992, Vaccaro et al. 1992, Wallace et al. 1992). Darüber hinaus konnte in einer weiteren kontrollierten Gruppenstudie gezeigt werden, dass bei schizophren Erkrankten indirekte Interventionen, welche auf die individuellen Bedürfnisse der Patienten zugeschnitten sind, stärkere Verbesserungen von kognitiven Dysfunktionen erreichen als standardisierte, rein funktionsbezogene kognitive Trainingsverfahren (Hodel 1993).

Dennoch bleiben auch hier wichtige Fragen offen: durch Aufbau und Vorgehen sollten die indirekten Interventionen sekundäre Effekte auch auf anderen Ebenen als nur auf der direkt angegangenen Verhaltensebene bewirken. Es ist aber unklar, ob die damit erreichten Verbesserungen sozialer Fertigkeiten sowie der Informationsverarbeitung auch unter dem Einfluss von dekompensationsfördernden Faktoren, wie z. B. emotionalen Belastungen, stabil bleiben: Nuechterlein et al. (1994) konnten beispielsweise aufzeigen, dass vor einer akuten Episode bei schizophren Erkrankten – erneut – auch spezifische Defizite im Sozialverhalten beobachtbar sind. Es ist dabei nicht auszuschliessen, dass diese zumindest teilweise mit einer Intensivierung der Informationsverarbeitungsstörungen korrelieren. Schlussendlich sind auch bei den indirekten Interventionen die Fragen bezüglich der Effekte auf unterschiedliche Formen der Symptomatik noch nicht eindeutig geklärt: Bellack (1986) und Liberman (1988) wiesen darauf hin, dass schwer beeinträchtigte („severely ill") Patienten generell verlangsamter sind, passiver und desinteressierter an Therapien teilnehmen und diese deshalb weniger erfolgreich abschliessen. Diese Aussagen können jedoch aufgrund fehlender Differenzierung in den entsprechenden Studien nicht auf das Vorhandensein bzw. den Ausprägungsgrad einer Negativ- oder Positivsymptomatik, sondern nur auf die Krankheitsdauer und -intensität bezogen werden. Es erscheint eher unwahrscheinlich, dass die indirekten Interventionen speziell bei einer Negativsymptomatik effektiv sind. Kingdon und Turkington (1994) berichteten aufgrund ihrer klinischen Erfahrungen, dass das Training sozialer Fertigkeiten bei Patienten mit negativen Symptomen erst in der Kombination mit operanten Verstärkern seine volle Wirkung entfaltet. Diese Vorgehensweise entspricht dann aber nicht mehr dem indirekten Ansatz der kognitiven Therapie, sie ist vielmehr den in Kapitel 8 ausführlich dargestellten Ansätzen zuzuordnen.

**Kombinierte Interventionen**

Kombinierte Interventionen zur Reduktion von Informationsverarbeitungsstörungen schliessen neben dem Stimulations- und dem Verhaltensmodifikationsansatz auch eine Sichtweise ein, die man in Anlehnung an Green (1993) als Substitutions-Transfer-Ansatz charakterisiert werden kann. Dieser zielt darauf ab, durch entsprechende Trainingsaufgaben das Erlernen alternativer Strategien zur Zielerreichung zu ermöglichen. Dies kann entweder innerhalb der gestörten Funktion oder auf einer anderen Ebene erfolgen (Hodel und Brenner 1994).

Praktisch umgesetzt wird dieser Ansatz erst in neuerer Zeit. Als eine der ersten Arbeitsgruppen stellten Adams et al. (1981) die Ergebnisse entsprechender kombinierter Interventionen vor. Sie behandelten damit einen Patienten mit besonders hartnäckigen Verfolgungsideen. Nebst attentionalem Training nach Wagner (1968) übten sie mit ihm Selbstinstruktionen ein und liessen ihn den Wahrheitsgehalt seiner Ideen überprüfen. Erfolge zeigten sich nicht nur bezüglich einem dauerhaften Rückgang der Verfolgungsideen, sondern auch bezüglich einer Verbesserung der gesamten kognitiven Funktionsniveaus und des offenen Verhaltens. Auch Wong und Woolsey (1989) und Massel et al. (1991) konnten in Einzelfallstudien aufzeigen, dass die Effekte sozialer Therapieinterventionen durch gezieltes vorheriges Aufmerksamkeitstraining auf den Ebenen des offenen Verhaltens erhöht werden können. Spaulding et al. (im Druck) konnten ebenfalls belegen, dass sich die Effekte von attentionalen und von sozialen Interventionen wechselseitig positiv beeinflussen können: es zeigten sich signifikante Korrelationen zwischen verbesserten Reaktionszeiten und einer therapeutisch bedingten Abnahme von Verhaltensauffälligkeiten.

Als kombinierten Interventionsansatz ist auch das Integrierte Psychologische Therapieprogramm für schizophrene Patienten (IPT) zu verstehen (Brenner et al. 1987, 1990, 1994, Roder et al. 1988, 1992). Es basiert auf der Annahme, dass einerseits die Störungen der elementaren kognitiven Funktionen pervasiv auf komplexere kognitive Funktionen einwirken, und anderseits, dass gestörte elementare und komplexe kognitive Funktionen den Erwerb und auch die Ausführung von sozialen Fertigkeiten negativ beeinflussen (Brenner et al. 1992). Das IPT wird in Kapitel 8 ausführlicher dargestellt und diskutiert.

Therapeutische Effekte des IPT konnten in voneinander unabhängigen kontrollierten Studien auf den kognitiven, den sozialen und den psychopathologischen Funktionsebenen schizophren Erkrankter festgestellt werden (Überblick über IPT-Evaluationsstudien bei Brenner et al. 1987, 1990, 1992, Roder et al. 1988, 1992, Blumenthal et al. 1993). Brenner et al. (1987) führten zudem eine follow-up-Untersuchung auch 18 Monate nach Therapieende durch, bei welcher sich ebenfalls positive Resultate zeigten. Auch wurde das IPT explizit auf Auswirkungen auf die Positiv- und die Negativsymptomatik hin untersucht, wobei sich auf den Ebenen der kognitiven Verarbeitung bei Patienten mit ausgeprägter Negativsymptomatik deutlich mehr signifikante Verbesserungen als bei Patienten mit geringen negativen Symptomen zeigten.

Zusammenfassend entsprechen die meisten Evaluationsstudien zu den kombinierten Interventionen dem heutigen Standard der Therapieforschung. Einige Fragen bleiben jedoch auch hierzu offen. So ist unklar, inwieweit die wechselseitigen positiven Effekte dieser Interventionsverfahren auf kognitive wie auch soziale Funktionen nur im „Schonraum" eines therapeutischen Milieus stabil bleiben, bei Belastungen jedoch wiederum zusammenbrechen. Brenner et al. (1990) und Liberman et al. (1993) haben aufgrund der Resultate verschiedener empirischer Studien und der klinischen Erfahrungen darauf hingewiesen, dass unter emotionalen Belastungen ein Verlust bereits erzielter Verbesserungen in kognitiven und verhaltensbezogenen Funktionen auftreten kann. Zudem ist – wie bereits erwähnt – vor akuten Episoden eine Intensivierung der Dysfunktionen auf den Ebenen des Verhaltens und auch der Informationsverarbeitung beobachtbar.

## Interventionen zur Verbesserung von Störungen der Wahrnehmung und des Denkens

Gezielte Interventionen zur Reduktion von Wahrnehmungs- und Denkstörungen werden seit längerem verhaltenstherapeutisch eingesetzt (Überblick bei Birchwood und Sheperd 1992, Linden und Hautzinger 1993, Kingdon et al. 1994). Gründe dafür dürften sein, dass diese Störungen einfacher zu operationalisieren und wegen des häufig expliziten Leidensdruckes der Betroffenen therapeutisch besser zugänglich sind.

### Direkte Interventionen

Als direkte Interventionen zur Verbesserung von Störungen der Wahrnehmung und des Denkens können operante Verfahren bezeichnet werden, welche die Auftretenshäufigkeit von Wahrnehmungsstörungen reduzieren sollen. Bei Halluzinationen oder Wahnideen wurden in früheren Studien die Technik des aversiven Konditionierens (Weingartner 1971, Alford und Turner 1976, Lamontagne et al. 1983), der Entspannung mit gleichzeitiger Desensibilisierung (Slade 1972, Lick und Heffler 1977) oder des Gedankenstopps (Fisher und Winkler 1975, Lamontagne et al. 1983) verwendet. Auch Ablenkung wurde eingesetzt, sei dies durch Teilnahme an sozialen Interaktionen (Alford und Turner 1976), durch weisses Rauschen („white noise"), durch klassische Musik (Slade 1974, Feder 1982) oder durch positive Verstärkung von gesunden, nicht gestörten Gedankenabläufen (Anderson und Alpert 1974). Beispielhaft für solche direkten Interventionen zur Reduktion von Wahrnehmungs- und Denkstörungen soll hier das Vorgehen nach Feder (1982) kurz beschrieben werden.

In einem ersten Schritt beschrieben die Patienten ihre Halluzinationen bezüglich Art und Weise, Häufigkeit und Intensität. In einem zweiten Schritt gaben die Patienten durch Fingerheben an, wann sie ein konkretes halluzinatorisches Erlebnis hatten. In diesem Moment wurde solange klassische Musik abgespielt, bis sich die Halluzinationen abgeschwächt hatten. Nach dreiwöchigem Training gaben die Patienten an, dass sich durch die Umlenkung der Aufmerksamkeit hin zur klassischen Musik die Dominanz der Halluzinationen im Alltag reduziert hatte.

Werden die direkten Interventionen zusammenfassend betrachtet, fällt auf, dass kaum mehr aktuelle Publikationen dazu vorliegen. Dies dürfte zum Teil darauf zurückzuführen sein, dass die früheren Berichte vergleichbare methodische Mängel wie die frühen Untersuchungen zur direkten Reduktion von Informationsverarbeitungsstörungen aufweisen. Ausschlaggebender dafür dürften allerdings die unbefriedigenden Therapieergebnisse gewesen sein. Sie zeigten, dass mit diesen Interventionen nur kurzfristig positive Effekte erzielt werden können, d. h., Wahrnehmungs- oder Denkstörungen werden nur temporär in der Häufigkeit ihres Auftretens, nicht aber an sich behoben und treten deshalb nach kürzerer oder längerer Zeit wiederum auf (siehe Himadi et al. 1991, im Druck, Alford und Beck 1994).

### Indirekte Interventionen

Indirekte Interventionen zur Verbesserung von Wahrnehmungs- und Denkstörungen basieren vorwiegend auf Techniken der Realitätskontrolle, d. h. es wird versucht, Halluzinationen und Wahnideen indirekt über neu erlernte Kontrollmechanismen zu reduzieren. Beck (1952) trainierte schon vor mehr als 40 Jahren einen schizophrenen Patienten in der Überprüfung des Realitätsgehaltes der Wahnideen. Erst knapp dreissig Jahre später griffen Watts et al. (1973) und Hole et al. (1979) diese Technik der Realitätstestung wieder auf. Milton et al. (1978) führten etwas später eine Vergleichsstudie zwischen dem damals üblichen konfrontativen Vorgehen und der realitätsvergleichenden Intervention nach Beck (1952) durch. Die Resultate zeigten, dass mit der Technik nach Beck bessere Erfolge in der Reduktion der Wahrnehmungs- und Denkstörungen zu erzielen waren. Über ähnlich positive Resultate berichtete auch Alford (1986), welcher in einer Einzelfallstudie erfolgreich realitätstestende Selbstinstruktionen erprobte. Im folgenden soll dieses Vorgehen beispielhaft für solche früheren indirekten Interventionen zur Reduktion von Wahrnehmungs- und Denkstörungen dargestellt werden. Alford forderte den Patienten zunächst auf, den Inhalt und die Auftretenshäufigkeit seiner Verfolgungsideen und auditiven Halluzinationen zu beschreiben (Baseline oder A-Phase zur Erkennung qualitativer und quantitativer Aspekte einer Störung). Anschliessend liessen sie den Patienten seine Verfolgungsideen auf ihren Realitätsbezug hin überprüfen, wie beispielsweise, ob es realistisch ist, dass an einem völlig fremden Ort ein Unbekannter Gift in das Essen mische. Zusätzlich musste der Patient nach dieser Überprüfung alternative, realistische Interpretationen seiner Wahrnehmungen aufschreiben, wie beispielsweise, dass der Unbekannte nur aus Neugier etwas länger in der Nähe des Patienten gestanden war (Treatment- oder B-Phase zur Beeinflussung der Auftretenshäufigkeit der Störung). Zur Überprüfung und Verstärkung der Treatment-Effekte wurden anschliessend die A- und B-Phasen noch einmal wiederholt. Nach diesem ABAB-Treatment hatten sich die Verfolgungsideen deutlich reduziert.

Aktuelle indirekte Interventionen zur Reduktion von Wahrnehmungs- und Denkstörungen beinhalten neben Anleitungen zur Realitätstestung vorwiegend Interventionen nach der Methode des sog. „verbal challenge“ (siehe Vauth und Stieglitz 1993, Alford und Beck 1994, Chadwick und Lowe 1994, Kingdon et al. 1994), welche ein mehrstufiges therapeutisches Vorgehen erfordern: Beispielhaft wird hier dazu das Vorgehen nach Kingdon und Turkington (1994) angeführt:

In einem ersten Schritt erklärt der Therapeut den Patienten, welche wechselseitigen Wirkungen zwischen Einstellungen, Wahrnehmung und Verhalten bestehen. In einem zweiten Schritt werden dann die Einstellungen des Patienten auf mögliche irrationale Gedanken oder Überzeugungen hin überprüft. Im anschliessenden dritten Schritt werden mögliche realitätsbezogene Erklärungsalternativen erarbeitet, welche Wahnideen korrigieren helfen.

Kingdon et al. (im Druck), Chadwick und Lowe (1994) wie auch Chadwick und Birchwood (1994) konnten mittels kontrollierter Einzelfall- und Gruppenuntersuchungen belegen, dass damit persistierende positive Symptome erfolgreich reduziert werden können.

Zusammenfassend lässt sich festhalten, dass die wenigen früheren Darstellungen zu diesem Ansatz alle – mit der Ausnahme der Studie von Milton et al. (1978) – unzureichend methodisch überprüft worden sind, so dass lange keine gültigen Schlussfolgerungen über die damit erzielbaren Wirkungen gezogen werden konnten. Dies dürfte mit ein Grund dafür gewesen sein, dass bis vor wenigen Jahren in der Rehabilitation schizophren Erkrankter kaum Interesse an diesem Ansatz bestanden hat. Entscheidend war jedoch die Hoffnung, auch hartnäckig persistierende positive Symptome durch eine konsequente neuroleptische Behandlung beseitigen zu können. Erst die Beobachtung, dass einige Patienten trotz optimaler Pharmakotherapie weiterhin ausgeprägte und stark beeinträchtigende Störungen der Wahrnehmung und des Denkens aufweisen, liess neues Interesse an diesen Interventionen und eine intensivierte Forschung dazu entstehen (vgl. Kingdon und Turkington 1994, Kingdon et al. 1994). Aktuelle Forschungen schliessen entweder Vergleiche mit Kontrollgruppen (z. B. Kingdon et al. 1994), oder mit Baseline-Erhebungen der teilnehmenden Patienten (z. B. Chadwick und Lowe 1990, 1994) ein und erfassen in follow-up-Messungen längerfristige Interventionseffekte. Die Resultate solcher Untersuchungen zeigen, dass indirekte Interventionen bei Halluzinationen oder Wahnideen – besonders bei neuroleptika-resistenten Symptomen – erfolgreich sind und zudem auch andere psychopathologische Symptome wie Feindseligkeit, sozialen Rückzug etc. positiv verändern können (Chadwick und Lowe 1994, Kingdon et al. im Druck).

Allerdings bleiben auch hier vorläufig verschiedene Fragen offen: sie betreffen in erster Linie die Dauer der Therapieeffekte, die Wirksamkeit und die Spezifität der einzusetzenden Therapieelemente, die differentielle Indikation sowie die Behandlungsmotivation und im Zusammenhang damit, die subjektive Bedeutung positiver Symptome für die Patienten. Von Bedeutsamkeit sind vermutlich auch Fragen des negativen Einflusses dysfunktionaler Prozesse der Informationsverabeitung, wie beispielsweise Aufmerksamkeits- und Konzentrationsstörungen, auf die Prozesse der Realitätskontrolle.

## Interventionen zur Verbesserung von Störungen der Verarbeitung von Emotionen

Das eingangs beschriebene heuristische Modell zur Integration neuraler, kognitiver und emotionaler Prozesse der Verhaltenskontrolle (Brenner 1989) macht deutlich, dass psychologische Interventionen grundsätzlich auf kognitive und emotionale Informationsverarbeitungsprozesse ausgerichtet sein sollten. Erstaunlich erscheint daher, dass erst seit kurzem versucht wird, die Störungen der emotionalen Verarbeitung mittels empirisch überprüfter Therapieansätze gezielt zu verändern. Somit liegen bis heute nur wenige Untersuchungsdaten vor, und diese beziehen sich auf die generelle Effektivität der Interventionen, nicht jedoch auf eine Differenzierung bezüglich Unterformen der Schizophrenie oder bezüglich der Positiv- und Negativsymptomatik. Gründe dafür dürften in der Schwierigkeit liegen, Emotionen und insbesondere ihre individuelle Verarbeitung operationalisiert zu erfassen. Nuechterlein et al. (1992) legten beispielsweise dar, dass nach dem Expressed Emotion (EE)-Konzept Emotionen zwar aufgrund von kritischen oder wohlwollenden Kommentaren sowie aufgrund von feindseligen oder überbeschützenden Verhaltensweisen von Drittpersonen gegenüber dem Patienten erfasst werden. Das subjektive Erleben dieser Verhaltensweisen und deren Verarbeitung durch den Patienten selbst wird in entsprechenden Studien jedoch entweder gar nicht oder nur unvollständig berücksichtigt.

### Direkte Interventionen

Direkte Interventionen zur Verbesserung der emotionalen Verarbeitung versuchen durch das Erlernen von situationsbezogenen Bewältigungsstrategien die Toleranzschwelle gegenüber emotionalen Reizen zu erhöhen. Als eines der ersten diesbezüglichen Verfahren kann das Selbstinstruktions-Training nach Meichenbaum und Cameron (1973) gelten. Dieses hat bis heute wegweisenden Charakter, so dass es hier beispielhaft dargestellt werden soll.

Der Patient erlernt vier Schritte der Selbstverbalisation, die zur kognitiven Bewältigung von Angstsituationen eingesetzt werden können. Im ersten Schritt beruhigt sich der Patient, indem er sich selbst beispielsweise „don't worry, worry won't help anything“ sagt. Im zweiten Schritt konfrontiert sich der Patient direkt mit der Situation und flüstert sich dabei Verhaltensweisen zu (z. B. „cope it step by step“, „relax“). Im dritten Schritt führt er Selbstverbalisationen zur Aufrechterhaltung der Beruhigung durch (z. B. „it will be over shortly“). Im vierten Schritt bekräftigt sich der Patient selbst durch Aussagen wie: „it worked, you did it“.

Ein anderer Ansatz stammt von Falloon (1987), der bei einem schizophren Erkrankten das Verfahren des Gedankenstopps einübte, um Gefühle wie innere Verlorenheit und Panik reduzieren zu können. Etwas später stellten Liberman et al. (1989) im Rahmen ihrer „Social and Independent Living Skills“ (SILS)-Programme ein „Friendship and Dating“ Module vor, durch dessen Anwendung schizophren Erkrankte unter anderem befähigt werden sollten, Emotionen aufgrund von Mimikveränderungen zu erkennen und auch selber ausdrücken zu lernen. Die Interventionstechniken sind dabei Modellernen, Shaping und Prompting. Kraemer et al. (1988, 1991) entwickelten ein Training zur Erhöhung des Problemlöseverhaltens in Belastungssituationen. Im ersten Schritt wird das emotionale Problem definiert („was ist das Problem?“), im zweiten Schritt wird nach Lösungsmöglichkeiten gesucht. Im dritten Schritt werden Selbstinstruktionen zur Erregungsreduktion erlernt („wie kann ich meine Panik reduzieren?“) und im vierten und letzten Schritt werden die Konsequenzen bezüglich der einzelnen Lösungsmöglichkeiten antizipiert. Anschliessend wird eine dieser Lösungsmöglichkeiten unter Einsatz von Selbstinstruktionen in Rollenspielen erprobt.

Zusammenfassend versuchen alle oben beschriebenen direkten Interventionen zur Verbesserung der emotionalen Verarbeitung beim Patienten auftretende Ängste durch spezifische Techniken zu reduzieren. Die methodisch adäquaten Untersuchungen von Meichenbaum und Cameron (1973) zeigen, dass ihr Training die attentionalen Ebenen der Informationsverarbeitung verbessern kann. Ebenso konnten Liberman et al. (1989) und Kraemer et al. (1988, 1991) signifikante Interventionswirkungen nachweisen, allerdings wurden diese Verfahren im Rahmen von breiteren Fragestellungen evaluiert, so dass eine eindeutige Zuordnung der erzielten Verbesserungen zu den einzelnen Interventionen unmöglich ist: Liberman et al. (1989) untersuchten die Wirksamkeit ihrer Module insgesamt, ohne auf das spezielle „Friendship and Dating"-Training einzugehen, Kraemer et al. (1991) kombinierten ihr Belastungstraining mit Unterprogrammen des oben beschriebenen IPT. Zum Gedankenstopptraining nach Falloon (1987) wurde ohne Kontrollbedingung lediglich eine Fallstudie („case study") publiziert. Somit sind definitive Aussagen über die Wirksamkeit dieser direkten Interventionen gegenwärtig noch nicht möglich.

### Indirekte Interventionen

Indirekte Interventionen zur Verbesserung der emotionalen Verarbeitung versuchen einerseits mittels Darbietung emotions-evozierender Therapiematerialien die Habituation an emotionale Reize zu verbessern und damit die Toleranzschwelle gegenüber emotionalem Erleben zu erhöhen. Als Beispiel dazu kann auf das oben beschriebene IPT hingewiesen werden (Brenner et al. 1987, 1994, Roder et al. 1988, 1992). Zwar steht im IPT die Kombination von kognitiven und verhaltensbezogenen Therapieinhalten im Vordergrund, sekundär werden aber auch damit verbundene emotionale Aspekte bearbeitet: emotionsbezogene verbale Begriffe wie „Ärger", „Trauer" werden definiert, Bilder mit belastenden sozialen Situationen werden interpretiert und es werden soziale Fertigkeiten und Problemlöseverhalten zur Bewältigung emotional belastender sozialer Interaktionen eingeübt. Andere indirekte Interventionen versuchen durch Bewusstmachen von inadäquaten Verarbeitungsmechanismen die Reaktionstendenzen gegenüber belastenden emotionalen Stimuli zu verbessern. Als ein Beispiel hierfür kann der Ansatz von Perris erwähnt werden (Perris 1992, im Druck, Perris et al. 1988, Perris und Skagerlind 1994), mittels dessen schizophren Erkrankten die wechselseitigen Beeinflussungen zwischen Denken und Fühlen bewusst werden sollen.

Dazu werden skizzenartige Darstellungen von sog. „Denkfallen" (wie beispielsweise ein halbgefülltes Glas zur Darstellung von Optimismus und Pessimismus) Gruppen von schizophrenen Patienten vorgelegt, um entweder mittels Diskussion oder Rollenspiel ein Verständnis dafür zu erarbeiten, welchen Einfluss gedankliche Fehlschlüsse (einseitige Ansichten, negative Erfolgserwartung, pessimistische Schlussfolgerungen etc.) auf Emotionen und Verhalten haben. Anderseits werden den Patienten Fehlverhaltensweisen auch psychodynamisch erklärt, und es wird versucht, diese dadurch zu reduzieren.

Weitere Ansätze zur indirekten Verbesserung der emotionalen Verarbeitung bei schizophren Erkrankten sind bis heute nicht bekannt. Die Wirksamkeit der beiden beschriebenen Interventionsverfahren ist zudem auf der emotionalen Ebene selbst noch kaum untersucht worden: zum IPT sind zwar Evaluationsstudien zur kognitiven und verhaltensbezogenen Wirksamkeit durchgeführt worden (siehe weiter oben), aber noch keine zur Verbesserung der Störungen der emotionalen Verarbeitung; innerhalb des Ansatzes von Perris sind bisher nur sehr globale aber kaum spezifische Fragestellungen überprüft worden. Beispielsweise untersuchten Perris und Skagerlind (1994) und Skagerlind (in Vorb.) lediglich die Rehospitalisationsrate zur Abklärung der Frage nach der spezifischen Wirksamkeit. Obwohl diese Rate – aufgezeichnet innerhalb eines follow-up-Zeitraumes von drei Jahren – erstaunlich gering ist, können keine eindeutigen Wirksamkeitsaussagen gemacht werden, da Kontrollgruppen fehlen und somit weitere relevante Einflussvariablen nicht ermittelt worden sind (wie z. B. Einflüsse der Patientenbehandlung in kleinen therapeutischen Wohngemeinschaften, Einflüsse der Aufrechterhaltung des Kontaktes zu den Patienten nach der Entlassung aus der Wohngemeinschaft oder der Einbettung der Interventionen in Trainingsverfahren zur Verbesserung von Störungen der Informationsverarbeitung, des sozialen Verhaltens und des Körperbewusstseins etc.).

### Kombinierte Interventionen

Kombinierte Interventionen zur Verbesserung der emotionalen Verarbeitung versuchen sowohl maladaptive emotionale Verarbeitungsprozesse zu reduzieren als auch eine Verminderung psychopathologischer Symptome zu bewirken. Kürzlich legten beispielsweise Henry et al. (1995) und Jackson et al. (1995) ein Training für jüngere schizophren Erkrankte zur Verbesserung des Umganges mit Emotionen vor. In diesem Training werden Patientengruppen einzelne Videoausschnitte gezeigt, die anschliessend analysiert und diskutiert werden, um durch ein Bewusstwerden von inadäquaten Verarbeitungsmechanismen die Reaktionstendenzen zu verbessern (indirekte Interventionen). Zusätzlich wird auch Modellernen zur Aneignung von adäquaten Fertigkeiten eingesetzt (direkte Intervention). Konkret wird dabei folgendermassen vorgegangen.

In einem ersten Schritt des Filmes werden die mimischen Ausdrucksweisen von sog. Grundemotionen wie Freude, Angst, Ärger etc. dargestellt. In einem zweiten Schritt wird beispielhaft eine soziale Konfliktsituation gezeigt, um anschliessend mögliche emotionale Konfliktlösungsmuster und die daraus entstehenden Konsequenzen für das weitere soziale Umfeld filmisch darzustellen. In einem dritten Schritt werden sozial adäquate und inadäquate emotionale Reaktionen auf mehrere alltägliche Konflikte demonstriert. In einem vierten Schritt wird nur die Emotion „Ärger" behandelt: Verärgerung wird gezeigt in sozial angepasster wie auch unangepasster Ausdrucksweise. Im fünften und letzten Schritt werden im Videofilm asoziale Verhaltensweisen wie z. B. Vandalismus behandelt. Es werden dabei anschliessend besonders die Konsequenzen für den einzelnen aber auch für die betroffene Umgebung diskutiert.

Leider fehlen Untersuchungen über die Wirksamkeit dieses Therapieprogrammes, so dass es schwierig ist zu beurteilen, ob die Techniken der Stimulushabituation, des Modell-Lernens, des Antizipierens von Konsequenzen etc. die gewünschten therapeutischen Effekte haben.

Kürzlich haben wir ein Therapieprogramm „zur Bewältigung von maladaptiven Emotionen" entwickelt, welches die emotionale Verarbeitung schizophren Erkrankter zu verbessern versucht (siehe Hodel und Brenner im Druck a, b). Zunächst wird der spontane Umgang mit Emotionen kognitiv analysiert (indirekte Intervention), anschliessend werden auf der Verhaltensebene entsprechende adäquate Fertigkeiten eingeübt (direkte Intervention). Zu Therapiebeginn werden bildliche Darstellungen von Emotionen benutzt, um anschliessend mit diesen thematisch zu arbeiten. Im einzelnen werden in einer Gruppe von 5–7 Patienten unter Anleitung eines Haupt- und eines Co-Therapeuten folgende acht Interventionsschritte durchgeführt (vgl. Tabelle 1):

**Tabelle 1** Trainingsschritte des Therapieprogramms „Bewältigung von maladaptiven Emotionen"

| |
|---|
| 1. Beschreibung bildlich dargestellter Emotionen |
| 2. Beschreibung der Emotionen der Patienten |
| 3. Beschreibung des Bewältigungsverhaltens der Patienten |
| 4. Erarbeitung von alternativen Bewältigungsstrategien |
| 5. Überprüfung der Adäquatheit der Bewältigungsstrategien |
| 6. Individualisierung der Bewältigungsstrategien |
| 7. Rollenspiele |
| 8. Aufbau von habituiertem Bewältigungsverhalten |

Im ersten Schritt sind die bildlich dargestellten Emotionen sowie die erkennbaren Hinweisreize zu beschreiben (wie ist die Emotion: Emotionsqualität, -intensität und -dauer; was hat sie ausgelöst: wahrscheinlicher Auslöseinhalt sowie situative Hinweise bezüglich Zeit und Ort). Ziel dieses Schrittes ist die Verbesserung der Differenzierungsfähigkeit bei der Emotionswahrnehmung. Im zweiten Schritt werden von den Patienten in der Gruppe thematisch vergleichbare Emotionen aus ihrer eigenen Erfahrung ebenfalls nach Qualität, Intensität und Dauer sowie nach Hinweisreizen beschrieben und analysiert. Dieser Schritt soll eine Verbesserung der Wahrnehmung eigener Emotionen bewirken. Im dritten Schritt werden die Patienten dabei unterstützt, über ihren spontanen Umgang mit diesen Emotionen zu berichten und darüber in der Gruppe zu diskutieren (welches Verhalten ist durch die Emotionsempfindung ausgelöst worden, d. h., wie wurde die Emotion reduziert bzw. verlängert; was hat die Reduktion bzw. Verlängerung bewirkt). Dieser Schritt soll die Verknüpfung zwischen Emotionen, Kognitionen und Verhaltensweisen bewusster werden lassen. Im vierten Schritt werden die von den Patienten beschriebenen Erfahrungen mit Vorschlägen aus der Gruppe, d. h. mit alternativen Bewältigungsstrategien ergänzt. Dieser Schritt soll die Reflektion über das individuelle Repertoire an Bewältigungsstrategien anregen. Anschliessend sind im fünften Schritt die gesammelten Bewältigungsstrategien nach den Kriterien „konstruktiv und anwendbar" bzw. „nicht anwendbar“ in der Gruppe zu sortieren. Dieser Schritt soll den kritischen Umgang mit der Adäquatheit von Bewältigungsstrategien fördern. Im sechsten Schritt werden die positiv beurteilten Bewältigungsstrategien hinsichtlich ihrer Durchführbarkeit von jedem einzelnen Patienten überprüft. Dabei ist darauf zu achten, dass die Strategien zwar neu sind, aber nicht beängstigend wirken. Zudem sollten sie mit den allgemeinen Interessen und Vorlieben des Betroffenen übereinstimmen. Im siebten Schritt werden diese Bewältigungsstrategien in Rollenspielen geübt. Der betreffende Patient stellt jeweils seine Befindlichkeit dar, die Mitpatienten und die Therapeuten äussern sich über ihre Eindrücke während der einzelnen Rollenspiele. Weiterhin werden jene Bewältigungsstrategien ausgewählt, welche vom Patienten sowie von den beobachtenden Mitpatienten und den Therapeuten als wirksamste bewertet werden. Abschliessend werden im achten Schritt in weiteren Rollenspielen mit dem Co-Therapeuten die effektivsten Bewältigungsstrategien bis zur Habituation gezielt eingeübt. Zusätzlich werden sie von den Patienten in Protokollen festgehalten. Zur Förderung des Transfers wird den Patienten nahegelegt, die eingeübten Bewältigungsstrategien im Alltag anzuwenden, wobei die Protokolle als Gedächtnisstützen dienen. In den jeweils folgenden Sitzungen werden Erfolge wie auch Misserfolge bei der Umsetzung analysiert. Bei Misserfolgserlebnissen wird mit den Patienten nach anderen Bewältigungsstrategien gesucht, die entsprechend den oben beschriebenen Schritten erneut in Rollenspielen eingeübt werden.

Das Therapieprogramm „Bewältigung von maladaptiven Emotionen“ wurde bisher in zwei Untersuchungen mit schizophren Erkrankten evaluiert. In einer ersten Untersuchung wurden bei 16 chronisch schizophrenen Patienten die Effekte des Programmes „Bewältigung von maladaptiven Emotionen“ mit solchen eines bewegungstherapeutisch orientierten Trainingprogramms (nach Andres et al. 1992) verglichen; in einer zweiten Studie bei 15 chronisch schizophrenen Patienten mit den Effekten des IPT Unterprogramms „Kognitive Differenzierung“. Die Resultate zeigten folgendes: das Therapieprogramm zur „Bewältigung von maladaptiven Emotionen“ ist auf den Ebenen der Befindlichkeit, der Informationsverarbeitung und des Verhaltens signifikant wirksamer als das bewegungstherapeutische Programm und als das IPT Unterprogramm „Kognitive Differenzierung“. Es werden dadurch Funktionen der komplexeren Informationsverarbeitung und des Verhaltens sowie die psychopathologische Symptomatik verbessert und es wirkt zudem auch positiv auf Funktionen des verbalen Gedächtnisses, das nach Untersuchungen von Corrigan und Green (1993) für das Erlernen von neuen sozialen Fertigkeiten speziell relevant ist. Weiterhin scheinen nach den Ergebnissen einer Auswertung von Patientenberichten mit dem Therapieprogramm zur „Bewältigung von maladaptiven Emotionen“ präventive Schutzmechanismen gegenüber Belastungen aufgebaut werden zu können (Hodel et al. 1995).

## Beurteilung und Schlussfolgerungen

Zu den kognitiven Therapieverfahren bei schizophrenen Patienten finden sich in der neueren Literatur einige eher kritische Übersichtsartikel (z. B. Bellack und Mueser 1993, Green 1993, Vauth und Stieglitz 1994). Allerdings finden die Ansätze zur Reduktion von Störungen der emotionalen Verarbeitung darin noch keine Berücksichtigung. Somit beschränken sich diese Übersichtsarbeiten auf Interventionen, welche auf Störungen der Informationsverarbeitung sowie der Wahrnehmung und des Denkens abzielen.

Der aktuelle Diskussionsstand zu den Ansätzen zur Reduktion von Störungen der Informationsverarbeitung lässt sich folgendermassen zusammenfassen: (1) Interventionen, welche ausschliesslich auf die Informationsverarbeitung bezogen sind, scheinen in ihrer Wirksamkeit zu begrenzt zu sein: zwar werden damit einzelne kognitive Funktionen verbessert, fraglich bleiben aber eine Generalisierung der verbesserten Leistungen auf andere Funktionsebenen sowie ein Transfer des Erlernten auf das Alltagsleben (Olbrich und Mussgay 1990, Hellman et al. 1992, Bellack 1992, Bellack und Mueser 1993 und Green 1993). (2) Diese Interventionen scheinen auch zu unspezifisch zu sein, d. h., es werden während des Interventionsprozesses häufig ungezielt auch andere Funktionsebenen miteinbezogen. Neuere Untersuchungsergebnisse weisen in diesem Zusammenhang darauf hin, dass elementare Störungen der Informationsverarbeitung im Vergleich mit komplexeren Störungen unterschiedliche Auswirkungen auf andere Funktionsebenen haben (Spaulding et al. 1989, 1994). (3) Interventionen zur Reduktion von kognitiven Funktionsstörungen scheinen in ihrer Wirksamkeit nicht frei von motivationalen Einflüssen zu sein. Selbst als eindeutig operationalisierbar geltende Störungen der Informationsverarbeitung, wie beispielsweise jene von Reaktionszeitleistungen oder der unmittelbaren Wiedergabe („Recall") sind motivational beeinflussbar (Koh et al. 1981, Summerfelt et al. 1991, Hodel 1993). (4) Die Rolle der Neuroleptika bei den Verbesserungen von Informationsverarbeitungsstörungen (z. B. Konzentrationsstörungen) im Zusammenhang mit psychologischen Interventionen erscheint unklar. Verbesserungen werden z.T. auf pharmakologische Wirkungen zurückgeführt.

Aus unserer Sicht sind dazu folgende Anmerkungen angebracht, welche die Gesamteinschätzung verändern. (1) Aus seinen Untersuchungsergebnissen schliesst Spaulding (1992), dass auch nur begrenzt oder vorübergehende kognitive Verbesserungen für die gesamte Rehabilitation schizophren Erkrankter ebenso relevant sind wie langfristig oder breit wirkende kognitive Verbesserungen, weil erstere positive Effekte nachfolgender kognitiver oder auch verhaltensbezogener Interventionen erst ermöglichen bzw. sie zu stabilisieren helfen. Zudem konnten direkte Zusammenhänge zwischen kognitiven und sozialen Funktionen bzw. ihren Verbesserungen nachgewiesen werden. Die kognitive Vigilanz (erfasst mit dem Continous Performance Test (CPT)) scheint mit Verbesserungen der sozialen Fertigkeiten zu korrelieren (Bowen et al. in Vorb.), die Funktionen des verbalen Memorierens mit Verbesserungen sozialer Fertigkeiten (Kern et al. 1992, Corrigan et al. 1992, 1994). Zudem konnten Generalisierungseffekte der durch das Training sozialer Fertigkeiten erreichten Verbesserungen auf verschiedene kognitive Funktionsebenen nachgewiesen werden (Eckman et al. 1992, Wallace et al. 1992). (2) Kognitive Funktionsstörungen schizophren Erkrankter sollten konsequent in primäre und sekundäre Störungen unterteilt werden. Primäre Störungen hängen direkt mit neuropsychologischen Faktoren zusammen und sind damit sehr spezifisch und können als überdauernde Störungen betrachtet werden. Sie sind auch bei nicht erkrankten Blutsverwandten sowie bei sog. „high-risk"-Kindern beobachtbar. Sekundäre Störungen resultieren demgegenüber aus einer generellen kognitiven Störung (wie beispielsweise einer „limited capacity" (Nuechterlein und Dawson 1984)) oder aus unerwünschten Wirkungen einer neuroleptischen Therapie. Psychologische Therapieverfahren sollten zumindest auf eine der beiden Störungen einwirken können (vgl. Spaulding et al. 1994, im Druck, Green 1993). (3) Durch die Anwendung dynamischer Testvorgaben (Guthke und Wiedl 1995) scheint es möglich zu sein, motivationale Einflüsse zu erkennen. Dabei werden zuerst einfache Tests mit Lösungsinstruktionen vorgelegt, um Lerneffekte auszulösen. Motivierte Patienten zeigen bei den anschliessenden Testwiederholungen zumindest gleiche Leistungen wie unter der vorherigen Lösungsvorgabe, nicht motivierte dagegen eher niedrigere. Zudem sind kürzlich spezifische Fragebogen zur Erfassung der Motivation und Teilnahmebereitschaft während der Therapie speziell für schizophren Erkrankte entwickelt worden, mit deren Hilfe solche Einflüsse herauspartialisiert werden können (Hodel 1993). (4) Der Einsatz von Neuroleptika spielt heute eine zentrale Rolle in der Schizopheniebehandlung. Allerdings gibt es nur wenige gesicherte Daten bezüglich ihrer Wirkung auf Prozesse der Informationsverarbeitung. Signifikante Verbesserungen konnten nur auf der Ebene der attentionalen Funktionen nachgewiesen werden, insbesondere bezüglich Aufmerksamkeitsfokussierung, -aufrechterhaltung und -verlagerung. Erklärt wurden diese Befunde durch eine neuroleptikabedingte Reduktion der dopaminergen, mesolimbischen Aktivität (King 1990, King und Henry 1992, Lader 1995). Anderseits scheint es hypothetisch denkbar, dass auf der Basis der Neuroplastizität kognitive Therapieinterventionen stärker als Neuroleptika auf normale Hirnfunktionen funktionserweiternd wirken können, so dass defizitäre Prozesse kompensiert werden. Auf eine umfassendere Sichtweise verweisen allerdings Ergebnisse wie jene aus den vielzitierten Therapiestudien von Hogarty et al. (1986, 1991, 1995): In diesen wurden die Langzeiteffekte der Familientherapie, des Trainings der Sozialen Fertigkeiten, der Psychopharmakotherapie sowie ihrer Kombinationen untersucht. Bezüglich der Rückfallprävention konnte gezeigt werden, dass eine optimale Wirkung erst durch eine Kombination aller drei Interventionsverfahren erreicht wird. Auch nach Jolley und Hirsch (1990) wies während einer Phase der Reduktion oder Absetzens einer neuroleptischen Medikation diejenige Patientengruppe die grösste Stabilität auf, welche zusätzlich eine intensive psychologische Betreuung oder Therapie erhielt.

Der aktuelle Diskussionsstand zu den Ansätzen zur Reduktion von Störungen der Wahrnehmung und des Denkens stellt sich folgendermassen dar: (1) Gültige Aussagen über die Wirksamkeit entsprechender Interventionen sind wegen methodischer Mängel in den dazu durchgeführten Untersuchungen nur teilweise zu machen.

(2) Der Einsatz kognitiver Interventionen erscheint zu wenig, weil Halluzinationen und Wahnideen mit gleichen Interventionen behandelt werden (Marzillier und Birchwood 1981, Himadi et al. 1991). (3) Wegen der unbefriedigenden Ergebnisse früherer Untersuchungen werden die direkten (operanten) Interventionen zu Unrecht heute kaum mehr beachtet (Allen und Bass 1992, Vauth und Stieglitz 1994).

Auch hierzu scheinen uns im Rahmen einer Gesamtbetrachtung der kognitiven Therapieverfahren einige Anmerkungen angezeigt: (1) Wie oben dargelegt, ist der Vorwurf methodischer Mängel bei älteren Studien berechtigt. Aktuelle Untersuchungen werden jedoch den üblichen methodischen Anforderungen der Psychotherapieforschung im wesentlichen gerecht (z. B. Studien von Lowe und Chadwick 1990, Himadi et al. 1991, Vauth und Stieglitz 1994, Chadwick und Lowe 1994, Himadi et al. im Druck, Kingdon et al. im Druck), und ihre Ergebnisse sprechen dafür, dass der kognitive, symptombezogene Interventionsansatz heute als ein effektiver Bestandteil der Behandlung und Rehabilitation schizophren Erkrankter gelten darf. (2) Die auf einen wenig differenzierten Einsatz der Interventionen abzielende Kritik scheint zumindest teilweise gerechtfertigt zu sein und sollte deshalb bei der Konzeption entsprechender Interventionen Berücksichtigung finden. Wahnhafte Denkinhalte stehen mit realitätsinadäquaten Schlussfolgerungen in Beziehung, bei den Halluzinationen handelt es sich um Wahrnehmungsstörungen. Zudem werden beide Störungen von den Betroffenen selbst deutlich als qualitativ unterschiedliche Symptome erlebt (Marzillier und Birchwood 1981). Auch fanden Himadi et al. (1991), dass nach erfolgreicher Reduktion von Halluzinationen damit in Beziehung stehende wahnhafte Denkinhalte weiterhin beobachtet werden können. (3) Es spricht in der Tat einiges dafür, dass optimale Therapieeffekte erst durch eine gezielte Verbindung zwischen direkten (d. h. operanten) und indirekten (d. h. kognitiven) Interventionen erreicht werden. So zeigt die klinische Erfahrung, dass spontane Wechselwirkungen zwischen den beiden Interventionstechniken in dem Sinne zu beobachten sind, dass operante Verfahren auch kognitive Effekte und kognitive Verfahren ebenfalls operante Effekte haben können (Allen und Bass 1992, Vauth und Stieglitz 1994). Kingdon und Mitarbeiter (Kingdon und Turkington 1991, Kingdon und Turkington 1994, Kingdon et al. im Druck) vertreten darüber hinaus die Meinung, dass kognitive Verfahren zur Reduktion von Wahnideen und Denkstörungen zusätzlich mit jenen zur Reduktion von Informationsverarbeitungsstörungen kombiniert werden müssen. Erst damit liessen sich gezielt die relevanten Störeinflüsse bei der Behandlung von Wahnideen ausschliessen.

Wenn man sich abschliessend die Frage stellt, in welche Richtung die Weiterentwicklung kognitiver Therapieverfahren verlaufen könnte, erscheint es sinnvoll, nicht nur den Ergebnisstand zu den verschiedenen Therapieansätzen selber, sondern auch mittelbar oder unmittelbar relevante Einflüsse auf das Therapiegeschehen in die Überlegungen miteinzubeziehen, wie z. B. die Rahmenbedingungen, welche die kognitiven Auseinandersetzungen mit dem Symptomerleben beeinflussen, die Eigenverantwortung der Patienten in der Therapie, die Art und Weise der Krankheitsbewältigung durch die Betroffenen oder ihre Angehörigen oder auch Persönlichkeitsvariablen wie Introversion und Extraversion etc. (Gjerris und Kissling 1994).

Mögliche zukünftige Trends liessen sich dann wie folgt formulieren (vgl. auch Hodel und Brenner 1994): (1) Die Störungen der emotionalen Verarbeitung dürften zukünftig vermehrt berücksichtigen oder gezielt angegangen werden wie z. B. in dem oben beschriebenen Therapieprogramm zur „Bewältigung von maladaptiven Emotionen“). (2) Vermehrt dürfte eine Differenzierung in Individualtherapien und Gruppentherapien erfolgen. Interventionen zur Beeinflussung interindividuell auftretender, primärer Informationsverarbeitungsstörungen und halluzinatorischer Verhaltensweisen scheinen eher geeignet zu sein, in Gruppensettings eingesetzt zu werden. Individuell auftretende, sekundäre Informationsverarbeitungsstörungen sowie biographisch gefärbte Wahnideen dürften demgegenüber besser in einem individuellen Setting therapeutisch anzugehen sein. (3) Kombinierte Interventionsansätze, welche alle drei Störungsbereiche (jene der Informationsverarbeitung, der Wahrnehmung und des Denkens sowie der emotionalen Verarbeitung) direkt und/oder indirekt angehen, werden wahrscheinlich wegen ihren auf mehreren Funktionsebenen erzielten und damit längerfristigen Effekten mehr und mehr Anerkennung finden. (4) Bei allen kognitiven Interventionsansätze werden die oben genannten mittelbar oder unmittelbar relevanten Einflüsse zukünftig mehr Beachtung finden müssen, zumal diese nicht nur den unmittelbaren Therapieerfolg, sondern auch den Krankheitsverlauf insgesamt positiv mitbeeinflussen können. (5) Ergebnisse der neuropsychologischen Forschung, speziell über strukturelle und funktionale Hirnabweichungen sowie über Veränderungsprozesse unter dem Einfluss von kognitiven Interventionen dürften ebenfalls die Weiterentwicklungen der kognitiven Therapien entscheidend mitbestimmen.

Insgesamt gesehen scheint sich das zukünftige Verständnis kognitiver Therapien, insbesondere im Bereich der Rehabilitation, folgendermassen abzuzeichnen: multimodale Ansätze, welche nicht nur die unterschiedlichen Interventionsebenen integrieren, sondern auch unspezifische Einflüsse wie Therapiemotivation, Eigenverantwortung etc. miteinbeziehen und beachten, werden Form und Inhalt der kognitiven Therapie zunehmend bestimmen.

## Literatur


Adams, H.E., P.J. Brantley, V. Malatesta, J.D. Turkat: Modification of cognitive processes: A case study of schizophrenia. Journal of Consulting and Clinical Psychology 49 (1981) 460

Alford,B.A.: Behavioral treatment of schizophrenic delusions: A single-case experimental analysis. Behavior Therapy. 17 (1986) 637

Alford, B.A., A.T. Beck: Cognitive therapy of delusional beliefs. Behaviour Research and Therapy 32(3) (1994) 369

Alford, B.A., C.J. Correira: Cognitive therapy of schizophrenia: Theory and empirical status. Behavior Therapy (im Druck)

Alford, G.S., S.M. Turner: Stimulus interference and conditioned inhibition of auditory hallucinations. Journal of Behavior Therapy and Experimental Psychiatry 7(2) (1976) 155

Allen, H., C. Bass: Coping tactics and the management of acutely distressed schizophrenic patients. Behavioural Psychotherapy. 20 (1992) 61

Anderson, L.R., M. Alpert: Operant analysis of hallucination frequency in a hospitalized schizophrenic. Journal of Behavior Therapy and Experimental Psychiatry 5 (1974) 13

Andres, K., H.D. Brenner, L. Bellwald: Körperzentrierte Arbeit mit schizophrenen Patienten. Swiss Med. 1–2 (1992) 40

Archer, J., D.C. Hay, A.W. Young: Face processing in psychiatric conditions. British Journal of Clinical Psychology 31 (1992) 45

Beck, A.T.: Successful outpatient psychotherapy of a chronic schizophrenic with a delusion based on borrowed guilt. Psychiatry 15 (1952) 305

Bellack, A.S.: Das Training sozialer Fertigkeiten zur Behandlung chronisch Schizophrener. In: W. Böker, H.D. Brenner (Hrsg.) Bewältigung der Schizophrenie. Huber, Bern 1986

Bellack, A.S.: A comprehensive model for the treatment of schizophrenia. In: A.S. Bellack (ed.) A clinical guide for the treatment of schizophrenia. Plenum Press, New York 1989

Bellack, A.S.: Cognitive rehabilitation for schizophrenia: Is it possible? Is it necessary? Schizophrenia Bulletin 18 (1992) 43

Bellack, A.S.: Social skills deficits and social skills training: new developments and trends. In: H.D. Brenner, W. Böker, G. Genner (eds.) Towards a comprehensive therapy for schizophrenia. Hogrefe & Huber Publishers, Seattle, Toronto, Göttingen Bern 1997

Bellack, A.S., M. Hersen: Chronic psychiatric patients: Social skills training. In: M. Hersen, A.S. Bellack (eds.) Behavior therapy in the psychiatric setting. Wiliams & Wilkins, Baltimore 1978

Bellack, A.S., R.L. Morrison: Interpersonal dysfunction. In: A.S. Bellack, M. Hersen, A.E. Kazdin (eds.) International handbook of behavior modification and therapy. Plenum, New York 1982

Bellack, A.S., K.T. Mueser, R.L. Morrison, A. Tieerney, K. Podell: Remediation of cognitive deficits in schizophrenia. Training on the Wisconsin Card Sorting Test. American Journal of Psychiatry 147 (1990) 1650

Bellack, A.S., K.T. Mueser: Psychosocial treatment for schizophrenia. Schizophrenia Bulletin 19 (1993) 317

Birchword, M., G. Shepherd: Controversies and growing points in cognitive-behavioural interventions for people with schizophrenia. Behavioural Psychotherapy 20 (1992) 305

Blumenthal, S., V. Bell, R. Schüttler, R. Vogel: Ausprägung und Entwicklung von Basissymptomen bei schizophrenen Patienten nach einem kognitiven Therapieprogramm. Schizophrenie 1(8) (1993) 20

van den Bosch, R.J., R.P. Rombouts, M.J.O. Asma: Subjective cognitive dysfunction in schizophrenic and depressed patients. Comprehensive Psychiatry 34(2) (1992) 130

Bowen, L., C.J. Wallace, S.M. Glynn, K.H. Nuechterlein, J.R. Lutzger, T.G. Kuehnel: Relationships among schizophrenic patients on attentional deficits, social problem-solving skills, and performance in psychoeducational rehabilitation tasks (in prep.)

Braff, D.L.: Reply to cognitive therapy and schizophrenia. Schizophrenia Bulletin 18(1) (1992) 37

Brenner, H.D.: Zur Bedeutung von Basisstörungen für Behandlung und Rehabilitation. In: W. Böker, H.D. Brenner (Hrsg.) Bewältigung der Schizophrenie. Huber, Bern 1986

Brenner, H.D.: Die Therapie basaler psychischer Dysfunktionen aus systemischer Sicht. In: W. Böker , H.D. Brenner (Hrsg.) Schizophrenie als systemische Störung. Huber, Bern Stuttgart Toronto 1989

Brenner, H.D., B. Hodel, G. Kube, V. Roder: Kognitive Therapie bei Schizophrenen: Problemanalyse und empirische Ergebnisse. Nervenarzt 58 (1987) 72

Brenner, H.D., B. Hodel, V. Roder, P.W. Corrigan: Treatment of cognitive dysfunctions and behavioral deficits in schizophrenia. Schizophrenia Bulletin 18(1) (1992) 21

Brenner, H.D., S. Kraemer, M. Hermanutz, B. Hodel: A cognitive treatment in schizophrenia. In: E.R. Straube, K. Hahlweg (eds.) Schizophrenia: Concepts, vulnerability and intervention. Springer, New York Berlin 1990

Brenner, H.D., V. Roder, B. Hodel, N. Kienzle: The Integrated Psychological Therapy for Schizophrenic Patients (IPT). Huber, Toronto 1994

Carpenter, W.T.: Treatment, services, and environmental factors. Schizophrenia Bulletin 14(3) (1988) 427

Chadwick, P.D.J., M. Birchwood: The omnipotence of voices. A cognitive approach to auditory hallucinations. British Journal of Psychiatry 164 (1994) 190

Chadwick, P.D.J., C.F. Lowe: Measurement and modification of delusional beliefs. Journal of Consulting and Clinical Psychology 58 (1990) 225

Chadwick, P.D.J., C.F. Lowe: A cognitive approach to measuring and modifying delusions. Behaviour Research and Therapy 32(3) (1994) 355

Ciompi, L.: Affektlogik. Klett-Cotta, Stuttgart 1982

Classen, W. G. Laux: Comparison of sensorimotor and cognitive performance of acute schizophrenic inpatients treated with remoxipride or haloperidol. Neuropsychobiology 21(3) (1989) 131

Corrigan, P.W., M.F. Green: Schizophrenic patients' sensitivity to social cues: The role of abstraction. American Journal of Psychiatry 150 (1993) 589

Corrigan, P.W., M.F. Green, R. Toomey: Cognitive correlates to social cue perception in schizophrenia. Psychiatry Research 53(2) (1994) 141

Corrigan, P.W., C.J. Wallace, M.F. Green: Deficits in social schemata in schizophrenia. Schizophrenia Research 8 (1992) 129

Corrigan, P.W., C.J. Wallace, M.F. Green, M.L. Schade: Cognitive dysfunctions and psychosocial skill learning in schizophrenia. Behavior therapy (in press)

Delahunty, A., R. Morice, B. Frost: Specific cognitive flexibility rehabilitation in schizophrenia. Psychological Medicine 23 (1993) 221

D'Zurilla, T.J., M.R. Goldfried: Problem solving and behavior modification. Journal of Abnormal Psychology 78 (1971) 107

Eckman, T.A., W.C. Wirshing, S.R. Marder, R.P. Liberman, K. Johnson-Cronk, K. Zimmerman, J. Mintz: Technique for training schizophrenic patients in illness self-management: A controlled trial. American Journal of Psychiatry 11 (1992) 1549

Falloon, I.R.H.: Cognitive and behavioral interventions in the self-control of schizophrenia. In: J.S. Strauss, W. Böker, H.D. Brenner (eds.) Psychosocial treatment of schizophrenia. Huber, Toronto Bern Stuttgart 1987

Feder, R.: Auditory hallucinations treated by radio headphones. American Journal of Psychiatry 139 (1982) 1188

Feinberg, T.E., A. Rifkin, C. Schaffer, E. Walker: Facial discrimination and emotional recognition in schizophrenia and affective disorders. Archives of General Psychiatry 43 (1986) 276

Fisher, E.B., R.C. Winkler: Self-control over intrusive experiences. Journal of Consulting and Clinical Psychology 43(6) (1975) 911

Freedman, B., L.J. Chapman: Early subjective experiences in schizophrenic episodes. Journal of Abnormal Psychology 82 (1973) 46

Gaebel, W., W. Wolwer: Facial expression and emotional face recognition in schizophrenia and depression. European Archives of Psychiatry and Clinical Neuroscience 242 (1992) 46

Gansert, U., R. Olbrich: Die Einführung eines computergestützten kognitiven Trainings für schizophrene Kranke in Gruppenform: Ein Erfahrungsbericht. Schizophrenie 7 (1992) 26

Gestrich, J., M. Hermanutz: Computergestütztes Aufmerksamkeitstraining mit Schizophrenen. In: R. Schüttler (Hrsg.) Theorie und Praxis kognitiver Therapieverfahren bei schizophrenen Patienten. Zuckschwerdt, München 1991

Gjerde, P.F.: Attention capacity dysfunction and arousal in schizophrenia. Psychological Bulletin 93 (1983) 57

Gjerris, A., W. Kissling (eds.): The role of compliance in the treatment of schizophrenia. Acta Psychiatrica Scandinavica 89 (suppl. 382) 1994

Goldberg, T.E., R.D. Greenberg, S.J. Griffin, J.M. Gold et al.: The effect of clozapine on cognition and psychiatric symptoms in patients with schizophrenia. British Journal of Psychiatry 162 (1993) 43

Goldberg, T.E., D.R. Weinberger, K.F. German, N.H. Pliskin, M.H. Podd: Further evidence for dementia of the prefrontal type in schizophrenia? A controlled study of teaching the Wisconsin Card Sorting Test. Archives of General Psychiatry 44 (1987) 1008

Green, M.F.: Cognitive remediation in schizophrenia. Is it time yet? American Journal of Psychiatry 150 (1993) 178

Green, M., S. Ganzell, P. Satz, J.F. Vaclav: Wisconsin Card Sorting Test performance in schizophrenia: Remediation of a stubborn deficit. American Journal of Psychiatry 149 (1992) 62

Guthke, J., K. Wiedl: Dynamisches Testen. Hogrefe, Göttingen 1995

Häfner, H.: Rehabilitation Schizophrener. Zeitschrift für Klinische Psychologie 17(3) (1988) 187

Hammond, K.R., D.A. Summer: Cognitive control. Psychological Review 79 (1972) 58

Heaton, R.K., M.G. Pendleton: Use of neuropsychological test to predict adult patients everyday functioning. Journal of Consulting and Clinical Psychology 49 (1981) 807

Heimberg, C., R. Gur, R.J. Erwin: Facial emotion discrimination: III. Behavioral findings in schizophrenia. Psychiatry Research 42 (1992) 253

Hellman, S., M.F. Green, R.S. Kern, C.D. Christenson: The effects of instruction versus reinforcement on the Wisconsin Card Sorting Test. Presented at the International Neuropsychology Society, San Diego, 14 July 1992

Hemsley, D.R., P.A. Garety: The formation and maintenance of delusions: A Bayesian analysis. British Journal of Psychiatry 149 (1986) 51

Hemsley, D.R., P.H. Richardson: Shadowing by context in schizophrenia. The Journal of Nervous and Mental Disease 168 (1980) 141

Henry, L., P. McGorry, H. Jackson, C. Hulbert et al.: Cope therapy and the process of recovery in first episode psychosis. In: World Congress of Behavioural and Cognitive Therapies. Abstract Book, Copenhagen, 10–15 July 1995

Himadi, B., F. Osteen, E. Crawford: Delusional verbalizations and beliefs. Behavioral Residential Treatment (im Druck)

Himadi, B., F. Osteen, A.J. Kaiser, K. Daniel: Assessment of delusional beliefs during the modification of delusional verbalizations. Behavioral Residential Treatment 6 (1991) 355

Hodel, B.: Zur Frage der Pervasivität von Interventionseffekten bei schizophren Erkrankten. Mengis Druck und Verlag, Visp 1993

Hodel, B., H.D. Brenner: Cognitive therapy with schizophrenic patients: Conceptual basis, present state, future directions. Acta Psychiatrica Scandinavica 90 (suppl 384) (1994) 105

Hodel, B., H.D. Brenner: A new development in Integrated Psychological Therapy for schizophrenic patients (IPT). First results of Emotional Management Training. In: H.D. Brenner, W. Böker, G. Genner (eds.) Towards a comprehensive therapy for schizophrenia. Hogrefe and Huber Publishers, Seattle Toronto Göttingen Bern 1997

Hodel, B., H.D. Brenner: Ein Training zur Bewältigung von maladaptiven Emotionen bei schizophren Erkrankten: Erste Ergebnisse und Erfahrungen. Nervenarzt (im Druck, b)

Hodel, B., H.D. Brenner, U. Giebeler: Zur Relevanz psychosozialer Therapieverfahren für die Minussymptomatik: Effekte des Integrierten Psychologischen Therapieprogrammes für schizophrene Patienten (IPT). In: H.-J. Möller, G. Laux (Hrsg.) Fortschritte in der Diagnostik und Therapie schizophrener Minussymptomatik. Springer, Wien New York 1994

Hodel, B., R. Müller, D. Müller: Neuartige Behandlung von schizophren Erkrankten. Pro mente sana aktuell 3 (1995) 27

Hogarty, G.E., C.M. Anderson: Eine kontrollierte Studie über Familientherapie, Training sozialer Fertigkeiten und unterstützende Chemotherapie in der Nachbehandlung Schizophrener: Vorläufige Effekte auf Rezidive und Expressed Emotion nach einem Jahr. In: W. Böker, H.D. Brenner (Hrsg.) Bewältigung der Schizophrenie. Huber, Bern 1986

Hogarty, G.E., C.M. Anderson, D.J. Reiss et al.: Family psychoeducation, social skills training, and maintenance chemotherapy in the aftercare treatment of schizophrenia. Archives of General Psychiatry 48 (1991) 340

Hogarty, G.E., S. Flesher: Cognitive Remediation in Schizophrenia: Proceed … with caution. Schizophrenia Bulletin 18 (1992) (1) 51

Hogarty, G.E., J.P. McEvoy, R.F. Ulrich, A.L. DiBarry, P. Bartone, S.J. Cooley, K. Hammill, M. Carter, M.R. Munetz, J. Perel: Pharmacotherapy of impaired affect in recovering schizophrenia. Archives of General Psychiatry 52 (1995) 29

Hole, R.W., A.J. Rush, A.T. Beck: A cognitive investigation of schizophrenic delusions. Psychiatry 42 (1979) 312

Holzman, P.S., M.E. Shenton, M.R. Solovay: Quality of thought disorder in differential diagnosis. Schizophrenia Bulletin 12(3) (1986) 360

Jackson, H., P. McGorry, J. Edwards, C. Hulbert et al.: Cognitively-orientated psychotherapy for first-episode psychosis (COPE). In: World Congress of Behavioural and Cognitive Therapies. Abstract Book. Copenhagen, 10–15 July 1995

Jolley, A.G., S.R. Hirsch: Intermittierende und niedrigdosierte Neuroleptika-Therapie: Prophylaktische Strategien bei der Schizophrenie. In: R. Olbrich (Hrsg.) Therapie der Schizophrenie. Kohlhammer, Stuttgart 1990

Kern, R.S., M.F. Green, P. Satz: Neuropsychological predictors of skills training for chronic schizophrenic psychiatric patients. Journal of Psychiatry Research 4 (1992) 223

King, D.J.: The effect of neuroleptics on cognitive and psychomotor function. British Journal of Psychiatry 157 (1990) 799

King, D.J., G. Henry: The effect of neuroleptics on cognitive and psychomotor function. British Journal of Psychiatry 160 (1992) 647

Kingdon, D.G., D. Turkington: Cognitive-behavioral therapy of schizophrenia. Lawrence Erlbaum, Hove 1994

Kingdon, D.G., D. Turkington: A role for cognitive-behavioural strategies in schizophrenia? Social Psychiatry and Psychiatric Epidemiology 26 (1991) 101

Kingdon, D.G., D. Turkington, C. John: Cognitive behaviour therapy of schizophrenia. The amenability of delusions and hallucinations to reasoning. British Journal of Psychiatry 164 (1994) 581

Kingdon, D., D. Turkington, C. John, P. Rowlands, M. Hopegill: Eine Kontrollgruppenstudie zur Evaluation kognitiv-behavioraler Therapien bei Schizophrenie. In: W. Böker, H.D. Brenner (Hrsg.) Integrative Therapie der Schizophrenie. Huber, Bern 1996

Koh, S.D., R.R. Grinker, T.W. Marusarz, P.L. Forman: Affective memory and schizophrenic anhedonia. Schizophrenia Bulletin 7 (1981) 292

Kraemer, S., G. Dinkhoff-Awiszus, H.J. Möller: Modifikationen des Integrierten Psychologischen Therapieprogramms (IPT). In: V. Roder, H.D. Brenner, N. Kienzle, B. Hodel: Integriertes Psychologisches Therapieprogramm für schizophrene Patienten (IPT). Psychologie Verlags Union, München Weinheim 1988

Kraemer, S., H.J. Zimmer, H.J. Möller: Kognitive Therapie und Sozialtraining: Vergleich zweier verhaltenstherapeutischer Behandlungskonzepte für chronisch schizophrene Patienten. In: R. Schüttler (Hrsg.) Theorie und Praxis kognitiver Therapieverfahren bei schizophrenen Patienten. Zuckschwerdt, München Bern Wien 1991

Lader, M.: Treatment models. European Psychiatry 10 (suppl. 1) (1995) 33

Lamberti, G., K.H. Wieneke, N. Franke: Der Computer als Hilfe beim Aufmerksamkeitstraining – Eine klinisch-experimentelle Studie. Rehabilitation 27 (1988) 190

Lamontagne, Y., N. Audet, R. Elie: Thought-stopping for delusions and hallucinations: A pilot study. Behavioural Psychotherapy 11 (1983) 177

Larsen, S.F., P. Fromholt: Mnemonic organization and free recall in schizophrenia. Journal of Abnormal Psychology 85 (1976) 61

Lewis, S.F., D.L. Garver: Treatment and diagnostic subtype in facial affect recognition in schizophrenia. Journal of Psychiatric Research 29(1) (1995) 5

Liberman, R.P.: Psychiatric rehabilitation of chronic mental patients. American Psychiatric Press, Washington DC 1988

Liberman, R.P., W.J. DeLisi, K.T. Mueser: Social Skills Training for psychiatric patients. Pergamon Press, New York 1989

Liberman, R.P., I.R.H. Falloon, C.J. Wallace: Drugpsychosocial interventions in the treatment of schizophrenia. In: M. Mirabi (ed.) The chronically mentally ill: Research and Services SP Medical and Scientific Books, New York 1984

Liberman, R.P., H. Jacobs, S.E. Boone, D. Foy et al.: Skills training for the community adaption of schizophrenia. In: J.S. Strauss, W. Böker, H.D. Brenner (eds.) Psychosocial treatment of schizophrenia. Huber, Toronto Bern Stuttgart 1987

Liberman, R.P., L.W. King, W.J. DeLisi: Behavior analysis and modification in community mental health. In: H. Leitenberg (ed) Handbook of behavior therapy and modification. Prentice-Hall, Englewood Cliffs, NJ 1976

Liberman, R.P., H.K. Massel, M.D. Mosk, S.E. Wong: Social skills training for chronic mental patients. Hospital and Community Psychiatry 36 (1985) 396

Liberman, R.P., C. Wallace, G. Blackwell, T.A. Eckman, J.V. Vaccaro, T.G. Kuehnel: Innovations in skills training for the seriously mentally ill: The UCLA Social and Independent Living Skills modules. Innovative Research 2 (1993) 43

Lick, J.R., D. Heffler: Relaxation training and attention placebo in the treatment of severe insomnia. Journal of Consulting and Clinical Psychology 45(2) (1977) 153

Linden, M., H. Hautzinger: Verhaltenstherapie. Springer, Berlin 1993

Lowe, C.F., P.D.J. Chadwick: Verbal control of delusions. Behavior Therapy 21 (1990) 461

Marzillier, J.S., M.J. Birchwood: Behavioral treatment of cognitive disorders. In: L. Michelson, M. Hersen, S. Turner (eds.) Future perspectives in behavior therapy. Plenum Press, New York 1981

Massel, H.K., P.W. Corrigan, R.P. Liberman, M. Milan: Conversational skills training in thought-disordered schizophrenic through attention focusing. Psychiatry Research 38 (1991) 51

Meichenbaum, D., R.C. Cameron: Training schizophrenics to talk to themselves: A means of developing attentional controls. Behavior Therapy 4 (1973) 515

Meiselman, K.C.: Broadening dual modality cue utilization in chronic nonparanoid schizophrenics. Journal of Consulting and Clinical Psychology 41 (1973) 447

Milton, F., V.K. Patwa, R.S. Hafner: Confrontation vs belief modification in persistently deluded patients. British Journal of Medical Psychology 51 (1978) 127

Miller, D.: Negative Symptome in der Schizophrenie. In: A. Rifkin, M. Osterheider (Hrsg.) Schizophrenie – aktuelle Trends und Behandlungsstrategien. Springer, Berlin Heidelberg 1992

Möller, H.J.: Neuere Ergebnisse zur Prognostik und neuroleptischen Behandlung schizophrener Psychosen. In: S.T. Haas, B. Ende-Scharf (Hrsg.) 3. Psychiatrie-Symposium des Psychiatrischen Krankenhauses Eichberg 1988

Mussgay, L., R. Olbrich, W. Ohle, T. Handtmann: Das Training kognitiver Fertigkeiten bei schizophrenen Patienten und seine Effekte auf elementare Informationsverarbeitungsmasse. Zeitschrift für Klinische Psychologie 20(2) (1991) 103

Nuechterlein, K.H., M.E. Dawson: A heuristic vulnerability/stress model of schizophrenic episodes. Schizophrenia Bulletin 10 (1984) 300

Nuechterlein, K.H., M.E. Dawson, J. Ventura: Testing vulnerability models: Stability of potential vulnerability indicators across clinical state. In: H. Häfner, W.F. Gattaz (eds.) In search for the causes of schizophrenia. Vol II. Springer, Heidelberg 1991

Nuechterlein, K.H., M.E. Dawson, J. Ventura, M. Gitlin, K.L. Subotnik, K.S. Snyder, J. Mitnz, G. Bartzokis: The vulnerability/stress model of schizophrenic relapse: A longitudinal study. Acta Psychiatrica Scandinavica 89 (suppl. 383) (1994) 58

Nuechterlein, K.H., K.S. Snyder, J. Mintz: Paths to relapse: possible transactional processes connecting patient illness onset, expressed emotion, and psychotic relapse. British Journal of Psychiatry 161 (suppl. 18) (1992) 88

Olbrich, R., U. Gansert, L. Mussgay, K. Marker: Erfahrungen mit einem computergestützten Trainingsprogramm in Gruppenform für Patienten mit kognitiven Störungen (in Vorb.)

Olbrich, R., L. Mussgay: Reduction of schizophrenic deficits by cognitive training: An evaluative study. European Archives of Psychiatry and Neurological Sciences 239 (1990) 366

Perris, C.: Cognitive therapy with schizophrenic patients. Guilford Press, New York 1989

Perris, C.: Integrating psychotherapeutic strategies in the treatment of young, severly disturbed patients. Journal of Cognitive Psychotherapy 6 (1992) 205

Perris, C.: Schema-focused integrative treatment of patients with schizophrenic disorder. In: H.D. Brenner, W. Böker, R. Genner (eds.) Towards a comprehensive therapy for schizophrenia. Hogrefe and Huber Publishers, Seattle Toronto Göttingen Bern 1997

Perris, C., M. Blackburn, H. Perris: The theory and practice of cognitive psychotherapy. Springer, Berlin Heidelberg New York 1988

Perris, C., L. Skagerlind: Cognitive therapy with schizophrenic patients. Acta Psychiatrica Scandinavica 89 (suppl 382) (1994) 65

Pribram, K.H., D. McGuinness: Arousal, activation, and effort in the control of attention. Psychological Review 82 (1975) 116

Roder, V., H.D. Brenner, N. Kienzle, B. Hodel: Integriertes Psychologisches Therapieprogramm für schizophrene Patienten (IPT) Psychologie Verlags Union, München 1988

Roder, V., H.D. Brenner, N. Kienzle, B. Hodel: Integriertes Psychologisches Therapieprogramm für schizophrene Patienten (IPT). 2. überarbeitete und ergänzte Auflage. Psychologie Verlags Union, München Weinheim 1992

Rosenbaum, G., W.R. Mackavey, J.L. Grisell: Effects of biological and social motivation on schizophrenic reaction times. Journal of Abnormal and Social Psychology 54 (1957) 364

Saupe, R., J.S. Englert, R. Gebhardt, R.D. Stieglitz: Schizophrenie und Coping: Bisherige Befunde und verhaltenstherapeutische Überlegungen. Verhaltenstherapie 1 (1991) 130

Schwartz, S.: Arousal and recall: Effects of noise on two retrieval strategies. Journal of Experimental Psychology 102 (1974) 896

Skagerlind, L.: Ersboda and Tegs treatment centers – evaluation and 3-year follow-up of treatment results at two cognitive treatment centers for patients suffering from psychotic and personality disorders. Dissertation at the Cognitive Psychotherapy Unit, the University Hospital of Norrland, Umea, Sweden (in prep.)

Slade, P.D.: The effects of systematic desensitization on auditory hallucinations. Behaviour Research and Therapy 10 (1972) 85

Slade, P.D.: The external control of auditory hallucinations: An information theory approach. British Journal of Social and Clinical Psychology 13 (1974) 73

Spaulding, W.D.: Design prerequisites for research on cognitive therapy for schizophrenia. Schizophrenia Bulletin 18(1) (1992) 39

Spaulding, W.D., C.P. Garbin, W.J. Crinean: Die logischen und psychometrischen Voraussetzungen für eine kognitive Therapie der Schizophrenie. In: W. Böker, H.D. Brenner (Hrsg.) Schizophrenie als systemische Störung. Huber, Bern 1989

Spaulding, W.D., D. Penn, C. Garbin: Cognitive changes in the course of rehabilitation. British Journal of Psychiatry, Supplement (in press)

Spaulding, W.D., L. Storms, V. Goodrich, M. Sullivan: Applications of experimental psychopathology in psychiatric rehabilitation. Schizophrenia Bulletin 12 (1986) 560

Spaulding, W.D., M. Sullivan, M. Weiler, D. Reed et al.: Changing cognitive functioning in rehabilitation of schizophrenia. Acta Psychiatrica Scaninavica 90 (suppl. 384) (1994) 116

Spring, B.J., M. Lemon, P. Fergeson: Vulnerabilities to schizophrenia: Information-processing markers. In: E.R. Straube, K. Hahlweg (eds.) Schizophrenia. Concepts, vulnerability, and intervention. Springer, Berlin 1990

Stramke, W.G., B. Hodel: Untersuchungen zur Wirksamkeit psychologischer Therapieprogramme in der Rehabilitation chronisch schizophrener Patienten. In: H.D. Brenner, E.R.Rey, W.G. Stramke (Hrsg.) Empirische Schizophrenieforschung. Huber, Bern 1983

Summerfelt, A.T., L.D. Alphs, F.R. Funderburk, M.E. Strauss, A.M.I. Wagman: Impaired Wisconsin Card Sort performance in schizophrenia may reflect motivational deficits. Archives of General Psychiatry 48 (1991) 282

Süllwold, L., G. Huber: Schizophrene Basisstörungen. Springer, Berlin 1986

Vaccaro, J.V., R.P. Liberman, G. Blackwell, C.J. Wallace: Combining social skills training and assertive case management. In: R.P. Liberman (ed.) New directions for mental health services: Effective psychiatric rehabilitation. Jossey-Bass, San Francisco 1992

Vauth, R., R.D. Stieglitz: Psychologische Interventionsmöglichkeiten bei persistierendem Wahn und persistierenden akustischen Halluzinationen bei schizophrenen Patienten. Psychiatrische Praxis 20 (1993) 211

Vauth, R., R.D. Stieglitz: Verhaltenstherapeutische Interventionen bei persistierender halluzinatorischer und wahnhafter Symptomatik schizophrener Patienten. Verhaltenstherapie 4 (1994) 177

Ventura, J., K.H. Nuechterlein, D. Lukoff, J.P. Hardesty: A prospective study of stressful life events and schizophrenic relapse. Journal of Abnormal Psychology 98 (1989) 407

Wagner, B.R.: The training of attending and abstracting responses in chronic schizophrenics. Journal of Experimental Research in Personality 3 (1968) 77

Wallace, C.J.: The social skills training project of the Mental Health Clinical Research Center for the study of schizophrenia. In: J.P. Curran, P.M. Monti (eds) Social skills training: A practical handbook for assessment and treatment. Guilford Press, New York 1982

Wallace, C.J., R.P. Liberman, S.J. MacKain, G. Blackwell, T.A. Eckman: Effectiveness and replicability of models for teaching social and instrumental skills to the severely mentally ill. American Journal of Psychiatry 149 (1992) 654

Watts. F.N., G.E. Powell, S.V. Austin: The modification of abnormal beliefs. British Journal of Medical Psychology 46 (1973) 359

Weingartner, A.H.: Self-administered aversive stimulation with hallucinating hospitalized schizophrenics. Journal of Consulting and Clinical Psychology 36 (1971) 422

Wishner, J., O. Wahl: Dichotic listening in schizophrenia. Journal of Consulting and Clinical Psychology 42 (1974) 538

Wong, S.E., J.E. Woolsey: Re-establishing conversational skills in overtly psychotic, chronic schizophrenic patients: Discrete trials training on the psychiatric ward. Behavior Modification 13 (1989) 415

# 8 Verhaltenstherapeutische Ansätze zu sozialen Fertigkeiten und Problemlösefertigkeiten schizophrener Patienten: Ein Überblick

V. RODER, P. ZORN, H.D. BRENNER

## Einleitung

Schwerwiegende Beeinträchtigungen des Sozialverhaltens gelten in der klinischen Praxis als eines der grundlegenden Symptome der Schizophrenie (Kelly und Lamparski 1985). Eine solche Einschätzung steht im deutschen Sprachraum in der Tradition von Bleuler, der bereits 1911 Störungen wie dem „Autismus" den Rang von Grund- oder Primärsymptomen der Schizophrenie zuerkannt hatte. Auch heute findet sie sich in den aktuellen Auflagen der gängigen Diagnosesysteme (z. B. ICD-10, Dilling et al. 1991) wieder. Dort werden soziale Rückzugstendenzen bzw. Nachlassen der sozialen Leistungsfähigkeit sowohl als Kriterium für die Diagnose einer akuten schizophrenen Erkrankung herangezogen, als auch unter möglichen Prodromal- und Residualsymptomen klassifiziert. Unterstellt wird dabei, daß die sozialen Beeinträchtigungen der Betroffenen als Verhaltenskorrelat des „negativen Syndroms" (Verflachung des Affekts, Langsamkeit, verminderte soziale Aktivität, Autismus, Assoziationsstörungen, Sprecharmut und Unfähigkeit, sich nonverbaler Mittel der Kommunikation zu bedienen; Wing 1986, an der Heiden et al. 1994) zu bewerten sind. Mit anderen Worten, sie werden als Epiphänomene der Negativ- oder Minussymptomatik verstanden, die ihrerseits als distinktes Syndrom innerhalb des Spektrums schizophrener Erkrankungen betrachtet wird (Andreasen 1985, Carpenter et al. 1985).

Durch diese diagnostische Perspektive orientiert sich auch die klinische Forschung in diesem Bereich häufig an Fragestellungen, die sich im Rahmen des psychpathologischen Syndroms der Minussymptomatik bewegen. So stellen z. B. Deister und Marneros (1994) fest, daß schizophrene Patienten mit initialer Negativsymptomatik vorwiegend im sozialen Bereich zu einem ungünstigeren Langzeitverlauf tendieren. Crow (1985) geht in seiner Argumentation einen Schritt weiter, indem er einen solchen ungünstigen Verlauf definitorisch dem von ihm postulierten Typ II der Schizophrenie, der vorwiegend durch negative Symptome gekennzeichnet sei, zuordnet. Rey und Mitarbeiter (1992) stellen einen Zusammenhang zwischen einer schlechten sozialen bzw. beruflichen Anpassung, entsprechend reduzierten sozialen Netzwerken und der Intensität der Negativsymptomatik fest. Davon ausgehend wird diesen Patienten ein besonders ungünstigerer Krankheitsverlauf prognostiziert (Carpenter und Kirkpatrick 1988, Pogue-Geile 1989), mit reduzierten Erwartungen an eine erfolgreiche Therapie und Rehabilitation. Beschreibungen sekundärer Auswirkungen des negativen Syndroms lassen sich in der Literatur ebenfalls finden. So unterscheiden Carpenter und Mitarbeiter (1985) zwischen primären und sekundären Minussymptomen. Erstere verstehen die Autoren als überdauernde Aspekte des Krankheitsgeschehens, letztere bewerten sie als Reaktionen auf die erlebten Beeinträchtigungen. Trotz der Bedeutung solcher Untersuchungergebnisse erscheint das empirisch gesicherte Wissen über die sozialen Beeinträchtigungen schizophren Erkrankter noch lückenhaft. In Anlehnung an Wallace (1984) stellen Bellack und Mitarbeiter (1990) in diesem Zusammenhang die Frage, ob der theoretische Fokus der Minussymptomatik, der letztlich aus einer medizinisch geprägten Forschungstradition hervorgeht, solchen Lücken nicht noch förderlich sein könnte. Durch diesen Fokus könnte die Notwendigkeit psychologischer Grundlagenforschung übersehen werden, die ihrerseits in ihren Konzeptualisierungen nicht von vornherein auf der syndromalen Begriffsebene ansetzen dürfe, sondern auf einer differenzierten Erfassung und Beschreibung solcher Beeinträchtigungen aufbauen müsse.

Tatsächlich zeigt sich in der Literatur auch aktuell ein deutlicher Mangel an entsprechenden deskriptiven Daten. Untersuchungsergebnisse, die zwar unter einer anderen Forschungsperspektive gewonnen wurden, die aber dennoch geeignet erscheinen, diesem Mangel abzuhelfen, dürften sich jedoch aus dem Bereich der Netzwerk- und der Verlaufsforschung heranziehen lassen. Netzwerke schizophren Erkrankter weisen gegenüber denjenigen psychisch Gesunder verschiedene Charakteristika auf, die sich auf mehreren Dimensionen beschreiben lassen (Hirschberg 1988). Hinsichtlich soziodemographischer Variablen (Familienstand, Wohnform, Beruf) zeigen verschiedene Studien übereinstimmend, daß die Betroffenen signifikant häufiger ledig sind (durchschnittlich 70%) als altersgleiche Personen aus der Allgemeinbevölkerung (Häfner und an der Heiden 1985). Nach der Ersterkrankung nimmt der Anteil der Geschiedenen deutlich zu; neue Eheschließungen werden selten (Müller et al. 1986). Weiterhin wohnen 30% schizophren Erkrankter zum Zeitpunkt der Erstbehandlung allein und fast 50% noch in der Primärfamilie (Müller et al. 1986, Schubart et al. 1986). Die berufliche Situation schließlich verschlechtert sich nach der Erstbehandlung gravierend. Nach eineinhalbjähriger Krankheitsdauer steigt die Arbeitslosenrate von 30% auf 60% (Häfner und an der Heiden 1985). Zehn Jahre nach Krankheitsbeginn schließlich sind etwa ein Drittel der Betroffenen vorzeitig berentet (Müller et al. 1986).

Hinsichtlich morphologischer Charakteristika unterscheiden sich die Netzwerke schizophren Erkrankter gegenüber denen anderer Populationen ebenfalls. Verschiedene Untersuchungen weisen darauf hin, daß solche Patienten im Vergleich mit Normalpersonen, aber auch mit Alkoholkranken oder Patienten mit depressiven Störungen signifikant kleinere Netzwerke aufweisen (Angermeyer und Lammers 1986, Dohrenwend et al. 1987). Der Anteil an Verwandten und Familienmitgliedern aus der Herkunftsfamilie ist dabei deutlich höher als bei psychisch Gesunden. Beziehungen, die die Familiengrenzen überschreiten, sind entsprechend selten. Mit Zunahme der Krankheitsdauer werden solche außerfamiliären Beziehungen fast ausschließlich mit Mitpatienten oder Angehörigen anderer gesellschaftlicher Randgruppen geschlossen (Angermeyer und Lammers 1986). Interaktionen innerhalb der Netzwerke schizophren Erkrankter weichen sowohl quantitativ als auch qualitativ von denen nicht Erkrankter ab. Lipton und Mitarbeiter (1981) weisen z. B. darauf hin, daß die Anzahl der Sozialkontakte zwei Jahre nach Erkrankungsbeginn nur noch 19,7 pro Woche beträgt, was einer annähernden Halbierung der prämorbiden Rate entspricht. Sozialkontakte außerhalb der Familie finden v.a. bei schizophren Erkrankten, die in der Herkunftsfamilie leben, oder die keiner geregelten Berufstätigkeit nachgehen, kaum mehr statt (Hirschberg 1988). Weiterhin verfügen die meisten Betroffenen nur in geringem Ausmaß über multiplexe Beziehungen (30% vs. 50% bis 60% bei Gesunden, Sokolovsky et al. 1978), d.h. über Beziehungen, die gleichzeitig mehrere Funktionen (z. B. die Bereitstellung von emotionaler und instrumenteller Unterstützung) erfüllen. Die Beziehungen sind häufig asymmetrisch und es mangelt ihnen an Reziprozität. Meist stehen die Betroffenen dabei in Abhängigkeitsverhältnissen, in denen sie mehr Unterstützung erhalten als sie selber geben. Solche bestehen oft zu den Eltern (oder anderen zentralen Bezugspersonen im familiären Umfeld), auf deren Hilfe sie in hohem Maße angewiesen sind (Sokolovsky et al. 1978). Generell erweisen sich die zwischenmenschlichen Beziehungen schizophren Erkrankter als sehr störanfällig und häufig auch als kurzlebig (Pattison und Pattison 1981).

Im Verlauf einer schizophrenen Erkrankung scheinen die Netzwerke der Betroffenen wesentlichen Veränderungen unterworfen zu sein. Verschiedene Studien zeigen übereinstimmend, daß sie mit zunehmender Krankheitsdauer schrumpfen und die Anzahl der Sozialkontakte abnimmt (Tolsdorf 1976). Müller und Mitarbeiter (1986) untersuchten dazu im Längsschnitt eine Kohorte schizophren Erkrankter über einen Zeitraum von 11,5 Jahren. Sie stellten eine deutliche Reduktion der sozialen Kontakte der Betroffenen in diesem Zeitraum fest. Lebten bei Krankheitsbeginn 12% der Patienten in sozialer Isolation, so waren es am Ende des Untersuchungszeitraumes rund dreimal so viele (35%). Bestätigung findet dieser Befund auch durch Schubart und Mitarbeiter (1986, Biehl et al. 1987). Sie untersuchten eine repräsentative Stichprobe ersterkrankter schizophrener Patienten prospektiv über fünf Jahre und stellten bei 35% eine erhebliche, darüber hinaus bei annähernd 40% eine mäßige soziale Behinderung fest. Andere prospektive Verlaufsstudien bestätigen solche Ergebnisse (Jablensky et al. 1980, Möller und v. Zerssen 1986, Sartorius et al. 1987, Harding et al. 1987. Einen Überblick über amerikanische Studien gibt McGlashan 1988, über europäische Studien Angst 1988). Angermeyer (1989) wirft in diesem

Zusammenhang die Frage auf, wodurch solche Schrumpfungsprozesse der sozialen Netzwerke schizophren Erkrankter bzw. deren soziale Isolation bedingt werden. In Anlehnung an Böker und Brenner (1983) kommt er zu dem Schluß, daß sich darin eine autoprotektive Strategie der Betroffenen zeigt. Ausgehend von der Annahme, daß schizophren Erkrankte an Defizienzen der Informationsverarbeitung leiden (Nuechterlein und Dawson 1984 b), die es erforderlich machen, sich vor Überstimulierung zu schützen, müßte die Vermeidung von Sozialkontakten als ein defensiver Kompensationsversuch verstanden werden. Andererseits sprechen verschiedene empirische Belege (u.a. Angermeyer et al. 1985) dafür, daß der zunehmende soziale Rückzug der Betroffenen auf die selbst erfahrene oder antizipierte Stigmatisierung durch die Umwelt zurückzuführen ist. Beide Standpunkte schließen sich gegenseitig aber nicht aus.

Obwohl solche Daten unter der theoretischen Perspektive der Netzwerkforschung gewonnen wurden, illustrieren sie eindrücklich die weitreichenden Beeinträchtigungen schizophren Erkrankter im sozialen Bereich. Sie lassen in ihrer Vielfältigkeit aber auch Zweifel aufkommen, ob diese im Rahmen des Konstrukts der Minussymptomatik angemessen diskutiert werden können. Eine weitere Durchsicht der Literatur vermag solche Zweifel zu bekräftigen. In vielen älteren Studien zu prämorbiden Persönlichkeitsvariablen schizophrener Patienten konnte bereits gezeigt werden, daß entsprechend vulnerable Personen schon lange vor dem Auftreten spezifischer Krankheitssymptome deutliche Beeinträchtigungen im Bereich des Sozialverhaltens zeigen. So stellt z. B. Huber (1983) fest, daß stark ausgeprägte Kontaktstörungen bei 11% und leichtere Auffälligkeiten im sozialen Kontakt bei 52% der später Erkrankten auftreten. Bräutigam (1974) berichtet, daß die prämorbide Persönlichkeit schizophren erkrankter Männer häufig durch Passivität, Schüchternheit, Kontaktprobleme mit Mädchen in der Pubertät und durch eine nur selten vollzogene Ablösung vom Elternhaus gekennzeichnet ist. Dieses „Einzelgängertum" bestätigen auch Irle und Pörksen (1971) bzw. Kreisman (1970). Übereinstimmend weisen Isele und Angst (1982) schließlich darauf hin, daß schizophrene Patienten prämorbid weniger selbsterworbene tragfähige Beziehungen unterhalten, einen reduzierten Bekannten- und Freundeskreis haben, sich von der Umwelt zurückziehen und im Beziehungsnetz der Herkunftsfamilie verharren. Weiterhin betonen Studien zu Prädiktoren des Krankheitsverlaufs die ungünstige Prognose, die im Falle solcher Störungen des Sozialverhaltens besonders dann zu stellen ist, wenn diese bereits in (früher) Kindheit oder Adoleszenz auftreten (vgl. McGlashan 1986, Hubschmid und Ciompi 1990).

Ein Teil dieser Befunde dürfte zwar durch Untersuchungsergebnisse von Häfner und Mitarbeitern (1990) und an der Heiden und Mitarbeitern (1994) relativiert werden, die feststellen, daß schon in der präpsychotischen Phase das Auftreten negativer Symptome dominiert, doch liegen zwischenzeitlich neuere Studien zur prämorbiden Persönlichkeit und zu sozialen Beeinträchtigungen schizophren Erkrankter vor, die im Gegensatz zu den meisten älteren Arbeiten verschiedene Aspekte des Sozialverhaltens der Betroffenen differentiell erfassen und damit erlauben, entsprechende Befunde in einem weiterreichenden Bezugsrahmen zu diskutieren. Unter Rückgriff auf theoretische Vorarbeiten von Trower und Mitarbeitern (1978), Liberman (1982) und Bellack und Morrison (1982) bauen diese Untersuchungen auf exakten definitorischen Abgrenzungen sozialen Verhaltens auf, wie sie z. B. von McFall (1982) oder Liberman und Mitarbeitern (1986 a) vorgeschlagen werden. Nach McFall (1982) müssen soziale Kompetenz und soziale Fertigkeiten (social skills) unterschieden werden. Soziale Kompetenz kann dem Autor zufolge nur in bezug auf die konkrete Lebensumwelt der Betroffenen beschrieben werden, beinhaltet also eine (Fremd-) Beurteilung bzw. Bewertung beobachtbaren Verhaltens in verschiedenen sozialen Rollenbereichen. Soziale Fertigkeiten beschreibt McFall dagegen als personspezifische Handlungskompetenzen, die situative Anforderungen in Abhängigkeit von kognitiven, perzeptuellen und motivationalen Faktoren in Verhaltensantworten transformieren. „Fertigkeiten" sind dabei vom offenen Verhalten abzuleitende hypothetische Konstrukte, deren Verfügbarkeit und Einsatz von der individuellen Lerngeschichte des Betroffenen abhängen. Dem Autor zufolge lassen sich dabei Wahrnehmungs-, Verarbeitungs- und Durchführungsfertigkeiten unterscheiden. Letztere umfassen ein weitgefächertes Spektrum verschiedener Verhaltenskompetenzen, wie z. B. den Einsatz molekularer kommunikativer (Sende-) Fertigkeiten oder die zielgerichtete Durchführung darauf aufbauender molarer Handlungseinheiten, die zur Bewältigung interpersoneller Anforderungen nötig sind. Ähnlich argumentieren auch Liberman und Mitarbeiter (1986 a). Sie beschreiben soziale Fertigkeiten als personspezifisches Set von Verhaltenskompetenzen, das zur effektiven Bewältigung zwischenmenschlicher Anforderungen dient. Diese Fertigkeiten beinhalten dabei sowohl Kognitionen als auch motorische, verbale und nichtverbale Verhaltensweisen. Soziale Kompetenz dagegen ist im Sinne der Autoren die darauf aufbauende Fähigkeit, sich im sozialen Umfeld in günstiger Weise zurechtzufinden. Eine solche Fähigkeit schließt auch die selbständige Lösung von Alltagsproblemen und die Erreichung selbst gesteckter Ziele mit ein. Weiterhin unterscheiden sie schließlich noch die Ebene der sozialen Anpassung („social adjustment"), die als Spiegelbild der sozialen Kompetenz im Spannungsfeld zwischen individuell zweckdienlichen und sozialen Bedürfnissen, also solchen nach Zugehörigkeit und Akzeptanz, variiert. In der nachfolgenden Abbildung werden die verschiedenen Aspekte des Sozialverhaltens in Anlehnung an die Überlegungen von McFall und Liberman im Überblick dargestellt.

Vor dem Hintergrund solcher theoretischen Differenzierungen verglich z. B. Dworkin (1990) die Negativ- und Positivsymptomatik schizophren Erkrankter mit der prämorbiden sozialen Kompetenz in einer Stichprobe von 220 monozygoten schizophrenen Zwillingen (108 Frauen, 112 Männer). Vor allem Männer zeigen in seiner Untersuchung signifikant reduzierte Werte prämorbider sozialer Kompetenz bei gleichzeitig erhöhten sozialen Rückzugstendenzen während der klinisch manifesten Erkrankung. Dworkin schlägt deshalb vor, Mängel der sozialen Kompetenz schizophren Erkrankter als distinktes Phänomen und nicht als Komponente der Negativsymptomatik zu betrachten. Zu ähnlichen Schlüssen gelangen er und Mitarbeiter auch durch eine aktuelle Studie im Rahmen des New Yorker „High-Risk Projekts" (Dworkin et al. 1994). Die Autoren untersuchten dabei im Längsschnitt die soziale Kompetenz von Personen, die einem hohen Erkrankungsrisiko für schizophrene oder affektive Störungen ausgesetzt sind und verglichen diese mit derjenigen psychiatrisch unbelasteter Personen (matched samples). Die Ergebnisse zeigen, daß Personen mit schizophrenem Erkrankungsrisiko im frühen und weiteren Erwachsenenalter (nicht aber in der Kindheit) eine geringere soziale Kompetenz aufweisen als Risikoprobanden für affektive Störungen oder psychiatrisch unbelastete Personen. Beeinträchtigungen stellen die Autoren in erster Linie im Bereich der Sozialbeziehungen (weniger Kontakte zu Gleichaltrigen) und in reduzierten Interessen und Hob-

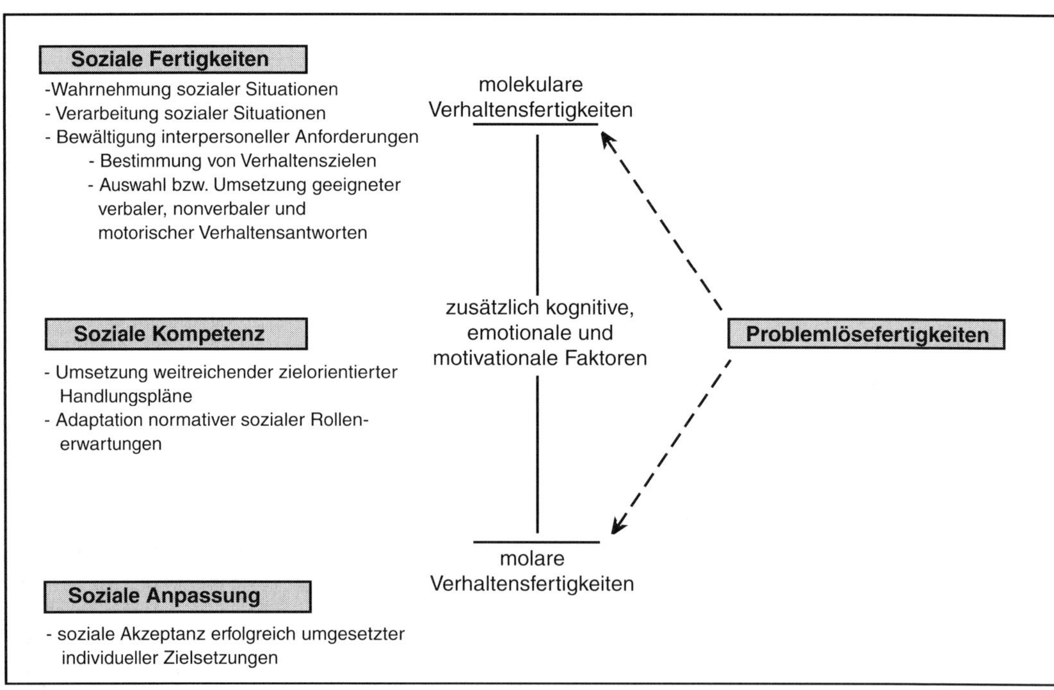


**Abb. 1** Aspekte des Sozialverhaltens

bys fest. Mueser und Mitarbeiter (1990) untersuchten die Beziehung zwischen sozialen Fertigkeiten, positiven und negativen Symptomen, dem sozialen Funktionsniveau sowie der prämorbiden und morbiden sozialen Anpassung in einer Stichprobe von 107 schizophrenen, schizoaffektiven und affektpsychotischen Patienten. Schizophren Erkrankte weisen danach die größten Defizite in den sozialen Fertigkeiten und in der prämorbiden sozialen Anpassung auf, wobei die Defizite in den sozialen Fertigkeiten signifikant mit dem sozialen Funktionsniveau während der Erkrankung und der Negativsymptomatik, tendenziell auch mit der prämorbiden sozialen Anpassung korrelieren. Die Autoren ziehen hieraus den Schluß, daß bei schizophren Erkrankten in erster Linie Defizite in den sozialen Fertigkeiten, (d. h. nicht die Negativsymptomatik) für die schlechte prämorbide und morbide soziale Anpassung verantwortlich zu machen sind.

Bellack und Mitarbeiter (1990) gehen in ihrer Argumentation noch einen Schritt weiter. Sie verglichen 58 schizophren Erkrankte (21 mit deutlicher Minussymptomatik, 37 ohne solche) mit 33 affektpsychotischen Patienten und einer Kontrollgruppe von 20 psychisch unauffälligen Probanden bezüglich umschriebener sozialer Fertigkeiten, sozialer Kompetenz und dem Grad der sozialen Beeinträchtigung. Ihre Daten belegen, daß schizophren Erkrankte mit Negativsymptomatik auf allen erfaßten (sozialen) Funktionsebenen die größten Beeinträchtigungen aufweisen, gefolgt von den schizophrenen Patienten ohne Negativsymptomatik, den affektpsychotischen und schließlich den psychisch unauffälligen Probanden. In ihrer Untersuchung weisen aber alle schizophren Erkrankten deutliche Defizite in ihren sozialen Fertigkeiten und ihrer sozialen Kompetenz auf, so daß solche Defizite nicht auf die Negativsymptomatik zurückgeführt werden können. Am ehesten scheint diese Auswirkungen auf der Ebene sozialen Rollenverhaltens, nicht aber der sozialer Fertigkeiten zu zeigen. Bellack und Mitarbeiter ziehen daraus den Schluß, daß fokale Defizite in sozialen Fertigkeiten ein verbindendes Merkmal aller schizophrener Erkrankungen darstellen könnten. In die gleiche Richtung weisen schließlich auch Untersuchungsbefunde von Appelo und Mitarbeitern (1992). Sie untersuchten 39 schizophrene Patienten im Rahmen eines Rehabilitationsprogramms bezüglich ihrer sozialen Kompetenz und ihren sozialen Fertigkeiten („competence in specific social situations"). Auch in ihrer Stichprobe steht nur die allgemeine soziale Kompetenz der Betroffenen in einem Zusammenhang mit der (Positiv- oder) Negativsymptomatik, die abgrenzbaren sozialen Fertigkeiten dagegen nicht. Einen Beleg dafür, daß die Negativsymptomatik die sozialen Beeinträchtigungen kausal bedingt, können somit auch sie nicht finden.

Obige Untersuchungsergebnisse legen zwei Schlüsse nahe. Zum einen scheint es nicht angemessen zu sein, soziale Beeinträchtigungen schizophren Erkrankter nur im theoretischen Bezugsrahmen der Minussymptomatik zu diskutieren. Solche Beeinträchtigungen können vielmehr als genuiner Bestandteil der Störung selbst, d. h. nicht nur als Epiphänomen eines umschriebenen Syndroms innerhalb des Spektrums einer schizophrenen Erkrankung betrachtet werden. Dieser Schluß steht mit einer Hypothese im Einklang, die Strauss und Mitarbeiter bereits 1974 vertreten hatten. Sie vermuteten, daß die soziale Kompetenz (resp. Inkompetenz) eine unabhängige Komponente einer schizophrenen Erkrankung darstelle, die sowohl zur Negativ- als auch zur Positivsymptomatik in einem orthogonalen Verhältnis stehe. Zum anderen legen die referierten Untersuchungsergebnisse nahe, die sozialen Beeinträchtigungen schizophren Erkrankter mehrdimensional zu betrachten, also mehrere potentielle Störungsebenen gegeneinander abzugrenzen. Den empirischen Belegen zufolge können solche Beeinträchtigungen entweder basale soziale Fertigkeiten (social skills) betreffen und damit die Regulation interpersoneller Anforderungen erschweren, oder auf der Ebene sozialer Kompetenz deutlich werden, d. h. den Entwurf und die Umsetzung weiterreichender zielorientierter Handlungspläne bzw. die Adaptation normativer sozialer Rollenerwartungen behindern und so schließlich auch den Grad der sozialen Anpassung der Betroffenen beeinflussen. Verschiedene Studien weisen dabei darauf hin, daß fokale Defizienzen auf der Ebene basaler sozialer Fertigkeiten als verbindendes Charakteristikum aller schizophrenen Erkrankungen gelten können.

Unter Einbezug des derzeitigen Standes der Theoriebildung und der entsprechenden empirischen Belege können die beschriebenen Störungsebenen der sozialen Beeinträchtigungen inhaltlich spezifiziert und weiterreichende Schlüsse für eine therapeutische Behandlung gezogen werden. Ausgehend von den Vulnerabilitäts-Streß-Modellen schizophrener Erkrankungen (u.a. Zubin und Spring 1977, Ciompi 1982, Nuechterlein und Dawson 1984 a, b, Nuechterlein et al. 1994) findet in der aktuellen wissenschaftlichen Diskussion die Vorstellung einer kognitiven Vulnerabilität (Brenner et al. 1992 a) breite Akzeptanz. Ihr zufolge sind bei den Betroffenen Abweichungen bzw. Defizienzen in grundlegenden Prozessen der Informationsverarbeitung zu erwarten, die ihrerseits pervasiv auf die höheren Stufen der Verhaltensorganisation wirken und mit diesen i.S. vitiöser Zirkel interagieren („Pervasivitätsmodell“; Brenner 1986, 1989, Brenner et al. 1992 b). Störungen auf der Ebene elementarer attentional-perzeptiver Prozesse beeinflussen dabei nicht nur komplexere kognitive Funktionen (und wirken von dort wieder zurück), sondern zeigen sowohl auf der mikro- als auch auf der makrosozialen Ebene unmittelbare Auswirkungen auf das offene Verhalten. Damit wird der Aufbau und der Einsatz basaler sozialer Fertigkeiten ebenso beeinträchtigt wie die darauf aufbauende Fähigkeit, komplexe soziale Rollen einzunehmen und sich in diesen sozial kompetent zu verhalten. Auch ein situationsangemessenes Problemlöseverhalten, das den Entwurf und die Umsetzung weiterreichender zielgerichteter Handlungspläne umfaßt, wird erschwert. Infolge solcherart reduzierter Coping-Fähigkeiten erleben die Betroffenen längerfristig vor allem komplexe soziale Situationen als Stressoren, wobei das Streßerleben auf die gestörten basalen Prozesse der Informationsverarbeitung zurückwirkt und diese verstärkt. Solche Wechselwirkungen werden ihrerseits wieder durch Umwelt- und Organismusvariablen beeinflußt. Auf seiten der Organismusvariablen ist dabei v.a. auf das aktuelle psychophysiologische Erregungsniveau (Patterson und Venables 1980, Dawson et al. 1982, Dawson und Nuechterlein 1984), auf seiten der Umweltvariablen auf soziale Kontingenzen, situative Mediatoren und kritische Lebensereignisse hinzuweisen, die wiederum auch untereinander interagieren. Ein schizophren Erkrankter, der infolge der gestörten elementaren Aufmerksamkeits- und Wahrnehmungsfunktionen Schwierigkeiten in der Interpretation und Verarbeitung von Information hat, wird also eine verminderte Verarbeitungskapazität für die Komplexität und die mehrebigen Bedeutungsaspekte interpersoneller Interaktionen aufweisen, so daß seine Fähigkeit, sich im Rahmen sozialer Situationen zielorientiert und situationsangemessen zu verhalten, deutliche Einschränkungen erfährt. Die Wahrnehmung solcher Einschränkungen wirkt dabei sowohl unmittelbar als auch mittelbar (über die Erhöhung des Erregungsniveaus) auf die kognitiven Defizienzen zurück. Schaukeln sich solche Wechselwirkungen zwischen gestörten Aufmerksamkeitsfunktionen, Interpretationen (sozialer) Situationen, Emotionen und psychophysiologischer Erregung auf, bricht die Informationsverarbeitung schließlich völlig zusammen. Längerfristig wird es für die Betroffenen dadurch immer schwieriger, den Anforderungen der verschiedenen sozialen Rollen zu genügen und diese mit sozial kompetentem Verhalten zu meistern.

Empirische Daten, die geeignet erscheinen, entsprechende Defizite sozialer Fertigkeiten und sozialer Kompetenz zu belegen und inhaltlich zu spezifizieren, werden in der Literatur mehrfach referiert. Die meisten Belege beziehen sich dabei auf Beeinträchtigungen in der Wahrnehmung und Interpretation sozialer Situationen sowie auf Schwierigkeiten in der Bestimmung von Verhaltenszielen und der Auswahl bzw. der Umsetzung entsprechender Verhaltensantworten. Argyle (1981) z. B. wies nach, daß schizophren Erkrankte spezifische (soziale) Fertigkeitsdefizite zeigen, so z. B. unangemessene mimische Verhaltensweisen oder inadäquate Gestik und Körperhaltung. Berndl und Mitarbeiter (1986) beschreiben bei solchen Patienten eine Beeinträchtigung in der Verarbeitung emotionalen Ausdrucksverhaltens, die zu Schwierigkeiten führt, soziale Situationen adäquat zu interpretieren und das eigene Verhalten entsprechend auszurichten. Zu vergleichbaren Untersuchungsergebnissen kommen auch Livesay (1981) und Morrison und Mitarbeiter (1988). Trower und Mitarbeiter (1978) weisen darauf hin, daß schizophren Erkrankte in solchen Situationen bevorzugt mit inakkuraten Stereotypien, Halo-Effekten und Attributionsfehlern reagieren. Der Rückgriff auf weiterreichende Handlungspläne („mental sets“; Shakow und McCormick 1965) scheint dabei infolge kognitiver Defizienzen erschwert zu sein (Brenner et al. 1983, 1992 a), so daß sozial kompetentes Verhalten häufig nicht mehr gezeigt werden kann. In die gleiche Richtung weist auch ein Befund von Rey (1978). Er stellte fest, daß schizophren Erkrankte durch ihre verminderte Informationsverarbeitungskapazität nicht mehr in der Lage sind, soziale Zusammenhänge in ihrer Komplexität zu erfassen und erfolgreich, d. h. im Sinne sozial kompetenten Verhaltens zu bewältigen (vgl. auch Rund und Landro 1990, Braff 1993). Feinberg und Mitarbeitern (1986) bzw. Andreasen (1990) zufolge ist eine solcherart reduzierte Informationsverarbeitungsfähigkeit dabei vor allem in Situationen mit hohem emotionalen Bedeutungsgehalt (also in erster Linie in sozialen Situationen) zu erwarten.

Über fokale Defizienzen der Problemlösefertigkeiten schizophrener Patienten wird in der Literatur ebenfalls berichtet, wenngleich hierzu noch wenig empirisch gesichertes Datenmaterial vorliegt. Platt und Spivack (1975) wiesen darauf hin, daß schizophren Erkrankte im Problemlösungsprozeß (Mittel-Ziel-Analysen) gegenüber Gesunden signifikant weniger Lösungen finden und Schwierigkeiten haben, ihre Effizienz dabei richtig einzuschätzen. Repliziert wurde dieser Befund durch Hansen und Mitarbeiter (1985). Pishkin und Williams (1984) stellen fest, daß die Fehlertendenz bei Problemlöseaufgaben mit steigendem Schwierigkeitsgrad bei schizophren Erkrankten im Vergleich zu einer Kontrollgruppe psychisch Gesunder überproportional zunimmt. Redundante Zusatzinformationen, die bei letzteren den Problemlösungsprozeß erleichtern, erschweren schizophrenen Personen die Aufgabenstellung zusätzlich. Darüber hinaus sind diese deutlich weniger in der Lage, alle für die Identifizierung einer Problemstellung nötigen Informationen zu nutzen, wobei der Rückgriff auf problemrelevante Gedächtnisinhalte ebenfalls erschwert zu sein scheint (Pishkin und Bourne 1981). Ähnliche Ergebnisse werden auch von anderen Autoren referiert (u.a. Platt und Spivack 1972 a, b, Spivack und Shure 1975, Edelstein et al. 1980).

Die bisherigen Ausführungen lassen hinsichtlich der Therapie schizophren Erkrankter mehrere Schlüsse zu:

1. Eine Behandlung sozialer Beeinträchtigungen ist nicht nur für schizophren Erkrankte mit deutlicher Minussymptomatik angezeigt, sondern sollte ein Standardverfahren für alle Betroffenen darstellen.

2. Die Behandlung selbst muß in ihrem Vorgehen die verschiedenen gestörten sozialen Funktionsebenen umfassen. Dementsprechend sind sowohl die basalen sozialen Fertigkeiten zu (re-) etablieren, als auch sozial kompetentes Verhalten in Hinblick auf eine erfolgreiche soziale Anpassung (wieder) einzuüben.

3. Therapeutische Maßnahmen müssen auf allen Ebenen den schizophrenie-spezifischen fokalen Defizienzen gerecht werden. Dies gilt besonders für die Berücksichtigung kognitiver Störungen bzw. reduzierter Problemlösefertigkeiten, die wesentlich an den Störungen im sozialen Bereich mitbeteiligt sind.

Vor dem Hintergrund lerntheoretischer Erkenntnisse kommen zwischenzeitlich verschiedene psychotherapeutische Verfahren zur Behandlung schizophren Erkrankter zum Einsatz. Sie werden nachfolgend in ihren Grundzügen skizziert und sowohl in Hinblick auf ihre empirische Absicherung als auch auf ihre Angemessenheit für eine Therapie sozialer Beeinträchtigungen diskutiert. Auf den Einbezug der behavioralen Familientherapie wird dabei verzichtet, da diesem Ansatz in diesem Buch ein eigenes Kapitel gewidmet ist.

## Sozio- und milieutherapeutische Behandlungsverfahren

### Darstellung

Im Rahmen der Umsetzung sozialpsychiatrischer Ideen und Konzepte kommen sozio- und milieutherapeutische Behandlungsverfahren im deutschsprachigen Raum seit den fünfziger Jahren vor allem im rehabilitativen Bereich zur Anwendung (Heim 1985). Sie sind weniger als abgrenzbares psychotherapeutisches Konzept sondern vielmehr als Bündel grundsätzlicher, patientenorientierter therapeutischer Haltungen zu verstehen, die auf verschiedenen Ebenen institutionalisierter Betreuungsangebote umgesetzt werden. In Anlehnung an Peters (1990) muß also jede Behandlungsform darunter subsumiert werden, welche die zwischenmenschlichen Beziehungen und die Umgebung psychisch Kranker in dem Sinne psychotherapeutisch beeinflußt, daß sozialer Behinderung vorgebeugt oder diese zu beseitigen bzw. zu verringern versucht wird. Dies geschieht in zweierlei Hinsicht: Zum einen unter dem Aspekt der Milieugestaltung, zum anderen durch die stufenweise Verfügbarmachung institutionalisierter Betreuungsangebote, die auf die therapeutischen Zielsetzungen und rehabilitativen Erfordernisse abgestimmt werden müssen. Im idealen Fall entsteht so eine stufenförmige milieutherapeutische Behandlungskette, die über ambulante Dienste bis zu einer möglichen stationären Behandlung verläuft und sich von dort über teilstationäre Einrichtungen, Angebote für beschütztes Wohnen und Arbeiten, berufliche und soziale Wiedereingliederungsmaßnahmen sowie ambulante Nachsorgeeinrichtungen wieder schließt (Deister 1993).

Zur störungsspezifischen Milieugestaltung bei schizophrenen Patienten liegen verschiedene Vorschläge vor. Während Mosher und Menn (1975), und später, unter Einbezug der Vulnerabilitätsmodelle der Schizophrenie (Zubin und Spring 1977), Ciompi (1981, 1982) in erster Linie eine strukturierte, reizabschirmende, affektiv entspannende und angstreduzierende „Gegenhaltung" zum pathogenen (familiären) Milieu betonen, vertritt Heim (1985) einen eklektischen Ansatz, der darüber hinaus Elemente der Psychoanalyse, der humanistischen Therapien und der Kommunikations- und Systemtheorie enthält. Den von ihm postulierten Wirkfaktoren (Partizipation, offene Kommunikation, soziales Lernen, Gemeinschaftsleben) ordnet er verschiedene Milieutypen zu, die ihrerseits nach differentiellen Indikationskriterien einzusetzen sind. Entsprechend der vorherrschenden Symptomatik sollten schizophren Erkrankte demnach durch ein equilibrierendes (für akut Erkrankte mit hohem Aktivitätsniveau) oder animierendes (für subakut oder chronisch Erkrankte mit geringem Aktivitätsniveau), gegebenenfalls auch durch ein reflektierendes (für Erkrankte in Remission), betreuendes (für chronisch Erkrankte, die rehabilitativen Maßnahmen nicht mehr zugänglich sind) oder strukturierendes Milieu (für perakut Erkrankte mit z. B. deutlicher Suizidalität) behandelt werden. Trotz der Betonung der Bedeutung sozialen Lernens kommen spezielle strukturierte therapeutische Lerntechniken im Rahmen einer milieutherapeutischen Behandlung i.d.R. nicht zum Einsatz. Statt dessen werden mit der Milieugestaltung situative Rahmenbedingungen geschaffen, die das Auftreten spontaner Lernvorgänge begünstigen sollen.

## Empirische Belege

Infolge seiner unscharfen Konzeptualisierung entzieht sich der milieutherapeutische Behandlungsansatz weitgehend einer empirischen Überprüfung. Insofern liegt auch nur wenig gesichertes Datenmaterial vor, das erlaubt, seine Angemessenheit für die Behandlung sozialer Beeinträchtigungen schizophren Erkrankter, bzw. seine differentielle Wirksamkeit hinsichtlich verschiedener Störungsebenen zu beurteilen. Hinweise für eine generelle Wirksamkeit von Milieufaktoren bei der Behandlung schizophren Erkrankter lieferte die Forschergruppe um Wing, die von signifikanten statistischen Korrelationen zwischen einem eingeengten, unterstimulierenden institutionellen Milieu und dem Auftreten einer negativ-unproduktiven Symptomatik einerseits, zwischen einer überstimulierenden, gespannt-aufgeregten Behandlungsatmosphäre und akut-produktiven Exazerbationen andererseits berichtete (vgl. Wing und Brown 1970). Hinweise zur differentiellen Wirksamkeit lassen sich einer Literaturübersicht von Ellsworth (1983) entnehmen, die 23 kontrollierte Studien zur Milieutherapie bei schizophrenen Patienten zusammenfaßt. Dem Autor zufolge zeigen sich dabei Zusammenhänge hinsichtlich verschiedener Erfolgskriterien. So erscheinen die Entlassungsquoten der Betroffenen umso höher, je gezielter die jeweiligen Behandlungsprogramme auf die psychotherapeutischen und rehabilitativen Erfordernisse der Betroffenen abgestimmt sind, und je mehr Betreuungspersonal hierfür zum Einsatz kommt. Aktive Interaktionen zwischen Betreuern und Patienten sind hierbei vermutlich von Vorteil. Je mehr Gewicht bei der Behandlung auf die kommunikativen Prozesse gelegt und je aktiver das milieutherapeutische Behandlungsprogramm gestaltet wird, desto niederer sind die Rehospitalisationsraten. Weiterhin wirkt sich, so Ellsworth, ein solcherart aktives Milieu mit einer hohen Interaktionsrate auch auf die psychosoziale Anpassung der Betroffenen nach der Entlassung aus der Behandlung positiv aus. Dieser Effekt scheint besonders dann aufzutreten, wenn das (milieutherapeutische) Betreuungspersonal positive Erwartungshaltungen vertritt, und solche sowohl bei den Patienten wie auch den Angehörigen geweckt werden können (Dauwalder et al. 1984).

Neuere Untersuchungsergebnisse (Vaitl et al. 1989, an der Heiden et al. 1989) weisen in die gleiche Richtung. Beispielsweise wurden in einer prospektiven Verlaufsstudie von Ciompi und Mitarbeitern (1991, 1993) 22 akut schizophren Erkrankte in der offenen therapeutischen Wohngemeinschaft „Soteria Bern" vorwiegend milieutherapeutisch mit möglichst niedrigen Neuroleptikadosen behandelt und über zwei Jahre mit paarweise parallelisierten traditionell (vorwiegend medikamentös) behandelten Kontrollpatienten verglichen. Hinsichtlich der in der Studie untersuchten Erfolgskriterien (psychopathologischer Befund, Wohnsituation, Arbeitssituation und Kombinationswertung) berichten die Autoren in annähernd zwei Drittel der Fälle von guten unmittelbaren Behandlungserfolgen. Nach zwei Jahren ließen sich zwischen den Index- und den Kontrollpatienten allerdings keine signifikanten Unterschiede mehr hinsichtlich der Erfolgskriterien bzw. der Rückfallhäufigkeit ausmachen, so daß die von den Autoren vermutete Überlegenheit des milieutherapeutischen gegenüber einem primär medikamentösen Behandlungsansatz nicht nachgewiesen werden konnte. Insofern liefert auch die Studie von Ciompi und Mitarbeitern nur Hinweise für eine generelle

Wirksamkeit eines milieutherapeutischen Behandlungsansatzes, läßt aber ebenfalls keine abschließende Bewertung der Frage zu, ob soziale Beeinträchtigungen schizophren Erkrankter über ein solches Vorgehen angemessen behandelt werden können.

# Verhaltenstherapeutische Behandlungsmethoden zur Verbesserung sozialer Fertigkeiten und sozialer Kompetenz

## Ältere verhaltenstherapeutische Ansätze

### Token-Programme

#### Darstellung

Entsprechend dem Stand der Theoriebildung erfolgten die ersten Versuche einer verhaltenstherapeutischen Behandlung schizophren Erkrankter vor dem theoretischen Hintergrund der klassischen Lerntheorie. Analog zu den Gesetzmäßigkeiten „normaler" Lernvorgänge wurden psychotische Verhaltensweisen als Verhaltensexzesse bzw. -defizite verstanden, deren Beeinflussung konsequenterweise über die Variation möglicher Antezedenten und Konsequenzen des Problemverhaltens erfolgen sollte. Das therapeutische Vorgehen orientierte sich dabei in erster Linie am Paradigma operanten Lernens, d.h. an der Verstärkung erwünschten, bzw. an der Extinktion unerwünschten Verhaltens. Die Erfahrung, daß sich materielle Verstärker bei schizophren Erkrankten als effektiver erwiesen als verbale oder soziale, führte zunächst zum Einsatz leicht verfügbarer (materieller) Verstärker, wie z.B. Zigaretten, Kaffee oder Süßigkeiten, später, als deutlich wurde, daß solche einfachen Verstärker oft nicht die erwarteten Verhaltensänderungen nach sich ziehen, zur Verwendung generalisierter sekundärer Tokens (Wertmarken) im Rahmen weiterreichender Behandlungsprogramme (Ayllon und Azrin 1968, Wincze et al. 1972).

Token-Programme werden seitdem bei schizophren Erkrankten meist im stationären Rahmen zur gezielten Behandlung dysfunktionalen Verhaltens und sozialer Abkapselung sowie zur Reaktivierung von Langzeitpatienten eingesetzt (Florin und Meyer-Osterkamp 1974). Zentralen Stellenwert im therapeutischen Vorgehen hat dabei die Erstellung einer Hierarchie erwünschter Zielverhaltensweisen unter verhaltensanalytischen Gesichtspunkten. Da schizophren Erkrankte v.a. komplexere Zielverhaltensweisen – häufig solche aus den Bereichen Körperpflege, Arbeits- und Sozialverhalten (Curran et al. 1982) – oft nur in rudimentärer Form zeigen, erfolgt deren Aufbau i.d.R. über Shaping-Techniken (Verhaltensformung; vgl. z.B. Hersen und Bellack 1976). Dementsprechend wird das Zielverhalten zunächst in einzelne Komponenten zerlegt und deren Auftreten Schritt für Schritt mit Hilfe der Tokens kontingent verstärkt. Chaining-Techniken (Verhaltensverkettung) dagegen kommen dann zum Einsatz, wenn größere Teile des Zielverhaltens im behavioralen Repertoire der Betroffenen bereits zu beobachten sind, so daß nur mehr wenige Verhaltenskomponenten neu aufgebaut werden müssen. Häufig wird bei schizophrenen Patienten ein solches Vorgehen durch weitere Lerntechniken (v.a. Instruktionen, Modellernen und Darbietung von Hinweisreizen [Prompting]) unterstützt. Solche Hilfestellungen müssen nach und nach allerdings wieder ausgeblendet werden, damit die neu erworbenen Verhaltensweisen auch unabhängig von stützenden Techniken auftreten (Curran et al. 1982). Die Tokens selbst können von den Patienten individuell nach vorher festgelegten Verteilungsschlüsseln in primäre oder sekundäre Verstärker, also z.B. in Essen oder in Belohnungen von individuellem Wert umgetauscht werden. Unerwünschte, d.h. dem Zielverhalten nicht förderliche Verhaltensweisen lassen sich im Rahmen eines Token-Programms durch ausbleibende Verstärkung oder durch den Entzug von Tokens (Response Cost) löschen. Zur Generalisierung und Aufrechterhaltung der Therapieeffekte wird von verschiedenen Autoren vorgeschlagen, die Token-Programme längerfristig auf die natürliche bzw. häusliche Umgebung der Betroffenen auszudehnen und nachfolgend schrittweise wieder auszublenden (u.a. Carlson et al. 1972).

#### Empirische Belege

Einen konsistenten Überblick zu empirischen Überprüfungen der Token-Programme zu geben erscheint schwierig, da sich die meisten der vorliegenden Studien hinsichtlich der untersuchten (schizophrenen) Patientenpopulationen wie auch der verwendeten Erfolgsmaße und der therapeutischen Durchführung unterscheiden. Trotz solcher Einschränkungen lassen sich einige übereinstimmende Untersuchungsergebnisse festhalten. Verschiedene Studien zeigen, daß bei stark regredierten Patienten die kontingente Vergabe von Tokens einer nicht kontingenten überlegen ist (Baker et al. 1977). Daneben scheint sich die Durchführung eines Token-Programms bei weitgehend therapieresistenten, schizophrenen Langzeitpatienten positiv auf die Entlassungs- bzw. Rehospitalisierungsraten auszuwirken (Foreyt et al. 1975). Verbesserungen im Bereich der sozialen Beeinträchtigungen der Betroffenen werden in der Literatur ebenfalls berichtet. Shean und Zeidberg (1971) bzw. Maley und Mitarbeiter (1973) weisen auf eine signifikante Zunahme der Kooperation, Kommunikation und dem Ausmaß sozialer Kontakte im Vergleich zu traditionell psychiatrisch behandelten Kontrollgruppen hin. Andere Studien bestätigen solche Befunde (z. B. Presly et al. 1976).

Belege für die Effektivität eines Token-Ansatzes finden sich auch in der prospektiven Vergleichsstudie von Paul und Lentz (1977). Die Autoren verglichen die Wirksamkeit eines Token-Programms (das allerdings durch Lerntechniken wie Modellernen oder Problemlöseverfahren ergänzt worden war) mit der eines milieutherapeutischen und eines traditionellen psychiatrischen Therapieansatzes (stationärer Klinikaufenthalt mit vorwiegend medikamentöser Behandlung) in einer Stichprobe schwer regredierter schizophrener Langzeitpatienten über einen Zeitraum von sechs Jahren. Das (modifizierte) Token-Programm zeigte sich dabei den beiden anderen Ansätzen deutlich überlegen. Die Autoren berichten von einer signifikant höheren Besserungsrate (hinsichtlich persönlicher Pflege, Arbeits- und Sozialverhalten) bei den Teilnehmern des Programms gegenüber denen, die milieutherapeutisch behandelt worden waren (89,3% vs. 46,4%), während die Rate bei der traditionell behandelten Kontrollgruppe nochmals niedriger ausfiel. Nach Beendigung der Behandlung waren insgesamt 92,5% der Patienten, die das Token-Programm erhalten hatten, in der Lage, außerhalb eines stationären Rahmens zu leben; 10% waren dabei sogar fähig, ein völlig selbständiges Leben zu führen und sich selbst zu versorgen. Von den schizophrenen Patienten, die milieutherapeutisch behandelt worden waren, konnten dagegen nur 71%, von der Kontrollgruppe nur 48,4% in eine klinikexterne Lebensform übertreten. Unklar bleibt bei der Studie von Paul und Lentz allerdings, in welchem Maße die Modifikationen, die zusätzlich zum Token- Programm eingesetzt worden waren, zu diesem positiven Ergebnis beitrugen.

Trotz solcher Belege, die für eine generelle Wirksamkeit der Token-Programme sprechen und auf differentielle Therapieeffekte im Bereich der sozialen Beeinträchtigungen schizophren Erkrankter hinweisen, stößt der Ansatz in zweierlei Hinsicht an Grenzen. Zum einen stellt sich bei ihm das Problem, daß trotz der Vorschläge zum Transfer der Therapieeffekte die in der Literatur berichteten Erfolge den zeitlichen Rahmen der Therapie selbst nur selten überschreiten und nur ungenügende Generalisierungseffekte der neu erworbenen Verhaltensweisen zu beobachten sind (vgl. Roder et al. 1990). Zum anderen beziehen sich fast alle Wirksamkeitsnachweise auf stark regredierte und weitgehend inaktive schizophrene Langzeitpatienten, die vorwiegend maladaptive Verhaltensweisen zeigten und deren Symptomatik sich gegenüber anderen psychotherapeutischen Verfahren als resistent erwiesen hatte. Dementsprechend wird die Indikationsstellung der Token-Programme gegenwärtig auf diese Patientengruppe beschränkt, wobei immer wieder von unmittelbaren Therapieerfolgen berichtet wird (z. B. Hubmann et al. 1989 a). Studien, welche die Angemessenheit des Token-Ansatzes bei schizophrenen Patienten ohne eine derartige Residualsymptomatik nachweisen, bzw. welche die Therapieeffekte im Bereich der sozialen Beeinträchtigungen der Betroffenen spezifizieren würden, stehen bis heute aus.

## Training sozialer Fertigkeiten (motor-skills-Ansatz)

### Darstellung

Vor dem Hintergrund der Einschränkungen, denen operante Techniken in ihrer praktischen Anwendung unterliegen und unter Berücksichtigung früherer theoretischer Arbeiten von Zigler und Mitarbeitern (z. B. Zigler und Phillips 1962), die auf die Bedeutung sozial kompetenten Verhaltens für den Verlauf einer schizophrenen Erkrankung hingewiesen hatten, wurde seit Mitte der siebziger Jahre an der Entwicklung von Therapiemethoden zum Aufbau sozialer Fertigkeiten gearbeitet. In Übereinstimmung mit anderen Forschergruppen gingen Goldsmith und McFall (1975) dabei von der Überlegung aus, daß alle, also auch die maladaptiven psychotischen Verhaltensweisen den Versuch einer Anpassung an spezifische soziale Situationen beinhalten. Aus der Unangemessenheit, d. h. der fehlenden Effizienz dieses Versuchs schlossen die Autoren, daß die Betroffenen situationsspezifische Defizite in ihren sozialen Fertigkeiten aufweisen, die ihrerseits über geeignete therapeutische Verfahren behoben werden müssen. Mehrere Ursachen solcher Defizite werden in der Literatur beschrieben. Möglich erscheint, daß die Betroffenen die im Alltag erforderlichen sozialen Fertigkeiten entweder nie in einer adäquaten Form gelernt haben, oder diese durch den Verlauf oder die Dauer der Krankheit nicht mehr eingesetzt werden können. Denkbar ist aber auch, daß schizophren Erkrankte fehlerhafte Vorstellungen über mögliche Kontingenzen und Konsequenzen im Rahmen sozialer Interaktionen haben, oder daß ein hoher Angstpegel die Ausführung (vorhandener) sozialer Fertigkeiten behindert (vgl. Curran et al. 1982).

Im Mittelpunkt des therapeutischen Vorgehens stehen bei den Trainingsverfahren zu sozialen Fertigkeiten nicht mehr nur operante Techniken, sondern solche, die aus der sozialen Lerntheorie abgeleitet wurden, wie Coaching, Prompting, Modellernen, Rollenspiel, Feedback und soziale Verstärkung. Die ersten Ansätze eines solchen Trainings stützten sich dabei auf ein molekulares Modell sozialer Fertigkeiten, das besonders die Übung situationsangemessener kommunikativer „Sende-"Fertigkeiten (z. B. Augenkontakt halten, Nachfragen, Zuhören, beim Thema bleiben, Sprechpausen vermeiden, Mimik und Gestik kontrollieren) hervorhebt („motor skills-Ansatz"; Foy et al. 1975). Das konkrete Vorgehen umfaßt bei den meisten in der Literatur beschriebenen Trainingsverfahren in Abhängigkeit vom individuellen Funktionsniveau der Betroffenen zwischen fünf und sieben Stufen. Unverzichtbarer Bestandteil aller Verfahren ist eine vom Therapeuten zu Beginn der jeweiligen Trainingssequenz vermittelte konkrete und verhaltensnah operationalsierte Instruktion über die zu erlernenden Verhaltensweisen. Bei stärker beeinträchtigten Patienten erfolgt nachfolgend eine modellhafte Demonstration einer angemessenen Ausführung des Zielverhaltens durch den Therapeuten (Bellack und Hersen 1978). Im anschließenden zentralen Therapieabschnitt, dem Rollenspiel, üben die Teilnehmer das Verhalten zunächst zusammen mit einem Therapeuten, nachfolgend auch untereinander. Nach jedem Rollenspiel gibt der Therapeut ein spezifisches Feedback und verstärkt die gelungene Ausführung des Zielverhaltens. Zum Abschluß jeder Sitzung erhalten die Patienten entsprechende therapeutische Hausaufgaben, welche die Anwendung des erarbeiteten Zielverhaltens gewährleisten sollen. Verschiedene Autoren schlagen darüber hinaus ein „Generalisierungstraining" vor (z. B. Stokes und Baer 1977), bei dem die neu erworbenen Verhaltensweisen unter therapeutischer Anleitung im natürlichen Lebensumfeld der Betroffenen zu erproben sind (vgl. Brady 1984).

Differenzen zwischen den Forschergruppen wurden in dieser frühen Phase der Entwicklung von Trainingsverfahren sozialer Fertigkeiten bei der Beurteilung der Frage deutlich, welche Zielverhaltensweisen im Rahmen eines solchen Trainings in die Therapie einbezogen werden sollten. Die meisten Autoren versuchten dabei im Einzelfall über Selbstbeurteilungsverfahren, Verhaltensbeobachtung und physiologische Parameter (Hersen und Bellack 1977) defizitäre soziale Fertigkeiten verhaltensanalytisch zu erfassen und das therapeutische Vorgehen darauf abzustimmen. Daneben wurden standardisierte „Behandlungspakete" (treatment packages) in Verbindung mit systematischen Therapieleitfäden vorgeschlagen, die sich auf häufig betroffene Störungsbereiche der sozialen Fertigkeiten schizophren Erkrankter beziehen (Hersen und Bellack 1976, Bellack und Hersen 1978, Monti et al. 1979, Wallace 1982, McFall 1982, Liberman et al. 1982). Das Spektrum der in die Behandlung einbezogenen Verhaltensweisen reicht dabei von den molekularen kommunikativen (Sende-) Fertigkeiten bis zu darauf aufbauenden molaren Verhaltenssequenzen aus dem Lebensalltag der betroffenen Patienten (z. B. Kritik äußern, Lob ausdrücken).

### Empirische Belege

In der Literatur findet sich eine große Anzahl kontrollierter Studien, die darauf hinweisen, daß ein Training sozialer Fertigkeiten (motor skills-Ansatz) differentielle Therapieeffekte bewirkt. Verschiedene Einzelfallstudien zeigen, daß v.a. basale kommunikative Fertigkeiten durch ein solches Training unmittelbar verbessert werden können und weiterhin Generalisierungseffekte auf Situationen auftreten, die nicht in das Übungsprogramm einbezogen sind (Williams et al. 1977, Matson und Stephens 1978). Bestätigt werden solche Befunde durch verschiedene Untersuchungen, in denen experimentelle Behandlungsgruppen mit Kontrollgruppen verglichen werden. Finch und Wallace (1977) z. B. führten mit 16 männlichen schizophrenen Patienten in zwölf Gruppensitzungen ein Training zur Verbesserung interpersoneller sozialer Fertigkeiten bzw.

zum Abbau von Angst in sozialen Situationen durch und verglichen die Ergebnisse mit den Daten einer (Leer-) Kontrollgruppe. Die Behandlungsgruppe zeigte sich dabei nach Beendigung der Therapie in allen erfaßten Meßdimensionen (Sprachflüssigkeit, Lautstärke, Sprechpausen, Stimmodulation, Sprechinhalt, Augenkontakt) der Kontrollgruppe signifikant überlegen. Darüber hinaus beobachteten die Autoren eine Generalisierung der Therapieeffekte auf Situationen, die nicht im Rahmen der Therapie bearbeitet wurden. Eisler und Mitarbeiter (1978) verglichen 24 schizophren Erkrankte mit 24 nichtpsychotischen hospitalisierten Patienten, die jeweils zufallsbedingt einer von drei Behandlungsbedingungen (Training sozialer Fertigkeiten mit bzw. ohne Modellernen, behaviorale Beschäftigungstherapie [Kontrollgruppe]) zugewiesen wurden. Beide Trainingsgruppen zeigten dabei gegenüber den jeweiligen Kontrollgruppen nach Abschluß der Behandlung ein verbessertes Interaktions- und Konversationsverhalten. Bei den schizophrenen Patienten wurde darüber hinaus deutlich, daß solche Verbesserungen wesentlich von der Möglichkeit des Modellernens abhängen. Vergleichbare Untersuchungsergebnisse werden auch von anderen Forschergruppen berichtet (Goldsmith und McFall 1975, Monti et al. 1979).

Trotz solcher positiven Befunde macht die Durchsicht der Literatur die Grenzen eines Trainings sozialer Fertigkeiten (motor skills-Ansatz) deutlich. Obwohl etliche Autoren immer wieder von Generalisierungseffekten berichten, zeigt sich bei genauerer Betrachtung, daß diese umso geringer ausfallen, je unähnlicher die konkreten (sozialen) Alltagssituationen der betroffenen Patienten den Trainingssituationen sind (Bellack et al. 1976). Darüber hinaus scheinen die beobachteten Generalisierungseffekte reaktiv von der Erfassungssituation selbst abzuhängen. Messungen in einem Rahmen, der dem der Trainingssituation ähnlich ist, zeigen deutlichere Generalisierungseffekte als solche, die in der jeweiligen Lebensumwelt der Betroffenen durchgeführt werden (Jaffe und Carlson 1976). Weiterhin erscheinen die empirischen Belege zur Dauerhaftigkeit der Therapieeffekte wenig überzeugend. In mehreren Studien wurde zwar die Stabilität der neu erworbenen Fertigkeiten betont (u.a. Goldsmith und McFall 1975, Bellack et al. 1976, Monti et al. 1979), doch die Katamnesezeiträume waren i.d.R. zu kurz (drei bis fünf Monate), um eine weiterreichende Beurteilung zu ermöglichen. Die einzige uns bekannte (Einzelfall-) Studie mit längerem Katamnesezeitraum (ein Jahr), von der in der Literatur berichtet wird (Liberman et al. 1978), kam dagegen zu einem gegenteiligen Schluß. Außerdem werden in den meisten Studien keine follow-up-Daten für die jeweiligen Kontrollgruppen angegeben, so daß eine Interpretation der Ergebnisse von vornherein erschwert wird. Als Fazit fassten Wallace und Mitarbeiter (1980) zusammen, daß die mangelnde zeitstabile Generalisierung von Trainingseffekten auf Situationen außerhalb des Behandlungssettings als ungelöstes Problem des Trainings sozialer Fertigkeiten (motor skills-Ansatz) gelten kann.

## Aktuelle verhaltenstherapeutische Ansätze

### Training sozialer Fertigkeiten (social problem solving-, social perception- und social cognition-Ansatz)

#### Darstellung

Wesentlich breiter ist das Training sozialer Fertigkeiten angelegt, das durch Liberman und Mitarbeiter (1985; 1986a,b, 1993, Liberman 1988, Liberman und Wallace 1990, Corrigan et al. 1992, Eckman et al. 1992, Vaccaro et al. 1992, Wallace et al. 1992) und Bellack und Mitarbeiter (1989) konzipiert wurde und seitdem v.a. im angloamerikanischen Raum weite Verbreitung erfahren hat. Unter Rückgriff auf Vorarbeiten von Trower (1978), Wallace (1980) und McFall und Mitarbeitern (1982), die soziale Fertigkeiten als Wahrnehmungs- („Decodierungs-"), Verarbeitungs- und Durchführungs- („Encodierungs-") Fertigkeiten operationalisiert hatten, erfuhr der motor skills-Ansatz durch die genannten Arbeitsgruppen entscheidende Erweiterungen. Das Schwergewicht des Trainings sozialer Fertigkeiten wird von den Autoren nicht mehr auf eine vorwiegende Verbesserung von „Sende-"Fertigkeiten gelegt, sondern differentiell auf diese drei Komponenten abgestimmt. Dementsprechend versuchen sie, bei den betroffenen schizophrenen Patienten sowohl die Fähigkeit zu verbessern, unter Berücksichtigung der eigenen Befindlichkeit (Gefühle, Einstellungen) relevante situative Parameter in interpersonellen Situationen zu erkennen und angemessen zu interpretieren, als auch das Verarbeitungsvermögen in solchen Situationen zu erhöhen. Hierbei werden die Patienten angeleitet, im Rahmen kognitiver Problemlöseprozesse verschiedene Verhaltensoptionen zu entwerfen und situationsangemessen zu evaluieren. Nach einer Überprüfung des Repertoires der eigenen Bewältigungsfertigkeiten und der externen Ressourcen muß weiterhin die gewählte Option über verbale und non-verbale Kommunikationsformen umgesetzt und über Mittel-Ziel-Analysen abschließend bewertet werden. Entsprechend diesen Zielsetzungen beinhaltet das Training sozialer Fertigkeiten (social problem solving-, social perception- und social cognition-Ansatz) therapeutische Techniken zur Verbesserung der sozialen Wahrnehmung, der Informationsverarbeitung, der Problemlösefähigkeit und der interpersonellen Fertigkeiten. Berücksichtigung findet dabei auch die durch die kognitiven Defizite schizophren Erkrankter bedingte Limitierung möglicher Lernvorgänge bei der Aneignung sozialer Fertigkeiten (Liberman et al. 1993).

Im therapeutischen Vorgehen setzten die Arbeitsgruppen um Liberman und um Bellack verschiedene Schwerpunkte. Bellack und Mitarbeiter betonen die Notwendigkeit, beim Erwerb sozialer Fertigkeiten vor allem diskriminante affektive Stimuli wahrnehmen und interpretieren zu lernen (social perception- und social cognition-Ansatz), während Liberman und Mitarbeiter in erster Linie den situationsangemessenen Einsatz sozialer Fertigkeiten und Problemlösefertigkeiten zur Verbesserung der sozialen Kompetenz üben (social problem solving-Ansatz). In der therapeutischen Praxis überwiegt das Vorgehen nach Liberman, so daß sich die nachfolgende Darstellung auf diesen Ansatz beschränkt.

Die strukturellen und funktionalen Einheiten des Trainings sozialer Fertigkeiten von Liberman und Mitarbeitern werden in sogenannten „Modu-

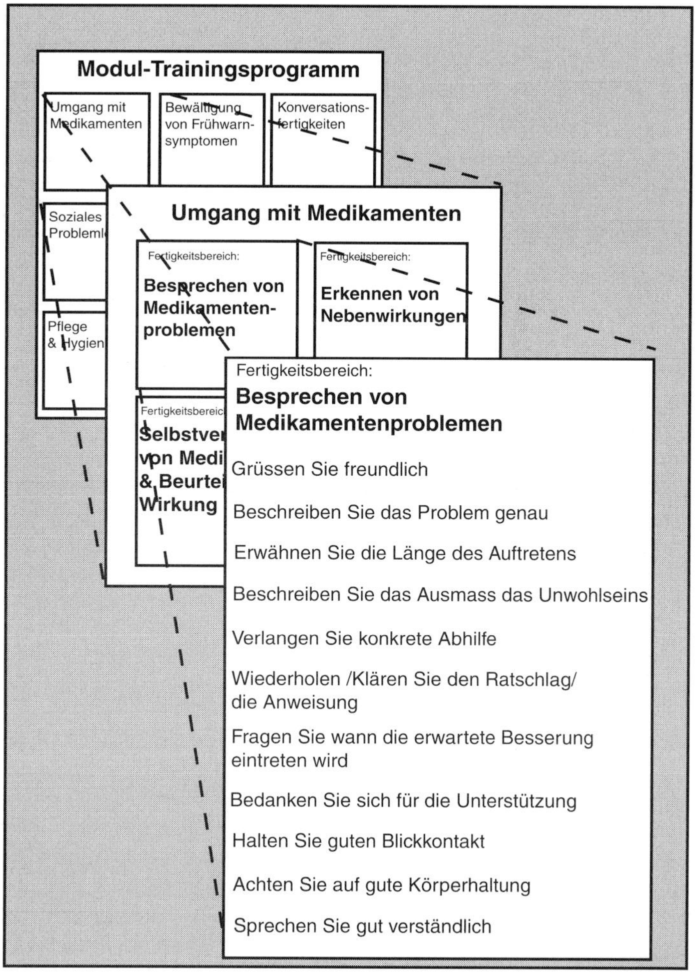


**Abb. 2** Struktur des Modul-Trainingsprogramms nach Liberman

len" zusammengefaßt, die (soziale) Fertigkeiten aus verschiedenen Lebensbereichen beinhalten. Solche Module liegen zu Konversationsfertigkeiten, zur beruflichen Rehabilitation, zur Wohnungssuche und Haushaltsführung, zum Umgang mit Medikamenten und zum Symptommanagement, zu Freizeitaktivitäten, zur Selbstversorgung, zur Benutzung öffentlicher Verkehrsmittel, zur Zubereitung von Mahlzeiten, zum Umgang mit Geld und zum Umgang mit Behörden vor. Je nach Umfang ihrer (Verhaltens-) Defizite und der individuellen Therapieziele werden mit den Patienten in der Gruppe eines oder mehrere dieser Module durchgeführt. Besonderes Gewicht wird dabei auf die Vermittlung adäquater Problemlösungsstrategien gelegt. Der Inhalt eines Moduls ist in verschiedene Fertigkeitsbereiche untergliedert, die ihrerseits die entsprechenden Verhaltensweisen sowie deren kognitive Voraussetzungen umschreiben (vgl. nachfolgende Abbildung, aus Roder et al. 1990).

Jedes Modul wird in einer festgelegten Abfolge anhand eines ausführlichen Manuals in der Therapiegruppe bearbeitet. Ausgehend von einer Einführung, in der die Vorteile sowie der Nutzen jedes Moduls mit dem Ziel erläutert werden, Therapiemotivation aufzubauen, erfolgt das Training der erforderlichen Verhaltensweisen der jeweiligen Fertigkeitsgebiete. Dieses umfaßt zwei Stufen: Auf der ersten wird mit den Patienten die Verhaltenssequenz kognitiv erarbeitet und eine modellhafte Video-Demonstration einer gelungenen Durchführung des Zielverhaltens dargeboten. Auf der zweiten werden die entsprechenden Fertigkeiten über Rollenspiele so lange eingeübt, bis die Patienten die Sequenz selbständig bewältigen können. Nach dem Erwerb der Fertigkeiten wird besprochen, wie materielle und soziale Ressourcen, die zur Umsetzung der erlernten Fähigkeiten im Einzelfall erforderlich sind, genutzt werden können. Probleme, die das Ressourcen-Management betreffen und solche, die den Einsatz der erlernten Fähigkeiten in vivo behindern, werden nachfolgend angegangen. Hierzu wird ein fünfstufiges Trainingsprogramm zu Problemlösungsfertigkeiten (mit den Stufen: „Definition des Problems", „Erarbeiten lösungsorientierter Verhaltensalternativen", „Bewertung der Alternativen in Hinblick auf deren positive und negative Konsequenzen", „Auswahl einer geeigneten Alternative" und „Umsetzung der ausgewählten Verhaltensalternative") durchgeführt. Um eine zeitstabile Generalisierung der in der Therapie erarbeiteten sozialen Fertigkeiten zu gewährleisten, endet die Bearbeitung eines Fertigkeitsgebietes mit entsprechenden (therapeutischen) Hausaufgaben, in-vivo-Übungen unter Begleitung durch den Therapeuten und Auffrischungssitzungen („booster sessions").

## Empirische Belege

Zum Training sozialer Fertigkeiten in der von Liberman und Mitarbeitern entwickelten Form liegen zwischenzeitlich mehrere Untersuchungsergebnisse vor. Eckman und Mitarbeiter (1992) gingen in ihrer Studie von der Frage aus, ob schizophren Erkrankte die in den Modulen vermittelten Kenntnisse und (Verhaltens-) Fertigkeiten lernen und längerfristig nutzen können. Sie untersuchten 41 männliche Patienten mit einer durchschnittlichen Erkrankungsdauer von 14 Jahren, die randomisiert entweder ein sechsmonatiges Training sozialer Fertigkeiten (mit den Modulen: „Umgang mit Medikamenten" und „Symptommanagement") oder eine supportive Gruppentherapie erhielten. Alle Patienten wurden darüber hinaus mit gering dosierten Neuroleptika behandelt. Den Autoren zufolge erhöhte sich bei den Patienten der Trainingsgruppe das Wissen und die Auftretensrate der vermittelten Verhaltensfertigkeiten um 35% (von 55% zu Beginn des Trainings auf 90% nach Beendigung des Trainings), während bei der Kontrollgruppe nur eine fünfprozentige Zunahme zu beobachten war. Unabhängig vom Ausmaß der Psychopathologie der Teilnehmer konnte dieser Effekt auch nach einem Katamnesezeitraum von zwölf Monaten noch nachgewiesen werden. Weiterhin generalisierte er auf das klinikexterne Milieu und bewirkte dort signifikante Verbesserungen im persönlichen Wohlbefinden, in sozialen Aktivitäten und interpersonellen Kontakten. Ähnliche Generalisierungseffekte fanden auch Vaccaro und Mitarbeiter (1992). Ihre Studie umfaßte 80 schizophren erkrankte Patienten, die ebenfalls per Randomisierung entweder einem sechsmonatigen Training sozialer Fertigkeiten oder einer Beschäftigungstherapie zugeteilt wurden. Signifikante Verbesserungen stellten die Autoren nicht nur bei den im Rahmen der Therapie behandelten Fertigkeiten fest, sonden auch hinsichtlich der subjektiven Lebensqualität der Betroffenen. Beide Studien replizierten die Ergebnisse einer vorangegangenen Untersuchung von Liberman und Wallace (1990), in der ein Training sozialer Fertigkeiten mit einer „ganzheitlichen Gesundheitstherapie" („Erhöhung des physischen und psychischen Wohlbefindens") in einer Stichprobe von 28 schizophren erkrankten Männern, die vorwiegend aus Familien mit hohen Expressed Emotion-Werten stammten, verglichen worden war. Auch in dieser Untersuchung wird von zeitstabilen Lern- und Generalisierungseffekten auf die soziale Anpassung und die subjektive Befindlichkeit berichtet.

Ähnlich positive Ergebnisse beschrieben auch Wallace und Mitarbeiter (1992). Im Rahmen einer Multi-Center-Studie behandelten sie 126 psychiatrisch erkrankte Patienten (durchschnittliches Alter: 33 Jahre; durchschnittliche Erkrankungsdauer: zwölf Jahre; 74% männlich, 26% weiblich; 90% Diagnose Schizophrenie) durchschnittlich vier Monate mit einem Trainingsprogramm sozialer Fertigkeiten und verglichen sie mit einer (Warteliste-) Kontrollgruppe. Dabei gelangten die Module „Umgang mit Medikamenten", „persönliche Hygiene" und „Entspannung und Freizeitaktivitäten" zum Einsatz. Bei 108 Therapieteilnehmern, die das Training abgeschlossen hatten, zeigten sich unabhängig vom jeweiligen Behandlungszentrum signifikante Unterschiede zwischen den Prae- und Postmessungen der in den Modulen vermittelten Fertigkeiten, die auch nach einem Katamnesezeitraum von einem Jahr noch festzustellen waren. In der Kontrollgruppe dagegen traten solche Unterschiede nicht auf.

Trotz solcher eindrücklichen Ergebnisse zur Effektivität eines Trainings sozialer Fertigkeiten in der von Liberman und Mitarbeitern vorgeschlagenen Form, müssen die referierten Untersuchungen infolge methodischer Schwächen dennoch mit Vorsicht interpretiert werden. Bellack und Mueser (1993) weisen z. B. darauf hin, daß in den experimentellen Designs der meisten vorliegenden Studien Behandlungs- und Kontrollgruppen nur eingeschränkt miteinander verglichen werden können, da Variablen wie Zuwendung, Motivation sowie soziale und medikamentöse Unterstützung häufig nicht ausbalanciert sind, so daß die beobachteten Behandlungseffekte teilweise als methodische Artefakte bewertet werden könnten. Außerdem stützen sich die Befunde zur Generalisierung der Therapieeffekte i.d.R. auf einzelne Erhebungsinstrumente und erlauben damit keine Rückschlüsse auf weiterreichende Aspekte des Sozialverhaltens wie z. B. die Fähigkeit, grundlegende soziale Rollen erfolgreich ausfüllen zu können. Dem Training sozialer Fertigkeiten nach Liberman muß somit zwar zuerkannt werden, die eingangs beschriebenen Störungsebenen sozialer Beeinträchtigungen schizophren Erkrankter differenziert in das therapeutische Vorgehen einzubeziehen, doch läßt der derzeitige Forschungsstand noch keine abschließende Bewertung der Frage zu, ob dieser Versuch der Umsetzung des derzeitigen theoretischen Wissensstandes in jedem Fall zu den angestrebten therapeutischen Erfolgen führt.

## Integriertes Psychologisches Therapieprogramm (IPT) für schizophrene Patienten

### Darstellung

Einen anderen Ansatzpunkt zur Behandlung sozialer Beeinträchtigungen schizophren Erkrankter verfolgen Brenner und Mitarbeiter (1980, 1987, 1992 b, 1994) bzw. Roder und Mitarbeiter (1988, 1990, 1995 a, Roder und Brenner 1990) über das Integrierte Psychologische Therapieprogramm (IPT) für schizophrene Patienten. Ausgehend von der Annahme, daß bei den Betroffenen elementare attentional-perzeptive und kognitive Dysfunktionen vorhanden sind, die auf die höheren Stufen der Verhaltensorganisation pervasiv wirken und mit diesen i.S. vitiöser Zirkel interagieren (Pervasivitätshypothese), vertreten diese Autoren einen integrativen (Gruppen-) Therapieansatz, der in verschiedenen aufeinander aufbauenden Stufen sowohl kognitive als auch soziale und Problemlösedefizite schizophrener Patienten zu verbessern sucht. Jede dieser Stufen beinhaltet dabei die Behandlung jener drei Störungsbereiche bei jeweils wechselnder Gewichtung. Auf der ersten und zweiten Stufe („Kognitive Differenzierung" bzw. „Soziale Wahrnehmung") steht die Therapie perzeptiver und kognitiver Störungen im Vordergrund, während auf der vierten und fünften Stufe („Soziale Fertigkeiten" bzw. „Interpersonelles Problemlösen") das Hauptgewicht der Behandlung auf Defiziten sozialer Fertigkeiten und Problemlösefertigkeiten liegt. Die dritte Stufe („Verbale Kommunikation") nimmt diesbezüglich eine Mittelstellung ein.

Die beiden ersten Unterprogramme des IPT werden in Kapitel 7 im Beitrag von Hodel und Brenner ausführlich beschrieben, so daß auf eine Darstellung an dieser Stelle verzichtet wird. Mit dem dritten Unterprogramm („Verbale Kommunikation") sollen molekulare kommunikative Fertigkeiten, die bei schizophren Erkrankten vor allem in einer emotional aufgeladenen Atmosphäre spezifische Störungsmuster zeigen, (re-)etabliert werden. Das therapeutische Vorgehen ist dabei auf die Einübung bzw. die Verbesserung dreier grundlegender kommunikativer Fertigkeiten ausgerichtet. Die Betroffenen sollen zum einen auf Beiträge von Kommunikationspartnern achten und dabei von den eigenen Gedankengängen absehen können („Hinhören"), zum anderen aber auch die Fähigkeit erwerben, zwischen eigenen und fremden Gedankengängen Verbindungen herzustellen („Verstehen") und die eigene Sprachproduktion situationsangemessen darauf abzustimmen („Eingehen"). Diese Fertigkeiten werden über fünf Therapiestufen mit jeweils abnehmendem Strukturierungsgrad eingeübt. Auf der letzten Stufe entsprechen die jeweiligen Übungen weitgehend einem alltagsbezogenen Kommunikationsprozeß.

Im vierten Unterprogramm („Soziale Fertigkeiten") kommen mit Vorgabe von Instruktionen, Modellernen, Verhaltensübung, Rückmeldung und Verstärkung Techniken der Verhaltensmodifikation zum Einsatz, die sich im Selbstbehauptungstraining und Rollenspiel mit verschiedenen Klientengruppen bewährt haben. Therapieinhalte sind standardisierte molare Interaktionssequenzen aus verschiedenen sozialen Rollenbereichen (z. B. Stationsleben, Wohnungs- und Arbeitssuche, Verhalten am Arbeitsplatz, Umgang mit Behörden, Freizeitkontakte), deren Zielsetzungen und Schwierigkeiten als Adaptation an die spezifischen Defizienzen schizophren Erkrankter jeweils kognitiv vorstrukturiert, nachfolgend dann modellhaft dargeboten und anschließend im Rollenspiel durch die Patienten selbst eingeübt werden. Die Therapeuten verstärken dabei zunächst informativ, später erst motivational. Ebenso steigern sie den Schwierigkeitsgrad der Interaktionssequenzen und damit das Ausmaß der emotionalen Belastung sukzessive in Abhängigkeit von der Belastbarkeit der Therapiegruppe. Die Bearbeitung molekularer Aspekte sozialer Kompetenz werden bei diesem Unterprogramm durch die Diskussion verschiedener Beobachtungseinheiten (Körperhaltung, Mimik, Gestik, Blickkontakt, Lautstärke, Tonfall, Redeflüssigkeit) in das therapeutische Vorgehen integriert. Durch „Hausaufgaben", die zum in-vivo-Transfer der erarbeiteten sozialen Fertigkeiten dienen, soll die Aufrechterhaltung und Generalisierung der Therapieeffekte gewährleistet werden.

Das fünfte Unterprogramm des IPT („Interpersonelles Problemlösen") schließlich verfolgt das Ziel, effektivere Möglichkeiten zur Bewältigung von potentiellen Stressoren zu vermitteln. Das therapeutische Vorgehen ist dabei an eine für schizophrene Patienten modifizierte Form des verhaltenstherapeutischen Problemlöseverfahrens nach D'Zurilla und Goldfried (1971) angelehnt, die sechs Stufen umfaßt. Der Identifikation und Analyse der individuellen Problembereiche folgt die kognitive Aufarbeitung der jeweiligen Problemstellung, auf deren Grundlage anschließend entweder im Einzeldialog mit dem Therapeuten oder unter Beteiligung der Gruppenmitglieder mit Hilfe der Technik des Brainstorming (Osborn 1963) Lösungsalternativen erarbeitet und hinsichtlich ihrer Vor- und Nachteile diskutiert werden. Nach der Entscheidung für eine dieser Alternativen wird über verschiedene therapeutische Hilfestellungen (z. B. Rollenspiele, in-vivo-Verhaltensübungen) deren Umsetzung in die Praxis erarbeitet. Therapeutische Hausaufgaben sowie regelmäßige Feedback-Sitzungen, in denen gegebenenfalls eine Korrektur des Problemlöseverhaltens vorgenommen werden kann, sollen dabei die Dauerhaftigkeit des Therapieerfolgs sichern. Anders als bei den vorangegangenen vier Unterprogrammen wird beim Interpersonellen Problemlösen das therapeutische Vorgehen gezielt auf die individuellen, unter verhaltensanalytischen Gesichtspunkten zu ermittelnden Problemstellungen der jeweiligen Patienten abgestimmt.

## Empirische Belege

Obwohl zum IPT zwischenzeitlich eine größere Zahl kontrollierter Evaluationsstudien durchgeführt wurde (Übersichten bei Mussgay und Olbrich 1988 und Theilemann und Peter 1994), können die damit erzielbaren differentiellen Therapieeffekte im Bereich der sozialen Beeinträchtigungen schizophren Erkrankter derzeit noch nicht vollständig abgeschätzt werden. Dies hat verschiedene Gründe: Ausgehend vom theoretischen Fokus der Pervasivitätshypothese wurde in vielen Untersuchungen versucht, Fragestellungen zu klären, die in erster Linie kognitive bzw. psychopathologische Erfolgsmaße zur Beurteilung möglicher Therapieeffekte erforderlich machten und weniger Gewicht auf eine Erfassung von Veränderungen im sozialen Bereich legten (Brenner et al. 1987, Schüttler et al. 1990). Daneben konzentrierten sich mehrere Studien von vornherein auf eine Überprüfung spezifischer Effekte der im engeren Sinne kognitiven Anteile des Therapieprogramms, so daß häufig entweder nur einzelne (vorwiegend die beiden ersten) Stufen des IPT in die jeweiligen Untersuchungen einbezogen wurden, oder das therapeutische Vorgehen nicht unerheblichen Veränderungen unterworfen wurde (Bender et al. 1987, Hermanutz und Gestrich 1987, Kraemer et al. 1987, Funke et al. 1989, Heim et al. 1989, Olbrich und Mussgay 1990, Roder 1990).

Zwei Studien erscheinen jedoch besonders geeignet, differentielle Therapieeffekte des IPT im sozialen Bereich zu klären. Hubmann und Mitarbeiter (1989 b) gingen von der Frage der spezifischen Wirkungen der Unterprogramme „Kognitive Differenzierung" und „Soziale Fertigkeiten" (in Verbindung mit Elementen der „Verbalen Kommunikation") aus und verglichen zwei entsprechende Experimentalgruppen sowohl untereinander als auch mit einer Placebo-Aufmerksamkeits-Kontrollgruppe. Bei verschiedenen der erfaßten kognitiven Parameter (Abstraktionstest, Diskriminationstest, d2, Benton, Stroop) berichten die Autoren von signifikanten Verbesserungen, die allerdings uneinheitlich über beide Experimentalgruppen verteilt waren. Hinsichtlich des erreichten Niveaus sozialer Fertigkeiten, das über die Auswertung von Videoaufnahmen eingestuft wurde, zeigte jedoch nur die zweite Experimentalgruppe (Training kommunikativer und sozialer Fertigkeiten) einen signifikanten Therapieerfolg. Weiterhin schätzten die Teilnehmer beider Experimentalgruppen gegenüber der Kontrollgruppe ihr Selbstbild signifikant positiver ein. Angaben über die Dauerhaftigkeit dieser differentiellen Therapieeffekte machen die Autoren jedoch nicht. Die gleiche Fragestellung untersuchten auch Kraemer und Mitarbeiter (1990). Sie verglichen zwei randomisierte Experimentalgruppen (Gruppe 1: „Kognitive Differenzierung", N = 23; Gruppe 2: „Soziale Fertigkeiten", N = 20) während einer Therapiedauer von 12 bis 16 Wochen hinsichtlich verschiedener kognitiver, sozialer und psychopathologischer Variablen. Über alle Kontrollvariablen betrachtet fanden die Autoren beim kognitiven Training nach Abschluß der Therapie eine höhere Anzahl signifikanter Verbesserungen als beim sozialen Training. Bei getrennter Betrachtung zeigte sich bemerkenswerterweise auch im Bereich des Sozialverhaltens ein entsprechendes Ergebnis. Die Teilnehmer der „Kognitiven Differenzierung" schilderten sich nach Abschluß der Therapie signifikant weniger ängstlich gegenüber Kritik und sozialen Kontakten und eher fähig, Forderungen zu stellen. Die Patienten, die das Training sozialer Fertigkeiten erhalten hatten, beschrieben dagegen nur eine signifikante Abnahme der Kontaktängste. Auch zu dieser Studie liegen jedoch keine katamnestischen Angaben vor.

Trotz solcher Hinweise auf Verbesserungen der sozialen Beeinträchtigungen schizophren Erkrankter durch die entsprechenden Unterprogramme des IPT, erscheint der derzeitige Forschungsstand noch lückenhaft. Es fehlen vor allem Studien, die ermöglichen, differentielle Therapieeffekte des Gesamtprogramms im Bereich der sozialen Fertigkeiten und der Problemlösefertigkeiten auf einer breiteren Basis abzuschätzen. Nötig erscheinen solche Untersuchungen auch deshalb, weil die Daten der meisten bisherigen Evaluationsstudien gegen die Annahme einer unmittelbar pervasiven Wirkung verbesserter kognitiver Funktionen auf komplexere Stufen der Verhaltensorganisation sprechen, wie sie von Brenner (1986) in der ursprünglichen Form der Pervasivitätshypothese postuliert worden war (Hodel und Brenner 1994, Roder et al. 1995 a). Eine Verbesserung kognitiver Funktionen scheint bei schizophren Erkrankten zwar eine notwendige, nicht aber eine hinreichende Bedingung für sozial kompetentes Verhalten zu sein. Darüber hinaus liegen derzeit keine gesicherten Daten zur Beurteilung der Dauerhaftigkeit und Generalisierung der Therapieeffekte des IPT im Bereich der sozialen Fertigkeiten und Problemlösefertigkeiten vor. Klinischen Erfahrungen zufolge können diese jedoch nicht voll überzeugen (Roder et al. 1995 b; 1996).

## Therapieprogramme zur Wohn-, Arbeits- und Freizeitrehabilitation (WAF)

### Darstellung

Vor dem Hintergrund der Generalisierungsproblematik des IPT wurden von Roder und Mitarbeitern (vgl. Roder et al. 1995 b, c, 1996) differentielle Gruppentherapieprogramme entwickelt, die mit dem IPT einerseits grundlegende therapeutische Techniken sowie den theoretischen Bezugsrahmen teilen, andererseits aber die Vermittlung spezifischer sozialer Fertigkeiten und Problemlösefertigkeiten stärker gewichten und diese integrativ in den Mittelpunkt des therapeutischen Vorgehens rücken. Als therapeutischen Fokus greifen die Programme die in der Literatur häufig beschriebenen rehabilitativen Hauptproblembereiche schizophren Erkrankter auf (vgl. z. B. Häfner 1988, Gmür 1991, Kalousek und Rudas 1991, Liberman et al. 1993). Dementsprechend versuchen sie Verhaltenskompetenzen zu erarbeiten, die zur Erreichung und Aufrechterhaltung einer adäquaten Wohn- und Arbeitssituation bzw. für eine befriedigende Freizeitgestaltung notwendig sind. Die Behandlung kognitiver Störungen der Betroffenen wird dabei durch Vermittlung handlungsorientierter kognitiver Fertigkeiten unmittelbar in das therapeutische Vorgehen integriert.

Jedes der drei Therapieprogramme verfolgt mehrere aufeinander aufbauende Zielsetzungen. Die Teilnehmer sollen in den jeweiligen Therapiebereichen (Wohnen, Arbeit, Freizeit) für ihre individuellen Bedürfnisse und Möglichkeiten sensibilisiert werden, um anschließend unter therapeutischer Hilfestellung eine Entscheidung für eine realistische Wohn-, Arbeits- oder Freizeitgestaltung treffen zu können. Mögliche Schwierigkeiten, die bei der Planung und Realisierung der neuen Wohn-, Arbeits- oder Freizeitsituation auftreten können, werden in der Therapie anhand der konkreten Problemsituation unter Zuhilfenahme der entsprechenden therapeutischen Techniken des IPT bearbeitet. Durch die dadurch gewährleistete Alltagsnähe des Problemlöseprozesses sollen der Erwerb und vor allem auch die Generalisierung der jeweils erforderlichen Problemlösefertigkeiten sichergestellt werden.

Die Therapieprogramme lassen sich flexibel auf die Bedürfnisse der Gruppenteilnehmer abstimmen. Aus den themenorientierten Interventionseinheiten, die in den jeweiligen Therapeutenmanualen beschrieben sind, wählen die Therapeuten diejenigen aus, die für die Patientengruppe unter problem- und verhaltensanalytischen Gesichtspunkten angemessen erscheinen. In Abhängigkeit von den Lernfortschritten der Gruppe können somit bestimmte Therapieinhalte vertieft, andere hingegen verkürzt bearbeitet werden. Die Interventionseinheiten selbst setzen sich wieder aus verschiedenen Einheiten zusammen. In der ersten steht dabei die Vermittlung von handlungsorientierten kognitiven Fertigkeiten im Vordergrund („Kognitive Aufarbeitung", KA), während in der zweiten die „Praktische Durchführung" (PD) der Fertigkeiten in den Mittelpunkt des therapeutischen Vorgehens rückt. Probleme, die bei der Realisierung der individuellen Ziele und deren längerfristigen Aufrechterhaltung auftauchen, werden in der nachfolgenden dritten Einheit („Problemlösen", PL). bearbeitet (vgl. nachfolgende Abbildung aus Roder et al. 1995 b). Dabei kommen verhaltenstherapeutische Techniken bzw. Methoden der kognitiven Umstrukturierung und Neubenennung zum Einsatz, die auch beim IPT Anwendung finden (Modellernen, Rollenspiel, Problemlösen nach D'Zurilla und Goldfried, Brainstorming, Verstärkung, verdecktes Lernen, kognitive Probe, Coaching, positives Konnotieren, Strukturgebung, Selbstkontrolltechniken usw.; vgl. Roder et al. 1995 a, Linden und Hauzinger 1993).

**Tabelle 1** Übersicht zu den im Wohnprogramm behandelten Therapieeinheiten

| **Einheit I (Kognitive Aufarbeitung – KA)** |
|---|
| Themen: |
| – eigene Vorstellungen zum Wohnen<br>– Kennenlernen verschiedener Wohnformen<br>– Unterschiede und Gemeinsamkeiten verschiedener Wohnformen<br>– individuelle Wohnformfindung (Bedürfnisse, Möglichkeiten, Hindernisse etc.)<br>– Wohnkosten<br>– Organisation des Haushalts<br>– Budgetieren<br>– Wohnungseinrichtung<br>– Organisation des Umzugs |

| **Einheit II (Praktische Durchführung – PD)** |
|---|
| Themen: |
| – Kennenlernen und Auffinden des Wohnangebots<br>– Stadtplan lesen, Bewältigung des Weges zur Wohnung<br>– schriftliche Wohnungsbewerbung<br>– telefonische Wohnungsbewerbung<br>– Wohnungsbesichtigung<br>– Umzug |

| **Einheit III (Problemlösen – PL)** |
|---|
| Themen: |
| – Schwierigkeiten bei der Wohnungssuche (Umgang mit Adressenangaben etc.)<br>– Schwierigkeiten beim Wohnen (Umgang mit Vermietern, Konflikte mit Nachbarn etc.)<br>– weitere, von den Gruppenteilnehmern aktuell angesprochene Themen |

Bei jedem der drei Therapieprogramme können vier verschiedene Interventionsformen unterschieden werden: solche, die klinikintern in der Therapiegruppe durchgeführt werden, solche, die in Einzelsitzungen stattfinden, externe Aktivitäten, welche die Gesamtgruppe zusätzlich zu den Gruppensitzungen unternimmt, und schließlich selbständige Übungen, die von den Patienten zwischen den Therapiesitzungen zu erledigen sind. Die Gewichtung der jeweiligen Durchführungsformen kann dabei von den Therapeuten in Abhängigkeit von therapeutischen Erfordernissen variiert werden.

### Empirische Belege

Zu den Therapieprogrammen zur Wohn-, Arbeits- und Freizeitrehabilitation (WAF) wird derzeit von Roder und Mitarbeitern eine (Multi-Center-) Evaluationsstudie durchgeführt, deren Ergebnisse allerdings noch nicht vorliegen. In verschiedenen Pilotstudien (vgl. Roder et al. 1995 b, c, 1996) wurde dagegen die Frage untersucht, ob diese Therapieprogramme für die Patienten relevant und in ihrer Durchführungsform verständlich sind. Entsprechend sollten auch das Selbstvertrauen der Patienten in die eigene Verhaltenskompetenz (Kompetenzerwartung) sowie die beobachtbare Kompetenz bezüglich der Therapieinhalte zunehmen. Die vorliegenden Daten weisen darauf hin, daß die Programme diese Erwartungen erfüllen. Bei allen Teilnehmern der untersuchten Therapiegruppen erhöhte sich die eigene Kompetenzerwartung bzw. die tatsächliche Verhaltenskompetenz, während die Relevanz des jeweiligen Themenbereiches abnahm. Letzteres Ergebnis entspricht dabei durchaus dem Interventionsziel. Mit steigender Verhaltenskompetenz kann erwartet werden, daß die Vordringlichkeit des jeweiligen Themas sinkt. Eine weiterreichende Bewertung der Therapieprogramme zur Wohn-, Arbeits- und Freizeitrehabilitation (WAF) erlaubt der derzeitige Forschungsstand allerdings noch nicht.

## Diskussion und Ausblick

Beeinträchtigungen schizophren Erkrankter im Bereich des Sozialverhaltens werden in der Literatur häufig im theoretischen Bezugsrahmen des psychopathologischen Syndroms der Minussymptomatik diskutiert. Eine Fülle deskriptiver und experimenteller Daten sprechen jedoch gegen eine solche perspektivische Einengung. Angemessener erscheint vielmehr, verschiedene potentielle Störungsebenen bei den Betroffenen differentiell zu erfassen, d. h. Beeinträchtigungen auf der Ebene sozialer Fertigkeiten und Problemlösefertigkeiten, sozial kompetenten Verhaltens sowie sozialer Anpassung zu unterscheiden. Verschiedene Befunde legen dabei nahe, fokale Defizienzen im Bereich sozialer Fertigkeiten als verbindendes Charakteristikum aller schizophrenen Erkrankungen zu betrachten. Darüber hinaus weist der gegenwärtige Stand der Theoriebildung mit den entsprechenden empirischen Belegen darauf hin, daß auf allen Ebenen des Sozialverhaltens der Betroffenen gestörte kognitive Funktionen zu berücksichtigen sind. Entspechend der Vorstellung vitiöser Zirkularitäten beeinträchtigen diese die Coping-Fähigkeiten in sozialen Situationen und wirken über die Steigerung des Streßerlebens auf die basalen Prozesse der Informationsverarbeitung zurück. Dementsprechend verstärkt erschweren sie ein situationsangemessenes Sozialverhalten zunehmend.

Für die Therapie sozialer Beeinträchtigungen schizophren Erkrankter lassen sich somit mehrere Forderungen ableiten. Als Standardverfahren für die Betroffenen sollte sie alle potentiellen Störungsebenen des Sozialverhaltens beinhalten, also darauf ausgerichtet sein, basale soziale Fertigkeiten (wieder-) einzuüben und sozial kompetentes Verhalten mit dem Ziel einer erfolgreichen sozialen Anpassung aufzubauen. Weiterhin sollte sie der Verbesserung von Problemlösefertigkeiten besonderes Gewicht beimessen und in ihrem Vorgehen die Wechselwirkung zwischen Störungen im kognitiven und sozialen Bereich berücksichtigen. Die eingangs referierten Therapieverfahren werden diesen Forderungen jedoch nur in unterschiedlichem Ausmaß gerecht. Der sozio- und milieutherapeutische Ansatz versucht z. B., spontane Lernvorgänge im sozialen Umfeld der „therapeutischen Gemeinschaft" zu begünstigen und scheint so vor allem auf eine Verbesserung sozial kompetenten Verhaltens bzw. der sozialen Anpassung hinzuwirken. Allerdings finden wichtige Störungsbereiche schizophrener Patienten, wie z. B. reduzierte Problemlösefertigkeiten, durch den weitgehenden Verzicht auf strukturierte therapeutische Lerntechniken im therapeutischen Vorgehen zu wenig Berücksichtigung, so daß ein zielgerichteter Transfer entsprechender Fertigkeiten in die Lebensrealität der Patienten erschwert wird. Weiterhin kann nicht davon ausgegangen werden, daß Milieufaktoren allein zur Verbesserung kognitiver Störungen beitragen. In der Folge ist deren Persistenz zu erwarten, so daß der längerfristige Erfolg der therapeutischen Bemühungen in Frage gestellt wird. Ähnliche Kritikpunkte treffen auch auf die Token-Programme zu. Prinzipiell erscheint es zwar möglich, mit ihnen die verschiedenen Störungsebenen sozialen Verhaltens differentiell in die Behandlung einzubeziehen, doch in ihrer weitgehenden Reduktion auf eine operante Beeinflussung offenen Verhaltens werden sie der Komplexität sozialer Lernvorgänge nicht gerecht. So werden v.a. kognitive, motivationale und emotionale Aspekte des Verhaltens, deren Bedeutung für den Erwerb und die Aufrechterhaltung von Verhalten in der aktuellen theoretischen Diskussion nicht mehr bestritten wird, im therapeutischen Vorgehen zu wenig beachtet. Außerdem sind sie wenig geeignet, den Betroffenen weiterreichende zielorientierte Verhaltensstrategien zur Bewältigung von Alltagsproblemen zu vermitteln oder zur Verbesserung kognitiver Störungen beizutragen.

Angemessener zur Behandlung sozialer Beeinträchtigungen schizophren Erkrankter erscheinen dagegen die behaviorale Familientherapie, das Training sozialer Fertigkeiten nach Liberman und Mitarbeitern sowie das Integrierte Psychologische Therapieprogramm für schizophrene Patienten (IPT). Alle diese Therapieverfahren setzen (mit unterschiedlichen Schwerpunkten) an den verschiedenen potentiellen Störungsebenen des Sozialverhaltens an und versuchen, verschiedene molekulare und molare (soziale) Verhaltensfertigkeiten zu vermitteln. Darüber hinaus beinhalten sie therapeutische Techniken zur Verbesserung der Problemlösefertigkeiten der Betroffenen. Eine Behandlung kognitiver Störungen wird allerdings nur durch das IPT sowie durch das Training sozialer Fertigkeiten nach Liberman in das therapeutische Vorgehen einbezogen. Dementsprechend erscheinen diese zwei Verfahren besonders geeignet, Wechselwirkungen zwischen sozialen und kognitiven Störungen entgegenzuwirken. Bei beiden Therapieverfahren zeigt sich in der Forschung jedoch das Problem einer fraglichen Stabilität und Generalisierung unmittelbarer Therapieeffekte im Bereich des Sozialverhaltens. Im Falle des Trainings sozialer Fertigkeiten könnte hierfür das Fehlen der Möglichkeit, die spezifischen Behandlungseinheiten (Module) flexibel an die individuellen Problemstellungen der Patienten anpassen zu können, verantwortlich sein, während im Falle des IPT eine zu geringe Gewichtung der entsprechenden Unterprogramme im Rahmen des Gesamtprogramms in Erwägung gezogen werden muß. Vor dem Hintergrund solcher Überlegungen scheinen Therapieverfahren, die an einer Verbesserung des Sozialverhaltens auf den beschriebenen potentiellen Störungsebenen ansetzen, dabei eine Behandlung kognitiver Störungen gewährleisten und gleichzeitig eine flexible Anpassung des therapeutischen Vorgehens an die individuellen Bedürfnisse der Patienten ermöglichen, besonders zur Behandlung sozialer Beeinträchtigungen schizophren Erkrankter geeignet zu sein. Mit den Therapieprogrammen zur Wohn-, Arbeits- und Freizeitrehabilitation (WAF) liegen zwischenzeitlich Verfahren vor, die solchen Forderungen gerecht zu werden versuchen.

## Literatur


Andreasen, N. C.: Positive and negative schizophrenia: A critical evaluation. Schizophrenia Bulletin 11 (1985) 380

Andreasen, N. C.: Positive and negative symptoms: Historical and conceptual aspects. In: N.C. Andreasen (ed.) Schizophrenia: Positive and negative symptoms and syndromes, modern problems of pharmacopsychiatry. Karger, Basel 1990

Angermeyer, M. C.: Soziales Netzwerk und Schizophrenie: Eine Übersicht. In: M.C. Angermeyer, D. Klusmann (Hrsg.) Soziales Netzwerk. Ein neues Konzept für die Psychiatrie. Springer, Berlin Heidelberg New York London Paris Tokyo 1989

Angermeyer, M. C., R. Lammers, J. Hofmann: Sozialer Rückzug: Reaktion auf das Stigma psychischer Krankheit? MMG 10 (1985) 132

Angermeyer, M. C., R. Lammers: Das soziale Netzwerk schizophrener Kranker. Zeitschrift für Klinische Psychologie und Psychotherapie 34 (1986) 100

Angst, J.: European long-term follow-up studies of schizophrenia. Schizophrenia Bulletin 14 (4) (1988) 501

Appelo, M. T., F.M.J. Woonings, C.J. van Nieuwenhuizen, P.M.G. Emmelkamp, C.J. Slooff, J.W. Louwerens: Specific skills and social competence in schizophrenia. Acta Psychiatrica Scandinavica 85 (1992) 419

Argyle, M.: The contribution of social interaction research to social skills training. In: J.D. Wine, M.D. Smye (eds.) Social competence. Guilford, New York 1981

Ayllon, T., N.H. Azrin: The token economy: A motivational system for therapy and rehabilitation. Appleton Century Crofts, New York 1968

Baker, R., J.N. Hall, K. Hutchinson, G. Bridge: Symptom changes in chronic schizophrenic patients on a token economy: A controlled experiment. British Journal of Psychiatry 131 (1977) 381

Bellack, A. S.: A comprehensive model for the treatment of schizophrenia. In: A.S. Bellack (ed.) A clinical guide for the treatment of schizophrenia. Plenum Press, New York 1989

Bellack, A. S., M. Hersen, S.M. Turner: Generalisation effects of social skills training with chronic schizophrenics: An experimental analysis. Behavior Research and Therapy 14 (1976) 391

Bellack, A. S., M. Hersen: Chronic psychiatric patients: Social skills training. In: M. Hersen, A.S. (eds.) Behavior therapy in the psychiatric setting. Williams & Wilkins, Baltimore 1978

Bellack, A. S., R.L. Morrison: Interpersonal dysfunction. In: A.S. Bellack, M. Hersen, A.E. Kazdin (eds.)

International handbook of behavior modification and therapy. Plenum Press, New York 1982

Bellack, A. S., R.L. Morrison, J.T. Wixted, K.T. Mueser: An analysis of social competence in schizophrenia. British Journal of Psychiatry 156 (1990) 809

Bellack, A. S., K.T. Mueser: Psychosocial treatment for schizophrenia. Schizophrenia Bulletin 19 (1993) 317

Bender, W., L. Gertz, K. John, F. Mohr, P. Vaitl, U. Wagner: Kognitive Trainingsprogramme bei Patienten mit schizophrener Residualsymptomatik. Untersuchungen über Wirksamkeit und klinische Erfahrungen. Neuropsychiatrie 2 (1987) 212

Berndl, M., M. v. Cranach, O.J. Grüsser: Impairment of perception and recognition of faces, mimic expression and gestures in schizophrenic patients. European Archives of Psychiatry and Neurological Sciences 235 (1986) 282

Biehl, H., K. Maurer, C. Schubart, B. Krumm, E. Jung: Zum „natürlichen Verlauf" schizophrener Erkrankungen – Begriff und Beispiele zum beobachteten Verhalten in einer prospektiven Studie. Nervenheilkunde 6 (1986) 153

Bleuler, E.: Dementia Praecox oder Die Gruppe der Schizophrenien. Deuticke, Leipzig Wien 1911

Böker W., H.D. Brenner: Selbstheilungsversuche Schizophrener: Psychopathologische Befunde und Folgerungen für Forschung und Therapie. Nervenarzt 54 (1983) 578

Brady, J. P.: Social skills training for psychiatric patients, I: Concepts, methods and clinical results. American Journal of Psychiatry 141 (1984) 333

Braff, D. L.: Information processing and attention dysfunctions in schizophrenia. Schizophrenia Bulletin 19 (1993) 431

Bräutigam, W.: Untersuchung zur Persönlichkeitsentwicklung im Vorfeld der Schizophrenie. Nervenarzt 45 (1974) 298

Brenner, H. D.: Zur Bedeutung von Basisstörungen für Behandlung und Rehabilitation.. In: W. Böker, H.D. Brenner (Hrsg.) Bewältigung der Schizophrenie. Huber, Bern Stuttgart Toronto 1986

Brenner, H. D.: Die Therapie basaler psychischer Dysfunktionen aus systemischer Sicht. In: W. Böker, H.D. Brenner (Hrsg.) Schizophrenie als systemische Störung . Huber, Bern Stuttgart Toronto 1989

Brenner, H. D., W. Stramke, J. Mewes, F. Liese, G. Seeger: Erfahrungen mit einem spezifischen Therapieprogramm zum Training kognitiver und kommunikativer Fähigkeiten in der Rehabilitation chronisch schizophrener Patienten. Nervenarzt 51 (1980) 106

Brenner, H. D., E.R. Rey, W.G. Stramke (Hrsg.): Empirische Schizophrenieforschung. Huber, Bern 1983

Brenner, H. D., B. Hodel, B. Kube, V. Roder: Kognitive Therapie bei Schizophrenen: Problemanalyse und empirische Ergebnisse. Nervenarzt 58 (1987) 72

Brenner, H. D., B. Hodel, R. Genner, V. Roder, P.W. Corrigan: Biological and cognitive vulnerability factors in schizophrenia: Implications for treatment. British Journal of Psychiatry 161 (18) (1992a) 154

Brenner, H. D., B. Hodel, V. Roder, P. Corrigan: Treatment of cognitive dysfunctions and behavioral deficits in schizophrenia. Schizophrenia Bulletin 18 (1992b) 21

Brenner, H. D., V. Roder, B. Hodel, N. Kienzle, D. Reed, R.P. Liberman: Integrated psychological therapy for schizophrenic patients. Hogrefe & Huber, Seattle 1994

Carlson, C. G., M. Hersen, R.M. Eisler: Token economy programs in the treatment of hospitalized adult psychiatric patients: Current status and recent trends. Journal of Nervous and Mental Disease 155 (1972) 192

Carpenter, W. T., D.W. Heinrichs, L.D. Alphs: Treatment of negative symptoms. Schizophrenia Bulletin 11 (1985) 440

Carpenter, W. T., B. Kirkpatrick: The heterogenity of the long-term course of schizophrenia. Schizophrenia Bulletin 14 (1988) 645

Ciompi, L.: Wie können wir die Schizophrenen besser behandeln? – Eine Synthese neuer Krankheits- und Therapiekonzepte. Nervenarzt 52 (1981) 506

Ciompi, L.: Affektlogik. Klett, Stuttgart 1982

Ciompi, L., H.-P. Dauwalder, Ch. Maier, E. Aebi: Das Pilotprojekt „Soteria Bern" zur Behandlung akut Schizophrener. I. Konzeptuelle Grundlagen, praktische Realisierung, klinische Erfahrungen. Nervenarzt 62 (1991) 428

Ciompi, L., Z. Kupper, E. Aebi, H.P. Dauwalder, T. Hubschmid, K. Trütsch, C. Rutishauser: Das Pilotprojekt „Soteria Bern" zur Behandling akut Schizophrener. II. Ergebnisse einer vergleichenden prospektiven Verlaufsstudie über zwei Jahre. Nervenarzt 64 (1993) 440

Corrigan, P. W., M.L. Schade, R.P. Liberman: Social skills training. In: R.P. Liberman (ed.) Handbook of psychiatric rehabilitation. Maxwell Macmillan, New York Oxford Singapore Sydney 1992

Crow, T. J.: The two-syndrome concept: origins and current status. Schizophrenia Bulletin 11 (1985) 471

Curran, J. P., P.M. Monti, D.P. Corriveau: Treatment of schizophrenia. In: A.S. Bellack, M. Hersen, A.E. Kazdin (eds.) International handbook of behavior modification and therapy. Plenum Press, New York London 1982

Dauwalder, H. P., L. Ciompi, E. Aebi, T. Hubschmid: Ein Forschungsprogramm zur Rehabilitation psychisch Kranker. IV. Untersuchungen zur Rolle von Zukunftserwartungen bei chronisch Schizophrenen. Nervenarzt 55 (1984) 257

Dawson, M. E., A.M. Schell, J.R. Beers, A. Kelly: Allocation of cognitive processing capacity during human autonomic classical conditioning. Journal of Experimental Psychology 111 (1982) 273

Dawson, M. E., K.H. Nuechterlein: Psychophysiological dysfunctions in the developmental course of schizophrenic disorders. Schizophrenia Bulletin 10 (1984) 204

Deister, A.: Allgemeines zu soziotherapeutischen Verfahren. In: H.J. Möller (Hrsg.) Therapie psychiatrischer Erkrankungen. Enke, Stuttgart 1993

Deister, A., A. Marneros: Die Bedeutung von Plus- und Minussymptomatik für den Langzeitausgang schizophrener Psychosen. In: H.-J. Möller, G. Laux (Hrsg.) Fortschritte in der Diagnostik und Therapie schizophrener Minussymptomatik. Springer, Wien New York 1994

Dilling, H., W. Mombour, M.H. Schmidt (Hrsg.) Internationale Klassifikation psychischer Störungen: ICD-10, Kapitel V (F), klinisch-diagnostische Leitlinien, Weltgesundheitsorganisation. Huber, Bern Göttingen Toronto 1991

Dohrenwend, B. P., P.E. Shrout, B. Link, J.L. Martin, A. Skodol: Overview and initial results from a risk factor study of depression and schizophrenia. In: M.C. Angermeyer (ed.) From social class to social stress: New development in the psychiatry epidemiology. Springer, Berlin Heidelberg New York Tokyo 1987

Dworkin, R. H.: Patterns of sex differences in negative symptoms and social functioning consistent with separate dimensions of schizophrenic psychopathology. American Journal of Psychiatry 147 (3) (1990) 347

Dworkin, R. H., J.A. Lewis, B.A. Cornblatt, L. Erlenmeyer-Kimling: Social competence in adolescents at risk for schizophrenia. Journal of Nervous and Mental Disease 182 (1994) 103

D'Zurilla, T. J., M.R. Goldfried: Problem solving and behavior modification. Journal of Abnormal Psychology 78 (1971) 107

Eckman, T. D., W.C. Wirshing, S.R. Marder, R.P. Liberman, K. Johnston-Cronk, K. Zimmermann, J. Mintz: Technique for training schizophrenic patients in illness self-management: a controlled trial. American Journal of Psychiatry 149 (1992) 1549

Edelstein, G. A., E. Conture, M. Cray, R. Dickens, C.J. Luselmink: Group training of problem solving with psychiatric patients. In: D. Upper, S.M. Ross (eds.) Group therapy: an annual review. Vol. 2. Research Press, Champaign, IL 1980

Eisler, R. M., E.B. Blanchard, H. Fitts et al.: Social skills training with and without modeling in schizophrenic and nonpsychotic hospitalized psychiatric patients. Behavior Modification 2 (1978) 147

Ellsworth, R. B.: Characteristics of effective treatment milieus. In: J.G. Gunderson, O.A. Will, L.R. Mosher (eds.) Principles and practice of milieu therapy. Aronson, New York 1983

Feinberg, T. E., A. Rifkin, C. Schaffer, E. Walker: Facial discrimination and emotional recognition in schizophrenia and affective disorders. Archives of General Psychiatry 43 (1986) 276

Finch, B. E., C.J. Wallace: Successful interpersonal skills training with schizophrenic inpatients. Journal of Consulting and Clinical Psychology 45 (1977) 885

Florin, I., S. Meyer-Osterkamp: Ansätze zur Verhaltenstherapie bei Schizophrenen. In: C. Kraiker (Hrsg.) Handbuch der Verhaltenstherapie. Kindler, München 1974

Foreyt, J. P., C.E. Rockwood, J.C. Davis, W.H. Desvousges, R. Hollingsworth: Benefit-cost analysis of a token economy program. Professional Psychology 6 (1975) 26

Foy, D. W., R.M. Eisler, S. Pinkston: Modeled assertion in a case of explosive rages. Journal of Behaviour Therapy and Experimental Psychiatry 6 (1975) 135

Funke, B., H. Reinecker, A. Commichau: Grenzen kognitiver Trainingsmethoden bei schizophrenen Langzeitpatienten. Nervenarzt 60 (1989) 750

Gmür, M.: Die Rehabilitation von Schizophrenen – Der Rehabilitationsstern als Modell. In: T. Platz, R. Schubert, R. Neumann (Hrsg.) Fortschritte im Umgang mit schizophrenen Patienten. Springer, Wien New York 1991

Goldsmith. B., R.M. McFall: Development and evaluation of an interpersonal skills training program for psychiatric inpatients. Journal of Abnormal Psychology 84 (1975) 51

Gripp, R. F. , P.A. Magaro: A token economy program evaluation with untreated control ward comparisions. Behavior Research and Therapy 9 (1971) 137

Häfner, H.: Rehabilitation Schizophrener. Ergebnisse eigener Studien und selektiver Überblick. Zeitschrift für Klinische Psychologie 17 (3) (1988) 187

Häfner, H., W. an der Heiden: Schizophrenieforschung mit Hilfe psychiatrischer Fallregister. Fortschritte der Neurologie und Psychiatrie 53 (1985) 71

Häfner, H., A. Riecher, K. Maurer, S. Meissner, A. Schmidtke, B. Fätkenheuer, W. Löffler, W. an der Heiden: Ein Instrument zur retrospektiven Einschätzung des Erkrankungsbeginns bei Schizophrenie (Instrument for the retrospective assessment of the onset of schizophrenia – „IRAOS") – Entwicklung und erste Ergebnisse. Zeitschrift für Klinische Psychologie 9 (3) (1990) 230

Hansen, D. J., J.S. St. Lawrence, K.A. Christoff: Effects of interpersonal problem-solving training with chronic aftercare patients on problem-solving component skills and effectiveness of solution. Journal of Consulting and Clinical Psychology 53 (1985) 167

Harding, C., G.W. Brooks, T. Ashikaga, J.S. Strauss, A. Breier: The Vermont longitudinal study: II. Long-term outcome of subjects who once met the criteria for DSM-III schizophrenia. American Journal of Psychiatry 144 (1987) 718

Heiden, W. an der, B. Krumm, H. Häfner: Die Wirksamkeit ambulanter psychiatrischer Versorgung. Springer, Berlin Heidelberg New York London Paris Tokyo 1989

Heiden, W. an der, H. Häfner, K. Maurer, S. Bustamante: Vorauslaufende Negativsymptomatik bei Krankheitsbeginn schizophrener Psychosen. In: H.-J. Möller, G. Laux (Hrsg.) Fortschritte in der Diagnostik und Therapie schizophrener Minussymptomatik. Springer, Wien New York 1994

Heim, E.: Praxis der Milieutherapie. Springer, Berlin Heidelberg New York Tokyo 1985

Heim, M., S. Wolf, U. Göthe, J. Kretschmar: Kognitives Training bei schizophrenen Erkrankungen. Psychiatrie, Neurologie und medizinische Psychologie 41 (1989) 367

Hermanutz, M., J. Gestrich: Kognitives Training mit Schizophrenen. Nervenarzt 58 (1987) 91

Hersen, M., A.S. Bellack: Social skills training for chronic psychiatric patients: Rationale, research findings, and future directions. Comprehensive Psychiatry 17 (4) (1976) 559

Hersen, M., A.S. Bellack: Assessment of socials skills. In: A.R. Ciminero, K.S. Calhoun, H.E. Adams (eds.) Handbook of behavioral assessment. John Wiley & Sons, New York 1977

Hirschberg, W.: Soziale Netzwerke bei schizophrenen Störungen – eine Übersicht. Psychiatrische Praxis 15 (1988) 84

Hodel, B., H.D. Brenner: Cognitive therapy with schizophrenic patients: Conceptual basis, present state, future directions. Acta Psychiatrica Scandinavica 90 (1994) 108

Huber, C.: Hauptströme der gegenwärtigen ätiologischen Diskussion der Schizophrenie. In: U.H. Peters (Hrsg.) Kindlers Psychologie des 20. Jahrhunderts. Psychiatrie, Bd. 1. Beltz, Weinheim Basel 1983

Hubmann, W., W. Bender, P. Vaitl, I. Steinbacher, L. Scholz: Stationäre Rehabilitation chronisch schizophrener Patienten mit einem verhaltenstherapeutischen Münzverstärkerprogramm. Psychiatrische Praxis 16 (1989 a)

Hubmann, W., R. Pior, F. Mohr, K. Rid: „Spezifische" vs. „unspezifische" Trainingsprogramme bei schizophrenen Störungen – erste Ergebnisse. Vortrag auf der 31. Tagung experimentell arbeitender Psychologen, Bamberg 1989 b

Hubschmid, T., L. Ciompi: Prädiktoren des Schizophrenieverlaufs – eine Literaturübersicht. Fortschritte der Neurologie und Psychiatrie 58 (1990) 359

Irle, G., N. Pörksen: Soziale Integration bei wieder und nicht wieder erkrankten Schizophrenen. Nervenarzt 42 (1971) 466

Isele, R., J. Angst: Life-events und prämorbide soziale Beziehungen bei ersterkrankten Schizophrenen. In: G. Huber (Hrsg.) Endogene Psychosen: Diagnostik, Basissymptome und biologische Parameter. Schattauer, Stuttgart New York 1982

Jablensky, A., R. Schwarz, T. Tomov: WHO collaborative study on impairments and disabilities associated with schizophrenic disorders. A preliminary communication: objective and methods. In: E. Strömgren, A. Dupont, J.A. Nielsen (eds.) Epidemiological research as basis for the organisation of extramural psychiatry. Acta Psychiatrica Scandinavica 62 (Suppl. 285) (1980) 152

Jaffe, P. G., P.M. Carlson: Relative efficacy of modeling and instructions in elicting social behaviors from chronic psychiatric patients. Journal of Consulting and Clinical Psychology 44 (1976) 200

Kalousek, M. E., S.T. Rudas: Integrierte Langzeitbehandlung schizophrener Patienten. In: T. Platz, R. Schubert, R. Neumann (Hrsg.) Fortschritte im Umgang mit schizophrenen Patienten. Springer, Wien New York 1991

Kelly, J. A., D.M. Lamparski: Outpatient treatment of schizophrenia, social skills and problem-solving training. In: M. Hersen, A.S. Bellack (eds.) Handbook of clinical behavior therapy with adults. Plenum Press, New York 1985

Kraemer, S., K.H.D. Sulz, R. Schmid, R. Lässle: Kognitive Therapie bei standardversorgten schizophrenen Patienten. Nervenarzt 58 (1987) 84

Kraemer, S., H.J. Zinner, T. Riehl, M. Gehringer, H.J. Möller: Kognitive Therapie und Verhaltenstraining zur Förderung sozialer Kompetenz für chronisch schizophrene Patienten. In: G.E. Kühne, H.D. Brenner, G. Huber (Hrsg.) Kognitive Therapie bei Schizophrenen. Gustav Fischer, Jena 1990

Kreisman, D.: Social interaction and intimacy in preschizophrenic adolescence. In: J. Zubin, A.M. Freeman (eds.) The psychopathology of adolescence. Grune & Stratton, New York 1970

Liberman, R. P.: Assessment of social skills. Schizophrenia Bulletin 8 (1982) 294

Liberman, R. P.: Psychiatric rehabilitation of chronic mental patients. American Psychiatric Press, Washington DC 1988

Liberman, R. P., F. Lillie, I. Falloon, C. Vaughn, E. Harpin, J. Leff, W. Hutchinson, P. Ryan, M. Stoute: Social skills training for schizophrenic patients and their families. Unpublished manuscript, Camarillo, California 1978

Liberman, R. P., K.H. Nuechterlein, C.J. Wallace: Social skills training and the nature of schizophrenia. In: J.P. Curran, P.M. Monti (eds.) Social skills training: A practical handbook for assessment and treatment. Guilford Press, New York 1982

Liberman, R. P., H.K. Massel, M.D. Mosk, S.E. Wong: Social skills training for chronic mental patients. Hospital and Community Psychiatry 36 (1985) 396

Liberman, R. P., K.T. Mueser, C.J. Wallace, H.E. Jacobs, T. Eckman, H.K. Massel: Training skills in the psychiatrically disabled: Learning coping and competence. Schizophrenia Bulletin 12 (1986 a) 631

Liberman, R. P., H.E. Jacobs, S.E. Boone, D.W. Foy, C.P. Donahoe, I.R.H. Falloon, G. Blackwell, C.J. Wallace: Fertigkeitentraining zur Anpassung Schizophrener an die Gemeinschaft. In: W. Böker, H.D. Brenner (Hrsg.) Bewältigung der Schizophrenie. Huber, Bern Stuttgart Toronto 1986 b

Liberman, R. P., C. Wallace: Neuere Entwicklungen des Trainings sozialer Fertigkeiten für chronisch psychisch Kranke. In: R. Olbrich (Hrsg.) Therapie der Schizophrenie. Kohlhammer, Stuttgart Berlin Köln 1990

Liberman, R. P., C.J. Wallace, G. Blackwell, T.A. Eckman, J.V. Vaccaro, T.G. Kuehnel: Innovations in skills training for the seriously mentally ill: The UCLA Social and Independent Living Skills modules. Innovations and Research 2 (1993) 43

Linden, M., M. Hauzinger (Hrsg.): Verhaltenstherapie. Springer, Berlin Heidelberg New York Tokyo 1993

Lindenmeyer, J. P., S.R. Kay: Depression, affect and negative symptoms in schizophrenia. Britisch Journal of Psychiatry 155 (7) (1989) 503

Lipton, F. R., C.J. Cohen, E. Fischer, S.E. Katz: Schizophrenia: A network crisis. Schizophrenia Bulletin 7 (1981) 144

Livesay, J. R.: Inconsistent interpersonal judgement in thought-disordered schizophrenia. Psychological Reports 49 (1981) 179

Maley, R. F., C.L. Feldman, R.W. Ruskin: Evaluation of patient improvement in a token economy treatment program. Journal of Abnormal Psychology 82 (1973) 141

Matson, J. L., R.M. Stephens: Increasing appropriate behavior of explosive chronic psychiatric patients with a social skills training package. Behavior Modification 2 (1978) 61

McGlashan, T. H.: The prediction of outcome in chronic schizophrenia. Archives of General Psychiatry 43 (1986) 167

McGlashan, T. H.: A selective review of North American long-term follow-up studies of schizophrenia. Schizophrenia Bulletin 14 (4) (1988) 515

McFall, R. M.: A review and reformulation of the concept of social skills. Behavioral Assessment 4 (1982) 1

Möller, H.-J., D. v. Zerssen: Der Verlauf schizophrener Psychosen unter den gegenwärtigen Behandlungsbedingungen. Springer, Berlin Heidelberg New York Tokyo 1986

Monti, P. M., E. Fink, W. Norman, J.P. Curran, S. Haydes, H. Caldwell: Effects of social skills training groups and social skills bibliotherapy with psychiatric patients. Journal of Consulting and Clinical Psychology 47 (1979) 189

Morrison, R. L., A.S. Bellack, K.T. Mueser: Deficits in facial affect recognition and schizophrenia. Schizophrenia Bulletin 14 (1988) 67

Mosher, L. R., A. Menn: Soteria: An alternative to hospitalisation for schizophrenia. Curr. Psychiatr. Ther. 15 (1975) 287

Mueser, K. T., A.S. Bellack, R.L. Morrison, J.T. Wixted: Social competence in schizophrenia: Premorbid adjustment, social skill, and domaines of funktioning. Journal of Psychiatric Research 24 (1990) 51

Müller, P., U. Günther, J. Lohmeyer: Behandlung und Verlauf schizophrener Psychosen über ein Jahrzehnt. Nervenarzt 57 (1986) 332

Mussgay, L., R. Olbrich: Trainingsprogramme in der Behandlung kognitiver Defizite Schizophrener. Eine kritische Würdigung. Zeitschrift für Klinische Psychologie 20 (1988) 102

Nuechterlein, K. H., M.E. Dawson: A heuristic vulnerability / stress model of schizophrenic episodes. Schizophrenia Bulletin 10 (1984 a) 300

Nuechterlein, K. H., M.E. Dawson: Information processing and attentional functioning in the developmental course of schizophrenic disorder. Schizophrenia Bulletin 10 (1984 b) 160

Nuechterlein, K. H., K.S. Snyder, M.E. Dawson, S. Rappe, M. Gitlin, D. Fogelson: Expressed emotion, fixed-dosed fluphenacine decanoate maintenance, and relapse in recent-onset schizophrenia. Psychopharmacology Bulletin 22 (1986) 633

Nuechterlein, K. H., M.E. Dawson, J. Ventura, M. Gitlin, K.L. Subotnik, K.S. Snyder, J. Mintz, G. Bartzokis: The vulnerability / stress model of schizophrenic relapse: A longitudinal study. Acta Psychiatrica Scvandinavica 89 (1994) 58

Olbrich, R., L. Mussgay: Reduction of schizophrenic deficits by cognitive training. An evaluative study. European Archives of Psychiatry and Neurological Sciences 239 (1990) 366

Osborn, A. F.: Applied imagination. Scribners, New York 1963

Patterson, T., P.H. Venables: Auditory vigilance: Normals compared to chronic schizophrenic subgroups defined by skin conductance variables. Journal of Psychiatric Research 2 (1980) 107

Pattison, E. M., M.C. Pattison: Analysis of schizophrenic psychosocial network. Schizophrenia Bulletin 7 (1981) 135

Paul, G. L., R.J. Lentz: Psychosocial treatment of chronic mental patients: Milieu versus social-learning programs. Harvard University Press, Cambridge 1977

Peters, U. H.: Wörterbuch der Psychiatrie und medizinischen Psychologie. Urban & Schwarzenberg, München Wien Baltimore 1990

Pishkin, V., L.E. Bourne: Abstraction and the use of available information by schizophrenic and normal individuals. Journal of Abnormal Psychology 90 (1981) 197

Pishkin, V., W.V. Williams: Redundancy and complexity of information in cognitive performances of schizophrenic and normal individuals. Journal of Clinical Psychology 40 (1984) 648

Platt, J. J., G. Spivack: Problem solving thinking of psychiatric patients. Journal of Consulting and Clinical Psychology 39 (1972 a) 148

Platt, J. J., G. Spivack: Social competence and affective problem-solving thinking in psychiatric patients. Journal of Clinical Psychology 28 (1972 b) 3

Platt, J. J., G. Spivack: Unidimensionality of the means-end-problem-solving (MEPS) procedure. Journal of Clinical Psychology 31 (1975) 15

Pogue-Geile, M. F.: The prognostic significance of negative symptoms in schizophrenia. British Journal of Psychiatry 155 (Suppl. 7) (1989) 123

Presly, A. S., D. Black, A. Gray, A. Hartie, E. Seymour: The token economy in the national health service: Possibilities and limitations. Acta Psychiatrica Scandinavica 53 (1976) 258

Rey, E.-R.: Die Interferenzhypothese als Erklärung kognitiver Störungen. Psychologische Rundschau 29 (1978) 113

Rey, E.-R., J. Bailer, D. Laubenstein, U. Grasshoff: Einfluß von prämorbider Anpassung, sozialen Netzwerkparametern und sozialer Unterstützung auf die Negativsymptomatik ersterkrankter Schizophrener. Verhaltenstherapie 2 (1992) 300

Roder, V.: Evaluation einer kognitiven Schizophrenietherapie. In: G.E. Kühne, H.D. Brenner, G. Huber (Hrsg.) Kognitive Therapie bei Schizophrenen. Gustav Fischer, Jena 1990

Roder, V., H.D. Brenner, N. Kienzle, B. Hodel: Integriertes Psychologisches Therapieprogramm (IPT) für schizophrene Patienten. PVU, München, Weinheim 1988

Roder, V., H.D. Brenner: Spezifische Therapieinterventionen im kognitiven und sozialen Bereich mit schizophrenen Patienten. In: R. Olbrich (Hrsg.) Therapie der Schizophrenie. Kohlhammer, Stuttgart 1990

Roder, V., T.A. Eckman, H.D. Brenner, N. Kienzle, R.P. Liberman: Behavior Therapy. In: M.I. Herz, S.J. Keith, J.P. Docherty (eds.) Handbook of schizophrenia, Vol. 4, Psychosocial treatment of schizophrenia. Elsevier, Amsterdam New York Oxford 1990

Roder, V., H.D. Brenner, N. Kienzle, B. Hodel: Integriertes Psychologisches Therapieprogramm (IPT) für schizophrene Patienten. Dritte überarbeitete und ergänzte Auflage. Beltz, Weinheim 1995 a

Roder, V., B. Jenull, H.D. Brenner, D. Heimberg, A. Hirsbrunner: Kognitive Verhaltenstherapie mit schizophren Erkrankten im Wohn-, Arbeits- und Freizeitbereich: erste Ergebnisse. Verhaltenstherapie 5 (1995 b) 68

Roder, V., U. Keppeler, B. Jenull, H.D. Brenner: Verhaltenstherapie im Freizeitbereich mit schizophren Erkrankten: Fallbericht. Verhaltenstherapie 5 (1995 c) 96

Roder, V., D. Heimberg, A. Hirsbrunner, H.D. Brenner: Behaviour-therapy orientated rehabilitation of schizophrenic patients in the residential, vovational and recreational area: Development of corresponding therapy manuals. Schizophrenia Bulletin (1996) in preparation

Rund, B. R., N.I. Landro, N. I.: Information processing: A new model for understanding cognitive disturbances in psychiatric patients. Acta Psychiatrica Scandinavica 81 (1990) 305

Sartorius, N., A. Jablensky, G. Ernberg, J. Leff, A. Korten, W. Gulbinat: Course of schizophrenia in different countries: Some results of a WHO international comparative 5-year follow-up study. In: H. Häfner, W.F. Gattaz, W. Janzarik (eds.) Search for the causes of schizophrenia. Springer. Berlin Heidelberg New York Tokyo 1987

Schubart, C., R. Schwarz, B. Krumm, H. Biehl: Schizophrenie und soziale Anpassung. Eine prospektive Längsschnittuntersuchung. Springer, Berlin Heidelberg New York Tokyo 1986

Schüttler, R., V. Bell, S. Blumenthal, N.U. Neumann, R. Vogel: Haben „kognitive" Therapieprogramme meßbaren Einfluß auf Basissymptome bei Schizophrenien? In: G. Huber (Hrsg.): Idiopathische Psychosen, Psychopathologie, Neurobiologie, Therapie. Schattauer, Stuttgart New York 1990

Shakow, D., M.Y. McCormick: Mental set in schizophrenia studied in a discrimination setting. Journal of Personality and Social Psychology 1 (1965) 88

Shean, G. D., Z. Zeidberg: Token reinforcement therapy: A comparison of matched groups. Journal of Behavior Therapy and Experimental Psychiatry 2 (1971) 107

Sokolovsky J., C. Cohen, D. Berger, J. Geiger: Personal networks of exmental patients in a Manhatten SRO hotel. Human Organisation 37 (1978) 5

Spivack, G., M.B. Shure: ICPS and beyond: Centripetal and centrifugal forces. American Journal of Community Psychology 13 (1975) 226

Stokes, T. F., D.M. Baer: An implicit technology of generalisation. Journal Appl. Behav. Anal. 10 (1977) 349

Strauss, J. S., W.T. Carpenter, J.J. Bartko: The diagnosis and understanding of schizophrenia. Part III. Speculations on the process that underlie schizophrenic symptoms and signs. Schizophrenia Bulletin 11 (1974) 61

Theilemann, S., K. Peter: Zur Evaluation kognitiver Therapie bei schizophren Erkrankten. Zeitschrift für Klinische Psychologie 23 (1) (1994) 20

Tolsdorf, C. C.: Social networks, support and coping. Fam. Proc. 15 (1976) 407

Trower, P., B. Bryant, M. Argyle: Social skills and mental health. Methuen, London 1978

Trower, P., B. Bryant, M. Argyle: Social skills and mental health. University of Pittsburgh Press, Pittsburgh 1978

Vaccaro, J. V., R.P. Liberman, G. Blackwell, C.J. Wallace: Combining social skills training and assertive case management. In: R.P. Liberman (ed.) Effective psychiatric rehabilitation. Jossey-Bass, San Francisco 1992

Vaitl, P., W. Bender, W. Hubmann, C. Hummel, A. Kröner: Vollstationäre versus halbstationäre psychiatrische Abschlußbehandlung – Eine vergleichende retrospektive Studie. Psychiatrische Praxis 16 (1989) 214

Wallace, C. J., C.J. Nelson, R.P. Liberman, R.A. Aitchison, D. Lukoff, J.P. Elder, C. Ferris: A review and critique of social skills training with schizophrenic patients. Schizophrenia Bulletin 6 (1980) 42

Wallace, C. J.: The social skills training project of the mental health clinical research center for the study of schizophrenia. In: J.P. Curran, P.M. Monti, (eds.) Social skills training: A practical handbook for assessment and treatment. Guilford Press, New York 1982

Wallace, C. J.: Community and interpersonal functioning in the course of schizophrenic disorders. Schizophrenia Bulletin 10 (1984) 233

Wallace, C. J., R.P. Liberman, S.J. Mac Kain, G. Blackwell, T.A. Eckman: Effecitiveness and replicability of modules for teaching social and instrumental skills to the severely mentally ill. American Journal of Psychiatry 149 (1992) 654

Williams, M. T., S.M. Turner, J.G. Watts, A.S. Bellack, M. Hersen: Group social skills training for chronic psychiatric patients. European Journal of Behavioral Analysis and Modification 1 (1977) 223

Wincze, J. P., H. Leitenberg, W.S. Agras: The effects of token reinforcement and feedback on the delusional verbal behavior of chronic paranoid schizophrenics. Journal Appl. Behav. Anal. 5 (1972) 247

Wing, J. K.: . Der Einfluß psychosozialer Faktoren auf den Langzeitverlauf der Schizophrenie. In: W. Böker, H.D. Brenner (Hrsg.) Bewältigung der Schizophrenie. Huber, Bern Stuttgart Toronto 1986

Wing, J. K., G.W. Brown: Institutionalism and schizophrenia: A comparative study of three mental hospitals, 1960–1968. Cambridge University Press, Cambridge 1970

Zigler, E., L. Phillips: Social competence and the process-reactive distinction in psychopathology. Journal Abnorm. Soc. Psychol. 65 (1962) 215

Zubin, J., B. Spring: Vulnerability – A new view of schizophrenia. Journal of Abnormal Psychology 86 (1977) 103

# 9 Kognitiv-behaviorale Familientherapie

H.D. Brenner, A. Schaub

## Einleitung

Es gibt heute keine einheitliche Theorie der Entwicklung und Funktionsweisen von Familien insgesamt, und erst recht nicht von Familien mit einem an Schizophrenie erkrankten Mitglied. So verwundert es nicht, wenn in den letzten Jahrzehnten eine ganze Reihe unterschiedlicher familientherapeutischer Konzepte und Verfahren erarbeitet und auch bei der Schizophrenie eingesetzt wurden. Zu nennen sind dabei insbesondere die psychodynamische, die kommunikationstheoretisch orientierte (strukturelle/strategische) sowie die kognitiv-behaviorale Richtung der Familientherapie. Hinzu kommen eine grosse Zahl spezifischer Therapiemethoden wie erweiterte Familienschule, multiple Familien-Gruppen-Therapie, Familienskulptur etc. Auf einzelne dieser Richtungen und Verfahren wird in anderen Kapiteln dieses Buches eingegangen (z. B. Kapitel 10). Kontrollierte Untersuchungen zur Wirksamkeit liegen jedoch bisher nur für kognitiv-behaviorale familientherapeutische Ansätze vor. Sie bestimmen heute zudem das Feld der Familientherapie bei der Schizophrenie fast vollständig, während Ansätze anderer Richtungen an Bedeutung verloren haben, so dass es angemessen erscheint, sie in einem eigenen Kapitel darzustellen und zu diskutieren.

Im Zuge der Verbreitung des Vulnerabilitäts-Stress-Modells der Schizophrenie kam es in den letzten 25 Jahren auch zu einer grundlegenden Veränderung des Verständnisses der Rolle, welche die Familie eines schizophrenen Menschen bei dessen Erkrankung spielt. Einst im Kontext eines psychogenen Krankheitsmodells als Mitverursacherin gesehen, wird sie heute als Bündnispartnerin bei der Behandlung und Rehabilitation betrachtet, welche einen wesentlichen Einfluss auf den Verlauf der Krankheit nehmen kann. Insbesondere bei der gemeindepsychiatrischen Betreuung chronisch schizophrener Patienten wird nicht selten ein Grossteil der Pflege und Rehabilitation der Familie überlassen. Das Erkennen des schweren Leids und der enormen psychischen, physischen und materiellen Belastungen, welche die Erkrankung eines schizophrenen Angehörigen für die Familie mit sich bringt, sowie die Einsicht in eine Verknüpfung von familiärem Interaktionsstil und Rezidivrisiko führten dazu, die Familie aktiv in die ambulante Nachsorge des Patienten einzubeziehen. Der Umstand, dass sich die Erkrankung häufig im späten Jugendalter bzw. im frühen Erwachsenenalter entwickelt, unterstreicht noch die Bedeutung der Familie als wichtigstes soziales Netzwerk.

Gemeinsamer Ausgangspunkt aller kognitiv-behavioral orientierten familientherapeutischen Ansätze sind dementsprechend die inzwischen vielfach bestätigten empirischen Ergebnisse des Zusammenhangs zwischen angespannten Familienbeziehungen und der Gefahr einer erneuten Symptomexazerbation. Eine zentrale Rolle spielt dabei das heute allgemein bekannte „expressed emotion“ (EE)-Konstrukt, mit dem versucht wird, die emotionale Atmosphäre des interaktionellen Umgangs zwischen dem Patienten und seinen Angehörigen theoretisch zu erfassen und zu operationalisieren. Das EE-Konstrukt ist nicht unumstritten, so wurde z. B. der prädiktive Nutzen eines hohen EE-Status der Familie für den Verlauf der Erkrankung bei weiblichen Schizophrenen in Frage gestellt (Hogarty et al. 1986). Ausserdem blieb bislang eine Fülle von Fragen unbeantwortet; unklar ist z. B. die Richtung der Kausalität bei der Entstehung des EE-Niveaus, d. h. die Frage, ob ein hoher EE-Status Ursache für oder Reaktion von Familienmitgliedern auf das auffällige Verhalten des Patienten ist. Aus einer interaktiven Sichtweise heraus können unangepasste, symptomatische Verhaltensweisen des Patienten dazu führen, dass Familienangehörige häufiger Kommunikationsformen im Sinne eines hohen EE-Niveaus zeigen, was wiederum zur Exazerbation der Symptomatik beim Patienten führen kann, wodurch ein vitiöser Zirkel in Gang kommt. Im Gegensatz dazu kann eine affektiv unbelastete, sozial verstärkende Familienatmosphäre zu einer allmählichen Verbesserung des

Funktionsniveaus beim Patienten führen und dessen Stressbelastung gewissermassen abpuffern. Damit zusammenhängend stellt sich die Frage, ob der EE-Status der Familie im Sinne eines dispositionellen Merkmals konstant bleibt oder in Abhängigkeit des Krankheitszustandes des Patienten über die Zeit variiert. Es zeigte sich in entsprechenden Untersuchungen bisher kein eindeutiger Zusammenhang zwischen EE-Niveau und dem Schweregrad der Erkrankung, wobei neuere Studien jedoch Hinweise auf die Bedeutung der Negativsymptomatik sowie subklinischen verbalen und nonverbalen Verhaltensauffälligkeiten geben (Goldstein et al. 1995, Woo et al. 1996). Frühere unidirektionale Konzepte wurden zugunsten mehrdimensionaler transaktionaler aufgegeben, die Wechselwirkungsprozesse auf seiten des Patienten und der Angehörigen thematisieren (Kavanagh 1992). Erwähnenswert ist in diesem Zusammenhang auch das aktuelle Interesse an einem hohen EE-Niveau von Personen im therapeutischen Bereich (z. B. Kuipers 1995). Hierdurch scheinen weitere Aufschlüsse möglich, inwiefern bestimmte Symptome und Verhaltensweisen der Patienten auch im stationären Setting zu kritischen Einstellungen der Behandelnden beitragen. Insgesamt gesehen vermag das EE-Konstrukt für sich allein genommen die komplexen Familieninteraktionen sicherlich nur unzureichend abzubilden, psychophysiologische Daten scheinen das Konstrukt jedoch zu validieren, und es hat sich trotz seiner reduktionistischen Perspektive als nützlicher Prädiktor für die Rückfallhäufigkeit schizophrener Patienten erwiesen.

## Therapeutische Ansätze

Grundlegend für die heutige kognitiv-behaviorale Familientherapie war insbesondere die in den 80er Jahren durchgeführte Entwicklungs- und Forschungsarbeit verschiedener Arbeitsgruppen in den USA und in England, die jeweils auch prospektive kontrollierte Studien zur Wirksamkeit familientherapeutischer Interventionen mit einem zweijährigen Follow-up durchführten (Leff et al. 1982, 1985, Tarrier et al. 1988, 1989, Hogarty et al. 1986, Falloon et al. 1985). Mit ihren Namen bzw. Arbeitsorten verbinden sich dementsprechend auch die unterschiedlichen familientherapeutischen Ansätze. Das EE-Konstrukt diente dabei zumeist explizit als Hauptansatzpunkt der Behandlung und ein hohes EE-Niveau galt als primäres Veränderungsziel der therapeutischen Intervention (Leff et al. 1982, 1985, Tarrier et al. 1988, 1989, Hogarty et al. 1986). Lediglich Falloon und Mitarbeiter (1985) bezogen sich darauf nur indirekt, wobei aber auch hier das Rationale im wesentlichen darin bestand, über die Erhöhung der Bewältigungskapazität der Familienmitglieder im Umgang mit konflikthaften, stressauslösenden Problemsituationen einer emotional aufgeheizten Familienatmosphäre entgegenzuwirken. Um dieses Therapieziel zu erreichen, greifen alle kognitiv-behavioralen familientherapeutischen Ansätze auf ein pragmatisches, an konkreten Problemstellungen orientiertes, strukturiertes Vorgehen zurück. Dabei kommt nach einer einführenden Vermittlung von Basiswissen über die Erkrankung eine je nach Ansatz mehr oder minder breite Palette verhaltenstherapeutischer Interventionen zum Einsatz, die auf eine Verbesserung der interpersonalen und kommunikativen Fertigkeiten, auf eine Erhöhung der Problemlösefähigkeit sowie der Stressbewältigungsmöglichkeiten der Familie und damit letztlich auf eine den Krankheitsverlauf begünstigende Beziehungsqualität abzielen. Alle Ansätze heben ausserdem die Bedeutung einer engen therapeutischen Allianz zwischen dem Patienten, seinen Angehörigen und den professionellen Betreuern hervor. So ähnlich die allgemeine Stossrichtung dieser familientherapeutischen Programme ist, so heterogen ist allerdings jeweils das konkrete Vorgehen. Die Ansätze von Falloon et al. (1985) und Tarrier et al. (1988, 1989) orientieren sich z. B. enger an verhaltenstherapeutischen Strategien während die Intervention von Leff et al. (1982, 1985) und Hogarty et al. (1986) breiter, eklektizistisch angelegt sind und u.a. explizit auch systemtheoretische Techniken einschliessen. In den letzten Jahren ist zudem in unterschiedlichen Formen ein im wesentlichen rein psychoedukativer Therapieansatz hinzugekommen, der sich weitgehend auf die Wissensvermittlung über die schizophrene Erkrankung selbst sowie ihre Behandlung an Patienten und Familienangehörige beschränkt. Im folgenden werden diese unterschiedlichen Ansätze mit ihren jeweils charakteristischen Aspekten kurz dargestellt.

### **Der Camberwell-Ansatz** (Leff et al. 1982)

Ziele des familientherapeutischen Ansatzes der Arbeitsgruppe um Leff sind zum einen die Senkung der Kontakthäufigkeit zwischen dem Patienten und seinen Angehörigen mit hohem EE-Status, zum andern die Verminderung bzw. Beseitigung eines hohen EE-Niveaus. Die Therapie besteht aus drei Bestandteilen, welche in wenig standardisierter Weise und flexibel auf die jeweiligen Bedürfnisse einer Familie abgestimmt zur Anwendung kommen: (1) einem einführenden psychoedukativen Teil, (2) einer Angehörigengruppe ohne Einbezug der Patienten und (3) Familiensitzungen einschliesslich des erkrankten Familienmitglieds. Die Interventionen werden also durch eine umfassende Vermittlung von Basiswissen über die Erkrankung eingeleitet. Diese erfolgt bei der Familie zu Hause, noch während der Patient in der Klinik behandelt wird. Die Angehörigen werden dabei in verständlicher Weise über die vermuteten Ursachen, die Symptome, den Verlauf und die Behandlungsmöglichkeiten der Krankheit informiert und erhalten ausführlich Gelegenheit Fragen zu stellen. Daran anschliessend werden bifokal Angehörigengruppen und Sitzungen mit einzelnen Familien durchgeführt. Die Angehörigengruppen mit bis zu sieben Mitgliedern bestehen aus Familien mit hohem und niedrigem EE-Status. Zweck dieser anfänglich von zwei, später von einem Therapeuten geleiteten gemischten Gruppen sind der Austausch von Erfahrungen, Problemen, alternativen Bewältigungsformen und Lösungsmöglichkeiten sowie die gegenseitige Unterstützung und die Verarbeitung von Trauer, nicht zuletzt aber auch die Erweiterung des sozialen Netzwerks der vielfach sozial isolierten Familien. Diese Angehörigengruppen finden alle 14 Tage in einer psychiatrischen Einrichtung statt und dauern zirka eineinhalb Stunden. Zu Beginn ebenfalls alle zwei Wochen, später einmal monatlich, werden parallel dazu einstündige Sitzungen mit den einzelnen Familien zu Hause abgehalten. Mit Hilfe behavioraler, systemtherapeutischer und z.T. auch psychodynamisch- interpretierender Interventionen werden über eine Erhöhung der Kommunikations- und Problemlösefertigkeiten der Familienmitglieder und des Patienten eine Veränderung des EE-Status (z. B. die Reduktion feindseliger Kommentare durch eine Umbewertung des auffälligen Patientenverhaltens) sowie eine Reduktion der Kontakthäufigkeit (z. B. durch die Festigung der Elternbeziehung oder durch die Erhöhung der sozialen Kontakte nach aussen) zu erreichen versucht.

## **Der Ansatz von Falloon und Mitarbeitern** (1985)

Die Stärkung der Familie als wichtiger 'Puffer' für den gegenüber den stressbeladenen Anforderungen des Alltags vulnerablen schizophrenen Menschen sowie ihre Förderung als wesentliche Ressource für den Rehabilitationsprozess bilden die Zielsetzungen des Ansatzes von Falloon und Mitarbeitern. Die Familientherapie ist dabei Teil eines umfassenderen Case Management-Programms und wesentlich standardisierter als beim Ansatz von Leff et al. (1982). Das Behandlungsprogramm umfasst 40 Familiensitzungen zu Hause unter Einbezug des Patienten. Diese zirka einstündigen Sitzungen werden während drei Monaten einmal wöchentlich, anschliessend für sechs Monate 14tägig und schliesslich bis Ende des zweiten Jahres nach Therapiebeginn noch einmal monatlich abgehalten. Den Anfang machen auch hier zwei Sitzungen, in denen es um die Vermittlung von Wissen über die Erkrankung geht. Im Unterschied zum Ansatz von Leff et al. (1982) nimmt der Patient daran aktiv teil, indem er z. B. die Informationen mit seinen Erfahrungen ausmalt. Ausserdem werden in diesen ersten beiden edukativen Sitzungen spezifische prodromale Anzeichen eines drohenden Rezidivs eruiert und als Kriterien für die sofortige Einleitung verstärkter medizinischer Massnahmen bestimmt. In einer funktionalen Problemanalyse werden anschliessend Schwierigkeiten, Defizite, Bedürfnisse und Ziele der einzelnen Familienmitglieder und der Familien insgesamt sowie ihre Ressourcen zur Zielerreichung bzw. zur Überwindung von Schwierigkeiten definiert. Zentraler Bestandteil der Therapie ist schliesslich das Training einer strukturierten Problemlösemethode, mit deren Hilfe sich die Familienmitglieder eine systematische Vorgehensweise bei der Lösung von Schwierigkeiten aneignen sollen (Problemidentifikation, Auflistung möglichst vieler potentieller Lösungen, Diskussion der Vor- und Nachteile der einzelnen Lösungen und Bestimmung der optimalen Lösung, Planung der Lösungsschritte, fortwährende Überprüfung des Erreichten). Bestimmte kommunikative Fertigkeiten sind Voraussetzungen für die Implementierung dieser Problemlösestrategien, was in den meisten Fällen ein zusätzliches Kommunikationstraining erforderlich macht. Mit Hilfe verschiedener behavioraler Techniken (Instruktionen, soziales Modelllernen etc.) werden dabei empathisches Zuhören, der Ausdruck positiver Affekte oder die Formulierung spezifischer und direkter Kritik eingeübt.

Schliesslich beinhaltet das Behandlungsprogramm eine Reihe weiterer verhaltenstherapeutischer Strategien (z. B. Entspannungsverfahren) zur Bewältigung spezifischer Probleme wie den Umgang mit persistierenden positiven Symptomen oder mit Ängsten. Das therapeutische Vorgehen ist dabei trotz dem hohen Standardisierungsgrad insofern flexibel und auf die einzelne Familie zugeschnitten, als es sich nach den jeweils anstehenden funktionalen Problemstellungen richtet.

## **Der Pittsburgh-Ansatz** (Hogarty et al. 1986)

Auch der familientherapeutische Ansatz von Hogarty und Mitarbeitern ist vornehmlich auf die Entspannung eines emotional aufgeladenen Familienklimas gerichtet. Wiederum werden hierfür eine Reihe verhaltens- und systemtherapeutischer Techniken eingesetzt, die das Wissen der Angehörigen über die Erkrankung mehren, ihre Ängste und Schuldgefühle mindern, die Familieninteraktionen stabilisieren und vorhersagbarer machen sowie die Bewältigungsmöglichkeiten der Familie erhöhen sollen. Die Vermittlung von Informationen über die Natur und die Behandlung der Erkrankung, die Stärkung der Elternbeziehung oder der sozialen Aussenkontakte gehören ebenso dazu wie Anleitungen zur besseren Stressbewältigung und die Verbesserung der kommunikativen Fertigkeiten und der Problemlösefähigkeit. Die Durchführung der Interventionen erfolgt in verschiedenen Phasen, die sequentiell durchlaufen werden und das Programm strukturieren. Die erste Phase besteht in der Kontaktaufnahme und dem Aufbau einer Beziehung zur betroffenen Familie. Ziele dieser ersten Phase sind die Sicherstellung der Kooperation der Familienangehörigen sowie der Abbau von Schuldgefühlen und von negativen Reaktionen in bezug auf die Erkrankung. In der zweiten Phase wird versucht, ein besseres Verständnis der Krankheitssymptomatik und der Bedürfnisse des Patienten bei den Angehörigen aufzubauen, den Stress zu reduzieren und das soziale Netzwerk zu stärken. Die Phasen drei und vier der Therapie stehen im Zeichen rehabilitativer Massnahmen. In der dritten Phase wird der Verbleib des Patienten in der Gemeinde angestrebt. Er wird dabei unterstützt, schrittweise wieder vermehrt Verantwortung zu übernehmen, gleichzeitig wird versucht, die Toleranz der Angehörigen seinem dysfunktionalen Verhalten gegenüber weiter zu erhöhen. Die vierte Phase dient der Stabilisierung des Funktionsniveaus des Patienten und seiner Reintegration ins formale soziale System (Berufsleben/Schule). Zielsetzung der fünften Phase ist schliesslich die Aufrechterhaltung einer kompetenteren, die Rehabilitationsbemühungen des Patienten unterstützenden Familieninteraktion. Gleichzeitig wird versucht, den Bedarf an therapeutischer Hilfestellung und Anleitung langsam abzubauen. Ursprünglich war vorgesehen, die Familiensitzungen mit abnehmender Frequenz von einmal wöchentlich während der Akutphase über einmal alle 14 Tage postremissiv bis hin zu einmal monatlich im zweiten Behandlungsjahr durchzuführen. Tatsächlich wurden die Therapiesitzungen jedoch während der ganzen zweijährigen Behandlungsdauer 14tägig abgehalten. Der Schwerpunkt der Intervention verlagerte sich dabei von den ersten drei Behandlungsphasen im ersten Jahr zur vierten Phase im zweiten Jahr. Die fünfte Phase konnte in den zwei Jahren nur bei wenigen Patienten erreicht werden.

## **Der Salford-Ansatz** (Tarrier et al. 1988)

Auch bei der Familientherapie der Arbeitsgruppe um Tarrier wird primär versucht, die Angehörigen als zentrale Bündnispartner in die ambulante Nachsorge einzubeziehen. Dabei werden insbesondere zwei Zielsetzungen verfolgt. Erste Zielsetzung ist auch bei diesem Ansatz die Schaffung eines möglichst wenig belastenden Familienklimas. Zu diesem Zweck gilt es zunächst die Komponenten eines hohen EE-Niveaus (Kritikneigung, Feindseligkeit, Aufdringlichkeit, Überengagement sowie unzureichende Bewältigungsstrategien) zu identifizieren und das Beziehungsverhalten von Patient und Angehörigen entsprechend zu modifizieren. Als zweite Zielsetzung sollen die Familienmitglieder lernen, ihre Bedürfnisse klarer zu erkennen und systematisch entsprechende Schritte zu unternehmen. Die therapeutischen Interventionen erstrecken sich über 13 Sitzungen und bestehen aus drei Komponenten, die nacheinander zum Einsatz kommen: Die ersten zwei Sitzungen dienen der Information über die Erkrankung und ihre Behandlung. Die drei anschliessenden Sitzungen sind einem Stress-Management-Programm gewidmet, durch das die Familie lernt, bewusst auf stressauslösende Situationen sowie ihre Reaktionen zu achten und geeignete Stressbewältigungsstrategien einzusetzen. Die restlichen acht Sitzungen werden schliesslich darauf verwendet, Problembereiche festzulegen, in Bedürfnisse und Veränderungsziele umzuformulieren, die Stärken und Ressourcen der Familie zu identifizieren und diese planvoll zur Bedürfnisbefriedigung und Zielerreichung einzusetzen. Ungefähr nach der Hälfte der Behandlung wird ausserdem während einer Sitzung ein sogenanntes Stressimpfungsprogramm durchgeführt. Tarrier und Mitarbeiter setzten ihren Ansatz auf zwei verschiedene Arten in die Praxis um: übungsorientiert ('enactive') mit Hilfe von Rollenspielen, Modellernen, instruierten praktischen Verhaltensübungen usw., wobei die aktive Mitarbeit der Familienmitglieder gefordert war, sowie in rein verbaler Form ('symbolic'). Die Therapie wurde nach neun Monaten formell abgeschlossen. Allen Familien wurde jedoch offeriert, bei Bedarf auch nach dieser Zeit Familiensitzungen abzuhalten oder telefonisch Hilfestellung zu leisten.

## Der psychoedukative Ansatz

Bei diesem Ansatz erhalten die Angehörigen zunächst Informationen über das hypothetische Ursachengefüge, das Krankheitsbild und den möglichen Verlauf der Schizophrenie sowie über die Versorgungseinrichtungen und Behandlungsmöglichkeiten, insbesondere auch über die (Neben)Wirkungen von Medikamenten und deren Verabreichungsarten. Damit wird versucht, Ängste, Stress, verzerrte Einstellungen und Vorurteile über die Erkrankung abzubauen. Gleichzeitig soll diese Wissensvermittlung dazu führen, dass die Angehörigen dem abweichenden Verhalten des Patienten mehr Verständnis entgegenbringen, sich dadurch die Interaktionen entspannen und die Qualität der Beziehung verbessert. Nicht zuletzt sollen die Angehörigen als Bündnispartner bei der gemeindenahen Nachbetreuung und Rehabilitation gewonnen werden. Von zentraler Bedeutung ist neben der Schaffung einer günstigen, förderlichen Familienatmosphäre auch die Rolle, welche die Angehörigen bei der Erkennung früher Warnzeichen einer drohenden Symptomexazerbation und bei der Medikamenten-Compliance einnehmen. Die zum Zeitpunkt der Akutsymptomatik meist vorhandene Akzeptanz der medikamentösen Behandlung durch den Patienten und seine Angehörigen nimmt in der Remissionsphase erfahrungsgemäss rasch ab. Eine wichtige Funktion der Psychoedukation ist es deshalb, die Familienmitglieder von der Notwendigkeit einer langfristigen neuroleptischen Rezidivprophylaxe zu überzeugen (Bäuml et al. 1991, Böker 1992). Schliesslich soll die Wissensvermittlung den Boden für weiterreichende familientherapeutische Interventionen vorbereiten. Es werden in der Regel zwei bis vier edukative Sitzungen durchgeführt, die im wöchentlichen Rhythmus stattfinden. Das konkrete Vorgehen ist im einzelnen unterschiedlich, wichtig scheint, dass die Informationen in jedem Fall einfach und verständlich vermittelt werden. Typisch ist auch die Verwendung eines Begleitheftes oder audiovisueller Hilfsmittel. Die Informationssitzungen werden in einigen Programmen im Beisein des Patienten, in andern allein mit den Angehörigen abgehalten.

# Empirische Ergebnisse

Die Wirksamkeit dieser kognitiv-behavioralen familientherapeutischen Ansätze wurde in mehreren Untersuchungen mittels eines jeweils unterschiedlich breiten Spektrums von Indikatoren klinischer und sozialer Morbidität (Rückfall- und Wiederaufnahmeraten, soziales Funktionsniveau, erlebter Stress und Belastung der Familie, EE-Status usw.) zu Beginn, nach neun oder zwölf Monaten sowie nach zwei Jahren überprüft und mit verschiedenen Kontrollbedingungen verglichen. Die Familientherapie wurde dabei durchwegs im Kontext einer gemeindepsychiatrischen Versorgung und auf der Basis einer möglichst optimalen neuroleptischen Behandlung durchgeführt. Die Stichproben bestanden aus kürzlich aus der Klinik entlassenen, von einer akuten Verschlechterung ihres Zustands oder von einer Ersterkrankung remittierten bzw. auf dem Niveau leicht persistierender Symptomatik stabilisierten Patienten. Aufgrund des vermuteten Zusammenhangs zwischen EE-Status und Rezidivquote wurden mit Ausnahme der Studie von Falloon et al. (1985) nur Familien mit erhöhtem EE-Status in die Experimentalgruppen aufgenommen. Wichtigster Prüfstein für die klinische Effektivität der Familientherapie war in allen Untersuchungen, ob sich durch eine Entspannung des Familienklimas mittels der kognitiv-behavioralen Interventionen eine Senkung der Rezidivraten über den Effekt der neuroleptischen Behandlung hinaus erzielen liess. Falloon et al. (1985) prüften dabei die Wirksamkeit ihres Ansatzes bei der Rückfallprävention im Vergleich zu einer supportiven Einzeltherapie, die sich auf die Forderung der sozialen Anpassung des Patienten richtete. Tarrier et al. (1988) verglichen die behaviorale Familientherapie mit gemeindepsychiatrischer Routinebehandlung und einem rein edukativen Behandlungsangebot. In der Studie von Hogarty et al. (1986) wurden vier Bedingungen hinsichtlich ihrer Effektivität bei der Rezidivprophylaxe miteinander verglichen: die Experimentalbedingungen Familienmanagement und patientenbezogenes Training sozialer Fertigkeiten, die Kombination dieser beiden Behandlungsbedingungen sowie eine supportiv orientierte neuroleptische Kontrollbedingung. Leff et al. (1982) wiederum überprüften die Wirkung ihres familientherapeutischen Ansatzes im Vergleich zu einer Kontrollgruppe, die neben der Erhebung von Symptomatik und EE-Status ohne zusätzliche Interventionen durch das Forschungsteam im wesentlichen pharmakotherapeutisch behandelt wurde. Wirkliche Follow-up-Daten lieferte nur die Studie von Tarrier et al. (1988), während in den anderen Untersuchungen die familientherapeutischen Interventionen während des gesamten zweijährigen Katamnesezeitraums fortgesetzt wurden, wenn auch mit meist abnehmender Frequenz.

Die Ergebnisse des Vergleichs der Rückfallquoten zwischen den verschiedenen Behandlungsbedingungen zeigen für die ersten neun bis zwölf Monate in allen Untersuchungen deutliche Vorteile zugunsten der Familientherapie. So berichten Leff und Mitarbeiter (1982) eine Rückfallrate von 50% für die Kontrollgruppe und von 0% für diejenigen Patienten der Experimentalgruppe, deren Familien die Familientherapie erfolgreich abgeschlossen hatten. Bei Einbezug aller Patienten mit Familientherapie erhöht sich der Prozentsatz der Rückfälle auf 9%. In der Studie von Falloon et al. (1985) erlitten 6% der Patienten mit Familientherapie und 44% der Patienten mit Indivdualtherapie innerhalb von neun Monaten einen Rückfall. Hogarty et al. (1986) fanden in ihrer Untersuchung nach zwölf Monaten Rezidivraten von 19% für die Familientherapiebedingung, von 20% für das Training sozialer Fertigkeiten, von 0% für die Kombination der beiden Behandlungsbedingungen und von 41% für die im wesentlichen ausschliesslich mit Neuroleptika behandelte Kontrollgruppe. Speziell bemerkenswert erscheint, dass in Familien, in denen trotz Familienintervention das EE-Niveau hoch blieb, nur die Kombination von Familientherapie und dem Training sozialer Fertigkeiten zu einer Senkung der Rückfallraten führte. Die Rückfallraten in der Studie von Tarrier et al. (1988) betrugen nach neun Monaten für die kognitiv-behaviorale Familienintervention 12% (17% für die 'übungsorientierte', 8% für die 'rein verbale' Variante), für die rein edukative Bedingung 43% und für die gemeindepsychiatrische Routinebehandlung 53%. Daneben erlauben die Ergebnisse dieser Untersuchung eine Reihe von weiteren Feststellungen mit grundsätzlicher Bedeutung für die Praxis und Beurteilung familientherapeutischer Interventionen. Bei Patienten mit hohem EE-Status ihrer Familie hatte eine Wissensvermittlung allein keinen Effekt auf die Rückfallraten. Generell fanden sich signifikante Veränderungen im EE-Niveau v.a. bei Bezugspersonen mit hohem EE-Status, dies jedoch am ausgeprägtesten bei der kognitiv-behavioralen Familienintervention. Nach neun Monaten gab es hier signifikant weniger Angehörige mit hohem EE-Niveau als bei den Gruppen mit psychoedukativer Intervention oder mit Standardbehandlung. Während kritische und überinvolvierte Kommunikationsformen bei der kognitiv-behavioralen Therapie zwar am deutlichsten, jedoch nicht ausschliesslich hier abnahmen, zeigte sich eine signifikante Reduktion feindseliger Äusserungen nur unter dieser Behandlungsbedingung. Schliesslich liess sich ein beträchtlicher, wenn auch nicht signifikanter Anstieg des EE-Niveaus in den routinemässig versorgten Familien mit niedrigem EE-Status feststellen. Ein solcher Anstieg war nicht bei Angehörigen mit niedrigem EE-Status festzustellen, denen zusätzlich zur Routineversorgung eine psychoedukative Intervention angeboten wurde. Dies verweist auf die Gefahr, Familien mit niedrigem EE-Status von vornherein als problemfrei zu betrachten.

Der Effekt einer durch kognitiv-behaviorale Familieninterventionen verminderten Rückfallhäufigkeit bleibt trotz einer bedeutenden Zunahme der Rezidive im zweiten Untersuchungsjahr auch beim Follow-up nach 24 Monaten erhalten. In der Studie von Leff et al. (1985) zeigten sich dabei Rückfallraten von 20% für die Familienintervention im Vergleich zu 78% für die Kontrollgruppe. Werden jedoch auch Suizidversuche als Rückfälle taxiert und mitberücksichtigt, steigen die Ziffern auf 50% für die Behandlungs- bzw. 83% für die Kontrollgruppe an – ein nicht mehr signifikanter Unterschied. In der Untersuchung von Falloon et al. (1985) ergab sich für den familientherapeutischen Ansatz nach zwei Jahren eine Rückfallquote von 17%, für die Individualtherapie von 78%. Die Patienten der Familienbedingung mussten ausserdem bedeutend weniger rehospitalisiert werden, verbrachten entsprechend weniger Behandlungstage im Krankenhaus, bedurften einer geringeren Anzahl Kriseninterventionen und benötigten niedrigere Neuroleptika-Dosierungen (Falloon et al. 1990). Hogarty et al. (1991) fanden beim Follow-up nach zwei Jahren eine Rezidivrate von 29% für die familientherapeutische Bedingung und von 25% für die Kombination von Familientherapie mit dem Training sozialer Fertigkeiten im Vergleich zu 50% für das Training sozialer Fertigkeiten allein und 62% für die Kontrollbedingung. Wurden die nur teilweise behandelten Familien mitberücksichtigt, ergaben sich etwas höhere Rückfallquoten: 32% für die Familientherapie, 35% für die kombinierte Behandlung, 57% für das Fertigkeitstraining und 66% für die Kontrollbedingung. In der Untersuchung von Tarrier et al. (1989) stiegen die Rückfallraten nach zwei Jahren bei der Familienintervention auf 33%, bei der psychoedukativen Intervention auf 43% und bei der gemeindepsychiatrischen Routineversorgung auf 53% an. Die beim Vergleich der Rückfallraten für die verschiedenen Behandlungsbedingungen nach zwei Jahren gegenüber den entsprechenden Zahlen nach neun bis zwölf Monaten deutlich verlängerte Überlegenheit der Familientherapie legt nahe, dass dadurch Rückfälle möglicherweise mehr aufgeschoben als tatsächlich verhindert werden, und dass familientherapeutische Interventionen zumindest in Form von sogenannten Auffrischsitzungen über einen längeren Zeitraum fortgeführt werden sollten.

Falloon et al. (1985) haben auch die Auswirkungen der kognitiv-behavioralen Familientherapie auf die soziale Anpassung aus unterschiedlicher Optik (d. h. aus der Sicht des Patienten, der Angehörigen und der Betreuer) und unter verschiedenen Aspekten (Haushalt, Freizeit, Arbeit, Beziehungen des Patienten ausserhalb der Familie usw.) zu erfassen versucht. Während den behandlungsintensiven ersten neun Monaten erhöhte sich das soziale Funktionsniveau der Patienten nur gering. Für das zweite Untersuchungsjahr hingegen fanden sich bezüglich der sozialen Anpassung jedoch beträchtliche Verbesserungen. Die Patienten in der Familientherapiebedingung verdoppelten nahezu die mit konstruktiver Tätigkeit verbrachte Zeit im Vergleich zum Zweijahreszeitraum vor Therapiebeginn. Demgegenüber erreichten die Patienten der Kontrollbedingung lediglich dasjenige soziale Funktionsniveau, auf welchem sie vor dem Krankheitsausbruch oder vor der zur Hospitalisation führenden Symptomverschlechterung angelangt waren. Verschiedentlich wurde postuliert, dass eine verbesserte soziale Anpassung aufgrund der damit einhergehenden Zunahme sozialer Aktivitäten und der damit verbundenen sozialen Stressoren die Gefahr eines erhöhten Rückfallrisikos in sich birgt. Einem solchen Effekt scheint die protektive Wirkung der erhöhten Problemlösekapazität der Familie entgegenwirken zu können. In eine ähnliche Richtung weisen die Ergebnisse einer Untersuchung von Barrowclough und Tarrier (1990). Mit Hilfe der 'Social Adjustment Scale' (SAS; Birchwood 1983) wurden zum einen die Beziehungen zwischen dem sozialen Funktionsniveau des Patienten und dem EE-Status seiner Angehörigen überprüft, zum anderen die Auswirkungen der kognitiv-behavioralen Familientherapie auf die soziale Kompetenz. In einem Haushalt mit hohem EE-Niveau lebende Patienten zeigten dabei eine signifikant schlechtere psychosoziale Anpassung als Patienten in einem Haushalt mit niedrigem EE-Niveau. Aussagen über mögliche kausale Zusammenhänge waren dabei allerdings nicht möglich. Auch hierbei ist wohl eher von einer komplexen, dynamischen Interaktion auszugehen. Gegenüber der routineversorgten Kontrollgruppe von Patienten aus Familien mit hohem EE-Status zeigten die Patienten in der Bedingung der Familienintervention beim neunmonatigen Follow-up aber sowohl auf verschiedenen Subskalen (sozialer Rückzug, interpersonale Funktionen, prosoziale Aktivitäten), wie auch im Gesamtscore der SAS bedeutsame Verbesserungen. Die Befundlage ist allerdings nicht eindeutig. Leff et al. (1989, 1990) berichteten in einer Nachfolgestudie von nur geringen, nicht signifikanten Effekten der beiden Familientherapiebedingungen (mit einzelnen Familien oder in Gruppen von Angehörigen) auf das soziale Funktionsniveau der Patienten. Auch Hogarty et al. (1986, 1991) fanden in ihrer Untersuchung nur leichte Verbesserungen der sozialen Kompetenz in der familientherapeutischen Untersuchungsbedingung.

Vor kurzem haben Randolph et al. (1994) und Xiong et al. (1995) zwei weitere kontrollierte Studien mit einer eng an den Therapieansatz von Falloon und Mitarbeitern angelehnten Familienbedingung vorgelegt, in welchen die bisherigen Ergebnisse bezüglich geringerer Rückfallraten, kürzerer stationärer Behandlung und besserer sozialer Integration gegenüber der Standardversorgung im wesentlichen bestätigt wurden. Die ebenfalls kürzlich erschienene Studie von Telles et al. (1995) ist die einzige, die keine Überlegenheit der kognitiv-behavioralen Familientherapie aufweist. Diese Studie unterschied sich allerdings von den anderen in folgenden Punkten: (a) Die Patienten waren spanisch-amerikanische Immigranten, (b) nur eine kleine Gruppe der Angehörigen zeigte ein hohes EE-Niveau. Kulturelle und klinische Effekte könnten somit zu der geringeren Effektivität der Familientherapie beigetragen haben. Diese Ergebnisse unterstreichen die Wichtigkeit, bei therapeutischen Interventionen kulturelle Faktoren mitzuberücksichtigen. Eine weitere Familientherapiestudie, die ebenfalls keine Erfolge hinsichtlich des Rückfallschutzes und einer Veränderung der Familienatmosphäre zeigte, war psychodynamisch ausgerichtet (Köttgen et al. 1984). Andere neuere Studien zur Familientherapie untersuchten die Wirkung von Einzelfamilientherapien nach dem Ansatz von Falloon und Mitarbeitern im Vergleich zu Angehörigen- bzw. Familiengruppen. In diesen Studien wurde auf den Vergleich mit einer Standardversorgung verzichtet. Im Vergleich zwischen Familientherapie und Angehörigengruppen zeigten sich keine signifikanten Unterschiede, wobei die Rückfallraten in den Untersuchungen von Linszen et al. (1995) und Schooler et al. (1995) insgesamt recht niedrig ausfielen, was vermutlich auch auf die Einbettung in ein umfangreiches Behandlungskonzept (z. B. Case Management etc.) zurückzuführen ist. Es gilt somit auch Deckeneffekte zu berücksichtigen. In diesen Untersuchungen wurden zudem unterschiedliche psychopharmakologische Interventionen durchgeführt (Standardbehandlung, Niedrigdosierung und Intervalltherapie), wobei die Standardbehandlung den anderen Bedingungen überlegen war. Nach Studien von McFarlane et al. (1990, 1995) war die Zusammenführung mehrerer Familien einem „Einfamilienansatz" überlegen. Auch dabei waren die Rückfallraten sehr niedrig und denjenigen der vorausgegangenen Interventionen vergleichbar.

Im deutschsprachigen Raum hat sich insbesondere die Arbeitsgruppe um Hahlweg (1993, 1995) um die Einführung familientherapeutischer Interventionen verdient gemacht und die Ergebnisse angloamerikanischer Studien bestätigt. Ziel der Arbeitsgruppe war es auch, die kombinierten Effekte einer psychopharmakologischen und familientherapeutischen Rezidivprophylaxe auf die Rückfallhäufigkeit und die soziale Anpassung einerseits sowie auf die Bewältigungskompetenzen und Belastungen der Familie andererseits zu untersuchen. Der familientherapeutische Ansatz wurde daher mit einer intermittierenden Neuroleptikabehandlung oder mit einer Standardbehandlung kombiniert. Auch hier wurde keine Kontrollbedingung ohne familientherapeutische Interventionen eingesetzt. In der 1- und 2-Jahres-Katamnese war die Rückfallrate – wie in anderen Studien – unter der Intervalltherapie erheblich höher als in der Standardbehandlung, die von der Dosishöhe her jedoch eher einer Niedrigdosierung entsprach (Hahlweg et al. 1993, 1995). Der Einbezug von Familienangehörigen hatte also nicht die erhoffte rückfallprophylaktische Wirkung in der erstgenannten Bedingung. Nach sechs Monaten zeigten sich in beiden Gruppen jedoch positive Veränderungen im Kommunikations- und Problemlöseverhalten sowie eine Entlastung der Familien.

Im Gegensatz zu den eindrucksvollen Ergebnissen über die Wirkungen familientherapeutischer Langzeitinterventionen erbrachten mehrere Studien zur klinischen Effektivität kurzzeitiger Familieninterventionen von weniger als zwei Monaten Dauer, die z.T. im Rahmen der stationären Versorgung durchgeführt wurden lediglich bescheidene Verbesserungen des sozialen Funktionsniveaus, nicht aber eine Senkung der Rückfallraten. Diese Interventionen waren im wesentlichen rein psychoedukativ ausgerichtet (vgl. Bellack und Mueser 1993). Auch Birchwood et al. (1992) kamen bei der Beurteilung der spezifischen und unspezifischen Wirkungen psychoedukativer Programme zum gleichen Ergebnis. Eine Ausnahme scheint nur der psychoedukative krisenorientierte Ansatz von Goldstein et al. (1978) zu machen, der als einziger im Vergleich zur Standardversorgung auch im Hinblick auf die Rückfallprophylaxe eindeutig besser abschneidet (Glick et al. 1985, 1990, Vaughan et al. 1992). Gesamthaft gesehen aber konnte zwar gezeigt werden, dass sich die Angehörigen schizophrener Patienten dadurch ein beträchtliches Wissen über die Erkrankung aneignen, und dass dieser Wissenserwerb zu einer weniger verzerrten Einstellung gegenüber der Krankheit, zu einem grösseren Zutrauen, diese bewältigen zu können, sowie zu einer Verminderung von Angst und familiärer Belastung führt. Kurzfristig werden ausserdem Stress und Furchtsamkeit gegenüber dem Patienten reduziert. Einige Verbesserungen fanden sich auch bezüglich des sozialen Funktionsniveaus des Patienten. Dabei korreliert die Zunahme an Basiswissen positiv mit unspezifischen Wirkungen, wie z. B. der Reduktion von Angst. Hingegen scheint weder die Art, wie diese psychoedukativen Programme durchgeführt werden, ob in Gruppen mit anderen Angehörigen, ob unter Anleitung einer Fachperson oder schriftlich per Post, ob mit oder ohne Video-Unterstützung, für das Erzielen der Therapieeffekte von Bedeutung zu sein. Diese scheinen vielmehr voll auf den Inhalt als solchen zurückzugehen. Ein Zusammenhang zwischen der alleinigen Vermittlung von

Basisinformationen zur Schizophrenie und einer Senkung der Rückfallraten konnte jedoch nicht aufgezeigt werden.

Insgesamt gesehen scheinen psychoedukative Programme also nicht ausreichend, um länger andauernde Veränderungen vergleichbar den familientherapeutischen Interventionen zu bewirken. Sie stellen eher einen wesentlichen Bestandteil der Behandlung als einen eigenständigen Therapieansatz dar. Dabei ist allerdings anzumerken, dass in der Literatur unter der Bezeichnung 'psychoedukative Programme' ein heterogenes, unterschiedlich breites Spektrum an Interventionen verstanden wird. Vor allem deutschsprachige Autoren (Bäuml et al. 1991, Böker 1992, Hornung und Buchkremer 1992, Hornung et al. 1995) setzen den Begriff 'psychoedukative Angehörigenarbeit' mit umfassenderen Familieninterventionen gleich und subsummieren darunter neben der eigentlichen Aufklärung über die Erkrankung auch verschiedene verhaltenstherapeutische Techniken, die zur Bildung entspannter Familienbeziehungen und adäquateren Bewältigungsstrategien eingesetzt werden. In der englischsprachigen Literatur (vgl. z. B. Birchwood et al. 1992, Leff 1994) dagegen wird der Begriff 'Psychoedukation' in der Regel enger gefasst und bezeichnet lediglich die Vermittlung von Basiswissen über die vermuteten ätiopathogenetischen Zusammenhänge, die Phänomenologie, den Verlauf und die Behandlung der Erkrankung. Es erscheint tatsächlich sinnvoller, den Begriff 'Psychoedukation' in diesem eng begrenzten Sinne zu verwenden, einerseits um der ohnehin bestehenden Begriffsvermengung entgegenzuwirken, andererseits weil mit einer differenzierenden und umschriebenen Definition von Behandlungskomponenten der Erkennung der wirksamen Ingredienzen und Wirkmechanismen eines umfassenden Interventionsprogramms sowie deren differenzieller Wirkung und damit der Klärung von Indikationsfragen besser gedient ist.

In der gegenwärtigen ökonomischen Situation reicht der Nachweis der klinischen Effektivität eines Behandlungsangebots allein für dessen Etablierung in die gängige Versorgungspraxis zunehmend weniger aus. Vielmehr muss auch der Beweis der Möglichkeit einer kosteneffizienten Integration dieses Ansatzes in das Versorgungssystem insgesamt angetreten werden. Nur gerade in zwei Untersuchungen zur Wirkung familientherapeutischer Interventionen wurde bisher explizit auch der Versuch des Nachweises ihrer Kosteneffizienz unternommen (Cardin et al. 1985, Tarrier et al. 1991). Neben der Wirksamkeit erhoben Tarrier et al. (1991) die im Laufe der neunmonatigen Behandlungsdauer entstehenden Kosten. Dabei wurden nur die direkten Kosten der Anzahl Spitaltage, der Konsultationen gemeindepsychiatrischer Einrichtungen (inkl. Tagesklinik), der Kontakte mit Sozialarbeitern und gemeindepsychiatrischen Krankenschwestern sowie den Psychologen, welche die Familientherapie durchführten, erfasst. Die Kosten der zusätzlich zur Routineversorgung familientherapeutisch behandelten Gruppe von Patienten aus Familien mit hohem EE-Status wurden schliesslich mit den Kosten zweier routinepsychiatrisch versorgten Kontrollgruppen (Patienten mit Angehörigen mit hohem bzw. mit niedrigem EE-Status) verglichen. Es ergaben sich keine signifikanten Unterschiede zwischen der Kontrollgruppe mit niedrigem EE-Niveau und der familientherapeutisch behandelten Gruppe mit hohem EE-Niveau, wohl aber zwischen Kontroll- und Behandlungsgruppe mit jeweils hohem EE-Niveau im Sinne einer 37%igen Kostenreduktion für die Familientherapiebedingung. Die durch die Implementierung des familientherapeutischen Behandlungsangebots entstandenen Zusatzkosten wurden also mehr als ausgeglichen. Da dies hauptsächlich auf die Abnahme stationärer Behandlungskosten zurückging, bleibt die Frage, ob diese Einsparungen über die Zeit andauern, da zum Zeitpunkt des zweiten Follow-up die Rückfallraten für die Familienintervention zwar immer noch signifikant unter jener der Kontrollbedingungen liegen, jedoch deutlich angestiegen waren. Zu einem ähnlich günstigen Ergebnis für die Familientherapie kamen Cardin et al. (1985) in ihrem Vergleich der direkten und indirekten Kosten des familientherapeutischen Ansatzes von Falloon und Mitarbeitern. Die Patienten, bei welchen zusätzlich eine Familientherapie durchgeführt wurde, verursachten 19% weniger Kosten als jene, welche mit individuellem Case Management behandelt wurden. Auch in dieser Untersuchung erwuchsen die Einsparungen vornehmlich aus einer verminderten Beanspruchung von stationärer Behandlung sowie von Kriseninterventionen durch die Patienten der Familienbedingung. Analoge Ergebnisse berichteten Held et al. (1992) in einer zweijährigen Interventionsstudie zum Vergleich einer ebenfalls an dem Ansatz von Falloon und Mitarbeitern orientierten Familientherapie mit der psychiatrischen Standardtherapie, bei der sie Kosteneinsparungen zwischen rund einem Viertel und einem Drittel zugunsten der familientherapeutischen Bedingung fanden.

## Schlussfolgerungen und offene Fragen

Insgesamt gesehen scheinen die positiven Wirkungen kognitiv-behavioraler Familieninterventionen bezüglich einer Senkung der Rückfall- und Wiederaufnahmeraten, einer Verringerung der familiären Belastung und, wenn auch weniger eindeutig, einer Verbesserung der sozialen Kompetenz tatsächlich auf den besonderen Inhalt (EE-Status) und das spezielle therapeutische Vorgehen (strukturiert, aufgaben- und übungsorientiert, aktive Mitarbeit des Erkrankten und seiner Bezugspersonen) der entsprechenden Ansätze zurückzuführen zu sein. Dabei dürfte vor allem zwei Wirkmechanismen besondere Bedeutung zukommen, nämlich zum einen der Verminderung von Stress in der Familienatmosphäre und zum anderen der Erhöhung der Kompetenz im Umgang sowohl mit lebensverändernden Ereignissen als auch mit alltäglichen Belastungen auf seiten des Patienten wie auch seiner Angehörigen. Im einzelnen sind die Veränderungsmechanismen jedoch noch weitgehend unbekannt. Dies verhindert bisher ein zielgerichteteres, auf die situativen Bedingungen und speziellen Bedürfnisse und Möglichkeiten der einzelnen Familie und des einzelnen Patienten abgestimmtes therapeutisches Vorgehen und erschwert die Festsetzung individueller Therapieziele sowie die laufende Einschätzung, inwieweit diese auch erreicht werden. Dazu trägt auch die noch zu wenig differenzierte Ausarbeitung des EE-Konstrukts bei. Die Konzeptualisierung der Bedeutung von Fehlattributionen oder von nicht verarbeiteter Trauer, Gefühlen des Verlusts seitens der Angehörigen usw. für den interaktionalen, dynamischen Prozess der Entwicklung eines bestimmten Familieninterieurs sind Ansätze in diese Richtung. Es ist noch zu wenig bekannt, welche spezifischen Veränderungen des Familienklimas zu welchen Effekten für welche Patientenpopulationen mit welchen Charakteristika unter welchen zeitlichen und situativen Bedingungen führen. Es ist auch unklar, welchen Einfluss in den einschlägigen Untersuchungen der unspezifische Effekt des grossen Zeit- und Ressourceneinsatzes sowie der zumeist hohen Qualifikation des behandelnden und untersuchenden Teams und dessen Erwartungen auf die Therapieergebnisse ausübte; ein Aufwand, der in der psychiatrischen Routineversorgung in dieser Form nicht aufrechtzuhalten ist.

Wie diese Ansätze am effizientesten in die alltägliche Versorgungspraxis integriert werden können, bedarf also noch der Klärung. Wem sollte dieses Behandlungsangebot in welcher Form wann zuteil werden? Sollten diese Interventionen im Delegationsverfahren oder als fest integrierter Bestandteil eines Versorgungssystems offeriert werden? Wer verfügt über das nötige Expertentum zu ihrer Durchführung? Dies alles sind heute noch weitgehend unbeantwortete Fragen. Kritisch zu bewerten ist auch die verbreitete Verwendung des EE-Status als einzigem Indikationskriterium für die Durchführung einer Familientherapie und die Vernachlässigung der Bedürfnisse von Angehörigen mit niedrigem EE-Status. Die übliche Dichotomisierung nach hohem bzw. niedrigem EE-Niveau ist schon deswegen unbefriedigend, weil damit eine Abstimmung psychosozialer Interventionsstrategien auf die spezifischen individuellen Bedingungen und Bedürfnisse der einzelnen Familie erschwert wird. Es bleibt offen, inwieweit auch Familien mit niedrigem EE-Status von einer kognitiv-behavioralen Familientherapie profitieren. In dieser Kategorie verbergen sich auch Familien, die aus ihrer Überforderung und Hilflosigkeit heraus mit Apathie, Resignation und Interesselosigkeit auf die Erkrankung ihres Angehörigen reagieren und bei diesem so negative Symptome wie z. B. sozialen Rückzug fördern (Hahlweg et al. 1989). Die Klassifizierung von Familien nach hohem bzw. niedrigem EE-Status ist also wesentlich eine Forschungsheuristik und hat keinen diagnostischen Charakter. Ausserdem weisen einige Studien darauf hin, dass es sich beim EE-Status eines Angehörigen nicht um ein zeitlich stabiles, unveränderliches Merkmal handelt, sondern, dass sich der EE-Status zumindest bei einer Subgruppe von als 'high-EE' klassifizierten Angehörigen in Abhängigkeit der Verfassung des Patienten verändert, und auch bei Familienmitgliedern mit niedrigem EE-Status besteht die Möglichkeit, dass sie unter entsprechenden Bedingungen einen hohen EE-Status entwickeln.

Ebenfalls unbeantwortet ist die Frage, wie lange die Therapieeffekte nach Beendigung der Behandlung andauern. Die oben referierten Befunde lassen darüber keine endgültigen Aussagen zu, da sie mit Ausnahme der Studie von Tarrier et al. (1988, 1989) nicht auf echten Follow-up-Daten basieren. Der Anstieg von Episoden florider Symptomatik im zweiten Jahr ist jedoch ein möglicher Hinweis darauf, dass Rückfälle nicht eigentlich verhindert, sondern lediglich aufgeschoben werden. Dabei ist auch der vorwiegend chronische Charakter schizophrener Erkrankungen in Rechnung zu stellen. Das Wiederanwachsen der Rückfallraten nach der (zumindest teilweisen) Beendigung psychosozialer Interventionen kann ganz allgemein auf zwei Arten interpretiert werden. Es kann sein, dass die mit der Intervention erreichten Veränderungen fragil bleiben und sich nach Therapieende die problematischen Interaktionen zwischen dem Patienten und seinen Angehörigen wieder entfalten. Möglich ist auch, dass das strukturierte, unterstützende und führende therapeutische Vorgehen gewissermassen als 'Prothese' fungiert und die latent weiterhin vorhandene Vulnerabilität überspielt (vgl. Birchwood und Shepherd 1992). Entsprechend wären auch familientherapeutische Ansätze, ähnlich der medikamentösen Behandlung, grundsätzlich längerfristig anzusetzen.

Ein weiteres Problem stellt die erhebliche Anzahl von Familien dar, die sich nicht für eine Familientherapie gewinnen lassen oder die Behandlung nach kurzer Zeit abbrechen. Werden die vorliegenden Untersuchungen danach überprüft, verweigern durchschnittlich knapp 15% von vornherein eine Teilnahme, mindestens weitere 10% scheiden während der Therapie aus. Diese Zahlen sind umso gravierender, als Patienten, deren Familienangehörige die Therapie abbrechen, ein deutlich erhöhtes Rückfallrisiko aufweisen. So steigen in den Studien von Hogarty et al. (1986, 1991) und von Leff et al. (1985) die Rückfallraten für die Familienbedingungen unter Mitberücksichtigung auch dieser Familien jeweils beträchtlich an. Die Gründe für die Zurückweisung oder den Abbruch eines Behandlungsangebots sind äusserst vielfältig und von Familie zu Familie sehr unterschiedlich. Mögliche Ursachen dafür können die Unzufriedenheit mit den Behandlungsangeboten und den Anbietern, unrealistische Vorstellungen und Erwartungen, unterschiedliche Bedürfnisse, Ansprüche und Prioritäten von Angehörigen und Therapeuten sowie das zunächst noch mangelhafte Wissen über die Erkrankung selbst zu sein. Auch Patientencharakteristika wie z. B. die für Schizophreniepatienten typischen elementaren kognitiven Defizite können die Teilnahme an einem Behandlungsangebot behindern und zur Non-Compliance nicht nur bezüglich des familientherapeutischen Versorgungsangebots, sondern auch bezüglich medikamentöser oder weiterer psychosozialer Interventionen führen. Die Ablehnung oder der Abbruch von Behandlungsangeboten kann auch in der Furcht vor Stigmatisierung, in der gesundheitlichen Verfassung der Angehörigen, in der grossen Belastung, der sie ausgesetzt sind, oder in ihrer Resignation begründet sein. Instabile Wohnverhältnisse mögen einen weiteren wichtigen Faktor darstellen, welcher die Teilnahme an einem Behandlungsangebot beeinflussen kann, auch die Art des Versorgungssystems (Wartezeiten, Kontinuität usw.) sowie dessen Zugänglichkeit dürften eine wichtige Rolle spielen. Eine empirische Prüfung dieser möglichen Faktoren steht bislang aber weitgehend noch aus.

Abschliessend ist auf die auch dem EE-Konstrukt noch immanente Gefahr der Sichtweise der betroffenen Familie als einer Problemfamilie hinzuweisen. Davon ist wegzukommen, hin zu einer Sicht der Familie als einer in Kenntnis gesetzten Bündnispartnerin bei der therapeutischen Versorgung ihres erkrankten Familienmitglieds. Eine kooperative, die Verantwortung teilende therapeutische Allianz zwischen dem Patienten sowie seinen privaten und seinen professionellen Betreuern ist weit über die Familientherapie selbst hinaus von entscheidender Bedeutung für die erfolgreiche Behandlung schizophrener Patienten insgesamt.

## Literatur

Anderson, C.M., D.J. Reiss, G.E. Hogarty: Schizophrenia in the family: a practitioner's guide to psychoeducation and management. Guilford Press, New York 1986

Barrowclough, C., N. Tarrier: Social functioning in schizophrenic patients. I. the effects of expressed emotion and family intervention. Soc. Psychiatry Psychiatr Epidemiol 25 (1990) 125

Bäuml, J. et al.: Informationszentrierte Angehörigengruppen zur Complianceverbesserung bei schizophrenen Patienten. Psychiatrische Praxis 18 (1991) 48

Bellack, A.S., K.T. Mueser: Psychosocial treatment for schizophrenia. Schizophr. Bull. 19 (1993) 317

Birchwood, M.: Family coping behaviour and the course of schizophrenia: a two year follow-up study, unpublished Ph.D. thesis, University of Birmingham, UK 1983

Birchwood, M. et al.: Specific and non-specific effects of educational intervention for families living with schizophrenia. A comparison of three methods. Br. J. Psychiatry 160 (1992) 804

Birchwood, M., G. Shepherd: Controversies and growing points in cognitive-behavioural interventions for people with schizophrenia. Behavioural Psychotherapy 20 (1992) 305

Böker, W.: Rehabilitationsprogramme für chronisch schizophrene Patienten. In: A. Rifkin, M. Osterheider (Hrsg.) Schizophrenie – aktuelle Trends und Behandlungsstrategien. Springer, Berlin 1992

Buchkremer, G., I. Rath: Therapeutische Arbeit mit Angehörigen schizophrener Patienten. Messinstrumente, Methoden, Konzepte. Huber, Bern 1989

Cardin, V.A. et al.: An economic analysis: costs, benefits and effectiveness. In: I.R.H. Falloon (ed.) Family management of schizophrenia. Johns Hopkins University Press, Baltimore 1985

Dixon, L.B., A.F. Lehmann: Family interventions for schizophrenia. Schizophrenia Bulletin 4 (1995) 631

Falloon, I.R.H., C.W. McGill, J.L. Boyd: Family care of schizophrenia. Guilford Press, New York 1984

Falloon, I.R.H., J.L. Boyd, C.W. McGill: Family management in the prevention of exacerbations of schizophrenia: a controlled study. New England Journal of Medicine 306 (1982) 1437

Falloon, I.R.H., J.L. Boyd, C.W. McGill, M. Williamson, J. Razani, H.B. Moss, A.M. Gildeman, G.M. Simpson: Family management in the prevention of morbidity of schizophrenia. Clinical outcome of a two-year longitudinal study. Arch. Gen. Psychiatry 42 (1985) 887

Falloon, I.H.R. et al.: Integrated family, general practice and mental health care in the management of schizophrenia. J. Royal Society Med. 83 (1990) 225

Glick, I., J. Clarkin, J. Spencer, G. Haas, A. Lewis, J. Peyser, N. DeMane, M. Good-Ellis, E. Harris, V. Lestelle: A controlled evaluation of inpatient family intervention: I. Preliminary results of a 6-month follow-up. Arch. Gen. Psychiatry 42 (1985) 882

Glick, I., J. Spencer, J. Clarkin, G. Haas, A. Lewis, J. Peyser, N. DeMane, M. Good-Ellis, E. Harris, V. Lestelle: A randomized trial of inpatient family intervention: IV. Follow-up results for subjects with schizophrenia. Schizophr. Res. 3 (1990) 187

Goldstein, M.J., E.H. Rodnick, J.R. Evans, P.R.A. May, M.R. Steinberg: Drug and family therapy in the aftercare of acute schizophrenics. Arch. Gen. Psychiatry 35 (1978) 1169

Goldstein, M.J.: Psychoeducation and relapse prevention. International Clinical Psychopharmacology 9, Suppl. 5 (1995) 59

Hahlweg, K. et al.: Family management programmes for schizophrenic patients. Prevention of relapse and modification of familial communication patterns. Br. J. Psychiatry 155 (suppl. 5) (1989) 112

Hahlweg, K., M. Dose, E. Feinstein, U. Müller, D. Bremer: Rückfallprophylaxe für schizophrene Patienten durch psychoedukative Familienbetreuung. System Familie 2 (1989) 145

Hahlweg, K., H. Dürr, U. Müller: Familienbetreuung schizophrener Patienten. Psychologie Verlags-Union, Weinheim 1995

Hahlweg, K., M.J. Goldstein, K.H. Nuechterlein, A.B. Magana, J. Mintz, J.A. Doane, D.J. Miklowitz, K.S. Snyder: Expressed Emotion and patient-relative interactions in families of recent onset schizophrenics. J. Consult. Clin. Psychol. 57 (1989) 11

Hahlweg, K., M. Römer, G. Hank, G. Wiedemann, E. Feinstein, U. Müller, M. Dose: Gibt es Zusammenhänge zwischen Vulnerabilitätsfaktoren auf Seiten des Patienten und der familiären Expressed Emotion Ausprägung? In: C. Mundt, H. Klick, P. Fiedler (Hrsg.) Angehörigenarbeit und psychosoziale Intervention in der Psychiatrie. Roderer, Regensburg 1993

Held, T., A. Bockhorn, B. Schoonen: Modellbericht „Schizophreniebehandlung in der Familie“ im Modellverbund „Psychiatrie“. Abschlussbericht. Bonn 1992

Hogarty, G.E., C.M. Anderson, D.J. Reiss, S.J. Kornblith, D.P. Greenwald, C.D. Javna, M.J. Madonia: Family psychoeducation, social skills training and maintenance chemotherapy in the aftercare of schizophrenia: I. One year effects of a controlled study on relapse and expressed emotion. Arch. Gen. Psychiatry 43 (1986) 633

Hogarty, G.E., C.M. Anderson, D. Reiss, S. Kornblith, D. Greenwald, R. Ulrich, M. Carter: Family psychoeducation, social skills training and maintenance chemotherapy in the aftercare treatment of schizophrenia: II. Two-year effects of a controlled study on relapse and adjustment. Arch. Gen. Psychiatry 48 (1991) 340

Hornung, W.P., G. Buchkremer: Psychoedukative Interventionen zur Rezidivprophylaxe schizophrener Psychosen. In: A. Rifkin, M. Osterheider (Hrsg.) Schizophrenie – aktuelle Trends und Behandlungsstrategien. Springer, Berlin 1992

Hornung, W.P. et al.: Psychoedukativ-psychotherapeutische Behandlung von schizophrenen Patienten und ihren Bezugspersonen. Ergebnisse einer 1-Jahres-Katamnese. Nervenarzt 66 (1995) 828

Kavanagh, D.J.: Recent developments in expressed emotion and schizophrenia. Br. J. Psychiatry 160 (1992) 601

Köttgen, C., I. Sonnichsen, K. Mollenhauer, R. Jurth: Group therapy with families of schizophrenic patients: results of the Hamburg Camberwell-Family Interview Study III. International J. Fam. Psychiatry 5 (1984) 83

Kuipers, E.: Interventions for relative and staff carers of those who have schizophrenia: caregiving, its burdens and the implications for service. Vortrag bei der First International Conference on Psychological Treatments for Schizophrenia. Cambridge 1995

Leff, J., L. Kuipers, R. Berkowitz, R. Eberlein-Vries, D. Sturgeon: A controlled trial of social intervention in the families of schizophrenic patients. Br. J. Psychiatry 141 (1982) 121

Leff, J., L. Kuipers, R. Berkowitz, D. Sturgeon: A controlled trial of social intervention in the families of schizophrenic patients: Two year follow-up. Br. J. Psychiatry 146 (1985) 594

Leff, J. et al.: A trial of family therapy vs. a relatives group for schizophrenia. Br. J. Psychiatry 154 (1989) 58

Leff, J. et al.: A trial of family therapy versus a relatives' group for schizophrenia. Two-year follow-up. Br. J. Psychiatry 157 (1990) 571

Leff, J.: Working with the families of schizophrenic patients. Br. J. Psychiatry 164 (suppl. 23) (1994) 71

Linszen, D.: The Amsterdam study of family intervention. Vortrag auf dem World Congress of Behavioural and Cognitive Therapies. Abstractband, Kopenhagen 1995

McFarlane, W.R.: Multiple family groups and the treatment of schizophrenia. Elsevier, New York 1990

McFarlane, W.R., E. Lukens, B. Link, R. Dushay, S.A. Deakins, M.A. Newmark, E.J. Dunne, B. Horen, J. Toran: Multi-family groups and psychoeducation in the treatment of schizophrenia. Arch. Gen. Psychiatry 52 (1995) 679

Miklowitz, D.J., M.J. Goldstein, K.H. Nuechterlein, K.S. Snyder, J. Mintz: Family factors and the course of bipolar affective disorder. Arch. Gen. Psychiatry 45 (1988) 225

Penn, D.L., K.T. Mueser: Research update on the psychosocial treatment of schizophrenia. (in preparation)

Randolph, E.T., S. Eth, S. Glynn, G. Paz, G.B. Leong, A.L. Shaner, A. Strachan, W. Van Wort, J.I. Excobar, R.P. Liberman: Behavioral family management in schizophrenia: Outcome of a clinic-based intervention. Br. J. Psychiatry 164 (1994) 501

Schooler, N.R., S.J. Keith, J.B. Severe, S.M. Matthews, A.S. Bellack, I.D. Glick, W.A. Hargreaves, J.M. Kane, P.T. Ninan, A. Frances, M. Jacobs, J.A. Lieberman, R. Mance, G.M. Simpson, M.G. Woerner: Relapse and rehospitalization during maintenance treatment of schizophrenia: The effects of dose reduction and family treatment. Arch. Gen. Psychiatry (in press)

Stark, F.M.: Schizophrene Patienten zwischen Familie und Therapeuten. Die Therapeuten im Blickwinkel des Expressed Emotion Konzeptes. Vortrag bei der Wissenschaftlichen Tagung „Angehörigengruppen in der Psychiatrie". Universität Konstanz, 1990

Tarrier, N., C. Barrowclough, C. Vaughn, J.S. Bamrah, K. Porceddu, S. Watts, H. Freeman: Community management of schizophrenia: A controlled trial of a behavioral intervention with families to reduce relapse. Br. J. Psychiatry 153 (1988) 532

Tarrier, N., C. Barrowclough, C. Vaughn, J.S. Bamrah, K. Porceddu, S. Watts, H. Freeman: Community management of schizophrenia: A two-year follow-up of a behavioural intervention with families. Br. J. Psychiatry 154 (1989) 625

Tarrier, N., K. Lowson, C. Barrowclough: Some aspects of family interventions in schizophrenia. Financial considerations. Br. J. Psychiatry 159 (1991) 481

Tarrier, N. et al.: Some aspects of family interventions in schizophrenia. II. Financial considerations. Br. J. Psychiatry 159 (1991) 481

Tarrier, N., C. Barrowclough, K. Porceddu, E. Fitzpatrick: The Salford family intervention project: Relapse rates of schizophrenia at five or eight years. Br. J. Psychiatry 165 (1994) 829

Telles, C., M. Karro, J. Mintz, G. Paz, M. Arias, D. Tucker, S. Lopez: Immigrant families coping with schizophrenia: Behavioral family intervention vs. case management with a low-income Spanish-speaking population. Br. J. Psychiatry 167 (1995) 473

Vaughn, C.E., J. Leff: The influence of family and social factors on the course of psychiatric illness. Br. J. Psychiatry 129 (1976) 125

Woo, S.M., M.J. Goldstein, K.H. Nuechterlein: „Expressed Emotion" von Angehörigen und nonverbale Anzeichen subklinischer Psychopathologie bei schizophrenen Patienten. In: W. Böker, H.D. Brenner (Hrsg.) Auf dem Weg zu einer integrativen Therapie der Schizophrenie. Huber, Bern Stuttgart Toronto 1996

Xiong, W., M.R. Phillips, X. Hu, W. Ruiwen, Q. Dai, J. Kleinman, A. Kleinman: Family based intervention for schizophrenic patients in China: A randomised controlled trial. Br. J. Psychiatry 165 (1994) 239

# 10 Psychotherapiemethoden

S. Mentzos

## Einleitung

Im Hinblick darauf, dass die heute in der Praxis sehr verbreiteten kognitiven Behandlungsmethoden – inklusive konstruktivistische kognitive Therapie, Verhaltenstherapie, Trainingsprogramme sowie bewältigungsorientierte Therapien – detailliert in anderen Kapiteln dieses Bandes abgehandelt werden, beschränke ich mich hier vorwiegend auf die Schilderung der psychodynamischen (psychoanalytisch orientierten) Verfahren und nehme lediglich die systemische Familientherapie hinzu. Dies erfolgt in der Absicht, das integrierende Verständnis verschiedener Verfahren zu zeigen. Diese Absicht gilt übrigens auch in bezug auf die eingangs erwähnten kognitiven Verfahren. Um diese Integration zu erreichen, aber auch schon um die Logik des hier im Vordergrund stehenden psychodynamischen Zugangs selbst zu erläutern, wird es erforderlich sein, zunächst einen grösseren Bezugsrahmen, ein Modell der Schizophrenie zu skizzieren, welches meines Erachtens eine solche Integration verschiedener Therapien und ein solches Verständnis für sie ermöglicht.

## Psychodynamisch orientierte Therapien

### Psychosekonzepte: Defekt, Vulnerabilität oder Konflikt?

Die Einführung des Vulnerabilitätskonzeptes (Zubin) Ende der 70er Jahre und sein folgender weltweiter Siegeszug stellt insofern einen echten Fortschritt in der Psychiatrie dar, weil durch ihn die frühere statische Auffassung von einem vorgegebenen primären Defekt bei der Schizophrenie zugunsten einer mehr dynamischen Auffassung verlassen werden konnte. Damit ist auch eine differenziertere Erforschung der zusätzlich zu der biologischen Krankheitsursache wirksam werdenden psychosozialen Faktoren endlich legitimiert. Dennoch liegt auch bei dem Vulnerabilitäts-Konzept der Schwerpunkt meist in der Annahme von primären „kognitiven" Dysfunktionen, Mängeln und Störungen. Nur selten wird die Frage aufgeworfen, ob nicht diese kognitiven Störungen auch Selbstheilungsversuche sein können, um basale Behinderungen und psychosoziale Belastungen erträglicher zu machen (z. B. Böker und Brenner 1983). Diese relative Dynamisierung und Positivierung von Symptomen ist zunächst zu begrüssen. Ich möchte aber noch einen Schritt weitergehen und die Frage aufwerfen, ob es hier nicht nur um Schutz und Kompensierungen von Defekten geht, sondern auch um *Abwehr von Grundkonflikten.* Gemeint sind hier nicht die „reifen" neurotischen Konflikte, sondern elementare, dilemmatische Situationen, welche aus der anthropologisch vorgegebenen „normalen" Bipolarität des Menschen entstehen können. Es geht hier um die vorgegebene Polarität von selbstbezogenen und objektbezogenen Tendenzen, von autonomer Selbstidentität und bindender Gemeinschaftlichkeit, um Tendenzen also, die mit der eminent wichtigen entwicklungspsychologischen Aufgabe der Selbst-Objektdifferenzierung zusammenhängen. Über solche Fragestellungen und Hypothesen gelangt die psychodynamische Auffassung der Schizophrenie zu der Annahme, dass die Unfähigkeit, das Selbst vom Nicht-Selbst zu unterscheiden im Zentrum der Dynamik des psychotischen Geschehens steht (vgl. Frosch 1983). Diese gewagt und hypothetisch anmutende Annahme stützt sich aber auf klinische Beobachtungen, welche dafür sprechen, dass der Schizophrene nicht so sehr ein schwacher, defektuöser und primär behinderter, sondern vielmehr ein in anscheinend nicht zu überwindende Gegensätzlichkeiten und unlösbare Antinomien verwickelter Mensch ist. Je mehr man die Mikrodynamik des psychotischen Prozesses studiert, desto mehr gewinnt man den Eindruck, dass sie nicht von Schwäche und Mangel, sondern vielmehr von dilemmatischen Konstellationen beherrscht wird. Ich habe dies an anderer Stelle (Mentzos 1991, 1992, 1995) durch klinisches Material zu belegen versucht. An dieser Stelle möchte ich zusätzlich darauf aufmerksam machen, dass bestimmte empirische Befunde der deskriptiv orientierten klinischen Psychiatrie mit Hilfe dieser Konzeption eines Grunddilemmas viel besser verstanden und eingeordnet werden können.

Das gilt z. B. für die Ergebnisse der Expressed-Emotions-Forschung (EE). Letztere nahm ihren Anfang mit folgender Beobachtung: „Belastend für den Schizophrenen sind Kontakte, in denen affektiv Getöntes eine Rolle spielt, und zwar sowohl Mitteilungen kritischer Natur wie auch bemerkenswerterweise solche, die gegenüber dem Patienten eine prononciert positive Haltung zum Ausdruck bringen" (Olbrich 1990). Diese bemerkenswerte Feststellung, dass auch nicht-negative (dennoch ebenfalls emotionalisierte) Äusserungen der Umgebung auf den Zustand des Patienten verschlechternd wirken und oft zu Rückfall und erneuter Klinikeinweisung führen, wird von den meisten Psychiatern dahingehend gedeutet, dass hier das Emotionale schlechthin, also seine Quantität und Intensität von einem Individuum mit wenig belastbaren neuronalen Strukturen (z. B. mit einem vulnerablen limbischen System) nicht adäquat bewältigt werden kann und dass dies sowohl für positive als auch nicht-positive Affektäusserungen gilt. Ich dagegen meine, dass dieses „sowohl als auch" zwar tatsächlich zu beobachten ist, dass es aber besser auf der Grundlage einer Konzeption der Schizophrenie erklärt werden kann, die den „Grundkonflikt", die Störung der Regulation von Nähe und Distanz und die Problematik der Subjekt-Objekt-Differenzierung in den Vordergrund stellt. Während kritische, negative Affektäusserungen den Schizophrenen abstossen und die Distanz zum Objekt abrupt vermehren, bringen „emotionale", intrusive affektive Äusserungen eine abrupte Minderung der Distanz mit sich. Sie signalisieren in gewisser Hinsicht eine Verwischung der Unterschiede zwischen Subjekt und Objekt, implizieren somit (für den in dieser Hinsicht hochsensibilisierten Schizophrenen) ein Stück Verwischung des Unterschieds zwischen Selbst und Nicht-Selbst bzw. eine Vereinnahmung des Subjekts. Beides wird vom Schizophrenen gefürchtet und vermieden. Kommt es dazu, dass ihm das eine oder das andere durch besonders ausgeprägte affektive Plus- oder Minusäusserungen quasi aufgezwungen wird, so wird er automatisch dazu getrieben, weitere Schutz- und Abwehrmechanismen einzusetzen, um die erwünschte Mittellage (nicht zu nahe und nicht zu weit vom Objekt) aufrechtzuerhalten. Die beginnende Diffusität und Desorganisierung zu Beginn der Psychose entspricht dieser Verwischung des Unterschiedes zwischen Selbst und Nicht-Selbst. Die ebenfalls bald auftretende „produktive" Symptomatik entspricht wiederum der Mobilisierung von Abwehrmechanismen, welche der Diffusität entgegenwirken. Bei der Verschlechterung durch Expressed Emotions ist also, so meine ich, nicht eine in ihrer Richtung und ihrem Vorzeichen unspezifische und ubiquitäre und nur in ihrer Intensität relevante Emotionalität und dadurch bedingte Überforderung der vulnerablen neuronalen Systeme das Wichtigste. Es geht vielmehr hier um die Aktualisierung latent vorhandender, noch nicht überwundener, dilemmatischer Konstellationen. Es sind ja auch vorwiegend EE innerhalb familiärer und sonstiger intimer Beziehungen, die zu besonderem Ausmass diese ungünstige psychotisierende Wirkung haben.

Ein zweites indirektes Argument für die hier von mir vertretene These ist folgendes: Die sowohl von psychoanalytischen als auch von nicht-psychoanalytischen Behandlern empfohlene therapeutische Haltung dem Schizophrenen gegenüber stellt eigentlich den Versuch zur Herstellung einer balancierten Mittelstellung zwischen empathischem Engagement einerseits und einer konstanten, mässigen Zurückhaltung und Neutralität andererseits dar. Sie ist also nicht so sehr eine ubiquitäre Vermeidung quantitativ intensiver Affektäusserungen schlechthin, sondern vielmehr eine ausgewogene Distanz-Nähe, eine Minus-Plus-Haltung, deren zwei entgegengesetzte Bestandteile für sich unter Umständen zeitweise auch intensiv sein können.

Das hier in bezug auf die Schizophrenie Dargestellte gilt meines Erachtens analog auch für die affektiven Psychosen, nur dass es bei ihnen um die Bipolarität von Selbstwertigkeit und Objektwertigkeit geht (vgl. Mentzos 1995). Auch hier stellt man fest: Emotional beladene Ereignisse wirken bei depressiven und manischen Psychosen nur dann verschlechternd, wenn sie direkt oder indirekt die Selbstwertgefühlshomöostase, oder die Wertigkeit des Objektes – sofern sie also wichtige persönliche Beziehungen – tangieren. Zurück zu den Schizophrenen: Ihre spezifische, gleichsam thematisch gebundene emotionale Vulnerabilität innerhalb persönlicher Beziehungen zeigt sich u.a. darin, dass diese Menschen den ersten psychotischen Schub und spätere Rückfälle oft im zeitlichen Zusammenhang entweder mit einer Zunahme der Distanz oder aber einer Vermehrung der Nähe erleiden. Es gibt Psychosen, die durch eine Vereinsamung und Isolierung und andere, die durch eine beginnende Verliebtheit oder Intimität ausgelöst werden.

Das skizzierte konfliktorientierte Schizophreniekonzept steht nicht im Widerspruch zu den beachtlichen Ergebnissen und Entdeckungen der biologischen Psychiatrie der letzten 30 Jahre. Der durch diese Befunde so gut wie gesicherte biologische Faktor wird hier nicht in Frage gestellt. Es wird lediglich hypothetisiert, dass auch der biologische Faktor, nicht direkt, sondern indirekt, und zwar über die *Konfliktualisierung der Grundpolaritäten* wirkt: Es ist durchaus denkbar, dass biologisch bedingte elementare Störungen der Informationsverarbeitung zu einer Erschwerung der Erfüllung jener wichtigen entwicklungspsychologischen Aufgabe, der Selbst-Objekt-Differenzierung beitragen und somit – bei einer entsprechend ungünstigen Umgebung, welche diesen Mangel nicht kompensieren kann – die Prädisposition zu Schizophrenie mitbegründet. Es handelt sich also um eine Prädisposition, welche zum Teil erblich-somatisch, zum anderen Teil erworben – psychosozial entsteht. Wenn wir von psychodynamischer-psychoanalytischer Seite her die Hypothese aufstellen, dass die penetrante Intrusivität der Mutter und/oder das Fehlen eines aktiv vorhandenen Vaters, welcher die erforderliche Triangulierung in der Entwicklung des kleinen Kindes hätte ermöglichen können, zur Entstehung der Schizophrenie beitragen, so müssen wir auch für die Arbeitshypothese offen sein, dass eine biologisch bedingte Störung der Informationsbearbeitung und die damit verbundene übermässige Sensibilität des Kindes, jene Intrusivität der Mutter oder das Fehlen der Triangulierung durch den Vater, viel pathogener werden lässt, als dies bei einem Kind mit einer nicht gestörten biologischen Ausstattung der Fall gewesen wäre. Biologische Störung einerseits und negative Objektbeziehungserfahrung andererseits tragen also gleichermassen zur Entstehung oder Festigung des „Dilemmas“ bei und führen schon ziemlich früh, aber besonders intensiv während der dann ausbrechenden Psychose, zum Einsetzen von pathologischen Abwehr- und Kompensationsmechanismen. Die deskriptiv fassbaren psychotischen Störungen sind meist in Wirklichkeit defensive Schutz-, Kompensations- und Abwehrmechanismen und nicht bloss Resultate einer defektuösen Struktur oder einer primären „Ich-Schwäche“. Sie stellen aktive, wenn auch wenig erfolgreiche Auseinandersetzungen mit dem „Dilemma“ dar. Die verschiedenen psychopathologischen Syndrome müssen also metaphorisch als Verteidigungslinien verstanden werden, welche unter ungünstigen Bedingungen aufgegeben, später aber unter günstigeren Bedingungen wieder besetzt werden können.

Eine zusätzliche Stütze erfährt diese Hypothese durch folgende Feststellung: Die von der deskriptiven Psychiatrie im Laufe der letzten 150 Jahre beschriebenen zahlreichen Syndrome lassen sich in einer sinnvollen Weise entlang einer Achse einordnen, an deren einem Ende der totale Rückzug zum Selbstpol (z. B. Autismus) und am anderen Ende die extreme Bewegung zum Objektpol hin (Fusion) liegt. Dazwischen liegen Syndrome, die eine Art Mischung oder einen Kompromiss darstellen, sei es im Sinne der „mischbildhaften“ Psychosen (bei denen simultan oder alternierend selbst- bzw. objektbezogene Tendenzen und dazugehörige Abwehrmechanismen eingesetzt werden), sei es in Form einer paranoid-halluzinatorischen Symptomatik, die ihrerseits wiederum mehr zum Objektpol (Beziehungswahn) oder zum Selbstpol (Verfolgungswahn) tendiert. Die verschiedenen schizophrenen Syndrome wären also als pathologische Versuche zur „Lösung“ des Grundkonfliktes zu verstehen. Ein solches Modell ist übrigens in der Lage, die Universalität typischer Ausformungen der Psychosen zu erklären. Es handelt sich doch bei ihnen um pathologische, komplizierte Variationen von anthropologisch universal vorgegebenen Bipolaritäten und Entwicklungsabläufen. Auf der anderen Seite aber kann dieses Modell (durch die Berücksichtigung auch des biologischen Faktors) verständlich machen, warum solch komplizierte Gebilde wie Wahnideen in verblüffender Weise auch biochemisch durch Psychopharmaka beeinflusst werden können.

Die Abb. 1 veranschaulicht die oben vorgeschlagene Einordnung psychotischer Syndrome zunächst entlang der senkrechten Achse, auf der sowohl die polar entgegengesetzten selbstzentrierten und objektzentrierten Tendenzen selbst, als auch die dazugehörigen ebenfalls selbstbezogenen oder wiederum objektbezogenen Mechanismen der pathologischen Verarbeitung des Grundkonfliktes repräsentiert sind. Entlang der horizontalen Achse zeigt sich, auf welche Weise diese Klassifikation der Syndrome auch bei den schizoaffektiven und affektiven Psychosen (bei jeweils anderem Dilemma), aber weiterhin auch bei den Borderline-Zuständen, den Persönlichkeitsstörungen, den psychosomatischen Erkrankungen und schliesslich auch bei den Neurosen, also bei höheren Organisationsstufen (II–IV), Anwendung findet.

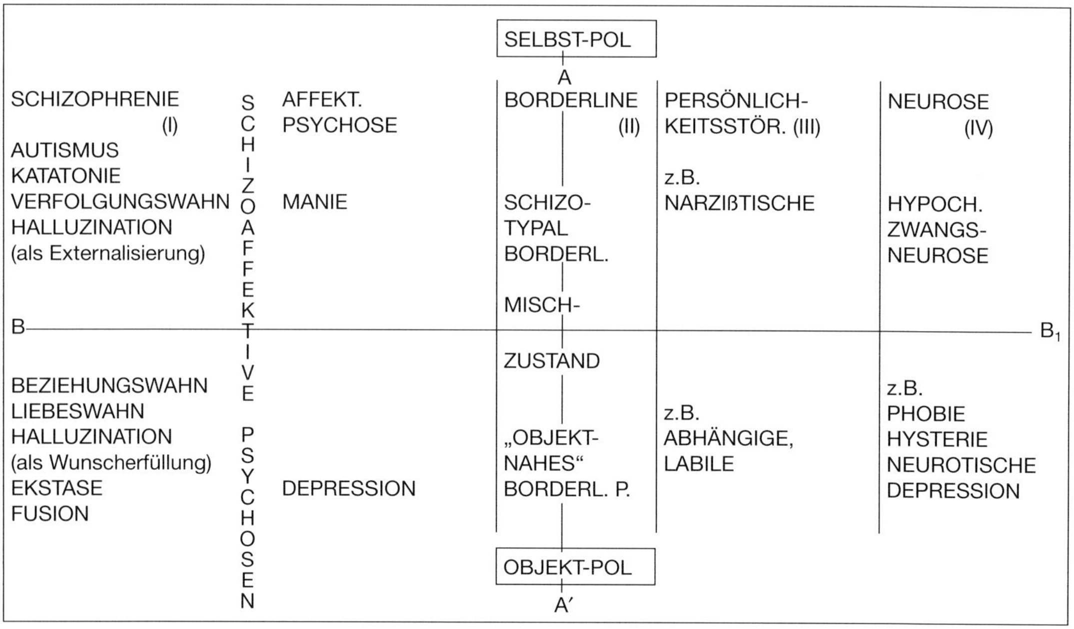


**Abb. 1** Selbst- versus Objektbezogenheit der Abwehr und Kompensation bei den verschiedenen Organisationsstufen (I–V)

Nun kann man allerdings mit Hilfe dieser zwei Dimensionen (Konfliktart und beziehungsrelevante Abwehr) allein die vorkommenden psychotischen oder nichtpsychotischen Syndrome noch nicht ausreichend differenzieren. Insbesondere die chronischen Syndrome mit einer betonten Minussymptomatik, die in bezug auf die Selbst-Objekt-Achse sich eher neutral verhalten, kann man nicht befriedigend einordnen. Ausserdem lässt sich der Unterschied zwischen produktiv-psychotischen Bildern einerseits und ausgeprägter Minussymptomatik andererseits nicht adäquat erfassen. Dies veranlasste uns zur Einführung einer zusätzlichen Dimension (C-$C_1$). Sie repräsentiert den Grad und die Art der Ich-Funktions-Störung, und zwar sowohl in bezug auf Erregungskontrolle (Über- oder Unterstimulation, „Triebkontrolle“), als auch im Hinblick auf die adäquate Realitätseinschätzung und Prüfung. Mit der Einführung dieser dritten Dimension komme ich auf den früheren, ursprünglichen Entwurf einer psychodynamischen Klassifikation aller psychischen Störungen (Mentzos 1982) mit Hilfe eines dreidimensionalen Modells (Konfliktart, Modus der Verarbeitung, Grad und Art der Strukturstörung bzw. der Beeinträchtigung der Ich-Funktionen) zurück. Das Neue ist jetzt lediglich die Annahme, dass diese Ich-Funktionsachse auch wichtige Abwehr- und Schutzaspekte repräsentiert: Sowohl die Realitätsverzerrung (Wahn, Halluzination) als auch die Minussymptomatik – in dem Ausmasse, in dem sie mit einer „aktiven“ defensiven Ich-Einschränkung (im Sinne A. Freuds 1936) gleichzusetzen ist – dienen der Linderung des Leids, also der Entlastung von dem enormen intrapsychischen Druck und der Spannung, die durch den intrapsychischen Konflikt (Dilemma) entsteht. Das wird verständlich, wenn man sich fragt, was denn die Minussymptomatik, psychodynamisch betrachtet, ist, welche Funktion sie hat. Sind diese Aufmerksamkeits-Dysfunktionen, die Antriebsstörungen und insbesondere die progredienten De- und Umsymbolisierungen (private schizophrene Sprache, Neologismen usw.) sowie die sogenannten „Denkstörungen“, die Unfähigkeit, Entscheidungen zu treffen, die Ambitendenz, die Verflachung des emotionalen Lebens überhaupt, die frühere sogenannte „Versandung“ der Schizophrenen usw., einfache primäre, somatisch-biologisch bedingte Defekte, Lücken, Mängel? Oder sind sie vielleicht doch – wenigstens partiell – bedeutsame, wenn auch verhängnisvolle Schutz- und Abwehrmechanismen, die dem Schizophrenen erlauben, „sich aus dem Dilemma zu stehlen“? Sind sie also vielleicht (freilich automatisch einsetzende) „Strategien“, um der enormen Spannung zwischen Objektangst und Objekthunger bzw. dem Leidensdruck durch den Gegensatz von Autonomie- und Bindungsstrebungen zu entgehen und

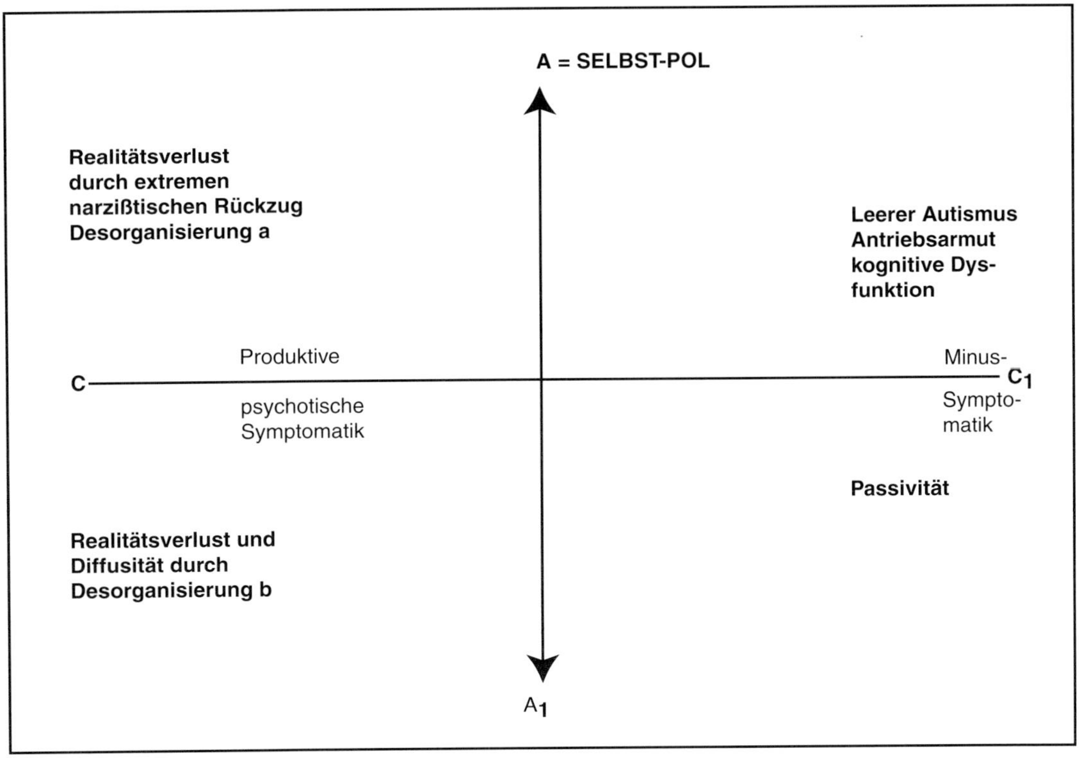


**Abb. 2** Beziehungs- und Ichfunktionaler Aspekt der Abwehrmodi

auf einem niedrigeren, entdifferenzierten Niveau ein erträgliches Gleichgewicht zu erreichen, sei es auch mit dem „hohen Preis" dieser Entdifferenzierung des Selbst und des Verzichtes auf tiefergehende Objektbeziehungen?

Die klinische Erfahrung veranlasst uns hier, Dreierlei zu unterscheiden:

a) Ein grosser Teil der sogenannten Minussymptomatik entwickelt sich als ein aktives, wenn auch regressives „Rückzugsmanöver".
b) Daraus entstehen sekundär Defizite, so z. B. durch die hier implizierte soziale Isolierung, die Inaktivitätsschäden, die verhängnisvollen Lerndefizite usw.
c) Schliesslich dürfte ein Teil der Minussymptomatik tatsächlich primär aus der vorgegebenen biologischen Störung abzuleiten sein. Vom praktischen Gesichtspunkt her hat eine solche psychodynamisch orientierte Differenzierung der Minus-Symptomatik eminent wichtige Konsequenzen für das therapeutische Vorgehen. Man denke nur an das grosse Problem der Unbeeinflussbarkeit der negativen (minus) Symptomatik durch die Psychopharmaka, an die Bemühungen der Sozialpsychiatrie in ihrem Kampf gegen die Defektbildungen, an die Frage, ob rein stützende Therapie sinnvoll sei usw. Ich komme noch darauf zurück.

Die Abb. 2 verdeutlicht die Vorteile der Einführung der Ich-Funktions-Achse ($C$-$C_1$). So kann man mit ihrer Hilfe z. B. besser zwischen einem produktiv psychotischen, etwa einem megalomanen narzisstischen Rückzug einerseits und einem entleerten autistischen Bild entscheiden. Bei der eindimensionalen Einordnung (nur nach dem Beziehungsaspekt) würden beide als selbstbezogen in der Nähe des Selbstpols nebeneinander eingeordnet werden müssen, was ja recht unbefriedigend wäre.

## Vergleich der „Achsen" des psychodynamischen Modells mit den deskriptiven – faktorenanalytisch ermittelten – Dimensionen

Das oben dargestellte psychodynamische Modell ist zwar aus einer grossen Anzahl von Beobachtungen und Erfahrungen während langfristigen

Therapien bei über 40 Schizophrenen entstanden (in der Frankfurter Arbeitsgruppe für psychoanalytisch orientierte Psychosentherapie). Dabei handelt es sich aber zunächst um ein hypothetisches Konstrukt aufgrund akkumulierter Erfahrung bei *Einzelfallstudien* und nicht um statistische Untersuchungen bzw. um eine quantitative Erfassung von operationalisierten Merkmalen.

Umso bemerkenswerter ist die Feststellung, dass die quantitative deskriptive psychiatrische Forschung der letzten Jahre zu Ergebnissen geführt hat, die gewisse Parallelitäten zu den Annahmen des psychodynamischen Modells aufweisen:

a) Ähnlich wie bei dem psychodynamischen Modell zeichnet sich auch innerhalb der quantitativen deskriptiven Forschung in den letzten Jahren die Tendenz ab, mit Hilfe der Faktorenanalyse Dimensionen zu definieren, die uns erlauben, Symptome und Syndrome, aber nicht Patientengruppen voneinander zu trennen. In beiden Forschungsrichtungen tendiert man also zu einer (mehr-)dimensionalen und nicht wie bis jetzt zu einer (mono-)kategorialen Diagnostik. Andreasen (1994), die Leiterin einer der heute weltweit führenden Forschungsgruppen der quantitativen deskriptiven Forschung stellt z. B. fest, dass der dimensionale Zugang sich als erfolgreicher im Vergleich zu den kategorialen erwies: „Kategoriale (typologische) Zugänge stammen primär aus medizinischen Modellen und postulieren diskrete nosologische Einheiten (Typen), die sich gegenseitig ausschliessen. Für jede separate Kategorie oder Typus wird eine unterschiedliche Pathophysiologie und Ätiologie angenommen. Dimensionale Zugänge stammen primär aus Denkmodellen in der Psychologie. Dimensionen unterteilen in typischer Weise Symptome und nicht Patienten in Gruppen. Anders als bei den Kategorien definieren die Dimensionen Eigenschaften, die innerhalb eines Individuums koexistieren können. Dimensionen sind gleichsam von Natur eher kontinuierlich als diskret und können deswegen auch addiert werden." (Seite 54).

b) Das psychodynamische Modell enthält explizit die Annahme, dass die beobachtbaren psychotischen Syndrome mehrheitlich Paare von bipolar entgegengesetzten Symptomatiken bilden und dass sie oft einander ablösen. Die in de 80er Jahren einflussreiche, empirisch unterstützte Hypothese von Crow (1980), nach der es zwei schizophrene Typen gibt, negative versus positive (entsprechend der produktiven versus Minussymptomatik), findet ihre Entsprechung in den beiden Polen der $C\text{-}C_1$-Achse wieder. Dabei weist aber das psychodynamische Modell folgenden zusätzlichen Vorteil auf: Weil in seiner Logik die einzelnen Syndrome nicht nur polar entgegengesetzte, sondern auch alternative und häufig einander ablösende Abwehr-, Schutz- und Kompensationsmechanismen sind, kann es viel besser erklären, dass beim selben Patienten eine Mischung von positiven und negativen Symptomen und insbesondere oft auch ein regelrechter Syndromwechsel (Mentzos 1992) beobachtet wird – letzterer ist eine klinische Tatsache, die einem rigiden Zweisyndromen-Schizophrenie-Modell (wie dasjenige von Crow) grosse Schwierigkeiten bereitet.

c) In der quantitativen Forschung zeigt sich, dass man bei den negativen Syndromen (Minus-Symptomatik) weltweit eine sehr gute Reliabilität vorfindet, während bei der produktiven Symptomatik unter den verschiedenen Forschergruppen eine sehr schlechte Übereinstimmung festzustellen ist. Aus diesem Grunde neigt man heute dazu, die Gruppe der positiven bzw. produktiven Symptomatik in zwei Untergruppen aufzuteilen. produktiv-psychotische einerseits, desorganisierte psychotische Symptomatik andererseits. „Es fand sich eine erstaunliche Konsistenz der sehr ähnlichen Resultate aus einer Fülle von faktorenanalytischen Studien weltweit. Es scheint jetzt, dass die schizophrenen Symptome am besten mit Hilfe von 3 Faktoren zusammengefasst werden können: psychotisch, desorganisiert und negativ." (Andreasen, Seite 55). Beim psychodynamischen Modell fällt nun auf (Abb. 1 und 2), dass auf der Achse $A\text{-}A_1$ die produktiv-psychotischen Syndrome sich im Mittelfeld anhäufen, während die akute Desorganisierung, das Konfusionelle, die Diffusion und/oder die totale Unterbrechung der Kommunikation und der Realitätsprüfung entweder in der Nähe des Selbstpols oder in der Nähe des Objektpols anzutreffen sind. Das könnte zu der psychodynamischen Hypothese führen, dass die Desorganisierung dort anzutreffen ist, wo die Unfähigkeit zur Unterscheidung von Selbst und Nicht-Selbst (Fusion mit dem Objekt oder wiederum totaler narzisstischer Rückzug und Eliminierung des Objektes) am stärksten ist. Dagegen gelingt offensichtlich dem Patienten mit der produktiven Symptomatik (paranoid-halluzinatorische Syndrome) trotz der implizierten Verzerrung und Verleugnung der Realität innerhalb der Wahnthematik doch eine, relativ bessere, intrapsychische Kohäsion mit stabileren Ich-Grenzen und somit besserer Realitätseinschätzung. Hier wird der Einfluss des Beziehungsaspektes, der Beziehungsdimension auf die Ich-Funktionen, auf die kognitiven Leistungen besonders deutlich. Eine – sei es auch nur mit Hilfe pathologischer Mechanismen erreichte – Vermeidung sowohl der totalen Isolierung, als auch der Fusion ermöglicht eine gewisse Kohäsion und Realitätseinschätzung. Das psychodynamische Modell führt also auch zu einer *Dreiteilung der psychopathologischen Symptome* ($C_1$ = Minus-Symptomatik, C = produktive Symptomatik, AC + $A_1C$ = Desorganisierung und Diffusität). Deswegen war die produktive Symptomatik auf der horizontalen Achse (C-$C_1$-ichfunktionale Dimension) mehr nach rechts zu positionieren: Sie ist verhältnismässig kohärenter „logischer", geordneter als die desorganisierten Syndrome, welche weit nach links geraten.

## Die aus der psychotischen Abwehr resultierenden Circuli vitiosi

Nicht die dilemmatischen Konstellationen für sich allein sind es, die vorrangig den Leidensdruck des Patienten und die therapeutischen Schwierigkeiten hervorrufen. Es sind vielmehr bestimmte, sich aus der Abwehr, aus den defensiven Vorgängen entwickelnde Circuli vitiosi, welche zu der Hartnäckigkeit und Intensivierung der Symptomatik und zu der verhängnisvollen Progredienz des psychotischen Prozesses und des mit ihm verbundenen Leidens führen. Die für die Wiederherstellung des Patienten wünschenswerten neuen positiven Erfahrungen in Beziehungen, die ihm zeigen, dass eine Bindung *ohne* gleichzeitigen Autonomieverlust durchaus möglich ist, bleiben aus. Diese wären aber gerade die Erfahrungen, welche allmählich zu einer Milderung oder sogar Aufhebung der dilemmatischen Konstellationen hätten führen können. Sei es durch den Rückzug und die Isolation (defensive Bewegung zum Selbstpol hin), sei es umgekehrt durch die Verlegung und Eliminierung der Selbst-Objekt-Differenz bzw. die auf diese Weise erzeugte Diffusion, werden solche neuen positiven Erfahrungen in Beziehungen schon bei ihrer Entstehung blockiert. Anders ausgedrückt:

a) Entweder führt die Angst vor dem ersehnten aber gefährlichen (weil verschlingenden und/oder unzuverlässigen) Objekt zur narzisstischen Isolierung; oder
b) beim Überwiegen des anwachsenden „Objekthungers" erfolgt eine unkontrollierte Verschmelzung und Fusion mit dem Objekt. Oder schliesslich
c) gewinnen die schon oben erwähnten psychotischen Kompromisslösungen (Beziehungswahn, Verfolgungswahn, Stimmen-Hören, Beeinflussungserlebnisse usw.) die Oberhand. In allen drei Fällen sind positive Beziehungserfahrungen so gut wie ausgeschlossen. Der verhängnisvolle Kreis ist geschlossen, weil dadurch das Dilemma verstärkt wird. Diese kreisförmigen Prozesse könnte man als den primären Circulus vitiosus in der Psychodynamik der Schizophrenie bezeichnen (vgl. Abb. 3).

Es kommt aber, den Prozess weiter verschlimmernd, zusätzlich zur Bildung von sekundären Circuli vitiosi. Damit meine ich das Verlernen und den Verlust der kognitiven, emotionalen und sozialen Fertigkeiten, also eine nunmehr bleibende tatsächlich defektuöse Beeinträchtigung der Symbolsysteme und der darauf beruhenden inneren und interpersonellen Kommunikation. Parallel dazu läuft oft auch eine inaktivitätsbedingte Minderung der synaptischen Dichte innerhalb der neuronalen Systeme und somit eine auch rein somatisch bedingte Beeinträchtigung der Informationsverarbeitung und der Kommunikation, welche ihrerseits eine zusätzliche Unfähigkeit zu neuen positiven Erfahrungen in Beziehungen mit sich bringt. Damit wird aber ein Verlernen bzw. der Verlust der oben erwähnten Fertigkeiten noch verschlimmert usw. Der verhängnisvolle Kreis ist wiederum geschlossen.

Nachfolgend wird in Grundzügen gezeigt, auf welche Weise die psychodynamisch orientierte Therapie der Schizophrenie versucht, vorwiegend den zuerst genannten primären Circulus vitiosus zu unterbrechen. Die lerntheoretischen, kognitiven Verfahren konzentrieren sich dagegen besonders auf die Unterbrechung der sekundären Circuli vitiosi. Schliesslich versuchen andere Verfahren (wie körperorientierte oder gestaltungstherapeutische Verfahren), die Kommunikationsbarriere, die sowohl durch den primären als auch durch den sekundären Circulus vitiosus bedingt ist, mit Hilfe anderer als den üblichen, verbalen Kanälen zu umgehen.

Zuvor werde ich in einem kurzen historischen Rückblick über die Psychotherapie der Schizophrenie zeigen, wie einige der verschiedenen therapeutischen Bemühungen mit Hilfe des be-

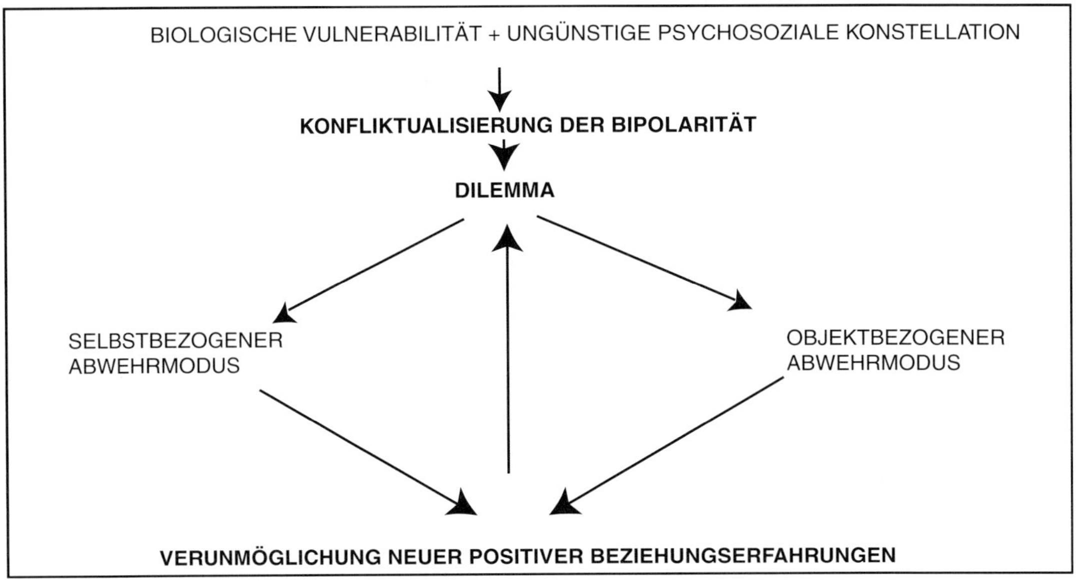


**Abb. 3a** Der primäre Circulus vitiosus bei der Schizophrenie

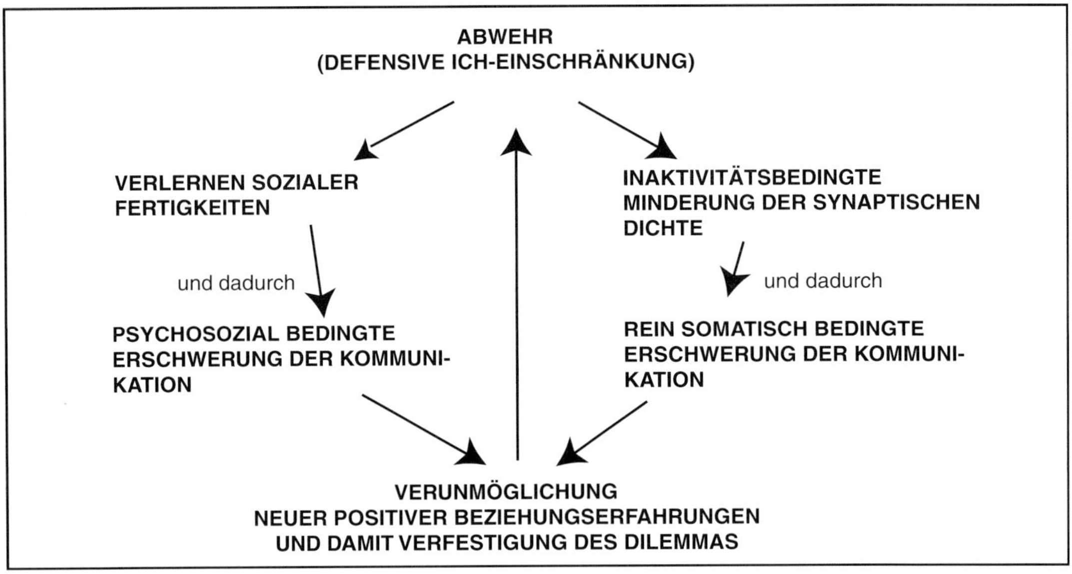


**Abb. 3b** Die sekundären Circuli vitiosi

schriebenen psychodynamischen Modells besser zu verstehen und einzuordnen wären.

## Historischer Überblick

Sigmund Freud selbst war in bezug auf die Möglichkeit einer therapeutischen Beeinflussung schizophrener Psychosen durch die Psychoanalyse skeptisch, hat jedoch durch seine Erfahrungen und die sich auf diese stützenden Überlegungen zur Psychogenese und Psychodynamik der Psychosen den Weg dorthin vorbereitet. Auch wenn die These Freuds in seiner Arbeit über den Fall Schreber (Freud 1911), nach welcher die Wahnbildung der Abwehr der Homosexualität diene, nicht aufrecht zu erhalten war, so konnte man nun aber die Möglichkeit ins Auge fassen, den Wahn als einen Abwehrmechanismus zu betrachten. Was hier abgewehrt wird und wovor sich der Schizophrene zu schützen sucht, ist das „Gefährliche" des ersehnten Objekts, aber des Objekts schlechthin (und nicht nur des Homosexuellen, wie bei Freud). Und die dahinter verborgene Gefahr und Angst wird nicht durch das Über-Ich erzeugt (wie dies oft bei Neurosen der Fall ist), sondern entsteht durch das elementare Grunddilemma: Selbstverlust durch *Fusion* oder Selbstverlust durch *Objektlosigkeit*. Diese erst viel später klargewordenen Zusammenhänge (vgl. Mentzos 1991, 1992) sind aber implizit in der Freudschen Beschreibung im Schreber-Fall schon enthalten.

Für die folgende Zeit von 2 bis 3 Jahrzehnten wird allgemein eine Latenzperiode in den psychoanalytisch-therapeutischen Bemühungen um Schizophrene angenommen. Christian Müller (1958) hat jedoch gezeigt, dass sich auch in dieser Zeit immer wieder Analytiker fanden, welche trotz der Skepsis Freuds therapeutische Versuche unternahmen, Müller bezieht sich auf Namen wie C.G. Jung, Maeder, Abraham, Landauer, Bychowski, die englische Diskussionsgruppe um M. Klein, Glover, Devine, Sullivan, Knight, Gertrud Schwing u.v.a. (siehe Literatur bei Müller). Zu diesen Namen müsste man aber freilich auch Paul Federn hinzufügen, weil er schon in den 20er und 30er Jahren sein Psychosekonzept zu formulieren begann. Er ging davon aus (1943), dass die Psychose auf einer mangelhaften Besetzung des Ichs beruhe, woraus eine Durchlässigkeit der Ich-Grenzen resultiere. Die Behandlung müsse daher in einer Ich-Stützung und einer Verstärkung der Verdrängung bestehen. Die Beschäftigung mit der negativen Übertragung solle man vermeiden und dagegen die positive Übertragung betont fördern und nutzen.

Frieda Fromm-Reichmann, die Hauptvertreterin der aus der interpersonellen Schule von Sullivan hervorgegangenen Psychosentherapien, legt das Gewicht auf Einsicht und Verständnis in die Entwicklung der schizophrenen Störung. Die Herstellung eines Arbeitsbündnisses nach Abklingen der akuten Phase sei im Prinzip möglich, die interpersonellen Erfahrungen zwischen Patient und Therapeut sollten unter Einbeziehung von früheren Erfahrungen und Erinnerungen beleuchtet werden. Auch mit der negativen Übertragung und der Aggressivität sollte eine Auseinandersetzung erfolgen. Sullivan selbst hat allerdings Einsicht und Deutung eher vermieden und das Hauptgewicht auf die Reorganisierung der desintegrierten Person gelegt.

In eine andere Richtung gingen Rosen und Searles. Rosen hat physische Bedürfnisse des Patienten massiv befriedigt. Er hat die Patienten in der Annahme, dass sie Wichtiges nachzuholen hätten, ernährt, gebadet, gehalten, geschaukelt. Gleichzeitig überschüttete er sie mit direkten Deutungen in „der Sprache des Unbewussten". Dieses Vorgehen hat sich nach gelegentlichen, vorübergehenden Besserungen schliesslich doch als ungünstig erwiesen. „Das dramatische Nachspiel bestand darin, dass alle von Rosen mit der genannten Methode behandelten Fälle aus der Privatklinik Chestnut-Lodge in der Nähe von New York (bzw. Washington, SM) als geheilt entlassen wurden, sich dann aber Jahre später in staatlichen Krankenhäusern unter den ungünstigsten Bedingungen wiederfanden." (Pohlmeier bei Mertens, S. 140).

Anders geht Searles vor (1965), indem er das Bedürfnis nach einer *psychischen*, symbiotischen Beziehung berücksichtigt und ermuntert und dabei auch seine eigenen inneren Erfahrungen (bis zum Gefühl der Desintegrierung) nicht nur in Kauf nimmt, sondern auch als wichtig für den therapeutischen Prozess betrachtet.

Wiederum etwas anders geht Rosenfeld vor. Er stellt zwar ebenfalls seine eigene Gegenübertragung in den Vordergrund, aber dies um den Patienten besser zu verstehen und ihm sodann das Verstandene mitzuteilen.

Benedetti (1992) wiederum legt besonderen Wert auf ein intensives, empathisches, emotionales Engagement des Therapeuten mit der Bereitschaft, das unvorstellbare Leiden des Patienten nicht nur zu begreifen, sondern in gewisser Hinsicht auch mitzuerfahren. Des weiteren bemüht er sich um Herausstellung aller positiven Aspekte der psychopathologischen Erscheinungen (Positivierung) und versucht schliesslich parallel dazu, mit Hilfe eines bildgestaltenden Verfahrens die Desymbolisierungsprozesse rückgängig zu machen. Die Vertreter der Objektbeziehungstheorie gehen von der frühen empathischen Beziehung zwischen Mutter und Kind aus, welche der Bezugsrahmen für ihren therapeutischen Zugang ist (vgl. Frosch, S. 441 ff.). Die Defekte der frühen Mutter-Kind-Beziehung haben ihren Einfluss auf die Ich-Entwicklung, und diese frühe Beziehung muss in der Übertragungsbeziehung erneut erlebt bzw. erfahren und durchgearbeitet werden. „Die Methoden dieses Durcharbeitens des Problems variieren erheblich. Im Gegensatz zu den Kleinianern z. B. meinen die Vertreter der britischen Objektbeziehungsschule, dass die Interpretation nicht ausreicht und dass eine reale Beziehung mit dem Patienten hier essentiell wichtig ist." (Frosch, S. 441). „Indem er viele Anleihen über diese Schule macht, setzt Guntrip sein therapeutisches Ziel in Beziehung zu einem persistierenden, verängstigten und zurückgezogenen oder regredierten infantilen Selbst" (idem, S. 442). Auch in bezug auf den Umgang mit der positiven und negativen Übertragung stützt sich Guntrip hauptsächlich auf die Objektbeziehungstheoretiker Fairbairn und Winnicott.

Arlow und Brenner (1964, 1970) begegnen in konsequenter Verfolgung ihrer Position, dass der neurotische und psychotische Prozess in Wirklichkeit ähnlich seien, der Angstabwehr mit Hilfe und Deutungen, und zwar in einer Weise, die dem Standard der psychoanalytischen Technik entspricht.

Es ist nicht möglich, in diesem Rahmen auf weitere wichtige Beiträge einzugehen (es wird auf das entsprechende Kapitel im Standardwerk von John Frosch über den psychotischen Prozess S. 433 ff verwiesen). Die hier beispielhaft skizzierten Ansätze und Bemühungen erstrecken sich bis etwa Ende der 70er, Anfang der 80er Jahre. Sie werden gefolgt von einer Zeit der Verunsicherung psychoanalytisch orientierter Therapeuten, und zwar vorwiegend unter dem Eindruck der negativen Ergebnisse von empirisch-statistischen Psychotherapieeffizienzstudien, Ergebnissen, die auch durch systematisch behandelte und beobachtete Gruppen (Thomas McGlashan in Chestnut-Lodge 1984, Gunderson 1984, Michael Stone in Columbia University 1986) nicht widerlegt werden konnten. In seinem letzten Bericht aus jüngster Zeit versucht McGlashan (1994), das im amerikanischen Raum weitgehende Verschwinden der psychoanalytisch orientierten Psychotherapie der Schizophrenie als ein nur scheinbares zu sehen: Auch in den USA werden auch heute noch intensiv bei Schizophrenien Psychotherapie angewandt. Allerdings sei man zurückhaltender, bescheidener (in Anbetracht der Erfolge der biologischen Psychiatrie) geworden und insbesondere habe man verstanden, dass die frühere Unterscheidung zwischen stützender und aufdeckender Behandlung wenigstens auf diesem Gebiet hinfällig sei. Unausgesprochen sei man zu einem therapeutischen Zugang und einer therapeutischen Haltung übergegangen, die viele Elemente der früheren „aufdeckenden" (investigative) Methoden mit den (intuitiv eigentlich schon früher gleichzeitig verwendeten) stützenden Elementen vereint.

In Europa ist die Entwicklung in den letzten 15 Jahren eine andere gewesen. Es hat sich ein im Vergleich zu früher sogar noch stärkeres und reges Interesse an psychoanalytisch orientierten langfristigen Einzeltherapien von Schizophrenen entwickelt. Beispielhaft seien die Bemühungen der Metakleinianer erwähnt, insbesondere der späte Rosenfeld in England, dann Racamier, Nacht, Pache, Kelsterbach, Lacan und viele andere in Frankreich (siehe Racamier 1986), Benedetti, Matussek, Schwarz, H. Lang, die Frankfurter Gruppe in Deutschland (Mentzos 1992) und viele andere Therapeutengruppen in der Schweiz, in Skandinavien und anderen europäischen Ländern. Das obige Zitat von McGlashan sollte nicht den Eindruck erwecken, dass in den USA insgesamt der psychoanalytische Einfluss verschwunden sei. Es gibt Orte, an denen weiterhin psychoanalytisch orientiert gearbeitet wird. Man ist aber insgesamt etwas vorsichtiger und zurückhaltender geworden, was z. B. auch in der Arbeit von Gunderson (1993) deutlich wird, in der er aufgrund seiner Ergebnisse von einer Fokussierung auf Übertragung-Gegenübertragung abrät, dagegen aber doch die intensive Beschäftigung mit den interpersonellen Beziehungen des Patienten ausserhalb der Therapie sehr befürwortet.

Man kann nun die grosse Vielfalt psychoanalytisch inspirierter psychotherapeutischer Behandlungen der Schizophrenie in den letzten 70 Jahren in zwei grosse Gruppen unterteilen, je nachdem ob bei ihnen mehr der Beziehungsaspekt (Achse A-$A_1$: Beziehung zu sich selbst und zum Objekt) oder wiederum der ichpsychologische Aspekt, also die Ich-Funktionen, die Erregungs- und Triebkontrolle, die Wiederherstellung und Stabilisierung der Ich-Grenzen – also die Achse C-$C_1$ im Vordergrund steht. Nun fokussiert man zwar auch bei den kognitiven und übenden Verfahren auf die ich-funktionalen Aspekte der Achse C-$C_1$ (siehe auch weiter unten). Dennoch tut man dies dort, indem man die Dysfunktionen *selbst psychoedukativ* zu beheben versucht. Die hier gemeinten psychodynamisch orientierten Therapeuten der zweiten Gruppe verstehen sich dagegen als Ersatz- und Hilfs-Ich des Patienten innerhalb der realen therapeutischen Beziehung (die Therapeuten der ersten Gruppe wiederum arbeiten vorwiegend aus der Übertragungsbeziehung heraus). Sicher sind diese Unterscheidungen nur relativ. Es ist auch nicht ohne weiteres möglich, die einzelnen Therapeuten in einer der beiden Gruppen unterzubringen, weil sie oft absichtlich eine Behandlung mit einer emotional betonten und intuitiv geleiteten Haltung und Beziehung zum Patienten beginnen, um sich dann in späteren Stadien in die andere Richtung zu entwickeln. Trotzdem könnte man in einer ersten Annäherung Therapeuten wie Searles, Guntripp,

Rosenfeld, Winnicott usw. mehr der ersten Gruppe zuordnen, während Therapeuten wie Federn, Fromm-Reichmann und Jacobsen mehr in der zweiten Gruppe unterzubringen wären. Die Heterogenität bzw. die Differenzen auch innerhalb dieser beiden Gruppen können nur mit Hilfe weiterer zusätzlicher Kriterien gezeigt werden. Es ginge dabei z. B. um die Frage, ob der Therapeut bei einem bestimmten Verfahren die positive Übertragung eher fördert und die negative Übertragung unberücksichtigt lässt, ob er die eigene Gegenübertragung besonders in den Vordergrund seiner Überlegungen stellt (z. B. Rosenfeld) oder nicht, ob man die Symptomatik des Patienten positiviert (Benedetti) oder deutet (Arlow und Brenner), ob man die Bedürfnisse des Patienten sogar physisch befriedigt (Rosen) oder aber sich darauf konzentriert, lediglich die Angst, die Verzweiflung, die Einsamkeit des Patienten möglichst intensiv nachzuempfinden (Searles oder Benedetti) usw.

Im folgenden wird die von uns in Frankfurt schwerpunktmässig bevorzugte Technik und das therapeutische Setting kurz skizziert.

## Der vorwiegend nicht deutende Umgang mit dem Grundkonflikt innerhalb der psychotischen Übertragung

Das Ziel der Behandlung besteht darin, dem Patienten innerhalb der Therapie neue Beziehungserfahrungen zu ermöglichen, bei denen sowohl Gemeinschaftlichkeit und Bindung als auch Autonomie erfahren werden. Es wird erwartet, dass solche Erfahrungen allmählich zu einer Lockerung der verfestigten dilemmatischen Konstellation führen, wodurch dann ähnliche neue Erfahrungen auch ausserhalb der Therapie ermöglicht werden, welche dann wiederum zu einer weiteren Lockerung des Dilemmas führen können. Diese positive Kreisbewegung wird in zunehmendem Masse zu einer Schwächung der psychotischen Abwehr führen. Die Abwehrmechanismen werden also hier nicht direkt *bekämpft*, sondern werden progredient *überflüssig*. Eine positive Entwicklung auf der Dimension A-$A_1$ trägt erheblich auch zu einer Besserung auf der Dimension C-$C_1$ bei. Die aus dem Verständnis der Dynamik des Prozesses und der Beziehung hervorgehende empathische Begleitung, aber auch eine, gleichzeitig, die Autonomie des Patienten respektierende Distanz, sowie die *Benennung* der jeweiligen Situation – oft mit Hilfe einer bildhaften Metaphorik – spielen dabei eine grosse Rolle.

Dieser idealtypisch gedachte therapeutische Prozess wird in Wirklichkeit kaum je in dieser perfekten Form realisiert. Aber auch seine teilweise Realisierung stösst auf erhebliche Schwierigkeiten. Die Mauer der psychotischen Abwehrmechanismen, das enorme Potential der psychotischen Übertragung, die dazu führt, dass sich die alten Erlebens- und Reaktionsmuster hartnäckig und unbezwingbar wiederholen, werden oft zu fast unüberwindbaren Hemmnissen auf diesem Wege zur Ermöglichung neuer Erfahrungen. Zum zweiten: Die auf der Achse C-$C_1$ repräsentierten Ich-Funktionsstörungen sind zu einem Teil biologischer Herkunft, zu einem anderen, wahrscheinlich grösseren Teil, durch die sekundären Circuli vitiosi entstanden. Sie stellen somit tatsächlich defektuöse und nicht nur Abwehrprozesse dar. Von daher bedürfen sie anderer, zusätzlicher und nicht-psychoanalytischer Verfahren zu ihrer Besserung oder zumindest Kompensation.

Zurück aber zu der therapeutischen Arbeit auf der Dimension A-$A_1$. Das hier gemeinte therapeutische Vorgehen impliziert nicht immer und nicht notwendigerweise eine sehr frequente und intensive Behandlung. Eine einfache Begleitung des Patienten über Jahre hinweg mit einer 20- bis 25minütigen Sitzung alle drei bis vier Wochen (vgl. Mentzos 1986) kann ebenfalls psychoanalytisch-psychodynamisch genannt werden, sofern der Therapeut sein besonderes Augenmerk auf die Beziehung als solche richtet und sofern er, wenn auch unausgesprochen und kaum je verbal formuliert, Übertragung und Gegenübertragung berücksichtigt. Diese äusserlich belanglos erscheinenden Gespräche werden vom Therapeuten nämlich im Bewusstsein geführt, dass er den Patienten damit immer wieder die Möglichkeit und die Chance gibt, Beziehungen zu erfahren, die ihm Autonomie und Bindung gleichzeitig ermöglichen.

Während es sich bei der Therapie neurotischer Störungen um eine symbolisch inszenierte Interaktion handelt, geht es bei der Behandlung von Psychosen um ein mehr präsymbolisch agiertes Affekt-Handlungsmuster innerhalb der realen Beziehung zum Therapeuten. Zwar sind Elemente des letzteren in jeder Behandlung, auch bei neurotischen Patienten, auch bei nicht-psychoanalytischen Verfahren enthalten. Dennoch verlangt die Therapie der psychotischen Kommunikationsstörung an erster Stelle diese besondere Technik. Während also bei den neurotischen Störungen die deutende und bewusstmachende Interpretation einen grösseren Raum einnimmt, wäre sie hier bei den Psychosen wenigstens in den ersten Phasen eher contraindiziert. Sie könnte verwirren und schädlich sein. Der Therapeut soll also die Übertragung nicht verbal deuten, sondern durch eine adäquate Haltung beantworten. Das ist freilich sehr schwierig. Die Übertragung des psychotischen Patienten besteht im wesentlichen darin, dass er automatisch, unbewusst, auch in der Begegnung mit dem Therapeuten die früheren „pathologischen", ihm aber damals einzig möglichen und zum Überleben notwendigen Reaktionsmuster reaktiviert. Sie bestehen entweder in einem narzisstischen Rückzug oder umgekehrt in der undifferenzierten globalen projektiven Identifikation. Diese hat das defensive „Ziel", den Partner, das Objekt, den Therapeuten nicht als eine andere selbständige Person existieren zu lassen. Die Existenz des anderen wird also entweder durch den starken narzisstischen Rückzug oder durch die Entdifferenzierung des Unterschiedes zwischen Subjekt und Objekt negiert. Die adäquate therapeutische Haltung besteht in einem Angebot an engagierter, geduldiger, einfühlsamer Zuwendung, bei gleichzeitiger Einhaltung einer gewissen Distanz, Neutralität und Respektierung des Patienten als einer unabhängigen Person. Die Einhaltung dieser „goldenen Mitte" ist aber in der Praxis und innerhalb der sehr starken Turbulenzen einer Psychosetherapie meistens nicht optimal möglich. Es ist aber sehr wichtig, diese Leitlinie als einen Wegweiser vor Augen und im Kopf zu behalten, nicht zuletzt auch deswegen, weil nur dadurch eine adäquate Bearbeitung der eigenen Gegenübertragung möglich wird.

**Worin besteht diese Gegenübertragung?**

Der vom psychotischen Patienten entweder ignorierte (arroganter narzisstischer Rückzug des Patienten) oder total vereinnahmte oder sonst projektiv veränderte Therapeut hat es schwer, dies alles ohne Verärgerung, Aggression, Angst, Verunsicherung, Verwirrung und Entmutigung zu ertragen. Ein überichhaftes „Sich-Zusammennehmen", die pflichtgemässe Selbstdisziplinierung also, um ein für den Patienten schädliches Gegenübertragungsagieren zu vermeiden, ist zwar manchmal eine notdürftige Pseudolösung. Sie stellt aber keine echte und adäquate Verarbeitung der Gegenübertragung dar. Letztere erfolgt leichter, natürlicher und in bezug auf seelische Energie des Therapeuten ökonomischer und spontaner mit Hilfe eines vertieften Verständnisses der Situation des Patienten innerhalb der Beziehung. Gelingt dem Therapeuten eine solche nicht-überichhafte Überwindung der Gegenübertragung, so ist dadurch sehr viel gewonnen, weil der Patient eine tatsächlich neue Erfahrung in einer Beziehung macht: Bisher hat seine entweder ablehnend-verachtende oder vereinnahmende oder hilflos verwirrte Haltung zu entsprechenden „normalpsychologischen" Reaktionen der Bezugsperson in seinem Leben, also zu Flucht, Gegenaggression, Verlassen, Ratlosigkeit, Angst usw. geführt.

Hier bei seinem Therapeuten erfährt der Patient eine sowohl engagierte als auch respektvolle Beziehung. Der meist intuitiv begabte Schizophrene spürt, dass sie nicht auf erzwungener Selbstdisziplinierung des Therapeuten beruht, sondern eine Haltung aus innerer Überzeugung mit vertieftem Verständnis für die Person des Patienten und seine Situation ist.

Das in den ersten Abschnitten dieses Kapitels geschilderte psychodynamische Modell der Schizophrenie soll vorwiegend für deren Verständnis und nicht als Leitfaden für „Deutungen" an den Patienten dienen. Man sollte sich zunächst mit Interpretationen zurückhalten und auch in späteren Stadien damit sehr sparsam umgehen. Verbale Deutungen des Therapeuten werden ja vom Patienten (aufgrund seiner enttäuschenden Erfahrungen mit guten Gründen!) wie das Objekt selbst behandelt: Sie werden „ausgespuckt" oder total introjektiv vereinnahmt und unkenntlich gemacht. Vielfach kommt es auch zu Verwirrungen, Missverständnissen usw.

Diese Zurückhaltung in bezug auf Deutungen heisst aber andererseits nicht, dass der Therapeut stumm bleibt oder auf ubiquitäre oberflächliche, harmlose Themen und Äusserungen ausweicht. Gerade das psychodynamisch vertiefte Verständnis für die momentane Situation und für die individuelle Erlebniswelt des Patienten ermöglicht dem Therapeuten eine bessere Begleitung von ihm. Denn wie jeder andere Mensch hat auch der Patient das Bedürfnis, „richtig" gesehen und verstanden zu werden. Das heisst: Er möchte nicht nur allgemein wohlwollend, sondern aus solchem vertieften Verständnis heraus „präzise" und individuell zutreffend gesehen werden. Mit gelegentlichen „Benennungen", die meist das „Hier und Jetzt" betreffen, kann der Therapeut diesem berechtigten Wunsch gerecht werden. Aber der Schwerpunkt der Behandlung liegt dennoch auf der (nicht verbal deutenden) Handhabung der Übertragung und Gegenübertragung. Eine solche Technik setzt ein Setting mit zwei bis drei Sitzungen wöchentlich voraus und wird von mir in der oben zitierten Arbeit (1986) als Typ C bezeichnet. Das ebenfalls oben kurz erwähnte alternative Setting mit selteneren und kürzeren Begegnungen mit dem Patienten wird als Setting-Typ A bezeichnet. Dazwischen liegt der Setting-Typ B mit wöchentlich einer Sitzung. Der Unterschied zwischen diesen drei Settings besteht weniger in der Frequenz als in der Intensität, mit der die therapeutische Beziehung bzw. die übertragungs- und gegenübertragungsbedingten Prozesse im Vordergrund stehen (wenn auch, wie gesagt, hier bei den Psychosen meist nicht expressis verbis).

## Nichtpsychoanalytische Therapien und ihre Beziehung zum psychodynamischen Modell

Das psychodynamische Psychosemodell mit seinen Dimensionen und den beschriebenen primären und sekundären Circuli vitiosi ist m.E. in der Lage, ein wenigstens zum Teil einheitliches integratives Bild für die nicht-psychoanalytischen Verfahren zu ermöglichen: Während die psychoanalytisch inspirierten Methoden auf der Achse A-$A_1$ (Beziehung) und am primären Circulus vitiosus (Abb. 3) arbeiten, beschäftigen sich die kognitiven und übenden Verfahren mit Prozessen, welche sich auf der Achse C-$C_1$ (ich-funktionale Dimension) und innerhalb der sekundären Circuli vitiosi abspielen. Hierdurch soll das Verlernte wieder erlernt, die sich verkümmernden kognitiven Fähigkeiten und Funktionen sollen durch Übung verstärkt und insgesamt die Defizienz und die Inaktivität durch systematische Aktivierung und Übung „gekontert" werden. Auch der Einfluss der Psychopharmaka kann auf dieser, der ich-funktionalen Dimension, veranschaulicht werden. Sie dienen entweder der Kontrolle der Erregung durch gezielte chemische Ich-Einschränkung (Neuroleptika) oder umgekehrt der Stimulation und Anregung des Antriebs (Antidepressiva, antriebssteigernde Mittel). Die Gefahr bei einer Überdosierung der erste Gruppe von Medikamenten besteht darin, dass man den Patienten in die Richtung der Minussymptomatik treibt. Das Risiko bei den Pharmaka der zweiten Gruppe besteht darin, dass man ungewollt den Patienten zu einer produktiven psychotischen Symptomatik oder sogar zu einer Desorganisierung bringen kann. Trotzdem ist eine vorsichtige und der Situation und dem Zustand des Patienten angepasste Medikation fast ausnahmslos notwendig und indiziert, allein schon um die Circuli vitiosi zu unterbrechen und das Abwandern des Patienten nach „links" oder nach „rechts" (auf der Achse C-$C_1$) zu verhindern oder rückgängig zu machen. Das zur Bezeichnung des Wirkmechanismus wichtige Stichwort ist also hier: *Unterbrechung der Circuli vitiosi.* Der damit bezeichnete Vorgang stellt das allen therapeutischen Verfahren Gemeinsame dar. *Die psychoanalytische Methode* arbeitet vorwiegend auf der Achse A-$A_1$ und versucht hier den primären Circulus vitiosus zu unterbrechen, indem sie neue Erfahrungen in Beziehungen ermöglicht und dadurch eine Abschwächung des Dilemmas und konsequenterweise auch eine Lockerung der Abwehrmauer bewirkt, wodurch wiederum grössere Chancen für neue positive Erfahrungen und eine Lösung des Dilemmas entstehen. Die *kognitiven, übenden Verfahren* und das Bewältigungstraining sowie auch die Psychopharmaka arbeiten vorwiegend auf der ich-funktionalen Dimension. Auch hier besteht das Ziel in einer Unterbrechung von – allerdings sekundären – Circuli vitiosi (sei es auch durch eine gezielt einsetzende chemische Ich-Einschränkung). Dem Patienten soll dazu geholfen werden, sich mehr zur „Mitte" hin zu bewegen (Balance zwischen übertriebener, das Selbst entleerender und zur Minussymptomatik führenden Kontrolle und Einschränkung einerseits und der unkontrollierten Überstimulation, inflationistischen Expansion der Innenwelt, Sprengung der Kontrolle und Schwächung der Ich-Grenzen andererseits).

Wie verhält es sich aber mit anderen therapeutischen Verfahren wie der systemischen Familientherapie, der körperorientierten Therapie usw.? Da es in diesem Rahmen nicht möglich ist, auf Einzelheiten einzugehen, beschränke ich mich im folgenden auf die systemische Therapie und dabei nur auf bestimmte Gesichtspunkte. In bezug auf viele andere psychotherapeutische Zugänge – wie Individualpsychologie, analytische Psychologie, katathym-imaginative Psychotherapie, Gestalttherapie, Psychodrama, Transaktionsanalyse sowie körpertherapeutische Ansätze – verweise ich zwecks einer ersten Orientierung auf die entsprechenden Kapitel und Beiträge in dem von Renate Hutterer-Krisch herausgegebenen Band (1994).

### Systemische Familientherapie

Die systemische Therapie fokussiert auf das soziale System Familie. Die Regeln dieses Systems bestimmen massgebend, wie die Einzelnen kommunizieren und handeln. Erst an zweiter Stelle seien hier intrapsychische Prozesse des Einzelnen relevant. Die Symptome seien ja nur der Versuch, mit den im System vorhandenen Widersprüchen fertig zu werden bzw. die in ihm enthaltenen Konflikte zu vermeiden. Nicht der Einzelne, sondern das System, dem man angehört, sei gestört. Je mehr der Mensch in seinem Erleben und Verhalten vom sozialen Beziehungsgefüge der Familie determiniert sei, umso weniger liessen sich seine Reaktionen aus der Analyse seiner intrapsychischen Vorgänge ableiten.

Die zunächst unter dem Einfluss der System- und Kommunikationstheorie sowie der aus der Palo-Alto-Gruppe (Gregory Bateson, Lyman Wynne, Watzlawick u.v.a.) in den USA entwickelte Therapierichtung wurde dann in den letzten 40 Jahren in Europa im deutschsprachigen Raum vorwiegend von Stierlin und seinen Heidelberger Mitarbeitern (Simon, Retzer u.a.) vertreten und systematisch weiterentwickelt. Parallel dazu hat M. Selvini-Palazzoli im Zentrum der Familienpsychotherapie in Mailand (ebenso viele andere in Italien und anderen europäischen Zentren) verwandte Verfahren entwickelt. Gemeinsam mit der psychoanalytischen Familientherapie (siehe Literatur über letztere bei F. Schwarz) ist ihnen, dass auch bei der systemischen Therapie der Konflikt und seine inadäquate „pathologische“ Verarbeitung massgebend ist. Allerdings geht es den Systemtheoretikern um die Widersprüche und Ungereimtheiten im System selbst und nicht beim Einzelnen (als nur einem Teil des Ganzen). Dementsprechend richten sich auch Intensionen und Techniken der Therapie auf eine Veränderung des Systems aus, von der dann eine günstige Entwicklung auch beim Einzelnen erwartet wird. Obwohl auch bei der systemischen Therapie die Erkennung solcher Widersprüche, Konflikte und ihre Aufdeckung intendiert wird, besteht die dazu angewandte Technik nicht so sehr in einer Verarbeitung innerhalb der Therapeut-Patient-Beziehung, sondern in einem aktiven, oft sogar manipulierenden Angehen der Familie selbst, z.B. mit paradoxen Interventionen und „Verschreibungen von Symptomen“ etc. Dies geschieht in der Absicht, die verkrusteten, schwer veränderbaren sozialen Strukturen und Regeln zu erschüttern. Der Therapeut soll als „Störer“ des pathologischen Familiensystems wirken (Simon 1988).

Man gewinnt allerdings den Eindruck, dass in den letzten Jahren die systemische Therapie solche extremen und einseitig am System orientierten Techniken zunehmend vermeidet. So berichtet Palazzoli (1993, Seite 218), dass sie und ihre Mitarbeiter die sogenannten paradoxen Interventionen verlassen haben und wieder die Meinung vertreten, dass die Familiengruppe aus *Subjekten* besteht, aus *Individuen*, welche miteinander interagieren, wobei jedes von ihnen nicht nur eigene Ziele, sondern auch eigene Strategien, um diese Ziele zu erreichen, aufweist. Das therapeutische Ziel „Individuation“ wird in der letzten Zeit auch von der Heidelberger Gruppe betont und schliesslich spricht Wynne (1993, Seite 209 ff.) von einem veränderten Zugang zu den schizophrenen Patienten und meint, dass man in früheren Jahren zu sehr auf die pathologischen Aspekte und Seiten des Familiensystems fokussiert und die gesunden konstruktiven Anteile vernachlässigt hätte. Er habe dagegen die Erfahrung gemacht, dass viele der Familien, die ihm als besonders schwierig, als „schizophrenogene“ Familien überwiesen wurden, ihre pathologischen Züge verlören, sobald sich mit Hilfe des Therapeuten eine positiv gerichtete, gut strukturierte beratende Beziehung entwickelt habe. Man scheint sich also von der hart anpackenden, manipulativen Technik zu distanzieren, ebenfalls auch von den Konzepten einer „schizophrenogenen“ Mutter oder einer „schizophrenogenen Familie“. Stattdessen richtet man (vielleicht auch unter dem Einfluss der eindrucksvollen Ergebnisse der finnischen Adoptivkinderuntersuchung (Tienari 1991), durch welche die „antipsychotisch“ wirkenden Elemente und Möglichkeiten des Familiensystems deutlich wurden) seine Aufmerksamkeit auf die positiven Aspekte. Es gibt also keine „schizophrenogene“ Mutter und keine „schizophrenogene“ Familie, wenigstens in dem Sinne nicht, dass die darunter verstandenen Pathologien eine *ausreichende Bedingung* für das Entstehen von Schizophrenie wären. Es gibt aber umgekehrt Mütter, Väter und insbesondere Familiensysteme, die auch beim Vorhandensein der biologischen Vulnerabilität (oder Sensibilität?) der Manifestation einer Psychose dadurch entgegenwirken, dass sie eine befriedigende Erledigung der entwicklungspsychologischen Aufgaben (und somit die Vermeidung des Entstehens von unlösbaren Dilemmata) ermöglichen.

## Die Relevanz des psychodynamischen Modells für andere Therapieformen

Die hier vorgeschlagene psychodynamische Erfassung des psychotischen Prozesses in drei Dimensionen (Konflikt, Modus der Verarbeitung, ich-funktionale Aspekte) sowie die beschriebenen primären und sekundären Circuli vitiosi erlauben einige hypothetische Formulierungen zum Einordnen und zum Verständnis auch anderer psychotherapeutischer Verfahren, die hier nicht im einzelnen erläutert werden konnten. So liegt auch therapeutischen Verfahren wie der Gestaltungstherapie, den körperorientierten Verfahren (Bioenergetik), der interpersonellen Therapie und anderen letztlich die Annahme von konfliktuösen Gegensätzlichkeiten zugrunde. Die Symptome werden ebenfalls als missglückte, fehlerhafte, notwendigerweise pathologische Abwehr-, Schutz- und Kompensationsmechanismen gesehen, welche statt zu einer Lösung zu einer Hemmung, Verkrampfung, Einschränkung oder unangepassten, unrealistischen Übererregung führen. Die Behandlungstechniken versuchen letztlich auch hier die geschilderten Circuli vitiosi zu unterbrechen, dies jedoch auf anderem Wege: Im Hinblick auf die psychotische Desymbolisierung und die daraus entstehende Störung der inneren und äusseren Kommunikation wird z. B. über andere als die sprachlichen Kanäle mit dem isolierten oder sonst unerreichbaren Patienten zu kommunizieren versucht (so etwa in der Gestaltungstherapie). Oder es wird statt der äusseren sozialen Realität des Patienten und ihrer Wahrnehmung die auch für das normale psychische Leben besonders relevanten Projektionen in den Körper („Verkrampfungen" oder gravierende Veränderungen des Körperschemas usw.) direkt angegangen (z. B. in den körperorientierten Therapien). Wie wichtig bei allen diesen Bemühungen jedoch die Beziehungsdimension ist, zeigt sich besonders in der Technik des von Benedettis Mitarbeiter Maurizio Peciccia entwickelten „progressiven therapeutischen Spiegelbilds": Hier wird eine gestaltungstherapeutische Technik direkt in die therapeutische Beziehung mit eingeflochten und integriert (siehe Benedetti 1992), wodurch eine schöpferische Verarbeitung und Fortentwicklung dieser Beziehung mit einem gegenseitigen vertieften Verständnis erheblich beschleunigt wird. Auch hier scheint die Unterbrechung der verhängnisvollen Circuli vitiosi das therapeutisch wirksame Prinzip zu sein.

**Zusammenfassend** lässt sich feststellen:

Um eine erste Einordnung der Verfahren zu ermöglichen, die in der Psychotherapie bei Schizophrenen zur Anwendung kommen, empfiehlt sich zunächst eine Dreiteilung, und zwar in

a) Verfahren, die auf die Übertragungsbeziehung fokussieren und mit ihr arbeiten, wenn auch selbstverständlich in der beschriebenen, modifizierten Form und mit dem Ziel, durch neue Beziehungserfahrungen sowohl Autonomie als auch Bindungsfähigkeit zu fördern,
b) ebenfalls psychodynamisch orientierte Verfahren, bei denen aber der Therapeut sich vorwiegend als ein Ersatz- und Hilfs-Ich des Patienten versteht (*stützende* Psychotherapie aus der realen therapeutischen Beziehung heraus),
c) Verfahren, welche direkt auf die Ich-Dysfunktionen selbst fokussieren und sie mit Hilfe kognitiver, psychoedukativer und übenden Methoden zu beheben versuchen.

In der Praxis kommt es jedoch zwangsläufig ständig zu einer Vermischung und Überlappung zwischen diesen Methoden: Der engagierte, kognitive Therapeut z. B. bietet oft unbeabsichtigt dem Patienten die Möglichkeit zu neuen Beziehungserfahrungen an, der auf die Übertragung fokussierender Psychoanalytiker wiederum funktioniert oft unbeabsichtigt als Hilfs-Ich usw. Die für die Zukunft liegende Aufgabe besteht u.a. in dem Versuch, solche „Vermischungen", Komplementaritäten und Integrationen zwischen den Verfahren zu reflektieren und zu optimalisieren.

## Literatur

Andreasen, N.C., P. Nopoulos, S. Schultz, D. Miller, S. Gupta, V. Swayze, M. Flaum: Positive and negative symptoms of schizophrenia: past, present and future. Acta psychiatr. scand. 90 (Suppl. 384) (1994) 51

Arlow, J., C. Brenner: The psychopathology of the psychoses. In: Psychoanalytic concepts and the structural theory. Intern. Univ. Press, New York 1964

Benedetti, G.: Psychotherapie als existentielle Herausforderung. Vandenhoeck & Ruprecht, Göttingen 1993

Benedetti, G., P.M. Furlan (eds.): The psychotherapy of schizophrenia. Hofgrefe + Huber, Seattle 1993

Böker, W., H.D. Brenner: Selbstheilungsversuche Schizophrener: Psychopathologische Befunde und Folgerungen für Forschung und Therapie. Nervenarzt 54 (1983) 578

Brenner, H.D., W. Böker (Hrsg.): Verlaufsprozesse schizophrener Erkrankungen. Huber, Bern Göttingen Toronto Seattle 1992

Crow, T.J.: Molecular pathology of schizophrenia. More than one disease process? Br. Med. J. 280 (1980) 66

Federn, P.: Psychoanalysis of psychoses (1943). in: E. Weiss (ed.) Ego psychology and the psychoses. Basic Books, New York 1952

Freud, S.: Psychoanalytische Bemerkungen über einen autobiographisch beschriebenen Fall von Paranoia (Dementia paranoides). Gesammelte Werke, Band 8 (1911) 240

Freud, A.: Das ich und die Abwehrmechanismen. Kindler Verlag, München 1959

Fromm-Reichmann, F.: Principles of intensive psychotherapy. University of Chicago Press, Chicago 1950

Frosch, J.: The psychotic process. Intern. Univ. Press, New York 1983.

Gunderson, J.G., A.F. Frank, H.M. Katz, M.L. Vanicelli, J.P. Frosch, P.H. Knapp: Effects of psychotherapy in schizophrenia. Comparative outcome of two forms of treatment. Schizophr. Bull. 10 (1984) 564

Gunderson, J.G., A.F. Frank, H. Katz, L. Glass: Psychotherapy of schizophrenic patient. In: G. Benedetti, P.M. Furlan (eds.) The psychotherapy of schizophrenia. Hofgrefe + Huber, Seattle 1993

Hutterer-Krisch, R. (Hrsg.): Psychotherapie mit psychotischen Menschen. Springer, Wien New York 1994

Lang, H.: Zur Problematik der Übertragung in der Psychose in Abgrenzung zur Neurose. Psyche 35 (1981) 705

Matussek, P.: Herstellung von Übertragung in der Psychoanalyse von Schizophrenen. In: H. Stierlin, L.C. Wynne, M. Wirsching (Hrsg.) Psychotherapie und Sozialtherapie der Schizophrenie. Springer, Berlin Heidelberg New York Tokyo 1983

McGlashan, T.H.: The Chestnut Lodge follow-up study II: Long-term outcome of schizophrenia and the affective disorders. Arch. Gen. Psychiat. (1984) 585

McGlashan, T.H.: What has become of the psychotherapy of schizophrenia? Acta psychiatr. scand. 90 (Suppl. 384) (1994) 147

Mentzos, S.: Drei therapeutische Settings in der psychoanalytischen Psychotherapie psychotischer Patienten. Forum der Psychoanalyse 2 (1986) 134

Mentzos, S.: Psychodynamische Modelle in der Psychiatrie. Vandenhoeck & Ruprecht, Göttingen 1991

Mentzos, S. (Hrsg.): Psychose und Konflikt. Vandenhoeck & Ruprecht, Göttingen 1992

Mentzos, S.: Depression und Manie. Psychodynamik und Therapie affektiver Störungen. Vandenhoeck & Ruprecht, Göttingen 1995

Müller, Chr. (Hrsg.): Internationales Symposium über die Psychotherapie in der Schizophrenie, Oktober 1956. Basel New York 1957

Müller, Chr.: Die Pioniere der psychoanalytischen Behandlung Schizophrener. Nervenarzt 29 (1958) (1974) 456

Olbrich, R.: Expressed Emotions-Konzept und Vulnerabilitätsmodell in ihrer Bedeutung für das Verständnis des schizophrenen Krankheitsgeschehens. In: R. Olbrich (Hrsg.) Therapie der Schizophrenie. Kohlhammer, Stuttgart 1990

Pohlmeier, H.: Psychoanalytische Psychosenforschung. In: W. Mertens (Hrsg.) Psychoanalyse. Ein Handbuch in Schlüsselbegriffen. Urban & Schwarzenberg, München 1983

Racamier, P.: Les travaux psychoanalytiques de langue française sur les psychoses et les processes associes, Repertoire bibliogr. Rev. franc. psychoanal. 5 (1986)

Retzer, A.: Familie und Psychose. Gustav Fischer, Stuttgart 1994

Retzer, A. (Hrsg.): Die Behandlung psychotischen Verhaltens. Auer, Heidelberg 1991

Rosen, J.N.: Direct analysis. Grune and Stratton, New York 1953

Rosenfeld, H.: Zur Psychoanalyse psychotischer Zustände. Suhrkamp, Frankfurt/Main 1981

Schwarz, F.: Entwicklung und aktueller Stand der Psychotherapie bei Psychosen. In: G. Rudolf, U. Rüger, H. Studt (Hrsg.) Psychoanalyse der Gegenwart. Vandenhoeck & Ruprecht, Göttingen 1987

Searles, H.F.: Collected papers on schizophrenia and related subjects. Intern. Psychoanalyt. Libr. The Hugerth Press, London 1965

Selvini Palazzoli, M.: The relational roots of schizophrenia. In: G. Benedetti, P.M. Furlan (eds.) The psychotherapy of schizophrenia. Hofgrefe + Huber, Seattle 1993

Stierlin, H.: Von der Psychoanalyse zur Familientherapie. Klett, Stuttgart 1975

Stierlin, H.: Delegation und Familie. Suhrkamp, Frankfurt/Main 1978

Stone, M.: Exploratory psychotherapy in schizophrenia – spectrum patients: A reevaluation in the light of long-term follow-up of schizophrenic and borderline patients. Bull. Menninger Clinic 50 (1986) 287

Sullivan, H.S.: Schizophrenia as a human process. Norton, New York 1962

Süllwold, L., Huber, G.: Schizophrene Basisstörungen. Springer, Berlin 1986

Tienari, P.: Interaction between vulnerability and family environment. The Finnish adoptive family study of schizophrenia. Acta psychiatr. scand. 84 (1991) 460

Wynne, L.C.: Changing approaches of schizophrenic patients and their family: 1954–1988. In: G. Benedetti, P.M. Furlan (eds.) The psychotherapy of schizophrenia. Hofgrefe + Huber, Seattle 1993

Zubin, J., B.J. Spring: Vulnerability – a new view of schizophrenia. J. abnorm. psychol. 80 (1977) 103

# 11 Bewältigungsversuche Schizophrener

W. Böker, A. Schaub

## Einleitung

In den vorausgegangenen Kapiteln wurden Behandlungsmethoden vorgestellt, die durchweg oder überwiegend in die Kompetenz von Experten gehören. In den beiden folgenden Kapiteln soll das *individuelle Bewältigungsverhalten* als wichtige neue Möglichkeit der Schizophreniebehandlung entfaltet werden. Hierbei tritt die Rolle des Experten als Initiator, Organisator und Kontrolleur des Therapieprozesses in den Hintergrund, ohne allerdings überflüssig zu werden.

Das Bewältigungsverhalten („Coping") als Oberbegriff für die verschiedenen Anpassungs-, Abwehr- und Selbstheilungsvorgänge, die vom Kranken bewusst und teilweise auch unbewusst in den Dienst der Krankheitsverarbeitung gestellt werden, ist bisher vor allem in der Psychoanalyse, der Psychologe und medizinischen Psychologie, der Psychosomatik und der psychosozialen Medizin studiert worden (Beutel 1984). Für die Psychosenlehre handelt es sich um ein relativ neues, noch wenig entwickeltes Forschungsgebiet (siehe Abschnitt 'Geschichte der Bewältigungsforschung bei schizophrenen Psychosen'), das aber wesentliche Anregungen für die zukünftige Behandlungspraxis verspricht.

Verschiedene, in der Auseinandersetzung mit bedrohlichen Körperkrankheiten und somatischen Stresserlebnissen beobachtete Bewältigungsweisen haben zu Coping-Definitionen geführt, die in wesentlichen Teilen vermutlich auch auf schizophrene Kranke übertragen werden dürften.

Lipowski (1970) beschreibt „Coping" als „... alle kognitiven und motorischen Aktivitäten einer kranken Person, um ihre körperliche und psychische Integrität zu wahren, reversibel geschädigte Funktionen wiederherzustellen und möglichst weitgehend jede irreversible Behinderung zu kompensieren ...".

Heim et al. (1983, 1986) kennzeichnen die Fähigkeit, Stressreaktionen psychisch adäquat zu verarbeiten, als das „... Bemühen, bereits bestehende oder erwartete Belastungen durch die Krankheit innerpsychisch (emotional/kognitiv) oder durch zielgerichtetes Handeln aufzufangen, auszugleichen, zu meistern oder zu verarbeiten". „Die Verarbeitung kann innerpsychisch durch – vorwiegend unbewusste – Abwehrmechanismen oder durch gedankliches Problemlösen erfolgen"(1986).

Lazarus und seine Arbeitsgruppe geben folgende Definitionen: „Coping refers to the person's cognitive and behavioral efforts to manage (reduce, minimize, master, tolerate) the internal and external demands of the person-environment transaction that is appraised as taxing or exceeding the person's resources" (Folkman et al. 1986). Lazarus betont dabei den Prozesscharakter der einzelnen Teilschritte, die in der Person-Umwelt-Beziehung wirksam sind. Er postuliert ein Kontinuum zwischen einem Stressereignis, seiner Wahrnehmung (appraisal), den dadurch ausgelösten Bewältigungsversuchen und ihrer Ueberprüfung (reappraisal) und nimmt eine gegenseitig wirksame fortschreitende Beeinflussung von Person und Situation auf der Zeitachse an.

Heim hat bei Körperkranken einen Bewältigungsprozess herausgearbeitet, der in folgenden Schritten besteht: Verändertes Befinden; Wahrnehmung von Symptomen; kognitive Bearbeitung und Problemanalyse, Konsequenzen, Entschlussfassung, Prüfung von Alternativen; Anwendung von Bewältigungsformen; Ergebnis der Krankheitsbewältigung.

Breier und Strauss (1983) haben in ihrem Dreiphasenmodell („self-monitoring, self-evaluation, self-control") analoge Schritte auch bei psychotisch Kranken nachgewiesen: Für schizophrene Kranke kommt es darauf an, erste Krankheitssymptome zu erkennen, dabei eine gewisse Distanz zum schizophrenen Persönlichkeitswandel, d.h. eine minimale Krankheitseinsicht zu gewinnen, Bewältigungsressourcen zu mobilisieren, autoprotektive, kontrollierende oder kompensierende Reaktionen zu entfalten und in Zusammenarbeit mit Experten die Compliance für angebotene Therapiemassnahmen zu stärken und durchzuhalten. Je nach Krankheitsphase werden diese Bewältigungsversuche unterschiedlich ausfallen. Dabei bieten sich den betreuenden Experten auch jeweils unterschiedliche Unterstützungsmöglichkeiten an.

Zunächst stellt sich hier die grundsätzliche Frage nach der Existenz und dem Zusammenwirken von Autonomie- und Heteronomieprozessen, auf die im folgenden Abschnitt eingegangen werden soll.

## Exkurs über Autonomie und Heteronomie

Vom Kranken geleistete Bewältigungsversuche können als Ausdruck von *Autonomiestrebungen* verstanden werden, deren protektive und reparative Kraft sich gegen stabilitätsbedrohende Stressoren, nosogene Einflüsse, Noxen oder Defizienzen richtet. Sie müssen dem betroffenen Individuum nicht vollumfänglich bewusst sein, sollten dem Beobachter aber in irgendeiner Weise als Stabilisierungs- oder Heilungsversuch evident erscheinen.

Bevor wir im nächsten Kapitel Vorschläge für eine bewältigungsorientierte Therapeutik besprechen, wollen wir uns zunächst mit der grundsätzlichen Frage auseinandersetzen, ob und wieviel *Autonomie* im Sinne von Selbstverfügbarkeit und Selbstverantwortlichkeit wir bei einem Menschen zu erkennen vermögen, dessen Persönlichkeit durch eine schwere seelische Erkrankung bedroht und beeinträchtigt worden ist. Kann ein solcher Mensch während seiner Krankheit, obschon wahrscheinlich kaum während Zuständen schwerster psychischer Desorganisation, vielleicht aber doch in ihren ruhigeren Abschnitten, Distanz zu seinen psychotischen Erlebnissen und damit eine gewisse Krankheitseinsicht erlangen und ist ihm in irgendeiner Weise eine Einflussnahme auf Ausbruch, Verlauf und Ausgang der Psychose möglich?

Unsere heutige Auffassung, nicht nur der „behandelnde Experte“, sondern auch der Schizophrene selbst könne einen in begrenztem Ausmass erfolgreichen Kampf gegen die Psychose aufnehmen, schien früheren Psychiatergenerationen wenig wahrscheinlich oder unwesentlich (Böker und Brenner 1983). Die traditionelle Vorstellung von der persönlichkeitszerstörenden Macht der Psychose liess Autonomieerwägungen keinen Raum. Wie in der gesamten Medizin hatte sich auch die psychiatrische Wissenschaft in erster Linie jenen pathophysiologischen Vorgängen zugewandt, mittels derer Krankheitsentstehung und Krankheitsverlauf durch persönlichkeitsunabhängige Wirkungsfaktoren (fremd)-bestimmt werden, z. B. Vererbung, Konstitution, Organfunktion, Stoffwechselprozesse u.a. Diese *Heteronomieorientierung* verhalf dazu, Krankheitserscheinungen und Therapiewirkungen empirisch kausal zu erklären und erleichterte die Formulierung von „objektiven“, quasi instrumentalen Behandlungsanweisungen für den nach Möglichkeiten tätigen Handelns suchenden Arzt. Jener Anteil, den das Patientensubjekt an der Heilung zu leisten vermöchte, trat unter der Vorherrschaft dieser Betrachtungsweise immer mehr in den Hintergrund und ging der Wahrnehmung der Aerzte zeitweilig gänzlich verloren. Dass dies einschneidende Auswirkungen auf die Arzt/Patient-Beziehung haben musste, liegt auf der Hand und beeinflusste gerade auch in der psychiatrischen Behandlungspraxis den gegenseitigen Umgang, d. h. die Kommunikationsfähigkeit des Therapeuten.

Blankenburg (1985) zufolge begünstigt eine „Praxis qua instrumentales Handeln ... die Auffassung von jeglichem, was begegnet, als heteronom, d. h. als fremdbestimmt; fremdbestimmt von äusseren Variablen („Einflüssen“) oder von – ebenfalls der Selbstverfügbarkeit entzogenen – inneren Determinanten ... Praxis qua „kommunikatives Handeln“ (Habermas 1981, 1984) begünstigt dagegen die Auffassung vom Begegnenden als etwas relativ Autonomem. Heteronomie-Ansätze gehen notwendig mit der Neigung einher, Begegnendes unter zu interpretieren. Das, was prima vista eigenes Gepräge zu tragen scheint, wird auf verdeckte Mechanismen oder Fremdeinflüsse abgeklopft und am Ende auch zurückgeführt. Autonomie wird zumindest arbeitshypothetisch in Zweifel gezogen oder gar zum trügerischen Schein erklärt.“

Im klinischen Alltag treten jedoch mannigfaltige Verschränkungen von heteronomer und autonomer Determination auf, von denen Blankenburg mehrere Beispiele gibt (beginnende extrapyramidale Störungen, Frühdyskinesien unter Neuroleptika-Medikation, spielerische Ausgestaltung eines Alkoholdelirs, karikierend überspitztes hebephrenes Verhalten).

Die Schwierigkeit, mit der sich auch dieses Kapitel konfrontiert sieht, liegt in der Frage, nach welchen Kriterien wir ein bestimmtes Verhalten des Kranken als durch die Krankheit verursachte Ausfallerscheinung (Heteronomie-Ansatz) oder als Ausdruck einer personalen Bewältigungsanstrengung (Autonomie-Ansatz) beurteilen wollen. Offensichtlich geht es hier um „Zuschreibungen“, die von verschiedenen Beobachtern, z. B. von den Mitgliedern eines psychiatrischen Behandlungsteams, aber auch vom Patienten selbst, sehr unterschiedlich vorgenommen werden.

Blankenburg verweist auf die Krankenhaussoziologischen Untersuchungen von Fengler und Fengler (1980), welche die Beobachter-Abhängigkeit von Urteilen über Patientenverhalten prüften. Der Patient wird z. B. als „verantwortlich“ oder „unverantwortlich“ bezeichnet, je nach dem man ihm noch eine gewisse Kontrollfähigkeit zutraut oder nicht. Die Autoren nennen die Teammitglieder deshalb „praktische Theoretiker der Verantwortlichkeit“. Blankenburg schlägt vor, man könne sie auch als „implizite Diagnostiker der Autonomie/Heteronomie-Struktur“ bezeichnen. Seiner Auffassung nach ist das eigentliche Problem ... „gerade nicht in einem Entweder/Oder zu suchen, sondern in den fliessenden Uebergängen zwischen Steuerbarkeit und Nicht-mehr-Steuerbarkeit des eigenen Verhaltens durch den Erkrankten. Dabei wird deutlich, dass diese kaum ablösbar sind von der jeweiligen zwischenmenschlichen Situation und zwar mit allen akzidentiellen Umständen, die durch Vertrautheit, Status und Rollenzugehörigkeit, Gestimmtheit, Ausgeruht- oder Überarbeitetsein, Zeithaben oder Unter-Zeitdruck-stehen der Bezugsperson und durch manches andere bestimmt sind“.

Damit kommt wieder die kommunikative Qualität ins Spiel, die einerseits die Wahrnehmung autonomer Prozesse im Sinne von Bewältigungstendenzen stark begünstigt bzw. vielfach erst ermöglicht, andererseits der Beobachter-Variablen grosses Gewicht gibt. Anders gesagt: Verschiedene Untersucher werden denselben Patienten nicht nur zu verschiedenen Zeiten, sondern auch aus unterschiedlichen Blickwinkeln heraus und mit unterschiedlicher Kommunikationsbereitschaft kennenlernen und somit zu unterschiedlichen Urteilen über die Existenz autonomer Gestaltungs- und Bewältigungsmöglichkeiten bei ihm gelangen.

Die Patienten ihrerseits bringen zwar häufig das eine und andere in Erfahrung, was sie zur Besserung ihres Zustandes beitragen können. Eine differenzierte Reflexionsfähigkeit und die Kompetenz, mit Coping-Methoden bewusst umgehen zu können, wird man aber nur bei einer Auswahl von Kranken erwarten können. Bei schizophrenen Kranken sind solche Eigenschaften nach bisheriger Auffassung selten. Der psychiatrischen Forschung stellt sich deshalb die Aufgabe, die Möglichkeiten der Krankheitsverarbeitung bei jenen befähigten Patienten sorgfältig zu analysieren und nach invarianten Bewältigungsmustern zu suchen, die auch für eine Vielzahl anderer Kranker fruchtbar gemacht werden könnten. „Die Wenigen müssen für die Vielen sprechen“, schreibt J. Wing (1987).

Wir dürfen aber vermuten, dass auch in den Krankheitsuneinsichtigen, in denen, die sich selbst verborgen sind, in den Sprachlosen und schwer Kommunikationsbehinderten zumindest Ansätze autonomer Bewältigungsversuche leben, deren Verwirklichungsweisen es aufzuspüren und zu fördern gilt.

Ein wiedererwachtes Interesse für individuelle Anpassungs- und Bewältigungsmöglichkeiten wird nicht nur von den Patienten selbst und ihren Angehörigen artikuliert. Auch Aerzte und Psychologen haben in den letzten Jahrzehnten begonnen, sich wieder vermehrt der subjektiven Krankheitsverarbeitung und krankheitsspezifischen Autonomieprozessen zuzuwenden. Nachfolgend wollen wir nun solche Strebungen in der Schizophrenieforschung vorstellen.

## Geschichte der Bewältigungsforschung bei schizophrenen Psychosen: Von klinischer Kasuistik zu empirischen Untersuchungen

Durchmustert man die in den ersten Jahrzehnten dieses Jahrhunderts erschienene Schizophrenie-Literatur nach Stichworten wie „Selbsthilfe“, „Selbstheilung“ oder nach synonymen Begriffen, dann stösst man nur sehr selten auf kasuistische Schilderungen schizophrenen Verhaltens, die mit Bewältigungsversuchen in Verbindung gebracht werden. Abgesehen von Max Müllers Monographie über „Heilungsmechanismen in der Schizophrenie“ (1930), fehlen systematische Studien zu diesem Themenbereich bis in die 70er Jahre völlig. Empirische Untersuchungen zum Bewältigungsverhalten Schizophrener sind erst in den 80er Jahren begonnen worden.

Ein wesentlicher Grund, warum dieses Thema erst so spät Gegenstand wissenschaftlichen Interesses wurde, liegt mit hoher Wahrscheinlichkeit in der seit E. Kraepelin dominierenden Auffassung, der schizophren Erkrankte werde von einem den Kern der Persönlichkeit angreifenden und zerstörenden endogenen Morbus erfasst und in die Rolle eines letztlich ohnmächtigen Opfers versetzt. Von einem im Innersten pathologisch abgewandelten, sich durch Trugwahrnehmungen, Wahnbildungen und Autismus augenscheinlich immer weiter von der Welt der Gesunden entfernenden Selbst, glaubte man keine autonomen Abwehrpsychismen und jedenfalls keine bewussten Bewältigungsanstrengungen gegenüber der schizophrenen Katastrophe erwarten zu dürfen.

Hier sei an die Tatsache erinnert, dass Kliniker wie Kraepelin und E. Bleuler ihre Anschauungen über das Wesen der Schizophrenie fast ausschliesslich an oft jahrelang hospitalisierten Anstaltsinsassen gewonnen haben, bei denen sich die Symptome schwerer psychotischer Zusammenbrüche mit den schädigenden Auswirkungen lange andauernder sozialer Unterstimulation (Hospitalismus-Syndrom) vermischten. Die dadurch bewirkten Verkümmerungen der Eigenaktivität, des Sprachschatzes, der sozialen Fähigkeiten u.a.m. haben ihrerseits die These vom schicksalhaften, durch die damals zur Verfügung stehenden Behandlungsmassnahmen letztlich kaum beeinflussbaren Ausgang der Schizophrenie in demenzähnliche Endzuständen noch bis in die letzten Jahrzehnte aufrechterhalten. Da für Anstaltspatienten im Milieu der „totalen Institution" (Goffman 1961) vollumfänglich gesorgt wurde, hatten Bewältigungsversuche kaum eine existentielle Bedeutung. Dementsprechend fanden derartige Versuche, wenn sie überhaupt zu beobachtbarem Verhalten führten, nur selten das Interesse des Betreuungspersonals und blieben für den Patienten selbst ohne nennenswerte Konsequenzen für seinen Alltag im Krankenhaus.

Nachfolgend wollen wir einige psychiatriegeschichtliche Phasen der Bewältigungsforschung bei schizophrenen Patienten herauszuarbeiten versuchen.

## Frühe kasuistische Beschreibungen; Symptombildung als schöpferische Abwehr

Erste Mitteilungen über Bewältigungsversuche Schizophrener verdanken wir psychotherapeutisch interessierten Aerzten. Sigmund Freud selbst eröffnete mit seiner Interpretation der schizophrenen Wahnbildung als „Heilungsversuch" (Fall Schreber 1913) die Perspektive für eine Betrachtungsweise, welche zunächst die Symptomatik dieser Psychose unter dem Bedeutungsaspekt des Selbstheilungsversuches anzusehen gestattete.

Dass sich die „Vis medicatrix naturae" schon im ersten Symptom einer Gesundheitsstörung zur Wirkung bringt und nicht auf den eigentlichen Genesungsprozess nach Ueberschreiten eines Krankheitshöhepunktes beschränkt, wussten schon die Aerzte der Antike (Schipperges 1985). Diese auch von Ideler (1847) vertretene Auffassung wurde nun von psychoanalytisch geschulten Psychiatern wieder aufgegriffen.

Wie vorher schon Maeder (1923) setzte M. Müller (1930) die psychotischen Symptombildungen in Analogie zu somatischen Abwehrreaktionen wie sie z. B. beim Eindringen eines Fremdkörpers oder eines Bakteriums in Gestalt von Entzündung, Fieber, Eiterbildung auftreten. Das Krankheitssymptom liefert also den ersten Hinweis auf in Gang kommende autonome Reparations- und Heilungstendenzen. Die Symptombildung als *“schöpferische Abwehr“* eines drohenden psychischen Zusammenbruchs wurde im Licht der Psychoanalyse zuerst nach dem Konzept der Ich-Abwehrmechanismen interpretiert.

Solche Psychismen kennzeichnete z. B. Bertschinger (1911) als „Korrektur, Umsymbolisierung und Umgehung" chaotischer Produktionen des psychotisch entfesselten Unterbewussten. M. Müller (1930) beschrieb Formen der „Absperrung" und der „Verdrängung", der „Umbiegung ins Banale und Harmlose" sowie Versuche der „Isolierung und Inaktivierung der Wahnwelt".

Trotz dieser frühen psychodynamischen Ansätze änderte sich die Praxis der fast ausschliesslich in Psychiatriespitälern durchgeführten Schizophreniebetreuung zunächst nicht. S. Freuds Auffassung von der grundsätzlichen „Uebertragungsunfähigkeit" des Psychotikers ermutigte auch die psychotherapeutisch engagierten Aerzte kaum, sich näher auf die Erlebnisweisen der Kranken einzulassen. Ausserdem konzentrierte sich die Aufmerksamkeit der Forscher auf die Suche nach den hypostasierten organischen Ursachen der Schizophrenie, also vor allem auf heteronome, nicht auf autonome Vorgänge.

## Neue Existenzmöglichkeiten für Schizophrene heben die Bedeutung von Krankheitsbewältigung ins Bewusstsein

Erst ab Mitte der 30er-Jahre wich die therapeutische Resignation einem neuen Optimismus, als die somatischen Behandlungskonzepte wie die Barbiturat-Dauernarkose (Klaesi, bereits 1922), die Cardiazol-Schock- und namentlich die Insulin-Komabehandlung (Sakel, Müller) und die

Elektrokrampftherapie (Cerletti, Bini) bemerkenswerte Erfolge versprachen und zu einer Politik der Frühentlassung führten. Ein durchgreifender Wandel in der Behandlungspraxis wurde aber erst ab Mitte der 50er Jahre möglich, als die Einführung der Neuroleptika immer mehr Schizophrenen eine Existenz ausserhalb der Kliniken erlaubte. Damit gewann wohl erstmals die Frage grosse Bedeutung, wie sich diese Patienten mit ihrer Lebenswelt und den Folgen ihrer Krankheit auseinanderzusetzen vermögen, welche Faktoren den Krankheitsverlauf bestimmen, und inwieweit autonome Bewältigungsmöglichkeiten eine Rolle spielen könnten. Die machtvolle sozialpsychiatrische Bewegung der 60er und 70er Jahre öffnete, verkleinerte und klinifizierte schliesslich die alten Massenasyle, förderte neue wichtige Forschungsfelder und revidierte überkommene äthiopathogenetische Auffassungen vom Wesen der Psychose.

### Beeinflussen Bewältigungsanstrengungen den Krankheitsverlauf? – Schizophrenie als „offener Lebensprozess“

Folgenreiche Auswirkungen hatten die ersten grossen katamnestischen Studien zum langjährigen Verlauf der Schizophrenien (M. Bleuler, Ciompi, Müller, Huber u.a., siehe Kapitel 3). Sie enthüllten eine früher kaum wahrgenommene Vielfalt schizophrener Lebensschicksale und legten die Auffassung nahe, dass es sich hier um offene Lebensprozesse handelt, auf welche nicht nur heteronome Faktoren, sondern wahrscheinlich auch autonome Verarbeitungsweisen Einfluss nehmen. So könnte der unerwartet hoch gefundene Anteil günstiger Verläufe durchaus mit wirksamen Bewältigungsanstrengungen der Kranken in Verbindung gebracht werden.

### Neue Zuwendung zur Person des Schizophrenen; daseinsanalytische und anthropologische Auffassungen

Von einer phänomenologisch-daseinsanalytischen Orientierung der Nachkriegsjahre her hatten sich vor allem im deutschsprachigen Raum von Husserl, L. Binswanger, Heidegger angeregte Psychiater für „die Person des Schizophrenen“ (Wyrsch 1949) und seine individuellen Weisen des „in der Welt sein“ interessiert (Uebersicht bei Kuhn 1963). W. von Baeyer (1955), u.a. auf Martin Bubers „Schriften über das dialogische Prinzip“ (1954) fussend, kreiste um den Begriff der „Begegnung“ in der Psychiatrie und forderte die Wiederherstellung der „Begegnungsfähigkeit“ als Therapieziel zur Durchbrechung der „inneren psychopathologischen Schranke“, welche den Kranken von seiner Umwelt trennt. Diese teilweise auch als „anthropologische Psychiatrie“ (Zutt, Kulenkampff, Bräutigam) sich artikulierenden Strebungen haben keine unmittelbaren praxisrelevanten Folgen gezeitigt; vermutlich haben sie aber eine Generation reformbegeisterter Sozialpsychiater auch für den Gedanken der bewältigungsorientierten Therapie sensibilisiert.

### Individuelle psychoanalytische Therapie erweist die Beziehungsfähigkeit auch des schwer kranken Psychotikers

In mutiger Unbefangenheit widerlegten zuerst Rosen und Sechehaye, später Benedetti, C. Müller, Bräutigam u.a. das alte Vorurteil von der grundsätzlichen Uebertragungs- und Beziehungsunfähigkeit der Schizophrenen, indem sie die direkte individuelle psychotherapeutische Auseinandersetzung erfolgreich sogar mit chronisch schwerkranken Psychotikern wagten. Die dabei gewonnenen Einsichten belegten wiederum die Plastizität schizophrener Lebensschicksale und die faszinierende Chance zu positiven Entwicklungen in enger Zusammenarbeit von Therapeut und Patient (Übersicht bei Benedetti 1987; siehe auch Kapitel 10).

### Psychopathologische Analysen der Erlebnis- und Verarbeitungsweisen Schizophrener

Erlebnis- und Verarbeitungsweisen des Schizophrenen und Struktureigentümlichkeiten der Psychose sind seit E. Bleuler (1911) immer wieder Thema der psychopathologischen Forschung gewesen. Die Weisen der Auseinandersetzung des Patienten mit Psychosebeginn und -verlauf: Kampf, Überwältigtwerden, Hingabe, Resignation, Gleichgültigkeit (Mayer-Gross 1922), Integration oder Abkapselung (McGlasham et al. 1977, 1981) lassen auch Bewältigungsformen erkennen. Birnbaums „Strukturanalyse der Psychose“ (1923) schilderte den Einfluss des Charakters auf die Ausgestaltung der Krankheit („Pathoplastik“); in der kognitiven Umformung neuer abnormer Bewusstseinsinhalte kann durchaus ein Heilungsversuch des Patienten erkannt werden. Hinter schizophrenen Stereotypien können sich Abwehrversuche gegen Halluzinationen oder der motorische Ausdruck geheimer Wünsche verbergen (Klaesi 1922). Janzarik (1959) arbeitete „dynamische Grundkonstellationen in endogenen Psychosen“ heraus und sprach von einer „stabilisierenden Intentionalität“ des Kranken, welcher sich gegen die einbrechende Dynamik der Psychose zu behaupten suche. Auch Kisker (1960) erkannte im schizophrenen Erleben eine „Tendenz nach seelischer Ordnung“; im Kampf gegen die schizophrene „Entordnung“ komme es zu „Rückordnungsanstrengungen“ in Richtung auf eine „unbefangene Mitweltlichkeit“.

## Das Konzept „Basisstörungen“ liefert ein Störungsmodell für Bewältigungsversuche Schizophrener

Eine Fundgrube für die nun allmählich anwachsende Verarbeitungs- und Bewältigungsforschung bei psychotisch Kranken eröffneten die von McGhie und Chapman (1961) begonnenen Studien über die subjektive Wahrnehmung kognitiver Primärstörungen in der beginnenden Schizophrenie. Sie wurden vor allem von Süllwold aufgegriffen und zum Konzept der „Basisstörungen“ (1977; Süllwold und Huber 1986) ausgebaut. Es handelt sich dabei um z.T. noch uncharakteristische Vorläufer und Folgestörungen schizophrener Episoden, die vom Kranken perzipiert und mit wachsender Krankheitserfahrung als „Gefahrensignal“ einer drohenden psychotischen Dekompensation mit Kompensationsversuchen beantwortet werden können (Böker 1986). Dieses Konzept lieferte erstmals ein brauchbares Störungsmodell für Bewältigungsversuche der Patienten und eine theoretische Basis für spezielle Trainingsprogramme mit dem Ziel, „störende Bewältigungsreaktionen durch weniger störende, der Kompensation dienende, zu ersetzen“ (Süllwold 1976, 1983).

## Neurobiologische Defizienzen fundieren das Störungsmodell

Den Basisstörungen dürften neurobiologisch determinierte Defizienzen zugrunde liegen, die eine vielfältige experimentalpsychologische und neurophysiologische Forschung in den letzten drei Jahrzehnten nachweisen konnte (Brenner et al. 1983; Huber 1983; Nuechterlein und Dawson 1984; Brenner et al. 1992). Es handelt sich im wesentlichen um Störungen der Aufmerksamkeit, der Informationsverarbeitung, der Konzeptbildung und anderer für komplexe Hirnleistungen wesentliche Funktionen. Vermutlich sind die vom Kranken wahrgenommenen Basisstörungen das Ergebnis einer Verschmelzung solcher Defizienzen mit sehr frühen autonomen Bewältigungsweisen, die bereits vorbewusst ablaufen. Die von Zubin und Spring (1977) herausgearbeitete Theorie der schizotropen Vulnerabilität weist derartigen „psychological core deficits“ die Rolle dispositioneller Faktoren zu und trennt sie als schizophrene „trait“-Merkmale von den psychotischen Episoden, den „states“ ab (siehe Kapitel 4).

## Krisentheorie, Coping-Modelle, Life-event- und Stressforschung stimulieren die Bewältigungsforschung

Eine differenzierte Exploration schizophrener Bewältigungsformen ist seit den 80er-Jahren auch durch die Krisentheorie (Caplan 1964, Jacobson 1974, Reiter und Strotzka 1977), die psychologischen Coping-Modelle von Lazarus (1966), Cohen und Lazarus (1980), Lazarus und Folkman (1984) sowie Lipowski (1970), Heim et al. (1983), Perrez und Reicherts (1987) und die Life-events-Forschung (Holmes und Rahe 1967, Brown 1974, Katschnig 1986) als Variante der Stressforschung angeregt worden. Beispielsweise wurden Selbstberichte Schizophrener auf die Bewältigung stresshafter Situationen und Ereignisse, aber auch auf Kompensationsversuche von angsterregenden psychotischen Symptomen hin analysiert (Kaplan 1964, Katschnig 1977, Irle und Poerksen 1971, Freedman 1974, Falloon and Talbot 1981, Wing 1977, 1978, Breier und Strauss 1983, Lukoff et al. 1984).

Lange (1981) publizierte im deutschen Sprachraum erstmals eine Auflistung verschiedener Selbstheilungs- und Stabilisierungsversuche Schizophrener aus einer Analyse von Krankengeschichten. Wir selbst haben eine Übersicht über die Bewältigungsliteratur bei Schizophrenen gegeben und Folgerungen für Forschung und Therapie formuliert (Böker und Brenner 1983).

## Systematische Beschreibungen und empirische Studien belegen die Existenz schizophrener Bewältigungsversuche

In den letzten zehn Jahren sind neben systematischen Deskriptionen nun auch gezielte empirische Untersuchungen zum Coping-Verhalten Schizophrener vorgelegt worden: Böker et al. 1984, Böker 1986, Thurm und Häfner 1987, Brenner et al. 1987, Böker et al. 1989, Wiedl und Schöttner 1991, Böker et al. 1992, Schaub 1993, Wiedl 1994.

Sie weisen überzeugend nach, dass schizophrene Patienten sowohl stresshafte Situationen und sich im Dekompensationsprozess verschlimmernde Basisstörungen und Prodromalsymptome als auch floride Symptome und residuale Behinderungen bewusst wahrnehmen und darauf mit Bewältigungsversuchen antworten können. Nachfolgend sollen derartige Bewältigungsversuche näher beschrieben werden.

# Bewältigungsversuche schizophrener Menschen

Die bisher bekannt gewordenen Bewältigungsversuche Schizophrener lassen sich nach unterschiedlichen Gesichtspunkten darstellen: Nach den *Störungen* (Symptome, Behinderungen), gegen die sie sich richten (Bewältigungsziele); nach der *Modalität der Auseinandersetzung* mit der Bedrohung (motorische Reaktionen, Beziehungsverhalten, kognitive Verarbeitungen, affektives Verhalten, siehe Scharfetter 1986); nach der *Bewusstseinslage*, in welche der Bewältigungsversuch eingebettet erscheint (unbewusste Abwehrmechanismen, bewusste Kompensationsstrategien), dem *Aktivitätsniveau* (passive Vermeidung, Rückzug versus aktives Problemlöseverhalten), den hinter ihnen stehenden *Krankheitskonzepten* und der daraus erwachsenden Stellungnahme zur Psychose und schliesslich nach ihrer *Wirksamkeit* oder Erfolglosigkeit, über die wir heute allerdings erst wenig wissen.

Nachfolgend stellen wir eine Gliederung nach Bewältigungszielen in den Vordergrund und wollen uns zunächst der Auseinandersetzung mit Krankheitssymptomen zuwenden.

## 1. Symptombezogene Bewältigungsversuche

### Symptombildung und Symptomausgestaltung im Dienste der Bewältigung

Im historischen Rückblick haben wir dargelegt, dass psychotherapeutisch interessierte Ärzte bereits in der schizophrenen Symptombildung einen unwillentlich ablaufenden Abwehrversuch der heraufziehenden Ich-Bedrohung vermutet haben. M. Müller (1960) formulierte sehr klar, der Schizophrene schütze sich vor Chaos und Ausgeliefertsein „...durch Verhaltensweisen, die gerade die typischen Kernstücke der klinischen Symptomatologie bilden“, nämlich: „...die autistische Einkapselung des katatonen Stupors, die paranoide Ausgestaltung der „Wahnfabel“ (Wyrsch) und zuletzt das läppisch-hebephrene puerilistische Überspielen der inneren Not und Angst“.

Namentlich die *Wahnbildungen* Schizophrener haben dem Konzept der „schöpferischen Abwehr“ schon früh als Belege gedient. So brachte bereits Freud (1913) den Begriff „Heilungsversuch“ mit paranoiden Phänomenen in Verbindung, als er „psychoanalytische Bemerkungen über einen autobiographisch beschriebenen Fall von Paranoia (Dementia paranoides)“ im Fall des sächsischen Gerichtspräsidenten Schreber mitteilte: Der Paranoiker baue die krankhaft zerfallene Welt wieder auf „...nicht prächtiger zwar, aber wenigstens so, dass er wieder in ihr leben kann. Er baut sie auf durch die Arbeit seines Wahnes“. „Was wir für die Krankheitsproduktion halten, die Wahnbildung, ist in Wirklichkeit der Heilungsversuch, die Rekonstruktion“. Auch spätere Wahnforscher (Kronfeld, Kant und andere) haben dieser Auffassung mehr oder minder zugestimmt.

Vor einer allzu finalen psychodynamischen Interpretation warnte allerdings Conrad (1958): Am Beispiel eines Falles wahnhafter Selbstwertsteigerung wies er darauf hin, erst mit Abklingen des abnormen Bedeutungsbewusstseins („Apophanie-Phase“), also mit Beginn der Konsolidierung habe dieser Patient die psychotischen Erlebnisse im Sinne der Finalität verwertet, d. h. zu einer Selbstwerterhöhung umgeformt und umgefälscht.

M. Müller (1930) erwähnte den Einfluss der kognitiven und logischen Bedürfnisse auf die Wahnarbeit. „Sie entsprechen in vielen Fällen dem gesunden intakten Persönlichkeitsrest... Ihr Wirken ist deshalb als Abwehrversuch gegen das pathologische Geschehen aufzufassen“ (op.cit. S. 70).

Am Beispiel des Grössenwahns hat Avenarius (1978) die Leidentlastungstendenz als zugrunde liegende Dynamik herausgearbeitet. Er verwies auf die Auffassung Kraepelins, hinter der Megalomanie verberge sich häufig eine Panzerung vor leidverursachenden Einwirkungen der Aussenwelt und eine „Abwehr gegen die niederdrückenden Einflüsse des Lebens“. Avenarius kam aufgrund seiner Fallanalysen zum Schluss, der Grössenwahn sei „Ausdruck einer Entlastung von

Leid, das durch die Mitmenschen... hervorgerufen wird". „Die Begegnung mit den Menschen der Umgebung ist nicht mehr möglich, sie werden nur noch als Beeinträchtiger erlebt, der Kranke entzieht sich ihnen, indem er sich im autistischen Raum über sie erhöht". Auf diese Weise befriedigt er auch das Bedürfnis nach einer neuen stimmigen Ordnung, was zum Begriff des „Wahnbedürfnisses" (E. Bleuler) geführt hat.

Die transkulturelle Forschung hat zu dieser Auffassung weitere anschauliche Beispiele geliefert. So zeigten Risso und Böker (1964) bei der psychodynamischen Analyse von psychotisch erkrankten süditalienischen Gastarbeitern in der Schweiz, dass aus missverständlich interpretierten Begegnungen mit Frauen des Gastlandes ein Konflikt mit Wertvorstellungen der Herkunftskultur über die Rolle der Frau entstand. Im magischen Erlebnis der „Verhexung", aus dem der Wahn erwuchs, durch einen Liebes- oder Todeszauber in einen unentrinnbaren Bann geschlagen worden zu sein, bot sich eine kulturkonforme „Lösung" der erotischen Verunsicherung.

Unter den „Bedingungskonstellationen" paranoider Syndrome hat Berner (1972) Erlebnisse der Verunsicherung und Isolierung hervorgehoben, wodurch sich die „Projektionsbereitschaft" und damit die Neigung zu Wahnbildungen erklären sollen. So scheinen der rapide Kulturwandel in Entwicklungsländern oder der Ausländerstatus in sprachfremder Umgebung das Auftreten paranoider Reaktionen bei in ihrer Anpassungsfähigkeit überforderten Individuen zu fördern (Allers 1920, Böker und Schwarz 1977).

Auch den *Autismus* hat man seit E. Bleulers (1911) klassischer Beschreibung dieser Störung als „Loslösung von der Wirklichkeit zusammen mit dem relativen und absoluten Überwiegen des Binnenlebens" den autoprotektiven Strebungen der Schizophrenen zugerechnet. Vor den Eindrücken und Forderungen der andrängenden Welt mit ihren Widersprüchen und emotionellen Spannungen weicht der Kranke in eine innere Welt aus, die er nach primärprozesshaften Gesetzen einrichtet und die ihn nach aussen abschirmt. Kraepelin (1913) erklärte den Autismus in erster Linie mit einer tiefgreifenden Schwächung der Willenskraft: Das „Gefühl der Willenszerrüttung", das dem eigentlichen Krankheitsausbruch unter Umständen viele Jahre vorausgehen könne, liesse sich „...als eine Lebenswunde ansehen, die keine Berührung verträgt und daher den Kranken veranlasst, sich abzuschliessen." „Wer den eigenen Willen und damit das Leben nicht zu meistern vermag, flüchtet gern in das Reich der Träumereien" (op.cit. S. 725). E. Kretschmer sah im Autismus den psychodynamischen Mechanismus der introvertierten Wunscherfüllung bei Abwendung von der Realität. M. Bleuler (1971) hielt die schizophrenen Symptome für den „Ausdruck der autistischen Auseinandersetzung mit der eigenen Gespaltenheit und Ausdruck des forcierten Versuches, nach einem selbstkonzipierten Weltbild in der Welt zu leben". „Der Schizophrene möchte sein, wie er wirklich ist" (ders. 1972). Gross und Huber (1971) und Süllwold und Huber (1986) sprechen von einer autoprotektiven Funktion des sekundären Autismus, der als „Bewältigungsversuch gegenüber primären Basisdefizienzen" interpretiert wird.

Manche Autoren haben eine stärkere Ausprägung von *Zerfahrenheit und Sprachverwirrtheit* (Schizophasie) in Situationen gesehen, bei denen sich Schizophrene bedrängt oder in Frage gestellt fühlten. Daraus wurde gelegentlich auf den Abwehrcharakter auch dieser Störungen geschlossen. Arieti (1959, 1965) hielt die Zerfahrenheit für eine Möglichkeit der Kranken, unklare oder unheimliche Assoziationen zur Sprache zu bringen, was von der logisch gebundenen Syntax nicht geleistet werden könnte. Schindler sprach vom „manischen Zerreden" spannungserregender innerer Bestände. Avenarius (1966) beschrieb eine zunehmende Sprachverwirrtheit megalomaner Schizophrener, wenn er mit ihnen über den Inhalt ihres Grössenwahns zu reden versuchte. Er schloss daraus auf eine Selbstschutzfunktion der Schizophasie: Sie bewahre die Kranken vor einer sie irritierenden Infragestellung ihrer Ideen. Ähnliches bezeugte M. Bleuler 1972. – Indessen darf die Zerfahrenheit wohl nicht generell als bewusst oder unbewusst „eingesetztes Verhalten" interpretiert werden, offenbart sich hier doch eine wahrscheinlich basale, in ihrer Intensität fluktuierende Schwäche des kognitiven Systems. Die angeführten Beobachtungen sprechen immerhin für die Möglichkeit, dass der Kranke diese Störung zeitweilig in den Dienst der Abwehr unerwünschter und als bedrohlich erlebter Kommunikationsversuche der Umwelt stellen kann.

Dass sich Teilnehmer an Gesprächen gegenseitig durch ihr Verhalten beeinflussen, ist selbstverständlich. Im Hinblick auf die spezifische Frage, ob ihr alltägliches Kommunikationsverhalten Schizophrenen zur Bewältigung von kommunikativen Belastungen dient, sind jedoch z.B. die folgenden Befunde (z.T. aus Einzelfall-Studien) interessant. Äusserungstypen (z.B. schizophasische Rede), mit denen der Arzt von unangenehmen Themen abgelenkt wird, treten in der Folge an heiklen Stellen bevorzugt auf (Käsermann 1986). Bei erregend wirkenden Äusserungen von Angehörigen ist die Zunahme der Erregung vergleichsweise geringer, wenn es dem Schizophrenen gelingt, darauf ausweichend zu antworten (Käsermann und Altorfer 1989), bei kommunikativ belastenden Äusserungen, auf die der Schizophrene adäquat einzugehen vermag, bleibt der Erregungsverlauf sogar unauffällig (Altorfer et al. 1993). Dies zeigt einerseits, dass sich der erregte Schizophrene durch Modifikationen seines eigenen und des Verhaltens seiner Partner zu entlasten vermag. Andererseits macht es wahrscheinlich, dass Erregung gar nicht erst entsteht, wenn ein – möglicherweise aufgrund von Bewältigungserfahrungen entstandenes – kommunikativ kohärentes Eingehen auf belastende Kommunikationsangebote antizipiert werden kann.

Süllwold (1977) hat die interessante Hypothese vorgelegt, zumindest die Vorstufen *akustischer Halluzinationen* könnten aus Kompensationsversuchen in Gestalt vermehrter Selbstkommentare und Selbstinstruktionen gegen Auffassungsschwäche und Reaktionsunsicherheit entstanden sein. Die Literatur bietet Hinweise dafür, dass noch weitere schizophrene Symptome als unbewusste Selbstheilungsversuche im Sinne der schöpferischen Abwehr aufgefasst werden können.

So hat man im *puerilistisch-läppischen Verhalten* des hebephrenen Syndroms, ähnlich wie bei der Zerfahrenheit, den Versuch des Patienten erblickt, seine drohende seelische Desorganisation durch ein karikierendes Ausgestalten pubertärer Faxenhaftigkeit zu bewältigen (Blankenburg 1965) bzw. durch ein „maniformes Überspielen der Bedrohung" (Scharfetter 1986) ein Stück Autonomie zu bewahren. Klaesi (1922) hat an schizophrenen Anstaltspatienten die Bedeutung von *stereotypen Bewegungen* studiert und vielfach einen verständlichen Zusammenhang sinnlos erscheinender Bewegungssequenzen mit biographischen Inhalten nachweisen können. Stereotypien können z. B. „...Abwehrbewegungen gegen Körperhalluzinationen sein, ...die mit den innersten und geheimen Wünschen und Strebungen des Kranken zusammenhängen und aus diesem Grunde möglichst lange geheimgehalten werden" (op.cit. S. 28). M. Bleuler (1983) zufolge diente die Wiederholung von Handlungssequenzen offenbar anfänglich dem Bestreben, den Kontakt zur Umwelt und zur prämorbiden Vergangenheit nicht zu verlieren und durch charakteristische Bewegungen wieder zu erinnern. Lange (1981) hat auf das charakteristische Symptom der *Sperrung* hingewiesen, hinter dem sich insofern ein Bewältigungsversuch verbergen könnte, als der Patient durch vorübergehendes Innehalten im Sprechen seinen in Verwirrung geratenen Gedankengang neu zu ordnen versuche. Freedman (1974) wertete rund 60 autobiographische Berichte schizophrener Patienten in bezug auf Schilderungen von Wahrnehmungs- und Denkstörungen aus. Zahlreiche, ehemals katatone Patienten bezeichneten den *katatonen Stupor* als einzige Möglichkeit, mit überwältigenden Sinnesreizen fertig zu werden und die sie verwirrenden Sinnesreize zu ordnen.

Diese Beispiele zur Erläuterung des Prinzips der „schöpferischen Abwehr" mögen genügen. Sie illustrieren, auf welche Weise das bunte Bild der Psychose von vielfältigen Abwehr- und Rückordnungsanstrengungen der betroffenen Individuen geprägt ist.

### Bewältigungsversuche florider Symptome

Mit der Symptombildung und -ausgestaltung ist das Reaktionspotential der Kranken keineswegs erschöpft, es wird in der Auseinandersetzung mit den floriden („positiven") Symptomen selbst auf neue Art herausgefordert. Hier zeigt sich gleichsam eine zweite Verteidigungslinie gegen die auf ihre Weise oft krankheitswertigen Manifestationen der schöpferischen Abwehr.

Wie erwähnt, haben unter dem Einfluss der Psychoanalyse frühe Kliniker einzelne Bewältigungsversuche psychotischer Symptome beschrieben, die sie als *unbewusste oder halbbewusste Symptomkorrekturen* oder *Abwehrmechanismen* interpretierten.

So teilte Bertschinger (1911) einige „Heilungsvorgänge bei Schizophrenen" mit. Der Krankheitsausbruch wurde als „Einbruch des Unterbewusstseins ins Oberbewusstsein" aufgefasst. Auf drei Wegen könne das Oberbewusstsein wieder die Herrschaft über das Unterbewusstsein erlangen: Durch „Korrektur der Wahnideen, durch Umsymbolisierung der Wahnidee und durch Umgehung des Komplexes". Beim Modus der Korrektur lernten die Patienten z. B. ihre Trugwahrnehmungen als Produkte des eigenen Denkens, als „Assoziation" oder als mit lebensgeschichtlichen Schwierigkeiten zusammenhängende Äusserungen ihres Erinnerungsapparates zu verstehen und damit anzunehmen, worauf sich Besserung einstellte. Der Modus der Umsymbolisierung führe zu einer „allmählichen Veränderung der Wahngebilde". Dies werde z. B. dadurch erreicht, „dass der aus dem Unterbewusstsein stammende Wunsch, dessen direkte im Wahngebäude enthaltene Erfüllung ein soziales Leben des Kranken verunmöglicht, durch ein harmloseres Symbol als erfüllt dargestellt wird, so dass ein geordnetes Weiterleben wieder möglich wird." Drei minderintelligente schizophrene Frauen verlangten in paranoidem Zustand die Extraktion von Zähnen. Nachdem diese vollzogen war, trat „fast unvermittelt" Heilung der Psychose ein. Den dritten Modus, die Umgehung des Komplexes, veranschaulichte Bertschinger an akuten katatonen Psychosen mit traumartigen Wahnbildungen, in denen „das Wunscherfüllungswahnsystem zu einem gewissen Abschluss kommt". Dadurch sei „der Weg zur Heilung freigegeben". M. Müller (1930) erkannte in der „Umbiegung ins Banale und Harmlose" einen ähnlichen Heilungsversuch. So werde die Psychose nicht selten als Körperkrankheit umgedeutet, wozu „die bekannte, sowohl prä- wie postpsychotisch häufig beobachtete Neigung der Schizophrenen zu hypochondrischer Selbstbeobachtung" einen günstigen Boden biete.

Nach Mayer-Gross (1920) stellt die unmittelbar nach einer abgelaufenen akuten Psychose beobachtbare „Dissimulation" den ersten Rettungsversuch des in seiner Existenz bedrohten Selbst dar. Es handle sich um eine „Form der Selbsttäuschung, als ob die Kontinuität nicht unterbrochen wäre". Klaesi (1922) interpretierte die häufige Auskunftsverweigerung remittierender Schizophrener ebenfalls als autoprotektiver Mechanismus. Er nannte diese „Verdrängungstendenz" ausdrücklich einen „Selbstheilungsvorgang". Auch M. Müller (1930) hielt den Widerstand des Kranken gegen allzu intensive Befragungen nicht für „Restsymptome der Krankheit", sondern für eine Abwehr zur Selbsterhaltung und als solche für einen Heilungsversuch. Darin drücke sich der Mechanismus der Absperrung und der Verdrängung aus. Er zitierte die Auffassung von Nunberg (1920): „Während bei den psychoanalytisch behandelten Neurosen die Korrektur und Heilung nach Aufhebung der Verdrängung beginnt, beginnt sie bei der Schizophrenie nach Wiederaufrichtung derselben".

Neben den halb- oder unbewusst ablaufenden Versuchen, floride Krankheitssymptome zu bewältigen, sind in den letzten Jahren auch zahlreiche *bewusst durchgeführte* und mehr oder minder gezielt eingesetzte *Copinganstrengungen* Schizophrener beschrieben worden. Die verwendeten Methoden reichen von einer willentlichen Beeinflussung des Arousalniveaus über kognitive Strukturierungs- und Umstrukturierungsversuche bis zur Selbstbehandlung mit Neuroleptika oder der Anwendung von Alkohol und Drogen.

Schon E. Bleuler (1911) vermerkte, dass es einzelnen Kranken gelingt, Halluzinationen willentlich die Beachtung zu entziehen. So konnte einer seiner Patienten „...den vom Fuss zum Kopf aufsteigenden „mumienartigen Gefühlen" wenigstens Halt gebieten, so dass sie z. B. in der Brust stehenbleiben" (op.cit. S. 89). Die Kranken wehrten sich nicht nur gegen den Inhalt der Halluzinationen, sondern gegen deren Existenz überhaupt: „Sie erfinden Schutzmassregeln gegen dieselben, von anscheinend ganz vernünftigen (Ohren zuschliessen), durch die verschiedenen, den Normalen nur teilweise verständlichen Einrichtungen bis zu den unsinnigsten Faxen und kabalistischen Beschwörungen" (op.cit. S. 96). Klaesi (1922) erfuhr von Patienten, die stereotyp den Kopf auf den Boden schlugen, sie wollten damit Stimmen und Beeinflussungsgefühle „heraustreiben".

Eine grosse Zahl von gegen Halluzinationen gerichteter Bewältigungsversuchen schilderte Lange (1981) in seiner Übersichtsarbeit. Weitere Beispiele geben M. Müller (1930), Katschnig (1977), Wing (1978), Scharfetter (1986). Sie lassen erkennen, dass eine sensorische Reduktion bzw. Ausblendung von Sinnesreizen, aber auch eine sensorische Gegenstimulation vielen Schizophrenen helfen kann, ihre Trugwahrnehmungen unter Kontrolle zu bringen.

Ein besonders ängstigendes Schizophreniesymptom ist das Erlebnis der Ich-Desintegration und – Derealisation. Dagegen zielen Massnahmen, welche die alte Einheit von Wahrnehmen, Fühlen und Denken wiederherstellen sollen. So scheinen manche bizarre Verhaltensweisen einzelner Kranker, z. B. ein sich Schneiden, Brennen mit glühender Zigarette, Haare reissen und andere Arten der Schmerzzufügung diesem Zwecke zu dienen. Gewisse motorische Stereotypien, aber auch forcierte Hyperventilation, Verbigerationen, Echolalie oder Echopraxie lassen sich als Versuche interpretieren, angsterregende Aktivitätsdefizite oder Willensschwäche zu überwinden (Scharfetter 1976, Lange 1981).

Viele Kranke kämpfen gegen die erwarteten Konsequenzen ihrer Wahnideen: Sie verbarrikadieren sich in ihrer Wohnung, beschaffen sich Waffen gegen vermeintliche Verfolger, verändern ihren Lebensstil und verlassen sogar das Land, in dem es ihnen aus paranoiden Gründen nicht mehr wohl ist (Lange 1981).

Weit verbreitet ist die Selbstbehandlung psychotischer Symptome mit Medikamenten: Hypnotika, Tranquilizer, Analgetika, Kreislaufmittel, Laxantien, Enzympräparate, auch Neuroleptika und Antidepressiva. Gegen innere Unruhe und Angstzustände wird Alkohol, gegen Müdigkeit und Antriebsschwäche Kaffee und Nikotin verwendet (Lange 1981). Der Gebrauch von Tabak und Kaffee bei Langzeitpatienten, in Spitälern sehr verbreitet, soll die dämpfende Wirkung der Neuroleptika abschwächen. Auch illegale Drogen werden zur Selbstbehandlung benutzt (siehe Kapitel 17 „Doppeldiagnosepatienten").

Im folgenden werden empirische Untersuchungen beschrieben, in denen Patienten zu ihren Bewältigungsstrategien im Umgang mit Produktivsymptomatik befragt wurden.

Falloon und Talbot (1981) untersuchten 40 chronisch Schizophrene mit persistierenden Gehörshalluzinationen auf allfällige Abwehrstrategien. Unabhängig von klinischen und soziodemographischen Variablen wurden Entspannungsübungen, vermehrte Freizeitaktivität und verminderte Beachtung der Halluzinationen als häufigste Methoden genannt. Als Strategien zur Veränderung der psychophysiologischen Aktiviertheit folgten Schlafen, das Schliessen von Augen und Ohren, das Aufsuchen sensorischer Stimulation, z. B. Musik hören oder Körpergymnastik. Auf der Verhaltensebene versuchten Patienten durch eine Veränderung der Körperhaltung (z. B. sich Hinlegen, Spazierengehen, Jogging), durch spezifische Aktivitäten (z. B. Arbeiten), das Aufsuchen bzw. Meiden von zwischenmenschlichen Kontakten sowie durch die Einnahme verordneter bzw. selbstgewählter Medikamente die „Stimmen" zu beeinflussen. Einige Patienten gaben an, dass sie durch Suizidversuche der unerträglichen Situation entkommen wollten. Zu den kognitiven Strategien zählten Versuche, die „Stimmen" zu ignorieren oder ihnen Einhalt zu gebieten durch Instruktionen wie „stop", „go away" oder „keep quiet". Einige Patienten gaben an, zumindest zeitweise den „Stimmen" zugehört zu haben, über ihren Inhalt nachgedacht, mit ihnen gesprochen und ihre Begleitung akzeptiert zu haben. Erfolgreiches Coping schien das Resultat einer systematischen Anwendung spezifischer Strategien zu sein, die als effizient eingeschätzt wurden. Patienten, die durch die Produktivsymptomatik weniger beeinträchtigt wirken, wussten um die diskriminativen Stimuli, die den Halluzinationen vorausgingen und mieden solche Situationen. Selbstkontrolltechniken sind nach Kansas und Barr (1984) am offensichtlichsten im Bereich der akustischen Halluzinationen. Patienten, die soziale Überstimulation als Auslöser für das Auftreten von Halluzinationen erkannten, reagierten mit sozialem Rückzug, während Patienten, die in sozialer Isolation eine Verschlechterung ihrer Symptomatik realisierten, ihre sozialen Aktivitäten steigerten. Die besten „Bewältiger" schienen Patienten mit langer Krankenhauskarriere zu sein, die vom Versuchs-Irrtum-Lernen profitiert hatten.

In der Studie von Tarrier (1987) konnten etwa die Hälfte der 25 Patienten mit chronischen Halluzinationen und Wahnvorstellungen die Antezedenzen für das Auftreten oder die Verschlechterung der produktiven Symptome angeben, wobei Zustände des Allein- oder Nichtbeschäftigtseins dominierten. 92% erlebten das Auftreten der Symptome als belastend, überwiegend angstbesetzt. 72% wandten Copingstrategien an, wobei ein Viertel der Patienten, die überwiegend über ein breites Copingrepertoire verfügten, ihre Bewältigungsversuche als effektiv einschätzten. Am häufigsten (40%) traten kognitive Strategien (Wechsel oder Einengung der Aufmerksamkeit, positive Selbstinstruktionen) auf, gefolgt von Veränderungen auf der Verhaltensebene (36%) wie Zunahme der Einzel- oder sozialen Aktivitäten und sozialer Rückzug. Psychophysiologische Bewältigungsversuche (20%) zumeist im Sinne einer Abnahme der autonomen Aktiviertheit und Alkoholkonsum sowie Strategien (16%) im Sinne einer Steigerung der sensorischen, zumeist auditiven Stimulation wie lautes Musikhören, hatten einen geringeren Stellenwert.

Untersuchungen zur Symptomspezifität von Bewältigungsverhalten erbrachten widersprüchliche Ergebnisse. Cohen und Berk (1985) befragten 86 schizophrene Patienten, wie sie verschiedene Symptome und Probleme zu bewältigen suchen. Die Patienten nannten insgesamt 1501 Copingreaktionen; somit entfielen auf einen Patient durchschnittlich 17.9 Antworten, was die aktive Haltung der Patienten wiederspiegelt. Die häufigste Strategie im Umgang mit schizophrener Symptomatik war „fighting back", d. h. der Gebrauch von Selbstinstruktionen. Die Inanspruchnahme psychiatrischer Behandlung, Beten sowie Gefühle der Hilflosigkeit ohne Wissen um Handlungsalternativen wurden genannt. Im Hinblick auf andere Symptome wurden zudem „Nichtstun-können", jedoch bei Akzeptanz der Symptome und dem Versuch, mit diesen zu leben, „time out" (z. B. Schlafen), die Ablenkung durch soziale Kontakte und der Konsum von Drogen und Alkohol bejaht. Berufstätige Patienten wandten mehr „fighting back" und „time out" an, während Patienten ohne Arbeit sich häufiger in der Kontrolle ihrer Symptome hilflos fühlten. Die Studie von Carr und Katsikid (1987), in der 200 schizophrene Patienten einen Fragebogen ausfüllten, zeigt Parallelen zu der oben genannten, belegt jedoch nicht die Symptomspezifität des Copingverhaltens. An erster Stelle standen „arousal reducing items" wie Versuche, sich auszuruhen und mit niedrigster Häufigkeit „self-stimulation items" (z. B. Alkohol trinken). Die von den Patienten selbst genannte häufigste Bewältigungsstrategie (Carr 1988) bezog sich auf die Verhaltensebene (83%), gefolgt von kognitiver Kontrolle (41%) und Veränderung der sozialen Situation (ca. 30%). Am Ende der Hierarchie (ca. 10%) rangierten die Inanspruchnahme medizinischer Hilfen sowie Verhaltensweisen, die aus psychiatrischer Sicht eher als Symptome der Krankheit imponierten. Carr sieht den roten Faden, der die meisten Copingtechniken verbindet, in einer Veränderung der Aufmerksamkeit.

**Umgang mit Frühsymptomen**

Es ergeben sich Anhaltspunkte, dass schizophren Erkrankte selbst im Vorfeld der Psychose über eine hohe Introspektionsfähigkeit verfügen (Chapman 1966, Conrad 1958, Donlon und Blacker 1973, Docherty et al. 1978). Herz und Melville (1980) zeigten in einer Untersuchung mit 145 chronisch schizophrenen Patienten und 80 Angehörigen, dass ein hoher Prozentsatz der Patienten (70%) und der Angehörigen (92%) überwiegend nicht psychosespezifische Symptome im Vorfeld der Erkrankung registrierten, wobei Gefühle des Angespanntseins und der Nervosität, Depressivität, Schlafstörungen und Konzentrationsschwierigkeiten dominierten. Bei ca. 50% der Patienten dauerte das Prodromalstadium länger als eine Woche. Etwa die Hälfte der Patienten suchte professionelle Hilfe auf, ca. 30% reagierten mit Nichtstun.

Breier und Strauss (1983) befragten 20 psychiatrisch erkrankte Patienten in zweimonatigen Abständen über ein Jahr. 85% der Patienten gaben Selbstkontrollversuche an, die ein breites Spektrum von Symptomen (wie Depression, produktive Symptomatik, erhöhte Erschöpfbarkeit) abdeckten. Im Prozess der Selbstregulation wurden nach Kanfer (1980) drei Stufen unterschieden: Selbstüberwachung (auch Selbstbeobachtung), Selbstbewertung und Selbstverstärkung. In der ersten Stufe wurden sich die Patienten über die Selbstbeobachtung ihres präpsychotischen oder psychotischen Verhaltens bewusst. Nach der Selbstbewertung des Verhaltens als krankhaft trat die Stufe der Selbstkontrolle ein. Sehr häufige Selbstkontrollmechanismen waren Selbstinstruktion sowie Reduktion und Erhöhung des Aktivitätsniveaus. Potentielle Störgrössen der Selbstkontrolle liegen nach Meinung der Autoren in einer fehlerhaften Selbstbeobachtung und -bewertung sowie motivationalen Defiziten.

Eine gut ausgeprägte Fähigkeit zur Selbstbeobachtung für Früh- und Warnsymptome bestätigen auch die Untersuchungen von McCandless-Glimscher (1986) und Kumar et al. (1989). In der erstgenannten Studie gaben 98% der Patienten Frühsymptome an, wobei zwei Drittel dieser Beschwerden nicht psychosespezifisch waren. 82% der Patienten reagierten mit einer Veränderung ihres Verhaltens: etwa die Hälfte mit Selbstbehandlung (z. B. Selbstmedikation, Ablenkung, selektives Ignorieren), zirka ein Drittel mit Suche nach profesioneller Hilfe oder einer Kombination aus beidem (16%). In der zweiten Studie versuchte etwa die Hälfte der Patienten mit zumeist positiven Selbstinstruktionen die Symptome zu bewältigen. Etwa ein Viertel suchte den Kontakt mit anderen Menschen. Seltener genannt wurden Veränderung der Medikation, forcierte Leistung und Aufsuchen psychiatrischer Hilfe. Heinrichs et al. (1985) stellten fest, dass 63% von 39 Patienten Einsicht in ein drohendes Rezidiv hatten und von diesen nur 8%, im Gegensatz zu 50% der uneinsichtigen Patienten, stationär aufgenommen wurden. Herz et al. (1989) bestätigen, dass die meisten Patienten genug Realitätsprüfung während der prodromalen Episode haben, um mit den Experten kooperieren zu können.

Thurm und Häfner (1987, 1990) befragten 37 schizophrene Patienten nach Belastungen im Vorfeld des Rückfalls, nach Verhaltensstrategien und Präventivmassnahmen. 82% klagten über eine erhöhte Irritierbarkeit durch bestimmte Stressoren auf sozial-emotionaler (z. B. Konflikte mit den Angehörigen) oder sozial-kognitiver (z. B. Überforderung durch Mehrfachbeanspruchung) Ebene. Schutzmassnahmen bezogen sich auf das Meiden von Überstimulation durch Konflikte und emotionale Belastung (43%), von Stress und Überforderung (35%), eine regelmässige Medikamenteneinnahme (27%) und die Einhaltung eines geregelten Lebensrhythmus (24%). Die aktive Bewältigung umfasste die Wiederherstellung und das Aufrechterhalten alltäglicher Abläufe wie die Suche nach sozialen Kontakten mit geringem emotionalem Gehalt (41%) und Beschäftigung im Arbeits- und Freizeitbereich

(27%). Die intrapsychischen Bewältigungs- und Präventivversuche (43%) waren palliativ (z. B. Akzeptieren der Krankheit) und problemzentriert (z. B. bewusste Auseinandersetzung mit der Krankheit). Ca. zwei Drittel der Patienten beschrieben Prodromalstadien, die kein spezifisches Muster aufwiesen, jedoch traten bestimmte Symptome häufiger auf als andere. Zu ihnen zählten uncharakteristische Störungen des Wohlbefindens und der vegetativen Funktionen, affektive Veränderungen und leichte psychotische Symptome. Die Patienten reagierten mit Hilfesuchverhalten (58%), intrapsychischer Bewältigung (35%), Nichtstun (21%), Medikamenteneinnahme (20%) und Verhaltensänderungen (10%). Mit zunehmender Anzahl der Hospitalisierungen verringerte sich die Anzahl der Strategien. Patienten mit einer hohen Kontrollüberzeugung verfügten über eine höhere Variabilität im Coping, gemessen an der Anzahl der Strategien.

### Umgang mit Basisstörungen

Wie früher erwähnt, kann im Konzept der „Basisstörungen" (Süllwold 1977, Süllwold und Huber 1986) ein Störungsmodell für Bewältigungsversuche gesehen werden, das sich auch für empirische Untersuchungen eignet. Es handelt sich dabei um in ihrer Intensität fluktuierende Störungen der Aufmerksamkeit, der Informationsverarbeitung, des Gedächtnisses und sogenannter automatisierter Bewegungsabläufe, die der klinisch-manifesten Symptomatik vorausgehen und sie auch überdauern. Unter Bedingungen stresshafter Überforderung können daraus schizophreniecharakteristische Psychosesymptome entstehen. Da sie also gleichsam als grundlegende, länger andauernde Störungen aufgefasst werden, hat man sie „Basisstörungen" genannt, wenngleich es sich um zum Teil komplexe, von „Sekundärreaktionen" (Süllwold 1982) wahrscheinlich bereits überformte Störungen zu handeln scheint (Böker 1986). Faktorenanalytisch konnten vier Störungsdimensionen extrahiert werden: Die Störung automatisierter Abläufe; Wahrnehmungsstörungen; Depressivität, Anhedonie; Reizüberflutung (Schünemann-Wurmthaler 1982). Da diese Störungen von den Patienten subjektiv wahrgenommen werden, ist die Wahrscheinlichkeit gross, dass einige Betroffene im Lauf der Zeit lernen, einzelne Basisstörungen zu kompensieren und sie in einem zweiten Schritt von einer gewissen Intensitätsschwelle ab als Gefahrensignale eines drohenden psychotischen Rezidivs, d. h. als Frühsymptome zu bewerten.

Süllwold (1982) hat mittels einer Zusatzskala des Frankfurter-Beschwerde-Fragebogens 20 Schizophrenen die Frage vorgelegt, was ihnen im Umgang mit ihren Störungen helfen würde und ihren Zustand verbesserte. 60% der Befragten nannten folgende autoprotektive Verhaltensweisen: „Wenn ich Unruhe um mich vermeide; wenn ich langsam arbeite; wenn ich mich auf wenige Aktivitäten konzentriere und alles andere weglasse". Daraus können sekundäre Pathologien erwachsen. So hat Süllwold (1977) die oft zwanghaft anmutenden Kontrollrituale und motorischen Stereotypien Schizophrener mit einer Kompensation subjektiv erlebter Basisstörungen in den Bereichen Aufmerksamkeit, Wahrnehmung, Kurzzeitgedächtnis und insbesondere der Einbusse automatisierter Fertigkeiten erklärt. Z.B. beruhten bei einem Patienten „...ausgedehnte Kontrollen alles Geschriebenen, gedankliche Rekonstruktionen jedes gesprochenen Wortes auf einer Erschwerung des Sprachverständnisses und des flüssigen Sprechens". „Der frühere sprachgewandte Patient war weder in der Lage Text zu lesen noch Briefe in einer durchschnittlichen Zeit zu verfassen. Er benötigte Stunden, weil er wie beim Lesen bei der Satzformulierung kleinste Abschnitte mühsam aneinanderfügen musste. Dazu musste das vorausgegangene Detail mehrfach wiederholt werden" (op.cit. S. 74).

Die Art und Häufigkeit von Kompensationsversuchen basaler Leistungseinbussen wurde von Böker et al. (1984), Brenner et al. (1985), Böker (1986) an insgesamt 60 Schizophrenen untersucht. Gegenüber mehr als zwei Dritteln aller berichteten Basisstörungen wurden Kompensationsversuche angegeben, wobei die problemlösungsorientierten, aktiven Bewältigungsversuche signifikant die Vermeidungsreaktionen überwogen. Dies zeigte sich besonders deutlich in den Störungsdimensionen „Störung automatisierter Abläufe" und „Depressivität/Anhedonia", viel weniger in der Dimension „Reizüberflutung". Bei der Dimension „Wahrnehmungsstörungen" wurden die wenigstens Kompensationsversuche mitgeteilt. Zur Beschreibung der problemlösungsorientierten Reaktionen wurden Begriffe wie „Uminterpretation", „Umstrukturierung", „Realitätstestung", „Handlungsverlagerung" oder „Suche nach Handlungsschablonen" benutzt. In einer weiteren Studie haben Böker et al. (1989) vulnerabilitätsverbundenen Defizienzen (Störungen des Reaktionsvermögens), Psychopathologie und Bewältigungsverhalten bei elf schizophrenen Patienten sowie elf Angehörigen mit und zwölf Angehörigen ohne Leistungsdefizienzen untersucht. Die als vulnerabel zu bezeichnenden, aber nicht selbst erkrankten Angehörigen berichteten über signifikant mehr Basisstörungen als die nicht vulnerablen Angehörigen und wiesen ein ausgeprägteres Bewältigungsverhalten, namentlich in Form von problemlösungsorientierten Versuchen, auf als die Schizophreniepatienten. Bei der Beantwortung eines Stressverarbeitungs-Fragebogens sahen sich die vulnerablen Angehörigen selbst als aktiver und weniger ausweichend passiv, auch weniger auf soziale Unterstützung angewiesen als die Patienten. Die Autoren ziehen daraus den Schluss, „...dass autoprotektive Anstrengungen eine wesentliche Rolle bei jenen Vorgängen spielen, welche in kritischen Überforderungssituationen über den Ausgang in psychotische Dekompensation oder psychische Restabilisierung entscheiden". Bei den vulnerablen, aber bisher gesund gebliebenen Angehörigen scheinen sich frühzeitig kompensatorische Fähigkeiten entwickelt zu haben, welche eine möglicherweise auch bei ihnen vorhandene Erkrankungsbereitschaft in der Latenz gehalten haben."

Wie Klosterkötter (1988) nachweisen konnte, lassen sich im Vorfeld und in der Remissionsphase schizophrener Episoden psychopathologische Übergangsreihen von Basisstörungen und floriden Schizophreniesymptomen nachweisen. Der frühzeitigen Wahrnehmung akzentuierter ausgeprägter Basissymptome kommt deshalb für eine prophylaktisch wirksame Frühbehandlung grosse Bedeutung zu. Im Schlussabschnitt dieses Kapitels wollen wir auf die therapeutischen Möglichkeiten dieses Faktors näher eingehen. Dabei scheint allgemein ein breites Spektrum von Bewältigungsformen die Wirksamkeit der versuchten Rezidivprophylaxe zu erhöhen (Schaub 1993). Bei episodischem Krankheitsverlauf ist das Bewältigungsverhalten als Lernprozess aufzufassen (Böker 1986).

Die folgenden Studien beziehen sich auf ein umfassenderes, lebensweltorientiertes Krankheitskonzept. Da die krankheitsbedingten Belastungen jedoch zumeist dominieren, werden diese Studien noch unter der Bewältigung von Symptomen subsumiert.

Wiedl und Schöttner (1989) entwickelten das Osnabrücker Belastungs- und Bewältigungsinventar, um die spezifischen, mit einer schizophrenen Erkrankung verbundenen Anforderungen in unterschiedlichen Lebensbereichen zu erfassen. Die häufigen Angaben von 40 schizophrenen Patienten in den Bereichen Symptome/Behinderungen, Selbst und Umwelt belegen die hohe Konfrontation der meisten Patienten mit multiplen Belastungen, wobei der erste Bereich etwa das Doppelte an Belastungen zu den letztgenannten ausmachte (Wiedl 1990). Hoch belastete Patienten gebrauchten im Vergleich zu niedriger belasteten Patienten häufiger nicht-problemorientiertes Coping (40% vs. 60%) und Bewältigungsformen mit starkem emotionalem Ausdruck. Patienten mit stark ausgeprägter Minussymptomatik litten stark unter ihren Symptomen und Behinderungen. Sie zeigten überwiegend emotions- gegenüber problemorientiertem Coping und geringere Zufriedenheit mit den Bewältigungsversuchen. Die Krankheitsbewältigung war durch eine extrem niedrige Soziabilität gekennzeichnet.

Auch Thurm-Mussgay et al. (1991) untersuchten Bewältigungsverhalten in den oben genannten Belastungsbereichen anhand eines strukturierten Interviews zur Erfassung des Krankheitsbewältigungsverhaltens Schizophrener (IKB). Von den insgesamt 13 Bewältigungsreaktionen wurden Problemanalyse, positive Deutung und positive Selbstinstruktion am häufigsten genannt. Die faktorenanalytische Auswertung der Fragebögen von 277 ersterkrankten schizophrenen Patienten erbrachte vier Faktoren: Kognitive Auseinandersetzung (intrapsychisch gerichtet), Ablenkung (aktional-vermeidend), Rückzug/Passivität (intrapsychisch-vermeidend) und Hilfesuche (aktional-gerichtet). Je nach Problem schätzen 60% der Patienten ihre Bewältigungskompetenz als hoch ein. Ersterkrankte Patienten wandten stärker generalisierte intrapsychische Strategien an, während chronische Patienten ihre Strategien stärker anforderungsspezifisch einsetzten (z. B. problemzentriert gegenüber Symptomatik, intrapsychisch gegenüber Kontaktproblemen) (Thurm und Galle 1988).

Schaub (1993) untersuchte das Bewältigungsverhalten schizophrener Patienten und den Einfluss der Psychopathologie sowie personaler und sozialer Ressourcen auf den Verlauf der Erkrankung. 14 der 30 schizophrenen Patienten hatten ein Rezidiv im Beobachtungszeitraum (18 Monate). Als mögliche Prädiktoren für ein Rezidiv wurden das Ausmass der initialen Psychopathologie, die Krankheitseinsicht, die Compliance mit der Behandlung und Bewältigungsstrategien überprüft. Die Ergebnisse der Diskriminanzanalyse legen nahe, dass die Mitarbeitsbereitschaft des Patienten und spezifische Bewältigungsstrategien aussagekräftiger sind als das Ausmass der Psychopathologie. So erwiesen sich spezifische Bewältigungsstrategien, z. B. Veränderung der

Lebensziele aufgrund der Erkrankung oder Aufrechterhalten einer positiven Stimmung sowie eine gute Compliance als die wichtigsten Variablen, die mit der Rückfallhäufigkeit negativ korrelierten (Schaub 1994). Somit bietet sich die interessante Möglichkeit, über die Vermittlung effizienter Bewältigungsstrategien den Verlauf und den Ausgang bei schizophrenen Patienten zu beeinflussen.

## 2. Globale Bewältigungsstile

Neben den symptombezogenen Bewältigungsversuchen, die sich auf die akuten Krankheitsphasen und die fluktuierenden Basisstörungen konzentrieren, lassen sich bei schizophrenen Menschen auch Selbsthilfeanstrengungen finden, die sich mit Auswirkungen der eigenen Verletzlichkeit, mit residualen Behinderungen und den sozialen Folgen des Psychoseschicksals auseinander setzen. Es geht dabei sowohl um die Abwehr von Stressoren als auch um die Stärkung von Protektoren, z. B. das Training der verbliebenen gesunden Fähigkeiten.

Insbesondere „erfahrene" Patienten scheinen vereinzelt in der Lage zu sein, verschiedene Bewältigungsweisen zu protektiven Lebensstrategien zusammenzufassen, welche die individuellen Stärken und Schwächen des Kranken berücksichtigen. In den von *Wing* (1977) und anderen Autoren zusammengestellten Selbstzeugnissen Schizophrener finden sich Beispiele für solche globale Strategien, etwa in Gestalt selbstgefundener „Lebensregeln" oder Selbstinstruktionen, die allerdings oft mit symptombezogenen Bewältigungsversuchen zusammenfliessen. Lange (1981) sammelte in seiner Übersichtsstudie eine Vielzahl solcher allgemeiner Krankheits- und Lebensbewältigungsversuche Schizophrener: „Versuche zur Selbst- oder Weltanalyse", wobei gelegentlich der Übergang zu „pseudophilosophischem Geschwafel" oder zu wahnhaften Kosmologien fliessend sei; das zu Rate ziehen von Büchern, darunter häufig auch Lehrbücher der Psychiatrie; die Nutzung von Psychotherapien und Meditationstechniken, von Selbsterfahrungsgruppen, das Sichversenken in selbstgezeichnete Mandalas u.a.; das Streben nach religiöser Hilfe mittels Exerzitien, Beten, Beichten, Fasten, der Eintritt in Klostergemeinschaften oder in Sekten, deren enger Zusammenhalt und die klar strukturierten Lebensregeln als protektiv empfunden werden; künstlerische oder naive Produktionen; Anwendung von Medikamenten, Vitaminen, Suchtmitteln, Heildiäten und anderer medizinischer und paramedizinischer Hilfen etc.

Lange unterscheidet „progressive Lebensstrategien" von „regressiven Strategien". Bei ersteren handle es sich um aus eigenem Antrieb in die Wege geleitete Partner-, Stellen- oder Berufswechsel, Migrationen u.a. Er verweist auf die Untersuchung von Irle und Pörksen(1971) über erkrankte und nicht wieder erkrankte Schizophrene. Bei letzteren fand sich z. B. eine häufigere Zugehörigkeit zu Vereinen und das Bestreben, in Krisensituationen als Gegenmassnahme schlafen gegangen zu sein, die Neuroleptikadosis erhöht zu haben u.a.m. Die oft mit progressiven Strategien verbundenen regressiven Strategien bestanden z. B. in verschiedenen Weisen des Rückzugs, der Reizvermeidung, des Konflikten mit anderen Menschen aus dem Wege gehen. Hierher gehört die häufige Beobachtung, dass viele Schizophrene lange im Bett bleiben, nur des nachts aufstehen und sich aus dem Eisschrank verpflegen, um Auseinandersetzungen mit der Familie während des Tages zu vermeiden (Wing 1976). Blankenburg (1971) bezeichnete die „Einengung der gesamten Erlebnisbereiche auf einen oberflächlichen, unpersönlichen Rapport zur Umwelt (als) die Hauptabwehrmechanismen gegen andrängende, nicht zu steuernde Erlebnisinhalte „ (op.-cit. S. 41). Einigen Langzeitpatienten gelingt es im Laufe ihres Lebens, eine Existenzform zu verwirklichen, die sie vor weiteren psychotischen Zusammenbrüchen offenbar bewahrt. Sie mag in einer „Verpuppung" (Schindler 1960) als einer Weise des autistischen Rückzuges in eine Nische der Gesellschaft bestehen. Vielleicht gelingt auch eine Berufs- oder Tätigkeitswahl, die den Vulnerablen vor allzu grossem Stress bewahrt; vielleicht findet sich ein Lebenspartner, der dem Kranken beschützend zur Seite steht. Gelegentlich mag eine Lebensführung genügen, die mit Teilzeitberufsarbeit, längeren Ferien und Ruhepausen auf das Schonungsbedürfnis des Betreffenden Rücksicht nimmt.

Eine besondere Kategorie bewusster Selbstheilungsversuche richtet sich weniger oder gar nicht gegen psychopathologische Erlebnisse, sie zielt vielmehr auf die Unterstützung gesunder Fähigkeiten. Die Kranken versuchen z. B. ihren Körper zu kräftigen, die Konzentration zu intensivieren, die Aufmerksamkeit zu schärfen, das Erlebnis der eigenen Identität wachzurufen. Bertschinger (1911) hielt eine lebhafte Zuwendung des Schizophrenen zu Vorgängen der Aussenwelt und die Aktivierung des Bewusstseins durch sinnvolle Tätigkeit für eine Möglichkeit, krankhafte Erlebnisse aus dem Unterbewusstsein zurückzudrängen. M. Müller (1930) zitierte einen Patienten, der die Arbeit deshalb suchte, „...weil er damit nach seinen Worten „draussen alles beobachten, es erfassen, lebendig sich einfühlen, sich die Dinge scharf einprägen konnte"". Ein anderer Patient Müllers mit massiven Beziehungsideen und Ich-Störungen betastete wochenlang seinen Körper immer wieder sorgfältig, konzentrierte seine Wahrnehmung auf einzelne Körperfunktionen, übte Tonfolgen, wobei er seinen Kehlkopf berührte, prägte sich die Gestalt seiner Nase vor dem Spiegel ein u.a.m. Der ichstabilisierende Zweck dieser Manipulationen war dem Kranken deutlich: „Bewusstes Kennenlernen der Vorgänge in den eigenen Zellen macht frei von Irresein", war sein Kommentar dazu (siehe auch Du Val 1979).

Scharfetter (1976) schilderte in seiner „Allgemeinen Psychopathologie" andere autosuggestive „Selbstversicherungen" Schizophrener zur Stärkung des verunsicherten Identitätsgefühls. So sagte ein Kranker formelhaft immer wieder: „Ich bin, der ich bin", ein Selbsthilfeversuch, der an M. Müllers Modus der „Selbstabgrenzung" erinnert. Andere Patienten machen Konzentrationsübungen, suchen ihren Wortschatz zu vergrössern, lernen Texte auswendig, um das Gedächtnis zu trainieren, bauen systematisch bestimmte Gesprächsthemen aus, um bei geselligen Kontakten nicht in Verlegenheit zu kommen, geben sich gezielte Selbstinstruktionen wie „du hörst jetzt ganz genau zu, nichts bedrückt dich, sei fröhlich!; hab Humor" u.a. Dem körperlichen Wohlbefinden wird viel Aufmerksamkeit geschenkt. Gymnastische Übungen, Jogging oder Tanzkurse sollen die Muskeln stärken und den motorischen Bewegungsablauf geschmeidiger werden lassen. Dadurch werden zum Teil wohl auch coenästhetische und vegetative Basisstörungen abgewehrt. Diätetische Massnahmen dienen einem „gesunden Leben" (Lange 1981).

## 3. Subjektive Krankheitstheorien

Bekanntlich verbindet sich das Ingangkommen eines schizophrenen Erlebniswandels keineswegs regelhaft mit einem subjektiven Krankheitsbewusstsein und entsprechender Krankheitseinsicht (siehe Kapitel 5). Da Krankes und Gesundes sich bei dieser Psychose in eigentümlicher Weise mischen (M. Bleuler), können gegenüber Teilauswirkungen der Erkrankung, wie z.B. Angst, Verlust der Initiative, Verlust der „natürlichen Selbstverständlichkeit" (Blankenburg 1971), bei gewissen Basisstörungen und anderem zwar durchaus Empfindungen der Krankhaftigkeit aufkommen, während andere Phänomene, z.B. viele produktive Symptome, den Erkrankten so intensiv in ihren Bann schlagen, dass eine innere Distanzierung nicht mehr gelingt. Für die Ausbildung bewusster Bewältigungsversuche, besonders die daraus ableitbaren expertenvermittelten Therapieformen, ist es aber von grosser Bedeutung, wie sich der Schizophreniepatient zu seiner Erkrankung einstellt: Gelingt es ihm, allmählich Distanz zu gewinnen, vermag er im Sinne von „self-monitoring" und „self-evaluation" (Breier und Strauss 1983) zu einer gewissen Selbstwahrnehmung und Selbstkontrolle zu gelangen, kann er das Krankheitsschicksal insgesamt in seine subjektive Biographie integrieren.

In der neueren Psychopathologieforschung sind pathische Aspekte und auch die Bedeutung subjektiver Krankheitstheorien für die Behandlung der Schizophrenien wieder stärker bearbeitet worden (Blankenburg 1978, Scharfetter 1986, Süllwold und Huber 1986, Klosterkötter 1988, Windgassen 1989, Süllwold und Herrlich 1990, 1992).

Schaub (1993) gab in ihrer Monographie über „Formen der Auseinandersetzung bei schizophrener Erkrankung" eine Übersicht über verschiedene Konzepte der Stellungnahme Schizophrener zu ihrer Psychose. In teilweiser Übereinstimmung mit einer früheren Studie von Mayer-Gross (1920) sehen McGlashan et al. (1975, 1976, 1977) die Mehrzahl der Patienten auf einem Kontinuum zwischen den Bewältigungspolen „Integration" und „Ausblendung" („Versiegelung: sealing-over") (vgl. Mayer-Gross: „Einschmelzung versus Ausscheidung"). Beim Modus der „Integration" gelingt es den Kranken, das Psychoseerleben mit ihren prä- und postpsychotischen Erfahrungen zu einer biographischen Identität zu verknüpfen. Krankheitseinsicht und Integration der Krankheitserfahrung führen zu einem neuen Selbstbild und sollen eine bessere soziale Anpassung zur Folge haben (McGlashan und Carpenter 1981). Beim Modus der „Ausblendung" werden Psychoseerlebnisse vom nicht psychotischen Erleben abgespaltet und isoliert („versiegelt"), so dass sie auch der Erinnerung nicht mehr zugänglich sind. Beide Verarbeitungsstile können in verschiedenen Stadien der Rekonvaleszenz hilfreich sein.

In früher kaum wahrgenommener Weise sind Schizophrene auch bei weiterbestehenden Symptomen, z. B. in Residualzuständen zu kompensierenden Selbstreflektionen fähig (Simko 1981). Windgassen (1989) hat Befindlichkeitsänderungen Schizophrener im Verlauf der Neuroleptikatherapie und subjektive Stellungnahmen der Kranken zur stationären Behandlung insgesamt analysiert. Er zeigte, dass sich diese Patienten ernsthaft und kritisch mit der erfahrenen Behandlung auseinanderzusetzen vermochten.

Gleichwohl besteht, wie in der gesamten Medizin, besonders aber in der Psychiatrie die Gefahr, dass sich der psychotisch Kranke in autistische Krankheitstheorien einkapselt, die ihn vom empirisch-naturwissenschaftlichen Verständnis der behandelnden Ärzte ausschliessen. Medizinischer Experte und Patient leben dann in unterschiedlichen „Wirklichkeiten", und es bedarf einer sorgfältigen „Dolmetscher-Arbeit" des Arztes, um seine Therapiemassnahmen in den Verständnishorizont des Kranken einzupassen (Böker 1980). Ob der Schizophrene sein verändertes Befinden als Folge von Behexung, Versündigung, böswillige Manipulationen der Mitmenschen, chemische oder physikalische Umwelteinflüsse, Hirnkrankheit, Ernährungsmangel, Fehlerziehung, Überanstrengung, Milieuschaden oder Erbschicksal auffasst oder nicht, beeinflusst sein Vertrauen zu den Therapeuten und die Compliance der ihm empfohlenen Medikation. Im Lichte solcher subjektiver Vorstellungen gewinnen auch die individuellen Bewältigungsversuche ihre spezifische Bedeutung. Was dem Kranken als besonders effektive Hilfe gilt, mag in den Augen der Experten als Irrweg und sekundäre oder tertiäre Pathologie erscheinen. Damit kommen wir zum letzten Thema dieses Unterkapitels.

## 4. Wirksamkeit der Bewältigungsversuche

Die Effektivität der Bewältigungsversuche wird meist nach dem Verlauf der Erkrankung beurteilt, aber auch Aspekte der sozialen Integration, Arbeitsfähigkeit und Lebenszufriedenheit werden angesprochen. Im Rahmen der Copingforschung liegen derzeit keine Studien über Zusammenhänge zwischen diesen unterschiedlichen Kriterien vor. Grundsätzlich kann Effektivität aus drei verschiedenen Perspektiven betrachtet werden: der Sicht des Patienten, der Sicht des sozialen Umfeldes und der ärztlich-medizinischen Sicht (Heim 1988). Einige Untersuchungen belegen Unterschiede zwischen den genannten Perspektiven (Englert et al. 1994). Ein Bewältigungsstil, der sich durch die Integration der Erkrankung in die Gesamtpersönlichkeit auszeichnet, scheint mit einem besseren Krankheitsverlauf und einer flexibleren Einstellung gegenüber der Krankheit einherzugehen (Soskis und Bowers 1969, McGlashan et al. 1975, Schaub 1993). Die prognostische Bedeutung klassischer Prädiktoren kann wahrscheinlich durch den Einbezug von Bewältigungsstrategien erhöht werden.

In der Literatur über Bewältigungsversuche Schizophrener finden sich bis heute kaum empirisch überprüfte Aussagen über die Wirksamkeit der Bewältigungsreaktionen (Lange 1981, Schaub 1993). Die Erwartung, dass das Ausmass und die Effektivität der Bewältigungsstrategien den Verlauf und die Prognose der schizophrenen Psychosen beeinflussen können, wird wohl grundsätzlich nicht in Zweifel gezogen. Besonders für die Ausarbeitung von bewältigungsorientierten Therapiemassnahmen ist es erforderlich, effiziente von ineffizienten oder sogar nachteiligen Bewältigungsformen abgrenzen zu können. Im Abschnitt über symptombezogene Bewältigungsversuche haben wir zu zeigen versucht, dass der weitgehend unbewusst ablaufende Modus der „schöpferischen Abwehr" zu einigen schizophreniecharakteristischen Symptomausprägungen zumindest beiträgt, von denen einige wie Wahn, Autismus, Stereotypien in sekundäre Pathologien führen, gegen die dann zum Teil ihrerseits Copingversuche eingesetzt werden. Auch der Versuch, bestimmte Basisstörungen durch zwanghafte Kontrollrituale zu kompensieren, ist ein Beispiel dafür. Möglicherweise liegt immer dann ein unwirksamer oder schädlicher Bewältigungsversuch vor, wenn er sich phänomenologisch kaum von einer nosogenen Defizienz unterscheiden lässt.

Andere Bewältigungsformen, häufig besonders die bewusst eingesetzten, problemlösungsorientierten aktiven Versuche, werden von einer Auswahl störungsbewusster, wenigstens partiell krankheitseinsichtiger Patienten ausdrücklich als hilfreich beurteilt. Hier sind wir allerdings noch fast ausschliesslich auf subjektive Bewertungen und Evidenzerlebnisse angewiesen. Die Ergebnisse von Copingstudien bei Körperkranken sprechen dafür, einer grossen Variabilität und Flexibilität der Abwehrmechanismen und den bewussten Bewältigungsformen einen hohen Wirkungsgrad zuzuerkennen. Dabei sind verschiedene Perspektiven zu unterscheiden: Bewältigungsversuche sollen aus Sicht des Patienten der subjektiven Entlastung und Besserung dienen; aus ärztlicher Sicht sollen sie die Kooperation bei Abklärung und Behandlung fördern; das Umfeld hingegen erwartet die Erhaltung oder Wiederherstellung der familiären und sozialen Anpassung (Heim 1986). Ob diese Erfahrung auch für Schizophreniekranke zutrifft, kann vermutet werden, ist aber noch unbewiesen.

Klinische Beobachtungen lassen darauf schliessen, dass Schizophrene erst nach Ablauf mehrere Krankheitsepisoden spontan Bewältigungsmöglichkeiten entdecken. Dies gilt z. B. für die Erkennung, Bewertung und den Versuch der Kompensation von deutlicher sich ausprägenden Basisstörungen in der Prodromalphase eines Psychoserückfalls. Der Lernprozess lässt sich in folgende Entwicklungsschritte gliedern (1–6, Böker 1986).

1. Erste psychotische Episode – Überwältigung.
2. Erlebnis phasenhafter Rückfälle – Erfahrung mit Prodromen.
3. Bewusste Wahrnehmung einer neuen Störung.
4. Distanzierung und Reflexion.
5. Bewertung der Störung als Rückfallsignal.
6. Selbsthilfeversuch.

## Ausblick

Wir sind überzeugt, dass es nicht wenigen Kranken mit phasenhaft fluktuierendem Verlauf durch bewusst oder halbbewusst eingesetzte Copinganstrengungen mit der Zeit gelingen kann, präpsychotische oder sogar psychotische „Mini-Episoden“ zu identifizieren und zu bekämpfen, so dass die Krankheit wieder in die Latenzphase zurückgedrängt wird. Unsere Aufgabe besteht darin, wirksames von unwirksamem Coping zu trennen, individuelle Bewältigungsversuche auf Invarianzen zu prüfen und daraus lehrbare Therapiemethoden zu entwickeln. Mit diesem Thema befasst sich das folgende Kapitel.

## Literatur

Allers, R.: Über psychogene Störungen in sprachfremder Umgebung. Zbl. Neurol. 60 (1920) 281

Altorfer, A., M.L. Käsermann, W. Böker: Schizophrene Patienten in Familiengesprächen: Eine Analyse von Belastungssituationen. In: Ch. Mundt et al. (Hrsg.): Symposiumsband Angehörigenarbeit und psychosoziale Intervention in der Psychiatrie 1993

Arieti, S.: American handbook of psychiatry, Bd. II. Basic Books, New York 1959

Arieti, S.: The schizophrenic patient in office treatment. In: C. Müller, G. Benedetti (eds.) Psychothérapie de la schizoprénie. Karger, Basel 1965

Avenarius, R.: Über Grössenwahn und Sprachverwirrtheit. Nervenarzt 37 (1966) 349

Avenarius, J.R.: Der Grössenwahn – Erscheinungsbilder und Entstehungsweise. Monographien Gesamtgebiet Psychiatrie Bd. 16. Springer, Berlin Heidelberg New York 1978

Baeyer, W.v.: Der Begriff der Begegnung in der Psychiatrie. Nervenarzt 26 (1955) 369

Benedetti, G.: Todeslandschaften der Seele. Verlag für Medizinische Psychologie, Göttingen 1987

Beutel, M.: Möglichkeiten der Konzeptualisierung, Klassifizierung und Erfassung von Coping- und Abwehrprozessen am Beispiel chronisch Kranker. Med. Inaugur. Diss., Freiburg 1984

Berner, P.: Paranoide Syndrome. In: K.P. Kisker, J.-E. Meyer, M. Müller, E. Strömgren (Hrsg.) Psychiatrie der Gegenwart, Bd. II/Teil 1, Klinische Psychiatrie. Springer, Berlin Heidelberg New York 1972

Bertschinger, H.: Heilungsvorgänge bei Schizophrenen. Allg. Z. Psychiatrie 68/II (1911) 209

Birnbaum, K.: Der Aufbau der Psychose. Grundzüge der psychiatrischen Strukturanalyse. Springer, Berlin 1923

Blankenburg, W.: Verhalten und Befinden beim Hebephrenen. Nervenarzt 36 (1965) 460

Blankenburg, W.: Der Verlust der natürlichen Selbstverständlichkeit. Ein Beitrag zur Psychopathologie symptomarmer Schizophrenien. Beiträge aus der allgemeinen Medizin, Heft 21. Enke, Stuttgart 1971

Blankenburg, W.: Grundlagenprobleme der Psychopathologie. Nervenarzt 49 (1978) 140

Blankenburg, W.: Autonomie- und Heteronomie-Konzept in ihrer Bedeutung für die psychiatrische Praxis. In: W. Janzarik (Hrsg.) Psychopathologie und Praxis. Enke, Stuttgart 1985

Bleuler, E.: Dementia Praecox oder die Gruppe der Schizophrenien. Deuticke, Leipzig Wien 1911

Bleuler, E.: Lehrbuch der Psychiatrie. 15. Aufl., neu bearbeitet von M. Bleuler. Springer, Berlin Heidelberg New York 1983

Bleuler, M.: Klinik der schizophrenen Geistesstörungen. In: K.P. Kisker, J.-E. Meyer, M. Müller, E. Strömgren (Hrsg.) Psychiatrie der Gegenwart, Bd. II, Teil 1. Springer, Berlin Heidelberg New York 1971

Bleuler, M.: Die schizophrenen Geistesstörungen im Lichte langjähriger Kranken- und Familiengeschichten. Thieme, Stuttgart 1972

Böker, W.: Der Arzt als Dolmetscher. Psycho 6 (1980) 380

Böker, W.: Zur Selbsthilfe Schizophrener: Problemanalyse und eigene empirische Untersuchungen. In: W. Böker, H.D. Brenner (Hrsg.): Bewältigung der Schizophrenie. Huber, Bern 1986

Böker, W., R. Schwarz: Über Entstehung und Verlauf akuter paranoider Reaktionen im Zusammenhang mit Kulturwandel und Migration. Nervenarzt 48 (1977) 19

Böker, W., H.D. Brenner: Selbstheilungsversuche Schizophrener: Psychopathologische Befunde und Folgerungen für Forschung und Therapie. Nervenarzt 54 (1983) 578

Böker, W., H.D. Brenner, G. Gerstner, F. Keller, J. Müller, L. Spichtig: Self-healing strategies among schizophrenics: attempts at compensation for basic disorders. Acta psychiatrica scandinavica 69 (1984) 373

Böker, W., H.D. Brenner: Über Selbstheilungsversuche Schizophrener. Schweiz. Archiv Neurol. Neurochir. Psychiatr. 135 (1984) 123

Böker, W., H.D. Brenner, S. Würgler: Vulnerabilitätsverbundene Defizienzen, Psychopathologie und Bewältigungsverhalten bei Schizophrenen und deren Angehörigen. In: W. Böker, H.D. Brenner (Hrsg.): Schizophrenie als systemische Störung. Die Bedeutung intermediärer Prozesse für Theorie und Therapie. Huber, Bern 1989

Böker, W., H.D. Brenner, H. Bultmann, R. Genner, A. Radziwill, J. Schmid: Coping-behavior in schizophrenic patients – an empirical study on a situation-operation model of stress and coping. In: Schizophrenia and affective Psychoses, Geneva, 12.–14. Sept. 1991. John Libbey, Roma Milano Londre (1992)

Breier, A., J.S. Strauss: Self-control in psychotic disorders. Arch. Gen. Psychiat. 40 (1983) 1141

Brenner, H.D., E.-R. Rey, W.G. Stramke: Empirische Schizophrenieforschung. Experimentalpsychologische Ergebnisse und Beispiele ihrer Anwendung in Behandlung und Rehabilitation. Huber, Bern-Stuttgart-Wien 1984

Brenner, H.D., W. Böker, K. Andres, W.G. Stramke: Efforts at compensation with regard to basic disorders among schizophrenics. In: U. Laaser, R. Senault, H. Viefhues: Primary health care in the making. Springer, Berlin Heidelberg 1985

Brenner, H.D., W. Böker, J. Müller, L. Spichtig, S. Würgler: On autoprotective efforts of schizophrenics, neurotics and controls. Acta Psychiatr. Scand. 75 (1987) 405

Brenner, H.D., B. Hodel, V. Roder, P. Corrigan: Treatment of cognitive dysfunctions and behavioral deficits in schizophrenia: Integrated Psychological Therapy. Schizophrenia Bull. 18 (1992) 21

Brown, G.W.: Meaning, measurement and stress of life events. In: B.S. Dohrenwend, B.P. Dohrenwend (eds.) Stressful life events: their nature and effects. John Wiley, New York 1974

Caplan, G.: Principles of preventive psychiatry. Basic Books, New York 1964

Carr, V.: Patients' techniques for coping with schizophrenia: An exploratory study. Br. J. Med. Psychol. 61 (1988) 339

Carr, V., M. Katsikid: Illness behavior and schizophrenia. Psychiatr. Med. 5 (1987) 163

Chapman, J.: The early symptoms of schizophrenia. Brit. J. Psychiat. 112 (1966) 225

Cohen, C.J., L.A. Berk: Personal coping styles of schizophrenic outpatients. Hosp. Commun. Psychiatry 36 (1985) 407

Cohen, F., Lazarus R.S. 1980

Conrad, K.: Die beginnende Schizophrenie. Versuch einer Gestaltsanalyse des Wahns. Thieme, Stuttgart 1958

Docherty, J.P., D.P. Van Kammen, S.G. Siris, S.R. Marder: Stages of onset in schizophrenic psychosis. Am. J. Psychiat. 135 (1978) 420

Donlon, P., K. Blacker: Stages of schizophrenic decompensation. J. Nerv. Ment. Dis. 157 (1973) 200

Du Val, M.: Living love ... and schizophrenia. Schizophr. Bull. 5 (1979) 632

Englert, J.S., B. Ahrens, R. Gebhardt, M. Kliefoth, R. Saupe, R.-D. Stieglitz: Implications of the concepts „coping" and „quality of life" for criteria of course and outcome. Pharmacopsychiat. 27 (Suppl.) (1994) 34

Falloon, I.R.H., R.E. Talbot: Persistent auditory halluzinations: coping mechanisms and implications for management. Psychol. Med. 11 (1981) 329

Fengler, Ch., T. Fengler: Alltag in der Anstalt. Psychiatrie Verlag, Rehburg-Loccum 1980

Folkman, S., R.S. Lazarus, R.J. Gruen, A. Delongis: Appraisal, coping, health status, and psychological symptoms. J. Pers. Soc. Psychol. 50 (1986) 571

Freedman, B.J.: The subjective experience of perceptual and cognitive disturbances in schizophrenia. Arch. Gen. Psychiat. 30 (1974) 333

Freud, S.: Psychoanalytische Bemerkungen über einen autobiographisch beschriebenen Fall von Paranoia (Dementia paranoides). Sammlung klinischer Schriften zur Neurosenlehre. Deutiche, Leipzig Wien 1913

Goffman, E.: Asylums. Essays on the social situation of mental patients and other inmates. Anchor Books, Doubleday and Co., New York 1961

Gross, G., G. Huber, R. Schüttler, I. Hasse-Sander: Uncharakteristische Remissionstypen im Verlauf schizophrener Erkrankungen. In: G. Huber (Hrsg.) Ätiologie der Schizophrenien. Bestandesaufnahme und Zukunftsperspektiven. Schattauer, Stuttgart New York 1971

Habermas, J.: Theorie des kommunikativen Handelns. Suhrkamp, Frankfurt 1981

Habermas, J.: Vorstudien und Ergänzungen zur Theorie des kommunikativen Handelns. Suhrkamp, Frankfurt (1984)

Heim, E., J. Willi: Psychosoziale Medizin, Bd. 2: Klinik und Praxis. Springer, Berlin Heidelberg New York Tokyo 1986

Heim, E.: Coping und Adaptivität: Gibt es geeignetes oder ungeeignetes Coping? Psychother. med. Psychol. 38 (1988) 8

Heim, E., K. Augustiny, A. Blaser: Krankheitsbewältigung (Coping) – ein integriertes Modell. Psychother. Med. Psychol. 33 (1983) 35

Heinrichs, D.W., B.P. Cohen, W.T. Carpenter: Early insight and the management of schizophrenic decompensation. J. Nerv. Ment. Dis. 173 (1985) 133

Herz, M.I., C. Melville: Relapse in schizophrenia. Am. J. Psychiatry 137 (1980) 801

Herz, M.I., W. Glazer, M. Mirza, M. Mostert, H. Hafez, P. Smith, E. Trigoboff, D. Miles, J. Simon, J. Finn, M. Schohn: Die Behandlung prodromaler Episoden zur

Prävention von Rückfällen in der Schizophrenie. In: W. Böker, H.D. Brenner (Hrsg.): Schizophrenie als systemische Störung. Die Bedeutung intermediärer Prozesse für Theorie und Therapie. Huber, Bern 1989
Holmes, T.H., R. Rahe: The social readjustment rating scale. J. Psychosom. Med. 11(1967) 213
Huber, G.: Das Konzept substratnaher Basissymptome und seine Bedeutung für Theorie und Therapie schizophrener Erkrankungen. Nervenarzt 54 (1983) 23
Jacobson, G.F.: Programs and techniques of crisis intervention. In: S. Arieti (ed.) American handbook of psychiatry, Vol. 2. Basic Books, New York 1974
Janzarik, W.: Dynamische Grundkonstellationen in endogenen Psychosen. Springer, Berlin Göttingen Heidelberg 1959
Ideler, K.W.: Der religiöse Wahnsinn. Schwetschke, Halle 1847
Irle, G., N. Pörksen: Soziale Integration bei wieder und nicht wiedererkrankten Schizophrenen aus eigener Sicht (Teil 1). Nervenarzt 42 (1971a) 466
Irle, G., N. Pörksen: Soziale Integration bei wieder und nicht wiedererkrankten Schizophrenen aus eigener Sicht (Teil 2). Nervenarzt 42 (1971b)516
Kanfer, F.H.: Self-management methods. In: F.H. Kanfer, A.P. Goldstein (eds.) Helping people change, 2nd ed. Pergamon Press, New York (1980)
Kansas, N., M.A. Barr: Self-control of psychotic productions in schizophrenia. Arch. Gen. Psychiatry 41(1984) 919
Kaplan, B. (ed.): The inner world of mental illness. Harper & Row, New York 1964
Käsermann, M.L.: Das Phänomen der sprachlichen Inkohärenz in Dialogen mit einem Schizophrenen. Sprache und Kognition 3 (1986) 111
Käsermann, M.L., A. Altorfer: Physiologische Korrelate unterschiedlich belastender Situationen in Familiengesprächen. In: W. Böker, H.D. Brenner (Hrsg.): Schizophrenie als systemische Störung. Huber, Bern 1989
Käsermann, M.L., A. Altorfer: Family discourse: Physiological correlates of different degrees of stress. Brit. J. Psychiat. 155 (suppl. 5) (1989) 136
Katschnig, H.: Die andere Seite der Schizophrenie. Patienten zu Hause. Urban & Schwarzenberg, München 1977
Katschnig, H. (ed.) Life events and psychiatric disorders – controversial issues. Cambridge University Press 1986
Kisker, K.P.: Der Erlebniswandel der Schizophrenen. Springer, Berlin-Göttingen-Heidelberg 1960
Klaesi, J.: Einiges über Schizophreniebehandlung. Z. Gesamte Neurologie und Psychiatrie 78 (1922) 606
Klosterkötter, J.: Basissymptome und Endphänomene der Schizophrenie. Springer, Berlin Heidelberg New York London Paris Tokyo 1988
Kraepelin, B.: Psychiatrie. Barth, Leipzig 1913
Kuhn, R.: Daseinsanalyse und Psychiatrie. In: H.W. Gruhle, R. Jung, W. Mayer-Gross, M. Müller (Hrsg.) Psychiatrie der Gegenwart, Bd. I/2. Springer, Berlin Göttingen New York 1963
Kumar, S., R. Thara, S. Rajkumar: Coping with symptoms of relapse in schizoprenia. Eur. Arch. Psychiatry Neurol. Sci. 239 (1989) 213
Lange, H.U.: Anpassungsstrategien, Bewältigungsreaktionen und Selbstheilversuche bei Schizophrenen. Fortschr. Neurol. Psychiatr. 49 (1981) 275
Lazarus, R.S.: Psychological stress and the coping process. McGraw-Hill, New York 1966
Lazarus, R.S., S. Folkman: Stress, appraisal and coping. Springer, New York 1984
Lipowski, Z.J.: Physical illness, the individual and the coping process. Psychiatry in Medicine 1 (1970) 91
Lukoff, D., K. Snyder, J. Ventura, K.H. Nuechterlein: Life events, familial stress, and coping in the development of schizophrenia. Schizophr. Bull. 10 (1984) 258
Maeder, A.: Psychopathologie und allgemeine Pathologie. Z. Gesamte Neurologie und Psychiatrie 82 (1923) 176
Mayer-Gross, W.: Über die Stellungnahme zur abgelaufenen akuten Psychose. – Eine Studie über verständliche Zusammenhänge in der Schizophrenie. Z Gesamte Neurologie und Psychiatrie 60 (1920) 160
Mayer-Gross, W.: Über das Problem der typischen Verläufe. Z Gesamte Neurologie und Psychiatrie 78 (1922) 429
McCandless-Glimscher, L., S. McKnight, E. Hamera et al.: Use of symptoms by schizophrenics to monitor and regulate their illness. Hosp. Commun. Psychiatry 37 (1986) 929
McGhie, A., J. Chapman: Disorders of attention and perception in early schizophrenia. Brit. J. Med. Psychol. 34 (1961) 103
McGlashan, T.H., S.T. Levy, W.T. Carpenter: Integration and sealing-over. Arch. Gen. Psychiatry 32 (1975) 1269
McGlashan, T.H., J.P. Docherty, S. Siris: Integration and sealing-over recoveries from schizophrenia: Distinguishing case studies. Psychiatry 39 (1976) 325
McGlashan, T.H., H.S. Wadeson, W.T. Carpenter, S.T. Levy: Art and recovery style from psychosis. J. Nerv. Ment. Dis. 164 (1977) 182
McGlashan, T.H., W. Carpenter: Does attitude towards psychosis relate to outcome? Am. J. Psychiatry 138 (1981) 797
Müller, M.: Über Heilungsmechanismen in der Schizophrenie. Karger, Berlin 1930
Müller, M.: Die Therapie der Schizophrenien. In: Psychiatrie der Gegenwart II, Klinische Psychiatrie. Springer, Berlin-Göttingen-Heidelberg 1960
Nuechterlein K.H., M.E. Dawson: A heuristic vulnerability/stress model of schizophrenic episodes. Schizophr. Bull. 10 (1984) 300
Nunberg, H.: Uber den katatonen Anfall. Int. Z. Psychoanal. VI (zitiert nach M. Müller) 1920
Perrez, M., M. Reicherts: Behavior and cognitive analysis of coping with stress by depressed persons. A criterion and process-oriented measurement approach. In: W. Huber (ed.) Progress in psychotherapy research. Presses universitaires, Louvain La Neuve 1987

Reiter, L., H. Strotzka: Der Begriff der Krise. Ideen, geschichtliche Wurzeln und aktuelle Probleme des Krisenbegriffes. Psychiatria Clin. 10 (1977) 7

Risso, M., W. Böker: Verhexungswahn. Bibliotheca Psychiatrica et Neurologica, Fasc. 124. Karger, Basel New York, 1964

Scharfetter, C.: Allgemeine Psychopathologie. Thieme, Stuttgart 1976

Scharfetter, C.: Schizophrene Menschen. 2. Aufl. Psychologie Verlags Union, Urban und Schwarzenberg, München Weinheim 1986

Schaub, A.: Formen der Auseinandersetzung bei schizophrener Erkrankung: eine Längsschnittstudie. Lang, Frankfurt am Main Berlin Bern New York Paris Wien 1993

Schaub, A.: Relapse and coping behavior in schizophrenia. Schiz. Research 11 (1994) 188

Schindler, R.: Das psychodynamische Problem beim sogenannten schizophrenen Defekt. In: 2. Internat. Symposium über die Psychotherapie der Schizophrenie, Zürich 1959. Hrsg. G. Benedetti, Chr. Müller. Karger, Basel 1960

Schipperges, H.: Homo patients. Zur Geschichte des kranken Menschen. Piper, München Zürich 1985

Schünemann-Wurmthaler, S.: Empirische Untersuchungen zum Frankfurter Beschwerde-Fragebogen. Inaugural Diss., Universität Frankfurt/Main 1983

Simko, A.: Reflexiv-kompensierend verarbeitete Residualsymptome in schizophrenen Defektpsychosen. In: G. Huber (Hrsg.): Schizophrenie – Stand und Entwicklungstendenzen der Forschung. Schattauer, Stuttgart New York 1981

Soskis, D.A., M.B. Bowers: The schizophrenic experience – A follow-up-study of attitude and posthospital adjustment. J. Nerv. Ment. Dis. 149 (1969) 443

Süllwold, L.: Uncharakteristische Basisstadien der Schizophrenie und deren Bedeutung für die Rehabilitation von Residualsyndromen. In: G. Huber (Hrsg.): Therapie, Rehabilitation und Prävention schizophrener Erkrankungen. 3. Weissmauer Schizophrenie-Symposium 1975. Schattauer, Stuttgart New York 1976

Süllwold, L.: Symptome schizophrener Erkrankungen. Uncharakteristische Basisstörungen. Monographien aus dem Gesamtgebiet der Psychiatrie, Bd. 13, Springer, Berlin 1977

Süllwold, L.: Zum Einfluss von Sekundärreaktionen auf die Langzeitentwicklung schizophrener Psychosen. In: H. Beckmann (Hrsg.), Biologische Psychiatrie. Thieme, Stuttgart New York 1982

Süllwold, L.: Schizophrenie. Kohlhammer, Stuttgart-Berlin-Köln-Mainz 1983

Süllwold, L., H. Huber: Schizophrene Basisstörungen. Springer, Berlin Heidelberg New York 1986

Süllwold, L., J. Herrlich: Psychologische Behandlung schizophren Erkrankter. Kohlhammer, Stuttgart Berlin Köln 1990

Süllwold, L., J. Herrlich: Providing schizophrenic patients with concept of illness. An essential element of therapy. Brit. J. Psychiat. 161 (Suppl. 18) (1992) 129

Tarrier, N.: An investigation of residual psychotic symptoms in discharged schizophrenic patients. Brit. J. Psychiat. 26 (1987) 141

Thurm, I., H. Häfner: Perceived vulnerability, relapse risk and coping in schizophrenia. Eur. Arch. Psychiatry Neurol. Sci. 237 (1987) 46

Thurm, I., K. Galle: Die Erfassung der Krankheitsbewältigung Schizophrener – Entwicklung eines klinischen Interviews (Vortrag auf dem 6. Symposium für klinisch-psychologische Forschung der Fachgruppe für klinische Psychologie, Salzburg, 12.-14. 05. 1988), Zentralinstitut für Seelische Gesundheit, Mannheim 1988

Thurm-Mussgay I., H. Häfner: Bewältigung der Krankheit Schizophrenie und ihrer Folgen. In: R. Olbrich (Hrsg.): Therapie der Schizophrenie. Kohlhammer, Stuttgart 1990

Thurm-Mussgay, I., K. Galle, H. Häfner: Krankheitsbewältigung Schizophrener: Ein theoretisches Konzept zu ihrer Erfassung und erste Erfahrungen mit einem neuen Messinstrument. Verhaltenstherapie 1 (1991) 293

Wiedl, K.H.: Zur Einschätzung der Bewältigung einer schizophrenen Erkrankung: Belastungen, Bewertungen und Bewältigungsverhalten. Vortrag gehalten auf dem 3. Internationalen Schizophrenie-Symposium Bern, 4.-6. 10. 1991

Wiedl, K.H.: Bewältigungsorientierte Therapie bei Schizophrenen. Z. klin. Psychol. Psychopath. Psychotherap. 42 (1994) 89

Wiedl, K.H., B. Schöttner: Die Bewältigung von Schizophrenie (I): Theoretische Perspektiven und empirische Befunde. Zschr. Klin. Psychol. Psychopathol. 2 (1989a) 176

Wiedl, K.H., B. Schöttner: Die Bewältigung einer schizophrenen Erkrankung (II): Weiterführende Forschungsansätze. Zschr. Klin. Psych. Psychopath. 3 (1989b) 317

Wiedl, K.H., B. Schöttner: Coping with symptoms related to schizophrenia. Schizophrenia Bulletin 17 (1991) 525

Windgassen, K.: Schizophreniebehandlung aus der Sicht des Patienten. Untersuchungen des Behandlungsverlaufs und der neuroleptischen Therapie unter pathischem Aspekt. Springer, Berlin Heidelberg New York 1989

Wing, J.K.: Eine praktische Grundlage für die Soziotherapie bei Schizophrenen. In: G. Huber (Hrsg.), Therapie, Rehabilitation und Prävention schizophrener Erkrankungen. Schattauer, Stuttgart 1976

Wing, J.K.: Schizophrenie in Selbstzeugnissen. In: H. Katschnig (Hrsg.), Die andere Seite der Schizophrenie. Urban und Schwarzenberg, München 1977

Wing, J.K.: Schizophrenia – towards a new synthesis. Academic, London/Grune, Stratton, New York 1978

Wing, J.K.: Rehabilitation, Soziotherapie und Prävention. In: K.P. Kisker, H. Lauter, J.-E. Meyer, C. Müller, E. Strömgren (Hrsg.) Psychiatrie der Gegenwart 4, 3. Aufl. Springer, Berlin Heidelberg New York 1987

Wyrsch, J.: Die Person des Schizophrenen. Haupt, Bern (1949)

Zubin, J., B. Spring: Vulnerability – a new view of schizophrenia. J. Abnorm. Psychol. 86 (1977) 103

# 12 Bewältigungsorientierte Therapieansätze

A. SCHAUB, W. BÖKER

## Einleitung

Die im vorherigen Kapitel dargelegten Kenntnisse über Bewältigungsversuche schizophren Erkrankter und die weithin wachsende Bereitschaft der 'Experten', die Kranken bei solchen Bemühungen ernst zu nehmen, vielleicht sogar von ihnen zu lernen und mit ihnen und den Angehörigen enger zusammenzuarbeiten, haben in den letzten Jahren die Entfaltung zahlreicher bewältigungsorientierter Therapieformen begünstigt. Es handelt sich zumeist um komplexe, multimethodale Ansätze, die nach unterschiedlichen, z.T. auch sich überlappenden Kriterien gegliedert werden können (Schaub und Brenner 1996a). Bewältigungsorientierte Therapie im engeren Sinne intendiert einen besseren Umgang mit Symptomen. Eine umfassendere Definition dieser Therapie bezieht sich auf die Veränderung von Einstellungen zur Erkrankung und Lebenshaltungen. Die folgende Einteilung orientiert sich an den therapeutischen Zielsetzungen und unterscheidet zwischen: (1) Therapieansätzen zur Modifikation von Symptomen, die schwerpunktmäßig den Umgang mit chronischen Symptomen und/oder Früh- und Warnsymptomen betonen; (2) Therapieansätzen zur Modifikation von Einstellungen zur Erkrankung und Lebenshaltungen, wobei einige überwiegend über die Erkrankung und Behandlungsmaßnahmen informieren und andere neben krankheitsbezogenen Aspekten auch stärker den Umgang mit Belastungen aufgreifen. Im folgenden wird ein chronologischer Abriß über diese Therapiemethoden gegeben.

## Therapieansätze zur Modifikation von Symptomen

Ca. 20–30% langfristig schizophren Erkrankter leiden trotz Neuroleptikatherapie unter chronisch-psychotischen Symptomen wie anhaltenden Wahnvorstellungen oder Halluzinationen (Möller 1987). Diese Symptome werden von den Patienten als sehr belastend erlebt und können die soziale Integration stark beeinträchtigen (Tarrier 1987). Verhaltenstherapeutische Ansätze in diesem Bereich beruhen weitgehend auf Einzelfallstudien, unkontrollierten Studien oder Studien mit kleiner Stichprobengröße (s. Übersichtsartikel: Acosta 1990, Tarrier 1992, Vauth und Stieglitz 1994). Bei der Behandlung von Wahnsymptomen wird häufig ein multimethodales Vorgehen gewählt, während bei der Therapie von Halluzinationen weitgehend einzelne Therapiemethoden im Sinne einer Reizkontrolle im Vordergrund stehen. Es bietet sich eine Einteilung in operante, kognitive und selbstkontrollbezogene Verfahren an: Operante Methoden suchen die einem krankheitsbedingten Verhalten folgenden Konsequenzen zu verändern; Kognitive Verfahren zielen auf eine Veränderung der dysfunktionalen Kognitionen und Einstellungen; Ansätze zur Selbstkontrolle intendieren den Aufbau adäquater Bewältigungsstrategien. Diese Einteilung erscheint jedoch problematisch, da z. B. operante Methoden durchaus kognitive Wirkungen entfalten oder kognitive Verfahren im Rahmen von Selbstkontrollverfahren eingesetzt werden können (vgl. Vauth und Stieglitz 1994). Dennoch wird im folgenden diese Orientierungshilfe aufgegriffen, da sich die meisten Ansätze schwerpunktmäßig einer Methode zuordnen lassen.

### Operante Methoden

Erste Ansätze, chronisch-produktive Symptome zu behandeln, basieren auf dem operanten Lernparadigma, wobei derartige Methoden einzeln oder auch z.T. kombiniert eingesetzt wurden. „Löschung“ bezieht sich auf die Nichtbeachtung des Patienten, wenn dieser chronisch-psychotische Symptome zeigt (Ayllon und Haughton 1964, Liberman et al. 1973). Als Methoden der Bestrafung wurden Elektroschocks verabreicht bzw. der Patient sollte sie sich selbst setzen (Bucher und Fabricatore 1970, Weingaertner 1971, Turner et al. 1977, Fonagy und Slade 1982). Die kontrollierte Studie von Weingaertner (1971) mit 45 Patienten belegte jedoch keine Überlegenheit der mit Elektroschocks behandelten Gruppe gegenüber einer Placebo- und einer Kontrollgruppe. Auch „time-out“ im Sinne eines kurzfristigen Verstärkerentzugs (z. B. 10 – 15 minütige soziale Isolierung bei Davis et al. 1976) wurde eingesetzt. Glaister (1985) wandte die Methode der „Sättigung“ an und forderte den Patienten auf, störende Gedanken für längere Zeit zu verbalisieren. Zum Aufbau adaptiver Verhaltensweisen dienten soziale Verstärkung wie differentielle Rückmeldung (Meichenbaum 1969. Patterson und Teigen 1972) und verbale Konditionierung (Wolpe 1973) sowie „Token economies“ (Münz-Verstärkungssysteme). Das „richtige Verhalten“, d. h. die Abnahme z. B. von krankheitsbedingten Selbstgesprächen oder das adäquate Antworten auf psychotische Reaktionen provozierende Fragen, wurde ebenfalls durch materielle Belohnungen (z. B. Zigaretten) oder sonstige Vergünstigungen (z. B. Urlaub von der Station) verstärkt (Wincze et al. 1972, Wolpe 1973). Als Beispiele der verdeckten Konditionierung sind die Methoden der verdeckten Bestrafung (Moser 1974) oder des Gedankenstops (Lamontagne et al. 1983, Allen et al. 1983) zu nennen, wobei letztere auch den kognitiven Methoden zugeordnet werden kann.

**Tabelle 1** Operante Methoden zur Behandlung chronisch produktiver Symptome

**Operante Methoden zum Abbau von Verhalten**

Löschung (Ayllon & Haughton, 1964; Liberman et al., 1973)
Bestrafung (Bucher & Fabricatore, 1970; Turner et al., 1977; Weingaertner, 1971*, Fonagy & Slade, 1982)
Time-out (Davis et al., 1976)
Sättigung (Glaister, 1985)

**Operante Methoden zum Aufbau von Verhalten**

Soziale Verstärkung (Ayllon & Haughton, 1964; Liberman et al., 1973)
Differentielle Rückmeldung (Meichenbaum, 1969; Patteron & Teigen, 1973)
Verbale Konditionierung (Wolpe, 1973)
Münz-Verstärker-Systeme (Meichenbaum, 1969; Wincze et al., 1972)

**Verdecktes Konditionieren**

Verdeckte Bestrafung (Moser, 1974)
Gedankenstop (Lamontagne et al., 1973; Allen et al., 1985)

* Hierbei handelt es sich um eine kontrollierte Studie

Die Übersicht von Acosta (1990) über 20 überwiegend operante Ansätze zur Therapie persistierender Produktivsymptomatik, die zumeist auf der Veränderung sozialer Kontingenzen oder aversiver Stimulation basieren, zeigt methodische Mängel in diesem Bereich auf, da nur eine kontrollierte Studie vorliegt (Weingaertner 1971) und nur selten Follow-up Untersuchungen erfolgten. Zur Überprüfung der Therapieeffekte dienen zumeist die Häufigkeit und Dauer der chronischen Symptome, wobei die Operationalisierung dieser Kriterien z.T. nicht sehr differenziert erscheint und nur in wenigen Studien eine Interraterreliabilität (z. B. Meichenbaum 1969) vorliegt. In etwa der Hälfte der Studien werden nach Therapieende positive Effekte berichtet, die jedoch selten länger anhielten oder nicht auf andere Situationen generalisierten. Der Einsatz von operanten Methoden setzt offenes Verhalten voraus, wobei u.U. nur dieses und nicht die eigentlichen Zielverhaltensweisen modifiziert werden: Die Patienten lernten durch diese Methode möglicherweise nur weniger über ihre Symptome zu berichten und sie sich nicht anmerken zu lassen, ohne daß es zu einer eigentlichen Distanzierung von den Krankheitssymptomen kam (Tarrier 1992). Es stellt sich zudem die Frage, ob das kritische Verhalten primär unter dem Einfluß der Umgebung steht oder vielmehr intrinsische Verstärkermodalitäten eine Rolle spielen. Neben dem Problem der sozialen Erwünschtheit sind derartige Ansätze auch deshalb fragwürdig, da sie den Patienten entmutigen können, seine Symptome vertrauensvoll mitzuteilen und weil sie nach Angaben einiger Autoren bei den Patienten negative Gefühle (z. B. Feindseligkeit) auslösten. Die Verabreichung von „bestrafenden“ Elektroschocks wirft auch ernste ethische Probleme auf.

Operante Ansätze alleine führen somit nicht zu grundsätzlichen und überdauernden Veränderungen (Bellack und Mueser 1993). In gegenwärtigen Therapieansätzen werden operante Methoden zumeist nur flankierend zur Unterstützung der primär kognitiven Vorgehensweise eingesetzt. Hierzu zählen u.a. die soziale Verstärkung durch den Therapeuten bei Selbstprotokollierung des therapeutischen Zielverhaltens, bei der Formulierung nichtwahnhafter Alternativinterpretationen (Alford 1986), das wiederholte Durchspielen wahninkompatiblen Alternativverhaltens auf der Behandlungsebene (Hartman und Cashman 1983), die angeleitete Selbstprovokation des Symptomverhaltens in der Therapiesitzung – begleitet von der Einübung von Distanzierungsstrategien (Fowler und Morley 1989) sowie auf Habituation gerichtete angstreduzierende Verfahren wie Reizüberflutung (Hartman und Cashman 1981) (vgl. Vauth und Stieglitz 1994).

## Kognitive Methoden

Während die oben genannten Methoden verstärkt auf eine Veränderung der Umweltbedingungen abheben, da man annahm, daß diese das jeweilige Verhalten beeinflussen, zielen die kognitiven Methoden auf eine Veränderung der irrationalen Kognitionen und maladaptiven Einstellung des Patienten (s. Tabelle 2). Die Therapeut-Patient Beziehung und eine Auseinandersetzung mit dem Erleben des Patienten tritt stärker in den Mittelpunkt des Interesses. Die vom Patienten erlebte Wirklichkeit wurde in früheren Therapieansätzen eher ausgeklammert, um durch Gespräche über subjektive Vorstellungen nicht zu einer noch größeren Verwirrung oder Verstärkung psychotischer Erlebnisweisen beizutragen (Rudden et al. 1982, Strauss 1989).

Zum Verständnis psychopathologischer Symptome wird ein neuer Zugang gewählt. Neuere Ansätze betonen, daß Wahnvorstellungen nicht einem „Alles oder Nichts Gesetz" folgen, sondern komplexer Art sind, Modifikationen unterliegen (Strauss 1969) und normale Denkprozesse bei der Ausbildung und Aufrechterhaltung von Wahnideen involviert sind (Maher 1988). Man unterscheidet zwischen primärem und sekundärem Wahn (Jaspers 1963), wobei letzterer durch die Verarbeitung krankheitsbedingter Veränderungen (z. B. psychotischer Erlebnisweisen) entsteht. Untersuchungen zu Wahnvorstellungen zeigen, daß diese multidimensionalen Charakter haben, wobei verschiedene Kriterien oft nicht miteinander übereinstimmen (z. B. Brett-Jones et al. 1987). Zur Beurteilung von Wahnvorstellungen werden folgende Kriterien herangezogen: die Stärke der Überzeugung bzw. Wahngewißheit, das Ausmaß, in dem der Patient durch die Wahnvorstellung in seinem Alltag absorbiert ist („preoccupation"), das Ausmaß der Interferenz der Wahnvorstellung mit dem alltäglichen Leben, die Bizarrheit der Vorstellungen und Verdichtung in einem Wahnsystem, die Reaktion auf hypothetischen Widerspruch (d. h. wie reagiert der Betroffene auf Beweise, die seinen Annahmen widersprechen), die Akkomodation (d. h. inwieweit nimmt der Betroffene zu den Inhalten seiner Wahnvorstellungen konträre Ereignisse wahr und wie reagiert er darauf) und subjektiv erlebte Kontrollmöglichkeiten.

Die therapeutischen Zielvariablen beziehen sich zumeist auf den vom Patienten zugeschriebenen Realitätsgrad bzw. die erlebte Intensität und auf die Häufigkeit der Wahnvorstellungen bzw. Halluzinationen, die zumeist über Selbst-, weniger über Fremdrating (z. B. Time-Sampling Methode) erfaßt werden. Zusätzlich wurden in einigen Arbeiten weitere Kriterien zur Bestimmung der chronischen Symptome sowie die allgemeine Psychopathologie, Gefühlszustände (z. B. soziale Ängstlichkeit), Veränderungen der Medikation u.a. erfaßt. Hinsichtlich der erst genannten Kriterien zeigen sich nach Therapieende zumeist Verbesserungen selbst bei längerfristig chronisch Erkrankten, wobei jedoch die Generalisation und Stabilität der Effekte unterschiedlich ausfällt (z. B. Alford et al. 1982, Alford 1986, Chadwick und Birchwood 1994).

Kognitive Methoden beziehen sich auf die Modifikation der Wahnvorstellungen, wobei das Becksche Modell der Veränderung irrationaler Kognitionen bei nicht-psychotischen Störungen aufgegriffen wird (Beck 1952). Diese Ansätze gehen auf die Pionierarbeit dieses Autors zurück, der mit einem 28jährigen chronisch-paranoid schizophrenen, seit 7 Jahren erkrankten Patienten über seine Symptome sprach, deren Realitätsgehalt hinterfragte und diese anhand lebensgeschichtlicher Zusammenhänge interpretierte. Die produktive Symptomatik war rückläufig, wobei Beck bei diesem Vorgehen insbesondere die Wichtigkeit einer vertrauensvollen, auf die Bedürfnisse des Patienten eingehenden Beziehung zwischen Patienten und Therapeuten hervorhebt. Dieses nonkonfrontative, kognitive Vorgehen war anderen Methoden wie der Entspannung und systematischen Desensibilisierung für soziale Situationen (Watts et al. 1973) sowie dem konfrontativen Angehen der Wahnvorstellungen überlegen (Milton et al. 1978). Letztgenanntes Vorgehen kann das Phänomen der psychologischen Reaktanz (Brehm 1966) auslösen, d. h. der Betroffene hält noch intensiver an seiner Überzeugung fest. Es empfiehlt sich daher, die Wahnvorstellungen nach der Stärke ihrer Überzeugung hierarchisch anzuordnen und mit derjenigen Wahnvorstellung zu beginnen, die am Anfang dieser Hierarchie steht. Die Beweise für die Wahnvorstellung sollten hinterfragt werden und nicht die Wahnvorstellung selbst. Der Patient wird aufgefordert, alternative Erklärungen anzuhören, zu erwägen und Argumente gegen seine eigenen Vorstellungen aufzuführen (Watts et al. 1973).

Die Mehrzahl der nachfolgenden Therapieansätze betont ebenfalls einen nonkonfrontativen

**Tabelle 2** Kognitive Methoden und Selbstkontrollverfahren zur Behandlung chronisch produktiver Symptome

| |
|---|
| **Kognitive Methoden** |
| Kognitive Umstrukturierung ((Beck, 1952; Watts et al., 1973; Chadwick & Lowe, 1990; Lowe & Chadwick, 1990; Chadwick & Birchwood, 1994; Kingdon & Turkington, 1991, 1994) |
| Konfrontationsmethoden (Milton et al., 1978)* |
| **Kognitive Methoden und Selbstkontrollverfahren** |
| Kognitive Umstrukturierung und Aufbau von Bewältigungskompetenz (Alford, 1986; Fowler & Morley, 1987; Morley, 1987; Tarrier, 1990) |
| **Selbstkontrollverfahren** |
| Selbstbeobachtung |
| Stimuluskontrolle (Slade, 1972; 1973; Green et al., 1980; Feder, 1982; Margo et al., 1981; Feder, 1982; James, 1983; Mally & Shen, 1983; Birchwood, 1986; Done et al., 1986; Morley, 1987) |
| Aufbau von Selbstinstruktionen (Meichenbaum & Cameron, 1973*; Alford et al., 1982; Lamontagne et al., 1983; Birchwood, 1986) |
| Aufbau von Bewältigungskompetenz (Erickson & Gustafsson, 1986; Green & Kinsbourne, 1989*; Hustig et al., 1990; Tarrier et al., 1993a, b*; Haddoch et al., 1995) |

* Hierbei handelt es sich um kontrollierte Studien

kollaborativen Ansatz zur Behandlung von Wahnvorstellungen. Durch sokratische Fragen, Disputationstechniken, das Erarbeiten alternativer Interpretationen (z. B. Zweispaltentechnik), Reattribuierung und empirisches Testen (Realitätstesten) der jeweiligen Annahmen sollen idiosynkratische Kognitionen, maladaptive Selbstaussagen sowie dysfunktionale Stile der Informationsverarbeitung modifiziert werden (z. B. Hole et al. 1979, Hartman und Cashman 1983, Fowler und Morley 1989, Lowe und Chadwick 1990, Chadwick und Birchwood 1994). Auch die Technik des Gedankenstops (z. B. Alford et al. 1982, Birchwood 1986) wird eingesetzt. Destigmatisierende Informationen über psychotisches Erleben (z. B. Hinweis auf Kontinuität zu normalen Erfahrungen) sollen zu einer Normalisierung und Dekatastrophierung beitragen (Kingdon und Turkington 1991, 1994). Auch das Hinterfragen der Einstellungen zu chronischen Halluzinationen sowie das Anbieten und Erarbeiten alternativer Interpretationen zielen auf eine kognitive Umstrukturierung besagter Einstellungen (z. B. Fowler und Morley 1989, Haddoch et al. 1993, Chadwick und Birchwood 1994).

Fowler und Morley (1989) führten bei fünf Patienten mit chronischem Wahn und Halluzinationen eine Therapie mit 10 Sitzungen über 3 Monate durch, die kognitive und bewältigungsorientierte Elemente enthielt. Drei Patienten berichteten über eine Zunahme der wahrgenommenen Kontrolle über die produktiven Symptome sowie funktionaler Aktivitäten, wobei die letztgenannten Effekte noch nach einem Jahr nachweisbar waren. Eine weitere Studie mit 19 Patienten veranschaulicht eine flexible, auf die jeweilige Problematik zugeschnittene Vorgehensweise (Fowler 1992). Bei 12 Patienten stand die Belastung durch positive Symptome im Vordergrund, von denen 9 von einer kognitiven Therapie mit 22 Sitzungen über sechs bis 12 Monate profitieren konnten. Haddoch et al. (1993) belegten anhand von Einzelfallstudien, wie es durch kognitive Interventionen zu einer Abnahme der Häufigkeit und der subjektiv erlebten Belastung durch chronische Halluzinationen kommen kann. Diese Veränderung war überwiegend dadurch möglich, daß die „Stimmen" als eigene Produkte des Denkens reattribuiert werden konnten. Bei Patienten, die ihre „Stimmen" als sehr unangenehm und irritierend erlebten, erschienen Versuche der Reattribuierung angstauslösend und Methoden der kognitiven Umstrukturierung angebrachter. Chadwick und Birchwood (1994) konnten durch Disputationstechniken und empirisches Testen der jeweiligen Annahmen (z. B. Omnipotenz der „Stimmen") bei vier Patienten eine Reduktion der psychotischen Symptome und der subjektiv erlebten Belastung erzielen.

Die kognitive Therapie bei chronisch-psychotischen Symptomen zeigt somit deutliche Erfolge (vgl. Tabelle 3). Sie setzt eine eingehende Verhaltens- und Einstellungsanalyse voraus, um die aufrechterhaltenden Bedingungen zu eruieren. Einige Patienten berichten auch über positive Effekte chronisch-psychotischer Symptome (z. B. „Stimmen" als Ratgeber) (Falloon und Talbot 1981, Benjamin 1989, Miller et al. 1990, Romme et al. 1992). Patienten, bei denen ein positives Erleben dominierte, profitierten weniger von den beschriebenen verhaltenstherapeutischen Ansätzen (z. B. Alford et al. 1982, Miller et al. 1990).

## Selbstkontrollverfahren

Die Copingforschung verweist auf einen hohen Anteil von schizophrenen Patienten, die aktive Bewältigungsstrategien mit unterschiedlicher Effizienz im Umgang mit chronischen Symptomen einsetzen, wobei eine kleinere Gruppe die dem Auftreten oder der Verschlechterung produktiver Symptomen vorausgehenden Stressoren wahrnehmen und beschreiben kann (siehe Kapitel 11). Der Stärkung der erlebten Selbstwirksamkeit im Umgang mit Symptomen kommt eine große Bedeutung zu. Die Selbstbeobachtung und das Protokollieren produktiv-psychotischer Symptome hinsichtlich Häufigkeit, Dauer, Intensität und Inhalte (Hartman und Cashman 1983, Alford 1986, Fowler und Morley 1989) sowie das Erfassen der internen und externen Auslösebedingungen (Fowler und Morley 1989, Tarrier et al. 1990, 1993a,b) spielen bei der Therapie chronischer Symptome eine wesentliche Rolle. Behandlungsweisen, die diese Fertigkeiten einzusetzen versuchten, kamen zu unterschiedlichen Ergebnissen, was u.U. daran liegt, daß nicht alle Patienten die internalen und externalen Reize genau identifizieren können bzw. dies lernen.

Zur Behandlung anhaltender Halluzinationen wurden auch Verfahren der Stimuluskontrolle eingesetzt. Diese Ansätze basierten zumeist auf den Theorien von Green et al. (1979, 1983) und Slade (1976). Nach Green et al. (1983) sind Halluzinationen auf verbale Aktivitäten in der nicht-dominanten Hemisphäre zurückzuführen, die aufgrund einer primären Dissoziation im Kortex von der dominanten Hemisphäre als fremd wahrgenommen werden. Nach dem 4-Faktoren Modell von Slade (1976) ist das Bewußtsein in seiner Verarbeitungskapazität begrenzt, wobei externale und internale Stimuli um bewußte Wahrnehmung konkurrieren. Externale Stimulation reduziert somit die Wahrscheinlichkeit, daß internale Stimuli wie Halluzinationen ins Bewußtsein treten. Von diesen theoretischen Ätiologiemodellen wurden folgende therapeutische Interventionen abgeleitet: Tragen eines „Ohrpfropfes", um den Input in der nicht-dominanten Hemisphäre zu reduzieren und/oder Benennen von Gegenständen in der unmittelbaren Umgebung des Patienten zur klärenden Fokussierung der Aufmerksamkeit (z.B. Green et al. 1980, James 1983, Birchwood 1986, Done et al. 1986). Es zeigten sich in diesen Einzelfallstudien positive Effekte im Sinne einer Abnahme der Häufigkeit und Stärke der Halluzinationen. Die Ergebnisse verweisen jedoch auf Widersprüche, ob die dominante (James 1983, Done et al. 1986) oder nicht-dominante Hemisphäre (Green et al. 1980, Birchwood 1986) berücksichtigt werden soll. Weitere Methoden umfassen externale Stimulation über Kopfhörer wie das Abspielen von Musikkassetten (Feder 1982, Margo et al. 1981, Mally und Shen 1983, Morley 1987, Hustig et al. 1990), wobei die Ergebnisse bei beruhigender Musik besser ausfielen als bei sehr anregender oder unterschwelliger Stimulation (z.B. „Weißes Rauschen") (Margo et al. 1981, Hustig et al. 1990). Andere Methoden zielen auf eine Eigenstimulation des Patienten durch Summen (Erickson und Gustafsson 1986, Green und Kinsbourne 1989) oder wiederholtes Zählen (Nelson et al. 1991). Nelson et al. (1991) verglich in einer Gruppe von 19 Patienten die Anwendung eines „Ohrpfropfes", Ablenkung durch Musik über Kopfhörer sowie wiederholtes Zählen. Die Mehrzahl der Patienten berichtete, von den Bewältigungsstrategien profitiert und diese eigenständig eingesetzt zu haben, jedoch hielten die Effekte weitgehend nur während des Trainings an. Kognitive Aspekte wie die Lokalisation der „Stimmen" (Done et al. 1986), das Krankheitsmodell des Patienten und die Inhalte der Stimmen (Morley 1987, Hustig et al. 1990) beeinflußten die Ansprechbarkeit für diese Therapien. In diesem Zusammenhang sind Studien erwähnenswert, wonach im Umgang mit ihrer Erkrankung kompetente Patienten ihren Selbstberichten zufolge weniger sensorische Strategien einsetzten als vielmehr kognitive Strategien im Sinne einer Veränderung der Aufmerksamkeit (Falloon und Talbot 1981). Eine kontrollierte Studie mit 19 Patienten, die in 18 Sitzungen über einen Zeitraum von sechs Monaten entweder zu einer Fokussierungsmethode oder zu einer Strategie der Ablenkung angeleitet wurden, zeigte eine Überlegenheit erstgenannter Methode für spezifische Variablen bei einem 6-monatigen Follow-up (Haddoch et al. 1995). Die wahrgenommene Belastung durch die „Stimmen" sowie die Angst- und Depressionswerte blieben jedoch stabil.

Meichenbaum und Cameron (1973) leiteten schizophrene Patienten zu kognitiven Bewältigungsstrategien (Selbstinstruktionen) an, damit sie interferierende Gedanken bei der Lösung einer Aufgabe besser abwehren konnten. Die Ergebnisse zeigten eine Zunahme aufgabenbezogener Leistungen, „gesunder" Selbstgespräche und eine Abnahme „kranker" Selbstgespräche. Der Ansatz von Alford (1986) basiert auf einer Selbstbeobachtung über Tagebuchaufzeichnungen, das Erarbeiten und Aufschreiben alternativer Interpretationen (z.B. werden erlebte Trugwahrnehmungen als Ausdruck einer „Phantasiewelt" aufgefaßt) sowie Hinterfragen und Überprüfung der Beweise, auf denen diese Annahmen basieren. Auch andere Ansätze geben Anleitung

**Tabelle 3** Kognitive Therapien und Selbstkontrollverfahren zur Symptombewältigung

| Therapieprogramm | Behandlungsziel | Methodik | Setting | Zeitdauer | Ergebnisse |
|---|---|---|---|---|---|
| Kognitive Therapie zur Modifikation halluzinatorisch-paranoider Symptome (Chadwick & Birchwood, 1994) | Kognitive Umstrukturierung von Einstellungen zu chronischen Symptomen | Aufbau einer tragfähigen Beziehung, Informationsvermittlung, Rapport, Disputieren, empirisches Testen der Einstellungen | Einzel | Ungefähr 13–18 Sitzungen über einen Zeitraum von 3–6 Monaten | Modifikation der Einstellungen zu akustischen Halluzinationen, Abnahme der Häufigkeit der Halluzinationen, Abnahme der subjektiven Belastung, Zunahme von adaptivem Verhalten |
| Behandlungskonzept zur Verbesserung der Bewältigungskompetenz im Umgang mit chronischen Symptomen (Tarrier et al., 1993a, b) | Training effektiverer Bewältigungsstrategien im Umgang mit chronisch-psychotischen Symptomen | Verhaltensanalyse von Situationen, in denen psychotische Symptome auftreten. Identifikation möglicher hilfreicher Bewältigungsstrategien und in-vivo Training | Einzel | Zweimal die Woche auf fünf Wochen | Signifikante Zunahme in der Anzahl der positiven Bewältigungsstrategien und ihrer Effizienz, Tendenz zu größerer Abnahme der psychotischen Symptome in der Bewältigungsgruppe (N = 15) im Vergleich zur Problemlösegruppe (N = 12) und Kontrollgruppe (N = 14) (Tarrier et al., 1993a, b) |

zu spezifischen Selbstinstruktionen, zumeist „Gedankenstop" (z. B. Hartman und Cashman 1983, Lamontagne et al. 1983; ausschließlich bei Halluzinationen: Alford et al. 1982, Birchwood 1986 ). Lamontagne et al. (1983) teilten eine Gruppe von 20 schizophrenen Patienten, die unter Verfolgungsideen und akustischen Halluzinationen litten, zwei verschiedenen Therapiebedingungen zu: eine Gruppe erhielt nur Psychopharmakotherapie, die andere zusätzlich eine Anleitung in „Gedankenstop". In dieser Gruppe wurden die Patienten ermutigt, produktive Symptome zu erleben, diese nonverbal mitzuteilen, um dann durch ein „Stop" des Therapeuten unterbrochen zu werden. Diese Technik sollte später in ihr eigenes Verhaltensrepertoire übernommen werden. Nach Therapieende, sowie 6 Monate später, traten bei den Patienten dieser Therapiegruppe seltener paranoide Gedanken auf; hinsichtlich der anderen Parameter ergaben sich keine Unterschiede. Die Patienten wandten die Methode des Gedankenstops jedoch nach Therapieende nicht mehr an. Nach Lamontagne et al. (1983) bedürfen Selbstkontrolltechniken der Kooperation und aktiven Fortführung der in der Therapie erlernten Methoden, wobei diese an die persönliche Situation des Patienten angeglichen werden sollten (z. B. „Stop"-Instruktion persönlich ausformulieren wie „laßt mich endlich in Ruhe"). In manchen Therapieansätzen werden kognitive Elemente und Ansätze der Selbstkontrolle kombiniert (vgl. Tabelle 2). Diese Ansätze zielen ebenfalls auf ein willentliches Auslösen von produktiven Symptomen durch den Therapeuten und/oder Patienten, um z. B. die Kontrollerfahrung im Umgang mit den Symptomen zu erhöhen und/oder Distanzierungsstrategien zu verfestigen (z. B. Fowler und Morley 1989, Tarrier et al. 1990).

Andere Therapieansätze knüpfen an bereits bestehende konstruktive Bewältigungsstrategien der Patienten an oder vermitteln gegebenenfalls neue adaptive Strategien im Umgang mit den Symptomen. Das von Tarrier et al. (1993a, b) entwickelte Behandlungskonzept zur Verbesserung der Bewältigungskompetenz (Coping Enhancement Strategy) zielt auf eine Reduktion der chronischen Symptome, indem der Patient durch Training lernt, die vorausgehenden Reize sowie die Reaktionen auf die Symptome zu bewältigen und zu kontrollieren. Vorab geht der Therapeut ein Arbeitsbündnis mit dem Patienten ein, der seine Symptome und die damit einhergehenden negativen emotionalen Zustände reduzieren möchte. Es folgt eine Analyse der Situationen, in denen Symptome auftreten (vorausgehende Reize, Konsequenzen, angewandte Copingstrategien). Die Patienten werden aufgefordert, ihre Symptome und deren Ausprägungsgrade zu protokollieren. Als hilfreich wurden folgende Copingstrategien identifiziert, wobei sie alleine oder in Kombination eingesetzt werden können: Kognitive Strategien wie Wechsel der Aufmerksamkeit (z. B. ein Buch lesen), Einengung der Aufmerksamkeit; aktionsorientierte Strategien wie Zunahme von Einzelaktivitäten (z. B. sich körperlich betätigen), Zunahme sozialer Interaktionen (z. B. mit Freunden reden), sozialer Rückzug und Realitätstestung; Strategien zur Modifikation der psychophysiologischen Aktiviertheit (z. B. Entspannung, Atemübungen). Vorab wird ein Symptom spezifiziert, dann werden angemessene Copingreaktionen identifiziert. Der Patient trainiert die für ihn möglicherweise hilfreichen Strategien unter simulierten Bedingungen und wird dann ermutigt, Bewältigungsstrategien in-vivo im Umgang mit den identifizierten und anderen Symptomen einzusetzen. Die Ergebnisse belegen, daß Patienten, die bestimmte Copingstrategien vermittelt bekommen, diese auch vermehrt und z.T. erfolgreich einsetzen, was sich in einer Reduktion der psychopathologischen Symptomatik niederschlägt. Im Vergleich mit einer problemlösungsorientierten Therapie (N=12) und einer Warte-Kontrollbedingung (N=14) zeigte sich in der Therapiegruppe (N=15) eine Reduktion der Schwere und Häufigkeit psychotischer Symptome (insbesondere Wahnvorstellungen), eine Reduktion des Angstniveaus sowie eine signifikante Zunahme der positiven Bewältigungsstrategien und der subjektiv erlebten Effizienz.

Selbstkontrollverfahren können sich aber auch auf die Bewältigung von Früh- und Warnsignalen im Vorfeld einer psychotischen Krise und/oder auf persistierende psychotische Symptome beziehen (s. auch komplexe Therapieansätze im nächsten Kapitel mit diesem Schwerpunkt: Liberman (1988a)). Aufgrund ihrer Krankheitserfahrungen lernen einige Patienten frühe Veränderungen der Befindlichkeit als mögliche Vorläufer einer Erkrankung wahrzunehmen und durch entsprechende Maßnahmen eine krisenhafte Zuspitzung abzufangen. Häufig verbleibt dann noch Handlungsspielraum für therapeutische Interventionen (s. Kapitel 11). Auf diesen Ergebnissen basieren Therapieansätze zur Verbesserung der Selbstkontrolle, die sich auf die Identifizierung, das Monitoring und die Verarbeitung von Warn- und Frühsymptomen einer drohenden neuerlichen Krankheitsepisode beziehen.

## Therapieansätze zur Modifikation von Einstellungen zur Erkrankung und Lebenshaltungen

### Psychoedukative Ansätze

Die Arbeitsgruppe von Herz et al. (1989, 1995) entwickelte ein Programm zur Frühintervention aus intermittierender Neuroleptikatherapie und psychoedukativer Familientherapie, bei der besonderes Gewicht auf die Erstellung eines Krisenplans gelegt wird. In diesem Zusammenhang wesentlich war auch die Erarbeitung einer Checkliste für Früh- und Warnsymptome (Herz und Melville 1980), die sowohl den Patienten als auch den Angehörigen zur Identifikation prodromaler Zustände verhelfen soll. Ziel der Erkennung von Frühsymptomen ist insbesondere das schnelle medikamentöse Abfangen des anlaufenden psychotischen Prozesses und damit einhergehend die Verbesserung der beruflichen und sozialen Anpassung (Herz et al. 1982, 1989, Hirsch et al. 1986, Jolley und Hirsch 1990). Andere Studien kombinieren den Ansatz der Früherkennung von Warnsignalen mit einer Niedrigdosierung der Psychopharmaka (z. B. Marder et al. 1994), wobei diese Therapie hinsichtlich der Rezidivprophylaxe der Intervalltherapie überlegen erscheint (Kissling 1994, Gaebel et al. 1994).

In den letzten Jahren haben auch weiter ausgreifende psychoedukative Therapieansätze an Bedeutung gewonnen (vgl. Wienberg et al. 1995). In derartigen Programmen geht es neben dem Umgang mit Früh- und Warnsymptomen sowie chronischen Symptomen auch um die Vermittlung von Informationen über das Krankheitsgeschehen, um Fragen der Medikation sowie um gesundheitsfördernde Verhaltensweisen. Das strukturierte Therapiemodul zum Umgang mit Symptomen von Liberman (1988a) erläutert den Patienten, wie sie mit Hilfe von Fachleuten und ihnen nahestehenden Personen ihre Früh- und Warnsymptome erkennen, diese und chronische Symptome besser bewältigen sowie Alkohol und Drogen vermeiden können. Die Vorgehensweise bei der Erkennung und Bewältigung von Früh- und Warnsymptomen zeigt Parallelen zum Vorgehen der Arbeitsgruppe von Herz et al. (1989). Im Rahmen dieses Moduls sollen die Patienten zudem mit Hilfe von Fachleuten lernen ihre persönlichen anhaltenden Symptome zu erkennen, sie von Früh- und Warnsymptomen, Medikamentennebenwirkungen und Stimmungsschwankungen zu unterscheiden, zu protokollieren sowie adäquate Bewältigungsformen im Umgang mit diesen Symptomen zu entwickeln. Dieses hochstrukturierte Programm ist für Gruppen konzipiert, eignet sich aber auch für die Einzeltherapie. Es liegt ein Therapeuten- und Patientenhandbuch zur Vermittlung der Therapieinhalte sowie ein Videoband zur Veranschaulichung der Modellverhaltensweisen vor. Durch eine kognitive Vorstrukturierung der jeweiligen Inhalte und die Verwendung bestimmter Hilfsmittel wird den kognitiven Störungen der Patienten Rechnung getragen. Das Programm basiert auf sieben Lerneinheiten: Einführung in den Fertigkeitsbereich, Betrachten eines Videobands mit anschließender Befragung zu relevanten Themen, Rollenspiel, Gebrauch von Hilfsmitteln zur Zielerreichung, die Bearbeitung von Anwendungsproblemen, In-vivo-Übungen und Hausaufgaben. Wie die übrigen stark strukturierten Module der Social and Independent Living Skills (SILS) der Arbeitsgruppe um Liberman (1990) zielt es auf eine Verbesserung der sozialen Kompetenz und der Problemlösefertigkeiten, um eine unabhängigere Lebensführung zu ermöglichen. In diesem Zusammenhang ist auch das Therapieprogramm zum Umgang mit Medikamenten (Liberman 1988 b) erwähnenswert. Es leitet Patienten an, eigenverantwortlich ihre Medikamente einzunehmen und soll eine bessere Kooperationsbereitschaft und Compliance bezüglich der medikamentösen Behandlung aufbauen. Patienten, die an beiden Programmen teilnahmen (Dauer: 3–4 Monate), verbesserten sich im Vergleich mit einer supportiven Gruppe signifikant in den vermittelten Lerninhalten am Ende des Trainings sowie bei einer Nachuntersuchung nach einem Jahr (Eckman et al. 1990).

Beide Therapieansätze wurden von der Arbeitsgruppe von Brenner (Brenner 1989, 1990) übersetzt und in einer adaptierten Form evaluiert (Brenner et al. 1988, 1994, Stöckli et al. 1992, Behrendt et al. 1994, Schaub et al. 1994b). Die dabei gewonnenen Ergebnisse zeigen, daß diese stark strukturierten Module unter europäischen Verhältnissen in modifizierter Form anwendbar sind, da sie unter verschiedenen institutionellen Bedingungen durchgeführt werden konnten. Ergebnisse einer Multicenter-Arbeitsgruppe sprechen für die klinische Wirksamkeit; kontrollierte Studien hierzu stehen jedoch noch aus (Brenner et al. 1994). Untersuchungen mit einer modifizierten deutschsprachigen Version (Behrendt 1996) belegen, daß derartige Therapieansätze zu einem Anstieg internaler Kontrollüberzeugungen beitragen (Schaub et al. 1994a), wohingegen Längsschnittstudien ohne entsprechende Therapieinterventionen keine derartige Veränderung erkennen liessen (Lasar und Loose 1994). Die wahrgenommene Selbstkontrolle verstärkt offenbar die Fähigkeit, im Umgang mit der Erkrankung eine aktive Rolle zu spielen. Die Replizierbarkeit dieser Ergebnisse wird gegenwärtig im Rahmen einer kontrollierten Studie überprüft.

Von diesen Therapieprogrammen der Arbeitsgruppe um Liberman, die sich eher indirekt mit den Themen Krankheit und Belastungen beschäftigen, gingen wesentliche Impulse für die Entwicklung anderer Therapieansätze aus, die diese Inhalte stärker in den Mittelpunkt rücken (z. B. Bäuml et al. 1991, Stark 1992, Trenkman et al. 1994, Kieserg und Hornung 1994, 1996, Wienberg et al. 1995). Die Module der Arbeitsgruppe von Liberman nehmen in diesem Klassifikationssystem eine Zwischenstellung ein, da sie aufgrund der behavioralen Elemente (z. B. Training sozialer Fertigkeiten) auch den nachfolgenden kognitiv-behavioralen Ansätzen zugeordnet werden könnten. Während einige psychoedukative Ansätze primär auf die Vermittlung von Wissen über die Erkrankung zielen, betonen andere stärker das Wissen über Behandlungsmaßnahmen, wobei eine weitere Gruppe beide Aspekte integriert. Therapieangebote zur Complianceverbesserung, die nur 1–2 Stunden betragen (z. B. Pilsecker 1981) werden nicht näher ausgeführt, da sie nicht als psychoedukativ im engeren Sinne aufgefaßt werden können.

Zu den eher kurzzeitigen, primär psychoedukativen, Interventionsprogrammen (Dauer: 4 – 10 Sitzungen), die Informationen zum Krankheitsbegriff, Ursachen der Erkrankung, Akut- sowie Rückfallschutzbehandlung vermitteln, gehören u.a. die Programme von Bäuml und Mitarbeitern (1991, 1993), Stark (1992) und Smith und Mitarbeitern (1992). Das praxisnahe Konzept von Bäuml et al. (1991, 1993, 1996), in dem der Patient als Experte seiner Erkrankung ernstgenommen wird, zielt schwerpunktmäßig auf eine Verbesserung der Compliance, um die medikamentöse Rückfallschutzbehandlung zu optimieren. Patienten und Angehörigen werden jeweils acht getrennte Gruppensitzungen angeboten, in denen sie zu den oben angegebenen Themen vier Broschüren zur Vertiefung ihres Wissens erhalten. Innerhalb der Angehörigengruppen wird das Verhältnis von Informationsvermittlung und emotionaler Entlastung als relativ ausgewogen beschrieben im Gegensatz zu den Patientengruppen, in denen die Informationsvermittlung domi-

**Tabelle 4** Psychoedukative Ansätze zur Krankheitsbewältigung

| Therapieprogramm | Behandlungsziel | Methodik | Setting | Zeitdauer | Ergebnisse |
|---|---|---|---|---|---|
| Therapieprogramm zum Umgang mit Symptomen (Liberman, 1988a) | Umgang mit Früh- und Warnsymptomen sowie chronischen Symptomen. Vermeiden von Alkohol und Drogen | Information, Video zur Veranschaulichung von Modellverhalten, Rollenspiel, Patienten- und Therapeutenarbeitsbuch | Gruppe/ Einzel | Zweimal die Woche auf sechs Monate | Zunahme an Wissen über die Psychose und den vermittelten Lerninhalten (N = 20) im Vergleich zu einer Beschäftigungstherapie (N = 21) (Eckman et al., 1992) |
| Informationszentrierte Therapiegruppe (Bäuml et al., 1991, 1996) | Information über die Erkrankung, Behandlung, Rückfallprophylaxe | Informationsvermittlung, Informationsmanual | Gruppe | 8 Sitzungen einmal die Woche | Reduzierte Rezidivrate in der Interventions- vw. Kontrollgruppe in der 1-Jahres- und 2-Jahres-Katamnese (N = 163) (Bäuml et al., 1996) |
| Psychoedukatives Training für schizophrene Patienten (Kieserg & Hornung, 1994, 1996) | Information über die Erkrankung, Medikationsverhalten, Rezidivprophylaxe | Informatikonsvermittlung, Therapeutenarbeitsbuch | Gruppe | 14 Sitzungen einmal die Woche (bzw. 25 Sitzungen in der Therapiestudie) | Psychoedukatives Training kombiniert mit kognitiver Psychotherapie und Bezugspersonenberatung zeigt geringste Rezidivrate im Vergleich zu den einzelnen Therapiebedingungen und Kontrollgruppe in der 2-Jahres-Katamnese (N = 191) (Hornung & Buchkremer, 1996) |
| Psychoedukative Gruppenarbeit mit schizophren und schizoaffektiv erkrankten Menschen (Wienberg et al., 1995) | Krankheitskonzept, Medikamenten-Behandlung, Rückfallvorbeugung und Krisenbewältigung | Informationsvermittlung, Therapeutenarbeitsbuch | Gruppe | 14 Sitzungen einmal die Woche | Es liegt keine kontrollierte Studie vor |

niert. Die Teilnehmer schätzten die Gruppen als hilfreich ein. Es zeigte sich ein Wissenszuwachs und eine Zunahme der Gelassenheit der Angehörigen hinsichtlich der weiteren Zukunft des Patienten. Auch das Medikamentenvertrauen und Krankheitskonzept veränderten sich positiv (Pitschl-Walz et al. 1993). Die erste Zwischenauswertung nach einem Katamnesezeitraum von neun Monaten belegte eine geringere Anzahl stationärer Wiederaufnahmen (14%) in der Therapiegruppe (N=21) im Vergleich mit 36% in der Kontrollgruppe (N=22). Auch konnte die Compliance bei der Therapiegruppe in 86%, bei der Kontrollgruppe aber nur in 59% als gut bezeichnet werden (Bäuml et al. 1993). Die 1-Jahres-Katamnese im Rahmen einer Multicenter-Studie (N = 163) zeigte erhebliche Verbesserungen der Compliance und der Rückfallrate gegenüber der Standardversorgung: die Interventionsgruppe hatte eine Rückfallrate von 21%, die Kontrollgruppe von 38%. Dieser Effekt war auch in der 2-Jahres-Katamnese (N=153) mit einer Rückfallrate von 41% in der Interventionsgruppe und 58% in der Kontrollgruppe weitgehend stabil (Bäuml, 1996).

Das Kurzprogramm zur strukturierten Informationsvermittlung über Vulnerabilität und Belastungsmanagement für schizophrene Patienten von Stark (1992) umfaßt nur vier Therapiestunden und zielt auf die Vermittlung eines pragmatischen Erklärungskonzeptes für die Entstehung und Aufrechterhaltung der Erkrankung. Es werden Symptome der Psychose, Krankheitsmodelle, Medikamente und Möglichkeiten der Rückfallprophylaxe besprochen, wobei zudem das Erkennen und der adäquate Umgang mit Früh- und Warnsymptomen thematisiert werden. Auch der Ansatz von Smith et al. (1992) umfaßt vier Sitzungen, die sich auf das Konzept der Schizophrenie, ihre Symptome, Behandlungsmöglichkeiten sowie Ressourcen des Krankenhauses und der Gemeinde beziehen. Nach der Therapie zeigte sich eine Zunahme des Wissens über die Erkrankung, was jedoch keinen Einfluß auf die Einsicht und Kooperation mit der medikamentösen Behandlung hatte.

Brücher (1992) bettet seinen Ansatz „Gruppenunterricht für die Patienten über die Erkrankung und Erfahrungsaustausch der Patienten untereinander über dieses Thema" in ein umfangreiches Behandlungskonzept ein, das auch das Training kognitiver und sozialer Funktionen umfaßt. Er fokussiert auf die Bewältigungskompetenz, d. h. die Patienten lernen die Auslösersituationen früherer Dekompensationen zu analysieren, sich wiederholende Stressoren zu identifizieren und die bisher spontan angewandten Bewältigungsstrategien in ihrer Effizienz zu bewerten und alternative mögliche Bewältigungsversuche zu erarbeiten. Im Gegensatz zu Bäuml et al. (1993) wird mehr Gewicht auf ein erfahrungsbezogenes individualisierendes Vorgehen gelegt. Eine Untersuchung mit 27 Patienten belegte einen Wissenszuwachs durch den Unterricht. Die Information sowie Vermittlung der Inhalte wurden als hilfreich eingeschätzt.

Zu den eher mittelfristigen Ansätzen (ca. 14 Sitzungen) zählen die Therapieprogramme der Arbeitsgruppe um Trenkman (1994), Kieserg und Hornung (1994, 1996) und Wienberg et al. (1995), für die auch eine differenzierte, praxisorientierte Anleitung zur Durchführung vorliegt.

Die Arbeitsgruppe um Trenkmann (1994) legte ein Frühsymptom-Management-Programm (Kraus et al. 1994) mit 10–12 Sitzungen zur Rückfallprophylaxe bei schizophren gefährdeten Menschen vor. Dieses Programm greift den Baustein „Umgang mit Frühwarnsignalen" aus dem Symptom Management Module von Liberman (1988a) auf. In einer kontrollierten Studie zeigte sich keine signifikante Überlegenheit der Therapie- gegenüber der Kontrollgruppe hinsichtlich der Rezidivrate.

Das psychoedukative Training für schizophrene Patienten (PTS) von Kieserg und Hornung (1994, 1996) mit 14 Sitzungen vermittelt Informationen zum Krankheitskonzept der Schizophrenie, zu Behandlungsmöglichkeiten und insbesondere zur Psychopharmakotherapie und zur Erstellung eines individuellen Krisenplans für die Rückfallprophylaxe. Dieses Programm (ursprünglicher Titel: Psychoedukatives Medikamententraining) zielt stärker als andere auf eine Selbstbeobachtung der Medikamenteneinnahme und -mitbestimmung (vgl. „Medication Management Module", Liberman 1988b). Das Behandlungsprogramm basiert auf der Weiterentwicklung früherer Ansätze der Arbeitsgruppe um Buchkremer (Lewandowski und Buchkremer 1988, Buchkremer und Fiedler 1987). Eine frühere Untersuchung zur Evalution einer kognitiven Therapie, die das frühzeitige Erkennen von Frühsymptomen und die konkrete Planung von Prophylaxemaßnahmen zum Inhalt hatte, führte zu einer geringeren Rückfallrate gegenüber einem Training zur Verbesserung sozialer Fertigkeiten sowie einer Kontrollgruppe (Buchkremer und Fiedler 1987). Das psychoedukative Medikamententraining (insgesamt 10 Gruppensitzungen) wurde bei schizophrenen Patienten (N= 74) allein angeboten, mit einer kognitiven Psychotherapie sowie zusätzlich Bezugspersonenberatung kombiniert und mit einer Freizeitgruppe (Kontrollbedingung) verglichen (N=58) (Hornung et al. 1993). Bei einem Teil der Patienten erhielten die Angehörigen ebenfalls ein Gruppenangebot. In der Therapiegruppe zeigte sich ein trendmäßiger Anstieg der Compliance. Trotz ausführlicher Informationen waren die Teilnehmer der Therapiegruppe nicht zufriedener mit ihrem Medikamentenwissen, jedoch nach Aussagen der Autoren problembewußter, d. h. vorsichtiger beim mitbestimmten Umgang mit Medikamenten. In der 1-Jahres-Katamnese war die Rückfallrate in allen Therapiebedingungen sehr niedrig (ca. 25%) (Hornung et al. 1995). In der 2-Jahres-Katamnese (N = 132 Patienten) wies die Patientengruppe, welche neben der Neuroleptikagabe alle drei Behandlungsbedingungen erhielt, die mit Abstand geringste Wiederaufnahmerate auf (Hornung und Buchkremer 1996).

Die psychoedukative Gruppenarbeit mit schizophren und schizoaffektiv erkrankten Menschen (PEGASUS) mit 14 Sitzungen (Wienberg 1995, Wienberg und Schünemann-Wurmthaler 1995) zielt auf die Ausarbeitung eines persönlichen Krankheitskonzeptes, eine aktive Krankheitsbewältigung, eine gute Compliance mit der Behandlung, den Aufbau eines positives Selbstbildes sowie eine günstige Beeinflussung des weiteren Krankheitsverlaufs. Hierzu liegen ein ausführliches Therapeutenmanual sowie Arbeitsblätter zur Durchführung vor. Studien mit 25 Patienten (Schünemann-Wurmthaler und Sibum 1995) sowie 41 Patienten (Kastner-Wienberg 1995) aus dem ambulanten Bereich verweisen darauf, daß die Mehrzahl dieser Patienten dieses Angebot als hilfreich einstuften, jedoch erfolgte keine detaillierte Therapieevaluation.

Zusammenfassend läßt sich sagen, daß die psychoedukativen Ansätze von der Mehrzahl der Teilnehmer als hilfreich erlebt werden und zu einem Wissenszuwachs und Veränderung des Krankheitskonzeptes beitragen können. Aussagen im Sinne einer Verbesserung der Rezidivprophylaxe können jedoch nicht durchgängig bestätigt werden.

## Kognitiv-behaviorale Therapieansätze

Im Gegensatz zu den psychoedukativen Ansätzen dominiert in den folgenden Therapien eine stärker kognitiv-behaviorale Ausrichtung, wobei neben der Wissensvermittlung, der Erwerb neuer Funktionen und die Veränderung früherer Denkmuster und Einstellungen eine zentrale Rolle einnehmen. Diese Therapieansätze werden z.T. als Zusatzangebot zur Standardversorgung, auf spezifischen Therapiestationen oder in Kombination mit Angehörigengruppen bzw. Familientherapie angeboten.. Zu diesen Ansätzen zählen eher kurzfristige Ansätze, die kognitiv und/oder bewältigungsorientiert ausgerichtet sind (z. B. Chadwick und Birchwood 1994, Tarrier et al. 1993a,b), solche, die mittelfristig angelegt sind (20–30 Sitzungen z. B. Fowler et al. 1995, Schaub et al. im Druck) und jene, die sich über ein Jahr und länger erstrecken (z. B. Wiedl 1994, Süllwold und Herrlich 1990, Böker 1991, Hogarty et al. 1995, Perris 1989). Wenngleich einige der kognitiven Methoden und Selbstkontrollverfahren im einzelnen auch schon in dem vorangegangenen Kapitel abgehandelt wurden, werden jetzt insbesondere solche Ansätze aufgeführt, in denen verschiedene Behandlungselemente zu komplexeren Therapieansätzen zusammengefaßt werden. Neben dem Umgang mit Symptomen und Beeinträchtigungen sowie mit sozialen Belastungen kommt der Vermittlung eines funktionalen Krankheitskonzeptes in diesen Therapieansätzen eine zentrale Bedeutung zu. Die Vermittlung eines Krankheitskonzeptes nach dem Vulnerabilität-Streß-Modell ist die Grundlage dafür, kritische Bedingungen, welche die psychotischen Symptome auslösen bzw. diese verstärken, genauer zu erkennen und ein besseres Verständnis der Symptome und deren Intensitätsschwankungen zu erreichen. Neben der Informationsvermittlung spielen aber auch kognitive und behaviorale Elemente eine wichtige Rolle. Die mehr kognitiv orientierten Ansätze zielen auf eine Veränderung von Denkmustern, die sich auf die Symptomatik (z. B. Fowler et al. 1995, Kingdon et al. 1991 1995) und/oder dysfunktionale Gedanken im Zusammenhang mit dem individuellen Selbstkonzept (z. B. Perris 1989) beziehen. Bewältigungsorientierte Ansätze orientieren sich stärker an dem Umgang mit Symptomen, alltäglichen Belastungen, kritischen Lebensereignissen und der Auseinandersetzung mit der Erkrankung.

Fowler und Mitarbeiter (1995) geben einen umfangreichen Überblick über aktuelle kognitive Techniken, die sich auf die Behandlung von emotionalen Störungen, psychotischen Symptomen wie Wahn und bizarren Überzeugungen, soziale Behinderung sowie Rückfallgefährdung beziehen und veranschaulichen diese anhand eindrücklicher Fallbeispiele. Als besonders wesentlich heben sie die auf den jeweiligen Patienten zugeschnittene, seine Erfahrungen berücksichtigende, Erarbeitung eines Krankheitsmodells hervor, wobei auch der weitere Therapieverlauf individuell auf den Patienten ausgerichtet sein soll. Da Bewältigungsstrategien z.T. eine eingeschränkte Generalisation auf neue Situationen zeigen, erscheint ihnen auch die Veränderung der Einstellung im Hinblick auf die Erkrankung sowie die psychotischen Symptome wichtig. Garety et al. (1994) boten in einer kontrollierten Studie für Patienten mit schizoaffektiver oder schizophrener chronischer Symptomatik durchschnittlich 16 Sitzungen an, die wöchentlich oder vierzehntägig über sechs Monate stattfanden. Die Therapie zielte auf eine Abnahme der Belastung und der Interferenzen durch chronische Symptome, eine Verbesserung des Krankheitsverständnisses und der Motivation zur Selbstkontrolle sowie den Abbau dysfunktionaler Emotionen. Die 12 Patienten der Therapiegruppe waren der Kontrollgruppe (Wartebedingung) mit 7 Patienten signifikant überlegen in der Abnahme der Wahngewißheit, der allgemeinen Psychopathologie, der Depressionswerte, der subjektiv erlebten Belastung und der Involviertheit mit den „Stimmen“.

Die Arbeitsgruppe von Kingdon und Turkington (Kingdon et al. 1991, Kingdon und Turkington 1995) zielt insbesondere auf eine Destigmatisierung von verwirrenden und ängstigenden Erlebnissen. Inhalte der Therapie sind der Aufbau einer tragfähigen Beziehung, die Erklärung der Psychose unter Hinweis auf normalpsychologische Prozesse (z. B. das Auftreten von Halluzinationen unter Reizdeprivation), die Analyse der Auslöser der psychotischen Krise, die Behandlung vorliegender Ängste, Depressionen, positiver und negativer Symptome sowie eine Rückfallprophylaxe. Die Sitzungen finden 2x wöchentlich bis zu drei Monate statt. Eine unkontrollierte Studie mit 64 psychisch Kranken belegte die klinische Effizienz dieses Ansatzes.

Die „Cognitively Oriented Psychotherapy for Early Psychosis (COPE)“ (Jackson et al. im

Druck, McGorry im Druck, Roberts et al. 1995, Edwards et al. 1995) wird mit 15–30 Sitzungen über neun Monate veranschlagt. Dieser Therapieansatz ist in ein umfangreiches Behandlungskonzept (u.a. Rehabilitation auf der Arbeit- und Freizeitachse, Einbezug der Familien) mit verschiedenen Elementen integriert, das ersterkrankten schizophrenen Patienten (16–30 Jahre alt) in einer komplementären Einrichtung (EPPIC, Early Psychosis Prevention and Intervention Centre) angeboten wird. Dieses Programm gliedert sich in vier Phasen: Befunderhebung hinsichtlich Psychopathologie, Anamnese etc., Herstellen einer tragfähigen Beziehung; Unterstützung in der Verarbeitung der Psychose sowie Aufbau von Hoffnung und realistischen Zukunftserwartungen; Behandlung der sekundären Behinderung (z. B. Depression, soziale Phobien, niedriges Selbstwertgefühl, Drogenmißbrauch) und Aufarbeitung der zugrundeliegenden dysfunktionalen Kognitionen. Zur Informationsvermittlung über die Erkrankung liegen vier Broschüren vor. Weitere Behandlungselemente umfassen das Training sozialer Fertigkeiten, Problemlösen, Selbstintruktionstraining etc. Die Patienten, die die Therapie abgeschlossen oder an mindestens 15 Sitzungen teilgenommen haben, zeigten eine Verbesserung der Negativsymptomatik, der kognitiven Funktionen und der sekundären Behinderung gegenüber den Patienten mit niedriger Teilnahmefrequenz und solchen, die die Therapie verweigerten oder abbrachen .

Der Ansatz von Perris (1989, 1992) zielt auf eine Veränderung dysfunktionaler Kognitionen und Einstellungen hinsichtlich des Selbstkonzeptes. Während viele verhaltenstherapeutische Programme den Erwerb neuer, möglicherweise mehr adaptiver Verhaltensweisen intendieren, fokussiert sein Ansatz auf der Identifikation und Modifikation dysfunktionaler Kognitionen, welche die Entwicklung und den Einsatz angemessener Fähigkeiten behindern. Perris (1989) wertet die Psychose als mögliche traumatische Erfahrung, die die individuelle Betrachtung der Lebenssituation und Zukunft negativ färbt. Sein ganzheitliches kognitiv-behaviorales Behandlungsprogramm wird in kleinen, gemeindenahen Behandlungszentren für junge schizophrene Patienten angeboten. Es ist auf mindestens sechs Monate angelegt und umfaßt neben Milieu- und Gruppentherapie, Angehörigenarbeit, Physiotherapie und gestalterischen Aktivitäten auch individuelle Psychotherapie. Als wichtige Merkmale des kognitiven psychotherapeutischen Dialogs sieht er den Aufbau einer tragfähigen Beziehung, den „kollaborativen Empirismus“ und den Gebrauch der sokratischen Methode. Vorläufige Ergebnisse einer Evaluationsstudie mit 21 schizophrenen Patienten zeigen in der 3-Jahres Katamnese eine hohe soziale Integration, selbständige Lebensführung und gute Compliance bei gleichzeitiger medikamentöser Niedrigdosierung (Perris und Skagerlind 1994) (nähere Ausführungen hierzu s. Kapitel: Kognitive Therapie in diesem Buch).

Im Gegensatz zu den vorangegangenen Therapieansätzen steht bei den nun folgenden eine Verbesserung der Bewältigungskompetenz stärker im Vordergrund, wobei insbesondere eine kooperative Beziehung zwischen den Patienten, dem sozialen Umfeld und den Therapeuten hervorgehoben wird. Besonders Böker (1990) wies im Rahmen seiner „Behandlungspartnerschaft“ zwischen Patient, Angehörigen und Arzt auf die Wichtigkeit eines Einstellungswandels aller Beteiligten hin, der zu einer vermutlich effizienteren Therapieform führt. Das Vulnerabilitäts-Streß-Bewältigungsmodell bietet eine hilfreiche Grundlage, um dem an Schizophrenie Erkrankten eine zumindest partiell erhaltene Autonomie, ein eigenes Bewältigungspotential und entwicklungsfähige Kommunikationsmöglichkeiten zuzugestehen, was seine Potentialität als Partner in einem Therapiebündnis aufwertet. In der Kasuistik eines 19jährigen Krankheitsverlaufs (Böker 1991) wird die Verschränkung der verschiedenen „Partner“ in der Behandlung deutlich wie auch das Ineinandergreifen verschiedener Faktoren im Bewältigungsprozeß der Psychose. Durch die Fokussierung auf Bewältigungsprozesse sensibilisiert sich der Arzt für Autonomiemöglichkeiten des Patienten. Dadurch kann er sich besser auf die innere Situation des Kranken und der Angehörigen einstellen und deren konkrete aktuelle Verarbeitungsmöglichkeiten und auch Überforderungen kennenlernen.

Die zentralen Elemente der verhaltenstherapeutischen Einzelbehandlung (durchschnittliche Dauer: ca. 20 Sitzungen, 1x wöchentlich) von Süllwold und Herrlich (1990, 1992) sind die Vermittlung eines Krankheitskonzeptes nach dem Diathese-Streß-Modell, das Erkennen kritischer Bedingungen für Auslösung bzw. Verstärkung psychotischer Störungen, ein ausreichendes Selbstverständnis für die gesteigerte Störbarkeit und der Aufbau effektiver Bewältigungsstrategien. Wesentlich hierbei ist die stärkere Eigenkontrolle über die Erkrankung durch bewußt in ihrer Wirkung zur Kenntnis gebrachten Bewältigungsstrategien. Diese Therapie führte bei 40 schizophrenen Patienten zu einer kontinuierli-

**Tabelle 5** Psychoedukative Ansätze zur Krankheitsbewältigung

| Therapieprogramm | Behandlungsziel | Methodik | Setting | Zeitdauer | Ergebnisse |
|---|---|---|---|---|---|
| Psychologische Behandlung schizophren Erkrankter (Süllwold & Herrlich, 1990, 1992) | Vermitteln eines funktionalen Krankheitskonzeptes, Wahrnehmen der Prodromi, Umgang mit belastenden Situationen | Informationsvermittlung, Kognitive und behaviorale Elemente | Einzel | Durchschnittlich 20 Sitzungen (bis zu 99) | Zunahme der Compliance, Krankheitseinsicht, Abnahme der Psychopathologie, Rehospitalisationsrate von nur 30% im Katamnesezeitraum von 2 Jahren (N = 40) |
| Bewältigungsorientierte Gruppentherapie (Wiedl, 1994) | Vermitteln eines funktionalen Krankheitskonzeptes, Wahrnehmen der Prodromi, Umgang mit belastenden Situationen | Psychoedukation, behaviorale und kognitive Elemente, „Metaplananalyse", Fragebögen | Gruppe | Wöchentliche Sitzungen über ein Jahr | Es liegen keine empirischen Daten vor |
| Individuelle Psychotherapie der Schizophrenie (Hogarty et al., 1995) | Verbesserung der Rückfallprophylaxe durch die Sensibilisierung auf 'internale Hinweisreize' der affektiven Dysregulation | Phasenspezifische Informationsvermittlung und Verhaltenstherapie | Einzel/ Gruppe | Wöchentliche Sitzungen im 1. Jahr, im 2.–3. Jahr in größeren Abständen | Signifikante bessere Ergebnisse hinsichtlich Psychopathologie, Rückfallhäufigkeit und psychosozialer Anpassung gegenüber einer supportiven Gesprächsgruppe insbesondere mit Zunahme der Behandlungsdauer (N = 150) |

chen Besserung der psychopathologischen Symptomatik, der subjektiv erlebten Beschwerden, der sozialen Integration und Problembewältigung. Die Abnahme der subjektiv erlebten Beschwerden bringen diese Autoren mit einer besseren Bewältigung der verbliebenen Symptome in Zusammenhang. Zudem zeigte sich ein relativ hoher Anteil ambulant abgefangener psychotischer Krisen, eine als auffallend gut einzuschätzende Compliance mit der neuroleptischen Behandlung und eine verbesserte Krankheitseinsicht. Die stationäre Wiederaufnahmerate betrug im Katamnesezeitraum von zwei Jahren nur 30%. Kritisch ist jedoch anzumerken, daß die Kontrollgruppe, eine unausgelesene Stichprobe der Standardversorgung, aufgrund klinischer und soziodemographischer Daten nur bedingt zum Vergleich herangezogen werden kann.

Die Bearbeitung des funktionalen Krankheitskonzeptes, d. h. all derjenigen krankheitsbezogenen Kognitionen, die eine konstruktive Auseinandersetzung mit der Erkrankung ermöglichen sowie des funktionalen Selbstkonzeptes im Sinne der Kognitionen über die eigene Person und ihre Beziehung zur realen und vorgestellten Umwelt steht auch im Mittelpunkt des gruppentherapeutischen Programmes zur Krankheits- und Belastungsbewältigung bei schizophrenen Patienten (Therapiedauer: ca. 50 Sitzungen, 1x wöchentlich) von Wiedl (1994). Auch hier werden Informationen über die Erkrankung (z. B. Vulnerabilität-Streß-Bewältigungs-Modell) und Behandlungsperspektiven vermittelt, das Thema Umgang mit Früh- und Warnsignalen aufgegriffen sowie der Umgang mit Belastungen (z. B. im Arbeitsbereich) thematisiert. Unmittelbare Ziele sind die Erhöhung der Selbstwirksamkeit, der Eigenkompetenz und der Soziabilität des Bewältigungsverhaltens. Ein Evaluation diesen Ansatzes steht noch aus.

Hogarty et al. (1995) entwickelten ein einzeltherapeutisches Behandlungskonzept für schizophrene Patienten, das durch abgestufte, internale Bewältigungsstrategien auf eine zunehmend bessere Wahrnehmung und Bewältigung der persönlichen Vulnerabilität abhebt. Durch die Sensibilisierung auf internale Hinweisreize der affektiven Dysregulation, die Vorboten einer erneuten Krankheitsepisode sein können, soll durch eine individuelle Therapie die Rückfallprophylaxe verbessert werden. Die drei aufeinander aufbauenden Behandlungsphasen, die sich über drei Jahre erstrecken, umfassen die hierarchisch gestufte Anwendung verschiedener Therapieinterventionen. Die Therapie beginnt mit grundlegenden edukativen Methoden und verhaltensorientierten Strategien wie Streßvermeidung und Verstärkung positiver Verhaltensweisen. Im weiteren Verlauf werden stärker einsichtsfördernde Übungen zur Selbst- und Fremdwahrnehmung durchgeführt. In der Therapie wird ein psycho-sozio-biologisches Krankheitsmodell vermittelt, Trainings zur Verbesserung der sozialen Wahrnehmung und Kompetenz durchgeführt, die Patienten zur detaillierten Wahrnehmung von belastenden Situationen und Prodromi angeleitet sowie Aspekte der Berufstätigkeit bzw. Berufsvorbereitung angegangen. Das therapeutische Vorgehen orientiert sich an den Bedürfnissen und Fähigkeiten des Patienten. Der Übertritt in die nächste Behandlungsphase erfolgt erst dann, wenn der Patient bestimmte Therapieziele erreicht hat. Eine vorübergehende Symptomexazerbation hat eine Rückstufung auf eine frühere Behandlungsphase zur Folge.

Zur Überprüfung der Effizienz dieses Ansatzes wurden 94 Patienten randomisiert vier verschiedenen Behandlungsformen zugeteilt: supportive Therapie, individuelle Therapie, eine familientherapeutisch-edukative Behandlung sowie eine Kombination aus den beiden letztgenannten Therapien. Weitere 54 Patienten, die alleine lebten, wurden einer individuellen und einer supportiven Therapie zugeteilt. Die individuelle Therapie zeigte gegenüber der supportiven Gesprächsgruppe hinsichtlich Rückfallhäufigkeit, dem Ausmaß der Psychopathologie und der psychosozialen Anpassung signifikant bessere Ergebnisse. Die beobachteten günstigen Effekte der individuellen Therapie waren bei den nichtalleinlebenden Patienten ausgeprägter und konsistenter als bei den alleinlebenden Patienten, wobei diese bereits zu Beginn schlechtere Ausgangswerte erzielten. Die Auswertung der übrigen Daten steht noch aus. Die vorliegenden Ergebnisse sprechen jedoch für die Effizienz einer derartigen bewältigungsorientierten Therapie.

Im Gegensatz zu den bisher geschilderten krankheits- und belastungsbezogenen Ansätzen ist der folgende bewältigungsorientierte Gruppentherapieansatz eher mittelfristig ausgerichtet (Dauer: 25 Sitzungen; 2x wöchentlich), strukturierter und stärker auf Streßbewältigung und den Aufbau positiver Ressourcen fokussiert (Schaub et al. 1994, 1996a,b). Dieser Ansatz basiert auf den Ergebnissen der allgemeinen Copingforschung und eigenen Studien zum Bewältigungsverhalten schizophrener Patienten (Böker und Brenner 1983, Brenner et al. 1987, Schaub 1993, 1994) sowie auf Elementen bereits existierender Ansätze (Schaub und Möller 1990, Süllwold und Herrlich 1990, Wiedl 1994). Die bewältigungsorientierte Therapie wird in ein umfangreiches Behandlungskonzept eingebettet, das neben Einzeltherapie mit dem Patienten psychoedukativ ausgerichtete Familiengespräche (vgl. Hogarty et al. 1986) umfaßt, in denen wesentliche Informationen über die Krankheit und den Umgang mit belastenden Situationen (z.B. gemeinsame Erstellung eines Krisenplans) gegeben werden. Während frühere Therapieansätze emotional belastende Situationen und krankheitsbezogene Themen in der Gruppentherapie mit schizophrenen Patienten eher zu vermeiden versuchten, fokussiert dieser Ansatz auch auf solche Themen unter der Annahme, daß ihre Integration zu einem besseren Transfer von Bewältigungskompetenz im alltäglichen Leben führt.

**Tabelle 6** Beschreibung der bewältigungsorientierten Gruppentherapie (Schaub et al. 1996a)

**Aufklärung über die Krankheit und die Behandlung auf der Basis des Vulnerabilität-Streß-Bewältigungs-Modells**

- Informationen zur schizophrenen Erkrankung
- Informationen zur Behandlung
- Identifikation, Monitoring und Umgang mit Früh- und Warnsymptomen

**Umgang mit Belastungen**

- Identifikation von Streßsituationen in verschiedenen Lebensbereichen (Krankheit, soziales Umfeld, Individuum) und Erarbeiten einer Hierarchie der Belastungen
- Analyse belastender Situationen im Hinblick auf physiologische, kognitive, emotionale und verhaltensbezogene Parameter
- Streßmanagement: Entspannungstraining, Problemlösung, Training der sozialen Kompetenz, Kognitive Umstrukturierung

**Gesundheitsverhalten**

- Identifikation von angenehmen Situationen
- Positive Lebensgestaltung (z. B. Freizeitgestaltung)

Die bewältigungsorientierte Gruppentherapie besteht aus drei Unterprogrammen (s. Tabelle 6):

(1) *Aufklärung über die Krankheit und die Behandlung auf der Basis eines funktionalen Krankheitskonzeptes.* Letzteres umfaßt alle Kognitionen, die dem Patienten helfen, seine Krankheit zu verstehen und zu realisieren, wie er diese positiv beeinflussen kann. Die Patienten erarbeiten gemeinsam mit den Therapeuten ein für sie verständliches funktionales Krankheitskonzept, das

auf ihren eigenen Erfahrungen sowie auch den in der Therapie vermittelten Informationen basiert. Die Patienten werden auch über die verschiedenen Behandlungsformen, ihre Ansatzpunkte und ihr mögliches Zusammenwirken ausführlicher informiert. Zur Rückfallprophylaxe werden die Patienten außerdem mit der Erkennung, dem Monitoring und dem Umgang mit Früh- und Warnsymptomen anhand der Checkliste von Herz und Melville (1990) vertraut gemacht, und das Ergreifen geeigneter Maßnahmen bei ihrem Auftreten sowie die Vermeidung von rückfallfördernden Verhaltensweisen werden behandelt;

(2) *Umgang mit Belastungen.* Die Bewältigung von Symptomen, alltäglichen Stressoren in verschiedenen Lebensbereichen und kritischen Lebensereignissen soll verbessert werden. Die Patienten identifizieren ihre Belastungen in den verschiedenen Bereichen (z. B. Krankheit, soziales Umfeld, Selbstbild) und erarbeiten ihre individuelle Belastungshierarchie. Die Patienten lernen, erlebte alltägliche Streßsituationen gezielt wahrzunehmen und die dabei aufgetretenen kognitiven, physiologischen und emotionalen Veränderungen zu beschreiben. Die belastenden Situationen werden dann in der Gruppe diskutiert, mögliche Problemlösungen werden gesammelt, und der Betroffene erlernt in einem Rollenspiel diejenige Lösung, welche er für die beste hält. Angestrebt wird die Verbesserung der sozialen Kompetenz und der Bewältigungsstrategien, aber auch die Identifizierung und Analyse fehlangepaßter Denkstile sowie die Vermittlung von Entspannungsstrategien. In den nächsten Sitzungen berichtet der Patient, inwieweit seine Lösungsversuche hilfreich waren.

(3) *Gesundheitsverhalten, d. h. Aufbau eines der Gesundheit und der Lebensqualität förderlichen Lebensstils.* Analog der Beschreibung belastender Situationen werden die Patienten zur Protokollierung positiver Situationen aufgefordert. Die Freizeitgestaltung spielt hierbei eine große Rolle. Durch den Ausbau von Wünschen und Interessen, das Anerkennen persönlicher Bedürfnisse und die Entwicklung individueller Wertorientierungen sollen die gesunden Anteile der Persönlichkeit gefördert und gestärkt werden. Das Selbstkonzept des Patienten sollte nicht einseitig auf die Krankheitsgefährdung ausgerichtet sein, sondern auch eine Vorstellung der eigenen Individualität und der verbliebenen Entwicklungsmöglichkeiten umfassen.

Pilotstudien zu ersten Auswirkungen dieses Therapieansatzes zeigten eine Abnahme der Negativsymptomatik und passiver Bewältigungsstrategien (z. B. soziale Abkapselung) sowie eine Zunahme der Behandlungscompliance und ein größeres Selbstvertrauen (Schaub et al. 1996a). Diese Ergebnisse sind ermutigend und sprechen für den klinischen Nutzen; die fehlende Kontrollgruppe begrenzt jedoch die Schlußfolgerungen, die daraus gezogen werden können. Derzeit ist an der Universitätsklinik Bern mit einer vom Schweizerischen Nationalfonds unterstützten, drei Jahre dauernden Studie begonnen worden, um die Effizienz dieses Ansatzes im einzelnen zu überprüfen (Schaub et al. 1996b).

Abschließend seien auch noch die „Psychoseseminare" (Bock et al. 1992, 1994) erwähnt, in denen „Psychoseerfahrene", Angehörige und professionelle Helfer zum Erfahrungsaustausch zusammentreffen, und die nicht im engeren Sinn als Psychotherapieangebot verstanden werden können. Wenngleich noch keine empirischen Untersuchungen zur Effizienz dieser Seminare vorliegen und auch die Gefahr einer potentiellen Überforderung der psychisch Kranken erwogen werden muß, gibt es Berichte von Teilnehmern, die diese als hilfreich einstufen.

## Vergleich der verschiedenen Therapieansätze

Die bisherige Evaluation der oben genannten bewältigungsorientierten Therapieansätzen belegt (s. Tabelle 7), daß schizophrene Patienten dabei vieles über ihre Erkrankung lernen, sie dadurch mehr Einsicht in Krankheitszusammenhänge gewinnen und eine bessere Mitarbeitsbereitschaft entwickeln können (Schaub und Brenner 1996b). Dies ist einer Rezidivprophylaxe förderlich (z. B. Süllwold und Herrlich 1990, Bäuml et al. 1996, Hornung und Buchkremer 1996). Fertigkeiten zum Medikations- und Symptom-Management können erlernt werden, was vielfach zu einer Zunahme der internalen Kontrollüberzeugungen führt (Eckman et al. 1990, Schaub et al. 1994b). Die Verbesserung der Bewältigungsstrategien im Umgang mit Früh- und Warnsymptomen kann zu einem effizienteren Abfangen von ambulanten Krisen beitragen und somit die Anzahl stationärer Aufenthalte senken (Herz et al. 1993, Heinrichs und Carpenter 1985, Herz et al. 1995). Verbesserte Bewältigungsstrategien im Umgang mit chronisch-psychotischen Symptomen können die Schwere und Häufigkeit psychotischer Symptome (insbesondere Wahnvorstellungen) reduzieren helfen (Tarrier et al. 1993a,b). Auch Überzeugungen zu chronischen akustischen Halluzinationen lassen sich durch kognitive Therapie partiell modifizieren (Chadwick und Birchwood 1994). Diese Ergebnisse klingen vielversprechend.

Im folgenden wird versucht, die Gemeinsamkeiten und Unterschiede der Therapieansätze auszuarbeiten. Ihnen gemeinsam ist die Aufklärung über die Erkrankung (insbesondere anhand des Vulnerabilität-Streß-Bewältigungs-Modells), die Aktivierung von Bewältigungsstrategien sowie eine pragmatische Ausrichtung an konkreten Problemen. Die Beeinträchtigung durch die Erkrankung (Vulnerabilität) wird als gegeben akzeptiert, „Wegtherapieren" ist gegenwärtig unrealistisch. Die Expertendominanz tritt zurück; an ihre Stelle rückt ein Bemühen um partnerschaftliches Vorgehen, an dem der Patient und Angehörige als Coexperten der Erkrankung und das Behandlungsteam beteiligt sind.

**Tabelle 7** Evaluation bewältigungsorientierter Therapieansätze

- Zunahme des Wissens über die Erkrankung.
- Zunahme an Einsicht und Compliance mit der Behandlung.
- Fertigkeiten zum eigenverantwortlichen Umfang mit Medikamenten und zum Umgang mit Symptomen können erlernt werden.
- Zunahme internaler Kontrollüberzeugungen (Self-efficacy).
- Verbesserung der Bewältigungsstrategien im Umgang mit Frühwarnsignalen sowie der Compliance können Rezidiv- und Rehospitalisierungsrate senken.
- Verbesserung der Bewältigungsstrategien im Umgang mit chronischen Symptomen können zur Symptomverbesserung beitragen.
- Teilweise erfolgreiche Versuche der Modifikation von Wahnüberzeugungen.
- Modifikation der Einstellungen zu chronischen Halluzinationen führen zur Verbesserung der Symptomatik.

In diesem Kapitel wurden Unterschiede einzelner Therapieansätze hinsichtlich Behandlungsziel, Methodik, Therapiesetting, Zeitdauer und Vorliegen empirischer Untersuchungen vorgestellt. Im folgenden werden zusätzlich weitere Kriterien ausgewählt wie:

- *Kombination mit psychoedukativen Familiengesprächen*: In der Mehrzahl der Therapieansätze werden die Patientengruppen mit Angehörigengruppen oder individuellen Familiengesprächen kombiniert, in denen die Familie wesentliche Informationen über die Krankheit und den Umgang mit belastenden Situationen (z. B. gemeinsame Erstellung eines Krisenplans) erhält.
- *Inhaltliche Zielsetzung*: Hierzu lassen sich folgende Punkte aufführen, die in den verschiedenen Programmen jedoch unterschiedlich intensiv behandelt werden: Vermittlung adäquater Krankheitstheorien (z. B. Vermittlung eines Diathese-Streß-Modells, Vulnerabilität-Streß-Modells). Krankheitsspezifische Informationen zur Psychose. Informationen zu Behandlungsmaßnahmen (insbesondere Psychopharmakotherapie). Umgang mit Früh- und Warnsymptomen, Umgang mit chronischen Symptomen, Umgang mit Belastungen (Streßbewältigung). Aufbau sozialer Kompetenz, Rückfallprophylaxe, Aufbau von Gesundheitsverhalten, Verbesserung der Lebensqualität.
- *Vorgehen*: Die einzelnen Therapieprogramme legen auf psychoedukative, verhaltenstherapeutische und kognitive Anteile unterschiedliches Gewicht. Jedoch zeigen sich in einigen Ansätzen deutliche Überlappungen zwischen diesen Anteilen, was eine eindeutige Zuordnung erschwert. Einen unterschiedlichen Stellenwert haben auch übende Verfahren, d. h. die Umsetzung bzw. Verfestigung von Erlerntem über Rollenspiele.
- *Strukturiertheit des Therapieangebots*: Es lassen sich hochstrukturierte (z. B. Manual nach Liberman 1988) sowie semistrukturierte Ansätze (z. B. Wiedl 1994) unterscheiden, die dem Patienten einen unterschiedlichen Freiraum für eigene Gestaltungsmöglichkeiten einräumen.
- *Transparenz des therapeutischen Vorgehens*: Während das Therapieprogramm zum Umgang mit Symptomen von Liberman (1988a) wegen seiner klaren Strukturierung auch eine hohe Transparenz der Therapieschritte vorgibt, liegen für die krankheits- und belastungsbezogenen Ansätzen (insbesondere Süllwold und Herrlich 1990) eher Leitfäden als ausgearbeitete Therapiemanuale vor, womit Fragen zum dezidierten Therapieablauf offen bleiben.
- *Offene vs. geschlossene Gruppen*: Während offene Gruppen dem Anspruch einer flexiblen Patientenversorgung meist stärker gerecht werden, bieten geschlossene Gruppen eine bessere Möglichkeit zum Aufbau vertrauensvoller Beziehungen, die das Ansprechen schwieriger persönlicher Themen erst ermöglicht.

- *Ausmaß der Ich-Involvierung*: Während bei einigen Ansätzen primär die Informationsvermittlung im Vorgrund steht, versuchen andere Ansätze durch ein interaktives Geschehen die Ich-Involviertheit des Patienten zu erhöhen. Die intensive Mitarbeit des Patienten wird betont und eine Integration der sachlichen, dem aktuellen wissenschaftlichen Wissensstand angepaßten Informationen in den eigenen Erfahrungsschatz und die subjektiven Krankheitskonzepte der Patienten angestrebt. Untersuchungen belegen, daß guter Wissenszuwachs allein die Rückfallgefahr nicht signifikant vermindert (Bäuml et al. 1993, Pitschel-Walz 1993), im Gegensatz zu einer Integration der Informationen in das subjektive Krankheitserleben (Süllwold und Herrlich 1990). Die Vermittlung von Information ist somit zwar eine wichtige Bedingung, für eine Verhaltensänderung im Umgang mit der Erkrankung bedarf es jedoch weiterer Anstrengungen. Während in den stark informationszentrierten Gruppen der Patient eher in eine passive Konsumentenrolle geraten kann, wird er in den stärker interaktiven Gruppen zu Selbstberichten und einer persönlichen Stellungnahme ermutigt. Diese Gruppen werden stärker auf die individuelle Situation des Patienten zugeschnitten.
- *Durchführung*: Die Therapieansätze, die sich von einigen Wochen bis zu drei Monaten erstrecken, scheinen gut in die Regelversorgung integrierbar. Bei längerfristigen Programmen ist eine Fortführung oder ausschließliche Durchführung im teilstationären bzw. ambulanten Setting wünschenswert. Die Möglichkeit der weiterführenden kontinuierlichen Behandlung vom stationären in den ambulanten Bereich spielt für die Rehabilitation schizophren Erkrankter eine wesentliche Rolle. In diesem Zusammenhang sind „booster sessions" erwähnenswert, d.h. Gruppen, die zur Auffrischung des im stationären Bereich Erlernten dienen. Zwischenzeitliche Erfahrungen zeigen, daß mittels „booster sessions" behandlungsinduzierte Veränderungen verstärkt und die nach intensiven Trainings z.T. auftretende Rückfallgefahr gemindert werden können (Whisman 1990).
- *Evaluationsstudien*: Zu den verschiedenen Ansätzen liegen zumeist auch empirische Untersuchungen, jedoch nur wenige kontrollierte Studien vor (s. Tabelle 7). Wenngleich die Wirksamkeit psychoedukativer Angebote für Angehörige bereits überprüft wurde (z. B. Falloon et al. 1985), untersuchten bisher nur wenige Studien die Effekte psychoedukativer Maßnahmen für Patienten. Bei den semistrukturierten Therapieprogrammen zeichnen sich Schwierigkeiten bei der Therapieevaluation ab, da das individuelle Eingehen auf die jeweiligen Patienten unterschiedliche Schwerpunktsetzungen innerhalb der Therapie begünstigt; dies erschwert die Vergleichbarkeit verschiedener Therapiegruppen. Wiedl (im Druck) thematisiert ausführlich die Schwierigkeiten bei der Evaluation bewältigungsorientierter Therapieansätze.

## Ausblick

Zum Abschluß dieses Kapitels seien einige Ergebnisse und Überlegungen wiederholt, die uns in bezug auf die zukünftige bewältigungsorientierte Therapie besonders wichtig erscheinen.

Das im Kapitel 11 vorgestellte reichhaltige Beobachtungsmaterial über Bewältigungsversuche der Patienten legt zweifelsfrei dar, daß das Schicksal schizophrener Menschen nicht nur durch heteronome, sondern auch durch *autonome Einflüsse* geformt wird. Für diese Schlußfolgerung liefert das weithin akzeptierte Vulnerabilitäts-Streß-Coping-Modell auch eine plausible theoretische Begründung. Es ist unabweisbar, daß den Kranken im Umgang mit ihrer angeborenen schizotropen Verletzlichkeit, bei der Bewältigung von Früh- und Akutsymptomen, residualen Behinderungen und rückfallprovozierenden Stressoren eine *aktive Rolle* zugebilligt werden muß. Dies konnte nicht ohne Auswirkungen auf die Behandlung bleiben.

So hat das Therapiespektrum in den letzten Jahren eine bedeutsame Erweiterung und Akzentverschiebung erfahren: Die neuen *bewältigungsorientierten Behandlungskonzepte* nehmen das subjektive Erleben und Erfahrungswissen des Kranken zur Kenntnis, knüpfen an individuelle Copingversuche an und lassen ihn und seine Angehörigen in planvoller Weise am therapeutischen Prozeß teilhaben. Dabei werden die Therapieerwartungen und Zielsetzungen des Patienten viel stärker als früher beachtet und bearbeitet. Daraus erwächst eine neue Haltung der Experten: Ihre Arbeit wandelt sich von einer bevormundenden Betreuung immer deutlicher in Richtung auf einen *partnerschaftlichen Einsatz*, oder, mit dem Schlagwort der deutschen Vereinigung der Psychiatrie-Erfahrenen (1992): „Verhandeln statt behandeln!"

In methodischer Hinsicht stehen *psychoedukative Elemente*, die sich schon in der fortentwickelten Familientherapie bewährt haben, auch in der bewältigungsorientierten Einzel- und Gruppenarbeit im Vordergrund. Aus Psychotherapie wird nun vielfach Psychagogik, Reminiszenzen einer alten „Diäthetik der Seele" (Feuchtersleben) werden spürbar. Durchweg findet sich das ausdrückliche Bemühen, den Patienten und allen Betroffenen klare *Informationen* über unsere Kenntnisse von Entstehung und Verlauf der Schizophrenie zu vermitteln und ihnen mit dem Vulnerabilitats-Streß-Coping-Konzept ein plausibles Krankheitsmodell an die Hand zu geben. Es erscheint wichtig, die Informationen frühzeitig und wiederholt zu geben, auf ihre Faßlichkeit zu achten und eine nützliche Auswahl zu treffen. Es soll ausreichend informiert werden, ohne zu entmutigen. Die Wichtigkeit *hoffnungsvoller Zukunftserwartungen* bezüglich des Krankheitsverlaufs wird in der Literatur belegt (Dauwalder et al. 1984, Lally 1989). Der informative Anteil wird in einigen Programmen durch eine stärker individualisierende, auf eine Integration der Modellvorstellungen in das subjektive Erleben des Patienten zielende Therapie erweitert und vertieft. Dann zeigt sich, daß die Compliance der Patienten wächst, weil sie eine stringentere Verknüpfung der Behandlung mit ihrem Leiden und ihren Bedürfnissen zu erkennen beginnen. Neben der Symptombehandlung und der Bemühung um eine Rezidivprophylaxe wird vielfach auch die Frage der Lebensqualität und der sozialen Integration bearbeitet.

## Literatur


Acosta, S.: Auditory hallucinations and delusional thinking: A review and critique of outcome studies. Reh. Res. Treat. 5 (1990) 189

Alford, B.: Behavioral tratment of schizophrenic delusions: A single-case experimental analysis. Behav. Ther. 17 (1986) 637

Alford, G.S., L. Fleece, E. Rothblum: Hallucinatory-delusional verbalizations. Beh. Modif. 6 (1982) 421

Ayllon, G.S., E. Haughton: Modification of symptomatic verbal behaviour of mental patients. Behav. Res. Ther. 2 (1964) 87

Bäuml, J.: Psychosen aus dem schizophrenen Formenkreis. Ein Ratgeber für Patienten und Angehörige. Springer, Berlin 1994

Bäuml, J.: Psychoedukative Gruppen zur Verbesserung von Compliance und Coping: Auswirkungen auf Rezidivrate, Krisenbewältigung und soziale Adaptation. Ergebnisse der Münchner PIP-Studie. Kongreß für Klinische Psychologie und Psychotherapie, Berlin 1996

Bäuml, J., W. Kissling, P. Buttner, G. Pitschel-Walz, C. Mayer, R. Börner, R. Engel, J. Peuker, M. Welschehold: Informationszentrierte Patienten- und Angehörigengruppen zur Complianceverbesserung bei schizophrenen Psychosen. Erste Ergebnisse der Münchner PIP-Studie. 4. Verhaltenstherapie 3 (Suppl. 1) (1993) A 30

Bäuml, J., W. Kissling, C. Meurer, A. Wais, H. Lauter: Informationszentrierte Angehörigengruppen zur Complianceverbesserung bei schizophrenen Patienten. Psychiat Prax. 18 (1991) 48

Bäuml, J., W. Kissling, G. Pitschel-Walz: Psychoeducational groups for schizophrenic patients and their relatives – Influence on compliance and coping during the long term treatment with neuroleptics. International Congress on Clinical Psychopathology, Timisoara 1994

Bandura, A.: Self-efficacy: toward a unifying theory of behavioral change. Psych. Review 84 (1977) 191

Beck, A.T.: Successful outpatient psychotherapy of a chronic schizophrenic with a delusion based on borrowed guilt. Psychiatry 15 (1952) 303

Behrendt, B.: Das Symptom-Management-Modul als Standardbehandlung in einem tagesklinischen Setting. In: A. Stark (Hrsg.) Verhaltenstherapeutische Ansätze im Umgang mit schizophren Erkrankten. Deutsche Gesellschaft für Verhaltenstherapie, Tübingen 1996

Bellack, A.S., K.T. Mueser: Psychosocial treatment for schizophrenia. Schizophr. Bull. 19 (1993) 317

Benjamin, L.S.: Is chronicity a function of the relationship between the person and the auditory hallucination? Schiz Bull. 15 (1989) 291

Birchwood, M.: Control of auditory hallucinations through occlusion of monaural auditory input. Br. J. Psychiat. 149 (1986) 104

Birchwood, M.: Early intervention in schizophrenia: Theoretical background and clinical strategies. Brit. J. Clin. Psychol. 31 (1992) 257

Bock, T., J.E. Deranders, I. Esterer: Stimmenreich. Mitteilungen über den Wahnsinn. Psychiatrie Verlag, Bonn 1992

Bock, T., J.E. Deranders, I. Esterer: Im Strom der Ideen. Stimmenreiche Mitteilungen über den Wahnsinn. Psychiatrie Verlag, Bonn 1992

Böker, W.: Zur Selbsthilfe Schizophrener: Problemanalyse und eigene empirische Untersuchungen. In: W. Böker, H.D. Brenner (Hrsg.) Bewältigung der Schizophrenie. Huber, Bern 1986

Böker, W.: Die Entwicklung eines partnerschaftlichen Therapieverständnisses der Schizophrenie als Folge neuer Ätiologiekonzepte und Wandlungen des psychiatrischen Zeitgeistes. Psychiatr. Prax. 18: (1991) 189

Böker, W.: Rehabilitationsprogramme für chronisch schizophrene Patienten. In: A. Rifkin, M. Osterheider (Hrsg.): Schizophrenie – aktuelle Trends und Behandlungsstrategien. Huber, Berlin, Heidelberg 1992

Böker, W., H.D. Brenner: Selbstheilungsversuche Schizophrener: Psychopathologische Befunde und Folgerungen für Forschung und Therapie. Nervenarzt 54 (1983) 578

Böker, W., H.D. Brenner: Bewältigung der Schizophrenie. Multidimensionale Konzepte, psychosoziale und kognitive Therapien, Angehörigen Arbeit und autoprotektive Anstrengungen. Huber, Bern 1986

Böker, W., H.D. Brenner: Schizophrenie als systemische Störung. Die Bedeutung intermediärer Prozesse für Theorie und Therapie. Huber, Bern, Stuttgart, Toronto 1989

Böker, W., H.D. Brenner, G. Gerstner, F. Keller, J. Müller, L. Spichtig: Self-healing strategies among schizophrenics: Attempt at compensation for basic disorders. Acta psychiatr. scand. 69 (1984) 373

Brehm, J.W.: A theory of psychological reactance. Academic Press, New York 1966

Breier, A., J.S. Strauss: Self-control in psychotic disorders. Arch. gen. Psychiat. 40 (1983) 1141

Brenner, H.D.: Zur Bedeutung von Basisstörungen für Behandlung und Rehabilitation. In W. Böker, H.D. Brenner (Hrsg.): Bewältigung der Schizophrenie. Huber, Bern 1986

Brenner, H.D.: Therapieprogramm zum Umgang mit Medikamenten (Medication Management Module). Therapeuten-Handbuch und Patienten-Arbeitsbuch. Abteilung für Theoretische und Evaluative Psychiatrie an der Universitätsklinik, Bern 1989

Brenner, H.D.: Therapieprogramm zum Umgang mit Symptomen (Symptom Management Module). Therapeuten-Handbuch und Patienten-Arbeitsbuch. Abteilung für Theoretische und Evaluative Psychiatrie an der Universitätsklinik, Bern 1990

Brenner, H.D., W. Böker, J. Müller, L. Spichtig, S. Würgler: On autoprotective efforts of schizophrenics, neurotics and controls. Acta psychiatr. scand. 75 (1987b) 405

Brenner, H.D., C. Cueni, G. Dittmar, G. Donzel, R. Günther, B. Kröner, B. Schütte, E. Seidensticker-Loh, D. Waldvogel: Therapieprogramm zum Umgang mit Medikamenten – Erfahrungen mit einer deutschsprachigen Version des „Medication Management Module“ der Arbeitsgruppe von J.P. Liberman. Schizophrenie Heft 1 (1994) 25

Brenner, H.D., D. Waldvogel, M. Wäber, B. Ambühl: Therapieprogramm zum eigenverantwortlichen Umgang mit Medikamenten bei chronisch psychisch Kranken. Swiss Med. 10 (1988) 15

Brett-Jones, J., P. Garety, D. Hemsley: Measuring delusional experiences: A method and its application. Brit. J. Clin. Psychol. 26 (1987) 257

Bucher, B., J. Fabricatore: Use of patient administered shock to suppress hallucinations. Behav. Ther. 1 (1970) 382

Buchkremer, G., P. Fiedler: Kognitive versus handlungsorientierte Therapie. Nervenarzt 48 (1987) 481

Buchkremer, G., M. van der Ven, H. Schulze Mönking: Medikamentenmitbestimmung – Ein Psychotherapieziel bei schizophrenen Patienten. In: H. Helmchen, R. Tölle (Hrsg.): Therapie mit Neuroleptika-Perazin. Thieme, Stuttgart 1988

Brücher, K.: Ein individualisiertes psychoedukatives Therapiekonzept in der stationären Behandlung Schizophrener – Modelle und eigene Erfahrungen. Psychiat Prax, 19 (1992) 59

Chadwick, P.D.J., M. Birchwood: The omnipotence of voices. A cognitive approach to auditory hallucinations. Br. J. Psychiatry. 164 (1994) 190

Chadwick, P.D.J., C.F. Lowe: Measurement and modification of delusional beliefs. J. Consult. Clin. Psychol. 58 (1990) 225

Dauwalder, H.P., L. Ciompi, E. Aebi, T. Hubschmid: Ein Forschungsprogramm über die Rehabilitation psychisch Kranker: Untersuchungen zur Rolle von Zukunftserwartungen bei chronisch Schizophrenen. Nervenarzt 55 (1984) 257

Davis, J.R., C.J. Wallace, R.P. Liberman, B.F. Finch: The use of brief isolation to suppress delusional and hallucinatory speech. J. Behav. Ther. Exper. Psychiat. 7 (1976) 169

Done, D.J., C.D. Frith, D.C. Owens: Reducing persistent auditory hallucations by wearing an ear-plug. Br. J. Clin. Psychol. 25 (1986) 151

Eckman, T.A., R.P. Liberman, C.C. Phipps, K.E. Blair: Teaching medication management skills to schizophrenic patients. J. Clin. Psychopharmacol. 10 (1990) 33

Eckman, T.A., W.C. Wirshing, S.R. Marder, R.P. Liberman, K. Johnston-Cronk, K. Zimmerman, J. Mintz: Technology for training schizophrenics in illness self-management: A controlled trial. Am. J. Psychiat. 149 (1992) 1549

Erickson, G.D., G.J. Gustafsson: Controlling auditory hallucinations. Hosp. Commun. Psychiat. 10 (1986) 45

Falloon, I.R.H., R.E. Talbot: Persistent auditory halluzinations: coping mechanisms and implications for management. Psychol. Med. 11 (1981) 329

Falloon, I.R.H., J.L. Boyd, C.W. McGill, M. Williamson, J. Razani, H.B. Moss, A.M. Gildeman, G.M. Simpson: Family management in the prevention of morbidity of schizophrenia. Clinical outcome of a two-year longitudinal study. Arch. Gen. Psychiat. 42 (1985) 887

Feder, R.: Auditory hallucinations treated by radio headphones. Am. J. Psychiat. 139 (1982) 1188

Fonagy, P., P. Slade: Punishment vs. negative reinforcement in the aversive conditioning of auditory hallucinations. Behav. Res. Ther. 20 (1982) 483

Fowler, D.: Cognitive behaviour therapy in management of patients with schizophrenia: preliminary studies. In: A. Werbart, J. Cullberg (eds.): Psychotherapy of schizophrenia: facilitating and obstructive factors. Scandinavian University Press Oslo

Fowler, D., S. Morley: The cognitive-behavioural treatment of hallucinations and delusions: A preliminary study. Beh. Psychother. 17 (1989) 267

Fowler, D., P. Garety, E. Kuipers: Cognitive behaviour therapy for psychosis. John Wiley & Sons, Chichester, New York 1995

Gaebel, W.: Intermittent medication – an alternative? Acta psychiat. scand., 89 (Suppl. 382) (1994) 33

Garety, P.A., L. Kuipers, D. Fowler, F. Chamberlain, G. Dunn: Cognitive behavioural therapy for drug-resistant psychosis. Brit. J. Med. Psychol. 67 (1994) 259

Glaister, B.: A case of auditory hallucinations treated by satiation. Beh. Res. Ther. 23 (1985) 213

Goldman, G.R., F.L. Quinn: Effects of a patient education program in the treatment of schizophrenia. Hosp. Commun. Psychiat. 39 (1988) 282

Goldstein, M.J.: Psychosocial strategies for maximizing the effects of psychotropic medications for schizophrenia and mood disorder. Psycholopharmakol. Bull. 28 (1992) 237

Green, M.F., M. Kinsbourne: Auditory hallucinations in schizophrenia: does humming help? Biol. Psychiat. 25 (1989) 630

Green, P., A. Glass, M. O' Callaghan: Some implications of abnormal hemisphere interaction in schizophrenia. In: J.H. Gruzelier, P. Flor-Henry (eds.) Hemispheric asymmetries of function and psychopatholgy. Elsevier, Amsterdam 1979

Green, P., S. Hallett, M. Hunter: Abnormal interhemispheric specialisation in schizophrenia and high risk children. In: P. Flor-Henry, J.H. Gruzelier (eds.) Laterality and Psychopathology. Elsevier, Amsterdam 1983

Greenberg, L., S.B. Fine, C. Cohen, K. Larson, A. Michaelson-Baily, P. Rubinton: An indisciplinary psychoeducation program for schizophrenic patients and their families in acute care setting. Hosp. Commun. Psychiat. 39 (1988) 277

Haddock, G., R.P. Bentall, P.D. Slade: Psychological treatment of chronic auditory hallucinations: two case studies. Behav. Cog. Psychotherapy, 21 (1993) 335

Haddock, G., R.P. Bentall, P.D. Slade: Cognitive-behavioral approaches to the management of auditory hallucinations. World Congress of Behavioural and Cognitive Therapies, Kopenhagen 1995

Hahlweg, K., H. Dürr, U. Müller: Familienbetreuung schizophrener Patienten. Materialien für die psychosoziale Praxis. Beltz Psychologie Verlags Union, Weinheim 1994

Hartman, L.M., F.E. Cashman: Cognitive-behavioral and psychopharmacological treatment of delusional symptoms: A preliminary report. Beh. Psychother. 11 (1983) 50

Heinrichs, D.W., W.T. Carpenter: Prospective study of prodromal symptoms in schizophrenic relapse. Amer. J. Psychiat. 142 (1985) 371

Heinrichs, D.W., B.P. Cohen, W.T. Carpenter: Early insight and the management of schizophrenic decompensation. J. Nerv. Mental Dis. 173 (1985) 133

Hell, D., M. Fischer-Gestefeld: Schizophrenien. Verständnisgrundlagen und Orientierungshilfen. 2. neubearbeitete Auflage. Springer, Berlin Heidelberg New York 1993

Herz, M.I., J.S. Lamberti: Prodromal symptoms and relapse prevention in schizophrenia. Schiz. Bull. 21 (1995) 541

Herz, M.I., C. Melville: Relapse in schizophrenia. Amer. J. Psychiat. 137 (1980) 801

Herz, M.I., H.V. Szymanski, J.C. Simon: Intermittant medication for stable schizophrenic outpatients: An alternative to maintenance medication. Amer. J. Psychiat. 139 (1982) 918

Herz, M.I., W. Glazer, M. Mirza, M. Mostert, H. Hafez, P. Smith, E.T. Trigoboff, D. Miles, J. Simon, J. Finn, M. Schohn: Die Behandlung prodromaler Episoden zur Prävention von Rückfällen in der Schizophrenie. In: W. Böker, H.D. Brenner (Hrsg.) Schizophrenie als systemische Störung. Die Bedeutung intermediärer Prozesse für Theorie und Therapie. Huber, Bern 1989

Herz, M.I., W.M. Glazer, M.A. Mostert, M.H. Sheard, H.V. Szymanski, M. Hafez, M. Mira, J. Vana: Intermittent vs. maintenance medication in schizophrenia. Two year results. Arch. gen. Psychiat. 48 (1991) 333

Hirsch, S.R., A.G. Jolley, R. Manchanda, A. McRink: Frühzeitige medikamentöse Intervention als Alternative zur Depot-Dauermedikation in der Schizophreniebehandlung: Ein vorläufiger Bericht. In: W. Böker, H.D. Brenner (Hrsg.) Bewältigung der Schizophrenie. Huber, Bern 1986

Himadi, B., F. Osteen, A.J. Kaiser, K. Daniel: Assessment of delusional beliefs during the modification of delusional verbaliszations. Beh. Resid. Treatment 6 (1991) 355

Hogarty, G.E., C.M. Anderson, D.J. Reiss, S.J. Kornblith, D.P. Greenwald, C.D. Javna, M.J. Madonia, M.J.: Family psychoeducation, social skills training and maintenance chemotherapy in the aftercare of schizophrenia: I. One year effects of a controlled study an relapse and expressed emotion. Arch. Gen. Psychiat. 43 (1986) 633

Hogarty, G.E., S.J. Kornblith, D. Greenwald, A.L. DiBarry, S. Cooley, S. Flesher, D. Reiss, M. Carter, R. Ulrich: Personal therapy: A disorder relevant psychotherapy for schizophrenia. Schizophr. Bull. 21 (1995) 379

Hole, R.W., A.J. Rush, A.T. Beck: A cognitive investigation of schizophrenic delusions. Psychiat. 42 (1979) 312

Hornung, W.P., G. Buchkremer: Psychoedukativ-psychotherapeutische Behandlung von schizophrenen Patienten und ihren Angehörigen – Ergebnisse einer 2-Jahres-Katamnese. Fortschr. Neurol. Psychiat. 64 Sonderheft 1 (1996) 12

Hornung, W.P., G. Buchkremer, R. Holle, H. Schulze-Mönking, S. Klingberg: Psychoedukativ-psychotherapeutische Behandlung von schizophrenen Patienten und ihren Bezugspersonen – Ergebnisse einer Ein-Jahres-Katamnese. Nervenarzt 66 (1995) 828

Hornung, W.P., U. Franzen, R. Lemke, C. Wiesemann, G. Buchkremer: Kann Psychoedukation bei chronisch schizophrenen Patienten kurzfristig medikationsbezogene Einstellungen und Verhaltensweisen beeinflussen? Psychiat. Prax. 20 (1993) 152

Hustig, H.H., D.B. Tran, R.J. Hafner, R.J. Miller: The effect of headphone music on persistent auditory hallucinations. Beh. Psychother. 18 (1990) 273

James, D.A.E.: The experimental treatment of two cases of auditory hallucinations. Brit. J. Psychiat. 143 (1983) 515

Jaspers, K.: Allgemeine Psychopathologie. 8. Auflage. Springer, Berlin 1963

Jolley, A.G., S.R. Hirsch: Intermittierende und niedrigdosierte Neuroleptika-Therapie: Prophylaktische Strategien bei der Schizophrenie. In: R. Olbirch (Hrsg.) Therapie der Schizophrenie. Kohlhammer, Stuttgart 1990

Kastner-Wienberg, M.: Produktive Störung – Psychoedukative Gruppenarbeit im tagesklinischen Kontext. In: G. Wienberg (Hrsg.) „Schizophrenie zum Thema machen". Psychoedukative Gruppenarbeit mit schizophren und schizoaffektiv erkrankten Menschen. Grundlagen und Praxis. Psychiatrie Verlag, Bonn 1995, S. 235

Kelly, G.R., J.E. Scott: Medication compliance and health education among outpatients with chronic mental disorders. Med. Care 28 (1990) 1181

Kieserg, A., W.P. Hornung, W.P.: Psychoedukatives Training für schizophrene Patienten (PTS). Materalie Nr. 27, Deutsche Gesellschaft für Verhaltenstherapie e.V., Tübingen 1994

Kieserg, A., W.P. Hornung: Psychoedukatives Training für schizophrene Patienten (PTS). Materalie Nr. 27, Deutsche Gesellschaft für Verhaltenstherapie e.V., Tübingen, 2. überarbeitete und erweiterte Auflage 1996

Kingdon, D.G., D. Turkington: The use of cognitive behaviour therapy with a normalising rationale in schizophrenia. J. Nerv. Ment. Dis. 179 (1991) 207

Kingdon, D.G., D. Turkington, D.: Cognitive behaviour therapy of schizophrenia. Lawrence Erlbaum, Hove 1994

Kissling, W.: Compliance, quality assurance and standards for relapse prevention in schizoprenia. Acta Psychiat. Scand. 89 (Suppl. 382) (1994) 16

Kraus, H., M. Schmalzried, J. Wittpoth: Frühsymptom-Management. Rezidivprophylaxe bei schizophren gefährdeten Menschen. In: U. Trenckmann, R. Briese, N. Böhmer: Behandlung schizophren erkrankter Menschen. Enke, Stuttgart 1994

Lally, S.J.: Does being in here mean there is something wrong with me? Schizophr. Bull. 15 (1989) 253

Lamontagne, Y., N. Audet, R. Elie: Thought-stopping for delusions and hallucinations: A pilot study. Beh. Psychother. 11 (1983) 177

Lasar, M., R. Loose: Kontrollüberzeugung bei chronischer Schizophrenie. Nervenarzt, 65 (1994) 464

Lewandowski, L., G. Buchkremer: Bifokale therapeutische Gruppenarbeit mit schizophrenen Patienten und ihren Angehörigen – Ergebnisse einer 5-jährigen Katamnese. In: W.O. Kaschka, P. Joraschky, E. Lungershausen (Hrsg.) Die Schizophrenien. Tropon Symposium, Bd. III. Springer, Berlin 1988

Liberman, R.P.: Social and Independent Living Skills. The Symptom Management Module. Trainer's manual and patient's handbook. Clinical Research Center for Schizophrenia and Psychiatric Rehabilitation, Los Angeles 1988a

Liberman, R.P.: Social and Independent Living Skills. The Medication Management Module. Trainer's manual and patient's handbook. Clinical Research Center for Schizophrenia and Psychiatric Rehabilitation, Los Angeles 1988b

Liberman, R.P., M. Green: Whither cognitive-behavior therapy for schizophrenia? Schizophr. Bull. 18 (1992) 27

Liberman, R.P., K.T. Mueser, C.J. Wallace, H.E. Jacobs, T. Eckman, H.K. Massel: Training skills in the psychiatrically disabled: learning coping and competence. In: E.R. Straube, K. Hahlweg (eds.) Schizophrenia: Concepts, vulnerability, and intervention. Springer, Berlin 1990

Liberman, R.P., T. v. Putten, B.D. Marshall, J. Mintz, L. Bowen, T.G. Kuehnel, M. Aravagiri, S.R. Marder: Optimal drug and behavior therapy for treatment-refractory schizophrenic patients. Amer. J. Psychiat., 151 (1994) 756

Liberman, R.P., J. Teigen, R. Patterson, V. Baker: Reducing delusional speech in chronic paranoid schizophrenics. J. Appl. Beh. Anal. 6 (1973) 57

Lowe, C.F., P.D. Chadwick: Verbal control of delusions. Behav. Ther. 21 (1990) 461

Maher, B.A.: Anomalous experience and delusional thinking: the logic of explanations. In: T.E. Oltmanns, B.A. Maher (eds.) Delusional beliefs. Wiley, New York 1988

Mallya, A.R., W.W. Shen: Radio in the treatment of auditory hallucinations. Amer. J. Psychiat. 1140 (1983) 1264

Marder, S.R.: The role of dosage and plasma levels in neuroleptic relapse prevention. Acta Psychiat. Scand. 89 (Suppl. 382) (1994) 25

Marder, S.R., W.C. Wirshing, T. Van Putten, J. Mintz, J. McKenzie, K. Johnston-Cronk, M. Lebell, R.P. Liberman: Fluphenazine vs. placebo supplementation for prodromal signs of relapse in schizophrenia. Arch. Gen. Psychiat. 51 (1994) 280

Margo, A., D.R. Hemsley, P.D. Slade: The effect of varying auditory input on schizophrenic hallucinations. Brit. J. Psychiat. 139 (1981) 122

Meichenbaum, D.: The effects of instructions and reinforcement on thinking and language behaviour in schizophrenics. Behav. Res. Ther. 8 (1969) 147

Meichenbaum, D., R.C. Cameron: Training schizophrenics to talk to themselves: A means of developing attentional controls. Behav. Ther. 4 (1973) 515

Miller, L.J., E. O'Connor, T. DiPasquale: Patients' attitudes toward hallucinations. Amer. J. Psychiat. 150 (1990) 584

Milton, F., V.K. Patwa, R.J. Hafner: Confrontation versus belief modification in persistent deluded patients. Brit. J. Med. Psychol. 51 (1987) 127

Möller, H.J.: Indikation und Differentialindikation der neuroleptischen Langzeitmedikation. In: P. Pichot, H.J. Möller (Hrsg.) Neuroleptika. Springer, Berlin 1987

Morley, S.: Modification of auditory hallucinations: Experimental studies of headphones and earplugs. Beh. Psychother. 15 (1987) 240

Moser, A.J.: Covert punishment of hallucinatory behaviour in a psychotic male. J. Behav. Ther. Exper. Psychiat. 5 (1974) 297

Nelson, H.E., S. Thrasher, T.R.E. Barnes: Practical ways of alleviating auditory hallucinations. Brit. Med. J. 302 (1991) 307

Patterson, R., J. Teigen: Conditioning and posthospitalization generalization of nondelusional responses in a chronic psychotic patient. J. Appl. Behav. Anal. 6 (1973) 65

Perris, C.: Cognitive Therapy with schizophrenic patients. Guilford Press, London 1989

Perris, C.: A cognitive behavioral treatment program for patients with a schizophrenic disorder. In: R.P. Liberman (ed.) New directions for mental health services: Effective psychiatric rehabilitation. Jossey-Bass, San Francisco 1992

Perris, C., L. Skagerlind: Cognitive therapy with schizophrenic patients. Acta Psychiat. Scand. 89 (Suppl. 382) (1994) 65

Pilsecker, C.: On educating schizophrenics about schizophrenia. Schizophr. Bull. 7 (1981) 379

Pitschl-Walz, G., R. Boerner, C. Mayer, R. Engel, I. Peuker, M. Welscheholt, J. Bäuml, P. Buttner, W. Kissling: Informationszentrierte Patientengruppen bei schizophrenen Psychosen: Einfluß auf Krankheitskonzept und Wissensstand der Patienten – Ergebnisse der PIP-Studie. Verhaltenstherapie 3 (Suppl. 1) (1993) A 40

Romme, M.A.J., A. Honig, E.O. Northoorn, A.D.M.A.C. Escher: Coping with hearing voices: An emancipatory approach. Brit. J. Psychiat. 161 (1992) 99

Rudden, M., M. Gilmore, A. Frances: Delusions: When to confront the facts of life. Amer. J. Psychiat. 139 (1982) 929

Schaub, A.: Formen der Auseinandersetzung bei schizophrener Erkrankung. Peter Lang, Frankfurt am Main 1993

Schaub, A.: Relapse and coping behavior in schizophrenia. Schiz. Research. 11 (1994) 188

Schaub, A., H.D. Brenner: Aktuelle verhaltenstherapeutische Ansätze zur Behandlung schizophren erkrankter Menschen. In: A. Stark (Hrsg.) Verhaltenstherapeutische und psychoedukative Ansätze im Umgang mit schizophren Erkrankten. Tübingen, dgvt 1996a

Schaub, A., H.D. Brenner: Bewältigungsorientierte Therapieansätze bei schizophren Erkrankten – Möglichkeiten und Grenzen der Rezidivprophylaxe. Kongreß für Klinische Psychologie und Psychotherapie, Berlin 1996b

Schaub, A., H.J. Möller: Training kognitiver und sozialer Defizite bei schizophrenen Patienten. Zentralblatt Neurologie und Psychiatrie 255 (1990) 277

Schaub, A., K. Andres, H.D. Brenner: Impact of a coping-orientated treatment programme on the quality of life in schizophrenia. First Internat. Conference on psychological treatments for schizophrenia, Cambridge 1995

Schaub, A., K. Andres, H.D. Brenner, G. Donzel: Entwicklung einer bewältigungsorientierten Gruppentherapie für schizophrene Patienten. In: W. Böker, H.D. Brenner (Hrsg.) Integrative Therapie der Schizophrenie. Bern, Huber 1996a

Schaub, A., K. Andres, H.D. Brenner, G. Donzel, D. Georgescu, F. Schindler, J. Strnad: Bewältigungsorientierte Therapie bei psychisch Erkrankten – ein gruppentherapeutisches Konzept zum Umgang mit einer schizophrenen Psychose. Fortschr. Neurol. Psychiat. 64 Sonderheft 1 (1996b) 12

Schaub, A., B. Behrendt, H.D. Brenner: The influence of the German version of the Symptom Management Module on perveived self-control in schizophrenia. Proceedings for the 28th Annual Association for Advancement of Behavior Therapy (AABT) Convention, San Diego CA 1994a

Schaub, A., B. Behrendt, H.D. Brenner, K. Mueser, G. Donzel: Predictors of differential response in schizophrenic patients to the German version of the Symptom Management Module. Schizophrenia Congress: New perpectives on development and treatment, Oslo 1994b

Schünemann-Wurmthaler, S., B. Sibum: Psychoedukative Gruppenarbeit als Projekt – Erfahrungen in der Entwicklung- und Erprobungsphase. In: G. Wienberg (Hrsg.) „Schizophrenie zum Thema machen". Psychoedukative Gruppenarbeit mit schizophren und schizoaffektiv erkrankten Menschen. Grundlagen und Praxis. Psychiatrie Verlag, Bonn 1995

Slade, P.D.: The external control of auditory hallucinations: An information theory approach. Br. J. Soc. Clin. Psychol. 13 (1974) 73

Slade, P.D.: Towards a theory of auditory hallucinations: outline of a hypothetical four-factor model. Brit. J. Soc. Clin. Psychol. 15 (1976) 415

Smith, J., M. Birchwood, A. Haddrell: Informing people with schizophrenia about their illness: the effect of residual symptoms. J. Ment. Health 1 (1992) 61

Stark, F.M.: Strukturierte Information über Vulnerabilität und Belastungsmanagement für schizophrene Patienten. Verhaltenstherapie 2 (1992) 40

Stöckli, M., Waldvogel, D., Brenner, H.D.: Schizophrenie-Rückfallprävention: „Therapieprogramm zum Umgang mit Symptomen". Swiss Med 12 (1990) 17

Strauss, J.S.: Mediating processes in schizophrenia. Br. J. Psychiat. 155 (suppl. 7) (1969) 22

Süllwold, L., J. Herrlich: Psychologische Behandlung schizophren Erkrankter. Kohlhammer, Stuttgart, Berlin 1990

Süllwold, L., J. Herrlich: Providing schizophrenic patients with concept of illness. An essential element of therapy. Brit. J. Psychiat. 161 (Suppl. 18) (1992) 129

Süllwold, L., G. Huber: Schizophrene Basisstörungen. Springer, Berlin, Heidelberg 1986

Tarrier, N.: An investigation pf residual psychotic symptoms in discharged schizophrenic patients. Brit. J. Psychiat. 26 (1987) 141

Tarrier, N.: Management and modification of residual positive psychotic symptoms. In: M. Birchwood, N.

Tarrier (eds.) Innovations in the psychological mangement of schizophrenia. Wiley, Chichester 1992
Tarrier, N., D. Harwood, L. Yusopoff, R. Beckett, A. Baker: Coping Strategy Enhancement (CSE): A method of treating residual schizophrenic symptoms. Beh. Psychother. 18 (1990) 283
Tarrier, N., R. Beckett, S. Harwood, A. Baker, L. Yusupoff, I. Ugarteburu: A trial of two cognitive-behavioural methods of treating drug-resistant residual psychotic symptoms in schizophrenic patients: I. outcome. Brit. J. Psychiat. 162 (1993a) 524
Tarrier, N., L. Sharpe, R. Beckett, S. Harwood, A. Baker, L. Yusopoff: A trial of two cognitive behavioural methods of treating drug-resistant residual psychotic symptoms in schizophrenic patients. II. Treatment-specific changes in coping and problem-solving skills. Soc. Psychiat. Psychiatr. Epidemiol. 28 (1993b) 5
Turner, S.M., M. Hersen, A.S. Bellack: Effects of social disruption, stimulus interference and aversive conditioning on auditory hallucinations. Behav. Modif. 1 (1977) 249
Vauth, R., R.D. Stieglitz: Verhaltenstherapeutische Interventionen bei persistierender halluzinatorischer und wahnhafter Symptomatik schizophrener Patienten. Verhaltenstherapie 4 (1994) 177
Watts, F.N., S.V. Powell, S.V. Austin: The modification of abnormal beliefs. Br. J. Med. Psychol. 46 (1973) 359
Weingaertner, A.H.: Self administered aversive stimulation with hallucinating hospitalized schizophrenics. J. Consult. Clin. Psychol. 36 (1971) 422
Whisman, M.A.: The efficacy of booster maintenance sessions in behavior therapy: Review and methodological critique. Clin. Psychol. Rev. 10 (1990) 155
Wiedl, K.H.: Bewältigungsorientierte Therapie bei Schizophrenen. Zschr. Klin. Psychol. Psychopathol. 42 (1994) 89
Wienberg, G.: „Schizophrenie zum Thema machen". Psychoedukative Gruppenarbeit mit schizophren und schizoaffektiv erkrankten Menschen. Grundlagen und Praxis. Psychiatrie Verlag, Bonn 1995
Wienberg, G., S. Schünemann-Wurmthaler: Psychoedukative Gruppenarbeit mit schizophrenen und schizoaffektiv Erkrankten/ PEGASUS – Ziele, Inhalte und Methoden. In: G. Wienberg (Hrsg.) „Schizophrenie zum Thema machen". Psychoedukative Gruppenarbeit mit schizophren und schizoaffektiv erkrankten Menschen. Grundlagen und Praxis. Psychiatrie Verlag, Bonn 1995
Wienberg, G., S. Schünemann-Wurmthaler, S. Sibum: „Schizophrenie zum Thema machen". Psychoedukative Gruppenarbeit mit schizophren und schizoaffektiv erkrankten Menschen / PEGASUS. Manual und Materialien. PsychiatrieVerlag, Bonn 1995
Wienberg, G., S. Schünemann-Wurmthaler, S. Sibum, U. Starck: Psychoedukative Gruppentherapie mit schizophren und schizoaffektiv Erkrankten – Konzeption und erste Ergebnisse. Fortschr. Neurol. Psychiat. 64 Sonderheft 1 (1996) 31
Wincze, J.P., H. Leitenberg, W.S. Agras: The effects of token reinforcement and feedback on the delusional verbal behaviour of chronic paranoid schizophrenics. J. Appl. Behav. Anal. 5 (1972) 247
Wolpe, J.: The Practice of Behavior Therapy. Pergamon Press, New York 1973

# 13 Behandlung von Krankheitsphasen und Rückfällen

U. Giebeler, H.D. Brenner

## Einleitung

Der Verlauf schizophrener Erkrankungen stellt an sich wohl eher ein Kontinuum dar, in dem relativ willkürlich verschiedene Krankheitsepisoden bzw. -stadien abgegrenzt werden. Eine entsprechende, geläufige Unterteilung, die klinischen Anforderungen gerecht wird, ist die Gliederung in akute und postakute Krankheitsphasen, weil unterschiedliche Therapiestrategien zu unterschiedlichen Zeitpunkten des Krankheitsverlaufs indiziert sind und der zeitliche Beginn dieser Therapiemassnahmen klarer definiert werden kann. So ist der Focus der Therapie in der akuten Krankheitsphase auf eine optimal angepasste Neuroleptikadosis gerichtet, um die produktiv-psychotische Symptomatik in den Hintergrund treten zu lassen. Hingegen geht es in der postakuten Phase in erster Linie darum, durch geeignete weitere Interventionen (z. B. psychoedukative, kognitiv-verhaltenstherapeutische Gruppenverfahren) i.S. einer Rückfallprophylaxe möglichst eine erneute Dekompensation zu verhindern. In der rehabilitativen Phase soll der Patient je nach Funktionseinschränkung auf der Wohn- und Arbeitsachse in die Gemeinde reintegriert werden, was mit der Schaffung eines tragfähigen sozialen Netzwerks verbunden ist.

## Die akute Phase

In der akuten Phase kommt es meistens zu einer Destabilisierung der gesamten Persönlichkeit nebst Störungen vegetativer Mechanismen wie Schlaf-Wach Rhythmus und Temperaturregulation sowie Störungen kognitiver Funktionen. Das Bewusstsein zentriert sich auf die „innere virtuelle Realität“ des psychotischen Erlebens. Der Betroffene kann in der Regel den allgemeinen Anforderungen an sozialer Kommunikation nicht mehr gerecht werden. Ein Umstieg aus dem psychotischen Geschehen in die reale Welt ist aus eigenem Antrieb nicht mehr möglich.

Conrad (1958) spricht in diesem Zusammenhang von Anastrophè, einer Focussierung auf das eigene Ich, das zum Zentrum des Denkens und Erlebens wird („Ich habe das Gefühl, als drehe sich alles um mich“). Im Vordergrund des Erlebens stehen Angst, Ambivalenz, affektive Wechselhaftigkeit und der Verlust von gewohnten Wert- und Bedeutungshierarchien. Das bisher tragende soziale Netzwerk ist nicht mehr in der Lage, eine ausreichend protektiv wirkende emotionale Atmosphäre und soziale Unterstützung zur Verfügung zu stellen, um die effektive Belastung des Betroffenen im erforderlichen Maß zu verringern und die Dekompensation dadurch abzufangen. Eine stationäre Einweisung ist dann zumeist erforderlich. Sind in diesem Stadium eindeutig produktive Symptome oder Positivsymptome zu beobachten, wird üblicherweise die Diagnose einer Schizophrenie gestellt. Zu diesen Symptomen zählen nach ICD-10 (Dilling et al. 1991) insbesondere charakteristische Denkstörungen wie Gedankenlautwerden, Gedankeneingebung oder Gedankenentzug, Wahnwahrnehmung bzw. anhaltender kulturell unangemessener Wahn und/oder akustische Halluzinationen wie kommentierende oder dialogische Stimmen.

Die stationäre Behandlung der akuten schizophrenen Phase beinhaltet zwei Hauptziele: (1) Die möglichst exakte diagnostische Abklärung und die optimale medikamentöse Behandlung der akuten bzw. subakuten Symptomatik sowie (2) die Vermittlung von adäquaten Verhaltensweisen, die einen Strukturierungsprozess begünstigen. Das Ziel der Pharmakotherapie ist die Stabilisierung biologischer Strukturen, wodurch eine adäquate Kommunikation mit dem Patienten überhaupt erst wieder möglich wird. Wenn es gelingt, die in Kapitel 6 vorgeschlagenen Möglichkeiten der medikamentösen Behandlung erfolgreich einzusetzen, d. h. mit einem Minimum an unerwünschten Wirkungen ein Maximum erwünschter Wirkungen zu erzielen, erleben die meisten Patienten die Wirkung von Neuroleptika als angst- und spannungslösend.

Grundsätzlich sollte die stationäre Behandlung akuter produktiver psychotischer Symptome in einem strukturierten Setting durchgeführt werden. Besondere Beachtung verdient dabei, daß sich insbesondere die folgenden Umstände für schizophrene Patienten als sehr belastend herausgestellt haben, dies speziell in der akuten Phase:

- zu vielfältige Stimulation
- zu lange zeitliche Beanspruchung
- unter einem hohem Zeitdruck zu bewältigende Anforderungen
- mehrdeutige Anforderungen
- Anforderungen mit zu einem hohen Neuheitsgrad
- ein hohes Maß an eigener Initiative, Gestaltung usw. ohne Instruktion oder Rückmeldung über geeignete Strukturierungsmöglichkeiten
- zuviel zwischenmenschliche Nähe

Das Milieu auf der Station sollte durch die Faktoren Entspannung, Ruhe, Sicherheit, Gelassenheit, Reduktion von Reizen, Verläßlichkeit, Verständnis, Eindeutigkeit und Klarheit geprägt sein. Der psychotische Zustand ist quälend und potentiell gefährlich i.S. einer Eigen- oder Fremdgefährdung. Er sollte aber nicht nur deshalb so schnell wie möglich unterbrochen werden, sondern auch, weil der psychotische Prozess durch neuronale Dysfunktionen in den Systemen der Informationsverarbeitung unterhalten wird. Je länger man mit der Behandlung zuwartet, um so eher kann es zu Bahnungs- bzw. Sensitivierungsprozessen i.S. einer Neuroplastizität mit negativen Folgen für den weiteren Krankheitsverlauf kommen. Behandlungsansätze, welche den Einbezug von Neuroleptika ausschließen, nehmen eine verlängerte akute Desorganisationsphase in Kauf und erhöhen damit vermutlich die Wahrscheinlichkeit eines schizophrenen Rückfalls bzw. fördern die Progredienz des Krankheitsprozesses. Der Kontakt zur Umwelt soll in der akuten psychotischen Phase möglichst einfach und wenig vielschichtig gehalten werden, die Anforderungen an den Patienten dürfen erst mit zunehmendem therapeutischem Fortschritt i.S. einer Stabilisierung komplexer werden. Ein geregelter Tagesablauf und eine klare transparente Struktur der Aufnahmestation sollen dazu beitragen.

In Finnland arbeiteten Aaltonen und Räkkölainen (1994) einen integrierten Behandlungsansatz für akut schizophren Erkrankte und deren Angehörige aus, der auf dem Prinzip der Bedürfnisanpassung beruht („need-adapted approach"). Die Therapie wird stets individuell geplant und beinhaltet individuelle und spezifische Ziele. Ein solches Vorgehen wird mit der Heterogenität schizophrener Psychosen begründet. Die Hauptprinzipien dieses bedürfnisadaptierten Ansatzes sind:

- die individuelle und flexible Planung jeder therapeutischen Aktivität, so daß man den realen und sich ändernden Bedürfnisse des Patienten und seiner Angehörigen gerecht werden kann
- die Behandlung ist durch eine psychotherapeutische Haltung charakterisiert
- die unterschiedlichen therapeutischen Aktivitäten dürfen sich nicht gegenseitig hemmen
- der therapeutische Prozess soll von den Patienten und vom Team deutlich wahrgenommen werden. Aus diagnostischen und therapeutischen Gründen wird eine familienzentrierte Darlegung der Behandlungsziele angestrebt.

Was die therapeutische Beziehung anbelangt, sollte auf konfrontative und emotionale Auseinandersetzungen verzichtet werden, eine Low-EE (Expressed Emotions) Haltung ist von Vorteil für den Patienten. Bei Äusserungen von inhaltlichen Denkstörungen und von Wahrnehmungsstörungen ist eine Verkörperung der Realität durch die Mitglieder des therapeutischen Teams bedeutsam, damit der Betroffene stabile Orientierungspunkte erhält, die ihm einen Umstieg in die tägliche Realität erleichtern. Was die Dauer der stationären Behandlung schizophrener Patienten mit einer akuten Krankheitsepisode betrifft, so zeigt sich in den USA gegenwärtig ein Trend hin zu einer extremen Verkürzung der stationären Behandlungsdauer auf nur 10 Tage. Danach werden die Patienten entlassen, um in der Gemeinde weiterbetreut zu werden. Diese Behandlungsstrategie bringt vorerst noch ungelöste Probleme mit sich, insbesondere liegen bisher kaum Erfahrungen über die ambulante Therapie von noch mit einer produktiven psychotischen Symptomatik entlassenen Patienten vor. Hier sind mit grosser Wahrscheinlichkeit neue therapeutische Ansätze zu erwarten, etwa ähnlich dem Ansatz von Marks et al. (1994) zur Behandlung akut Erkrankter zu Hause („Daily Living Programme").

## Die postakute Phase

Diese Phase ist dadurch gekennzeichnet, dass die akute produktive Symptomatik in der Regel abgeklungen und der Patient in der Lage ist, sich von seinen inhaltlichen Denkstörungen und

Wahrnehmungsstörungen zu distanzieren. Viele Patienten, die eine akute schizophrene Episode erfahren haben, bleiben jedoch für zweierlei Arten von sozialem Stress empfindlich. Einerseits kann ein Übermaß an sozialer Stimulation, wenn sie vom Patienten als aufdringlich erlebt wird, zu einem akuten Rückfall führen. Andererseits begünstigt eine zu geringe Stimulation die Tendenz zu sozialem Rückzug, Langsamkeit, Unteraktivität. Die weitere Therapie sollte daher individuell im Sinne einer „Gratwanderung" zwischen Über- und Unterforderung erfolgen, da das Funktionsniveau eines jeden Patienten unterschiedlich ist und demnach auch die daraus weiter resultierenden therapeutischen Schritte. Besondere Aufmerksamkeit als mögliche Prädiktoren für den weiteren Erkrankungsverlauf wie auch als Indikationskriterien für die Art und Weise der weiteren Behandlung verdienen hierbei die positiven und negativen Symptome. Aus diesem Grund werden diese Symptomgruppen unter der postakuten Phase abgehandelt, obwohl sie über den gesamten Krankheitsverlauf von Bedeutung sind und – wie auch die Suizidalität – in allen Krankheitsphasen in Erscheinung treten können. Auch die subjektiven Basisstörungen verdienen in allen Krankheitsphasen spezielle Beachtung, werden von den Patienten aber ebenfalls in der postakuten Phase besonders intensiv wahrgenommen.

## Positive und negative Symptome

Mit Positivsymptomatik werden von der angloamerikanischen Forschung (vgl. Crow 1985) vor allem die hebephrenen und katatonen Verhaltensauffälligkeiten sowie die paranoid-halluzinatorischen Erlebnisabwandlungen beschrieben. Hierbei handelt es sich um Symptome, an Hand derer sich die Schizophrenie im klinischen Alltag am leichtesten diagnostizieren läßt. Nach einer akuten schizophrenen Episode sind in der Phase der Remission bei den Patienten häufig jedoch auch besondere Verhaltensauffälligkeiten, Beeinträchtigungen oder Behinderungen zu beobachten, welche in der Literatur als Minussymptome oder als Negativsymptomatik bezeichnet werden.

Im speziellen wird unter Negativsymptomatik (vgl. Crow 1985) ein Verhaltensmuster verstanden, das aus Affektverflachung, Interessen- und Initiativeverlust, Inaktivität und sozialem Rückzugsverhalten besteht. Im Rahmen der Neubestimmung des Schizophreniekonzepts im DSM-IV (Diagnostic and Statistical Manual of Mental Disorders) der American Psychiatric Association (APA) wurde die Frage diskutiert, ob sich mehr die positiven oder die negativen Symptome zur Diagnose der Schizophrenie eignen. Andreasen (1991) spricht sich eindeutig für die Hinzuziehung der Negativsymptomatik aus. Sie hält die Häufigkeit der positiven Symptome für zu gering, daher sei eine ausschließlich darauf gestützte Diagnostik nicht möglich. Auch seien dazu in einzelnen Studien zu unterschiedliche Prävalenzwerte, dies selbst für die Schneiderschen Symptome ersten Ranges, ermittelt worden, so dass man sie nicht als schizophreniespezifisch ansehen könne. Die negativen Symptome seien schizophreniespezifischer und was die Diagnosekriterien anbelangt, leistungsfähiger als andere Symptome.

David und Appleby (1992) widersprechen hier mit dem Argument, die für die Symptome ersten Ranges errechneten Prävalenzwerte bei Schizophrenien hätten in den von Andreasen herangezogenen Studien (Carpenter et al. 1973, 1974, Mellor et al. 1970) insgesamt doch über 50% und in einer dieser Studien (Mellor 1970) sogar bei 72% gelegen. Demgegenüber müsse man die schizophreniespezifische diagnostische Relevanz der Negativsymptome in Zweifel ziehen, da zur Prävalenz der ganzen Symptomgruppe bei anderen funktionellen und neuropsychiatrischen Störungen sehr wenig bekannt sei. Tatsächlich liegt zur Streubreite der Negativsymptomatik über andere Diagnosegruppen nur eine geringe Zahl empirischer Daten vor ( Appleby 1992, Kulhara 1987, Mundt 1987, Nestadt 1985, Sommers 1985). Mit einer zur Diagnosestellung geeigneten Symptomatik muss sich aber die betreffende Störung gut von anderen Diagnosegruppen abheben lassen. Nach Klosterkötter (1994) trifft dies nur auf die beiden Symptome „Parathymie" und „Gedankensperrung" zu. Diese Symptome finden sich häufiger bei schizophrenen Patienten als beispielsweise bei Patienten mit einer „major depression". Entsprechend argumentiert auch Klosterkötter für eine Überlegenheit der Positivsymptomatik bezüglich der Diagnostik und weist in diesem Zusammenhang zudem darauf hin, daß jeder Kliniker in der Regel mit Negativsymptomen der Patienten erst konfrontiert wird, nachdem eine produktiv psychotische Phase abgeklungen ist. Es gebe keine Studie, in der die Schizophreniediagnose nicht an bereits aufgetretenen Positivsymptomen festgemacht worden sei.

Die Ergebnisse der internationalen High-Risk Forschung (vgl. Parnas 1990) zeigen jedoch, dass die nach psychotischen Episoden zurückbleibenden Defizite zumeist im Sinne von Vorläuferformen schon Jahre oder Jahrzehnte vor der psychotischen Erstmanifestation zu sehen waren. Auch Häfner (1991) belegte in einer retrospektiven Studie, daß in der Regel schon viele Jahre vor der ersten psychotischen Dekompensation eine unspezifische Negativsymptomatik vorhanden ist, während eine positive Symptomatik im Durchschnitt erst in einem Zeitraum von 2 Jahren vor Erkrankungsbeginn festgestellt werden kann. 70% der Schizophrenien begannen danach mit einer alleinigen negativen Symptomatik, in 20% der Fälle fanden sich sowohl eine positive als auch eine negative Symptomatik, und nur in 10% der Fälle trat eine rein positive Symptomatik auf.

## Negativ- und Positivsymptomatik als Prädiktoren des Verlaufs

Die Ergebnisse zahlreicher Untersuchungen weisen darauf hin, daß die Positiv- und die Negativsymptomatik auch von unterschiedlicher Bedeutung für den weiteren Krankheitsverlauf sind. Die produktiven Symptome sind bei Erkrankungsbeginn eher für den diagnostischen Prozess wichtig, sie besitzen nur in begrenztem Ausmaß eine prognostische Bedeutung für die Schwere des Krankheitsverlaufs. Dagegen kommt der nach Abklingen einer akuten schizophrenen Episode sichtbar werdenden Minussymptomatik durchaus eine solche Bedeutung zu, wobei Patienten mit ausgeprägter Minussymptomatik schlechtere Verläufe aufweisen als Patienten ohne Minussymptomatik (Andreasen 1982, Crow et al. 1982, Pogue-Geile und Harrow 1984, Schubart et al. 1986).

Dabei ist allerdings eine differenzierte Betrachtung der Beziehungen zwischen dem kurz-, mittel- und langfristigen Verlauf der Erkrankung erforderlich. Negativsymptome sind sehr variabel und haben für den kurzfristigen Verlauf nur einen geringen Aussagewert. Dasselbe gilt für Negativsymptome im Frühstadium einer Erkrankung bezüglich des Langzeitverlaufs (McGlashan 1991). Für eine mittlere Verlaufsdauer zwischen drei und sechs Jahre fanden Carpenter et al. (1978), daß von allen schizophreniespezifischen Symptomen nur dem Symptom der Affektverflachung („flat affect") eine prognostische Bedeutung zukommt. Pogue-Geile et al. (1989) fanden positive Korrelationen zwischen schlechten Rehabilitationsergebnissen nach 3 Jahren und dem Ausprägungsgrad einer Anhedonie, Biel et al. (1986) und Schubart et al. (1986) fanden in einer prospektiv angelegten Studie, daß das Ausmass der Negativsymptomatik sechs Monate nach der akuten Episode eine guter Prädiktor für ein schlechtes Rehabilitationsergebnis nach zwei, drei und fünf Jahren war. Kay et al. (1986) vertraten die Auffassung, daß sowohl die Positiv- als auch die Negativsymptomatik Prädiktoren für das Behandlungsresultat sind, dies aber auf unterschiedlichen Dimensionen; so sollen z. B. positive Symptome eher einen günstigen Vorhersagewert für die Wiederherstellung des Funktionsniveaus und die negativen Symptome eher für die Ausbildung von Residualsyndromen haben. Breier et al. (1991) fanden, dass das gemeinsame Vorliegen von Positiv- und Negativsymptome ein schlechtes Rehabilitationsergebnis erwarten lässt, jedoch hatten entsprechende Symptomratings nur während medikamentöser Behandlung einen Aussagewert und nicht in medikamentenfreien Intervallen.

Viele Studien, die sich mit dem Langzeitverlauf von 7 bis 22 Jahren befassen, bringen ein schlechtes Rehabilitationsergebnis insbesondere mit dem Symptom der Affektverflachung in Verbindung. Fenton und McGlashan (1988) belegten darüber hinaus, dass Negativsymptome auch allgemein stark mit schlechten Langzeitergebnissen der Rehabilitation korrelieren, und zwar gemessen in unterschiedlichen Bereichen wie Arbeit, soziales Funktionsniveau, globale Anpassung, Beziehungsfähigkeit, Symptomatik, Ausmass der weiteren Behandlungsbedürftigkeit, Frequenz der stationären Aufnahmen usw. In einer Langzeitstudie untersuchten sie chronisch schizophrene Patienten 19 Jahre nach der Erstaufnahme und fanden im Gegensatz zu anderen Studien, dass positive Symptome, besonders Wahn und Halluzination, keinen Vorhersagewert für den Rehabilitationserfolg als solches haben, sondern nur für die Anzahl der weiteren stationären Aufnahmen. Diese Ergebnisse weisen darauf hin, daß die Negativsymptomatik eher ein Prädiktor für den langfristigen Krankheitsverlauf ist, wobei den negativen Symptomen zum Zeitpunkt der Indexaufnahme ein grösseres Gewicht zukommt als denjenigen vor dem Zeitpunkt der ersten stationären Aufnahme. Die Vorhersagekraft der Negativsymptomatik scheint demnach also mit der Zeit der Erkrankung zuzunehmen. Die Negativsymptome haben insbesondere gewichtige Folgen in Bereichen, in denen es darum geht, das prämorbide Funktionsniveau wiederherzustellen. Patienten mit einer ausgeprägten Minussymptomatik können wegen den daraus resultierenden Beeinträchtigungen nur sehr schwer in den Rehabilitationsprozeß eingegliedert werden. Nach Andreasen (1982) kommt in diesem Zusammenhang den kognitiven Störungen, die von ihr ebenfalls zum Spektrum der Negativsymptomatik gezählt werden, eine besondere Bedeutung zu. Defizite im kognitiven Bereich erschweren die berufliche Wiedereingliederung und haben einen nachteiligen Einfluss auch auf das Freizeitverhalten der Betroffenen.

Die pharmakologischen Therapiemöglichkeiten der Minussymptomatik wurden in Kapitel 6 dargestellt, daneben wurden kognitive Therapieverfahren entwickelt, um die defizitären kognitiven Funktionen mit geeigneten Übungsverfahren zu reduzieren. Darauf wird in einem späteren Abschnitt dieses Kapitels eingegangen, von Bedeutung sind diesbezüglich auch verschiedene der im Kapitel 7 beschriebenen Therapieansätze.

## Basisstörungen

Von unmittelbarer Relevanz für die Behandlung schizophrener Patienten sind auch die zahlreichen empirischen Ergebnisse der Arbeitsgruppe um Huber und Süllwold zu den sogenannten Basisstörungen (Huber 1983, Süllwold 1977, 1983, 1995). Nach dem darauf gegründeten Schizophreniekonzept „führt eine neurochemische Störung im transphänomenalen Bereich zu einer Störung der Verarbeitung von Informationen mit Nivellierung der Erfahrungshierarchien und einigen wenigen Basisstörungen, die als gemeinsame Zwischenglieder mit unterschiedlichen Anteilen in den vielfältigen, von den Patienten erlebten, relativ substratnahen Basissymptomen und den durch Amalgamierung mit der anthropologischen Matrix entstehenden schizophrenietypischen End- und Überbauphänomenen enthalten sind“ (Huber 1983, Seite 23). Kennzeichnend für dieses Konzept ist also, dass es im transphänomenalen Bereich eine gemeinsame kognitive Grundstörung als arbeitshypothetischen Anschluss an die präphänomenalen Normabweichungen der somatischen, zumal neurochemischen und neurophysiologischen Hirnforschung unterstellt.

Das Basisstörungenkonzept gründete ursprünglich auf klinischen Verlaufsstudien, in denen neben präpsychotischen Vorpostensyndromen und Prodromen von diesen im Querschnitt nicht unterscheidbare postpsychotische reversible Basisstadien und irreversible reine Defektsyndrome gefunden wurden. Dementsprechend umfasst das Basisstörungenkonzept neben den kognitiven Störungen weitere Gruppen von Basisphänomenen, etwa Leibsensationen im Sinne von Coaenästhesien, Beschwerden wie erhöhte Erregbarkeit und Beeindruckbarkeit, dranghafte Unruhe, Aufgewühltsein und Schlafstörungen, weiter sensorische Störungen wie Verschwommen-, Trüb- und Farbigsehen, Lichtüberempfindlichkeit, Mikro- und Makropsie, Veränderungen an Gesicht und Gestalt bei anderen Menschen sowie schliesslich auch zentralvegetative Störungen wie paroxysmale Tachykardie, Bradykardie oder Tachypnoe, Störungen der Schlaf-, Wach- oder Thermoregulation und einzelner Vitaltriebe.

Ganz in Übereinstimmung mit diesem klinisch-phänomenologischen Zugang prägte Huber dafür den Begriff der Basissymptome, während sich der Begriff Basisstörungen mehr auf die hypothetisch als transphänomenale Bindeglieder zum somatischen Substrat verstandenen Störungen bezieht. In ihnen kommt nach dem Basisstörungskonzept der eigentliche Basisprozess der Schizophrenie zum Ausdruck, der schon vor der Krankheitsmanifestation besteht. Zum Zeitpunkt der Manifestation tritt eine Akzentuierung mit verschiedenartigsten komplexen Überbau- und Abwehrmechanismen auf, durch die klinisch manifesten Symptome der Schizophrenie entstehen.

Als die wesentlichste transphänomenale Grundstörung sieht Huber den Verlust von Gewohnheitshierarchien, ein Konzept, das von Broen und Storms (1966) entwickelt wurde. Es fundiert auf dem Prinzip einer konditionierten Hierarchie zielgerichteter Reaktionstendenzen, die aufgrund vorausgelaufener Konditionierungsprozesse mit abgestufter Gewohnheitsstärke an den einlaufenden Reiz assoziiert sind. Auf Verbindungen minderer Stärke wirkt sich diese Bahnung durch Erfahrung gegenläufig als Hemmung aus.

Der Informationsverarbeitung bleibt eine Durchmusterung des gesamten Langzeitspeichers erspart, weil der Rückkoppelungsprozess zwischen Reiz, Filterung und Decodierung von Erfahrungen aus dem Langzeitspeicher auf die Teilaspekte der dominanten Reaktionstendenz eingeschränkt ist. Verfällt die Hierarchie nun durch Nivellierung der Gewohnheitsstärken, der Deutungs- und Reaktionswahrscheinlichkeiten, dann müssen störende Interferenzen durch irrelevante Reizaspekte und konkurrierende Reaktionstendenzen die Folge sein.

Süllwold (1977) hat die von der Arbeitsgruppe um Huber klinisch phänomenologisch erfassten

Basissymptome auf der erlebnispsychologischen Ebene in standardisierter Weise untersucht. Beispielsweise wird nach ihren Ergebnissen der von Huber (1983) beschriebene „Verlust an Leitbarkeit der Denkvorgänge" in vielfältiger Weise als Denk-, Konzentrations- und Gedächtnisstörung erlebt. Seine verschiedenen Aspekte lassen sich auch als kognitives Gleiten, als Störung der selektiven Aufmerksamkeit, der rezeptiven und expressiven Sprache, als Gedankeninterferenz und Blockierung beschreiben. Es handelt sich z. B. um ein ständiges Eindringen von Nebenassoziationen in den Denkprozess und um die Unfähigkeit, die Aufmerksamkeit zu fokussieren, sowie um ein plötzliches Aussetzen von Denken und Reaktionsvermögen oder schliesslich um eine Unfähigkeit, beim Lesen und Hören längere Sprachsequenzen zu verstehen.

Wie die kognitive Denkstörung kann man auch die Reaktionsinterferenz auf motorischem Gebiet, den Verlust automatisierter Fertigkeiten, die Unsicherheit bei der Diskriminierung von positiven und negativen emotionalen Qualitäten sowie von Vorstellungen und Wahrnehmungen unter dem gemeinsamen Gesichtspunkt eines Unvermögens zur Unterdrückung konkurrierender Reaktionstendenzen, d. h. eines Verlustes an Gewohnheitshierarchien sehen. Motorische Interferenzsymptome sind Behinderungen motorischer Vollzüge durch plötzliche Sperrungen oder durch nicht intendierte Bewegungen und Handlungen. Beim sogenannten Automatismusverlust benötigen alltägliche Bewegungs- und Handlungsabläufe, z. B. gehen, anziehen oder telefonieren, angestrengte Aufmerksamkeitszuwendung. Weiter wird eine Diskriminationsschwäche bei der Differenzierung positiver und negativer Gefühlsqualitäten, das „Gefühl von Gefühllosigkeit" und ein „Unvermögen, sich zu freuen" beschrieben, ebenso die Unsicherheit bei der Differenzierung von Erinnerungs- und Phantasievorstellungen sowie von Vorstellungen und Wahrnehmungen, die in Verbindung mit nicht mehr lenkbarem innerem Sprechen und mit Übergängen zum Gedankenlautwerden auftreten können.

Alles in allem gesehen zeigen diese Ergebnisse von Süllwold (1977), dass die eigentlich primären Symptombildungen einer schizophrenen Erkrankung weitgehend im Subjektiven bleiben. Was im Verhalten erscheint, ist oft schon ein Kompensations- und Bewältigungsverhalten. Böker und Brenner (1984) gingen in einer Vergleichsuntersuchung mit schizophrenen Patienten, Patienten mit neurotischen Störungen und gesunden Probanden der weiterführenden Frage nach, ob zwischen objektivierbaren Aufmerksamkeitsdefiziten, subjektiv erlebten Basisstörungen und autoprotektiven Kompensationsversuchen solcher Störungen gesetzmässige Zusammenhänge bestehen. Sie fanden, dass schizophrene Patienten gegenüber mehr als zwei Dritteln aller berichteten Basisstörungen Bewältigungsversuche unternehmen. Dabei überwogen die problemlösungsorientierten Bewältigungsversuche deutlich die Vermeidungsreaktionen. Dieses Überwiegen war besonders in den Störungsdimensionen „Störung automatisierter Abläufe" und „Depressivität/ Anhedonie" deutlich, während es sich in der Dimension „Reizüberflutung" am geringsten ausgeprägt zeigte. Bei der Störungsdimension „Wahrnehmungsstörungen" wurden die wenigsten Bewältigungsversuche berichtet. Die subjektiv wahrgenommenen basalen Leistungsstörungen werden offensichtlich von den schizophrenen Patienten als „kritische Bedingungen" bzw. als emotionale „Gefahrensignale" einer möglichen neuerlichen Dekompensation empfunden und verwertet (vgl. Brenner et al. 1985).

In einer weiteren Studie haben Böker et al. (1989) schizophrene Patienten und deren Angehörige sowohl experimentalpsychologisch als auch psychopathologisch, einschliesslich der Selbsteinschätzung bezüglich des Auftretens von Basisstörungen und der individuellen Belastungsverarbeitung untersucht. Aufgrund dieser Mehrebenenanalyse konnten Angehörige, die schizophrenietypische kognitive Störungen wie die betroffenen Patienten aufwiesen, von unauffälligen Angehörigen klar abgegrenzt werden. Erstere standen hinsichtlich der Reaktions- und Aufmerksamkeitswerte den schizophrenen Patienten nahe, sie hatten ebenfalls mehr subjektive Basisstörungen als die unauffälligen Angehörigen. Gegenüber diesen Basisstörungen liessen sie ein noch ausgeprägteres, aktiveres und mehr problemorientiertes Bewältigunsverhalten erkennen als die schizophrenen Patienten. Eine solche aktive Auseinandersetzung scheint also möglicherweise einen schützenden Effekt entfalten zu können.

Bezüglich der Berücksichtigung von Basisstörungen in der Therapie sollten ebenfalls verschiedene Behandlungsphasen unterschieden werden. Während der akuten psychotischen Dekompensation versucht der betroffene Patient, Verhaltensstrategien einzusetzen, welche die damit verbundene Übererregung durch Begrenzung der Reizaufnahme oder durch Reorganisation attentionaler perzeptiver und kognitiver Prozesse vermindern sollen. Verhaltensziel ist in erster Linie

Erregungsreduktion, nicht Aufgabenbewältigung. Hier bieten neben der medikamentösen Therapie auch Massnahmen zur Vereinfachung und Strukturierung der von aussen zugeführten Information eine wirksame Hilfe. Beispielsweise lassen sich für die Gesprächsführung folgende Empfehlungen geben: Grundsätzlich Verwendung indirekter Explorationstechniken; weitestgehende Akzeptierung disruptiver Verhaltensweisen; frontal dem Patient gegenübersitzen; Beschränkung der Rede auf das Notwendigste; ruhiges, langsames und nicht zu lautes Sprechen, erforderlichenfalls Wiederholung des Gesagten mit gleichem Wortlaut und Tonfall; bei Störung der auditiven Wahrnehmung spärliche, prägnante Gesten zur Verdeutlichung; ansonsten striktes Unterlassen von ausholenden Gesten, von Spielen mit Gegenständen, ausgeprägter Sprachmodulation usw.

In der hier speziell betrachteten postakuten Phase ist der Patient trotz der teilweise noch weiterbestehenden produktiven Symptomatik in der Regel wieder in der Lage, Verhaltensstrategien zu benutzen, welche einen erneuten völligen Zusammenbruch der Informationsverarbeitung vermeiden helfen sollen. Diese Strategien können teilweise selbst als psychotische Symptome imponieren. Die Informationsverarbeitung ist weiterhin ausgesprochen labil, ihre Störungen werden jetzt subjektiv eindrücklich als solche erlebt. In dieser Phase ist nach unserer Erfahrung das Ansprechen von zunächst aktuell vermuteten, später mit Blick auf die Vorgeschichte der Dekompensation erfragten subjektiven Basisstörungen und das Aufzeigen von Kompensations- oder Bewältigungsmöglichkeiten besonders hilfreich. Die Patienten fühlen sich dadurch in bisher nie verbalisierten, unbegreiflich und unheimlich gebliebenen Erfahrungen verstanden. Oft bewirkt allein das Ansprechen dieser Störungen und das Aufzeigen effektiver Bewältigungsmöglichkeiten eine nachhaltige Beruhigung. Im weiteren Verlauf gewinnt dann der optimale Umgang mit Basisstörungen im Rahmen der Rückfallprophylaxe zunehmende Bedeutung. Erfolgreiche Bewältigungsstrategien bei nur noch diskreten psychotischen Symptomen oder unspezifischen Anzeichen eines noch desorganisierten Verhaltens lassen sich unter Kategorien wie „Umstrukturierung", „Realitätstestung", „Handlungsverlagerung" oder „Suche nach Handlungsschablonen" beschreiben (vgl. Böker und Brenner 1984). Die Einbettung entsprechender therapeutischer Interventionen in ein Gesamtbehandlungskonzept wurde von Süllwold und Herrlich (1990) ausführlich dargestellt. Zugleich konnte von diesen Autorinnen gezeigt werden, dass damit positive Wirkungen in bezug auf die Psychopathologie und die subjektive Befindlichkeit, aber auch die Rückfallraten zu erzielen sind.

## Suizidalität

Ein besonderes Problem über alle Erkrankungsphasen der Schizophrenie hinweg stellt die erhöhte Suizidalität schizophrener Patienten dar. Suizidalität wird gewöhnlich mit einer depressiven Symptomatik assoziiert, in absoluten Zahlen sind jedoch schizophrene Patienten in der Klinik selbst am häufigsten vom Suizid betroffen, und auch speziell für die Tage und Wochen unmittelbar nach der Entlassung aus stationärer Behandlung besteht eine deutlich erhöhte Suizidgefahr. Die oft geäusserte Vorstellung, schizophrene Patienten seien in der akuten Phase durch den Einfluß von Wahnvorstellungen und imperativer Stimmen mehr suizidgefährdet als in der Stabilisierungsphase, konnte nicht belegt werden. Gale, Mesnikow u.a. (1980) arbeiteten zwei besondere Risikoprofile schizophrener Patienten heraus: (1) der akut paranoide Schizophrene mit einem Suizidversuch in der Vorgeschichte und (2) der chronisch, entdifferenzierte Schizophrene mit affektiver Komponente im Krankheitsverlauf, der sich in den Augen des Therapeuten stabilisiert hat, sich selbst ein Leben nach der Entlassung aus der Klinik aber nicht mehr zutraut. Zur Frage des Mortalitätsrisikos durch Suizid gegenüber der Normalbevölkerung fanden Wilkinson (1982) und Markowe et al. (1967) eine Erhöhung von ca. um den Faktor 50. Demnach kann man als ungefähren Anhalt für das Mortalitätsrisiko Schizophrener durch Suizid eine Untergrenze von 5–10% annehmen (Brugha et al. 1978). Was den diesbezüglichen Einfluß der neuroleptischen Medikation anbelangt, so fanden Perris et al. (1980) in einer epidemiologischen Untersuchung in Nordschweden keinen Hinweis dafür, daß schizophrene Menschen seit der Einführung der Neuroleptika häufiger Suizide begehen als früher.

Nach den Ergebnissen von Roy (1982) und Roy et al. (1985) unterscheiden sich Patienten, die einen Suizidversuch unternehmen, von den übrigen Patienten auch dadurch, dass sie signifikant mehr depressive Episoden und häufigere stationäre Aufnahmen aufweisen. Diese Autoren fanden bei 193 von 417 Patienten Suizidversuche verteilt über alle Krankheitsstadien. Zwischen Männern und Frauen gab es dabei keine signifikanten Unterschiede, das Durchschnittsalter der „Suizidgruppe“ betrug 31,6 Jahre, dasjenige der Gruppe ohne Suizidversuche 44,3 Jahre, d. h. die suizidalen Patienten waren durchschnittlich deutlich jünger. Zusätzlich stellte sich heraus, dass die Inzidenz psychiatrischer Erkrankungen in ihren Familien größer war, und dass ca. 50% der suizidalen Patienten unter gleichzeitigen affektiven Störungen litten. Es erscheint demnach möglich, suizidale von nicht suizidalen Schizophrenen sowohl phänomenologisch als auch demografisch zu unterscheiden. Eine erhöhte Suizidgefahr besteht auch noch nach längerem Krankheitsverlauf. Schizophrene Patienten, die schon mehrere Rückfälle und Stabilisierungsphasen mit Minussymptomatik erlebt haben, wissen, daß die Erkrankung weiterhin Einfluß auf ihr Leben nehmen wird. Sie stellen fest, daß sich die aktuelle Situation nicht mit ihren früheren Vorstellungen vom Leben deckt und empfinden darüber Hoffnungslosigkeit und Verzweiflung. Aus zahlreichen Berichten über Suizide schizophrener Patienten geht hervor, dass es keine akuten Anzeichen für Suizid gab, und der Patient auf dem besten Wege zur Stabilisierung schien. Gerade in dieser Phase ist es aber möglich, sich innerlich intensiver mit der Krankheit auseinanderzusetzen und mögliche Folgen zu erkennen. Vulnerabilität und Minussymptomatik begrenzen andererseits gerade in der Stabilisierungsphase die Fähigkeit, sich gegen aufkommende Suizidimpulse zur Wehr zu setzen. Entsprechend betonte Mundt (1984) die oft unterschätzte Suizidgefahr besonders bei verhältnismässig gesund erscheinenden Patienten mit guter Kooperationsbereitschaft, die nur leicht „asthenisch-residuär“ wirken.

Für die therapeutische Beeinflussung der akuten Suizidalität schizophrener Patienten zeigen sich weniger direkte Angriffspunkte als bei depressiven Menschen. Die Gabe von Neuroleptika beeinflusst zwar die akute Symptomatik und dient der Rückfallprophylaxe, die medikamentöse Beeinflussbarkeit krankheitsbedingter Persönlichkeitsveränderungen und ausgeprägter Minussymptome ist aber relativ gering. Ansonsten entsprechen gerade bei schizophrenen Patienten die Suizidmotive denen „gesunder“ Menschen. Schizophrene sind jedoch vulnerabler als diese und haben aufgrund ihrer Erkrankung einen geringeren Spielraum zur Bewältigung suizidaler Tendenzen. Nach Müller (1989) scheint ein großer Teil der Suizide aber auch durch Behandlungsfehler nach dem stationären Aufenthalt mitverursacht zu werden. In erster Linie sind hier neuroleptische Unterdosierung, Umstieg von einem Depotneuroleptikum auf ein weniger wirksames oral verabreichtes Neuroleptikum oder die Symptomprovokation durch Monotherapie mit Antidepressiva bei ausgeprägter Minussymptomatik zu nennen.

Als andere Gründe für Suizide schizophrener Patienten kommen eine zu forcierte oder im speziellen Fall in ihrer Art kontraindizierte Psycho- oder Soziotherapie in Frage. Gerade auch chronisch schizophrene Patienten können dabei leicht überfordert werden. Ein weiterer gravierender Grund für einen Suizid kann eine negative Gegenübertragung des Arztes sein, die sich etwa i.S. von Ablehnung oder Aggression gegen Patienten äussert. Dazu mag eine narzisstische Kränkung des Therapeuten führen, wenn der Patient, dem er ja helfen will, nicht den erwünschten Fortschritt zeigt, und dieser so in einen vitiösen Kreis der Hoffnungslosigkeit gerät, der dann mit Suizid endet. Viele suizidale Patienten hatten vorgängig zu den Ärzten oder Institutionen eine langfristige Beziehung, durch das therapeutische Team wurde lange Hoffnung und Hilfe zur Besserung verkörpert, bis sie dann allmählich wegen des geringen therapeutischen Fortschritts zunehmend Ablehnung zu spüren bekommen. Auch die Abwehr der eigenen latenten Suizidalität des behandelnden Arztes kann in diesem Zusammenhang eine Rolle spielen. Nach Reimer (1981) handelt es sich dabei häufig um überengagierte Ärzte, die dem Bild der „Helferpersönlichkeit“ mit oft besonderer Depressivität entsprechen. Die manifeste oder latente Suizidalität des Patienten wird dann nicht wahrgenommen und vorhergehende Suizidversuche finden in der Krankengeschichte keine Erwähnung oder werden gar nicht exploriert.

## Rückfallprophylaxe

Im Rahmen der Rückfallprophylaxe bei schizophrenen Patienten ist die neuroleptische Langzeitmedikation der wichtigste Therapiepfeiler (siehe Kapitel 6). Pharmakotherapie stellt in diesem Zusammenhang einen Schutzfaktor dar, der eine psychobiologisch verankerte Vulnerabilität modifizieren kann. Neuroleptika tragen dazu bei, die Rückfallrate zu verringern, doch sie können die Gefahr eines Rückfalls nicht vollständig beseitigen, wenn die Person mit subjektiv schweren Stressoren konfrontiert wird, z. B. dem Verlust sozialer Unterstützung. 30 bis 40% aller Patienten dürften innerhalb des ersten Jahres nach der Klinikentlassung trotz der Einnahme von Medikamenten einen Rückfall erleiden. Weiden und Olfsen (1995) bezifferten kürzlich den Anteil einer ungenügenden rückfallprophylaktischen Wirkung der Neuroleptika auf 60% gegenüber einem Anteil von 40% für eine Noncompliance. Akute Krankheitssymptome können nach dem Vulnerabilitäts-Stress-Bewältigungs-Kompetenz-Konzept (Liberman et al., 1994) insbesondere dann wieder auftreten, wenn

- zugrundeliegende psychobiologische Vulnerabilitätsfaktoren aktiviert werden, was wahrscheinlicher ist, wenn eine optimale antipsychotische Langzeitmedikation fehlt;
- stressvolle Ereignisse im Leben des Patienten auftreten, die seine Bewältigungsfertigkeiten und soziale Kompetenz übersteigen;
- das soziale Netz schwächer wird oder sich auflöst;
- Bewältigungs- und Problemlösungsfertigkeiten infolge von Nichtgebrauch, Verstärkung in der Krankheitsrolle oder Motivationsverlust schwinden.

Das Konzept von Vulnerabilität-Stress-Bewältigung-Kompetenz als determinierende Faktoren für schwerere psychische Störungen erklärt also Auftreten, Verlauf und Ausgang von Symptomen und sozialer Anpassung als eine komplexe Interaktion zwischen biologischen Einflüssen, Einflüssen aus dem sozialen Umfeld sowie dem Verhalten des Betroffenen. Auf der Grundlage einer psychobiologischen Vulnerabilität können danach psychotische Symptome insbesondere dann entstehen, wenn Stressereignisse im häuslichen Umfeld oder am Arbeitsplatz die Bewältigungsfähigkeiten eines Menschen übersteigen.

So erhöht sich bei schizophrenen Patienten das Rückfallrisiko bekanntlich signifikant, wenn sich in der Kommunikation im Bereich der Familie Variablen wie „Kritik", „Feindseligkeit" und „Emotionales Überengagement" („high expressed emotions") finden. Aus diesem Grund ist es unerlässlich, Angehörige in die ambulante Nachbetreuung miteinzubeziehen, um Verhaltensweisen und Einstellungen in Richtung auf ein für den Patienten verträglicheres Familienklima zu verändern (vgl. Kapitel 9). Vulnerabilität und Stressoren werden andererseits in ihrer negativen Wirkung auf die Symptomatik durch die Präsenz und Aktivität positiver, schützender Faktoren, sogenannter Protektoren abgemildert. Wichtigste Protektoren in diesem Sinne sind soziale Kompetenz, Bewältigungsfähigkeiten, soziales Netzwerk und soziale Unterstützung.

Auf der Grundlage dieses Konzepts und einem entsprechenden multifaktoriellen Krankheitsverständnis wurden in den letzten Jahren vielfältige psychosoziale Therapieansätze entwickelt, die in Kombination mit der Pharmakotherapie eine wirkungsvollere Rezidivprophylaxe gewährleisten sollen. Ein wesentliches Merkmal dieser z.T. recht unterschiedlichen Verfahren sind die pragmatische Ausrichtung auf ein Krankheitsmanagement und der explizite Einbezug von Gesprächen mit dem Patienten und seinen Angehörigen über die Früherkennung von Rezidiven. Besondere Beachtung finden im Hinblick darauf psychoedukative Verfahren. Die Patienten und ihre Angehörigen werden über die Krankheit und die Behandlungsmöglichkeiten ausführlich aufgeklärt und zu „Co-Experten der Erkrankung" gemacht. Parallel hierzu haben auch subjektive Krankheitskonzepte und autoprotektive Anstrengungen an Forschungsinteresse gewonnen. Die Erfahrung früherer psychotischer Dekompensationen nutzend, sollte es möglich sein, daß schizophren Erkrankte lernen, ihre Selbstwahrnehmung zu verbessern und initiale Symptome als Indikatoren einer drohenden neuerlichen akuten Krankheitsphase zu erkennen. In Kombination mit einem entsprechenden Screening und Training adäquater Reaktions- und Notfallpläne kann dann möglicherweise einem vollen Ausbruch der Psychose mit all ihren ungünstigen psychischen und sozialen Folgen vorgebeugt werden. Im Zusammenhang damit sind in den letzten Jahren alternative medikamentöse Behandlungsstrategien entwickelt worden, die eine ausreichende Rückfallprophylaxe mit möglichst wenig Nebenwirkungen gewährleisten sollen. Einerseits wird mit einer kontinuierlichen Niedrigdosierung (10–20% der Standarddosierung) gearbeitet, oder man beginnt erst wieder mit der Medikation, wenn Prodromalsymptome aufgetreten sind. Bei dieser intermittierenden Therapie ist die Erfassung von Frühwarnzeichen einer neuerlichen akuten Episode besonders wichtig, weil die erneute Medikation mit Einsetzen der Frühwarnzeichen beginnen sollte.

Eine psychotische Dekompensation ereignet sich bei den meisten Patienten nicht plötzlich, sondern verläuft sukzessiv über mehrere Zwischenschritte bis hin zur manifesten Dekompensation. Die erste Stufe dieser Dekompensation besteht aus nichtpsychotischen Symptomen. Huber (1980) beschrieb im Rahmen umfangreicher Verlaufsuntersuchungen, daß es „uncharakteristische" Prodrome gibt, die der eigentlichen schizophrenen Symptomatik vorausgehen. Diesen gingen wiederum „Vorpostensyndrome" voraus, die in ihrer Symptomatologie völlig unspezifisch sind.

Herz und Melville (1980) untersuchten die Frühwarnzeichen bei schizophrenen Psychosen systematisch und entwickelten ein Frühwarninventar, das aus 52 Items besteht. Fast 70% der Patienten gaben an, vor Ausbruch der schizophrenen Erkrankung Veränderungen in ihrer Gedanken- und Gefühlswelt erlebt bzw. eine Änderung ihrer Lebensgewohnheiten festgestellt zu haben. Die Familienangehörigen der Patienten stellten sogar in 93% der Fälle Veränderungen fest. Der Rückfall trat nicht plötzlich auf, sondern wurde bei zwei Drittel der Patienten in einem Zeitraum von einer Woche oder länger beobachtet. Die am häufigsten genannten Symptome waren unspezifisches Missbehagen und Befindlichkeitsstörungen, die Menschen auch allgemein unter Stress erfahren können. Hierzu gehören Spannung, innere Unruhe, Appetitmangel, Störungen der Konzentration, Schlafstörungen oder depressive Verstimmungen und sozialer Rückzug.

## Methoden zur Erfassung von Prodromalsymptomen

Zur Erfassung des Beginns einer Dekompensation bieten sich 3 Erfassungsmethoden an: (1) die Erfassung mit Hilfe psychopathologischer Standardinventare (BPRS, PANS), (2) die Erstellung und der routinemäßige Einsatz eines Frühwarnzeicheninventars (3) die Herausarbeitung einer individuellen Frühwarnsymptomliste für jeden Patienten.

### Frühwarnzeicheninventare und Rating-Skalen

Herz et al. (1989) erfassten Prodromalsymptome im Rahmen einer intermittierenden Medikation bei ambulanten stabil remittierten schizophrenen Patienten mit ihrem Frühwarnzeicheninventar. Durch wöchentliche Gruppensitzungen unter Hinzuziehung der Angehörigen war es möglich, die Frühwarnzeichen mit ausreichender Genauigkeit rechtzeitig zu erkennen. 50% der Patienten ließen Frühwarnzeichen erkennen und konnten durch eine veränderte Therapiestrategie behandelt werden. Birchwood et al. (1989) entwickelten anhand von 34 Items die Early Signs Scale (ESS), die als Selbst- oder Fremdbeurteilungsskala eingesetzt werden kann. Die ESS besteht aus 4 Subskalen: Angst und Unruhe, Depression und Rückzug, Enthemmung und beginnende psychotische Symptome.

Marder et al. (1984) benutzten demgegenüber zur Vorhersage von Rückfällen die Brief Psychiatric Rating Scale (BPRS) (Overall und Gorham 1962) als Fremdbeurteilungsskala und den Self-Report Symptom Inventory (SCL-90) (Derogatis 1973) als Selbstbeurteilungsfragebogen zur Vorhersage von Rückfällen. Von den 41 untersuchten schizophrenen Patienten wurden 14 rückfällig. Innerhalb eines Monats vor der Dekompensation zeigten sich signifikant höherer Werte in den BPRS-Faktoren „Paranoia", „Denkstörungen" und „Depression"und in dem SCL 90 bei den Faktoren „Unsicherheit im Sozialkontakt", „Depression", „Angst", „Paranoides Denken" und „Psychotizismus". Die Ergebnisse waren aber insofern zwiespältig als einerseits Rückfälle durch den signifikanten Anstieg dieser Faktoren vorhergesagt werden konnten, andererseits jedoch die Anzahl falsch positiver Vorhersagen sehr gross war. Auch Subotnik und Nuechterlein (1988) untersuchten schizophrene Patienten in 14-tägigen Abständen mit Hilfe der BPRS und fanden 6 Wochen vor dem Rückfall signifikante Erhöhungen in den Faktoren „Denkstörungen", „Angst-Depression" und „Feindseligkeit".

Ein regelmässiges Monitoring der Symptomatologie kann also hilfreich sein, um drohende Rückfälle rechtzeitig zu erkennen und zu behandeln und dadurch im Ausprägungsgrad zu reduzieren bzw. ganz zu verhindern. Benutzt man jedoch nur psychopathologische Fremdbeurteilungsskalen, ist das Rating durch einen erfahrenen Fremdbeobachter erforderlich, wobei die Familienmitglieder nicht einbezogen und somit nicht aktiv in die Prävention involviert werden können. In der Praxis hat sich eine Kombination aus den verschiedenen Erfassungsmöglichkeiten bewährt: regelmäßiges Rating mittels BPRS durch einen kompetenten Psychiater, Vorgabe eines Frühwarnzeicheninventars zu Beginn der Nachbetreuung und Erfassung individueller Frühwarnzeichen unter Einbezug der Angehörigen.

Wenn über beginnende Frühwarnzeichen berichtet wird, müssen geeignete Maßnahmen ergriffen werden, um die drohende Dekompensation abzuwenden, da das Wissen um die Frühwarnsymptome dafür natürlich nicht ausreicht. Als Gegenmassnahme bieten sich eine Erhöhung der Neuroleptikadosis oder eine intensivere psychosoziale Betreuung mit dem Ziel an, Stressoren zu mindern und protektive Einflussfaktoren zu stärken. Als ein zusätzlicher Effekt wird beim Einbezug der Angehörigen deren Kompetenz gestärkt, was sich wiederum positiv in ihrem Umgang mit dem Patienten zeigt.

Was die Förderung der Compliance anbelangt, wurde von Liberman und Mitarbeitern (1984) ein Aufklärungs- und Trainingsprogramm, *das Medication Management Module*, erarbeitet und erprobt. Dieses Modul, das auch in einer adaptierten deutschsprachigen Fassung vorliegt, besteht aus einem Therapeutenhandbuch, einem Patientenarbeitsbuch und einer Videokassette, welche die wichtigsten Aspekte im Umgang mit Langzeitneuroleptika vorführt. Der Gruppenleiter führt eine Patientengruppe unter Einsatz direktiver Lernmethoden wie Problemlösen, Rollenspiele und Hausaufgaben durch den Lehrplan. Die wichtigsten Therapieziele dabei sind:

- das Wissen der Patienten über die therapeutischen und prophylaktischen Wirkungen der Medikamente soll vergrößert werden;
- die Patienten sollen allgemeine Informationen über Wirkungen und Nebenwirkungen von Medikamenten erhalten;
- Die Gefahr eines Medikamenteneinnahmefehlers soll verringert werden, und die Patienten sollen mit den Medikamenten eigenständig umgehen lernen;
- den Patienten soll ein verbessertes Verständnis darüber vermittelt werden, *warum* sie die Medikamente einnehmen, was Medikamente für sie bewirken und wie lange die Zeitdauer der Einnahme sein soll;
- den Patienten sollen Vorschläge gemacht werden, wie sie mit geringfügigen Nebenwirkungen umgehen können;
- den Patienten soll dabei geholfen werden, diejenigen Symptome zu erkennen, die dem verabreichenden Arzt mitgeteilt werden müssen;
- die Patienten sollen lernen, wie sie mit Ärzten und anderen Fachleuten wirksam und konstruktiv Medikamentenprobleme besprechen und dabei eine partnerschaftliche Zusammenarbeit in der Pharmakotherapie erreichen können.

Die Effektivität eines in Modulform gestalteten Lernprogramms zeigte sich innerhalb eines Jahres weitgehend unabhängig von der Baseline-Psychopathologie und von der Symptomänderung, d. h. sowohl schwer als auch leicht gestörte Patienten profitierten von dieser Methode (Eckman 1992).

## Die rehabilitative Phase

Grundsätzlich sollte die Rehabilitation von Menschen mit einer somatischen oder psychischen Behinderung von einer vierstufigen Konzeption ausgehen: (1) Pathologie, (2) Beeinträchtigung (Impairment), (3) funktionelle Einschränkung (Disability) und (4) soziale Beeinträchtigung (Handicap). Nach dem aktuellen Krankheitsverständnis in der Psychiatrie repräsentieren psychobiologische Anomalien im Zentralnervensystem, welche das Substrat kognitiver, attentionaler und autonomer Funktionsdefizite darstellen und mit Störungen der Regulation von Erregungs- und Informationsverarbeitungsprozessen einhergehen, die Pathologie des Betroffenen. Während die körperliche Rehabilitation auf somatische Beeinträchtigungen wie z. B. Verlust von Seh- und Hörvermögen, reduzierte Bewegungsfähigkeit der Gliedmassen und Kraftverlust einer Muskelgruppe abzielt, gehören zu den psychischen Beeinträchtigungen (Impairments) z. B. formale oder inhaltliche Denkstörungen, mangelnde Konzentrationsfähigkeit, erhöhte Ablenkbarkeit und Apathie. Wenn solche psychischen Beeinträchtigungen bei einem Individuum eingeschränkte soziale Rollenleistungen zur Folge haben, wird von funktioneller Einschränkung (*Social Disability*) gesprochen. Damit ist gemeint, daß ein Mensch an ihn gestellte Rollenerwartungen und Aufgaben in einem bestimmten sozialen Umfeld nur noch teilweise oder überhaupt nicht mehr erfüllen kann. Dazu gehören z. B. verringerte Fertigkeiten in der Sorge für sich selber (Körper- und Zahnpflege, Kleidung, Haushalt), sozialer Rückzug oder eingeschränkte Arbeitsfähigkeit. Soziale Beeinträchtigungen (*Handicaps*) schliesslich liegen dann vor, wenn Menschen durch ihre psychische Störung gegenüber anderen Mitgliedern der Gesellschaft benachteiligt sind. *Tabelle 1* zeigt aus der Perspektive der Rehabilitation die Wechselbeziehung zwischen diesen vier Funktionsebenen psychischer Störungen. Mit jeder Ebene ergibt sich ein bestimmter Schwerpunkt für die rehabilitative Therapie; so definiert die Syndromdiagnose den Umfang der psychischen Beeinträchtigungen eines Patienten, während die Funktionsmessung das Ausmass der Einschränkung erfaßt. Geht man davon aus, daß ausgeprägte kognitive Störungen eine Verstärkung der Symptomatik zur Folge haben, was mit einer Abnahme der interpersonalen Fähigkeiten verbunden ist, sind schließlich funktionelle Einschränkungen und soziale Funktionseinschränkungen (*Disabilities und Handicaps*) das Ergebnis dieses sich gegenseitig verstärkenden Prozesses.

Symptome und die daraus entstehenden funktionalen Einschränkungen bilden ein Kontinuum. So kann die Art der Störung den Schweregrad und die Chronizität der funktionalen und

**Tabelle 1** Wechselbeziehung zwischen vier Funktionsebenen psychischer Störungen

| Stadium | Pathologie | Seelische Funktionseinschränkung (Impairment) | funktionale Einschränkung (Disability) | soziale Beeinträchtigung (Handicap) |
|---|---|---|---|---|
| Definition | Verletzungen oder Anomalien im ZNS | Die zugrunde liegende Pathologie führt zur Abnormität der physiologischen, psychologischen oder anatomischen Struktur oder Funktion | Einschränkung oder Mangel einer Leistung, die für jeden Menschen als normal angesehen wird | Gesellschaftlicher Nachteil für eine Individuum, der eine normale Rollenfunktionserfüllung verhindert |
| Beispiel | Hirntumor, Entwicklungsstörungen | kognitive Störung | Defizite im Sozialverhalten | Arbeitslosigkeit |
| Intervention | Labordiagnostik und Diagnostik mittels bildgebender Verfahren | Pharmakotherapie, kognitives Training | Training sozialer Fertigkeiten und der Problemlösekompetenz | Schaffung angemessener nach außen orientierter Förderungsprogramme wie Arbeitstherapie, Training beruflicher Fertigkeiten usw. |

sozialen Beeinträchtigungen beeinflussen. An Schizophrenie erkrankte Personen sind im allgemeinen mehr beeinträchtigt und gestört als Personen mit affektiven Störungen oder Angstsyndromen. Doch selbst im Rahmen eines bestimmten Krankheitsbildes variieren Verlauf und Ausgang in sozialer und beruflicher Hinsicht erheblich, sowohl zwischen verschiedenen Individuen als auch bei derselben Person im Längsschnitt. Überdies besteht zwischen den unterschiedlichen Charakteristika des Krankheitsausgangs bei schweren psychischen Störungen nicht immer eine hohe Korrelation. Beispielsweise kann die soziale Anpassung selbst bei geringer beruflicher Anpassung und anhaltenden Symptomen gut sein. Andererseits können anhaltende Symptome zwar vorhanden sein, aber doch eine angemessene soziale und/oder berufliche Anpassung erlauben. Die Variabilität der Erscheinungsformen schwerer psychischer Störungen ist also eines ihrer auffallendsten Merkmale, und es ist deshalb sinnvoll, sie gerade auch in der Rehabilitation als Wechselwirkungsprozeß zwischen den Faktoren Vulnerabilität, Streß, Bewältigung und Kompetenz aufzufassen.

## Strategien der psychiatrischen Rehabilitation

Das Ziel psychiatrischer Rehabilitation ist dieser Konzeption folgend die mittel- bzw. langfristige Wiedererlangung sozialer und instrumenteller Rollenkompetenz, wobei der individuellen Gewichtung der verschiedenen soziotherapeutischen Massnahmen (Angehörigenarbeit, Schaffung eines tragfähigen soziales Netzwerks einschließlich Unterstützung in der Gemeinde) unter Berücksichtigung eines realistischen Funktionsniveaus eine entscheidende Bedeutung zukommt. Wird z. B. die funktionelle Wiederherstellung durch anhaltende kognitive Defizite oder produktive Symptome begrenzt, zielen die Rehabilitationsbemühungen darauf ab, den Betroffenen in Richtung kompensatorisch wirkender Fertigkeiten und Lebensbedingungen sowie Arbeitsvoraussetzungen zu orientieren.

Der eigentliche Rehabilitationsprozeß beginnt unmittelbar im Anschluß an die Remission einer akuten Krankheitsepisode oder einer Verschlechterung der vorbestehenden psychischen Erkrankung, die meist mit sozialen und beruflichen Einbussen einhergehen. Grundsätzlich werden zwei Hauptstrategien verfolgt: (a) dem Patienten zu helfen, soziale und instrumentelle Fertigkeiten zu entwickeln oder wiederzuerlangen und (b) sein soziales Netzwerk zu erweitern, um fortbestehende Störungen und Behinderungen zu kompensieren. Gewöhnlich werden zur Erfüllung der individuellen Bedürfnisse und Ziele des Patienten beide Strategien eingesetzt. Manche Patienten, die sich beispielsweise von einer akuten schizophrenieformen oder einer schweren affektiven Störung erholen, bedürfen lediglich der

Hilfe zur Wiederherstellung ihres prämorbiden Funktionsniveaus, das durchaus mit einer guten Lebensqualität verbunden gewesen sein kann.

Andererseits sind Patienten mit mehr chronisch behindernden Störungen, wie z. B. Schizophrenie oder hirnorganischen Störungen, möglicherweise nicht in der Lage, spezifische Einbussen wettzumachen oder verlorene Fertigkeiten wiederzuerlangen. Alternative kompensatorische Fertigkeiten und ein angemessenes Lebensumfeld, also z. B. die Anpassung an geschützte Arbeitsplätze und Wohnstätten, stehen dann im Zentrum der Rehabilitationsbemühungen. Residualzustände bei chronischen psychischen Störungen erfordern, daß die Tatsache der Störung akzeptiert und neue, erreichbare Ziele definiert werden. Lernen mit Symptomen der Erkrankung umzugehen, die Medikamente entsprechend der Verordnung einzunehmen und nötigenfalls professionelle Ressourcen zu nutzen, werden hier zu wichtigen Zielen der Rehabilitation. Entsprechende Therapieansätze und Verfahrensweisen werden in den Kapiteln 8, 11 und 12 ausführlich dargestellt. Hier soll im weiteren noch speziell auf die sogenannte Wohn- und Arbeitsachse der Rehabilitation sowie auf administrative Fragen eingegangen werden.

### Rehabilitation auf der Wohnachse

Um der Vielfalt der Bedürfnisse psychisch Kranker im Bereich Wohnen gerecht zu werden, ist ein Kontinuum von alternativen Wohnmöglichkeiten erforderlich. Dieses „Wohnkontinuum" beinhaltet für den Patienten im wesentlichen folgende Möglichkeiten: Klinik – betreute Wohngruppe – Wohnheim – betreutes Wohnen – unabhängiges Wohnen.

Die *Klinik* stellt den restriktivsten Wohnrahmen dar. Die Patienten befinden sich entweder auf einer geschlossenen oder offenen Station, hier ist meistens kein ausreichendes Übungsfeld für wohnbezogene Aktivitäten vorhanden. Da die Grundversorgung durch die Klinik übernommen wird, werden die Patienten dabei überhaupt nicht oder nur in geringem Maß mit einbezogen. Trotzdem können in der Klinik eine Reihe von Fertigkeiten vermittelt werden, die für eine unabhängige Lebensführung erforderlich sind, beispielsweise über kognitiv-verhaltenstherapeutisch orientierte Trainingsverfahren (Körperpflege, soziale Fertigkeiten, Umgang mit Geld und Medikamenten etc.). Die hierdurch erworbenen Verhaltensweisen stellen im weiteren Verlauf der Rehabilitation wesentliche Voraussetzungen für die nächsten Schritte dar.

In einem therapeutischen Wohnheim zur mittelfristigen („Übergangeinrichtung") bzw. langfristigen Behandlung leben mehrere Patienten in einem Haus unter Betreuung von Pflegepersonal bzw. Sozialarbeitern, Ärzten und Psychologen. Die Patienten haben Gelegenheit, hier weitere Fertigkeiten zu erwerben, die für ein eigenständiges Leben in der Gemeinde notwendig sind. Das Personal bietet Unterstützung und Trainingsmöglichkeiten z. B. in der Haushaltsführung und übernimmt eine Modellfunktion für die weiteren Zielsetzungen. In der *Aussenwohngruppe* ist der vorgegebene Rahmen weniger strukturiert und weniger betreut. Auch hier leben mehrere Patienten in einem Haus, jedoch findet eine Betreuung durch Personal nur zu bestimmten Zeiten statt. An die Patienten, die nun zumeist bereits einer geregelten Beschäftigung nachgehen, werden hier grössere Anforderungen hinsichtlich Eigenstrukturierung und psychischer Stabilität gestellt.

Beim *betreuten Wohnen* können mehrere Patienten zusammen in einer Wohngemeinschaft leben oder auch ein Patient allein in seiner eigenen Wohnung. Jeder Patient sollte bereits die notwendigen grundlegenden Fertigkeiten erworben haben, bevor er in das betreute Wohnen umzieht, da die Betreuung in der Regel nur noch in größeren Zeitabständen erfolgt. Auf der Stufe des unabhängigen Wohnens schließlich müssen die Patienten eine eigene Wohnung suchen und diese unterhalten. Ausreichende psychische Stabilität, ein geregeltes Einkommen durch eine adäquate Beschäftigung sowie ein tragfähiges soziales Netz bilden die Grundlage für diese Wohnstufe.

Die Ergebnisse der hier beschriebenen soziotherapeutischen und rehabilitativen Bemühungen im Wohnbereich sind bisher noch eher bescheiden. So ergab z. B. die Langzeituntersuchung von Gmür (1987), in der 92 Patienten retrospektiv über einen Zeitraum von 18 Jahren erfaßt wurden, daß ca. ein Drittel der Patienten in unbetreuten oder unabhängigen Wohnsituationen (eigene Wohnung, Zimmer zur Untermiete, unbetreute Wohngemeinschaft) lebte, ein weiteres Drittel in abhängigen oder betreuten Wohnsituationen (Elternhaus, Wohnheim), und ein Drittel in stationärer Behandlung war. In der Regel werden die Patienten gemäß dem beschriebenen Stufenmodell von Betreuungspersonen durch die verschiedenen Anforderungsstufen begleitet. Daneben gelangen keine spezifischen therapeutischen Interventionen zur Anwendung.

Wohnspezifische Trainingsverfahren im Sinne der Erweiterung der oben beschriebenen Therapieprogramme zu sozialen Fertigkeiten werden aber gegenwärtig erprobt (siehe Kapitel 8).

**Rehabilitation auf der Arbeitsachse**

Arbeit wird seit langem als einer der wesentlichsten Aspekte der psychiatrischen Rehabilitation angesehen, und es wurde eine große Bandbreite von Behandlungsalternativen in diesem Bereich entwickelt. Während frühere Programme darauf abzielten, die Zeit der Patienten durch strukturierte Aktivitäten auszufüllen, betonen neuere Ansätze die Rückkehr des Individuums zu bezahlter Tätigkeit auf dem freien Arbeitsmarkt oder wenigstens unter beschützenden Arbeitsbedingungen. Dies wiederum hat die Arbeitstherapie in ein komplexes System von Arbeitsevaluation, Training, Beratung und Arbeitsvermittlung umorganisiert, vergleichbar mit Berufsrehabilitationsprogrammen, die anderen Behindertengruppen angeboten werden.

Trotz verstärktem Interesse an der beruflichen Rehabilitation bestehen wesentliche Meinungsverschiedenheiten über ihre Wirksamkeit. Während der letzten zehn Jahre ist eine Anzahl Autoren zu dem Schluss gekommen, daß klinikinterne Arbeitstherapieprogramme keine oder nur wenig Auswirkungen auf die Berufstätigkeit nach einer stationären Behandlung haben. Weniger als 30 Prozent aller entlassenen psychiatrischen Patienten erhalten eine reguläre Arbeitsstelle, und weniger als 25 Prozent davon gehen ein bis fünf Jahre später einer Ganztagsbeschäftigung nach. Die Ergebnisse einer Reihe von Studien zur Identifikation von Faktoren, die mit dem beruflichen Status von schizophren Erkrankten in Zusammenhang stehen, weisen darauf hin, daß der berufliche Werdegang vor der stationären Behandlung der beste Prädiktor für die Berufstätigkeit nach einer stationären Therapie ist, was auch die Rolle und Wirksamkeit von Berufsrehabilitationsprogrammen in Frage stellt. Im Gegensatz zu diesen Ergebnissen haben gemeindeintegrierte Modellprogramme wie z. B. Fountain House, Community Lodge und Brentwood Job Club von hohen Beschäftigungsziffern und Raten der Arbeitsstellenerhaltung bei chronisch psychisch Kranken berichtet.

Die unterschiedlichen Auffassungen über den Wert der beruflichen Rehabilitation läßt darauf schließen, dass es eine ganze Reihe von Faktoren zu beachten gilt, wenn man das Leistungsvermögen der Programme für die Wiedereingliederung der Patienten in die Arbeitswelt evaluieren will. Dabei ist nicht nur das spezifische Berufsprogramm von Bedeutung, vielmehr gilt es auch die beruflichen Fertigkeiten und die einschlägige Vorgeschichte des jeweiligen Patienten, seine psychiatrische Anamnese, den aktuellen psychopathologischen Befund, die Tragfähigkeit des sozialen und familiären Netzes, die sozialen Fertigkeiten, die Möglichkeit, mit Stress umzugehen, die Angemessenheit der Bewältigungsmechanismen und die zur Verfügung stehenden weiteren Behandlungsmöglichkeiten zu beachten. Alle diese Faktoren greifen ineinander und bestimmen gemeinsam das Ergebnis der beruflichen Rehabilitation.

Der vielleicht beste Weg einer wirksamen Rehabilitation zur Wiederherstellung der Arbeitsfähigkeit besteht dann darin, diesen Prozeß als Kontinuum einer Betreuungsarbeit aufzufassen. Jeder Patient hat ein spezifisches Profil von Fähigkeiten, Defiziten, Vulnerabilität für Streß und Ausmass seiner psychischen Erkrankung, wodurch ein jeweils spezifisches Interventionsprogramm entlang einem Kontinuum von Abklärungs-, Betreuungs- und Trainingsmassnahmen erforderlich ist. Dieses Kontinuum kann in sieben Schritte unterteilt werden: (a) Bewertung von Berufsfertigkeiten, (b) Anpassung an die Berufstätigkeit, (c) Training von Arbeitsfertigkeiten, (d) beschützende Arbeitsstelle, (e) Übergangsbeschäftigung, (f) Suche nach einem Arbeitsplatz und (g) Behalten der Arbeitsstelle. Die meisten psychiatrischen Patienten wechseln bekanntlich ja nicht direkt von der Klinik an eine Arbeitsstelle, sondern erreichen dieses Ziel erst nach einer Folge von weiteren Therapieschritten je nach ihren persönlichen Bedürfnissen und Fähigkeiten. Dabei braucht nicht jeder Patient das vollständige Kontinuum zu durchlaufen.

Die Bewertung von beruflichen Fertigkeiten muß auf der Grundlage sowohl der prämorbiden als auch der aktuellen Fertigkeiten des Patienten erfolgen, dies entweder anhand direkter Verhaltensbeobachtung, Berichten von Vorgesetzten und anderen Bezugspersonen des Patienten, Angaben des Betroffenen selbst oder einer Kombination dieser Informationsquellen. Ebenso wichtig ist die Einschätzung der Adaption des Patienten an die Arbeitssituation, d. h. seiner Fähigkeit, rechtzeitig an der Arbeitsstelle zu sein, mit den Arbeitsgeräten umgehen zu können, mit Mitarbeitern und Vorgesetzten auszukommen und seine Tätigkeit zu strukturieren. Diese Fertigkeiten, oft als Arbeitsvoraussetzungen bezeichnet, haben gleiches Gewicht wie die für die spezifischen Berufe erforderlichen fachlichen Fertigkeiten und können mittels Beobachtung und Auskunft von Bezugspersonen, die mit dem Patienten vertraut sind, beurteilt werden.

Das Training in einem bestimmten Beruf kann auf dem Klinikgelände, in Rehabilitationswerkstätten oder direkt an einem regulären Arbeitsplatz erfolgen, je nach Anforderungs- und Belastungsprofil sowie den zur Verfügung stehenden Therapieprogrammen und den örtlichen Rahmenbedingungen. An einer beschützten Arbeitsstelle können die Patienten in einem therapeutischen Umfeld innerhalb der Klinik oder in der Gemeinde Erfahrungen an simulierten Arbeitsplätzen sammeln, wobei sich mögliche Anpassungsprobleme an Arbeitsbedingungen durch das Betreuungspersonal beobachten und mit ausgewählten Interventionen angehen lassen. Dieser Rahmen ist auch ausgezeichnet dafür geeignet, Berufsfertigkeiten und Sozialverhalten, wie z. B. die Interaktion mit Mitarbeitern während der Arbeit und in den Pausen, zu fördern.

Patienten, die einen beschützten Arbeitsplatz erfolgreich absolvieren und über die erforderlichen beruflichen Fertigkeiten verfügen, können im Anschluss daran eine Übergangsbeschäftigung in Angriff nehmen. Sie arbeiten dann unter der Betreuung eines Mitarbeiters der psychiatrischen Rehabilitationseinrichtung in einem industriellen Betrieb oder in einem Geschäftsunternehmen und werden für ihre Tätigkeit entsprechend bezahlt. Indem sie sich außerhalb des Klinikgeländes begeben, lernen sie auch mit der Unterstützung des therapeutischen Teams, sich den Erfordernissen des normalen Arbeitstages anzupassen.

Um schließlich eine reguläre Beschäftigung übernehmen zu können, muß zuerst eine geeignete Arbeitsstelle gefunden werden, eine Aufgabe, die seit jeher für chronisch psychisch Kranke besonders schwierig war. Neuere Entwicklungen bei Arbeitsbeschaffungsprogrammen haben zwar dazu beigetragen, die Möglichkeiten wettbewerbsfähiger Beschäftigungen für psychiatrische Patienten zu erweitern, die zunehmende Arbeitslosigkeit wirkt dem allerdings wieder entgegen. Gelingt es, einen entsprechenden Arbeitsplatz zu behalten, ist das maximale Ziel der beruflichen Rehabilitation erreicht und es besteht eine große Wahrscheinlichkeit auch der vollen sozialen Reintegration in die Gesellschaft.

## Die administrative Seite der Rehabilitation

Um den Rehabilitationsprozess insgesamt möglichst optimal gestalten zu können, sind gute Kenntnisse auch der administrativen Seite der Rehabilitation unerlässlich. In Deutschland entscheidet der jeweils zuständige Rentenversicherungsträger (z. B. LVA, BFA oder Bundesknappschaft) in jedem Fall zunächst einmal, ob es sich um eine Erwerbsunfähigkeit oder um eine Berufsunfähigkeit handelt. Im Falle einer Berufsunfähigkeit laufen entsprechende Rehabilitationsmaßnahmen mit dem Ziel der beruflichen Wiedereingliederung an. Für den Fall, daß sich ein Gesundungsprozess in einem definierten Zeitraum noch nicht erwarten lässt, kann eine Berentung auf Zeit erfolgen.

In der Schweiz gewährt die Invalidenversicherung Geld (Rente) und Sachleistungen (berufliche Wiedereingliederungsmassnahmen). Anspruch auf diese Leistungen haben Versicherte, die wegen eines Gesundheitsschadens voraussichtlich bleibend oder über eine längere Zeit ganz oder teilweise erwerbsunfähig sind. Der Gesetzesbegriff „Invalidität" bedeutet also nicht einen Zustand körperlicher oder geistiger Versehrtheit, sondern die Beeinträchtigung der Erwerbsfähigkeit durch eine bleibende oder länger dauernde gesundheitliche Schädigung. Hauptziel ist auch hier die Wiedereingliederung ins Erwerbsleben, daher gilt stets der Grundsatz „Eingliederung geht vor Rente". Invalidenrenten werden erst dann zugesprochen, wenn Eingliederungsmaßnahmen ihr Ziel nicht oder nur teilweise erreichen können oder von vornherein aussichtslos sind. Dabei hat das Alter der Patienten einen entscheidenden Einfluss auf die in Frage kommenden Massnahmen zur Wiedereingliederung. So wird man eher geneigt sein, bei einem jüngeren Menschen, der sein berufliches Leben noch vor sich hat, die gesamte Spannbreite der rehabilitativen Massnahmen in Erwägung zu ziehen, und bei einem älteren Menschen eher den Kostenaufwand (z. B. einer Umschulung) ins Verhältnis zur Zeit bis zum altersbedingten Ausscheiden aus dem Arbeitsprozess setzen.

# Langzeitverlauf

Für eine Vorhersage des Ausgangs einer schizophrenen Erkrankung sind unterschiedliche Komponenten zu unterscheiden. Strauss et al.

schlugen vor, die Prädiktoren in drei chronologisch geordnete Komponenten zu unterteilen: 1. prämorbide Charakteristika, 2. Ausgestaltung der Psychopathologie, 3. Verlaufscharakteristikum (course). Weiterhin unterteilten sie die erste Komponente in den perinatalen Zeitabschnitt, Säuglingsalter, Kindheit, Adoleszenz und Erwachsenenalter.

McGlashan (1986) geht von unterschiedlichen Komponentenklassen wie „Demographie", „Familie", „ZNS" usw. aus, die er dann in unterschiedliche Kategorien und Dimensionen unterteilt, wobei die Prädiktoren eines bestimmten Einflussbereichs zusammengefaßt werden. Die meisten Dimensionen sind unterteilt nach „gutem und schlechten Rehabilitationsergebnis". Andere Dimensionen, die mit einer schizophrenen Erkrankung in Beziehung stehen, wurden ebenfalls hinzugefügt, auch wenn bisher noch nicht gezeigt werden konnte, ob sie zu einem guten oder schlechten Outcome beitragen, so z. B. eine ausgeprägte Psychopathologie der Eltern oder emotionale Instabilität, Introversion und Passivität des Betroffenen. Die Ergebnisse einer Reihe weiterer empirischer Untersuchungen lassen einige allgemeine Prinzipien, die für die Rehabilitation relevant sind, erkennen

- Outcome-Variablen und Prädiktoren sind multidimensional zu betrachten und korrelieren oft nur gering miteinander (Kokes et al. 1977, Strauss und Carpenter 1974), was die Frage der Möglichkeit von Verallgemeinerungen der Ergebnisse von Studien aufwirft, in denen jeweils nur diese beiden Variablenbereiche untersucht wurden.
- Spezifische Prädiktoren korrelieren unterschiedlich mit dem unterschiedlichen Outcome, und ein spezifisches Outcome-Kriterium kann am effektivsten durch die entsprechende prämorbide Variable vorhergesagt werden (Möller et al. 1982, Strauss und Carpenter 1974).
- Das psychopathologische Querschnittsbild allein und eine Diagnose, die primär auf einer Einschätzung der Querschnittssymptomatik basiert, haben nur einen begrenzten prognostischen Wert. Diagnosen, die sowohl auf Längsschnitt- als auch auf Querschnittdaten basieren, besitzen demgegenüber eine größere Aussagekraft hinsichtlich des Outcome (Bland 1982, Schwartz et al. 1975, Kendell et al. 1979).
- Die jeweilige Symptomatik erscheint jedoch nützlich, um die Psychopathologie im Falle eines Rückfalls individuell vorherzusagen.

Als Schlüsseldimensionen von Prädiktoren für den langfristigen Outcome chronisch schizophrener Psychosen erwiesen sich in den Untersuchungen von McGlashan (1986) vor allem: (a) die Familienanamnese hinsichtlich Schizophrenie, (b) prämorbide Interessen und Produktivität (Erwerb von Fähigkeiten), (c) die Präsenz oder das Weiterbestehen von Affektstörung an depressiver Verstimmung, (d) das Ausmass, in dem die Krankheit eine adäquate Realitätsprüfung erschwert. Zusätzlich trifft Im Verlauf der Erkrankung ein Wandel in der Natur oder Aussagekraft relevanter Prädiktorenbereiche ein. Dimensionen, die zunächst für die Länge der Erkrankung oder die Behandlung Relevanz besitzen, scheinen im weiteren Verlauf der Erkrankung weniger aussagekräftig zu werden, an ihrer Stelle treten andere Dimensionen, die z. B. das klinische Bild mehr deskriptiv beschreiben und dadurch an Gewichtigkeit hinsichtlich der Aussagekraft gewinnen.

## Schizophrenie im Alter

Ältere Patienten, die mit der Diagnose einer Schizophrenie auf eine gerontopsychiatrische Station eingewiesen werden, sind im Vergleich gesehen in der Regel dennoch jünger als dort behandelte Patienten mit anderen Krankheitsbildern wie Demenz oder depressives Syndrom (die „jungen Alten"). Mulsant et al. (1993) fanden über einem Zeitabschnitt von 2 Jahren unter 600 älteren, stationär behandlungsbedürftigen Patienten keinen schizophrenen Patienten mit 80 Jahren oder älter. Demgegenüber betrug in dieser Altersgruppe der Anteil dementer und depressiver Patienten 28%. Es gibt diesbezüglich also ein „Defizit" an „alten Alten".

Diese Ergebnisse lassen unterschiedliche Interpretationen zu. Zunächst bietet sich die Erklärung an, daß bei einem wesentlichen Teil der Patienten die schizophrene Erkrankung im Alter „ausgebrannt" ist, wodurch entweder eine Erholung oder ein stabiles Residualsyndrom eintrat, das primär durch eine Negativsymptomatik gekennzeichnet ist. Daraus würde folgen, daß die an einer Schizophrenie erkrankten „alten Alten" kaum mehr akut in eine psychiatrische Klinik eingewiesen werden müssen. Dafür sprechen auch die Ergebnisse der bekannten Langzeitstudien zum Krankheitsverlauf (Bleuler 1978, Tsuang et al. 1979, Ciompi 1980, Huber et al. 1980, Harding et al. 1987), die zeigen, dass die Hälfte der schizophrenen Patienten sich erholt oder über einen Verlauf von Jahrzehnten beachtlich stabilisiert haben. Eine andere Erklärungsvariante ist, daß ein anderer Anteil schizophrener „alter Alter" ihr Leben ohnehin in Institutionen verbringen und daher nicht mehr auf Akutstationen in Erscheinung treten. Im Einklang damit stehen Ergebnisse von Ciompi (1980), von Huber et al. (1980) und von Goodman und Siegel (1986), nach denen schizophrene Patienten ein hohes Risiko für eine Institutionalisierung aufweisen, auch wenn sie über 30 Jahre lang in der Gemeinde leben. Eine dritte Erklärungsmöglichkeit stellt schliesslich die durch eine Vielzahl von Studien innerhalb der letzten 50 Jahre belegte geringere Lebenserwartung dar, die mit einer schizophrenen Psychose einhergeht und zum Teil einer erhöhten Suizidrate zugeschrieben wird (Slater und Roth 1969, Ciompi 1980, Tsuang et al. 1980, Black et al. 1985, Allebeck und Wistedt 1986). Letztendlich erscheint kein Erklärungsansatz für sich allein hinreichend für das „Defizit" an „alten Alten" zu sein, es dürfte sich mehr um eine Kombination der unterschiedlichen Erklärungsansätze handeln.

## Ausblick

Neben dem Fortschritt in der Pharmakotherapie, die Negativsymptomatik in gewissen Grenzen vermindern zu können, geht die aktuelle Entwicklung dahin, kognitiv-verhaltenstherapeutische Programme nicht nur während oder nach dem stationären Aufenthalt anzubieten, sondern durch geeignete Verfahren einen stationären Aufenthalt überhaupt zu vermeiden, indem schon durch eine engmaschige Betreuung in der Gemeinde therapeutische Lernprogramme ambulant oder tagesklinisch zur Anwendung gelangen. Aktuelle Beispiele sind die in unserer Forschungsarbeit mit schizophrenen Patienten dafür entwickelten Therapieprogramme „Wohnen, Arbeit, Freizeit" und „Umgang mit maladaptiven Emotionen".

## Literatur


Aaltonen, J., V. Räkköläinen: The shared image guiding the treatment process. Brit. J. Psychiat. 164 (Suppl. 23) 97

Allebeck, P., B. Wistedt: Mortality in schizophrenia. Arch. Gen. Psychiatry 43 (1986) 650

Andreasen, N.C.: Negative symptoms in schizophrenia. Arch. Gen. Psychiatry 39 (1982) 784

Biel, H., K. Maurer, C. Schubart, B. Krumm, E. Jung: Prediction of outcome and utilization of medical services in a prospective study of first onset schizophrenics: results of a prospective 5-year follow-up study. Eur. Arch. Psychiatry Neurol. Sci. 236 (1986) 139

Birchwood, M., J. Smith, F. McMillan, B. Hogg, R. Prasad, C. Harvey, S. Bering: Predicting relapse in schizophrenia: the development and implementation of an early signs monitoring system using patients and families as observers, a preliminary investigation. Psychol. Med. 19 (1989) 649

Bland, R.C.: Predicting the outcome in schizophrenia. Can. J. Psychiatry 27 (1982) 52

Black, D.W., G. Warrack, G. Winokur: The Iowa record-linkage study: III. Excess mortality among patients with „functional" disorders. Arch. Gen. Psychiatry 42 (1985) 82

Böker, W., H.D. Brenner: Über Selbstheilungsversuche Schizophrener. Schweiz. Archiv für Neurologie, Neurochirurgie und Psychiatrie 135 (1984) 123

Böker, W., H.D. Brenner, S. Würgler: Vulnerabilitätsverbundene Defizienzen, Psychopathologie und Bewältigungsverhalten bei Schizophrenen und deren Angehörigen. In: W. Böker, H.D. Brenner (Hrsg.) Schizophrenie als systemische Störung. Huber, Bern Stuttgart Toronto 1989

Breier, A., J.L. Schreiber, J. Dyer, D. Pickar: National Institution of Mental Health Longitudinal Study of Schizophrenia. Arch. Gen. Psychiatry 48 (1991) 239

Brenner, H.D., W. Böker, K. Andres, W.G. Stramke: Efforts at compensation with regard to basic disorders among schizophrenics. In: U. Laaser, R. Senault, H. Viefhues (eds.) Primary health care in the making. Springer, Berlin Heidelberg 1985

Broen, W.E., L.H. Storms: Lawful disorganisation: The process underlying a schizophrenic syndrome. Psychological Revue 73 (1966) 265

Brugha, T., D. Walsh: Suicide past and present. The temporal constant of under-reporting. Brit. J. Psychiat. 132 (1978) 177

Carpenter, W.T., J.J. Bartko, J.S. Strauss, A.B. Hawk: Signs and symptoms as predictors of outcome: a report from the international Pilot Study of Schizophrenia. Am. J. Psychiatry 135 (1978) 940

Ciompi, L.: Catamnestic long-term study on the course of life and aging of schizophrenics. Schizophrenia Bulletin 6 (1980) 606

Conrad, K.: Die beginnende Schizophrenie. Thieme, Stuttgart 1987

Crow. T.J.: Molecular pathology of schizophrenia: More than one disease process? British Medical Journal 280 (1980) 1

Crow. T.J.: The two-syndrome concept: origins and current status. Schizophr. Bull. 11 (1985) 471

David, A.S., L. Appleby: Diagnostic criteria in schizophrenia: accentuate the positive. Schizophr. Bull. 18 (1992) 551

Derogatis, L.R., R.S. Lipman, L. Covi: SCL-90/an Outpatient Psychiatric Rating Scale – Preliminary Report. Psychopharm. Bull. 9 (1973) 13

Eckman, T.A., W.C. Wirshing, S.R. Marder, R.P. Liberman, K. Johnston-Cronk, K. Zimmermann, J. Mintz: Technique for training schizophrenic patients in illness self-management: a controlled trial. Am. J. Psychiatry 149 (1992) 1549

Goodman, A.B., C. Siegel: Elderly schizophrenic inpatients in the wake of deinstutionalization. Am. J. Psychiatry 143 (1986) 204

Häfner, H., K. Maurer, W. Löffler, A. Riecher-Rössler: Schizophrenie und Lebensalter. Nervenarzt 62 (1991) 536

Hawk, A.B., W.T. Carpenter, J.S. Strauss: Diagnostic criteria and five year outcome in schizophrenia: A report from the international Pilot Study of Schizophrenia. Arch. Gen. Psychiatry 32 (1975) 343

Hermanutz, M., J. Gestrich: Computerassisted attention training in schizophrenics. A comparative study. Eur. Arch. Psychiatry Clin. Neurosci 240 (1991) 282

Herz, M.I., C. Melville: Relapse in schizophrenia. Am. J. Psychiatry 137 (1980) 801

Herz, M.I., W. Glazer, M. Mirza, M.A. Mostert, H. Hafez: Treating prodromal episodes to prevent relapse in schizophrenia. Br. J. Psychiatry 15 (1989) 123

Herz, M.I., H.V. Szymanski, J.C. Simon: Intermittent medication for stable schizophrenic outpatients: An alternative to maintenance medication. Am. J. Psychiatry 139 (1982) 918

Huber, G., G. Gross, R. Schüttler, M. Linz: Longitudinal studies of schizophrenic patients. Schizophrenia Bulletin 6 (1980) 592

Huber, G.: Das Konzept substratnaher Basissymptome und seine Bedeutung für Theorie und Therapie schizophrener Erkrankungen. Nervenarzt 54 (1983) 23

Kay, S.R., A. Fiszbein, J.P. Lindenmayer, L.A. Opler: Positive and negative syndromes in schizophrenia as a function of chronicity. Acta Psychiatr. Scand. 74 (1986) 507

Kendell, R.E., M.D. Brockington, J.P. Leff: Prognostic implications of six alternative definitions of schizophrenia. Arch. Gen. Psychiatry 35 (1979) 25

Kokes, R., J. Strauss, R. Klorman: Premorbid adjustment in schizophrenia: II. Measuring premorbid adjustment: The instruments and their development. Schizophr. Bull. 3 (1977) 186

Kulhara, P., R. Chadda: Study of negative symptoms in schizophrenia and depression. Compr. Psychiatry 28 (1987) 229

Lamberti, G., K.-H. Wienke, N. Franke: Der Computer als Hilfe beim Aufmerksamkeitstraining – eine klinisch experimentelle Studie. Rehabilitation 27 (1988) 190

Lehmann, A.F.: The well-being of chronic mental patients. Arch. Gen. Psychiatry 40 (1993) 369

Liberman, R.P., F. Lillie, I.R.H. Falloon et al.: Social skills training with relapsing schizophrenics. Behav. Modif. 8 (1984) 155

Liberman, R.P., U. Giebeler, H.D. Brenner (Hrsg): Die Rehabilitation chronisch seelisch Kranker in der Psychiatrie. Huber, Bern Göttingen Toronto Seattle 1994

Marder, S.R., T. Van Putten, J. Mintz, J. McKenzie, M. Lesbell, G. Faltigo, P.R.A. May: Costs and benefits of two doses of fluphenazine. Arch. Gen. Psychiatry 41 (1984) 1025

Markowe, M., J. Steinert, F. Heyworth-Davis: Insulin and chlorpromazine in schizophrenia: a ten year comperative survey. Brit. J. Psychiat. 113 (1967) 1101

Mellor, C.S.: First rank symptoms of schizophrenia. Br. J. Psychiat. 117 (1970) 15

McGlashan, T.H.: A selective review of recent North American long-term follow-up studies of schizophrenia. Schizophr. Bull. 14 (1988) 515

McGlashan, T.H.: The prediction of outcome in schizophrenia: IV. The Chestnut Lodge follow-up study. Arch. Gen. Psychiatry 43 (1986) 167

Möller, H.J., D. von Zerssen, K. Werner-Eilert, M. Wuschner-Stockheim: Outcome in schizophrenic and similar paranoid psychoses. Schizophr. Bull. 5 (1982) 99

Müller, P.: Der Suizid des schizophrenen Kranken und sein Zusammenhang mit der therapeutischen Situation. Psychiat. Prax. 16 (1989) 55

Mundt, C., S. Kasper: Zur Schizophreniespezifität von negativen und Basissymptomen. Nervenarzt 58 (1987) 489

Mundt, C.: Suizide schizophrener Patienten. Überlegungen zur Genese und Prävention anhand einiger Fallbeispiele. Psychother. med. Psychol. 34 (1984) 193

Nestadt, G., P.R. McHug: The frequency and specifity of some „negative" symptoms. In: G. Huber (Hrsg.) Basisstadien endogener Psychosen und das Borderline-Problem. Schatthauer, Stuttgart 1985

Overall, J.E., Gorham, D.R.: The Brief Psychiatric Rating Scale. Psychol. Rep. 10 (1962) 799

Parnas, J., S.A. Mednick: Early predictors of onset and course of schizophrenia and schizophrenia spectrum. In: H. Häfner, W.F. Gattaz (Hrsg.) Search of the causes of schizophrenia, Vol. 2. Springer, Berlin Heidelberg New York 1990

Perris, C., J. Beskow, L. Jakobsson: Some remarks on the incidence of successful suicide in psychiatric care. Soc. Psychiatry 15 (1980) 161

Pogue-Geile, M.F., M. Harrow: Negative an positive symptoms in schizophrenia and depression: A follow up. Schizophrenia Bulletin 10 (1984) 371

Pogue-Geile, M.F.: The prognostic significance of negative symptoms in schizophrenia. Br. J. Psychiatry 155 (1989) 123

Prasad, A.J.: Attempted suicide in hospitalized schizophrenics. Acta psychiatr. scand. 74 (1986) 41

Prasad, A.J., P. Kellner: Suicidal behaviour in schizophrenic day patients. Acta psychiatr. scand. 77 (1988) 488

Reimer, Ch.: Zur Problematik der Helfer-Suizidanten Beziehung: Empirische Befunde und ihre Deutung unter Übertragungs- und Gegenübertragungsaspekten. In: H. Henseler,Ch. Reimer (Hrsg.) Selbstmordgefährdung. Frommann, Stuttgart 1981

Roy, A.: Suicide in chronic schizophrenia. Br. J. Psychiatry 4 (1982) 171

Roy, A., J. Schreiber, A. Mazonson, D. Pickar: Suicidal behaviour in chronic schizophrenic patients, a follow-up study. Can. J. Psychiatry 3 (1985) 737

Schubart, C., R. Schwarz, B. Krumm, H. Biehl: Schizophrenie und soziale Anpassung – eine prospektive Längsschnittuntersuchung. Springer, Berlin Heidelberg New York Tokio 1986

Schwartz, C.C., J.K. Myers, B.M. Astrachan: Concordance of multiple assesments of the outcome of schizophrenia: On defining the dependent variable in outcome studies. Arch. Gen. Psychiatry 32 (1975)

Slater, E., M. Roth: Mayer-Gross, Slater and Roth Clinical Psychiatry. 3rd ed. Bailliere, Tindall & Cassel, London 1969

Sommers, A.A.: Negative symptoms: conceptual and methodological problems. Schizophr. Bull 11 (1985) 364

Strauss, J.S, W.T. Carpenter: The prediction of outcome in schizophrenia: I. Characteristics of outcome. Arch. Gen. Psychiatry 27 (1972) 739

Strauss, J.S, W.T. Carpenter: The prediction of outcome in schizophrenia: II. Relationships between predictor and outcome variables: A report from the WHO International Pilot Study of Schizophrenia. Arch. Gen. Psychiatry 31 (1974) 37

Strauss, J.S, W.T. Carpenter: The prognosis of schizophrenia: Rationale for a multidimensional concept. Schizophr. Bull. 4 (1978) 56

Subotnik, K.L., K.H. Nuechterlein: Prodromal signs and symptoms of schizophrenic relapse. J. Abnorm. Psychol. 97 (1988) 405

Süllwold, L.: Symptome schizophrener Erkrankungen. Springer, Berlin 1977

Süllwold, L.: Schizophrenie. Kohlhammer, Stuttgart 1983

Süllwold, L., J. Herrlich: Psychologische Behandlung schizophren Erkrankter. Kohlhammer, Stuttgart 1990

Süllwold, L.: Schizophrenie, 3. überarbeitete und erweiterte Auflage. Kohlhammer, Stuttgart 1995

Tsuang, M.T., R.F. Woolson, J.A. Fleming: Premature deaths in schizophrenia and affective disorders. Arch. Gen. Psychiatry 37 (1980) 979

Weiden, P.J., M. Olfsen: Cost of relapse in schizophrenia. Schizophr. Bull. 21 (1995) 419

Wilkinson, D.G.: The suicide rate in schizophrenia. Brit. J. Psychiat. 140 (1982) 138

# 14 Umgang mit aggressivem Verhalten

W. Böker

## Einleitung

Drohungen und Tätlichkeiten gegen Sachen und Personen werden im Umgang mit geisteskranken Menschen, also auch mit Schizophrenen, leider nicht sehr selten erlebt. Es ist deshalb gerechtfertigt, die Kenntnisse über Entstehungsbedingungen sowie therapeutische Möglichkeiten und präventive Überlegungen zum Thema Aggression in einem gesonderten Kapitel zusammenzufassen.

Wir begegnen hier einem traditionellen, weit verbreiteten Meinungsstereotyp in der Bevölkerung, nämlich der Furcht vor der angeblich besonders gesteigerten „Gefährlichkeit“ der Geisteskranken (Bhugra 1989). Ältere Meinungsbefragungen in den USA (Star 1955, Cumming und Cumming 1957, Nunnally 1961) sowie in Deutschland (Jaeckel und Wieser 1967, Stumme 1975) haben gezeigt, dass Laien mit dem Begriff „geisteskrank“, vereinfacht gesagt, drei Kriterien in Verbindung bringen:

1. Zusammenbruch der Verstandesfunktion
2. Verlust der Selbstbeherrschung, der Kontrolle über sich selbst
3. Extrem unpassendes Sozialverhalten.

Neuere Untersuchungen (Kalifornien: Field Institute 1984, Link et al. 1987; Schweiz: Lundbeck Stigmastudie Gfs-Büro 1994) und Alltagserfahrungen sprechen dafür, dass dieses Einstellungsstereotyp auch heute noch keineswegs überwunden ist. Allerdings steht zu vermuten, dass die Öffnung der psychiatrischen Kliniken und die breite Entwicklung gemeindepsychiatrischer Dienste während der letzten zwanzig Jahre, die zu vermehrten persönlichen Kontakten der Bevölkerung mit schwer psychisch Kranken geführt hat, mindestens regional differenziertere Wahrnehmungen und eine realistischere Haltung gegenüber solchen Patienten begünstigt (DYG-Corporation 1990, Rössler und Salize 1995). Die historischen Vorurteile brechen aber sofort wieder auf, wenn spektakuläre Gewalttaten Geistesgestörter in den Medien publiziert werden, wie die Attentate auf die Politiker Lafontaine und Schäuble 1990 in Deutschland (Angermeyer und Matschinger 1995). Auch der Versuch, psychiatrische Versorgungsdienste in Wohnvierteln einzurichten, stimuliert den Wunsch nach sozialer Distanz und kann zu vehementen Bürgerprotesten führen (Rössler und Salize 1995).

Eine wirksame Aufklärung über die realistischen Risiken und ihre mögliche Prävention muss auf der Basis soliden, empirisch begründeten Wissens erfolgen. Es wäre nutzlos und vermutlich sogar kontraproduktiv, das alte negative Stereotyp durch die Verleugnung oder Verharmlosung aggressiver Vorkommnisse bekämpfen zu wollen. Andererseits verhelfen bessere Kenntnisse über das Gewalttatenrisiko dazu, restriktive Massnahmen nicht ungerechtfertigt auf einen zu weit gespannten Patientenkreis auszudehnen sowie übertriebenen Befürchtungen vor einer offenen Psychiatrie entgegen zu treten (Böker 1981). Immerhin stehen uns heute auch vielfältigere und wirkungsvollere Möglichkeiten als früher zur Verfügung, aggressive Erregungszustände zu behandeln und das Aggressionspotential langer Krankheitsverläufe etwas genauer abzuschätzen. Nachfolgend wird aggressives Verhalten Schizophrener grob in zwei qualitative Gruppen eingeteilt: Mildere Formen, wie sie im Alltag psychiatrischer Institutionen, aber auch im Familienleben beobachtet werden, und die viel selteneren, schweren, gegen das Leben anderer gerichteten Gewalttaten.

## Alltägliche Aggressionsäusserungen

Geringfügige Tätlichkeiten und Drohungen psychotischer Patienten sind relativ häufige Vorkommnisse. Weil sie meist straf- und versicherungsrechtlich nicht erfasst werden, besitzen wir kaum Vergleichsmöglichkeiten mit Aggressionen Gesunder (Ernst 1988).

Aggressive Verhaltensweisen schizophrener Kranker werden häufig bereits vor der Aufnahme in eine psychiatrische Behandlung beobachtet und liefern dann einen typischen Anlass zur Einweisung in die Klinik. Beispielsweise revoltieren jugendliche Kranke häufig gegen eine restriktive oder als zu fürsorglich einengend empfundene Bemühung der Angehörigen, die ihrerseits durch psychotische Symptome des Patienten geängstigt oder verärgert worden sind. Die expressed emotion-Forschung hat wahrscheinlich gemacht, dass solche Beziehungskrisen interdependenten Reiz-Reaktionszirkeln folgen, die sich in fataler Weise aufschaukeln können (Kavanagh 1992, Bebbington und Kuipers 1994). Der schizophrene Erlebniswandel selbst beeinträchtigt die kognitiven Fähigkeiten häufig in einem solchen Masse, dass in der akuten Krankheitsphase die Wirklichkeit nur noch verzerrt oder unverständlich und deshalb als angsterregend aufgefasst werden kann. Klassische psychopathologische Beispiele sind die akute Wahnstimmung, wahnhafte Erlebnisse der Todesbedrohung oder der katatone Erregungszustand. Tätlichkeiten sind in solchen Zuständen häufig Abwehrreaktionen der chaotisch geängstigten Patienten gegen eine als bedrohlich missverstandene Umwelt.

Taylor und Hodgins (1994) haben für die stationäre Behandlung psychotisch Kranker folgende Krisenphasen aggressiven Verhaltens herausgestellt:

1. Unmittelbar bei der Aufnahme
2. Nach einer kurzen Beruhigungsphase
3. Bei therapieresistenten Patienten nach längerer unbefriedigender Behandlung
4. Vor einer als Verlust der beschützenden Umgebung gefürchteten Entlassung.

Ad. 1. Einweisungen akut Kranker erfolgen oft gegen ihren Willen und gelegentlich unter Verheimlichung der Absicht, sie in eine Klinik zu bringen. Die Betroffenen fühlen sich dann zurecht vergewaltigt und getäuscht und sträuben sich wütend gegen die Aufnahme und die zwangsweise Zurückhaltung in der Klinik. Akute Erregungszustände machen Zwangsmedikation, Isolierung oder sogar Fesselung notwendig, die wiederum Gegenreaktionen auslösen.

Ad 2. Das Behandlungsteam muss dem vielfach noch krankheitsuneinsichtigen Patienten gegenüber Forderungen der Realität und der Anpassung vertreten, so dass, ähnlich wie mit Familienangehörigen, Konflikte oft unvermeidlich sind. Gegenübertragungsreaktionen wie Bestrafungswünsche, Machtdemonstrationen und eigene Ängste des Personals können solche Spannungen verschärfen (Steinert 1995). Auch ungünstige Milieueinflüsse wie überfüllte Stationen, zu viele erregte Patienten auf der Abteilung, schlechter Ausbildungsstand und diffuse Rollenprofile der Betreuer, schwache Führung oder Teamkonflikte sind von Bedeutung (Friis und Helldin 1994).

Ad 3. Sprechen Patienten auf Neuroleptika ungenügend an, entwickeln sie ausgeprägte Negativsymptome (Rückzug ins Bett, Kommunikationsverweigerung, Vernachlässigung der Körperpflege, autistische Abkapselung), dann werden besonders die stark erfolgsorientierten leistungsfreudigen Betreuer frustriert und reagieren mit Ungeduld und verstärkten therapeutischen und rehabilitativen Anstrengungen. Diese können wiederum das Rückzugsverhalten der Patienten verstärken oder eben aggressive Abwehrreaktionen provozieren. Auch eine aus Ratlosigkeit geborene Polypragmasie mit häufigem Medikamentenwechsel sowie intervenierende Kritik der Angehörigen trägt zur gegenseitigen Missstimmung bei.

Ad 4. Forcierte Wiedereingliederungsmassnahmen und eine aus Bettennot oder finanziellen Gründen praktizierte Politik der (allzu) frühen Entlassung birgt weitere Risiken aggressiven Verhaltens. Der Patient mag den Verlust des gewohnten schützenden Behandlungsmilieus fürchten, er ängstigt sich vor neuen Anforderungen, z. B. dem Übertritt in eine Tagesklinik mit Arbeitserprobungen oder in eine therapeutische Wohngemeinschaft mit fremden Personen: Viele jahrelang hospitalisierte Kranke haben den Wunsch nach Rückkehr in die Gesellschaft verloren und müssen schrittweise auf einen Wechsel in neue Verhältnisse vorbereitet werden. Tätlichkeiten sind dann gelegentlich Notsignale des Kranken, dessen Überforderungsängste nicht ausreichend wahrgenommen und bearbeitet wurden.(So zündete ein chronisch Schizophrener unserer Klinik kurz vor der Entlassung eine Scheune an, weil er lieber weiter in stationärer Betreuung bleiben wollte.) Vor Erreichen einer Stabilisierungsphase vorzeitig entlassene Schizophrene kehren mit kaum abgeklungenen Akutsymptomen in Verhältnisse zurück, denen sie oft nicht gewachsen sind, und reagieren dann unter anderem mit aggressiven Spannungen.

Wie auch Ernst (1988) aus langjähriger Erfahrung als Klinikleiter darlegt, sind Tätlichkeiten hospitalisierter Patienten durch die Einführung der Neuroleptika im Vergleich zu früheren Zeiten wohl seltener geworden. „Wenn (das Problem) aber im wesentlichen als überwunden hingestellt wird, wie das immer wieder geschieht, so entspringt dies nicht der Alltagserfahrung, sondern dem Wunschdenken“ (S. 202) (siehe auch Lion und Reid 1983). Überdies zeigt sich inzwischen eine neue Verschärfung der Situation durch die Tatsache, dass wegen des vermehrten Ausbaus komplementärer Dienste psychotische Patienten länger in extramuraler Betreuung bleiben und erst bei schweren Psychoserezidiven oder wegen hinzutretender Probleme wie Komorbidität mit Drogensucht, Persönlichkeitsstörungen, hirnorganischen Schädigungen u.ä. in stationäre Behandlung eingewiesen werden. Das psychiatrische Krankenhaus wird deshalb zunehmend mit einer Auslese sehr schwer gestörter Schizophrener konfrontiert und belastet. Gleichzeitig geht die durchweg massive Bettenreduktion der meisten Spitäler mit einer erheblichen Verkürzung der Aufenthaltsdauern einher, was wiederum den Rehabilitations- und Entlassungsdruck erhöht. Damit dürfte die Inzidenz aggressiver Vorkommnisse in stationärer Behandlung erneut ansteigen.

Über Aggressionsmuster milden und mässigen Ausmasses im weiteren Krankheitsverlauf ausserhalb psychiatrischer Institutionen liegen nur wenige einschlägige Befunde vor. Nach eigenen Untersuchungen (Böker und Häfner 1973) scheint das Halbjahr nach der Entlassung oder Entweichung aus einem psychiatrischen Krankenhaus eine Periode erhöhten Risikos für schwere Gewalttaten Schizophrener zu sein; ob dies auch für geringfügigere Angriffe zutrifft, ist nicht bekannt. Eine schwedische Studie (Lindquist und Allebeck 1990) untersuchte die im zentralen schwedischen Polizeiregister erfasste Kriminalität von 644 im Jahre 1971 aus Stockholmer Psychiatriespitälern entlassenen Schizophrenen (Diagnosestellung gemäss DSM-III überprüft) für den Follow-up Zeitraum 1972 bis 1986 und verglich sie mit den in der Allgemeinbevölkerung ermittelten Delinquenzraten. Die gesamte Kriminalitätsrate männlicher Schizophrener wich kaum von derjenigen der Gesamtbevölkerung ab; weibliche Schizophrene zeigten doppelt so viele Delikte. Die Gewaltkriminalität (n = 32, davon 4 Frauen) der Schizophrenen war viermal höher als die in der Allgemeinbevölkerung. Dabei handelte es sich fast ausschliesslich um Aggressionen geringeren Schweregrades („assault, unlawful threat, threat or violence against officials“. Neue Daten zu diesem Thema finden sich bei Modestin und Ammann (1996).

## Gewalttaten gegen das Leben

Die ältere forensische und psychiatrische Literatur sah das Krankheitsbild der Schizophrenie in einer besonders engen Beziehung zur schweren Gewalttätigkeit. Bemerkenswerterweise haben auch männliche Schizophrene, die nach ihren Vorstellungen über das fiktive Bild des psychisch Kranken befragt wurden, die Auffassung, „Tobsüchtigkeit“ sei charakteristisch (Faust 1981). Dramatische Kasuistiken wie der berühmte Fall Wagner von Gaupp (1914, 1938) und spektakuläre Medienberichte über Tötungsdelikte durch Geistesgestörte bestärken auch heute noch das oben geschilderte Meinungsstereotyp in der Öffentlichkeit von der besonderen Gefährlichkeit Schizophrener. Inzwischen liegen empirische Daten vor, die es erlauben, diesen Befürchtungen begründet entgegenzutreten.

Böker und Häfner (1973) unternahmen eine retrospektive epidemiologische Untersuchung sämtlicher lebensbedrohender Gewaltakte schwer Geistesgestörter, die sich im Zeitraum vom 1.1.1955 bis 31.12. 1964 in der BRD (alte Bundesländer) ereignet hatten, und verglichen die Befunde mit allen polizeilich ermittelten tödlichen und potentiell tödlichen Gewalttaten dieser Dekade. Der Anteil kranker Täter (n = 533) an der Gesamtheit aller Gewalttaten dieses Zeitraums betrug 3%, also nicht mehr, als es dem Vorkommen der in die Studie einbezogenen Krankheitsformen in der strafmündigen Bevölkerung entspricht. Die Diagnose Schizophrenie fand sich bei 232 männlichen und 52 weiblichen Tätern. Die 284 Personen dieser Krankheitsgruppe liessen sich nach den folgenden zwei Merkmalskonstellationen typisieren:

### Typ A

1. Meist verheiratete Männer in mittlerem Lebensalter mit chronischen, seit Jahren bestehenden Psychosen vom paranoiden oder paranoid-halluzinatorischen Typus.
2. Systematisierte (meist „paraphrener“) Wahn bei weitgehend erhaltener Persönlichkeit und beruflicher und sozialer Anpassung, mitunter durch „kämpferische“ Verhaltensweisen belastet.
3. Konflikt- oder spannungsreiche Beziehungen zu Ehe- und nichtehelichen Intimpartnern.
4. Einbeziehung der Konfliktpartner als „gefährliche Gegner“ oder als Objekte der Eifersucht in die wahnhaft erlebte Bedrohung bzw. in den Eifersuchtswahn.
5. Stark erhöhtes Tatrisiko in den ersten Monaten nach der Flucht und deutlich erhöhtes Risiko nach der Entlassung aus einem psychiatri-

schen Krankenhaus (möglicherweise nur, wenn der Aufenthalt mit erheblichem Freiheitsentzug verbunden war).
6. Drohungen und Tätlichkeiten als Vorzeichen.

**Typ B**

1. Meist unverheiratete Männer jüngeren Alters, die an einer vorwiegend „unproduktiven" hebephrenen und sehr selten an einer katatonen Schizophrenie leiden.
2. Häufig imperative Stimmen, selten systematisierter Wahn bei entweder einigermassen erhaltener Persönlichkeit, sozialer Anpassung und vorwiegend autistisch-verschlossenem Verhalten oder schwerer Persönlichkeitsdesintegration und langjährigen Anstaltsaufenthalten.
3. Weniger vorgeplant und mehr impulsiv erscheinende Gewalttaten. Bevorzugung naher Beziehungspartner, aber weniger ausgeprägt als beim Typ A.
4. Risikoperiode nach Flucht und Entlassung wie beim Typ A. Tat auch im psychiatrischen Krankenhaus möglich.
5. Drohungen und Tätlichkeiten als Vorzeichen, nicht selten auch ausserhalb der Familie.

Der Typ A fand sich häufiger und bestimmte deshalb wesentlich die charakteristischen Merkmale der Gesamtgruppe schizophrener Täter. Verglichen mit einem gleich grossen matched sample psychisch gestörter Nichttäter waren die schizophrenen Täter insgesamt etwas häufiger mit Suiziden, Alkoholismus und Kriminalität in ihrer Herkunftsfamilie belastet und zeigten häufiger dissozial-psychopathische Züge in der persönlichen Vorgeschichte. Dagegen wiesen sie eine ungleich höhere Belastung mit Körperverletzungen (33,6% der Täter) auf; auch fanden sich bei 42% der Gewalttäter Delikte in der Vorgeschichte, die mit Drohungen gegen andere Personen in Verbindung standen. Die verbreitete Auffassung, geistesgestörte Gewalttäter würden die Tat häufig aus einem ganz unerwartet aufbrechenden Impuls heraus begehen und die Umgebung werde durch keine Vorboten dieses Gewaltausbruches gewarnt, liess sich nicht bestätigen. Immerhin waren nur bei rund 8% der schizophrenen Täter im Halbjahr vor der Tat gar keine Zeichen abnormen und aggressiven Verhaltens aufgefallen; die grosse Mehrheit hatte bereits Monate vor der Tat gut wahrnehmbare Signale aggressiver Spannung und psychotischer Verschlechterung an den Tag gelegt, die aber vielfach nicht ernst genug bewertet worden waren (siehe auch Rink 1981). Bedeutungsvoll ist das Ergebnis, dass die schizophrenen Täter zwar zumeist jahrelang vor der Indextat krank gewesen waren, sich aber bei knapp der Hälfte keine psychiatrische Krankenhausbehandlung nachweisen liess.

Die Befunde dieser repräsentativen Studie werden hier relativ ausführlich mitgeteilt, weil sich aus ihnen präventive Überlegungen (siehe unten) ableiten lassen. Neuere Erhebungen über das Gewalttatenrisiko Schizophrener (Übersicht bei Taylor 1995) ergaben in einzelnen Aspekten unterschiedliche Ergebnisse, bestätigten aber die Tatsache, dass im Vergleich zu anderen psychiatrischen Krankheitsgruppen die Schizophrenen ein höheres Risiko tragen, eine schwere Gewalttat gegen das Leben zu begehen; dies gilt offenbar besonders für Kranke mit systematisiertem Wahn und langen Krankheitsverläufen. Dennoch bleibt festzuhalten, dass die Gefahr ernster Fremdaggressionen ungleich kleiner zu veranschlagen ist als das Suizidrisiko (Robertson 1987). Nach vorsichtigen Kalkulationen schätzen Böker und Häfner das Risiko schwerer Gewalttaten Schizophrener auf 0,05% ein, das entspricht fünf Gewalttätern auf 10'000 an Schizophrenie Erkrankten.

## Behandlungsmöglichkeiten

Die oben dargestellten Erkenntnisse über aggressive Verhaltensmuster schizophrener Patienten legen Behandlungsansätze nahe, die auf verschiedene Weise wirksam werden. Psychosoziale Massnahmen und medikamentöse Therapie müssen dabei ineinandergreifen. Die Beeinflussung der Patienten selbst sollte mit Hilfen für Angehörige und Betreuungspersonen verknüpft werden. Bei immer wiederkehrender Gewalttätigkeit sind Sicherungsvorkehrungen für die Betreuer stärker zu gewichten; in seltenen Fällen anhaltend schwerster Gefährlichkeit ist eine Dauerunterbringung in Spezialinstitutionen nicht zu vermeiden. Nachfolgend werden Behandlungsmöglichkeiten bei akut aufbrechender Aggressivität, bei chronisch rezidivierenden Tätlichkeiten sowie eine knappe Übersicht über antiaggressiv wirksame Medikamente vorgestellt.

### 1. Umgang mit akuten Erregungszuständen

Vorab ist festzustellen, dass sich die Behandlung aggressiver Verhaltensweisen Akutkranker weitgehend mit den Therapierichtlinien deckt, die allgemein bei ausgeprägten Produktivsymptomen mit hohem psychophysischem Erregungsniveau zur Anwendung kommen: Initiale Sedierung mit niederpotenten Neuroleptika oder Benzodiazepinen, rascher Übergang zu hochpotenten Neuroleptika (siehe Kapitel 6), beruhigender, gelassener, aber fester und konsequenter Umgang mit dem Erregten, klare Erläuterung, was man mit ihm zu tun beabsichtigt, Trennung von Konfliktpartnern und bedrohlich erlebter (und bedrohter) Umgebung, sofortige Einweisung in eine psychiatrische Fachabteilung.

Bei der Einweisung eines aggressiv erregten Patienten sind folgende, zunächst nosologieunspezifische, Massnahmen empfehlenswert (Übersicht bei Ernst 1988, Steinert 1995): Das Aufnahmegespräch sollte nicht allein, sondern im Schutz von Begleitpersonen, die sich eventuell im Nebenraum bereithalten, geführt werden. Die Sitzordnung sollte einen Fluchtweg für den Untersucher offenhalten. Wird der erregte Patient von Polizisten begleitet, erweist sich deren Gegenwart häufig auch auf dem Weg zur Station und zur Unterstützung bei Injektionen gegen den Willen des Patienten als hilfreich. Für die Entwaffnung von Patienten, die einen gefährlichen Gegenstand oder eine Waffe bei sich tragen, ist nur die Polizei zuständig. Zwangsspritzungen und Fesselungen sind zweifellos unerfreuliche Notmassnahmen. Gefährliche Angriffe und Verletzungen treten erfahrungsgemäss seltener auf, wenn der aggressive Kranke erkennt, dass sich eine entschlossene Mehrzahl von Helfern zur Durchsetzung dieser Massnahmen zusammenfindet. Dabei darf der zuständige Arzt nicht abseits stehen: Er trägt die Verantwortung für diese Massnahmen und wird sie später dem Patienten zu erläutern haben, wenn sich dessen Befinden gebessert hat und er Erklärungen zugänglich wird. Schizophrene Kranke haben in der Restabilisierungsphase häufig keine klaren Erinnerungen an solche Zwangseingriffe gegen ihren Willen; die akute Psychose wird im Rückblick gewöhnlich als „böser Traum" wahrgenommen, so dass meist auch kein Zorn gegen die handelnden Personen aufrechterhalten wird. Auch wenn sich die Patienten genauer erinnern, bestehen meist keine Ressentiments, vorausgesetzt, man hat ihnen unnötige Demütigungen erspart.

## 2. Chronisch-rezidivierende Tätlichkeiten

Anders verhält sich die Sache, wenn im Laufe der stationären Behandlung auch in besonnenen Krankheitsphasen aggressive Impulsdurchbrüche vorkommen und sich im Prozess wiederholter Auseinandersetzungen Animositäten zwischen Patient und Betreuern ausbilden. In diesem Fall sind die Belastungen für das Team meist ungleich grösser als bei Aggressionen in der Aufnahme- und initialen Behandlungsphase. Tätlichkeiten gegen Personen sind von der Stationsleitung und Krankenhausdirektion unbedingt ernst zu nehmen. Die Vorfälle müssen genau analysiert und schriftlich festgehalten werden, da sich Entschädigungsansprüche verletzter Mitarbeiter oder andere Weiterungen ergeben können. „Es ist unerwünscht, wenn ein Pfleger es normal findet, dass er Ohrfeigen einstecken muss. Auch heute noch kommt es vor, dass die Angst vor einzelnen gewalttätigen Kranken Patienten und Personal ganzer Abteilungen tyrannisiert, besonders dann, wenn dem Signal der einzelnen Tätlichkeiten von ärztlicher Seite keine volle Aufmerksamkeit geschenkt wird", betonte Ernst (1988, S. 203) in diesem Zusammenhang.

Manche Kliniken bieten Selbstverteidigungskurse für das Pflegepersonal an. Dies kann das Gefühl individueller Sicherheit erhöhen, löst aber nicht alle Probleme. Das Personal will und soll ja in erster Linie therapeutisch handeln und nicht in Nahkämpfen obsiegen. Wichtiger erscheint eine Schulung, wie Frühsignale drohender Tätlichkeiten erkannt und therapeutisch damit umgegangen werden kann (Steinert 1995). Somit kommt der psychologischen Aus- und Weiterbildung, aber auch einer arbeitsbegleitenden Supervision eine wesentliche Bedeutung zu.

Nicht unumstritten ist die Frage, ob Betreuungspersonen, die durch einen psychotischen Patienten angegriffen und verletzt wurden, Strafanzeige gegen ihn erstatten sollen. Die traditionelle Rechtsauffassung ist bekannt: Delikte psychotisch Kranker unterliegen üblicherweise keiner Rechtsverfolgung, da Unzurechnungsfähigkeit unterstellt wird. Sofern die aggressive Handlung im Zustand akuter psychotischer Erregung oder in enger Verbindung mit ausgeprägten psychopathologisch fassbaren Störungen der kognitiven Fähigkeiten, z. B. unter dem Einfluss von Wahnideen, aufgetreten ist, gilt diese Auffassung und Praxis auch weiterhin. Nach unserer Erfahrung sollte man die Problematik aber differenzierter beurteilen. Der klinische Alltag zeigt, dass einzelne Kranke mit Neigung zu rezidivierenden Drohungen oder Tätlichkeiten ihre Aggressivität gezielt einsetzen, um auf der Station eine Machtposition aufzubauen und ihren Willen durchzusetzen. Wenn sie dabei zur Kenntnis nehmen müssen, dass solches Verhalten auch strafrechtliche

Konsequenzen nach sich zieht, dürfte dies ihre Impulskontrolle positiv beeinflussen. Auch ein chronisch Schizophrener verfügt zumeist noch durchaus über die Einsichtsfähigkeit, dass Gewalttätigkeit gegen Personen elementare Regeln des mitmenschlichen Umgangs verletzt. Wenn wir den Schizophrenen heute zunehmend nicht mehr als Opfer eines ihn gänzlich überwältigenden Morbus zu sehen gelernt haben, sondern ihm auch autonome Selbstschutz- und Bewältigungsmöglichkeiten zuerkennen (siehe Kapitel 11), sind wir in gewissen, genau zu beachtenden, Grenzen vielleicht auch berechtigt, mehr Selbstkontrolle von ihm zu erwarten als dies früher üblich war. Derartige Erwägungen sind aber mit grosser Sorgfalt zu prüfen.

Jene chronisch kranke Schizophrene, deren Impulskontrolle durch eine begleitende hirnorganische Schädigung, Minderintelligenz, dissoziale Persönlichkeitszüge oder eine Abhängigkeit von aufputschenden Drogen zusätzlich geschädigt ist, werfen besondere Probleme auf. Leider fehlen vielerorts noch immer geeignete Institutionen, die mit zureichenden Sicherungseinrichtungen und genügendem, ausreichend geschultem Personal ausgestattet sind, um diese seltenen Fälle wirksam zu betreuen.

## 3. Pharmakotherapie aggressiven Verhaltens

Die meisten Ratgeber zur medikamentösen Behandlung pathologisch-aggressiven Verhaltens sind sich darüber einig, dass die Notfallsedierung akuter Erregungszustände weniger Schwierigkeiten aufwirft als die Versuche, chronisch rezidivierende Gewalttätigkeit zu steuern. Es müssen also Massnahmen zur akuten Krisenintervention von der Langzeitbeeinflussung unterschieden werden.

### 1. Akutbehandlung

Am häufigsten werden Neuroleptika mit oder ohne Beigabe von Tranquilizern zur Sedierung akut erregter Schizophrener verwendet. Bei ausgeprägter Produktivsymptomatik sind hochpotente Neuroleptika wie Haloperidol oder Fluphenazin in Injektionsform zu verwenden. Bei lang anhaltender Erregung und der Verweigerung von Tabletten- oder Tropfeneinnahme kann die Depotform (z. B. Zuclopenthixolacetat) injiziert werden, wenn auch der verzögerte Wirkungseintritt in Rechnung zu stellen ist. Wegen der bekannten Nebenwirkungen hoher Neuroleptikadosen ist eine genaue Kontrolle der Patienten notwendig. Zur raschen Sedierung ohne antipsychotischen Effekt sind niederpotente Neuroleptika wie Levomepromazin, Chlorprothixen oder Clopenthixol besonders geeignet. Extrapyramidale Nebenwirkungen treten hier seltener auf, dafür kommt es meist zu Blutdrucksenkungen und unangenehmen subjektiven Gefühlen der inneren Blockierung. Das besonders nebenwirkungsarme Clozapin soll auch bei rezidivierend aggressiven Schizophrenen eindrucksvolle Wirkungen zeigen (Leitner et al. 1992).

Offenbar häufiger als früher werden Benzodiazepine zur akuten Sedierung angewendet, nicht zuletzt wohl auch, um keine zu hohen Neuroleptikadosen geben zu müssen (Wistedt et al. 1994). Schneller Wirkungseintritt von Beruhigung, Angst und Spannungslösung und geringe Nebenwirkungen machen sie für die Notfalltherapie geeignet. Eine längerfristige Anwendung ist jedoch mit dem Risiko der Abhängigkeit belastet, die bei Neuroleptika nicht gegeben ist. Paradoxe Reaktionen der Benzodiazepine kommen vor, scheinen aber so selten zu sein, dass sie die Indikation nicht beeinflussen.

### 2. Langzeitbehandlung

Nach der Beruhigung akuter Erregungszustände pflegt gewöhnlich auch die Aggressionsbereitschaft abzuklingen, und der Patient wird einer milieutherapeutisch-psychologischen Beeinflussung zugänglich. Bei einem Teil schizophrener Kranker, besonders wenn schwerere Verlaufsformen mit dissozialen Persönlichkeitsmerkmalen, Drogenmissbrauch, Alkoholismus und hirnorganischen Beeinträchtigungen einhergehen, können sich aggressive Verhaltensmuster einschleifen und die Fähigkeit zur Impulskontrolle kann nachhaltig geschädigt sein. Solche Fälle, die zur schweren Belastung von Betreuungsinstitutionen und Angehörigen werden, zwingen zu Überlegungen, ob eine über längere Zeit verabfolgte Medikation auf die aggressiven Verhaltensstörungen einzuwirken vermag und welche Stoffe in Frage kommen.

Steinert (1995) empfiehlt vor Beginn einer aggressionshemmenden Langzeitmedikation die Klärung folgender Fragen:

„1. Ist die Grundkrankheit ausreichend behandelt?
2. Sind Substanzen, die aggressives Verhalten provozieren können, eliminiert (Alkohol,

Drogen, Medikamente – insbesondere Amphetamine, Barbiturate, evtl. Antidepressiva und Benzodiazepine)?
3. Gibt es körperliche Begleitumstände oder Krankheiten, von deren Behandlung eine Besserung des Problems zu erwarten ist (z. B. Schmerzen)?
4. Ist die Behandlung ethisch gerechtfertigt?"

Die langfristige Behandlung mit höheren Neuroleptikadosen ist aus bekannten Gründen problematisch. Das subjektive Erleben der Patienten wird gewöhnlich massiv beeinträchtigt („Glaswandphänomen"), was im Verein mit anderen Nebenwirkungen zu dysphorisch-gereizten Reaktionen führen kann und die Non-Compliance verstärkt. Neuroleptika senken die Schwelle für epileptische Anfälle und können aggressive Verstimmungszustände sogar provozieren (Herrera et al. 1988), besonders bei jenen Schizophrenen, die unter hirnorganischen Beeinträchtigungen leiden. Ein ähnlicher Effekt kann übrigens auch durch abruptes Absetzen von Neuroleptika erzielt werden (Taylor 1995). Hingegen bietet die Medikation mit niedrigen Neuroleptikadosen (sog. Tranquilizerdosierung) eine gute Chance, aggressive Verstimmungszustände wirksam zu beeinflussen. Der guten Verträglichkeit wegen wird sie von den Kranken gewöhnlich auch besser akzeptiert.

Wie erwähnt, sollte auf Benzodiazepine in der Langzeitbehandlung verzichtet werden. Von Carbamazepin, dessen antikonvulsiver und affektstabilisierender Einfluss auf Epilepsiepatienten und hirnorganische Verstimmungszustände seit langem bekannt ist, wird auch eine antiaggressive Wirkung auf rezidivierend gewalttätige schizophrene Patienten beschrieben (Hakola und Laulumma 1982, Okuma et al. 1989).

Bei Therapieresistenz ist an die Verwendung von Lithiumsalzen zu denken. Wegen der relativ engen therapeutischen Breite des Serumspiegels (empfohlen werden Werte zwischen 0,6 und 0,9 mmol/l) und der Gefahr toxischer Überdosierung müssen die in ihrer Compliance schwierig zu führenden Patienten allerdings besonders sorgfältig überwacht werden. Schliesslich kann, besonders bei hirnorganisch gestörten Schizophrenen, auch der Einsatz von Betarezeptorenblocker erwogen werden. Erfahrungen an grösseren Fallzahlen stehen jedoch noch aus.

## Präventive Folgerungen

Trotz vieler Unsicherheiten und noch unzureichender Einsichten in das Wesen schizophrener Verlaufsdynamik lassen sich aus dem oben Dargelegten doch einige Empfehlungen zur Vorbeugung aggressiven Verhaltens bei diesen Kranken formulieren.

Die sinnvollste Prophylaxe jener Aggressionsformen, die mit dem Morbus in enger Verbindung stehen, die also unmittelbar durch produktive Symptome wie Wahn, Halluzinationen, psychotische Angst u.a. determiniert werden, geschieht, so banal es klingt, durch die langfristig angelegte konsequente Behandlung der Schizophrenie selbst. Die Mehrzahl der Erkrankten zeigt einen phasenhaften Krankheitsverlauf mit psychotischen Rezidiven, die zu mehr oder weniger ausgeprägten Residualstörungen führen. Auf die rechtzeitige Erkennung von Früh- und Warnsymptomen und den schnellen Einsatz antipsychotischer Therapiemassnahmen bei den ersten Anzeichen eines Rückfalls ist allergrösstes Gewicht zu legen (siehe Kapitel 13). Auf diesem Gebiet hat die psychiatrische Therapeutik erfreulicherweise deutliche Fortschritte zu verzeichnen. Unter dem Schutz einer möglichst niedrigdosierten Neuroleptikamedikation – auf die in günstigen Fällen langfristig gelegentlich sogar verzichtet werden kann – muss sich eine die schizotrope Vulnerabilität weder über- noch unterfordernde Lebensführung einpendeln, die ein individuell auszutarierendes Gleichgewicht von Autonomie und Betreuung, Aktivität und Schonung anstrebt.

Bezüglich des Umgangs der Angehörigen mit einem psychotisch erkrankten Familienmitglied hat die EE-Forschung Erkenntnisse geliefert, die sich auch für die Prävention aggressiver Verhaltensstörungen nutzen lassen: Eine Verminderung feindseliger oder kritisch-invasiver Interaktionen entspannt das Beziehungsklima und reduziert die Gefahr psychotischer Wiedererkrankungen. Hierzu haben sich psychoedukative Familienseminare und Informationsgruppen bewährt, in denen genauere Kenntnisse über die Schizophrenie und ihre Behandlungsmöglichkeiten vermittelt, ein gemeinsames Krankheitskonzept erarbeitet und damit die Toleranz für abweichendes Verhalten gefördert werden kann (siehe die einschlägigen Kapitel dieses Buches).

Auch die Reform der psychiatrischen Institutionen, namentlich die Verkleinerung und wohnlichere Milieugestaltung der Aufnahmestationen psychiatrischer Krankenhäuser sowie die eindrucksvolle Verbesserung der Akutbehandlungsphase hat die Inzidenz aggressiver Vorkommnisse wesentlich gesenkt.

Ein schwieriges Problem bleibt der Umgang mit den chronisch-rezidivierenden Aggressionsformen und die realistische Abschätzung des Gewalttatenrisikos schizophrener Patienten. Dies gilt vor allem für eine langfristige Prognose. Immerhin lassen sich aus den vorliegenden empirischen Studien (Übersicht bei Taylor 1995) doch einige Risikofaktoren destillieren, die wenigstens mittelfristig brauchbare Anhaltspunkte liefern und von präventivem Nutzen sind.

Die aus der repräsentativen Studie von Böker und Häfner (1973) abgeleiteten, oben dargestellten Merkmalskonstellationen schizophrener Gewalttäter verweisen in erster Linie auf die Bedeutung eines in Jahren sich ausbildenden systematisierten Wahns, wobei die paranoide Überzeugung, selbst an Leib und Leben bedroht zu sein, aber auch ein schwerer Eifersuchtswahn zur Tat motivieren. Unter den Opfern der 284 schizophrenen Täter aus dieser Studie fanden sich in 58% Angehörige 1. Grades, Ehe- und Intimpartner, in 22,5% Freunde und Bekannte, mit denen der langjährig Kranke konfliktreiche Beziehungen entwickelt hatte. Zeigt die prämorbide Persönlichkeit ferner dissoziale Züge und sind bereits aggressive Signale (Drohungen, Tätlichkeiten) gegen den Konfliktpartner bemerkt worden, dann muss ein gefährlich hohes Gewaltrisiko konstatiert werden. Nur sehr selten ereigneten sich die Gewalttaten aus heiterem Himmel. Werden also Personen aus diesem besonders gefährdeten Opferkreis in den chronischen Wahn einbezogen, einen schädigenden Einfluss auf den Patienten auszuüben, dann sind alle Merkmale aggressiven Verhaltens oder Planens sehr ernst zu nehmen und Behandlungsmassnahmen dringend in die Wege zu leiten. Dies gilt auch bei wiederholt geäusserten Tatabsichten gegen Autoritätspersonen oder Vertreter gesellschaftlicher Gruppen (z. B. Politiker), von denen der Kranke sich wahnhaft bedroht fühlt.

Die Wochen und Monate nach einer stationären psychiatrischen Behandlung sind offenbar eine Phase erhöhten Risikos. Daraus leitet sich die Notwendigkeit ab, die Entlassung solcher Patienten aus dem Spital mit besonderer Sorgfalt vorzubereiten und für ein effektives Nachsorgeangebot, namentlich eine langfristig ausreichende Neuroleptikadosierung, besorgt zu sein. Diesbezüglich haben sich die Verhältnisse in den letzten Jahren hierzulande zweifellos verbessert, und es steht zu vermuten, dass sich bei einer Replikation unserer erwähnten Gewalttäterstudie heute niedrigere Inzidenzraten finden lassen würden als in der Dekade 1955 bis 1964. Allerdings weisen die Untersuchungen, z. B. von Kissling (1994) darauf hin, dass noch immer ein hoher Anteil schizophrener Langzeitpatienten medikamentös unzureichend behandelt wird und schlechte Compliance die möglichen Therapieeffekte zusätzlich verhindert.

Nur 3,2% der Gewalttaten aller psychisch gestörten Täter unserer erwähnten Studie waren Rückfalltaten, was auf die Wirksamkeit der Behandlung, aber wahrscheinlich auch auf das insgesamt doch geringe Potential psychisch Kranker zu schweren Gewaltangriffen schliessen lässt.

## Literatur


Angermeyer, M.C., H. Matschinger: Violent attacks on public figures by persons suffering from psychiatric disorders. Eur. Arch. Psychiatry Clin. Neurosci. 245 (1995) 159

Bebbington, P., L. Kuipers: The clinical utility of expressed emotion in schizophrenia. Acta Psychiatr. Scand. 89, suppl. 382 (1994) 42

Bhugra, D.L.: Attitudes towards mental illness. A review of the literature. Acta Psychiatr. Scand. 80 (1989) 1

Böker, W., H. Häfner: Gewalttaten Geistesgestörter. Springer, Berlin Heidelberg New York 1973

Böker, W.: Ist die Gewalttätigkeit Geistesgestörter eine ernste Gefahr für eine offene Psychiatrie? Schweiz Arch. Neurol. Neurochir. Psychiatr. 129 (1981) 93

Cumming, E., J. Cumming: Closed ranks. An experiment in mental health education. Harvard University Press, Cambridge Mass. 1957

DYG Corporation: Public attitudes toward people with chronic mental illness. DYG Corporation, New York (1990)

Ernst, K.: Praktische Klinikpsychiatrie. 2. Aufl. Springer, Berlin Heidelberg New York 1988

Faust, V.: Der psychisch Kranke in unserer Gesellschaft, Bd. I. Ein epidemiologischer Vergleich zwischen dem Meinungsbild der Allgemeinheit und dem der Betroffenen. Hippokrates, Stuttgart 1981

Field Institute: In pursuit of wellness: a survey of Californian adults. Vol. 4. Californian Department of Mental Health, Sacramento (1984)

Friis, S., L. Helldin: The contribution made by the clinical setting to violence among psychiatric patients. Criminal Behaviour and Mental Health 4 (1994) 341

Gaupp, R.: Zur Psychologie des Massenmordes: Hauptlehrer Wagner von Degerloch. Eine kriminalpsychologische und psychiatrische Studie. In: H.W.

Gaupp, R.: Krankheit und Tod des paranoischen Massenmörders Hauptlehrer Wagner, eine Epikrise. Zentralblatt Neurologie 163 (1938), 48

GfS Büro Zürich, Dr. P. Spichiger-Carlsson: Stigma Nullstudie. Basisdaten aus der Bevölkerung. Lundbeck, Schweiz (1994)

Gruhle, A. Wetzel (Hrsg.): Verbrechertypen, Bd. 1, 3. Heft, Berlin 1914

Hakola, H.P.A., V.A. Laulumma: Carbamazepine in the treatment of violent schizophrenics. The Lancet 1 (1982) 1358

Herrera, J., J. Stamek, J. Costa, S. Roy et al.: High potency neuroleptics and violence in schizophrenics. J. Nerv. Ment. Dis. 176 (1988) 558

Jaeckel, M., S. Wieser: Studien zur „unsichtbaren Schranke“ bei psychisch Kranken. Soc. Psychiat. 2 (1967) 100

Kavanagh, D.J.: Recent developments in expressed emotion and schizophrenia. Brit. J. Psychiat. 160 (1992) 601

Kissling, W.: Compliance, quality assurance and standards for relapse prevention in schizophrenia. Acta Psychiatr. Scand. Suppl. 382 (1994) 16

Leitner, P., M.S. Khalid, M. Liwschitz, M.G. Reinhard: Clozapin bei auto- und fremdaggressiven Verhaltensstörungen psychotischer und hirngeschädigter Patienten. Krankenhauspsychiatrie 3 (1992) 61

Lindquist, P., P. Allebeck: Schizophrenia and crime – a longitudinal follow-up of 644 schizophrenics in Stockholm. Brit. J. Psychiatr. 157 (1990) 345

Link, G., F.T. Cullen, J. Frank, J.F. Woznick: The social rejection of former mental patients: understanding why labels matter. Am. J. Sociology 92 (1987) 1461

Lion, J.R., W.H. Reid (eds.): Assaults within psychiatric facilities. Grune and Stratton, New York 1983

Modestin, J., R. Ammann: Mental disorder and criminality. Schizophrenia Bull. 22 (1996) 69

Nunnally, J.C. jr.: Popular conceptions of mental health. Holt, Rinckart and Winston, New York 1961

Okuma, T., I. Yamashita, R. Takahashi, H. Itoh, M. Kurihara, S. Otsuki, S. Watanabe, K. Sarai, H. Hazama, K. Inanaga: Clinical efficacy of carbamazepine in affective, schizoaffective, and schizophrenic disorders. Pharmacopsychiat. 22 (1989) 47

Rink, W.: Tötungsdelikte schizophrener Geisteskranker unter besonderer Berücksichtigung der Sozialkontrollen im Tatvorfeld, der Täterpersönlichkeit und der Rehabilitationschancen. In: G. Laux, F. Reimer (Hrsg.): Klinische Psychiatrie. Hippokrates, Stuttgart 1981

Robertson, G.: Mentally abnormal offenders: manner of death. British Medical Journal 295 (1987) 632

Rössler, W., H.J. Salize: Gemeindenahe Versorgung braucht eine Gemeinde, die sich sorgt. – Die Einstellung der Bevölkerung zur psychiatrischen Versorgung und zu psychisch Kranken. Psychiatr. Praxis 22 (1995) 58

Star, S.A.: The public's ideas about mental illness. National Opinion Research Center, University of Chicago, Chicago 1955

Steinert, T., W.D. Vogel, M. Beck et al.: Aggressionen psychiatrischer Patienten in der Klinik. Eine 1-Jahres-Studie an 4 psychiatrischen Landeskrankenhäusern. Psychiatr. Praxis 18 (1991) 155

Steinert, T.: Aggression bei psychisch Kranken. Enke, Stuttgart 1995

Stumme, W.: Psychische Erkrankungen – im Urteil der Bevölkerung. Urban und Schwarzenberg, München Berlin Wien 1975

Taylor, P.J., J. Gunn, f. Browne, G. Gudjonsson, G. Rix, L. Sohn: Principles of treatment for the mentally disordered offender. In: J. Gunn, P.J. Taylor (eds.): Forensic psychiatry: Clinical, legal and ethical issues. Butterworth-Heinemann, Oxford 1993

Taylor, P.J., S. Hodgins: Violence and psychosis: critical timings. Criminal Behaviour and Mental Health 4 (1994) 266

Taylor, P.J.: Schizophrenia and the risk of violence. In: St.R. Hirsch, D.R. Weinberger (eds.): Schizophrenia. Blackwell Science, London 1995

Wistedt, B., L. Helldin, M. Omerov, T. Palenstierna: Pharmacotherapy for aggressive and violent behavior. Criminal Behaviour and Mental Health 4 (1994) 328

# 15 Therapieresistenz

H.D. Brenner, M.C. Merlo

## Einleitung

Unter Therapieresistenz versteht man, dass ein Symptom, ein Syndrom oder ein Krankheitsbild durch eine Therapie entweder überhaupt nicht, oder nur geringfügig, positiv beeinflusst werden können. Bei der Schizophrenie spricht insbesondere die sogenannte Negativsymptomatik (Kapitel 13) bei vielen Patienten nur teilweise oder gar nicht auf eine neuroleptische Therapie an (vgl. Meltzer 1991, Möller 1991). Aber auch bezüglich positiver Symptome wie Wahn oder Halluzinationen zeigt sich in 5–20 % eine Therapieresistenz gegenüber der Standardbehandlung, hinzu kommt im weiteren bei 5–20 % der Behandlungsfälle eine Unverträglichkeit der Neuroleptika-Medikation, insbesondere wegen starker extrapyramidal-motorischer Nebenwirkungen. Was den weiteren Krankheitsverlauf anbelangt, so scheint eine fehlende oder nachlassende rückfallprophylaktische Wirkung der medikamentösen Therapie mit rund 60 % deutlich mehr zum Auftreten neuerlicher Krankheitsepisoden beizutragen als eine fehlende oder mangelhafte Compliance (vgl. Weiden und Olfson, 1995).

Als ein besonderes diagnostisches Problem erweist sich bei der Schizophrenie, dass die der Krankheit vorausgehenden Prodromalsymptome von den eigentlichen Krankheitssymptomen oftmals schwer zu trennen sind, ebenso wie die Folgeerscheinungen im psychologischen Bereich (sekundäre Symptome) von den therapieresistenten psychopathologischen Symptomen (Residualsymptome). Beispielhaft für die Variationsbreite der therapieresistenten Symptomatik und ihrer psychosozialen Konsequenzen sind diesbezügliche Ergebnisse aus der sog. Köln-Studie (Marneros et al. 1989a, b, Rohde und Marneros 1993), in der nach eng definierten, am DSM-III orientierten Kriterien 148 schizophrene Patienten durchschnittlich 23 Jahre nach Beginn ihrer Erkrankung nachuntersucht wurden. Lediglich 10 der untersuchten 148 Patienten zeigten zum Zeitpunkt der Nachuntersuchung keinerlei psychopathologische Auffälligkeiten, bei 51.4 % fand sich ein uncharakteristisches Residuum im weiteren Sinne, bei 27.7 % ein charakteristisches Residuum im engeren Sinne. Bei allen Patienten mit bleibenden Veränderungen zeigten sich ebenfalls Einschränkungen des globalen Funktionsniveaus (gemessen mit der Global Assessment Scale [GAS]; Spitzer et al. 1976), sowie eine Störung der sozialen Anpassung (gemessen mit der Disability Assessment Schedule [DAS]; WHO 1988, Jung 1989). Diese Ergebnisse der Köln-Studie belegen beispielhaft den Umfang und die Dringlichkeit des Problems der Therapieresistenz bei der Schizophrenie auch hinsichtlich des Langzeitverlaufs.

## Definition und Beurteilung

Während der 80er Jahre beschäftigte sich eine internationale Arbeitsgruppe ausführlich mit dem Problem der Therapieresistenz und verfolgte dabei insbesondere drei Zielsetzungen: (1) Klärung des Konzepts der Therapieresistenz; (2) Erarbeitung von Kriterien zur Bestimmung der Therapieresistenz; (3) Untersuchung der Rolle medikamentöser und psychosozialer Therapien beim Bemühen um bessere Therapieeffekte bei therapieresistenten Patienten (Dencker und Kulhanek 1988, Brenner et al. 1990). Die Ergebnisse dieser Arbeitsgruppe lassen sich folgendermassen kurz zusammenfassen:

- Das Konstrukt der Therapieresistenz ist komplex und erlaubt keine eindimensionale Definition. Entscheidend für die Diagnose sind der psychopathologische Befund (andauernde positive und/oder negative Symptome), substantielle Einbussen psychologischer Funktionen sowie abnorme Verhaltensweisen. Diese Dimensionen sind zudem als im wesentlichen voneinander unabhängig zu betrachten. Auch ist die Therapieresistenz nicht kategorial zu verstehen (vorhanden/nicht vorhanden), sondern als ein Kontinuum von der Vollremission bis hin zum völligen Fehlen eines Ansprechens auf die Therapie.
- Da auch statistisch signifikante Veränderungen in Scores von Mess-Skalen nicht unbedingt

von klinischer Relevanz oder von Relevanz im Alltagsleben sind, sollten für eine operationale Diagnostik anstatt prozentualer Abweichungen vom Ausgangswert jeweils klinisch und psychosozial bedeutsame Skalenniveaus definiert werden. Um die Praktikabilität eines solchen Vorgehens zu erhöhen, sollten die unterschiedlichen Dimensionen in einer globalen Rating Skala zusammengeführt werden.

- Die Mehrdimensionalität des Erscheinungsbildes der Therapieresistenz spiegelt nicht zuletzt auch eine multifaktorielle Verursachung wider. Auf seiten des Patienten können als diesbezüglich relevante Faktoren insbesondere neurobiologische Normabweichungen und genetische Belastung, aber auch Krankheitseinsicht, Erwartungshaltung und Symptomverarbeitung genannt werden. Bei den Umweltfaktoren ist vor allem auf situativen Stress, auf das Beziehungsklima sowie auf das soziale Netzwerk und die soziale Unterstützung zu achten. Bei der medikamentösen Behandlung stehen zu hohe oder zu niedrige Dosierung, ständige Dosis- oder Präparatewechsel sowie unerwünschte Nebenwirkungen im Vordergrund. Bei der nicht medikamentösen Therapie kommen vor allem Faktoren wie unangemessene Therapieintensität (zu intensiv oder zu restriktiv), dem Patienten nicht angemessenes Vorgehen (falsches Behandlungsziel, ungeeignetes Behandlungsverfahren) oder unzureichende Therapie- und Rehabilitationsmöglichkeiten in Betracht.
- Da eine medikamentöse Therapie niemals in einem psychosozialen Vakuum stattfindet, müssen bei der Beurteilung einer Therapieresistenz immer auch psychosoziale Einflussfaktoren Berücksichtigung finden.

Unter Beachtung dieser Grundsätze wurde eine sowohl die unterschiedlichen Dimensionen als auch die Kontinuität der Therapieresistenz berücksichtigende globale Rating Skala auf der Basis von drei bereits bewährten Messinstrumenten entwickelt, nämlich der Clinical Global Impressions Scale (CGI; Guy 1976), der Brief Psychiatric Rating Scale (BPRS; Overall and Gorham 1962, Lukoff et al. 1986) und des Independent Living Skills Survey (ILSS; Wallace 1986). Letzteres schliesst neun Funktionsbereiche von Essen und Körperpflege bis zu Arbeit, Freizeit und Sozialkontakten ein. Die daraus resultierende globale Skala ist auszugsweise in Tabelle 1 wiedergegeben.

Aus Sicht der klinischen Praxis mag die darin vorgenommene Definition und operationale Diagnostik der Therapieresistenz als schwer handhabbar erscheinen. Eine Übersicht über andere Definitionsversuche und Einschätzverfahren in der Literatur zeigt aber – neben einer vergleichende Aussagen erschwerenden Vielfalt –, dass diese nicht weniger komplex ausfallen, wenn dabei zumindest auch die Negativsymptomatik miterfasst wird (siehe Tabelle 2). Vertretbar ist allenfalls, in der praktischen Anwendung zwischen einer Therapieresistenz gegenüber medikamentöser Behandlung (insbesondere Positivsymptomatik/Negativsymptomatik) und einer solchen gegenüber psychosozialer Behandlung (insbesondere funktionale Defizite, abnormes Verhalten) zu unterscheiden.

**Tabelle 1** Skalierung der Therapieresistenz unter Einbezug von Psychopathologie, funktionalen Defiziten und Sozialverhalten (nach Brenner et al. 1990)

| |
|---|
| **Vollremission** |
| Schnelles und substantielles Ansprechen auf medikamentöse Behandlung bei normaler Dosis. Patient äussert möglicherweise gewisse Unlustgefühle oder andere Negativsymptome. CGI: Normal, nicht psychiatrisch krank. Alle Items der BPRS-Psychoskala $\leq 2$. Braucht keine Überwachung. |
| **Teilremission** |
| Schneller Rückgang schizophrener Symptome mit leichten Anzeichen psychotischer Restsymptomatik. CGI-Wert von 2 = Grenzbereich zu psychiatrischer Erkrankung. Kein Item der BPRS-Psychoskala $\geq 3$. Benötigt nur gelegentliche Überwachung in einem einzigen sozialen oder beruflichen Tätigkeitsbereich (ILSS). |
| **Leichte Therapieresistenz** |
| **Mässige Therapieresistenz** |
| **Mittelschwere Therapieresistenz** |
| **Sehr schwere Therapieresistenz** |
| Keine Verringerung der Symptome bei stark ausgeprägter Positiv- und Negativsymptomatik in Verbindung mit hilflosem, störendem oder gefährlichem Verhalten. Alle Bereiche der persönlichen und sozialen Anpassung schwer beeinträchtigt, andauernde Überwachung nötig (ILSS). CGI-Wert von 7 = im höchsten Masse krank. Mindestens ein Item der BPRS-Psychoseskala erreicht den Wert 7. Alle BPRS-Scores erreichen den Wert 5. |

**Tabelle 2** Beispiele für Definition und Operationalisierung der Therapieresistenz

| Quelle | Definition | Operationalisierung |
|---|---|---|
| Wilson (1989) | Weiterbestehen einer schizophrenen Erkrankung (gemäss operationalisierter Diagnose) mindestens ≥ 2.5 Jahre über die akute Krankheitsphase hinaus | – BPRS-Gesamtwert ≥ 45<br>– 3 der folgenden Items weisen mindestens die Ausprägung «schwerwiegend» auf: Denkstörungen, Halluzinationen, Wahn, motorische Verlangsamung<br>– Behandlungsversuche mit 3 Neuroleptika verschiedener Klassen (Äquivalent zu 1000 mg Chlorpromazin) während mind. 8 Wochen im Verlauf der letzten fünf Jahre |
| Kane et al. (1989) | DSM III-Kriterien für Schizophrenie:<br>– Keine hinreichende Besserung nach Behandlung mit 3 Neuroleptika verschiedener Klassen (Äquivalent zu 1000 mg Chlorpromazin) während 6 Wochen<br>– Keine Phase vollständiger Symptomfreiheit während der letzten 5 Jahre | – 6 Wochen ≥ 60 mg Haloperidol<br>– CGI-Gesamtwert > 3 oder BPRS-Gesamtwert > 35 |
| Schüssler et al. (1988) | Keine hinreichende Besserung nach Neuroleptika-Behandlung während 4 Wochen | – CGI-Wert von 3 (gutes Ansprechen) nicht erreicht<br>– Verminderung des AMP-Gesamtwerts seit Behandlungsbeginn < 50 % |
| Keefe et al. (1991) | Keine hinreichende Besserung nach Neuroleptika-Behandlung (40 mg Haloperidol pro Tag) während 6 Wochen | – Veränderung im BPRS-Gesamtwert < 20 %<br>– Veränderung im CGI-Wert < 2 |

## Resistenz gegenüber medikamentöser Therapie

Bevor von einer Therapieresistenz gegenüber medikamentöser Therapie gesprochen wird, sollten aber in jedem Fall wenigstens einige minimale Anforderungen an eine psychosoziale Behandlung erfüllt sein, die sowohl den Patienten selbst, sein soziales Netzwerk, als auch das therapeutische Milieu berücksichtigen. Diese Auffassung entspricht dem aktuellen Verständnis der Aetiopathogenese schizophrener Erkrankungen (vgl. Kapitel 4) ebenso wie den Ergebnissen empirischer Untersuchungen zur Interaktion einer neuroleptischen Medikation mit psychosozialen Therapieverfahren (siehe Kapitel 17), sie ergibt sich aber auch aus der Betrachtung der grundlegenden Mechanismen pharmakotherapeutischer Interventionen überhaupt. Nach Heimann (1983) bestehen diese in der Beeinflussung von Regulationsmechanismen der Vigilanz, des Antriebs und der Emotionalität, d. h. von Strukturen des aufsteigenden retikulären Systems sowie der striaeren und limbischen Systeme, wobei sowohl dämpfende wie erregende Einflüsse ausgeübt werden. Dies sind die basalen biologischen Verankerungsstellen des psychopathologischen Geschehens mit unmittelbaren Auswirkungen auf körpernahe emotionale Befindlichkeiten, Wachheit, Reaktivität auf Umweltreize, sowie auf diejenigen neurobiologischen Mechanismen, welche die unterschiedlichen Aufmerksamkeitsfunktionen steuern, Umweltreize filtern und einen hierarchischen Aufbau der Aussen- und Innenwelt im Individuum ermöglichen (siehe Abb. 1). Positive medikamentöse Effekte auf diese fundamentalen Regulationsmechanismen schaffen die biologischen Bedingungen für neue, aktive Gestaltungsmöglichkeiten, die zuvor nicht mehr vorhanden waren. Die Nutzung dieser neu eröffneten Möglichkeiten reicht aber über die eigentliche psychopharmakologische Wirkung hinaus und ist abhängig von der Einbettung der Pharmakotherapie in das psychosoziale Milieu sowie von einer optimalen Kombination mit psychosozialen Therapieinterventionen.

Unzureichend ist ferner, dass bei der Feststellung einer Therapieresistenz gegenüber medikamentöser Therapie oft nur auf die Positivsymptomatik abgestellt wird. Wegen der Heterogenität der Negativsymptome, bei denen mindestens primäre und sekundäre Symptome (vgl. Carpenter et al. 1985), sowie unterschiedlichste Ursachen zu

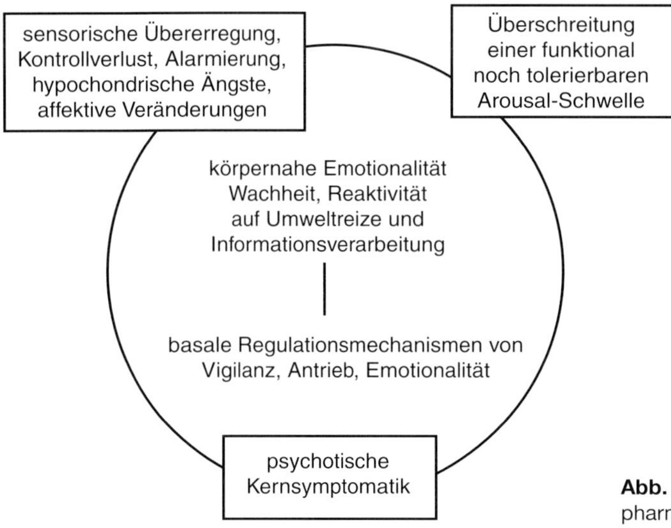


**Abb. 1** Grundlegende Wirkungsmechanismen pharmakotherapeutischer Interventionen

unterscheiden sind (vgl. Andreasen 1993), und die ausserdem mit einer Vielzahl psychologischer Folgeerscheinungen der Schizophrenie überlappen, werden diese häufig nicht mitberücksichtigt. Negativsymptome stellen jedoch nicht nur die für die klinische Praxis bedeutsamsten therapieresistenten Symptome dar, sie spielen auch für alle weiteren Rehabilitationsbemühungen eine wesentliche Rolle, und es besteht zudem ein beträchtlicher Symptom-Shift zwischen positiven und negativen Symptomen (vgl. Deister 1990, Maurer und Häfner 1991). Wegen der in Abb. 1 dargestellten Interface-Position elementarer neuropsychologischer Defizite zu den biologischen Verankerungsstellen des psychopathologischen Geschehens, sowie wegen den – wenn auch nicht eindeutigen – Beziehungen zwischen neuropsychologischen Defiziten und Negativsymptomen (vgl. Brenner et al. 1990) wäre es darüber hinaus wünschenswert, auch die Effekte der neuroleptischen Therapie auf neuropsychologische Dysfunktionen ausdrücklich mitzuerfassen. Dies könnte nicht zuletzt auch einem besseren Verständnis wesentlicher Wirkmechanismen dienen. Für die Erhebung der Negativsymptomatik ist als geeignetes Messinstrument die Scale for the Assessment of Negativ Symptoms (SANS; Andreasen 1983) zu nennen, für die Erfassung neuropsychologischer Defizite können computerisierte Versionen von Tests wie dem Continous Performance Test (CPT; Nuechterlein 1991) und dem Span of Apprehension Test (SAT; Asarnow et al. 1991), aber auch Skalen wie das Psychological Impairment Rating Schedule (PIRS; Biehl et al. 1989) eingesetzt werden.

Unter therapeutischem Aspekt ist es zudem von Vorteil, bezüglich der medikamentösen Therapie zwischen einer primären und einer sekundären Therapieresistenz zu unterscheiden. Unter primärer Therapieresistenz wird dann ein Nichtansprechen von Positiv- und/oder Negativsymptomen verstanden, unter sekundärer Therapieresistenz das Persistieren von Begleitsymptomen, aber auch das Neuauftreten von Symptomen. Dose (1993) hat anhand einer solcher Unterteilung verschiedene pharmakotherapeutische Strategien beschrieben, die eingesetzt werden können, um doch noch einen befriedigenden Behandlungserfolg zu erzielen. Auf diese Thematik wird auch im Kapitel 6 ausführlich eingegangen, so dass an dieser Stelle grundsätzliche Hinweise dazu genügen können.

Im Vordergrund stehen dabei Therapieversuche mit sogenannten atypischen Neuroleptika, die sich klinisch durch deutlich geringere oder fehlende extrapyramidale Nebenwirkungen auszeichnen. In erster Linie ist dabei an Clozapin (antipsychotischer Effekt bei einer noch nicht die $D_2$-Rezeptoren in den Basalganglien antagonisierenden Dosis) zu denken, aber auch an andere in bezug auf ihr Wirkungsprofil als «atypisch» imponierende Neuroleptika wie Sulpirid (praereferentielle Bindung an $D_2$-Rezeptoren in den mesolimbischen Regionen gegenüber Regionen in nigrostriatalen Strukturen), Pimozid (nahezu keine Affinität zu alpha-adrenergen Rezeptoren) und

Pipamperon (ausgeprägte Affinität zu 5-$HT_2$-Rezeptoren). Günstige Wirkungen können auch von den 5-$HT_2$ und $D_2$-antagonistischen Neuroleptika Zotepin und Risperidon erwartet werden. Andere Therapiestrategien beziehen sich auf die Wirkungsverstärkung durch eine Kombination von Neuroleptika mit Antikonvulsiva (speziell Haldol und Carbamazepin) und mit Lithiumsalzen. Eine solche Wirkungsverstärkung kann bei manchen Patienten auch durch die Kombination atypischer Neuroleptika mit klassischen Neuroleptika (speziell Clozapin und Haldol) erzielt werden. Bei allen diesen Kombinationen sind aber neben den üblichen pharmakotherapeutischen Grundprinzipien spezifische pharmakologische Interaktionen sowie die jeweiligen Indikations- und Kontraindikationskriterien sorgfältig zu beachten. Manche Kombinationen (z. B. Haldol und Carbamazepin) sind nur im Rahmen der ärztlichen Kurierfreiheit möglich und erfordern deshalb eine besonders sorgfältige Dokumentation der Indikationsstellung sowie des „informed consent“.

Auch bei sekundärer Therapieresistenz kommen verschiedene medikamentöse Behandlungsstrategien in Frage. Sie entsprechen teils dem in Kapitel 6 unter der Behandlung des Erregungssyndroms, teils dem dort unter der Behandlung von unerwünschten Arzneimittelwirkungen dargestellten Vorgehen. Nach Dose (1993) kann dabei nach psychomotorischer Unruhe, Angst, Spannung und Schlafstörungen, nach manischen oder depressiven Begleitsymptomen, sowie nach extrapyramidal-motorischen Nebenwirkungen unterschieden werden. Bei psychomotorischer Unruhe, Angst, Spannung und Schlafstörungen ist an den kurzfristigen Einsatz von Benzodiazepinen zu denken. Bei manischen Syndromen kommt in erster Linie die Kombination von Neuroleptika mit Lithium (wegen der Möglichkeit von neurotoxischen Wechselwirkungen nur bis zu einem Serumspiegel < 0.8 mval/l) oder mit Carbamazepin (nur im Rahmen der ärztlichen Kurierfreiheit) in Frage. Bei depressiven Zuständen ist zunächst die Möglichkeit einer Dosisreduktion zu überprüfen. Für die Differentialdiagnose postremissive Depression/pharmakogene Depression kann die Gabe von Biperiden i.v. hilfreich sein. Werden zusätzlich zur neuroleptischen Medikation trizyklische Antidepressiva eingesetzt, ist die Gefahr synergistischer anticholinerger Wirkungen (Delir) zu beachten. Von den extrapyramidalmotorischen Nebenwirkungen sind für die sekundäre Therapieresistenz vor allem Frühdyskinesien, Parkinsonoid und insbesondere Akathisie von Bedeutung. Auch hier ist zuallererst eine Dosisreduktion zu überprüfen, bei Frühdyskinesien und Parkinsonoid können vorübergehend Anticholinergika verordnet werden. Bei Akathisie sind diese kaum wirksam, vorzuziehen sind hier Betarezeptorenblocker (speziell Propanolol) oder der kurzfristige Einsatz von Benzodiazepinen. Eine effektive Behandlung der Akathisie ist auch deshalb von besonderer Bedeutung, weil es durch die damit verbundene innere Spannung und Angst zu einer Verstärkung psychotischer Symptome kommen kann. Die Bradyskinesie beim Parkinsonoid kann mit reduziertem Antrieb, verarmter Mimik und Gestik sowie mit der Hemmung des verbalen Ausdrucks eine verstärkte Negativsymptomatik vortäuschen.

Ein weiteres grundsätzliches Problem bei der Beurteilung der Therapieresistenz gegenüber medikamentöser Behandlung stellt schliesslich nicht selten die verlässliche Feststellung einer Noncompliance dar. Auszuschliessen sind auch zu niedrige Dosierung, rascher Abbau der Neuroleptika bei hohem Alkohol- und Nikotinkonsum (Enzyminduktion) sowie ihre ungenügende Resorption bei hohem Kaffeekonsum. Lässt sich eine Noncompliance nicht anders ausschliessen, ist eine Serumspiegel-Bestimmung in Betracht zu ziehen. Voraussetzung dafür ist allerdings, dass für das entsprechende Neuroleptikum aussagekräftige Untersuchungen zur Serum-Wirksamkeitsbeziehung vorliegen (siehe Kap. 6).

## Resistenz gegenüber psychosozialer Therapie

Der Grundsatz, dass für die Feststellung einer Therapieresistenz die Interaktion zwischen medikamentöser Therapie und psychosozialer Therapie zu beachten ist, bedeutet, dass auch psychologische und psychosoziale Behandlungsverfahren bei ungenügender Effektivität vorgängig mit einer optimalen Neuroleptika-Medikation kombiniert werden sollten, falls dies nicht ohnehin von Beginn an geschehen ist. Unabhängig von der jeweiligen Ausrichtung und Schwerpunktsetzung sollte jede psychosoziale Behandlung zudem mindestens die folgenden Aspekte mit einschliessen:

- Patient: Psychoedukative Vermittlung eines funktionalen Krankheitskonzepts, in welchem der Patient eigene Einflussmöglichkeiten auf den Verlauf und Ausgang der Erkrankung erkennen kann und insbesondere um die Bedeu-

tung einer optimalen neuroleptischen Behandlung unter Kenntnis von Wirkungen und Nebenwirkungen der verordneten Substanz sowie von Früh- und Warnsymptomen eines drohenden Rückfalls weiss.
- Soziales Netzwerk/soziale Unterstützung: Einbezug der Angehörigen in das psychoedukative Vorgehen zur Erreichung eines gemeinsamen Krankheitsverständnisses und gemeinsamer Zielsetzungen sowie zur Vermittlung von optimalen Möglichkeiten der sozialen Unterstützung.
- Therapeutisches Milieu: Schaffung einer reizarmen und strukturierten Umgebungssituation mit emotional entspannter Atmosphäre in der akuten Phase und einer optimal stimulierenden, strukturierten Umgebungssituation mit dem Angebot von supportiver Psychotherapie, von Beschäftigungs- und Arbeitstherapie sowie von Freizeitaktivitäten in der Remissionsphase.

Auf der Basis unseres heutigen Wissens können darüber hinaus einige weitere Grundsätze für eine effektive psychosoziale Therapie der Schizophrenie formuliert werden, die im wesentlichen unabhängig von den jeweils eingesetzten Verfahren und Interventionstechniken Gültigkeit haben:
- Die Interventionen müssen auf kognitive Störungen Rücksicht nehmen.
- Das Behandlungsteam muss eine engagierte und empathische Beziehung zu den Patienten entwickeln.
- Bei therapieresistenten Patienten ist damit zu rechnen, dass ihre über Jahre und Jahrzehnte entstandenen und verfestigten Symptome und Verhaltensauffälligkeiten nur langsam auf veränderte Umweltkontingenzen ansprechen (Therapiedauer).
- Verhaltensverändernde Interventionen müssen so strukturiert und gegliedert werden, dass die einzelnen Therapieschritte die Belastbarkeit der Patienten nicht überfordern (stufenweises Vorgehen).
- Die Patienten müssen soweit wie möglich aktiv in die Behandlung einbezogen werden.
- Dauerhafte und generalisierbare Behandlungseffekte erfordern eine auf die individuelle Lebenssituation bezogene planmässige Abstimmung von Behandlung und Nachbetreuung.
- Mindestens ein Teil der Behandlung sollte in der Alltagsumgebung der Patienten bzw. in der für die Nachbetreuung vorgesehenen Umgebung stattfinden.
- Angehörige und Betreuungspersonen müssen so mitbeteiligt werden, dass sie die Behandlungseffekte dort aktiv unterstützen können.
- Intensität und Strukturierung der Behandlung sollten schrittweise reduziert und gleichzeitig sollte der Einsatz des in der Behandlung Erworbenen im Alltag ermutigt und verstärkt werden.

Im Rahmen von Therapiestudien sollte neben der sorgfältigen Beachtung dieser Grundsätze auch eine «fidelity check list» zur Anwendung kommen, um sicherzustellen, dass die untersuchten therapeutischen Interventionen korrekt und vollständig durchgeführt werden. Zu fordern ist dafür weiterhin der Einsatz sowohl von sogenannten internen Kontrollmitteln zur Erfassung von mit den Therapieinhalten unmittelbar in Beziehung stehenden Variablen (wie z. B. neuropsychologische Funktionen, Wissen, Verhaltensfertigkeiten, etc.) als auch von sogenannten externen Kontrollmitteln zur Erfassung von Generalisierung und Transfer auf das Alltagsleben (wie z. B. das oben genannte Independent Living Skills Survey [ILSS; Wallace 1986]).

## Ausblick

Die rechtzeitige, verlässliche Feststellung einer Therapieresistenz ist für die klinische Praxis von noch grösserer Bedeutung als für die Forschung, wo sie vor allem Hinweise auf unterschiedliche Subgruppen schizophrener Patienten sowie auf Wirkmechanismen von Therapieinterventionen geben kann. In der klinischen Praxis haben insbesondere jüngere Patienten durch eine zu lange fortgesetzte unwirksame Behandlung viel zu verlieren (Ausbildung, Berufseinstieg, Sozialbeziehungen). Bei einer vorrangigen oder ausschliesslichen Beachtung der Wirkung auf die Positivsymptomatik wird zudem leicht übersehen, dass viele schizophrene Patienten trotz Symptomremission in eine marginale Existenz geraten können, und auch nur kleine Verbesserungen in anderen Bereichen für die subjektive Lebensqualität oft von grosser Bedeutung sind. Bei therapieresistenten Patienten sollten deshalb neue Psychopharmaka und von der Therapieforschung als effektiv erkannte psychosoziale Behandlungsverfahren auch schon in frühen Erkrankungsstadien gezielt eingesetzt werden.

Empfehlenswert ist es deshalb, von Behandlungsbeginn an immer wieder solche kurz- und mittelfristigen Behandlungsziele zu definieren, deren Nichterreichung leicht festzustellen ist, und dann das therapeutische Vorgehen ausdrücklich auch auf die Möglichkeit des Vorliegens einer Therapieresistenz hin zu überprüfen. Dies sollte stets unter Einschluss der subjektiven Bewertung des Patienten sowie seiner Angehörigen erfolgen, weil eine patienten- und familienorientierte Sichtweise im klinischen Alltag am ehesten geeignet erscheint, den Aspekt der Lebensqualität in gebührender Weise mit einzubeziehen. Auf einer kürzlichen Konsensus-Konferenz zur Therapieresistenz in Washington D.C. wurden in diesem Sinne folgende Beurteilungskriterien für den Erfolg einer Therapie aufgestellt (vgl. Brenner und Merlo 1995): Psychopathologie, extrapyramidale Funktionen, kognitive Funktionen, Suizidalität, Fähigkeiten zur Bewältigung alltäglicher Aufgaben und Anforderungen, Ausmass sozialer Kompetenz (Autonomie-Status, Autarkie-Status), Art und Umfang sozialer Interaktionen, Lebensqualität, Belastung der Angehörigen.

Nicht zuletzt müssen sich alle Anstrengungen zur Überwindung einer Therapieresistenz immer auch an der klinischen Heterogenität der Erscheinungsbilder orientieren. Andreasen (1993) hat diesbezüglich Patienten auf chronischen Stationen, sog. „Dreh-Tür“-Patienten, Patienten mit persistierenden Positivsymptomen, Patienten mit persistierenden formalen Denkstörungen, nichtpsychotische Patienten ausserhalb der Klinik ohne soziale Integration sowie nichtpsychotische Patienten ohne ausreichende instrumentelle Fertigkeiten für eine Beschäftigung genannt. Es ist selbstverständlich, dass sich Behandlungserwartungen, Behandlungsziele und Behandlungsverfahren danach zu unterscheiden haben. Die Therapieresistenz bleibt also trotz aller Behandlungsfortschritte der letzten Jahre ein komplexes Problem, für das es keine einfachen Lösungen gibt.

## Literatur


Andreasen, N.C.: The Scale for the Assessment of Negative Symptoms (SANS). The University of Iowa, Iowa City 1983

Andreasen, N.C.: Die Behandlung des therapieresistenten schizophrenen Patienten. In: H. Hinterhuber et al. (eds.) Prädiktoren und Therapieresistenz in der Psychiatrie. Vieweg, Braunschweig Wiesbaden 1993

Asarnow, R.F. et al.: Span of apprehension in schizophrenia. In: S.R. Steinhauer et al. (eds.) Handbook of Schizophrenia, vol. 5: Neuropsychology, Psychophysiology and Information Processing. Elsevier Science Publisher BV, Amsterdam 1991

Biehl, H., K. Maurer, A. Jablensky et al.: The WHO Psychological Impairements Rating Schedule (WHO/PIRS). 1. Introducing a new instrument for rating observed behaviour and the rationale of the psychological impairment concept. Brit. J. Psychiatry 155 (Suppl. 7) (1989) 68

Brenner, H.D., et al.: Defining treatment refractoriness in schizophrenia. Schizophrenia Bulletin 16 (1990) 551

Brenner, H.D., M.C.G. Merlo: Definition of therapy-resistant schizophrenia and its assessment. Eur. Psychiatry 10 (Suppl. 1) (1995) 11s

Carpenter, W.T., et al.: Treatment of negative symptoms. Schizophrenia Bulletin 11(1985) 440

Deister, A., A. Marneros, A. Rohde et al.: Long-term outcome of affective, schizoaffective and schizophrenic disorders: a comparison. In: A. Marneros, M.T. Tsuang (eds.) Affective and schizoaffective disorders. Similarities and differences. Springer, Berlin 1990

Dencker, S.J., F. Kulhanek (eds.) Treatment resistance in schizophrenia. Vieweg, Braunschweig Wiesbaden 1988

Dose, M.: Kombination von Neuroleptika mit anderen Pharmaka als Therapiestrategie bei Neuroleptika-Nonrespondern. In: H.J. Möller (Hrsg.) Therapieresistenz unter Neuroleptikabehandlung. Springer, Wien 1993

Guy, W.: ECDEU Assessment Manual for Psychopharmacology, revised. DHEW Pub. No. (ADM) 76–338. National Institute of Mental Health, Rockville MD 1976

Häfner, H., K. Maurer: Are there two types of schizophrenia? In: A. Marneros, N. C. Andreasen, M. T. Tsuang (eds.) Negative versus positive schizophrenia. Springer, Berlin 1991

Heimann, H.: Grundbedingungen der therapeutischen Psychopharmakaforschung. In: G. Langer, H. Heimann (Hrsg.) Psychopharmaka. Grundlagen und Therapie. Springer, Wien 1983

Jung, E., B. Krumm, H. Biehl, K. Maurer, C. Bauer-Schubart: Mannheimer-Skala zur Einschätzung sozialer Behinderung (DAS-M). Beltz, Weinheim 1989

Lukoff, D., et al.: Symptom monitoring in the rehabilitation of schizophrenic patients. Schizophrenia Bulletin 12 (1986) 578

Marneros, A., A. Deister, A. Rohde, E.M. Steinmeyer, H. Jünemann, H.: Long-term outcome of schizoaffective and schizophrenic disorders: A comparative study. I. Definitions, methods, psychopathological and social outcome. Eur. Arch. Psychiatry Neurol. Sci. 238 (1989a) 118

Marneros, A., A. Deister, A. Rohde, E.M. Steinmeyer, H. Jünemann, H.: Long-term outcome of schizoaffective and schizophrenic disorders: A comparative study. II. The social consequences. Eur. Arch. Psychiatry Neurol. Sci. 238 (1989b) 135

Maurer, K., H. Häfner: Dependence, independence or interdependence of positive and negative symptoms. In: A. Marneros, N.C. Andreasen, M.T. Tsuang (eds.) Negative versus positive schizophrenia. Springer, Berlin 1991

Meltzer, H.Y.: The effect of clozapine and other atypical antipsychotic drugs on negative symptoms. In: A. Marneros, N.C. Andreasen, M.T. Tsuang (eds.) Negative versus positive schizophrenia. Springer, Berlin 1991

Möller, H.J.: Typical neuroleptics in the treatment of positive and negative symptoms. In: A. Marneros, N.C. Andreasen, M.T. Tsuang (eds.) Negative versus positive schizophrenia. Springer, Berlin 1991

Nuechterlein, K.H.: Vigilance in schizophrenia and related disorders. In: S.R. Steinhauer et al. (eds.) Handbook of schizophrenia, vol. 5: Neuropsychology, psychophysiology and information processing. Elsevier Science Publications BV, Amsterdam 1991

Overall, J.E., D.R. Gorham: The brief psychiatric rating scale. Psychological Reports 10 (1962) 799

Rohde, A., A. Marneros: „Therapieresistenz" schizophrener Erkrankungen im Licht der Langzeitkatamnese: Die persistierenden Alterationen. In: H.J. Möller (Hrsg.) Therapieresistenz unter Neuroleptikabehandlung. Springer, Berlin 1993

Spitzer, R.L., M. Gibbon, J. Endicott: The Global Assessment Scale: A procedure for measuring overall severity of psychiatric disturbances. Arch. Gen. Psychiatry. 33 (1976) 766

Wallace, C.J.: Functional assessment in rehabilitation. Schizophrenia Bulletin 12(1986) 604

Weiden P.J., M. Olfson: Cost of relapse in schizophrenia. Schizophrenia Bulletin 21 (1995) 3

World Health Organisation (WHO): WHO Psychiatric Disability Assessment Schedule (WHO/DAS). WHO, Genf 1988

# 16 Behandlung schizophrener Syndrome im Kindes- und Jugendalter

W. Felder, M. Maurer

## Einleitung

Sowohl ICD 10 wie die DSM IV erwähnen keine spezifischen Kriterien für die Diagnostik einer Schizophrenie im Kindes- und Jugendalter. Nach beiden Systemen kommen differentialdiagnostisch v.a. die tiefgreifenden Entwicklungsstörungen in Frage. Diese enthalten in beiden Systemen als Untergruppen den 'Kannerschen Autismus' sowie das 'Asperger-Syndrom' und das Rett-Syndrom. Da wir im folgenden nicht auf die Therapie des Autismus eingehen, sei hier übersichtsmässig auf Frith (1991) verwiesen.

Obwohl ein allgemeiner Konsens darüber besteht, dass für die Diagnostik kindlicher Schizophrenien dieselben Kriterien anzuwenden sind wie in der Diagnostik des Erwachsenenalters, ergeben sich in der praktischen Anwendung doch grössere Schwierigkeiten. Dies zeigen auch die Untersuchungen von McKenna et al. (1994). Sie erbaten von Kollegen zu Studienzwecken die Krankengeschichten von Kindern, welche die DSM-IV Kriterien für Schizophrenie erfüllten. Von 260 zugesandten Krankengeschichten wurden 186 von vorneherein aus verschiedenen Gründen (nicht dokumentierte psychotische Symptome, geistige Behinderung, affektive Störung) ausgeschlossen. Von den verbleibenden 74 Patienten, die persönlich von der Forschungsgruppe untersucht wurden, erfüllten lediglich 19 wirklich die diagnostischen Kriterien nach DSM-IV. Bei den übrigen Patienten wurde am häufigsten die Diagnose „multidimensionally impaired" (21) gestellt. Daneben wurden folgende Diagnosen erhoben: Major depression (7), bipolarity disorders (7), Asperger Syndrom (4), tiefgreifende Entwicklungsstörung (2), attention-deficit-hyperactivity-disorder (3), dissoziative Störung (3), schizoid personality (2), Verhaltensstörung (1), Zwangserkrankung (1), organische Psychose (1). Mit diesem Beispiel sind damit auch die wesentlichsten differentialdiagnostischen Überlegungen zur kindlichen Schizophrenie erwähnt.

Die Diagnostik hängt eng mit den therapeutischen Massnahmen und den Prognosen zusammen. 1973 machte Eggers die Feststellung, „dass die psychodynamisch orientierte Forschergruppe mit einer sehr breit angelegten Schizophrenie-Auffassung, die auch psychogen entstandene kindliche Verhaltensstörungen und Wesensartungen mit in die Diagnose einbezieht, zu den besten Ergebnissen über die Heilungsaussichten gelangt. Zu besonders ungünstigen Resultaten kommen die Autoren, die über autistische Kinder und solche mit nachweisbaren Cerebralschädigungen berichten, während sich die übrigen Forscher in ihrer prognostischen Aussage in etwa die Waage halten." Im Wesentlichen dürfte diese Feststellung immer noch zutreffen. Die erwähnten Unterschiede bezüglich des Heilungsverlaufes stellen sich natürlich auch als Unterschiede bezüglich der therapeutischen Empfehlungen dar: Je breiter die Schizophreniediagnostik gehandhabt wird, desto eher stehen psychotherapeutische Verfahren, seien das nun analytische Einzeltherapien oder Familientherapien, im Vordergrund. Je restriktiver der Begriff gehandhabt wird und je mehr der Aspekt der Teilleistungsstörungen einbezogen wird, umso mehr stehen heilpädagogische oder pharmakotherapeutische Verfahren im Vordergrund.

Zum derzeitigen Wissensstand über Ätiologie und Epidemiologie der Frühmanifestationen schizophrener Psychosen verweisen wir auf die Übersichtsarbeit von Remschmidt et al. (1994). In der Literatur werden verschiedene altersmässige Unterteilungen gemacht. So schlägt etwa Werry (1992) vor, zwischen kindlichen Schizophrenien (very early onset schizophrenia) und Schizophrenien in der Pubertät (early onset schizophrenia) zu differenzieren. Da es in gewissem Sinne arbiträr ist festzulegen, wann die Pubertät beginnt, schlägt Werry vor, eine Altersgrenze beim 13. Lebensjahr zu machen. Die 'very early onset schizophrenias' (VEOS) wären demnach Verläufe mit Ersterkrankung vor dem 13. Lebensjahr, die 'early onset schizophrenias'

(EOS) mit Ersterkrankungen zwischen dem 13. und 17. Lebensjahr. Werry (1992) hebt hervor, dass sehr wenig Forschungsresultate im Bereich der EOS vorliegen, so dass man auch bei der Therapie gezwungen ist, von der Behandlung schizophrener Erwachsener zu extrapolieren. Dies gilt in einem noch viel stärkeren Ausmass für VEOS.

Es besteht Konsens darüber, dass die Schizophrenien im Kindesalter:

- selten sind
- meist schleichend beginnen
- eine knabenwendige Verteilung haben
- eine ungünstige Prognose mit meist lebenslangen Entwicklungs- oder Persönlichkeitsstörungen zeigen.

Im Gegensatz zu den sehr seltenen kindlichen Schizophrenien sind schizophrene Syndrome ab dem Pubertätsalter gekennzeichnet durch:

- häufigeres Auftreten
- häufiger akuten Beginn
- ausgeglicheneres Geschlechtsverhältnis
- eine eher bessere Prognose als die kindlichen Schizophrenien.

Differentialdiagnostisch stehen in diesem Alter Pubertätskrisen und Intoxikationspsychosen im Vordergrund.

In der Adoleszenz manifestiert sich ein beträchtlicher Teil der schizophrenen Ersterkrankungen. Für die Prognose bedeutet dies meistens einen deutlichen schulisch-beruflichen Abstieg mit ausgeprägten sozialen Defiziten.

Erstmanifestationen einer schizophrenen Erkrankung zeigen sich, vor allem auch bei später chronisch verlaufenden Erkrankungen, nicht immer in prototypischen, psychopathologischen Erscheinungsbildern. Um den Eigenheiten dieser Altersgruppe vermehrt Rechnung zu tragen, konstruierte Andreae (1994) das reliable und valide 'Diagnostisches Inventar zur differentiellen klinischen Diagnostik Adoleszentärer Dissozialisation' (DIAD), in dem sich auch Schizophrenien in prototypischen Profilen abbilden lassen.

Differentialdiagnostisch ist es bei akuten schizophreniformen psychotischen Zustandsbildern manchmal schwierig, kurzfristig zu unterscheiden, ob sie im Rahmen einer Adoleszenzkrise, eines längerfristigen Stimulantienmissbrauchs oder einer schizophrenen Ersterkrankung auftreten.

## Allgemeine Überlegungen zur Therapie bei psychotischen Kindern und Jugendlichen

Das, was psychotische Menschen im Kindes- und Jugendalter von psychotischen Erwachsenen wohl am meisten unterscheidet, ist der unterschiedliche Entwicklungsstand. So erwähnen Werry und Taylor (1994) neben den üblicherweise genannten positiven oder Plus-Symptomen und den negativen oder Minus-Symptomen noch als dritte Symptomdimension die (Entwicklungs-)Desorganisation. Je jünger der Patient bei der schizophrenen Ersterkrankung ist, umso mehr wird die Entwicklung gefährdet resp. beeinträchtigt.

Bezüglich der Entwicklung resp. Entwicklungsbeeinträchtigung sind wiederum verschiedene Aspekte zu erwähnen. Eine Ebene lässt sich beschreiben als die Bewältigung von Entwicklungsaufgaben. Die Erkrankung erschwert direkt die altersgemässe schulische resp. berufliche Entwicklung. Sie erschwert aber auch die altersgemässe Veränderung der Beziehung zu den Eltern. Ein spezieller Entwicklungsaspekt, den Lempp (1973) besonders hervorhebt, ist in der Realitätskontrolle zu sehen. Der Aufbau des Realitätsbezuges kann in dem Sinne ebenfalls als Entwicklungsaufgabe bezeichnet werden. Beginnt die Erkrankung bereits in der Zeit, in der ein stabiler Realitätsbezug erst erworben wird, haben, neben den therapeutischen, die pädagogischen Massnahmen ein grösseres Gewicht als bei Störungen des Realitätsbezuges im Erwachsenenalter. Die Berücksichtigung der Entwicklungsstufen hat verschiedene Konsequenzen:

*Familienarbeit*: Die Herkunftsfamilie des schizophrenen Kindes oder Jugendlichen muss nicht nur über die Erkrankung und die sich daraus ergebenden Konsequenzen für den alltäglichen Umgang informiert werden, sondern auch darüber, was unter diesen gegebenen Umständen in der Erziehung dieses Kindes möglich resp. sinnvoll ist. Damit stellen sich sehr schnell Fragen der Belastbarkeit der ganzen Familie. Dabei müssen nicht nur die Eltern, sondern auch die Geschwister des erkrankten Kindes in die Überlegungen miteinbezogen werden.

*Heilpädagogik*: Häufig bedürfen Kinder und Jugendliche nach einer schizophrenen Ersterkrankung einer heilpädagogischen Behandlung, wobei diese nicht selten schon vor der manifesten Ersterkrankung aus verschiedenen Gründen veranlasst wurde.

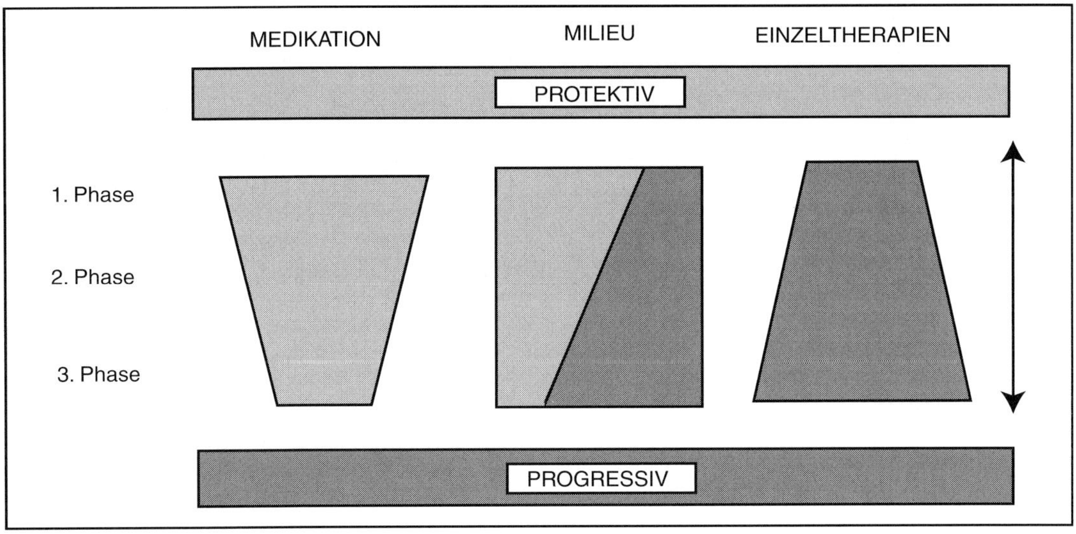


**Abb. 1** Gesamtbehandlungsplan (nach Resch, 1992)

*Netzwerk*: Nicht selten sind (zumindest in unseren Breiten) bei schwer erkrankten Kindern und Jugendlichen mehrere verschiedene Fachpersonen involviert. Neben den bereits erwähnten Heilpädagogen, Ärzten und weiteren Therapeuten sind häufig Sozialarbeiter von Jugendämtern und Sozialdiensten miteinbezogen. Eine gute Koordination zwischen diesen Fachpersonen ist, wenn auch zeitraubend, absolut erforderlich.

Die Frage nach dem therapeutischen Setting, ob ein Kind ambulant, teilstationär oder stationär behandelt werden soll, richtet sich einerseits nach der Schwere des Krankheitsbildes und den Anforderungen, die die Erziehung dieses Kindes stellt, andererseits nach der Belastbarkeit der Herkunftsfamilie sowie der Zugänglichkeit der notwendigen schulischen und therapeutischen Betreuung.

## Gesamtbehandlungsplan

Resch (1992) unterscheidet folgende drei Phasen der Behandlung:

*1. Phase*: Reduktion der psycho-physischen Irritation
*2. Phase*: Kommunikation stabilisieren; Wiederherstellung des Bedeutungsgefüges
*3. Phase*: Erwerb von Kompetenz und Selbstverfügbarkeit; Verbesserung des Selbstkonstruktes und Stabilisierung des Selbstwertes.

In diesen drei Phasen schlägt Resch (1992) folgende Gewichtung von Medikation, Milieu- und Einzeltherapie vor (Abb. 1). Wie aus Abb. 1 hervorgeht, hat die Medikation zu Beginn eine grössere Bedeutung als in den folgenden Phasen. Entsprechend umgekehrt ist die Gewichtung der Einzeltherapie. Die Gestaltung des therapeutischen Milieus enthält zu Beginn eher protektive und in den weiteren Phasen zunehmend mehr progressive Elemente. Gerade diese Forderung über die Milieugestaltung ist ebenso leicht verständlich wie schwierig im Alltag umzusetzen.

Die nachfolgend dargestellten einzelnen Aspekte, wie analytische Therapie, Kunsttherapie etc. sind jeweils immer im Rahmen dieses Gesamtbehandlungsplanes zu sehen.

## Psychoanalytische Therapie

Bezüglich der psychoanalytischen Behandlung von schizophrenen Jugendlichen verweisen wir v.a. auf Benedetti und Peciccia (1991). Die Autoren beschreiben hier die Technik des „progressiven therapeutischen Spiegelbildes", bei der gemeinsames Zeichnen mit den Patienten einen zentralen Stellenwert hat. Nach Meinung der Autoren ist die psychotische Person gekennzeichnet durch eine abnorme und sehr intensive projektive Identifikation, so dass die eigene, unabhängige Identität bedroht ist. Aufgabe des Therapeuten ist es deshalb, den Patienten beim Aufbau einer

Identität behilflich zu sein, die nicht in ihren Grenzen mit äusseren Objekten verwischt ist. Dabei spielen Identifikation und Gegenidentifikation zwischen Patient und Therapeut eine entscheidende Rolle. In Anbetracht der spärlich vorhandenen Literatur zur psychoanalytischen Therapie von schizophrenen Kindern und Jugendlichen ist es nicht möglich, eine allgemeine Aussage über die Effektivität dieser Therapieform zu machen.

## Verhaltenstherapeutische Massnahmen

„Die Möglichkeiten und Grenzen der verhaltenstherapeutischen Behandlung schizophrener Jugendlicher wurde bislang weder von der psychiatrischen noch von der klinisch-psychologischen Forschung in befriedigender Weise untersucht" (Kienzle und Braun-Scharm 1993).

Im folgenden möchten wir deshalb v.a. auf die von Kienzle (1994) vorgeschlagenen Modifikationen der Integrierten Psychologischen Therapie (IPT) eingehen.

### Kognitive Differenzierung

Da Jugendliche bei einer psychotischen Ersterkrankung mit den Materialien für Erwachsene gelegentlich überfordert sind, schlägt Kienzle (1994) die interpretative Bearbeitung kurzer literarischer Texte der verschiedensten Art in Gruppen vor. In der folgenden Tabelle sind die Punkte aufgeführt, die den Verlauf einer spezifischen, die Förderung basaler kognitiver Funktionen intendierenden Textverarbeitung in Phasen skizzieren. Dabei sollte sich die Gewichtung der einzelnen Phasen/Interventionen am neuropsychologischen Profil der Gruppe bzw. der einzelnen Patienten orientieren.

**Tabelle 1** IPT: Kognitive Differenzierung (nach Kienzle, 1994, S. 114)

1. *Aufmerksamkeit und Informationsaufnahme*
   Lautes, spielerisch-wechselweises Lesen des Textes. Systematisches „Zurückholen" und Unterstützung abgelenkter Patienten sowie gezielte Verstärkung aufmerksamen Verhaltens (während der gesamten Therapiestunde!).
2. *Verbale Konzeptbildung/molekular*
   Bearbeitung einzelner Wörter der Textvorlage: Definition schwieriger und kontextabhängiger Begriffe; Bildung von Synonymen oder Antonymen zu geeigneten Begriffen; Aufklärung von Metaphern und Redewendungen.
3. *Verbale Konzeptbildung/molar*
   Zusammenfassung und Wiedergabe einzelner Textpassagen, möglichst in eigenen Worten.
4. *Abstrahierendes Verstehen*
   Entwicklung der wesentlichen Aussagen des gesamten Textes unter Missachtung eher unwesentlicher (z. B. lediglich ausschmückender) Teile des Textes; interpretatives Erschliessen des Textsinns (textnah!).
5. *Prüfung/Korrektur des Assoziationsgangs*
   Eigene Gedanken oder Erinnerungen, die durch den Text angestossen werden, äussern und auf Zusammenhang mit dem Text (Gemeinsamkeiten und Unterschiede) hin prüfen lassen.
6. *Merkfähigkeit*
   Bearbeitung von Fragen zum Text ohne Rückgriff auf die konkrete Textvorlage.

Wie aus der Tabelle 1 hervorgeht, handelt es sich hier vorwiegend um die Arbeit an und mit der Sprache des Patienten. Dabei sind natürlich entwicklungspsychologische Überlegungen über das, was der Patient seinem Entwicklungsstand entsprechend leisten kann, einzubeziehen.

### Soziale und emotionale Wahrnehmung

Hier wird die Bearbeitung in sich schlüssiger und abgeschlossener Videosequenzen empfohlen, die soziale Interaktionen und darin involvierte Affekte der Personen zeigen. Einzelne Sequenzen dauern Sekunden bis ca. 5 Minuten. Die einzelnen Punkte des Vorgehens finden sich in Tabelle 2. Wie aus der Tabelle 2 hervorgeht, wird die soziale und emotionale Wahrnehmung anhand von Videomaterial und Rollenspiel erarbeitet. Auch hier gilt es die entwicklungsbedingten Grenzen der sprachlichen Ausdrucksfähigkeit zu beachten.

### Verbale Kommunikation

In themenzentrierten Gruppendiskussionen werden anfangs emotional wenig belastende Themen (z. B. Sport), später schwierigere Themen (z. B. Elternbeziehung, Krankheit) bearbeitet.

**Tabelle 2** IPT: Soziale und emotionale Wahrnehmung (nach Kienzle, 1994, S. 116)

1. *Darbietung der Video-Szene*
   Variationen: mit/ohne Ton; mit/ohne Bild; partiell/vollständig.
2. *Beschreibung der sozialen Interaktionen in der Szene*
   Erarbeitung und Unterscheidung sichtbarer Tatsachen einerseits und interpretativer Vermutungen andererseits anhand klärender Bildausschnitte.
3. *Erarbeitung der Affekte der handelnden Personen*
   Erarbeitung und Unterscheidung sichtbarer Tatsachen einerseits und interpretativer Vermutungen andererseits anhand klärender Bildausschnitte.
4. *Vertiefung durch Rollenspielelemente*
   Nachspielen bzw. Weiterführung der Szene oder einzelner Szenenteile unter besonderer Berücksichtigung einer adäquaten Reproduktion des Affektausdrucks.
5. *Vertiefung via Anknüpfung an Erfahrungen der Patienten*
   Aehnliche Erlebnisse und Affekte schildern lassen sowie wesentliche Gemeinsamkeiten und wesentliche Unterschiede erarbeiten.

**Tabelle 3** ITP: Interpersonelles Problemlösen (nach Kienzle, 1994, S. 121)

1. *Initiale diagnostische Phase (im Einzelkontakt)*
   Exploration des Patienten, der Familienangehörigen und anderer wichtiger Bezugspersonen auf relevante Probleme hin; gemeinsam mit dem Patienten Bestimmung der im gruppen-therapeutischen Setting zu bearbeitende Problemstellungen sowie Festlegung einer Reihenfolge.
2. *Präsentation des Problems in der Gruppe*
   Möglichst konkrete, verhaltensnahe Darstellung des Problems; nach Möglichkeit Verankerung der Problemstellung in einer repräsentativen Situation; Gruppe und Therapeut stellen Fragen zwecks weiterer Problemdefinition.
3. *Bisherige Problemlösungsversuche*
   Gruppe und Therapeut erfragen die bisherigen Versuche, mit dem Problem umzugehen; Ermittlung des (Miss-)Erfolgs bisheriger Lösungsversuche.
4. *Brain-Storming: alternative Lösungsmöglichkeiten*
   Gruppe (und Therapeut) schlagen weitere, neue Problemlösungsmöglichkeiten vor; Therapeut ermutigt immer wieder zu Phantasie; jeder Vorschlag wird ernstgenommen und (schriftlich, z. B. an der Tafel) festgehalten; es herrscht während dieser Phase absolutes Bewertungs- und Kommentierungsverbot.
5. *Prüfung und Bewertung der Lösungsvorschläge*
   Vor- und Nachteile der vorgeschlagenen Lösungsmöglichkeiten werden diskutiert.
6. *Auswahl, Konkretisierung und Rollenspiel*
   Der betroffene Patient wählt die ihm am geeignetsten erscheinende Problemlösungsmöglichkeit aus. Die ausgewählte Lösungsmöglichkeit wird konkretisiert und (nach Möglichkeit) im Rollenspiel erprobt.
7. *Umsetzung und Ueberprüfung*
   Der Patient verhält sich nach der Therapie seinem Problem gegenüber in der vereinbarten Weise. Evaluation in der nächsten Gruppentherapiesitzung.

### Soziale Fertigkeiten

Die Inhalte werden hier spezifisch auf die Entwicklungsaufgaben Jugendlicher abgestimmt. Im übrigen unterscheidet sich das Vorgehen im Vergleich zu Erwachsenen kaum.

### Interpersonelles Problemlösen

Thematische Einschränkungen des in Tabelle 3 dargestellten Vorgehens ergeben sich dann, wenn die Beziehungsprobleme zur Herkunftsfamilie in einer gleichzeitig stattfindenden Familientherapie behandelt und dann aus der Gruppentherapie ausgeklammert werden.

Wie aus Tabelle 3 ersichtlich, geht es beim interpersonellen Problemlösen darum, möglichst konkrete Probleme zu identifizieren und in der Gruppe nach verschiedenen Lösungswegen zu suchen.

## Psychoedukative Behandlung

Es handelt sich hier um Behandlungselemente, die nicht allein, sondern im Rahmen einer kombinierten Gesamtbehandlung angeboten werden. So erwähnen Rund et al. (1994) in ihrem psychoedukativen Behandlungsprogramm für schizophrene Adoleszente neben Pharmakotherapie, Netzwerkarbeit, Milieutherapie und Problemlösungssitzungen auch spezifische Elternseminare. In diesen Seminarien werden einerseits Informationen über die Schizophrenien vermittelt, anderseits werden Themen wie Schuld und Scham der Eltern bearbeitet. Schliesslich haben diese Seminarien auch den Aspekt von Selbsthilfegruppen, in denen erstmals an ganztägigen Seminarien teilnehmende Eltern von Seminar-Erfahrenen unterstützt werden. Diese Behandlung wurde für eine Periode von zwei Jahren mit einer herkömmlichen Behandlung (Einzeltherapie, Milieutherapie, Pharmakotherapie) verglichen. Die Experimentalgruppe zeigte mehr einmalige, aber seltener häufigere Rehospitalisationen. Die Gesamtkosten waren für die Experimentalgruppe niedriger als für die Vergleichsgruppe.

## Entspannungsverfahren, Kunsttherapie

Autogenes Training, progressive Muskelrelaxation oder entspannungsinduzierende Biofeedbacktechniken werden v.a. dann empfohlen, wenn schizophrene Jugendliche eine erhebliche Angstsymptomatik zeigen (Kienzle und Braun-Scharm 1993).

Bezüglich Kunst- und Gestaltungstherapie berichtet Thomas (1994) über eine zweimonatige Projektarbeit mit Jugendlichen, wobei neben den kunsttherapeutischen Arbeiten im engeren Sinn auch begleitende Aktivitäten mit Herausgabe einer Projektzeitung eine Rolle spielten.

## Rehabilitation

Die Zielsetzungen der verschiedenen Phasen der Behandlung werden von Martin (1991) wie folgt angegeben:

*Akute Phase* (Klinik): Verhinderung von Rückzug und Chronifizierung.

*Remissionsphase* (Klinik): Reintegration im klinischen Bereich.

*Rehabilitationsphase I* (Heim): Reintegration in grössere Gemeinschaft, Realitätsanpassung, Berufsfindung und Vorbereitung.

*Rehabilitationsphase II* (Betreute Wohngruppe): Selbstversorgung, berufliche Entwicklung.

In der Untersuchung über ein Jahr Rehabilitation an 64 Jugendlichen mit schizophrenen Psychosen, die mit 30 Jugendlichen mit neurotischen und psychosomatischen Erkrankungen verglichen wurden, zeigte Martin den besonderen Stellenwert emotionaler Störungen für den Verlauf der Rehabilitation. Er fordert deshalb, dass neben den kognitiven Übungsverfahren und dem Kompetenztraining die Behandlung der Depressivität gleichrangige Wichtigkeit habe.

## Pharmakotherapie

In der Kinder- und Jugendpsychiatrie orientiert sich die medikamentöse Behandlung schizophrener Störungen primär an derjenigen des Erwachsenenalters. So wird bei den verwendeten Neuroleptika davon ausgegangen, dass die Wirkung in verschiedenen Altersgruppen im wesentlichen ähnlich sei. Da pharmakologische Wirkungen auf den kindlichen Organismus durch entwicklungsphysiologische und -psychologische Faktoren modifiziert werden, spielen diese bei der medikamentösen Behandlung von Kindern und Jugendlichen aber eine grosse Rolle. Sie manifestieren sich altersspezifisch in verschiedenen Bereichen wie der Pharmakokinetik und in Wirkungs- sowie Nebenwirkungsmustern von Medikamenten.

Wissenschaftliche Grundlagen zu speziellen Aspekten der Behandlung von Kindern und Jugendlichen mit Neuroleptika sind, auch im Vergleich zu denjenigen bei Erwachsenen, äusserst mager. Aus andern Bereichen der Psychopharmakologie ist bekannt, dass Extrapolationen von Erwachsenen auf Kinder bei einer kritischen empirischen Überprüfung klare Grenzen haben (vgl. Poustka 1988; Kaplan und Hussain 1995).

Kenntnisse zur Pharmakokinetik der Neuroleptika bei Kindern beruhen auf allgemeinen Überlegungen und wenigen einzelnen Untersuchungen. Campbell et al. konstatierten 1993 gar, dass, obwohl Antipsychotika bei Kindern nicht allzu selten eingesetzt würden, bisher keine systematischen Studien zur speziellen Pharmakokinetik der Neuroleptika bei Kindern durchgeführt worden seien.

Kontrollierte Doppelblindstudien zu Wirkungen und Nebenwirkungen von Neuroleptika-Behandlungen bei Kindern und Jugendlichen mit schizophrenen Erkrankungen finden sich in der Literatur nur sehr wenige (Engelhardt et al. 1973, Pool et al. 1976, Spencer et al. 1992). Einzelne Doppelblindstudien wurden bei andern Indikationen durchgeführt, wie bei Tic-Erkrankungen oder Verhaltensstörungen (z.B. Naruse et al. 1982). Die Behandlungsgrundlagen stützen sich hauptsächlich auf klinische Erfahrungen und offene Evaluationen, meist an sehr kleinen Stichproben. Dies mag auch damit zusammenhängen, dass schizophrene Psychosen bei Kindern äusserst selten anzutreffen sind (vgl. Remschmidt et al. 1994). Zudem werden reliable und valide Messinstrumente für die Psychopathologie im Kindes- und Jugendalter erst in jüngerer Zeit vermehrt entwickelt.

Aufgrund des derzeitigen Kenntnisstandes spielen vor allem die konventionellen Neuroleptika der Gruppen der Phenotiazine und Butyrophenone in der Behandlung von Kindern eine Rolle. 'Atypische' Neuroleptika der jüngeren Zeit wie Risperidon (vgl. z. B. Chouinard et al. 1993) mögen in Zukunft eine grössere Rolle spielen, auch und vielleicht vor allem in der Behandlung von Kindern und Jugendlichen, da ihre höhere Rezeptor-Spezifität zu weniger unerwünschten Nebenwirkungen führt. Ihr Einsatz bei Kindern sollte aber erst dann erwogen werden, wenn die Erfahrungsgrundlage bei Erwachsenen genügend gross ist.

Zu bemerken ist, dass die medikamentöse Therapie mit Neuroleptika bei schizophrenen Störungen im Kindes- und Jugendalter von den meisten Autoren als weniger wirksam und mit mehr unerwünschten Nebenwirkungen (v.a. des extrapyramidal motorischen Systems) als bei Erwachsenen geschildert werden. Zur Wirksamkeit schreiben Campbell et al. (1993), dass es allgemein akzeptiert sei, dass bis zu einem Drittel der kindlichen und jugendlichen schizophrenen Patienten auf keine psychoaktive Substanz ansprächen.

Um so mehr legt die magere wissenschaftliche Basis einen vorsichtigen Umgang mit dem Einsatz von Neuroleptika bei Kindern und Jugendlichen nahe.

## Zur Pharmakokinetik

Wie oben erwähnt, gibt es keine systematischen Untersuchungen zur Pharmakokinetik bei Kindern. Zudem bestehen auch bei Erwachsenen grosse individuelle Unterschiede bei der Aufnahme, Verteilung und Ausscheidung der verschiedenen Präparate (vgl. Campbell et al. 1993).

Da bei Kindern im Vergleich zu Erwachsenen grössere Verteilungsvolumina (Gesamtkörperwasser), eine geringere Plasmaprotein-Bindungsfähigkeit zu Arzneimitteln, eine schnellere hepatische Metabolisierung und eine erhöhte renale Durchblutung bekannt sind, betont Eggers (1984), dass bei Kindern Substanzen schneller zum Rezeptor gelangen und schneller abgebaut werden. Die Halbwertszeiten sind daher niedriger. So sind bei Haloperidol die Halbwertszeiten bei Kindern unter 12 Jahren 4mal kürzer als bei Erwachsenen. Hohe intra- und interindividuelle Streubreiten der Halbwertszeiten finden sich auch bei Kindern.

Sowohl an den prä- als auch an den postsynaptischen Rezeptoren kann sich unter Langzeittherapie mit Neuroleptika eine Überempfindlichkeit und ev. sogar quantitative Vermehrung der Bindungsstellen entwickeln, was sich klinisch in einer Exacerbation der psychotischen Symptomatik oder einer tardiven Dyskinesie manifestieren kann. Deshalb sollten die Dosierungen bei Absetzen der Medikation ausgeschlichen werden.

## Zur Anwendung von konventionellen Neuroleptika bei Kindern und Jugendlichen

Die Indikationen einer neuroleptischen Therapie bei Kindern und Jugendlichen sollte sehr sorgfältig und nach Möglichkeit mit fachärztlicher Kompetenz abgewogen werden. Therapieziel ist dabei neben einer Symptombeseitigung bzw. -milderung, die Ermöglichung und Förderung von Reifungs- und Entwicklungsprozessen. „Entsprechend „nil nocere“ muss ein ausgewogenes Verhältnis zwischen nützlicher Wirkung und schädlicher Nebenwirkung, d. h. eine *optimale Effizienz* hinsichtlich Auswahl, Dosierung und Applikation des Neuroleptikums angestrebt werden“ (Eggers, 1984).

Gerade bei Ersterkrankungen ist die Diagnose einer Schizophrenie bei Beginn sehr schwierig. Entwicklungskrisen, wie sie vor allem in der Adoleszenz häufig in Kombination von starken Affekten und Schlafentzug auch mit paranoid-halluzinatorischen Zuständen auftreten können, sind primär psychotherapeutisch und nicht medikamentös zu behandeln. Eine Medikation sollte nur dann in Betracht gezogen werden, wenn akute Erregungs- oder Panikzustände einer notfallmässigen Beruhigung bedürfen. Ähnliches gilt für die manchmal kurzfristig klinisch nur schwer abzugrenzenden veränderten Bewusstseinszustände, die unter dem Einfluss klassischer Halluzinogene wie LSD oder Meskalin auftreten können.

Auf der andern Seite beginnen gerade in der Adoleszenz auch häufig schwere, chronisch verlaufende Formen der Schizophrenien, bei denen der Bezug zu sich selbst und der Umwelt so beträchtlich verändert ist, dass fast jegliche Kommunikation unmöglich wird. Mit diesen Erkrankungen, unabhängig, ob sie vor allem durch Positiv- oder Minussymptomatik gekennzeichnet sind, geht auch eine hohe Suizidalität einher. Eine neuroleptische Behandlung ist in solchen Fällen auch indiziert, um weitere psychotherapeutische Massnahmen zu ermöglichen.

Keinesfalls sind Neuroleptika dort indiziert, wo exogene Faktoren wie Infekte oder Intoxikationen zu psychotischen Zustandsbildern geführt haben, da sie diese noch verstärken können.

Aus somatischen Gründen ist besondere Vorsicht anzuraten bei

- schweren Herz- und Kreislauferkrankungen
- bei Blutkrankheiten (Leukämie, Anämie) und Patienten, die auf Arzneimittel mit hämatologischen Schädigungen reagieren (da Neuroleptika auch bei gesunden Kindern und Jugendlichen transitorische Leukopenien oder Leukocytosen verursachen können)
- beim Vorliegen von Leber- und Nierenparenchymschäden
- bei cerebralen Anfallsleiden oder Neigung zu epileptischen Krampfanfällen, da die meisten Neuroleptika die Krampf-Reizschwelle erniedrigen.

Bei der Behandlung schizophrener Psychosen des Kindes- und des Erwachsenenalters sollten intraindividuelle und alterspezifische sowie familiendynamische Aspekte berücksichtigt werden. So ist auch bei der Medikation ein therapeutisches Bündnis mit den Eltern eine Voraussetzung der Behandlung. Das bedeutet, dass die Eltern über die Erkrankung informiert sein sollten und die Medikation im Rahmen eines Gesamtbehandlungsplans von ihnen unterstützt werden kann. Jugendliche befürchten manchmal, dass das Medikament nur dazu diene, sie 'kampfunfähig', d. h. angepasst zu machen. Ihre Compliance wird stark davon beeinflusst, wie weit sie sich ernst genommen fühlen, auch hinsichtlich ihrer Beschwerden über Nebenwirkungen der Medikation. In diesem Zusammenhang kann eine einschleichende Medikation sinnvoll sein, um dramatische Nebenwirkungen zu vermeiden.

## Unerwünschte Nebenwirkungen

Psychische und sogenannt paradoxe Reaktionen wie erhöhte Reizbarkeit, Erregbarkeit und Wahrnehmungsstörungen sowie euphorische oder depressive Verstimmungen, Aggressivität oder Apathie tauchen bei Kindern häufiger schon vor extrapyramidalen Nebenwirkungen auf. Dies kann sich auch in der Verschlechterung bestehender Verhaltensprobleme zeigen. Die Symptome verschwinden meist nach Dosisreduktion. Toxische Überdosierungen können zu deliranten Zuständen führen, die mit Orientierungsstörungen und erhöhter Suggestibilität, v.a. im visuellen Bereich, einhergehen.

*Vegetative Symptome* finden sich auch bei Kindern: Alpha-adrenolytische Effekte wie orthostatische Hypotonie, Tachykardie, Schwindel, Benommenheit, Übelkeit bis zum Erbrechen und anticholinerge Symptome wie Mundtrockenheit, Sehstörungen, Harnretention, Konstipation. Die häufigsten Klagen bei neuroleptisch behandelten Kindern sind Mundtrockenheit und Bauchschmerzen.

*Gewichtszunahme* findet sich üblicherweise bei allen Langzeitbehandlungen und kann zur Noncompliance führen. Unter Depot-Neuroleptika fand Cookson (1988), dass nach 12 bis 18 Monaten ein Drittel der Patienten stark übergewichtig sei (im Vergleich zu 5% der USA-Bevölkerung).

*Kardiovaskuläre Störungen und allergische Hautveränderungen (auch Photosensitivität)* sind bei Kindern eher seltener als bei Erwachsenen.

Da der *Hormonhaushalt* durch die Medikation verändert wird, kann bei Mädchen die Menarche später eintreten bzw. die Menstruation ausbleiben. Bei Jungen können Ejakulationsschwierigkeiten, vor allem in der Pubertät, den wegen der Erkrankung eh schon gestörten Bezug zum eigenen Körper noch verstärken.

*Extrapyramidalmotorische Störungen* (EPS) treten vor allem bei Jugendlichen häufiger auf als bei Erwachsenen. Dies zeigen auch die Untersuchungen von Keepers et al. (1983), der während der ersten drei Wochen bei Neuroleptika-Behandlungen mit hohen Dosierungen (> 500 mg Chlorpromazinäquivalent, vgl. Dietmaier und Laux 1992) die in Abb. 2 dargestellten Häufigkeiten von EPS fand.

Die dargestellten Häufigkeiten von EPS zeigen sich vor allem im häufigeren Auftreten von Dystonien und Parkinsonismus bei den jüngeren Altersgruppen. Alle Formen der EPS, auch die Akathisien, sind mit einer Anticholinergika-Prophylaxe bei jüngeren Patienten stark zu beeinflussen.

*Frühdyskinesien (Dystonien)* treten in der Regel innerhalb von 72 Stunden nach Behandlungsbeginn auf, unabhängig von der absoluten Dosishöhe jedoch in Relation zu der Geschwindigkeit der Dosissteigerung und der Substanz. Dazu zählen paroxysmale dystone Muskelverkrampfun-

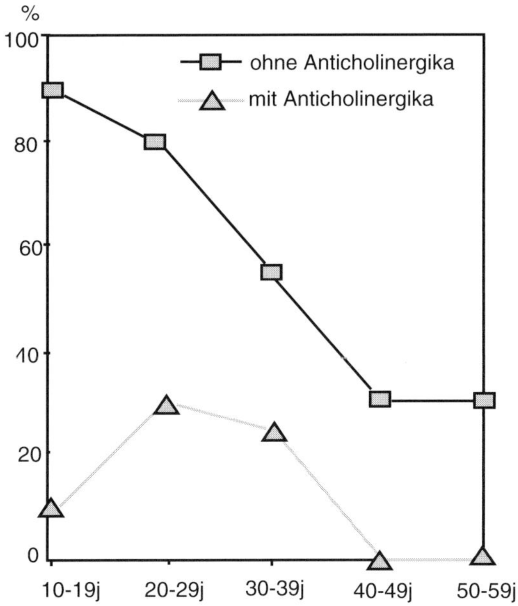


**Abb. 2** Altersabhängigkeit extrapyramidaler Symptome (EPS) (mit/ohne Anticholinergika-Prophylaxe (nach Keepers et al., 1983)

gen, vorzugsweise im Kopf- oder Schulterbereich (z. B. Torticollis, Zungen-, Schlund- und Schluckkrämpfe (Erstickungsgefahr), Blickkrämpfe, Hyperkinesien, torsionsdystone Bewegungen, tonische Verkrampfungen der mimischen Muskulatur (Grimassieren)). Solche Bewegungsstörungen können nicht nur für die Umgebung beängstigend sein, sondern sie können auch über das Erleben der Patienten psychotisches Geschehen verstärken.

Je nach Dramatik sollte beim Auftreten dystoner Symptome Biperidin (Akineton®) oral, i.m. oder i.v. verabreicht werden (langsame und vorsichtige Injektion, da halluzinatorisch-delirante Erscheinungen auftreten können). Eggers (1984) empfiehlt eine Dosierung von 0,04 mg/kg KG oder 1,2mg/m$^2$ Körperoberfläche.

Die *Akathisie*, eine quälende innere Unruhe und Rastlosigkeit, zeigt sich meist in einem ständigen Bewegungsdrang. Antiparkinsonmittel helfen selten. Propanolol (0,3–1,2 mg/kg/die) oder Benzodiazepine mögen wirksamer sein. Bei Nichtansprechen ist eine Dosisreduktion bzw. ein Präparatewechsel nicht zu vermeiden.

*Parkinsonoid oder Parkinsonismus* (Tremor, Rigor, Bradykinesie, Amimie, Salbengesicht, Hypersalivation) ist bei entsprechender Disposition sowohl substanz- als auch dosisabhängig. Bei Kindern sind diese EPS in der Regel milder ausgeprägt als bei Erwachsenen. Sie lassen sich durch orale Antiparkinsonmittel meist gut beeinflussen.

Echte *tardive Dyskinesien* (T.D., Spätdyskinesien) sind bei bei Kindern sehr selten. Die Symptome treten meist nach längerdauernden hochdosierten Neuroleptikatherapien auf und bleiben nach Absetzen der Medikation bestehen. Sie können irreversibel und resistent gegen die Behandlung mit Antiparkinsonmitteln sein.

Dyskinetische Syndrome, die einer T.D. ähneln, kommen nach abrupter Dosisreduktion oder bei Absetzen der Medikation, manchmal schon nach kurzer Behandlungsdauer, bei Kindern recht häufig vor (Berichte bis zu 50%, meist innerhalb von 14 Tagen auftretend). In der Regel verschwinden sie innerhalb von drei bis zwölf Monaten spontan und werden als Entzugssyndrom (WES, 'Withdrawal Emergent Syndrome') interpretiert. Etwa die Hälfte der Kinder, die EPS in der Frühphase der Behandlung entwikkeln, zeigen WES.

Echte T.D. betreffen meist auch den oro-fazialen Bereich, WES häufiger Rumpf und Extremitäten.

*Vergiftungen* mit hohen Überdosen sind wegen drohendem Kreislaufversagen und Atemstillstand lebensgefährlich. Aufgrund der anticholinerg verzögerten Resorption sind Magenspülung und anschliessende Gabe von Aktivkohle und einem Laxantium indiziert. Als Antidot gegen anticholinerge Symptome (wie Sinustachykardie) eignet sich Physiostigmin. Die Einzeldosis liegt beim Kind bei ca. 0,5 mg i.m. oder langsam i.v., beim Jugendlichen bis zu 2 mg, gegebenenfalls Wiederholung in Abständen von 10 Minuten.

## Dosierungen konventioneller Neuroleptika

Die Dosierungsempfehlungen verschiedener Autoren schwanken erheblich. Generell empfiehlt Eggers (1984) wegen der schnelleren Verfügbarkeit der Substanzen und den geringeren Halbwertszeiten bei Kindern niedrigere und häufigere Dosierungen als bei Erwachsenen.

In der folgenden tabellarischen Übersicht werden diejenigen Substanzen mit Dosierungsempfehlungen für Kinder und Jugendliche bis 16 Jahre aufgeführt, für die sich im Arzneimittelkompendium der Schweiz (Morant und Ruppanner 1995) Angaben finden. Die Grössenordnungen sind ähnlich wie die Richtwerte, die Eggers emp-

**Tabelle 4** Dosierungsempfehlungen (Richtwerte) für konventionelle Neuroleptika bei Kindern und Jugendlichen bis 16 Jahre

| Substanz<br>Handelsname | Dosierungsempfehlungen Arzneimittelkompendium CH 1995 | | Initialdosierung nach Eggers, 1964 |
|---|---|---|---|
| | 6–12jährig | 12–15jährig | mg/kg KG |
| **Butyrophenone** | | | |
| Pipamperon | | | |
| Dipiperon | 5–10 mg/LJ | bis 120 mg | 0,5–1,0 |
| Haloperidol | | | |
| Haldol | 0,8–2,5 mg/kg KG | 0,8–2,5 mg/kg KG | 0,025–0,05 |
| Sigaperidol | 0,8–2,5 mg/kg KG | 0,8–2,5 mg/kg KG | |
| Fluanisonum | | | |
| Sedalande | 4,5 mg | 4,5 mg | keine Angaben |
| **Phenothiazine** | | | |
| Chlorpromazin | | | |
| Largactil | 25–75 mg | 25–75 mg | 1,5–3,0 |
| Thioridazin | | | |
| Chlorazin | 24–36 mg | 24–36 mg | |
| Melleril | 1–4 mg/kg KG | 1–4 mg/kg KG | 1,0–3,0 |
| Periciazin | | | |
| Neuleptil | 1 mg/LJ | 1 mg/LJ | 1,0–2,0 |
| Levopromazin | | | |
| Nozinan | 0,1–0,2 mg/kg KG | 0,1–0,2 mg/kg KG | |
| Chlorprothixen | (Eggers: 2–4 mg/kg KG) | (2–4 mg/kg KG) | 0,5–2,0 |
| Taractan | 0,5–2 mg/kg KG | 0,5–2 mg/kg KG | 0,5–1,0 |
| Promazine | | | |
| Prazine | nicht abgeben | 10–25 mg, 4–6 mal/die | keine Angaben |
| **Benzamide** | | | |
| Sulpirid | | | |
| Dogmatil | 5–10 mg/kg KG | 5–10 mg/kg KG | 1,0–2,0 |

fiehlt. Bei älteren Jugendlichen können die Dosierungsangaben von Erwachsenen verwendet werden (Tabelle 4).

Die in der obigen Tabelle aufgeführten Dosierungsbereiche können nur als Richtwerte gelten. Starre Dosierungsschematas sind nicht angebracht. Bei der Dosierung sind individuelle Unterschiede wie

- Alter, Grösse, Gewicht und Körperoberfläche
- humoraler und sexueller Reifestatus
- individuelle Reaktionsweise und Drogentoleranz

mit zu berücksichtigen.

Eggers empfiehlt, dass die Medikation grundsätzlich einschleichend, in nicht allzu kleinen Dosissprüngen bis Eintritt eines Wirkungsoptimums erfolgen sollte (Initialdosierungen finden sich in der obigen Tabelle).

Falls Patienten nicht genügend auf die Medikation ansprechen bzw. intolerable Nebenwirkungen zeigen, ist ein Präparatewechsel ratsam.

In akuten Stadien (v.a. krisenhaft-malignen Erregungszuständen oder Stupor bzw. Katatonie) ist i.m.- oder i.v.- Applikation angezeigt.

## Zur Anwendung von Clozapin bei Jugendlichen

In jüngerer Zeit wird Clozapin auch in der Jugendpsychiatrie vermehrt verwendet, da dieses 'atypische' Neuroleptikum üblicherweise nicht mit Störungen des extrapyramidal motorischen Systems einhergeht. Vor allem in Deutschland wurden in den letzten Jahren mehrere offene

Studien mit Clozapin bei schizophrenen Jugendlichen durchgeführt (Siefen und Remschmidt 1986, Schmidt et al. 1990, Birmaher et al. 1992, Remschmidt et al. 1992, Schulz et al. 1994). Bei allen wurden jugendliche Patientinnen und Patienten mit Clozapin behandelt, welche während mehrerer Wochen auf die Therapie mit konventionellen Neuroleptika nicht ansprachen bzw. sehr starke unerwünschte Nebenwirkungen zeigten. Bei etwa 60% dieser Patienten wird über einen Behandlungserfolg im Sinne einer relevanten Verminderung der schizophrenen Symptomatik berichtet, wobei Nebenwirkungen wie orthostatische Beschwerden mit Hypotonie, leichte Tachykardie, leichte Hyperthermie, Erniedrigung der epileptischen Krampfschwelle, Beeinflussung der Blutbildung usw. wie bei Erwachsenen zu beobachten waren. Besonders störend erwies sich in vielen Fällen die Hypersalivation.

Die Konsensuskonferenz (1995) über Clozapin der deutschen Kinder- und Jugendpsychiater gibt folgende Empfehlungen für die Behandlung schizophrener Jugendlicher:

- Eine Ersttherapie mit Clozapin sollte nur stationär erfolgen.
- Clozapin sollte nur eingesetzt werden, wenn zuvor mindestens ein konventionelles Neuroleptikum ausreichend hoch und über mindestens 4 bis 6 Wochen verabreicht wurde, ohne dass eine ausreichend therapeutische Wirkung erzielt worden ist (Ausnahme: Untolerable Nebenwirkungen).
- Der Einsatz bei Risikopatienten (z. B. Anfallsleiden) sollte sorgfältig abgewogen werden.
- Die Dosierung ist ähnlich wie bei Erwachsenen (50–800 mg/die), wobei die Umstellung während einiger Tage überlappend (Ausschleichen des konventionellen Neuroleptikums wegen Absatzproblematik, Einschleichen von Clozapin wegen möglicher kardiovaskulärer Nebenwirkungen; Anfangsdosis 12,5 mg) erfolgen sollte.
- Prinzipiell ist eine Monotherapie anzustreben.

Wegen der gegenüber konventionellen Neuroleptika erhöhten Gefahr der Beeinträchtigung der Hämatopoese, muss das Blutbild wie bei Erwachsenen während der ersten 1 bis 3 Monate wöchentlich, später monatlich kontrolliert werden (Leuko- bzw. Neutropenien sind bei ca. 10% der Patienten zu erwarten; bei Absetzen der Substanz reversibel).

Da EEG-Veränderungen bei 30 bis 50% der behandelten jugendlichen Patienten beobachtet werden konnten (Remschmidt et al. 1992), werden in Deutschland bei Jugendlichen EEG-Untersuchungen in ähnlichem Zeitraster empfohlen (bei Krampfanfällen wird, wie bei Erwachsenen, Valproinsäure empfohlen).

## Ausblick

Wie im vorliegenden Kapitel mehrfach erwähnt, stützen sich sowohl die diagnostischen als auch die therapeutischen Methoden für Schizophrenien bei Kindern und Jugendlichen kaum auf eigenständige wissenschaftliche Grundlagen, sondern auf solche, die bei Erwachsenen erarbeitet wurden. Dies hängt damit zusammen, dass empirisch-wissenschaftliche Untersuchungen komplexer und aufwendiger sind als bei Erwachsenen, da psychopathologische Syndrome und Behandlungsverläufe sowohl von körperlichen als auch seelischen Entwicklungs- und Reifungsprozessen abhängen. Für die Zukunft ist aber zu fordern, dass sich auch die Behandlung von schizophrenen Kindern und Jugendlichen auf wissenschaftliche Grundlagen stützen kann, wie sie heute für die Therapien bei Erwachsenen selbstverständlich sind.

Angesichts der mangelhaften wissenschaftlichen Grundlagen, hat man sich derzeit in der Behandlung vorwiegend auf klinische Erfahrungen zu stützen.

Die Behandlung schizophrener Kinder ist rein zahlenmässig ein untergeordnetes Problem. In der Regel dürften diese Kinder in den Industriestaaten in einem adäquaten Kontext behandelt werden. Anders sieht die Situation bei psychotischen Zustandsbildern in der Pubertät und Adoleszenz aus. Den Bedürfnissen dieses Altersbereichs wird in den psychiatrischen Kliniken für Erwachsene mangelhaft Rechnung getragen. Unseres Erachtens drängen sich hier eigene adoleszentenpsychiatrische Institutionen auf. Wesentlich ist bei deren Aufbau, dass die Erfahrungen und der Kenntnisstand der Erwachsenenpsychiatrie und der Kinder- und Jugendpsychiatrie in die Behandlung der Adoleszenten einfliessen.

## Literatur

Andreae, A.: Forschungsbericht DIAD. Differentielle klinische Diagnostik adoleszentärer Dissozialistion. Bericht an den Schweizerischen National-Fonds, Gesuchsnummer 32-9249.87, Winterthur 1994

Benedetti, G., M. Peciccia: New Insights in the Psychotherapy of Adolescent Schizophrenics. In: C. Eggers (ed.) Schizophrenia and youth. Etiology and Therapeutic Consequences. Springer, Berlin 1991

Birmaher, B., R. Baker, S. Kapur, H. Quintana, R. Ganguli: Clozapine for the treatment of adolescents with schizophrenia. J. Amer. Acad. Child. Adolesc. Psychiat. 31 (1992) 160

Campbell, M., N.M. Gonzalez, M. Ernst, R.R. Silva, J.S. Werry: Antipsychotics (Neuroleptics). In: J.S. Werry, M.G. Aman (eds.) Practitioner's Guide to Psychoactive Drugs for Children and Adolescents. Plenum, New York 1993

Chouinard, G., B. Jones, G. Remingston, D. Bloom, D. Addington, G.W. MaxEvan, A. Labelle, L. Bauclair, W. Arnott: A canadian multicenter placebo-controlled study of fixed doses of Risperidone and Haloperidol in the treatment of chronic schizophrenia. J. Clin. Psychopharmacol. 13 (1993) 25

Cookson, J.C.: Depot Butyrophenones – good or better? Weight gain in patients on long term antipsychotic medication. In: T.R.E. Barnes (ed.) Depot neuroleptics: a consensus. Mediscript, London 1988

Dietmaier, O., G. Laux: Übersichtstabellen. In: P. Riederer, G. Laux, W. Pöldinger (Hrsg.) Neuro-Psychopharmaka. Band 4. Springer, Wien 1992

Eggers, C.: Verlaufsweisen kindlicher und präpuberaler Schizophrenien. Springer, Berlin 1973

Eggers, C.: Kap. 2.1 Einleitung; 2.2 Wirkungsgrundlagen der Psychopharmaka; 3.5 Neuroleptika; 4.18 Schizophrene Psychosen. In: G. Nissen, C. Eggers, J. Martinius (Hrsg.) Kinder- und Jugendpsychiatrische Pharmakotherapie. Springer, Berlin 1984

Engelhardt, D.M., P. Polizos, J. Walzer, S.P. Hoffman: A double-blind comparison of Fluphenazine and Haloperidol in outpatient schizophrenic children. J. Autism Childhood Schizophr. 3 (1973) 128

Frith, U.: Autism and Asperger Syndrome. Cambridge University Press, Cambridge 1991

Kaplan, C.A., S. Hussain: Use of drugs in child and adolescent psychiatry. Br. J. Psychiat. 166 (1995) 291

Keepers, G.A., V.J. Clappison, D.E. Casey: Initial anticholinergic prophylaxis for acute neuroleptic induced extrapyramidal syndromes. Arch. Gen. Psychiat. 40 (1983) 1113

Kienzle, N.: Kognitive Verhaltenstherapie bei schizophrenen Jugendlichen. In: J. Martinius (Hrsg.) Schizophrene Psychosen in der Adoleszenz. Quintessenz, Berlin 1994

Kienzle, N., H. Braun-Scharm: Schizophrene Psychosen. In: H.C.H. Steinhausen, M. von Aster (Hrsg.) Handbuch Verhaltenstherapie und Verhaltensmedizin bei Kindern und Jugendlichen. Beltz, Basel 1993

Konsensuskonferenz vom 4.März 1994 Kinder- und Jugendpsychiatrie: Zur Behandlung Schizophrener Psychosen des Kindes- und Jugendalters mit Clozapin (Leponex). Z. Kinder- und Jugendpsychiat. 22 (1994) 322

Lempp, R.: Psychosen im Kindes- und Jugendalter – eine Realitätsbezugsstörung. Huber, Bern 1973

Martin, M.: Verlauf der Schizophrenie im Jugendalter unter Rehabilitationsbedingungen. Enke, Stuttgart 1991

McKenna, K., C.T. Gordon, M. Lenane, D. Kaysen, K. Fahey, J.L. Rapoport: Looking for childhood-onset schizophrenia: The first 71 cases screened. J. Amer. Acad. Child. Adolesc. Psychiat. 33 (1994) 636

Morant, J., H. Ruppanner (Hrsg.): Arzneimittelkompendium der Schweiz. Documed, Basel 1995

Naruse, H., M. Nagahata, Y. Nakane, K. Shirahashi, M. Takesada, K. Yamazaki: A multicenter double-blind trial of pimozide (Orap), Haloperidol and placebo in children with behavioral disorders, using crossover design. Acta Paedopsychiat. 48 (1982) 173

Pool, D., W. Bloom, D.H. Mielke, J.J. Roniger, D.M. Gallant: A controlled evaluation of loxitane in seventy-five adolescent schizophrenic patients. Curr. Ther. Res. 19 (1976) 99

Poustka, F.: Pharmakologische Studien im Kindes- und Jugendalter. Ethische und rechtliche Voraussetzungen, methodische Probleme. In: G. Nissen (ed.) Allgemeine Therapie psychischer Erkrankungen im Kindes- und Jugendalter. Huber, Bern 1988

Remschmidt, H., E. Schulz, M. Martin: Die Behandlung schizophrener Psychosen in der Adoleszenz mit Clozapin (Leponex). In: D. Naber, F. Müller-Spahn (Hrsg.) Clozapin – Pharmakologie und Klinik eines atypischen Neuroleptikums. Schattauer, Stuttgart 1992

Remschmidt, H., E. Schulz, M. Martin, C. Fleischhaker: Frühmanifestation schizophrener Psychosen. Z. Kinder- und Jugendpsychiat. 22 (1994) 239

Resch, F.: Therapie der Adoleszentenpsychosen. Psychopathologische, psychobiologische und entwicklungspsychologische Aspekte aus therapeutischer Sicht. Enke, Stuttgart 1992

Rund, B.R., L. Moe, T. Sollien, A. Fjell, T. Borchgrevink, M. Hallert, P.O. Naess: The psychosis project: outcome and cost-effectiveness of a psychoeducational treatment programme for schizophrenic adolescents. Acta Psychiat. Scand. 89 (1994) 211

Schmidt, M.H., G.E. Trott, B. Blanz, G. Nissen: Clozapine medication in adolescents. In: C.N. Stefanis, A.D. Rabavi, C.R. Soldatos (eds.) Psychiatry: a world perspective. Vol. 1. Excerpta Medica, Amsterdam 1990

Schulz, E., H. Remschmidt, C. Fleischhacker: Der Einfluss von Clozapin auf die biogenen Amine im Rahmen der medikamentösen Behandlung von schizophrenen Psychosen des Jugendalters. Z. Kinder- und Jugendpsychiat. 22 (1994) 285

Siefen, G., H. Remschmidt: Behandlungsergebnisse mit Clozapin bei schizophrenen Jugendlichen. Z. Kinder- und Jugendpsychiat. 14 (1986) 245

Spencer, E.K., V. Kanfaris, M.V. Padron-Gayol, C.R. Rosenberg, M. Campbell: Haloperidol in schizophrenic children: early findings from a study in progress. Psychopharmacol. Bull. 28 (1992) 183

Werry, J.S.: Child and adolescent (early onset) schizophrenia: a review in light of DSM-III-R. J. Autism Developm. Disord. 22 (1992) 601

Werry, J.S., E. Taylor: Schizophrenic and allied disorders. In: M. Rutter, E. Taylor, L. Hersov (eds.) Child and adolescent psychiatry. Modern approaches. Blackwell Scientific Publications, London 1994

# 17 Doppeldiagnosepatienten (Schizophrenie und Sucht)

K.M. Bachmann, F. Moggi, R. Wittig, R. Donati, J. Brodbeck, H.P. Hirsbrunner, H.D. Brenner

## Geschichtliches: Von der diagnostischen Randerscheinung zum therapeutischen Problem

Bereits 1911 nimmt Eugen Bleuler in seiner Abhandlung „Dementia praecox oder Gruppe der Schizophrenien“ Bezug auf das Zusammentreffen von Schizophrenie und Alkoholismus: „*Der haltlose Schizophrene wird leicht Trinker. Wohl 10% unserer Alkoholiker sind zugleich Schizophrene* (p. 219)“. Im Zusammentreffen von Schizophrenie und Alkoholismus sieht er einen derart engen Zusammenhang, dass es ihm gerechtfertigt erscheint, den „*Alkoholismus wohl als Symptom der Schizophrenie aufzufassen. Dass die letztere erst nachträglich bei einem Alkoholiker aufgetreten wäre, habe ich noch nicht gesehen* (eda.)“. So steckt Bleuler in seinen Ausführungen bereits diagnostische und ätiologische Problembereiche ab, die ihre Gültigkeit bis heute behalten haben: „*Unklar ist noch das Verhältnis der Schizophrenie zu den verschiedenen paranoiden Formen des Alkoholismus, verlaufen sie akut oder chronisch. Die beiden häufigsten Psychosen, der Alkoholismus und die Schizophrenie, haben natürlich eine Menge äusserer Berührungspunkte.* (...) *Die Schizophrenie disponiert aber auch zum Delirium tremens selbst* (p. 229)“. Aktuell erscheint Bleuler auch mit dem warnenden Hinweis, dass sich die Symptomatik der beiden Erkrankungen in der Praxis häufig vermischt: „*Der chronische Alkoholismus wird in praxi noch sehr oft mit Schizophrenie verwechselt, insofern als bei einem schizophrenen Säufer nur das Trinken und nicht die Grundkrankheit Beachtung findet.* (...) *Ist ein Alkoholismus auf der Basis der Schizophrenie entstanden, so mischen sich die Symptome beider Krankheiten* (p. 259)“.

Vier Jahrzehnte vergingen, bis erneut Benedetti (1952) auf die enge Verflechtung der Krankheitsbilder „Alkoholhalluzinose“ und „schizophrene Psychose“ hinwies. Ausgehend von der Alkoholabhängigkeit untersuchte er den Verlauf von Alkoholhalluzinosen und beobachtete dabei chronische Verläufe, die in eine chronische Psychose paranoid-halluzinatorischer Art übergingen.

Weder die Beobachtungen Bleuler's noch diejenigen Benedetti's wurden in der Forschung weiter verfolgt. Die Problematik der Doppeldiagnose geriet zur differentialdiagnostischen Randerscheinung ohne praktisch-therapeutische Bedeutung. Ausschlaggebend für die „Wiederentdeckung“ der Problematik in neuerer Zeit war der anwachsende therapeutische Handlungsdruck: Mit Verbesserungen der Therapie sowohl schwerer psychischer Störungen als auch stofflicher Abhängigkeiten einerseits und der Ausbreitung illegaler Drogen (Heroin, Kokain, Cannabis etc.) andererseits gelangte in den sechziger und siebziger Jahren eine Gruppe von Patienten zunehmend ins Zentrum des Interesses praktisch tätiger Psychiater: Patienten, die neben einer schweren psychischen Störung eine stoffliche Abhängigkeit aufwiesen und die sich als weitgehend therapieresistent erwiesen. Erst in den achtziger Jahren setzte eine Forschungstätigkeit auf dem Gebiet solcher Doppeldiagnosen ein, die sich zunächst auf epidemiologische Fragen konzentrierte.

## Ätiologische Modelle

Der Zusammenhang zwischen einer schizophrenen Erkrankung und substanzgebundenem Suchtverhalten ist bis heute nicht ausreichend geklärt, sondern Gegenstand zahlreicher hypothetischer Modellvorstellungen. Derzeit werden im wesentlichen sechs verschiedene Modelle in Uebersichtsarbeiten theoretisch diskutiert (Krausz 1992, Modestin und Attinger 1992, Bachmann und Moggi 1993), auf die im folgenden eingegangen wird (Tabelle 1):

**Tabelle 1** Modelle zur Aetiologie der Doppeldiagnose „Schizophrenie und stoffliche Abhängigkeit"

| |
|---|
| 1. Es liegen zwei unabhängige Krankheiten vor, die zufälligerweise beim gleichen Patienten auftreten |
| 2. Die Substanzabhängigkeit löst eine Psychose aus dem schizophrenen Formenkreis aus |
| 3. Die schizophrene Psychose erhöht das Risiko, an einer stofflichen Abhängigkeit zu erkranken |
| 4. Die stoffliche Abhängigkeit ist ein Selbstheilungsversuch bei vorliegender Schizophrenie |
| 5. Schizophrenie und stoffliche Abhängigkeit beeinflussen sich gegenseitig im Sinne einer positiven Mitkopplung |
| 6. Ein gemeinsamer Faktor prädestiniert sowohl zur Schizophrenie als auch zur stofflichen Abhängigkeit |

1. Ein erstes Modell geht davon aus, dass Schizophrenie und substanzgebundenes Suchtverhalten beim selben Patienten unabhängig voneinander auftreten. Epidemiologische Untersuchungen über Doppeldiagnosepatienten lassen jedoch einen überzufälligen Zusammenhang als wahrscheinlich erscheinen. So zeigen z. B. Dixon et al. (1992), dass 48% der untersuchten, vorwiegend schizophrenen Psychiatriepatienten illegale Drogen konsumieren, während die entsprechende Prozentzahl in der Allgemeinbevölkerung 16% beträgt. Neuere epidemiologische Untersuchungen (Boyd et al. 1984, Regier et al. 1990, Soyka et al. 1992, Krausz et al. 1992) bestätigen weitgehend, was bereits Bleuler (1911) ausgeführt hat: das klinische Bild der Doppeldiagnoseerkrankung lässt einen engen Zusammenhang zwischen den beiden Erkrankungen vermuten.
2. Nach einem weiteren Modell können psychotrope Substanzen psychoseähnliche Bilder auslösen. Dabei ist an die von Benedetti (1952) in diesem Zusammenhang genannte chronische Alkoholhalluzinose, aber auch an die Wirkung von LSD oder Kokain zu denken (Täschner 1992). LSD löst nicht nur passagere psychoseähnliche Bilder aus, sondern kann auch zu langanhaltenden psychotischen Störungen führen. Dieses Modell wird im übrigen nicht nur für Psychosen, sondern auch für Persönlichkeitsstörungen diskutiert. So zeigt Dulit (1990), dass ein langjähriger Substanzmissbrauch zu einer Psychopathologie führen kann, die nach DSM-III-R Kriterien nicht von einer Borderline-Persönlichkeitsstörung zu unterscheiden ist. Dieses Modell gewinnt vor allem durch die Tatsache an Bedeutung, dass Substanzmissbrauch akute wie lang andauernde psychotische Zustände auslösen kann. Dies scheint dann evident, wenn die schizophrene Symptomatik in engem zeitlichem Zusammenhang mit der Substanzeinnahme auftritt oder wenn nach lange dauerndem Substanzmissbrauch allmählich ein psychoseähnliches Bild entsteht. Davon sind die sogenannten „flashbacks" zu unterscheiden, wie sie etwa nach LSD-Einnahme auftreten. „flashbacks" sind kurzdauernd und erfüllen selten vollständig die diagnostischen Kriterien einer schizophrenen Psychose. Das Modell findet dort keine klinische Unterstützung, wo nach lange dauernder Abstinenz eine Schizophrenie auftritt, oder wenn die schizophrene Psychose bereits vor der Substanzeinnahme manifest geworden ist.
3. Als Grundlage eines weiteren Modells für den Zusammenhang zwischen Psychose und stofflicher Abhängigkeit bietet sich die Annahme an, dass die Psychose das Risiko für eine stoffliche Abhängigkeit erhöht. Dies lässt sich aus sozialer und individueller Perspektive betrachten: Im Verlauf einer schizophrenen Erkrankung kommt es häufig zur Verfestigung von Negativsymptomen sowie zur Entwicklung schwerwiegender sozialer Probleme, die den Anschluss an soziale Randgruppen begünstigen. Es ist zu prüfen, ob sozial und kognitiv eingeschränkte Personen im Drogenmilieu soziale Strukturen vorfinden, die zu ihrer speziellen Psychopathologie passen, ihnen die soziale Orientierung erleichtern und sie emotional weniger fordern. Aus individueller Perspektive kann auch angenommen werden, dass der Suchtmittelgebrauch bei Schizophrenen als kompensatorisches oder palliatives Verhaltensmuster zu verstehen ist. Diese Hypothese wird im folgenden Abschnitt näher ausgeführt und diskutiert.
4. In neuerer Zeit wird die Frage aufgeworfen, inwieweit der Stoffmittelgebrauch als Bewältigungsverhalten oder gar als Selbstheilungsversuch bei einer ausgebrochenen schizophrenen Erkrankung angesehen werden kann. Dieser funktionale Zusammenhang ist bei Patienten mit leichten und mittelschweren Depressionen bekannt, die in Befragungen angeben, sich z. B. mit Alkohol kurz- oder mittelfristig selber therapieren zu versuchen. Noordsy et al. (1991) zeigten, dass Patienten, die an einer

Schizophrenie sowie an einem Alkoholmissbrauch bzw. an einer Alkoholabhängigkeit litten, signifikant häufiger positive Wirkungen von Alkohol berichten als nicht-schizophrene Patienten mit Alkoholmissbrauch bzw. einer Alkoholabhängigkeit. Die schizophrenen Patienten empfanden den Alkohol im Bereich psychotischer Symptome ebenso wie im Bereich nicht-psychotischer Beschwerden wirksam zur Herstellung positiver Veränderungen ihres subjektiven Erlebens. Die Reaktionen auf Alkohol wurden von den Autoren als sehr heterogen bezeichnet, so dass keine typischen Wirkungsmuster beschrieben werden können (Noordsy et al. 1991). Schneier (1987) wies darauf hin, dass schizophrene Patienten stimulierende Substanzen einnehmen, um ihre Negativsymptome und/oder die Nebenwirkungen der verordneten Neuroleptika zu beeinflussen.

Der Suchtmittelgebrauch als Bewältigungsstrategie oder als Selbstheilungsversuch einer bestehenden schizophrenen Psychose kann bei länger dauerndem Gebrauch und bei entsprechender Vulnerabilität über den schädlichen Gebrauch in eine funktional autonome Stoffabhängigkeit übergehen. Aus einem initialen Bewältigungs- und Selbstheilungsversuch mit subjektiv entlastender Wirkung werden zwei Krankheiten, nämlich die schizophrene Psychose und substanzgebundenes Suchtverhalten.

5. Interaktionsmodelle beschreiben Hypothesen, wonach sich schizophrene Psychose und stoffliche Abhängigkeit gegenseitig beeinflussen bzw. wonach einzelne Krankheitsfaktoren interagieren und sich langzeitlich gegenseitig verändern (McLellan 1985, Zeiler 1992, Schwoon 1992). Diese gegenseitige Beeinflussung erfolgt nach dem heutigen Wissensstand in den allermeisten Fällen in einem sich wechselseitig verstärkenden Feedback (circulus vitiosus) mit langfristig negativer Wirkung.
6. Als letztes Modell eines ätiologischen Zusammenhanges zwischen Psychose und stofflicher Abhängigkeit ist ein gemeinsamer Faktor denkbar, der zu beiden Krankheiten prädisponiert (Modestin und Attinger 1992). Verwandtschaftsuntersuchungen und Zwillingsstudien zeigen sowohl bei Schizophrenen als auch bei Alkoholabhängigen, dass heriditäre Faktoren bei der Entstehung dieser Krankheiten eine Rolle spielen. Zu dieser Hypothese gibt es bis heute keine empirischen Untersuchungen bei Patienten mit Doppeldiagnosen.

Immerhin gibt es zwei weitere Ansatzpunkte, die auf einen gemeinsamen ätiologischen Faktor bei Doppeldiagnoseerkrankungen hinweisen könnten: So sprechen z. B. psychoanalytische Theorien sowohl bei Alkoholabhängigen (Rost 1987) als auch bei Patienten mit einer schizophrenen Psychose (Hartmann 1972) von einem Defekt in der Ichstruktur, der als gemeinsamer ursächlicher Faktor angesehen werden kann. Als ein weiterer Hinweis für gemeinsame ätiologische Bedingungen von substanzgebundenem Suchtverhalten und schizophrener Psychose können jüngste biochemische Befunde angeführt werden: So scheint das Glutamatsystem, das vor allem bei Alkohol- und Benzodiazepinabhängigkeit relevant ist, wie auch das Endorphin- bzw. Enkephalinsystem, das bei Opiatabhängigkeit eine wichtige Rolle spielt, mit dem Dopaminsystem zu interagieren. Das Dopaminsystem seinerseits hat bei Schizophrenien eine wichtige Funktion. Demnach könnten also Überträgersubstanzen, die bei stofflicher Abhängigkeit wichtig sind und Überträgersubstanzen, die bei schizophrenen Psychosen eine wichtige Rolle spielen, durch eine gemeinsame morphobiochemische Störung beeinflusst werden (König 1993). Weder die aus der psychoanalytischen Theorie gewonnenen Ansätze noch die bis heute kaum geklärten biochemischen Zusammenhänge können allerdings die gemeinsame Ätiologie der beiden Krankheiten erhärten.

Keines der oben erwähnten sechs Modelle kann sich auf sichere empirische Befunde stützen. Zwischen den einzelnen Modellen bestehen zudem beträchtliche Widersprüche, sodass zusammenfassend gesagt werden muss, dass der ätiologische Zusammenhang zwischen stofflicher Abhängigkeit und schizophrener Psychose bis heute unklar ist. Trotz ätiologischer Unsicherheiten müssen aber unter dem Druck zunehmender Zahl von Doppeldiagnosepatienten diagnostische Richtlinien sowie Behandlungskonzepte erarbeitet und überprüft werden. Auf diese beiden Problemstellungen wollen wir im folgenden eingehen.

## Diagnostische Probleme

Die Diagnose von psychischen Erkrankungen wird heute in der Regel anhand der beiden Klassifikationssysteme ICD-10 (Dilling et al. 1991) oder des DSM-IV gestellt (DSM-IV, APA 1994). Wir werden uns in der folgenden Diskussion ausschliesslich mit den Inhalten des ICD-10 befassen, das im deutschen Sprachraum vorwiegend Anwendung findet. Die im folgenden gemachten Aussagen gelten aber in analoger Weise auch für das DSM-IV. Für die hier zu diskutierende Frage massgebend sind im ICD-10 die Kapitel F1: „Psychische und Verhaltensstörungen durch psychotrope Substanzen (p. 80ff)“ und F2: „Schizophrenie, schizotype und wahnhafte Störungen (p. 93ff)“. Unter F1x.5 „Psychotische Störung, hervorgerufen durch psychotrope Substanzen“ werden als diagnostische Leitlinien angegeben: „*Ein psychotischer Zustand, der während oder unmittelbar nach der Einnahme einer Substanz (gewöhnlich innerhalb von 48 Stunden) auftritt, sollte hier eingeordnet werden, falls er nicht Ausdruck eines Entzugssyndromes mit Delir (siehe F1x.4) ist oder einer verzögert auftretenden psychotischen Störung. Diese kann mehr als zwei Wochen nach dem letzten Substanzkonsum beginnen, ist jedoch bei F1x.75 einzuordnen* (p. 88)“. Unter der Rubrik „Differentialdiagnosen“ kann nachgelesen werden: „*Es ist daran zu denken, dass eine andere psychische Störung durch den Gebrauch psychotroper Substanzen verschlimmert oder ausgelöst werden* **kann**, wie z. B. Schizophrenie (F20), affektive Störungen (F30–F39), paranoide oder schizoide Persönlichkeitsstörung (F60.0, F60.1) usw. In diesen Fällen **kann** die Diagnose einer substanzinduzierten psychotischen Störung unzutreffend sein (p. 89)“.

Unter F1x.7 „*Durch Alkohol oder psychotrope Substanzen bedingter Restzustand und verzögert auftretende psychotische Störung* (p. 91f)“ werden als diagnostische Leitlinien angegeben: „*Der Beginn dieser Störung soll in unmittelbarem Zusammenhang mit dem Gebrauch der Substanz stehen. Falls der Beginn dieses Zustandsbildes in einem späteren Zeitraum als der Substanzkonsum liegt, sollte eine Einordnung in diesem Abschnitt nur erfolgen, wenn klare und eindeutige Beweise dafür vorliegen, dass dieses Zustandsbild als Residualwirkung der Substanz angegeben werden kann* (p. 91).“

Die „psychotische Störung“ wird in diesem Kapitel unter F1x.5 definiert als „*eine Störung, die gewöhnlich während oder unmittelbar nach dem Substanzgebrauch auftritt und durch lebhafte Halluzinationen, oft auf mehr als einem Sinnesgebiet, Personenverkennungen, Wahn und/oder Beziehungsideen (häufig im Sinne einer Verfolgung) gekennzeichnet ist. Psychomotorische Störungen wie Erregung oder Stupor sowie abnorme Affekte, die von intensiver Angst bis zur Ekstase reichen, treten auf. Das Sensorium ist meist klar, das Bewusstsein kann jedoch bis zu einem gewissen Grad getrübt sein, wobei jedoch keine ausgeprägte Verwirrtheit auftritt. Die Störung geht typischerweise innerhalb eines Monats zumindest teilweise, innerhalb von sechs Monaten vollständig zurück* (p. 88f)“.

Vergleicht man die genannten diagnostischen Leitlinien für psychotische Störungen, hervorgerufen durch psychotrope Substanzen, mit den unter F20: „Schizophrenie“ aufgeführten, so lässt sich unschwer erkennen, dass eine klare diagnostische Unterscheidung insbesondere nach längerem und fortdauerndem Substanzgebrauch weder durch die angegebene Symptomatik noch durch das Zeitkriterium getroffen werden kann: Die durch psychotrope Substanzen hervorgerufene psychotische Störung kann nach F1x.5 während sechs Monaten vorhanden sein, bei der Schizophrenie wird eine Dauer des Bestehens der Symptome während eines Monats oder länger gefordert. Diese diagnostische Unsicherheit ist seit längerem bekannt (Täschner 1987, 1992). Hier spiegelt sich die psychiatrisch-nosologische Ansicht wider, dass die Diagnose einer sogenannten endogenen Erkrankung bei Vorliegen von exogenen Faktoren gar nicht gestellt werden darf.

Während mit dem heute gültigen diagnostischen Klassifikationssystem ICD-10 eine Doppeldiagnose also vor allem bezüglich Psychosen theoretisch kaum gestellt werden kann, begegnen wir aber im psychiatrischen Alltag immer wieder Patienten, die eindeutig als Patienten mit zwei Diagnosen, nämlich einer Schizophrenie und einer stofflichen Abhängigkeit betrachtet werden müssen. Wie kann nun dieser Widerspruch zwischen den zur Verfügung stehenden Diagnoseinstrumenten und der klinischen Beobachtung aufgelöst werden?

Sowohl ICD-10 als auch DSM-IV geben im Prinzip operationalisierte Querschnittsdiagnosen, d. h. sie erfassen einen Patienten in einem bestimmten Augenblick. Der Zeitfaktor findet nur in wenigen Fällen bzw. nur für kurze Zeitabschnitte (vgl. oben z. B. das Zeitkriterium eines Monats bei der Schizophrenie) Berücksichtigung. Bei Doppeldiagnosepatienten handelt es sich aber nicht selten um Langzeitpatienten, deren spezielle Problematik in der Klinik im Mittel erst zehn Jahre nach Krankheitsbeginn erkannt wird (Hirsbrunner et al. 1994). Bei Langzeitverläufen, in denen Phasen verstärkten Abhängigkeitsverhaltens und Phasen von psychotischen Episoden unabhängig voneinander oder in verschiedensten Kombinationen auftreten, wird aus dem klinischen Verlauf klar, dass zwei Diagnosen gestellt werden müssen.

In diagnostischer Hinsicht tut sich eine weitere, bisher kaum bearbeitete Problematik auf: im ICD-10 wird von den Begriffen „schädlicher Gebrauch" (F1x.1) sowie vom „Abhängigkeitssyndrom" (F1x.2) gesprochen. Diese diagnostischen Kategorien wurden für Patienten aufgestellt, die ausschliesslich an einer durch Substanzeinnahme hervorgerufenen Erkrankung leiden. Bisher ungeklärt blieb, ob diese Kategorien auch auf Patienten übertragen werden können, die zusätzlich an einer anderen schweren psychischen Störung leiden. Es besteht durchaus die Möglichkeit, dass bereits ein Substanzmittelkonsum, der bei einem psychisch gesunden Menschen keinen Krankheitswert hätte (zu denken ist z. B. an Cannabiskonsum oder Konsum von Halluzinogenen wie LSD), für Patienten mit einer Schizophrenie als krankmachend zu bewerten ist. Um diese Frage beantworten zu können, bedarf es sehr viel ausführlicherer und genauerer Untersuchungen der betroffenen Patienten.

Aus klinisch-praktischer Sicht kann davon ausgegangen werden, dass bei einem Patienten dann eine Doppeldiagnose vorliegt, wenn die Therapie der einen Störung durch die andere Störung erheblich erschwert wird. Vor diesem Hintergrund ist die Doppeldiagnose nicht in erster Linie ein diagnostisches, sondern ein *therapeutisches* Problem [Der Begriff der „Doppeldiagnose" (dual diagnosis) ist dem Begriff der „Komorbidität" deshalb vorzuziehen, weil die ätiologischen Zusammenhänge und die Diagnostik bei diesen Patienten noch weitgehend ungeklärt sind. Es ist durchaus möglich, dass zukünftig aus den „Doppeldiagnosen" eine eigene diagnostische Identität und somit aus der Komorbidität eine einzige Krankheit (Morbidität) entstehen wird]. Die hier angestellten Überlegungen zur Diagnosestellung von Doppeldiagnosen bei stofflicher Abhängigkeit und Psychose bzw. Schizophrenie gelten auch in den anderen diagnostischen Kategorien wie bei den affektiven Störungen, Phobien, Neurosen, Persönlichkeitsstörungen usw. In den folgenden Abschnitten werden wir uns jedoch weiterhin ausschliesslich auf die Doppeldiagnose beziehen, die beim Zusammentreffen einer Schizophrenie und stoffgebundenem Suchtverhalten zustandekommt.

## Epidemiologie

Die Erfassung der wahren und behandelten Inzidenz bzw. Prävalenz von Doppeldiagnosepatienten innerhalb einer bestimmten Population ist schon aufgrund der oben erwähnten diagnostischen Schwierigkeiten ausserordentlich fehlerbehaftet. Allein im Bereich der stofflichen Abhängigkeit legen verschiedene Studien unterschiedliche Definitionen von Sucht vor (so z. B. „Alkoholabusus", „Alkoholmissbrauch", „Alkoholabhängigkeit", „alkoholkrank"), ohne dass diese Begriffe jeweils präzise operationalisiert worden wären. Oft werden Patienten mit sehr unterschiedlichem Krankheitsbild und sehr unterschiedlicher Prognose unter dem Begriff der Doppeldiagnose zusammengefasst. Während nicht selten auf Seiten der einen Störung (meistens der Schizophrenie) sorgfältige Abklärungen getroffen werden, wird hinsichtlich der zweiten (meistens des Substanzgebrauchs) gar keine Unterscheidung gemacht.

Immerhin stimmen die Resultate von epidemiologischen Studien über Doppeldiagnosepatienten in den USA und in Deutschland in ihren Grössenordnungen überein. 1984 zeigen Boyd et al., dass Patienten mit einer Schizophrenie ein ca. 10fach höheres Risiko zur Entwicklung einer Alkoholerkrankung und ein etwa 7.5fach erhöhtes Risiko zur Entwicklung einer Drogenerkrankung im Vergleich zur Normalbevölkerung haben. 1990 stellten Regier et al. fest, dass bei 47% der Patienten mit einer schizophrenen oder schizophreniformen Psychose in der Anamnese die Kriterien für mindestens eine Form von Suchtmittelmissbrauch bzw. -abhängigkeit gegeben waren. In einer Studie an 447 Patienten, die stationär in einer psychiatrischen Klinik aufgenommen wurden, fanden Soyka et al. (1992) entsprechend den Kriterien des ICD-9, dass bei 43% eine „lifetime" Prävalenz und bei 30% eine aktuelle Prävalenz der Zweitdiagnose eines stofflichen Missbrauchs bzw. einer Abhängigkeit neben einer anderen schweren psychiatrischen Störung (die „lifetime" Prävalenz wurde auf Grund der Anamnese und der klinischen Befunde bei einer Stichprobe von 572 Patienten in der Psychiatrischen Klinik der Universität München berechnet, die „aktuelle" Prävalenz entspricht der 3-Monats-Prävalenz in der selben Stichprobe). Krausz et al. (1992) kamen zu ähnlichen Häufigkeiten. Neben der zur Zeit festgestellten hohen Prävalenz von Doppeldiagnosepatienten in der Bevölkerung existieren Befunde darüber, dass diese Gruppe von Erkrankten in ihrer *absoluten Zahl* stark im Zunehmen begriffen ist (Mueser et al. 1990, Modestin 1991). Damit stellt diese Patientengruppe bereits heute ein erhebliche therapeutisches und gesundheitspolitisches Problem dar, das sich in den folgenden Jahren noch zuspitzen wird. Dabei ist zu beachten, dass die bisherigen Häufigkeitsuntersuchungen vor allem an hospitalisierten Patienten vorgenommen wurden. Bei ambulanten Patienten fehlen bis heute Daten weitgehend.

## Besonderheiten des Krankheitsverlaufs bei Doppeldiagnosepatienten

Der Krankheitsverlauf beim Zusammentreffen von schizophrenen Psychosen und Suchterkrankungen ist ungünstig. So stellte Lieberman (1990) fest, dass diese Patientengruppe zur Vergrösserung der Gesundheitskosten beiträgt. Der Hauptgrund für den ungünstigen Verlauf liegt hauptsächlich in der geringen Compliance dieser Patienten. Die Compliance wird vor allem durch den Suchtanteil herabgesetzt. Die konsumierten Drogen stehen häufig im Wirkungsgegensatz zur indizierten und verordneten Pharmakotherapie, sie schwächen deren Wirkung ab oder zeigen andere ungünstige Nebenwirkungen. Auch nichtpharmakologische therapeutische Interventionen werden bei bestehender Substanzabhängigkeit bzw. -missbrauch beeinträchtigt. Therapeuten und Institutionen werden vermehrt mit Disziplin-, Kommunikations- und Kooperationsproblemen konfrontiert (Bachmann und Moggi 1993). Neben der Behandlung der positiven Symptomatik einer schizophrenen Erkrankung kann der Substanzmissbrauch auch die Behandlung von Negativsymptomen erschweren. Hier kommen unter anderem auch ungünstige Einflüsse des Drogenmilieus zum Tragen, das durch seine einfachen sozialen Strukturen Negativsymptome verstärken und die Motivation für eine konsequente Behandlung abschwächen kann. Das Leben auf der Gasse (Suchtmittel- und Geldbeschaffung) führt zu einer Verfestigung marginaler Ueberlebensstrategien und verstärkt die negative Spirale sozialer Randständigkeit bis hin zu sozialer Entwurzelung. Der Verbleib im Rahmen der Drogenszene kann ausserdem die Identität als Süchtige fördern und zur Abwehr der Schizophreniediagnose führen.

Zusammenfassend kann gesagt werden, dass die Doppelproblematik den Verlauf sowohl der Psychose wie auch der stofflichen Abhängigkeit ungünstig beeinflusst.

## Das Hauptproblem: Die Behandlung

### Behandlungsbeginn: Die Diagnosestellung

Trotz der oben erwähnten Schwierigkeiten einer validen diagnostischen Einordnung muss ein schädlicher Substanzgebrauch bzw. eine Abhängigkeit bei Patienten mit einer schizophrenen Erkrankung objektiviert werden. Folgendes Vorgehen kann zur Diagnosestellung angewendet werden:

Einmal kann die Bedeutung des Substanzgebrauches im Leben eines schizophren erkrankten Menschen in einer stabilen therapeutischen Beziehung herausgearbeitet werden. Die Frage muss geklärt werden, welche Funktion ein bestimmtes Suchtmittel im alltäglichen Erleben und Verhalten des Patienten einnimmt. Eine Objektivierung kann auch über Urin- und Alcotest erfolgen.

Wenn die Diagnose eines Substanzmittelmissbrauches bzw. einer Substanzmittelabhängigkeit nicht im Rahmen einer stabilen therapeutischen Beziehung gestellt werden kann, so ergeben sich zumindest Hinweise für eine Diagnosestellung: Bei Schizophrenien, die einen ungewöhnlich ungünstigen Verlauf nehmen, muss immer an die Möglichkeit eines Substanzmittelmissbrauchs bzw. einer Abhängigkeit gedacht werden. Für die Diagnosestellung müssen bis auf weiteres die Kriterien von ICD-10 bzw. DSM-IV herangezogen werden. Dabei ist zu bedenken, dass der schädliche Gebrauch von Substanzen nach ICD-10 (F1x.1) für Personen definiert ist, die nicht an anderen schweren psychischen Störungen leiden. Bei einem Schizophrenen muss auch dann von einem schädlichen Gebrauch von Substanzen gesprochen werden, wenn dieser mit der üblichen Schizophrenietherapie negativ interferiert, ansonsten aber nicht alle Kriterien nach ICD-10 resp. DSM-IV erfüllt.

Pragmatisch hat sich die Diagnosestellung vor allem nach der negativen Wirkung des Suchtmittelkonsums auf die Therapie zu richten. Wenn einmal die Diagnose einer „Doppelerkrankung" gestellt worden ist, müssen die entsprechenden Behandlungsschemata von denjenigen der Schizophrenieerkrankung auf diejenigen der Doppeldiagnoseerkrankung umgestellt werden.

## Spezielle Behandlungsprobleme: Integrative Therapie

Unter Berücksichtigung der besonderen Probleme bei Doppeldiagnosepatienten (Mueser et al. 1992, Bachmann und Moggi 1993, Moggi et al. 1995) sind in geeigneten Behandlungsprogrammen spezifisch indizierte therapeutische Ziele zu setzen. Zu diesem Zweck sind integrative Therapiemodelle mit folgenden Schwerpunkten zu entwickeln.

### Motivationsphase

In einem ersten Schritt muss der erkrankte Patient motiviert werden, seine Doppelproblematik zu erkennen und etwas dagegen zu tun. Dabei muss er vorsichtig mit seiner Problematik konfrontiert werden, was eine stabile therapeutische Beziehung voraussetzt. Die Folgen seines Missbrauches bzw. seiner Abhängigkeit müssen ihm anhand seiner Lebens- bzw. Krankengeschichte konkret und schonend konfrontativ aufgezeigt werden. Die Veranschaulichung hat sich nach dem kognitiven Leistungsniveau des Kranken zu richten. Redundanz der Information und die damit verbundene Geduld des Therapeuten sind diesbezügliche Grundlagen. Mit Rückfällen in das Suchtverhalten muss dabei immer wieder gerechnet werden. Sie sollten dann für die fortwährende Konfrontation und Motivation des Patienten für eine weiterführende Therapie nutzbar gemacht werden. Der Zugang zum therapeutischen Angebot sollte möglichst niederschwellig und in Anpassung an unmittelbare Bedürfnisse und individuelle Ressourcen des Patienten gestaltet werden (Schwoon 1992). Dies gilt insbesondere für die therapeutischen Zielsetzungen, die als „vorläufig" zu definieren und den Erfordernissen wechselnder Psychopathologie anzupassen sind (Modestin 1992). Als weiterführender therapeutischer Schritt wird sich die Frage eines Entzuges stellen. Dieser Entzug kann meist nur stationär durchgeführt werden.

### Initiale stationäre Behandlung

Als erster Therapieschritt wird in einem geschlossenen Rahmen der Entzug durchgeführt werden müssen. Dabei sollen Entzugskomplikationen möglichst vermieden oder palliativ behandelt werden. In der Phase des Entzuges erfolgt zudem die somatische Abklärung und wenn nötig die Einleitung entsprechender Behandlungen. Gleichzeitig wird begonnen, eine therapeutische Beziehung aufzubauen. Der Patient soll sich an ein möglichst angst- und spannungsfreies Milieu gewöhnen können. Einheitliche Tages- und Wochenpläne, eine verbindliche Stationsordnung, sowie regelmässig wiederkehrende Aktivitäten bieten einen Rahmen, der es dem Patienten erleichtert, sich zu orientieren und sich auf der Station einzuleben.

In der nächsten Phase beginnt die Klärung der bio-psycho-sozialen Situation des Patienten. Hier wird ein besonderes Augenmerk auf die Behandlung der Psychose gerichtet. Die medikamentöse Behandlung muss unter Umständen nach dem Suchtmittelentzug adaptiert bzw. optimiert werden. Vielfach drängt sich die Umstellung auf ein atypisches Neuroleptikum der neueren Generation auf. Häufig sind Doppeldiagnosepatienten schon mit vielerlei Medikamenten erfolglos behandelt worden, was u.a. zu einer schlechteren Compliance führt. Wie Baldessarini et al. (1991) betonen, liegt die durchschnittliche Dosierung von Neuroleptika – in den USA mehr noch als in Europa – deutlich über der therapeutischen Dosis. Je länger ein Patient mit Psychopharmaka behandelt wurde und je häufiger er eine Exazerbation seiner Psychose erlebte, desto höher wurde generell dosiert. Bei Doppeldiagnosepatienten kommt erschwerend hinzu, dass die Wirksamkeit antipsychotischer Medikamente durch den extensiven Gebrauch von psychoaktiven Substanzen nachlassen kann.

Nach erfolgtem Entzug und optimaler medikamentöser Einstellung erfolgen stufenweise die spezifisch psychosozialen Interventionen der integrativen Therapie: Wichtiger Bestandteil einer integrativen Behandlung ist die Vermittlung eines Krankheitsmodells, das auch protektive Faktoren einbezieht. Die schizophrene Disposition der Patienten (Vulnerabilität, vgl. Zubin und Spring 1977, Brenner et al. 1992, Ciompi 1986) ist in diesem Modell eine überdauernde Besonderheit ihrer psychophysischen Ausstattung und ein Vulnerabilitätsfaktor auch und gerade in Bezug auf Drogenwirkungen. Ein Schwerpunkt des integrativen Ansatzes liegt deshalb darauf, individuelle funktionale Muster des Konsums herauszuarbeiten sowie frühere und aktuelle biographische Faktoren für Genese und Aufrechterhaltung des Konsums zu erkennen und in die Bearbeitung zu integrieren. Die therapeutische Zielsetzung ist, dass die Patienten ein Krankheitsverständnis gewinnen (Brenner 1987), das ihnen erstens die Notwendigkeit lebenslanger Schutzmassnahmen einsichtig macht und somit die

Compliance erhöht, und zweitens ihr Selbsthilfepotential entwickelt, indem noch so rudimentäre Kompetenzen und Ressourcen genutzt und durch aktiv problemlösungsorientierte Strategien weiter ausgebaut werden. Das Vorgehen umfasst die folgenden Teilziele:

Erhöhung von Krankheitseinsicht und Compliance bezüglich der medikamentösen und psychotherapeutischen Behandlung, Erwerb von Fähigkeiten zur Früherkennung psychotischer Symptome, Erwerb von Copingstrategien zur Bewältigung von Rückfallsituationen und Motivierung zu einer weiterführenden Behandlung (Brenner et al. 1992). In Bezug auf die Abhängigkeitsproblematik soll die eigene Substanzabhängigkeit erkannt und wenn möglich akzeptiert und so in die eigene Lebensgeschichte integriert werden, die Abstinenzmotivation soll aufgebaut und stabilisiert werden. Es sollen Strategien zur Verhütung bzw. Bewältigung von Rückfällen erarbeitet werden. Dabei müssen nicht nur äussere, sondern auch personinterne, durch die besondere Psychopathologie bedingte Risikosituationen erkannt und analysiert werden. Schliesslich soll ein befriedigender Lebensstil ohne Suchtmittel gesucht und angestrebt werden.

Die einfache Addition herkömmlicher Behandlungsstrategien versagt bei diesem spezifischen Krankengut. Die gesamte Therapie hat integrativ zu erfolgen, d. h. Psychose und Sucht werden je in ihrer Wechselbeziehung in die Therapie einbezogen (vgl. Abb. 1 und 2).

Ein herausragender Problembereich der Patienten ist der Umgang mit Hochrisikosituationen für Substanzgebrauch. Rückfallbearbeitung und Rückfallprävention haben von daher einen hohen Stellenwert in der Behandlung von Doppeldiagnosepatienten. Den meisten Patienten wird es nicht gelingen, während der Dauer der stationären Therapie abstinent zu bleiben. Rückfälle müssen deshalb in die Problembearbeitung integriert und Rückfallprophylaxestrategien laufend angeglichen bzw. verbessert werden (Harrison 1985). Die Behandlung wird über mehrere Jahre und auch über häufige stationäre Aufenthalte führen (Mueser et al. 1992). Fortschritte in diesem Bereich sind erst nach mehreren Hospitalisationen und in kleinen Schritten zu erwarten und führen oft über massive Rückfälle sowohl bezüglich der Psychose wie auch hinsichtlich der stofflichen Abhängigkeit.

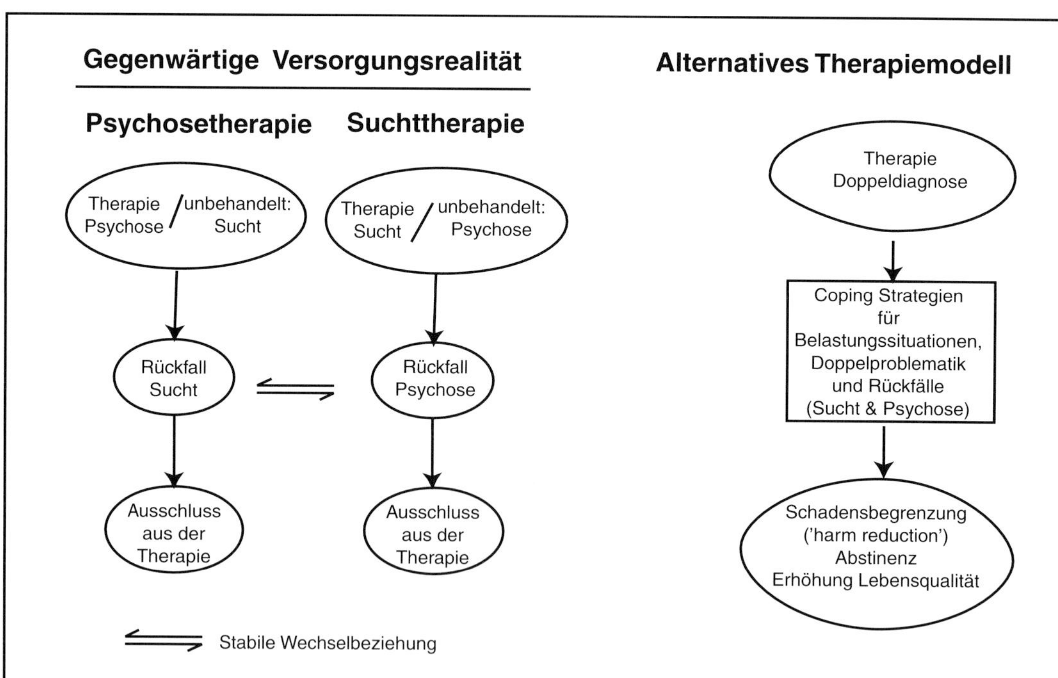


**Abb. 1** Gegenwärtige Versorgungsrealität und alternatives Therapiemodell zur Behandlung von Doppeldiagnosepatienten

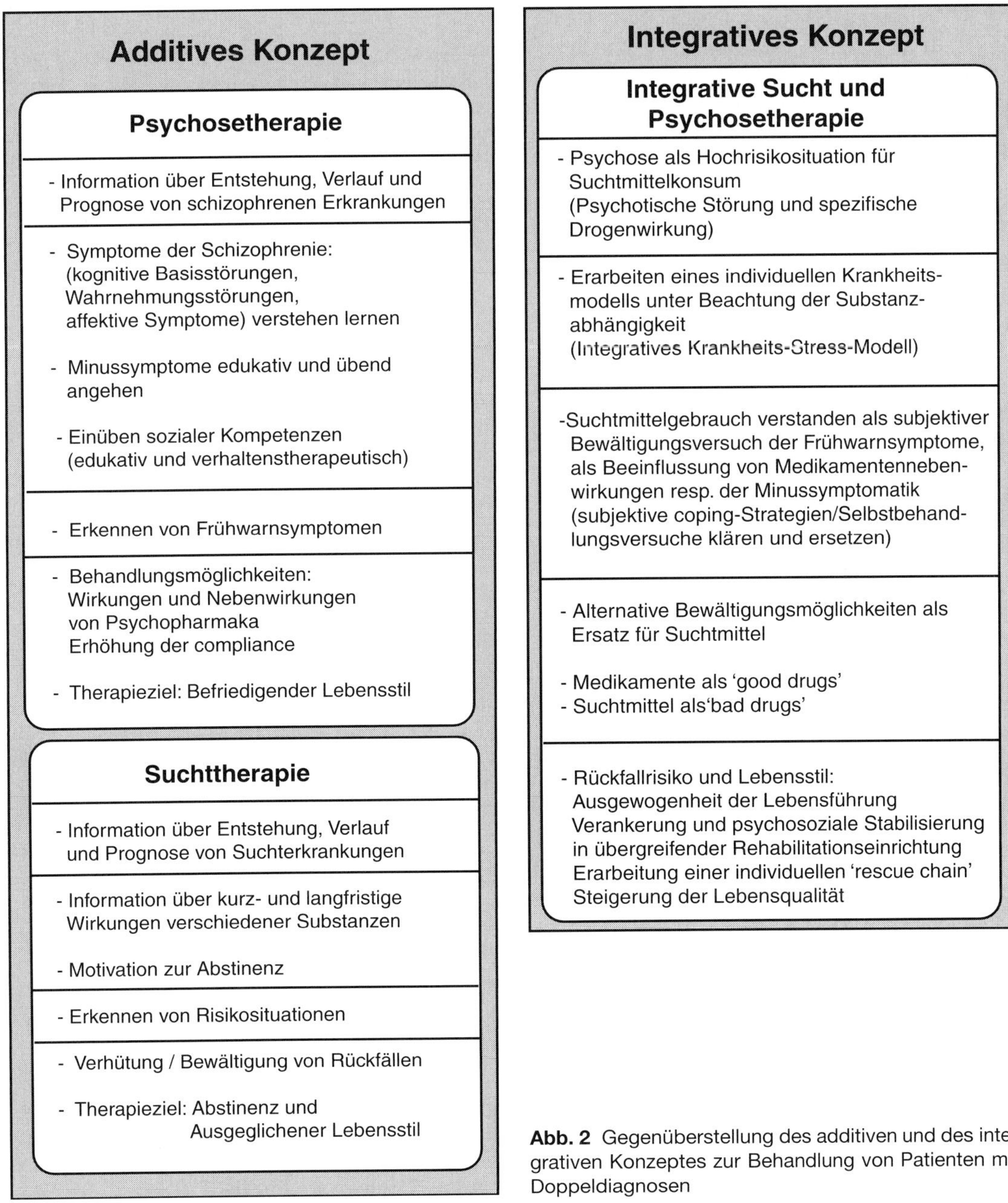


**Abb. 2** Gegenüberstellung des additiven und des integrativen Konzeptes zur Behandlung von Patienten mit Doppeldiagnosen

Als wichtiger Teilerfolg der stationären Behandlung darf bereits die Bereitschaft des Patienten gelten, sich in eine weiterführende Therapie zu begeben. Neben der Organisation dieser weiterführenden Therapie, sei es stationär, teilstationär oder ambulant, müssen vielfach auch rehabilitative Massnahmen im Wohn-, Arbeits- und Freizeitbereich angestrebt werden.

### Einbezug des sozialen Netzes

Von entscheidender Bedeutung in der Behandlung ist der Einbezug und die enge Zusammenarbeit mit allen Komponenten des sozialen Netzes des Patienten. So sind intensive Kontakte mit der Familie, Behörden und anderen Kontaktpersonen (Beistand, Vormund, Arbeitgeber etc.) während der Hospitalisation herzustellen (Böker 1992). Individuell werden diese Personen bzw. Personengruppen zu Gesprächen in Bezug auf die Behandlung der Patienten in die Klinik eingeladen. Mit den Angehörigen finden regelmässige Gespräche statt. So wie der Patient während des stationären Aufenthaltes auf eine weitergehende Nachbehandlung und Rehabilitation vorbereitet wird, muss auch seine soziale Umgebung auf diese Therapiephase vorbereitet werden.

### Nachbehandlung

Schon während des stationären Aufenthaltes muss die weitere ambulante Therapie geplant, resp. eingeleitet werden. Diese Therapie besteht vor allem aus den folgenden Bausteinen: ein spezialisiertes ambulantes therapeutisches Netz, Klärung und Organisation der Wohn- und Arbeitsachse, Möglichkeiten einer optimalen Freizeitgestaltung.

### Theoretische Leitlinien

Der Schwerpunkt der gesamten Nachbehandlung liegt in der Rückfallprophylaxe. Diese dient der tertiären Prävention und ist unerlässlich im gesamten Rehabilitationsprozess eines Patienten, der unter einer Doppeldiagnose leidet (O'Malley 1990). Dabei müssen auch die Strategien der Nachbehandlung über eine additive Anwendung bewährter Rückfallpräventionsmodelle sowohl für Schizophrenie als auch für Suchtprobleme hinausgehen. Auch im ambulanten Behandlungssetting muss wiederum konsequent die Doppelproblematik berücksichtigt werden. Dabei werden oft kurze stationäre Kriseninterventionen notwendig, die neben dem Suchtmittelentzug und der eigentlichen Rückfallbewältigung auch die Chance einer Optimierung eines ambulanten Rehabilitationsprozesses beinhalten müssen. Laufend sind Wechselwirkungen zwischen Suchtmittelproblematik und Schizophrenie diagnostisch abzuklären, um integrative therapeutische Strategien zur Behandlung zu optimieren und neuen Gegebenheiten im Leben des Patienten anzupassen. So wird es langfristig möglich sein, den Therapieprozess in Richtung einer Stabilisierung des psychischen Wohlbefindens voranzutreiben und damit für den Patienten eine langfristige Verbesserung seines biopsychosozialen Status herbeizuführen. Es ist davon auszugehen, dass die Langzeitbehandlung von Doppeldiagnosepatienten nicht Folge einer oder einzelner Intervention sein kann, sondern dass hier mit einem, über Jahre dauernden, mit Rückfällen durchsetzten Therapieverlauf gerechnet werden muss (Mueser et al. 1992).

### Praktisches Vorgehen

In der Praxis wird es zum heutigen Zeitpunkt schwierig sein, die oben angeführten theoretischen Richtlinien bei jedem Patienten vollumfänglich zu verwirklichen. Es besteht ein erheblicher Mangel an ambulanten therapeutischen Einrichtungen für Patienten mit einer Doppeldiagnosenproblematik. Häufig sind Wohneinrichtungen sowie entsprechende Arbeitsplätze für psychiatrische Patienten nicht suchtmittelfrei. Auch haben Selbsthilfegruppen für Patienten mit einer Abhängigkeitsproblematik Mühe mit dem Umgang von Doppeldiagnosepatienten.

In dieser Situation muss für jeden einzelnen Patienten eine möglichst optimale ambulante Nachtherapie gefunden werden, auch wenn dabei nicht alle oben angeführten theoretischen Leitlinien optimal erfüllt werden können. Von ausserordentlicher Wichtigkeit ist eine enge Zusammenarbeit zwischen den ambulanten Nachbetreuungseinrichtungen und den spezialisierten stationären Abteilungen, da, wie oben erwähnt, immer wieder mit stationären Kriseninterventionen zu rechnen ist.

## Ergebnisse eines Pilotprojektes* zur Entwicklung eines integrativen Behandlungsprogrammes für Patienten mit Doppeldiagnosen

Unter dem Druck einer wachsenden Zahl von Patienten mit Doppeldiagnosen (v.a. Schizophrenie und Polytoxikomanie inkl. Morphin) wurde im Frühjahr 1993 in der Psychiatrischen Universitätsklinik Bern eine Spezialstation mit dem Ziel eingerichtet, ein Behandlungsprogramm für diese Patientengruppe zu entwickeln, zu beschreiben und zu evaluieren. Die Schwerpunkte der Behandlung lagen dabei in der medikamentösen

* Das Pilotprojekt wurde vom Bundesamt für Gesundheit der Schweiz (BAG-Drogenforschungsvertrag Nr. 316.92 8012) sowie vom Schweizerischen Nationalfonds zur Förderung der wissenschaftlichen Forschung (SNF-Projekt Nr. 3200-040 576.94/1) finanziell unterstützt.

Therapie der psychiatrischen, vorwiegend schizophrenen Erkrankung, in der Erarbeitung von Verhaltensstrategien mit dem Ziel der Abstinenz bzw. Reduktion von Suchtmitteln (Rückfallbewältigung und -prävention) und in der Einleitung eines umfassenden Rehabilitationsprozesses im Rahmen eines weiterführenden, meist stationären oder teilstationären Behandlungsangebotes (für eine ausführliche Beschreibung siehe Hirsbrunner et al. 1994).

Die Spezialstation weist drei Besonderheiten auf: 1. Niederschwelligkeit (Aufnahmebedingungen sind lediglich Vorliegen einer Doppeldiagnose und minimale Behandlungsmotivation), 2. integratives Therapiemodell (Behandlung individuell-funktionaler Zusammenhänge zwischen Psychose und Sucht) und 3. suchtmittelbezogene Rückfallprävention (Suchtmittelkonsum während der Behandlung führt z. B. nicht zur Entlassung, sondern wird therapeutisch bearbeitet).

Während der 1 1/2-jährigen Pilotprojektphase traten von 57 Patienten, die mit der Spezialstation Kontakt aufgenommen hatten, insgesamt 42 Patienten ein. 80% waren Männer, 20% Frauen. Im Mittel waren die Patienten 32 Jahre alt und hatten bereits einen 10-jährigen Krankheitsverlauf und im Durchschnitt 10 Hospitalisationen hinter sich. Als Diagnosen wurde bei 66% eine Störung aus dem schizophrenen Formenkreis und eine Polytoxikomanie inklusive Morphintyp gestellt. Knapp die Hälfte der Patienten war sozial isoliert, arbeits- sowie obdachlos und standen unter einer richterlichen Massnahme.

Entgegen der in der Literatur weit verbreiteten Annahme über die Therapieresistenz dieser Patientengruppe (z. B. Krausz 1992), gelang es mit einem für Doppeldiagnosepatienten angepassten Angebot, die therapeutische Funktion der Spezialstation zu erfüllen. Die Spezialisierung bestand nicht darin, dass übliche Standards von Sucht- und Psychosetherapie additiv kombiniert wurden, sondern vielmehr im Angebot eines neu entwickelten integrativen Therapiemodelles. Dabei wurde der therapeutische Schwerpunkt auf die individuellen funktionalen Zusammenhänge zwischen Sucht und Psychose gelegt. Dieses integrative psychologisch-psychiatrische Therapiekonzept kam zudem im Rahmen eines milieutherapeutischen Programmes zur Anwendung, das den Besonderheiten dieser Patientengruppe angepasst worden ist. Neben dem unmittelbaren Ziel der Abstinenz bzw. einer deutlichen Reduktion des Suchtmittelkonsums soll mit der suchtmittelbezogenen Rückfallprävention die Voraussetzung für einen umfassenden Rehabilitationsversuch geschaffen werden.

Bisherige Erfahrungen und erste Resultate der Begleitforschung zeigen positive Ergebnisse. In rund 2/3 der Fälle gelang es, die Behandlungsmotivation zu fördern, insbesondere die „compliance“ zur Medikation zu erhöhen und damit eine Verbesserung des psychischen Zustandes herbeizuführen. In der Folge konnten die Patienten vom Angebot der Spezialstation besser profitieren (z. B. Haushaltstraining, Werktherapie, Arbeitsversuch, sportliche und andere Freizeitaktiviäten). Auf der Grundlage erarbeiteter Abstinenzmotivation, die häufig über mehrmaligen Suchtmittelkonsum bzw. Rückfälle während der Behandlung führte, liessen sich individuell zugeschnittene rückfallpräventive und -bewältigende Verhaltensweisen trainieren. Die soziale Unterstützung der Patienten wurde durch den Miteinbezug ihrer Angehörigen verbessert, die bisher der Doppelproblematik ihrer Familienmitglieder hilflos gegenüber standen. Nicht selten kam es zum ersten Mal seit Jahren wieder zur Kontaktaufnahme.

Die Ergebnisse der 1-Jahreskatamnese zeigen, dass ein Grossteil der Patienten, die bei Eintritt in die Spezialstation obdach-, arbeitslos und ohne Rente waren, in einer geschützten Umgebung – meist einer therapeutischen Wohngemeinschaft – leben und teil- oder vollberentet sind. Die Patienten blieben jedoch selten konstant abstinent von Suchtmitteln. Wie in der Literatur (Mueser et al. 1992) beschrieben, führt ihr Weg nicht selten über Rückfälle mit anschliessender kurzer Hospitalisation.

Wir sind durch diese Befunde in unserer Überzeugung bestärkt, dass eine Spezialstation mit integrativer Therapieausrichtung für diese schwierig zu behandelnde Patientengruppe eine erfolgsversprechende Therapiemöglichkeit bietet, ihre psychische, soziale und nicht zuletzt körperliche Situation so zu verbessern, dass ein Rehabilitationsprozess eingeleitet werden kann. Spezialisierte Behandlungsprogramme sind vermehrt anzubieten, weil es für diese Patientgruppe bis heute im Versorgungssystem kaum Einrichtungen gibt und ihnen damit die Chance zur Verbesserung ihrer Situation vorenthalten wird. Wir sind aufgrund unserer Erfahrung und unserer empirischen Befunde der Meinung, dass die diagnostischen und therapeutischen Schwierigkeiten bei Doppeldiagnosepatienten nicht zur Therapieresistenz führen, sondern dass vielmehr neue Behandlungsstandards für diese Patientgruppe entwickelt werden müssen.

## Ausblick

Beim Problem der Doppeldiagnose handelt es sich sowohl ätiologisch wie auch diagnostisch um ein grundlegendes, vorwiegend konzeptuelles Problem, bei dem die heutigen Diagnoseinstrumente weitgehend versagen. Gleichzeitig stellen sich, bedingt durch zum Teil widersprüchliche Forderungen an die Therapie der verschiedenen Erkrankungen, therapeutische Probleme, die eine angemessene Versorgung dieser in ihrer Gesamtzahl zunehmenden Patientenpopulation verhindern. Trotz Unsicherheiten im ätiologischen und diagnostischen Bereich müssen neue therapeutische Strategien entwickelt werden. Hier scheint sich ein integrativer Ansatz, der stoffliche Abhängigkeit in Wechselwirkung mit der anderen Erkrankung (Schizophrenie oder andere schwere psychische Störung) begreift und behandelt, als zukunftsweisend abzuzeichnen. Diese neuen therapeutischen Ansätze müssen in Zukunft vom stationären in den ambulanten Bereich hinein adaptiert und erweitert werden, um ein sehr zahlreiches Patientengut mit leichteren Störungen (z. B. Angstproblematik und Alkoholabhängigkeit) adäquat zu erkennen und zu behandeln. Dazu müssen einfache diagnostische Screeningverfahren erarbeitet werden, die die Doppeldiagnoseproblematik leicht erfassen.

## Literatur

Bachmann, K.M., F. Moggi: Doppeldiagnosen: Sucht und andere psychische Erkrankung. Psychiat. Prax. 20 (1993) 125

Baldessarini, R.J., W.W. Fleischhacker, G. Sperk: Pharmakotherapie in der Psychiatrie. Thieme, Stuttgart 1991

Benedetti, G.: Die Alkoholhalluzinose.Thieme, Stuttgart 1952

Bleuler, E.: Dementia Praecox oder Gruppe der Schizophrenien. In: G. Aschaffenburg (Hrsg.) Handbuch der Psychiatrie. Franz Deuticke, Leipzig Wien 1911

Böker, W.: A call for partnership between schizophrenic patients, relatives and professionals. British Journal of Psychiatry 161 (suppl. 18) (1992) 10

Böker, W.: Patient, Angehörige und Arzt auf dem Weg zu einer Behandlungspartnerschaft – Kasuistik eines 19-jährigen schizoaffektiven Krankheitsverlaufes. Nervenarzt 61(1990) 565

Boyd, J.H., J.D. Burke jr., E. Gruenenberg et al.: Exclusion criteria of DSM-III: a study of co-occurrence of hierarchy-free syndromes. Arch. Gen. Psychiatry 41(1984) 983

Brenner, H.D.: On the importance of cognitive disorders in treatment and rehabilitation. In J.S. Strauss, W. Böker, H.D. Brenner (eds.) Psychological treatment of Schizophrenia. Huber, Toronto Lewinston N.Y. Huber 1987

Brenner, H.D., B. Hodel, R. Genner, V. Roder, P.W. Corrigan: Biological and cognitive vulnerability factors in schizophrenia: implications for treatment. British Journal of Psychiatry 161 (suppl. 18) (1992) 154

Brenner, H.D., B. Hodel, V. Roder, P. Corrigan: Treatment of cognitive dysfunctions and behavioral deficits in schizophrenia: Integrated Psychological Therapy. Schizophrenia Bulletin 18 (1992) 21

Ciompi, L.: Auf dem Weg zu einem kohärenten multidimensionalen Krankheitsverständnis der Schizophrenie. Konvergierende neue Konzepte. In: W. Böker, H.D. Brenner (Hrsg.) Bewältigung der Schizophrenie. Huber, Bern 1986

Dilling, H., W. Mombour, M.H. Schmidt (Hrsg.) Internationale Klassifikation psychischer Störungen. IDC-10 Kapitel V (F) Klinisch-diagnostische Leitlinien. Huber, Bern Göttingen Toronto 1991

Dixon, L., G. Haas, P. Weiden, J. Sweeney, A. Frances: Drug abuse in schizophrenic patients: Clinical correlates and reasons for use. Am. J. Psychiatry 148 (1990) 224

DSM-IV Diagnostic and Statistical Manual of Mental Disorders, 4th Edition American Psychiatric Association, Washington 1994

Dulit, R.A., M.R. Fyer, G.L. Hass, T. Sullivan, A.J. Francer: Substance abuse in personality disorders. Am. J. Psychiatry 147 (1990) 1002

Hartmann, H.: Die Grundlagen der Psychoanalyse. Klett, Stuttgart 1972

Hirsbrunner, H.P., R. Wittig, F. Moggi, B. Ziemert, G. Wülser, A. Rausch, K.M. Bachmann: Modell einer Spezialabteilung zur stationären Behandlung von Patienten mit Doppeldiagnosen – Ansätze zu einer integrativen Therapie. In: M. Krausz, T. Müller-Thomsen (Hrsg.) Komorbidität. Lambertus, Freiburg i.Br. 1994

Harrison, P.A., J.A. Martin, V.B. Tuason, N.G. Hoffmann: Conjoint treatment of dual disorders. In: A.L. Alterman (ed.) Substance abuse and psychopathology. Plenum Press, New York 1985

König, W.: Schizophrene Erkrankungen. Quintessenz Verlag, München 1993

Krausz, M., D.R. Schwoon, P. Degkwitz: Verlauf schizophrener Psychosen bei Missbrauch von Suchtmitteln. In: D.R. Schwoon, M. Krausz (Hrsg.) Psychose und Sucht. Lambertus, Freiburg i.Br. 1992

Lieberman, J.A., M.B. Bowers: Substance abuse comorbidity in schizophrenia: Editors' introduction. Schizophrenia Bulletin 16 (1990) 29

McLellan, A.T., A.R. Childress, G.E. Woody: Drug abuse and psychiatric disorders. Role of drug choice. In: A.L. Alterman (ed.) Substance abuse and psychopathology. Plenum Press, New York 1985

Modestin, J.: Notwendigkeit geschlossener Stationen im Akutbehandlungsbereich. Krankenhauspsychiatrie 2 (1991) 15

Modestin, J.,Y. Attinger: Patienten mit Doppeldiagnose. Eine Herausforderung. Swiss Med 14 (1992) 25

Moggi, F., R. Wittig, H.P. Hirsbrunner, K.M. Bachmann: Doppeldiagnosen in der Psychiatrie: Zusammentreffen schwerer psychischer Störungen und substanzgebundener Sucht. Der informierte Arzt – Gazette Médicale 16 (1995) 346

Mueser, K.T., A.S. Bellack, J.J. Blanchard: Comorbidity of schizophrenia and substance abuse: Implications for treatment. Acta Psychiatr. Scand. 85 (1992) 845

Mueser, K.T., P.R. Yarnold, D.F. Levinson, H. Singh, K. Bellack, R.L. Kee, K.G. Morrison, K.G. Yadalman: Prevalence of substance abuse in schizophrenia: Demographic and clinical disorders. Schizophrenia Bulletin 16 (1990) 31

Noordsy, D.L., R.E. Drake, G.B. Teague, F.C. Osher, S.C. Hurlbut, M.S. Beaudett, T.S. Paskus: Subjektive Erfahrungen Schizophrener mit Alkoholkonsum. In: D.R. Schwoon, M. Krausz (Hrsg.) Psychose und Sucht. Lambertus, Freiburg i.Br. 1992

O'Malley, S.S., T.R. Kosten, J.H. Renner: Dual diagnoses: Substance abuse and personality disorders. New Directions for Mental Health Services 47 (1990) 1025

Regier, D.A., M. Farmer, D.S. Rae, B.Z. Locke, S.J. Keith, L.L. Judd: Comorbidity of mental disorders with alcohol and other drug abuse. Results from the epidemiologic catchment area (ECA) study. JAMA 264 (1990) 2511

Rost, W.D.: Psychoanalyse des Alkoholismus. Klett-Cotta, Stuttgart 1987

Schneier, F.R., S.G. Siris: A review of psychoactive substance use and abuse in schizophrenia: patterns of drug choice. J. Nerv. Ment. Dis. 175 (1987) 641

Schwoon, D.R., M. Krausz (Hrsg.) Psychose und Sucht. Krankheitsmodelle, Verbreitung und therapeutische Ansätze. Lambertus, Freiburg i.Br. 1992

Soyka, M., M. Albus, N. Kathmann: Prävalenz von Suchterkrankungen bei schizophrenen Patienten – Erste Ergebnisse einer Studie an 447 stationären Patienten eines großstadtnahen psychiatrischen Bezirkskrankenhauses. In: D.R. Schwoon, M. Krausz (Hrsg.) Psychose und Sucht. Lambertus, Freiburg i.Br. 1992

Täschner, K.-L.: Klinik der Rauschdrogen. In: K.P. Kisker, H. Lauter, H., J.-E. Meyer, C. Müller, E. Strömgren (Hrsg.) Psychiatrie in der Gegenwart. Bd. 3. Abhängigkeit und Sucht. Springer, Berlin 1987

Täschner, K.-L.: „Drogeninduzierte Psychose“ oder „Psychose und Drogenabusus“? In: D.R. Schwoon, M. Krausz (Hrsg.) Psychose und Sucht. Lambertus, Freiburg i.Br. 1992

Zeiler, J.: Schizophrene Bewältigungsstile und Substanzmissbrauch. In: D.R. Schwoon, M. Krausz (Hrsg.) Psychose und Sucht. Lambertus, Freiburg i.Br. 1992

Zubin, J., B. Spring: Vulnerability – a new view of schizophrenia. J. Abn. Psychology 86 (1977) 103

# 18 Wechselwirkungen therapeutischer Interventionen

W. Böker, H.D. Brenner

Im Lichte der gegenwärtig als gültig anerkannten ätiopathogenetischen Erkenntnisse haben wir im Kapitel 4 die Hauptansatzpunkte therapeutischer Interventionen bei schizophren Erkrankten herausgearbeitet und daran anschliessend die einzelnen Therapiemassnahmen vorgestellt. In diesem Kapitel soll nun den Wechselwirkungen dieser Interventionen nachgegangen und der Nutzen kombinierter Vorgehensweisen analysiert werden.

## Theoretische Fundierung therapeutischer Interaktionen

Die Forderung, dass einem multifaktoriellen Ursachenverständnis eine multidimensionale Therapeutik der Schizophrenie zu entsprechen habe, ist nicht neu. Auf dem Weg zu einer integrativen Behandlungsstrategie kann es jedoch nicht mehr nur um eine Addition einzelner Therapiebausteine, sondern muss es immer mehr um die sorgfältige Berücksichtigung und gezielte Nutzung dynamischer Interaktionen der verschiedenen Therapiemassnahmen gehen. Dabei kommt uns das Paradigma der systemischen Interpretationen komplexer Zusammenhänge in der Psychiatrie zu Hilfe, das in den letzten Jahren auch in der Schizophrenielehre zunehmende Bedeutung erlangt hat.

Im Unterschied zu dem traditionellen linearen Denken, das auf die Herausarbeitung von Kausalketten gerichtet ist, meint das „systemische Denken" eine „grundlegende Betrachtungsweise jeglicher Phänomenbereiche, die den Blick auf Muster, Zusammenhänge und Dynamiken lenkt" (Ropohl 1978), namentlich wo es um rückgekoppelte Effekte von Teilprozessen (Elementen) eines lebenden Systems auf dieses selbst geht.

In bezug auf die Schizophrenie kann sich ein solches Denken zum Beispiel folgenden Untersystemen und Prozessen zuwenden: Neuronale Netzwerke als Basis interdependenter Gehirnzustände; biochemische und bioelektrische Fluktuationen der cerebralen Erregung; familiäre Erziehungs- und Kommunikationsmuster; Feedbackspiralen in der Symptomgenese; interagierende Variable, die den Krankheitsverlauf bestimmen; Mehrpersonentherapieformen; Versorgungssysteme für psychotische Patienten u.a.m.

Bereits Scheflen (1981), ein früher Pionier der systemischen Betrachtungsweise in der Psychoseforschung, hat die Schizophrenie als komplexe Resultante von Störungen auf verschiedenen Organisationsebenen psychischen Lebens verstanden, die von Subsystemen der molekularen Hirnstruktur bis zum gesellschaftlichen Suprasystem reichen. Er beschrieb, wie jede Ebene kybernetisch auf jede andere Ebene bezogen ist, und wie Vorgänge auf einer Ebene Wirkungen auf einer anderen auslösen und aufrechterhalten.

So scheint es plausibel, dass eine angeborene strukturelle Fehlentwicklung (Dysplasie, Dystopie) von Nervenzellen in funktionell hochsensiblen Hirnarealen, die für die Steuerung emotionaler und kognitiver Prozesse unentbehrlich sind, nicht nur zu einer vermutlich lebenslangen biologischen Verletzlichkeit für psychosoziale Stressoren führen wird, sondern bei genügend stark einwirkenden invasiven Belastungen an einem völligen Zusammenbruch des cerebralen Steuerungsvermögens Schuld trägt. Wird eine aufgabengerechte Steuerung der Hirntätigkeit, zum Beispiel die Bereitstellung funktionaler Handlungskonzepte oder die selektive Anpassung des Arbeitsgedächtnisses an die wechselnden Lebenswirklichkeiten eines Individuums, dessen Zentralnervensystem bereits durch strukturelle und/oder funktionelle Störungen sensibler Hirnareale beeinträchtigt ist, durch negative Erziehungseinflüsse oder belastende soziale Bedingungen zusätzlich erschwert, dann können sich adäquate Selbstschutz- oder Kompensationspsychismen nur unzureichend ausbilden; auch scheint die Modulation neurophysiologischer Regelvorgänge geschädigt zu sein. In solchen Fällen ist die Vulnerabilitätsschwelle wahrscheinlich besonders niedrig, und es kommt früher zum Psychoseausbruch bzw. zu der Ersterkrankung vorausgehenden Defizienzen als in günstiger verlaufenden Individualentwicklungen. Führt die Symptomgenese zu schweren Verhaltensstörungen, die den Erkrankten seiner vertrauten Umgebung entfremden, ihn der liebevollen Zuwendung wichtiger Beziehungspersonen berauben, von stimulierenden Sozialkontakten abschneiden oder sogar – wie früher allzu häufig – in Hospitalismus fördernden Massenasylen für lange Zeit einzuweisen nötigen, dann werden die vorher bereits unzureichend erworbenen Fähigkeiten und Bewältigungsmöglichkeiten inaktiviert oder gehen weitgehend verloren. Auch dürfte der Gedächtnisspeicher durch negative, zum Beispiel angsterregende Inhalte gefüllt werden, die dem Erwerb neuer, aus der Psychose herausführenden Erfahrungen entgegenstehen.

In der Begrifflichkeit des Erkenntnisbiologen Maturana (1982) kommt es auf diese Weise zu einer Verarmung „konsensueller Bereiche" und zu einer schädigenden Ausdünnung des für das gesunde psychische Leben notwendigen „Netzwerkes struktureller Koppelungen" mit anderen Menschen. Man muss vermuten, dass eine solche Entwicklung den neuronalen Erregungsfluss des Gehirns beeinträchtigt und sich dadurch auf autistische Vermeidungshaltungen zielende Rückzugstendenzen der langfristig Erkrankten verstärken und chronifizieren, was dem klinischen Bild ausgeprägter Negativsymptome und residualer „Defektsyndrome" entspricht.

Solche Überlegungen lenken konsequenterweise den Blick auf die Bedeutung interaktiver therapeutischer Wirksamkeiten.

So wies beispielsweise schon Schefflen darauf hin, dass Störungen auf einer der von ihm dargestellten Funktionsebenen, zum Beispiel der Mutter-Kind-Beziehung, auf einer höheren Funktionsebene, zum Beispiel durch das System Gesamtfamilie, ausgeglichen werden können; umschriebene neuronale Fehlfunktionen würden teilweise durch Interaktionen des gesamten Gehirns kompensiert u.a.m. Angeregt durch solche Vordenker gilt das moderne therapeutische Denken und Planen einer sensiblen Berücksichtigung derartiger komplexer und rekursiver Wirkungen, die auch dem Verständnis der Schizophrenie als einer „dynamischen Krankheit" entsprechen.

## Beispiele für die Existenz therapeutischer Wechselwirkungen

Von vorn herein ist anzunehmen, dass unser therapeutisches Handeln sich nicht nur auf eine einzelne Wirkungsebene beschränkt. Kombinierte Therapieeinflüsse sind und waren in der klinischen Praxis der Behandlung und Rehabilitation schizophren Erkrankter schon immer eine Selbstverständlichkeit. Dazu wollen wir einige Beispiele anführen.

- So entsteht im Verlauf der ersten Arzt-Patient-Begegnung bereits eine zumindest minimale psychotherapeutische Beziehung, die neben der initialen medikamentösen Beeinflussung ihre Wirkung tut.
- Die Einweisung eines akut psychotischen Patienten in ein strukturierendes und beruhigendes Stationsmilieu reduziert gleichzeitig pathogene Stressorwirkungen des Herkunftsmilieus.
- Die Arousaldämpfung durch Neuroleptika vermindert den Erregungszustand und ordnet die kognitiven Fähigkeiten; sie ermöglicht es dem Patienten dadurch, auch aus anderen, zum Beispiel psychosozialen, Behandlungsangeboten Nutzen zu ziehen; gleichzeitig restabilisiert sie die Copingkompetenz des Patienten.
- Das Training kompensatorischer Fähigkeiten hilft nicht nur bei der Bewältigung von Basisstörungen, akuten Symptomen oder residualen Beeinträchtigungen, sondern stärkt auch das geschwächte Autonomiebewusstsein des vulnerablen, ich-gestörten Kranken.
- Die Vermittlung eines gut fasslichen Krankheitskonzeptes stimuliert nicht nur die Mitarbeit des Kranken am Therapieplan und verbessert seine Compliance, zum Beispiel für eine Langzeitmedikation, sondern dürfte auch die Integration der Psychoseerlebnisse in die individuelle Biographie erleichtern.

Diese wenigen Beispiele lassen erkennen, wie, ganz im Sinne Schefflens, die therapeutische Beeinflussung einzelner Störungsmuster bzw. Störungsebenen synerge Wirkungen auf anderen Ebenen zur Folge haben.

## Noch unzureichende Beachtung des Themas in der Praxis

So selbstverständlich derartige interaktive Wirkungen heute unserem theoretischen Verständnis erscheinen, so wenig hat ihre bewusste Beachtung und gezielte Nutzung leider bereits Eingang in die allgemeine Behandlungspraxis gefunden. Dass etwa die biologische und die psychologische Dimension der Schizophrenietherapie gleichermassen als bedeutsam erkannt und reflektiert werden, ist gegenwärtig noch nicht die Regel. Nach wie vor sind die Auffassungen über die Ursachen und die optimale Behandlung der Schizophrenien durchaus kontrovers. Zwar sind in der Literatur Arbeiten selten geworden, welche für die alleinige Anwendung psychotherapeutischer, insbesondere psychoanalytischer Verfahren plädieren. Indessen ist die Empfehlung, auf eine neuroleptische Behandlung weitgehend zu verzichten, noch immer ein zentraler Aspekt einzelner alternativer Therapieansätze, zum Beispiel des Soteria-Konzeptes. Dem stehen Publikationen gegenüber, in denen die Psychotherapie als ein additiv möglicher, keineswegs aber notwendiger Zusatz zur Pharmakotherapie gesehen wird.

## Der Nutzen kombinierter Behandlungsverfahren

Hierzu ist klar folgendes zu sagen: Die heute vorliegenden Ergebnisse zeigen, dass die planmässige Kombination von Behandlungsmethoden gegenüber der Anwendung eines einzelnen Verfahrens verschiedene Vorzüge aufweisen und bessere therapeutische Wirkungen entfalten können. Dies gilt insbesondere für Kombinationen von neuroleptischer Behandlung mit dem Training von sozialen Fertigkeiten und von Problemlösefertigkeiten sowie mit familientherapeutischen Interventionen. Kombinationen von psychoedukativen Programmen zur Frühintervention mit Niedrigdosierung oder mit intermittierender Therapie scheinen zudem die grössere Rückfallgefährdung bei der Reduktion oder dem schrittweisen Absetzen einer neuroleptischen Standardmedikation vermindern zu helfen. Zur Kombination von Neuroleptika mit dem Training kognitiver Funktionen („cognitive remediation") liegen bisher keine planmässig durchgeführten Untersuchungen vor. Die Ergebnisse von Brenner et al. (1987) in einer prospektiven, kontrollierten Gruppenvergleichsstudie zum Integrierten Psychologischen Therapieprogramm (IPT) bezüglich verminderter Wiederaufnahmeraten und besserer psychosozialer Anpassung lassen positive Interaktionseffekte zwar vermuten, es fehlen aber speziell dieser Fragestellung gewidmete Replikationsstudien mit gezielter Variation der entsprechenden Behandlungsbedingungen.

Für die Kombination einer neuroleptischen Behandlung mit dem Training sozialer Fertigkeiten werden in der Literatur signifikant bessere Resultate, insbesondere bezüglich der Rückfallhäufigkeit und der psychosozialen Anpassung, berichtet. Beispielhaft dafür sind die Ergebnisse von drei schon in den 80er Jahren durchgeführten prospektiven, randomisierten Gruppenkontrollstudien (siehe Tabelle 1). In der Studie von Wallace und Wallace und Liberman (1985) erlitten 9 Monate nach Abschluss der Behandlung nur 23 % der Experimentalgruppe, die zusätzlich zur neuroleptischen Behandlung ein Training sozialer Fertigkeiten absolvierte, einen Rückfall gegenüber einer Rückfallhäufigkeit von 49 % bei der Vergleichsgruppe mit sogenannter ganzheit-

**Tabelle 1** Rehospitalisierungen oder Rückfallraten beim Training Sozialer Fertigkeiten (TSF) vs. andere Therapieansätze / Standardtherapie einschliesslich Pharmakotherapie

| Studie | Behandlung | N | 9–12 Monate | 24 Monate |
|---|---|---|---|---|
| | | | Rückfälle (%) | |
| Hogarty et al. 1986, 1991 | TSF | 20 | 20% | 50% |
| | Familientherapie | 21 | 19% | 29% |
| | TSF/Familientherapie | 20 | 0% | 25% |
| | nur Pharmakotherapie | 29 | 38% | 62% |
| Wallace und Liberman, 1985 | TSF | 14 | 23% | 50% |
| | Ganzheitliche Therapie | 14 | 50% | 78% |
| Falloon et al. 1986, 1991 | TSF | 14 | 21% | 50% |
| | Ganzheitliche Therapie | 14 | 50% | 79% |
| Bellack et al. 1984 | TSF | 29 | 48% | |
| | nur Tagesklinik-Programm | 12 | 50% | |

licher Therapie (holistisch-ergotherapeutischer Ansatz). In der Studie von Hogarty et al. (1986, 1991) zeigte sich 12 Monate nach Abschluss der Behandlung eine Rückfallhäufigkeit von 23 % bei der Kombination von Neuroleptika mit dem Training sozialer Fertigkeiten gegenüber 43 % bei neuroleptischer Behandlung mit Standardversorgung. In der Studie von Bellack et al. (1984) wurde das Training sozialer Fertigkeiten in Kombination mit Tagesklinik und medikamentöser Therapie (Standardbehandlung) mit der Standardbehandlung allein verglichen. Für die Kombinationsbehandlung zeigten sich signifikant bessere Therapieeffekte bezüglich sozialer Fertigkeiten, des allgemeinen psychosozialen Funktionsniveaus sowie bezüglich des klinischen Zustandes, die auch bei einer „follow-up"-Untersuchung 6 Monate nach Therapieende weiterbestanden. In bezug auf die über Rehospitalisierungen definierten Rückfallraten fanden sich dagegen zum Ende des auf die Behandlung folgenden Jahres keine Unterschiede zwischen Experimental- und Kontrollgruppe. Vermutlich war die Behandlungsdauer von nur 3 Monaten zu kurz, um diesbezügliche Effekte erzielen zu können, einmal abgesehen davon, dass Rehospitalisierungsraten als Rückfallindikator nur wenig geeignet sind. Von Interesse sind in dieser Hinsicht auch die Ergebnisse einer Metaanalyse von 27 Studien zum Training sozialer Fertigkeiten von Benton und Schröder (1990), welche eine zwar gering ausgeprägte, jedoch stabile Senkung der Rückfallraten, eine Verkürzung der stationären Behandlungsdauer sowie eine Verbesserung des psychosozialen Funktionsniveaus zeigen.

Besonders ausgeprägt ist die Senkung der Rückfallhäufigkeiten bei der Kombination einer neuroleptischen Behandlung mit familientherapeutischen Interventionen (siehe Kapitel 9). Auch hierzu liegen aus den 80er Jahren vier grössere prospektive und randomisiert durchgeführte Gruppenkontrollstudien mit einer 2-Jahres-Katamnese vor (siehe Tabelle 2). Die durchgehend grossen Unterschiede in den Rückfallraten sprechen für sich. Aussagen über interaktive Wirkungen im engeren Sinn lassen sich daraus aber nicht ableiten. Dazu wären systematische Variationen der medikamentösen Therapie und/oder der familientherapeutischen Interventionen nach Intensität und Dauer notwendig. Keith (1993) berichtete erste Ergebnisse eines Gruppenvergleichs, bei dem eine sogenannte supportive Familientherapie (Sitzungen nur in der Klinik) und eine sogenannte angewandte Familientherapie (Sitzungen beim Patienten zu Hause) jeweils mit einer Standardmedikation, mit Niedrigdosierung oder mit intermittierender medikamentöser Therapie kombiniert wurden. Bezüglich der Rückfallraten zeigten sich bei der Standardmedikation signifikant bessere Ergebnisse als bei der Niedrigdosierung und, mit nochmaligem signifikantem Abstand, bei der intermittierenden Therapie. Bezüglich der Rehospitalisationsraten schnitten Standard- und Niedrigdosierung etwa gleich gut ab, die intermittierende Therapie folgte mit signifikantem Abstand. Umgekehrt zeigte sich für die intermittierende Therapie eine signifikant rascher einsetzende Verbesserung der Negativsymptomatik. Zwischen den beiden familientherapeutischen Interventionen bestanden je-

**Tabelle 2** Rückfallraten bei Familientherapie, Training sozialer Fertigkeiten und deren Kombination vs. Standardbehandlung einschliesslich Pharmakotherapie

| Studie | Behandlung | N | Rückfälle (%) katamnestisch 9–12 Monate | 24 Monate |
|---|---|---|---|---|
| Leff et al. 1986, 1991 | Familientherapie | 12 | 9% | 20% |
| | Standardbehandlung | 12 | 50% | 78% |
| Falloon et al. 1986, 1991 | Familientherapie | 18 | 6% | 17% |
| | Psychotherapie | 18 | 44% | 83% |
| Hogarty et al. 1986, 1991 | Familientherapie | 21 | 19% | 29% |
| | Training sozialer Fertigkeiten | 20 | 20% | 50% |
| | Kombination | 20 | 0% | 25% |
| | Pharmakotherapie | 29 | 38% | 62% |
| Tarrier et al. 1988, 1989 | Familientherapie | 25 | 12% | 33% |
| | Psychoedukation | 14 | 43% | 57% |
| | Standardbehandlung | 15 | 53% | 60% |

weils keine signifikanten Unterschiede. Hinsichtlich der Wirkmechanismen dürften familientherapeutische Interventionen zu einer Verringerung familiärer Belastungen, zu einer stärkeren familiären Unterstützung und zu einer besseren Compliance führen. Schon in einer früheren Untersuchung von Goldstein et al. (1978) mit einer kürzeren familientherapeutischen Intervention fanden sich Hinweise darauf, dass bei gleichzeitiger Familientherapie eine geringere medikamentöse Erhaltungsdosis ausreichend ist. Auch Hogarty et al. (1991) fanden bei ihrer familientherapeutisch behandelten Stichprobe schizophrener Patienten keine signifikanten Unterschiede in der Rückfallhäufigkeit zwischen medikamentöser Standardbehandlung und Niedrigdosierung. Eine bessere Compliance könnte nur einen Teil dieser günstigen Kombinationseffekte erklären. In beiden Untersuchungen bleiben die Gruppenunterschiede nämlich auch bei ausschliesslicher Berücksichtigung nur der sicher complianten Patienten signifikant.

Noch zu wenig breit reflektiert scheint allerdings der Umstand, dass nach Beendigung der intensiven Therapiephase die Rückfallhäufigkeiten regelmässig ansteigen, was in den kleineren Gruppenunterschieden nach zwei Jahren deutlich zum Ausdruck kommt. Hogarty (mündliche Mitteilung) fand, dass im dritten Jahr die Rückfallraten weiterhin deutlich zunehmen, eine Beobachtung, die man auch bei Trainingsprogrammen zu sozialen Fertigkeiten macht. Dies könnte auf die Bedeutung der längerfristigen Verfügbarkeit des Therapeuten als Quelle kompetenter Unterstützung und Hilfe bei der Problemlösung hinweisen und wirft die grundsätzliche Frage auf, inwieweit durch eine psychosoziale Therapie Rückfälle tatsächlich verhindert oder aber lediglich aufgeschoben werden, dies insbesondere dann, wenn in einer fortgeschrittenen Rehabilitationsphase die Umgebungsanforderungen zunehmen. Vermutlich müssen auch psychosoziale Therapieverfahren, analog der medikamentösen Therapie, in Form von „Auffrischsitzungen" in grösseren Zeitabständen über die ganze Risikoperiode für neuerliche Krankheitsepisoden hinweg fortgesetzt werden.

## Forschungen zum Thema

Den methodischen Anforderungen an die Untersuchung interaktiver Prozesse im engeren Sinn am nächsten kommt die komplex angelegte Studie von Hogarty et al. (1986, 1991). Neben der Wirksamkeit einer familientherapeutischen Intervention wurde darin auch die Wirksamkeit des Trainings sozialer Fertigkeiten sowie der Kombination beider Verfahren überprüft. Letztere weist zum Schluss des ersten Jahres bezüglich der Rückfallhäufigkeiten offenbar einen additiven Effekt auf, der aber im zweiten Jahr verlorengeht. Dafür scheint vor allem der Verlust der Wirkung des Trainings sozialer Fertigkeiten verantwortlich. Eine genauere Analyse der Resultate zeigt diesbezüglich vermehrte Rückfälle spät im zweiten Jahr in Verbindung mit weiteren Rehabilitationsschritten, mit fortbestehenden Familienkonflikten (die nach dem Design der Studie in dieser Behandlungsbedingung nicht gezielt angegangen werden konnten) sowie mit einem Wechsel in anforderungsreichere Umgebungsbedingungen. Interessanterweise zeigten sich in dieser Studie bezüglich des psychosozialen Funktionsniveaus demgegenüber für das Training sozialer Fertigkeiten nach dem ersten Jahr signifikant bessere Ergebnisse als für die familientherapeutischen oder die kombinierten Interventionen, was interaktive Prozesse von unmittelbarer Praxisrelevanz erkennen lässt. So dürfte in dem durch die Familientherapie geförderten supportiven Klima, das zunächst vor allem an der Rückfallverhütung orientiert ist, das Training sozialer Fertigkeiten nicht sein volles Potential entfalten können, weil es dafür gerade auch alltäglicher Herausforderungen bedarf, um das Gelernte in reale Lebenssituationen zu übertragen und zu festigen. Die Nachteile, welche einem solchen „Schonklima" innewohnen können, zeigen sich dann im weiteren Rehabilitationsverlauf, wenn zunehmende Anforderungen ausserhalb der häuslichen Umgebung bewältigt werden müssen. Zu spezifischen Interaktionen mit der neuroleptischen Behandlung lassen sich aber auch aus diesen Ergebnissen keine sicheren Folgerungen ziehen, da keine systematische Variation der Medikation erfolgte.

In dieser Hinsicht sind die Untersuchungen zur Niedrigdosierung und zur intermittierenden medikamentösen Therapie von speziellem Interesse. In Tabelle 3 sind die Ergebnisse von je zwei exemplarischen Studien mit und ohne gleichzeitige, explizite psychoedukative Interventionen einander zum Vergleich gegenübergestellt. Durch eine Kombination mit psychoedukativer Therapie lässt sich die grössere Rückfallhäufigkeit bei der Niedrigdosierung offenbar teilweise vermindern. Als Vorteil fallen dann die positiven Wirkungen der Niedrigdosierung bezüglich instru-

**Tabelle 3** Rückfallhäufigkeit bei Niedrigdosierung mit und ohne Kombination mit expliziter psychoedukativer Therapie im Vergleich zur Standardmedikation

| Studie | Behandlung | N | Rückfälle (%) |
|---|---|---|---|
| | ohne psychoedukatives Therapieprogramm | | |
| Kane et al. 1982 | Niedrigdosierung (1,25–2,5 mg) | 319 | 56 |
| | Niedrigdosierung (2,6–10 mg) | | 24 |
| | Standarddosierung (10–50 mg) | | 14 |
| Goldstein et al. 1978 | Niedrigdosierung (6,25 mg) | 104 | 48 |
| | Standarddosierung (25 mg) | | 17 |
| | mit psychoedukativem Therapieprogramm | | Rückfälle (%) |
| Hogarty et al. 1988 | Niedrigdosierung (6 mg) | 70 | 30 |
| | Standarddosierung (25 mg) | | 24 |
| Marder et al. 1989 | Niedrigdosierung (5–10 mg) (1. Jahr) | | 22 |
| | Niedrigdosierung (5–10 mg) (2. Jahr) | | 44 |
| | Standarddosierung (25–50 mg) (1. Jahr) | | 20 |
| | Standarddosierung (25–50 mg) (2. Jahr) | | 31 |

Kane et al. (1982): nach 64 Wochen Stabilisierung; Rückfälle innerhalb von 12 Monaten
Goldstein et al. (1978): nach 12 Tagen Akutbehandlung für 6 Wochen Medikation nach Studiendesign, anschliessend individuelle Dosiseinstellung; Rückfälle innerhalb von 6 Monaten
Hogarty et al. (1988); Marder et al. (1989): individuell nach Symptomremission; Rückfälle innerhalb von 12 bzw. 24 Monaten

menteller Fertigkeiten und der Rollenerfüllung stärker ins Gewicht, ebenso wie die teilweise berichtete geringere Belastung der Angehörigen. Die häufigeren Symptomexazerbationen bleiben demgegenüber in der Mehrzahl mild und gut beherrschbar. Gesamthaft gesehen scheint nach dem heutigen Kenntnisstand mit der Strategie der Niedrigdosierung vor allem bei Patienten mit guter praemorbider Anpassung und guter sozialer Kompetenz eine Reduktion auf bis ein Fünftel der Standarddosis ohne allzu grosse Erhöhung des Rückfallrisikos möglich, wenn gleichzeitig eine sorgfältige Exploration von Frühwarnsymptomen, die Erarbeitung eines optimalen Umgangs damit, ihr anschliessendes Monitoring und eine individuell angepasste medikamentöse, psychologische oder psychosoziale Frühintervention erfolgen. Bei einer weiteren Dosisreduktion steigt dagegen das Rückfallrisiko auch bei der Kombination mit einer psychoedukativen Therapie deutlich an.

Eine differenzierte Beurteilung erfordern auch die bis heute vorliegenden Untersuchungen zum Vergleich einer intermittierenden Neuroleptikatherapie mit der Standardmedikation. In Tabelle 4 sind die in den diesbezüglich am häufigsten zitierten Studien gefundenen Rückfallhäufigkeiten innerhalb von 2 Jahren zusammengestellt. Die auf den ersten Blick überraschenden Unterschiede geben bei genauerer Betrachtung weitere praxisrelevante Hinweise zur Interaktion zwischen Psychopharmakotherapie und psychoedukativer Therapie. In der Untersuchung von Carpenter et al. (1987) wurde die bisherige Medikation vor Studienbeginn abrupt abgesetzt und keine längere medikamentenfreie Stabilisierungsphase abgewartet. Es erfolgte auch keine standardisierte Erfassung von Früh- und Warnsymptomen. In der Untersuchung von Jolley et al. (1990) waren diese Bedingungen zwar gegeben, regelmässige Therapiesitzungen fanden aber nur alle ein bis zwei Monate statt, was die Chancen einer Frühintervention zweifellos verminderte. Die besonders niedrigen Rückfallhäufigkeiten von Herz et al. (1991) ohne signifikante Unterschiede zwischen den beiden pharmakotherapeutischen Strategien, dies auch bezüglich des psychosozialen Funktionsniveaus und der Psychopathologie, sind aus verschiedenen Gründen besonders interessant. Zum einen lag die durchschnittliche Medikamentendosis in der Dauermedikationsgruppe mit 290 mg in Chlopromazinäquivalenten bereits unter der üblichen Standardmedikation. Zum anderen fand während des gesamten Untersuchungszeitraums eine fortlaufende Patientenselektion statt, die durchaus auch als Leitlinie für die klinische Praxis dienen könnte. So wurden in die Studie nur Patienten aufgenommen, die wäh-

**Tabelle 4** Rückfallhäufigkeit bei intermittierender Therapie im Vergleich zur Dauermedikation

| Studie | Behandlung | N | Rückfälle (%) |
|---|---|---|---|
| Carpenter et al. 1986 | Dauermedikation | 42 | 45 |
| | Intermittierende Therapie | | 52 |
| Jolley et al. 1990 | Dauermedikation | 54 | 30 |
| | Intermittierende Therapie | | 52 |
| Müller 1991 | Dauermedikation | 365 | 23 |
| | Intermittierende Therapie | | 49 |
| Herz 1991 | Dauermedikation | 10 | 16 |
| | Intermittierende Therapie | | 24 |

rend 3 Monaten nach Absetzen der bisherigen Medikation eine stabile Remission zeigten, und fortlaufend wurde bei denjenigen Patienten, die entweder mehr als drei prodromale Episoden innerhalb von 12 Monaten erlitten oder bei denen eine prodromale Episode länger als 9 Wochen andauerte, eine individuell angepasste, offene Neuroleptikamedikation eingeleitet. Auf diese Weise schieden nach und nach 46 % der Intervallgruppe gegenüber 18 % der Patienten der Dauermedikationsgruppe aus der Studie aus. Offensichtlich ist für eine erfolgreiche intermittierende Therapie also neben der Kombination mit einem psychoedukativen Programm eine sorgfältige Patientenselektion ganz besonders wichtig. Durch die in Forschungsuntersuchungen notwendige randomisierte Zuteilung der Patienten zu den verschiedenen Behandlungsgruppen werden gegenüber einer optimalen klinischen Praxis sowohl für die intermittierende medikamentöse Therapie als auch für die Niedrigdosierung eher ungünstige Ausgangsbedingungen geschaffen.

Müller et al. (1991) machen dazu aufgrund von Beobachtungen im Rahmen einer deutschen Multi-Center Studie weitere interessante Angaben (vgl. auch Gaebel 1996). Der Wechsel zwischen verschiedenen Befindlichkeiten bei der intermittierenden Therapie erfordert ein hohes Mass an Flexibilität und Introspektionsfähigkeit. Der Patient muss lernen, mit verschiedenen Ausprägungsgraden seiner Vulnerabilität umzugehen, da die Abschirmung durch die Medikamente immer wieder wegfällt. Bei einem Mangel an Bewältigungsfähigkeiten kann dies eine zusätzliche Belastung darstellen. Demgegenüber werden Patienten mit guten Fähigkeiten zur Selbstreflexion und gutem Bewältigungspotential durch die Dauermedikation die eigenen Einflussmöglichkeiten genommen, und die integrierende Verarbeitung der Erkrankung wird erschwert. So kann sich im Rahmen einer psychoedukativen Therapie die unter Neuroleptikagabe verminderte Sensibilität für das eigene Bedürfnis nach Ruhe und Rückzug als Problem herausstellen. Auch noch in anderer Hinsicht sind die Ergebnisse von Müller et al. (1991) besonders aufschlussreich. Zwar zeigten bei genauerer Betrachtung die Patienten der Intervallgruppe häufigere Rezidive sowohl während dem ersten als auch während dem zweiten Jahr. Diese waren jedoch rascher und leichter behandelbar und führten nur in rund der Hälfte der Fälle zur Rehospitalisation. Es fanden sich aber keine Unterschiede bezüglich der Beschäftigung und der allgemeinen psychosozialen Anpassung. Denkbar ist, dass in dieser Hinsicht die Vorteile einer selteneren und insgesamt niedrigeren Neuroleptikamedikation die negativen Auswirkungen häufigerer Rezidive kompensieren können.

## Offene Fragen

Versucht man eine Bewertung des Standes der empirischen Forschung zu den Wechselwirkungen therapeutischer Interventionen bei der Schizophrenie insgesamt, so dürfen die zum Teil eindrucksvollen Verbesserungen bezüglich der Rückfallhäufigkeiten, der Rehospitalisationsraten sowie instrumenteller Fertigkeiten und der psychosozialen Anpassung, die sich durch die Kombination verschiedener Behandlungsverfahren erzielen lassen, nicht darüber hinwegtäuschen, dass wir noch wenig über die dabei relevanten interaktiven Prozesse selbst wissen. Die gängige Annahme, dass die Pharmakotherapie Rückfälle auf direktem Weg durch symptomatische Prophylaxe verhindert, die Psychotherapie oder psychosoziale Therapie auf indirektem Weg über verbesserte soziale Fertigkeiten oder die effektivere Bewältigung von Belastungssituationen, ist jedenfalls zu schematisch und vereinfachend. Neuere Modellvorstellungen und Befunde in den Neurowissenschaften erlauben es, neurobiologische und psychodynamische sowie psychosoziale Forschungsergebnisse ansatzweise aufeinander zu beziehen und so die Neurobiologie für die Psychiatrie erst richtig fruchtbar zu machen. So können beispielsweise nach dem Konzept der Verhaltenssensitivierung (vgl. Post 1992) neben elektrischen und chemischen Stimulationen auch psychosoziale Reize wie psychische Belastungen oder Lernprozesse in Abhängigkeit von Typ und Einwirkungsart in jeweils spezifischen neuralen Systemen nicht nur kurzfristige biochemische Wirkungen hervorrufen, sondern auch langfristigen Einfluss auf Funktion und Mikrostruktur nehmen. Bei letzterem scheint die Aktivierung von Transkriptionsfaktoren auf molekularer Ebene zu einer Kaskade dauerhafter Anpassungsprozesse bei Neuropeptiden, Rezeptoren und intrazellulären Enzymen zu führen. Pharmakotherapeutische und psychotherapeutische bzw. psychosoziale Interventionen könnten also sowohl unterschiedliche pathophysiologische Mechanismen beeinflussen, als auch in denselben Wirkmechanismen konvergieren und dann auf die gleiche pathogenetische Endstrecke einwirken.

Freilich dürfte es noch ein langer Weg sein, bis sich entsprechende Erkenntnisse für die weitere Optimierung und Verbreitung einer integrativen Therapeutik nutzbar machen lassen. Bei der Suche nach effizienteren Einflussmöglichkeiten auf den Verlauf und Ausgang der Schizophrenie geht es indessen nicht nur um eine sinnvolle Kombination verschiedener Therapiebausteine, sondern ebenso um die planvolle Abstimmung von Art, Zeitpunkt, Intensität und Dauer der eingesetzten Interventionen sowie um die möglichst erfolgversprechende Zuordnung zu verschiedenen Patientenmerkmalen. Dabei sind nicht nur krankheitsbezogene Variable, sondern vielleicht mehr noch Persönlichkeitsmerkmale und Umweltbedingungen von Bedeutung. So ist es etwa denkbar, dass bei einer Neuroleptikaniedrigdosierung das erreichbare Mass der Dosisreduktion gegenüber der Standarddauermedikation bei begleitender psychoedukativer Betreuung mit der Intensität einer gleichzeitig angebotenen familientherapeutischen Intervention variieren könnte und dass sich diesbezüglich im Hinblick auf die jeweilige prämorbide Anpassung und die vorherrschende Familienatmosphäre deutliche Unterschiede zeigen würden.

## Zeitabhängigkeit interaktiver Wirkungen

Ganz offensichtlich ist auch der Zeitpunkt unseres Handelns von grosser Wichtigkeit. Je früher zum Beispiel Neuroleptika gegeben werden, umso grösser ist ihre Wirksamkeit. Je rascher die psychotische Desorganisationsphase beendet werden kann, umso weniger dürften sich nachteilige Abwehrpsychismen wie Wahnbildungen, Rückzugsverhalten und andere Reaktionsmuster ausbilden, die ihrerseits Krankheitswert besitzen und zu sekundären und tertiären Behinderungen führen. Andererseits verlangt der nach einer akuten psychotischen Episode häufig beobachtete „postremissive Erschöpfungszustand" (Heinrich 1967) die Gewährung einer Erholungsphase, die nicht durch forcierte Rehabilitationsmassnahmen gestört werden sollte, will man den Genesenden in der Restabilisierungsphase nicht überfordern. Beim allerersten Auftreten von Früh- und Warnsymptomen hingegen ist wiederum eine schnelle Intervention notwendig, um die Ausbildung eines Psychoserezidivs bereits in den Anfängen zu unterbinden. Generell gilt, dass mit Angehörigen psychotisch Erkrankter der Kontakt nicht früh genug aufgenommen werden kann.

## Wechselwirkungen im Versorgungssystem

Schliesslich ist auch auf der Ebene der Versorgungssysteme für psychotisch Kranke eine Sensibilität für Wechselwirkungen der immer vielfältiger zur Verfügung stehenden Behandlungsangebote notwendig. Wir begegnen hier einem, wie uns scheint, zunehmend wichtiger werdenden Problemfeld.

Aus der Tatsache, dass immer zahlreichere Betreuer und Therapeuten aus den verschiedensten Psychoberufen mit schwierigen Menschen arbeiten und sich dabei ergänzen, aber auch gegenseitig konkurrenzieren und in die Quere kommen können, wachsen neuartige Schwierigkeiten, die zum Beispiel zu folgenden Fragen führen: Wer definiert welche Störungen als Ziel welcher Hilfsmassnahmen? Wessen Kompetenz ist zu welchem Zeitpunkt gefragt? Bis zu welchem Ausmass soll beispielsweise die Lern- und Verhaltensstörung eines mit Psychosen hereditär belasteten Schülers noch in einem pädagogischen

Kontext als „Reifungskrise" und ab wann als abklärungsbedürftige psychiatrische Problematik eingestuft werden? Wie lange soll der eventuell als hebephren beurteilte junge Kranke dann ambulant und ab wann stationär behandelt werden? Wann ist eine Familientherapie vonnöten? Wer soll sie und nach welcher Methode durchführen, wer nimmt die Überweisung vor, wer besorgt die Nachbehandlung und ist für eine Langzeitbetreuung verantwortlich? Wem „gehört" der Patient, der sich selbst abhanden zu kommen droht?

Es ist offenkundig, dass sich auf der Wegstrekke dieses Diagnostizier-, Überweisungs- und Behandlungsverlaufs viele Kreuzungen oder Weggabelungen und typische Zuweisungsmuster (Bergold 1992) finden, die das Schicksal vieler „institutionell verflochtener Fälle" (Steiner et al. 1988, Ahlers 1991) in unterschiedlicher Richtung lenken können. Wer behält in dem immer engmaschiger geknüpften psychosozialen Netzwerk noch die Übersicht?

Als Orientierungshilfe erscheinen uns hierbei systemische Überlegungen von grossem Nutzen. Sie könnten belastende Doppelspurigkeiten und Zeitverluste vermeiden helfen und zu einem gezielteren Einsatz unserer Ressourcen führen.

Unter anderem hat sich vor allem der von Maturana und von Luhmanns Theorie sozialer Systeme beeinflusste Hamburger Psychologe und Direktor des Instituts für systemische Studien K. Ludewig (1988) um die Grundzüge eines systemischen Verständnisses psychosozialer und klinischer Versorgung bemüht und auf die rekursiven Verknüpfungen von Problemfall, Kommunikation und sozialem System hingewiesen: „Nicht ein Verhalten oder dessen Fehlen selbst ist das Problem, sondern die Kommunikation, die es zu einem Problem macht. Sollte dabei die Überwindung des Problems in einer Therapie gesucht werden, d. h. werden einer oder mehrere Therapeuten in den Umgang mit dem Problem miteinbezogen, so geht das sogenannte „Problemsystem" in ein „klinisches System" über. Im ungünstigen Fall kann es zu negativen Wechselwirkungen kommen: „Festgefahrene Patienten, die im Hervorbringen ihrer individuellen und sozialen Welt Probleme erzeugt haben, treffen auf festgefahrene Kliniker, die ihre eigene innere und soziale Kohärenz unter Bezugnahme auf Invarianzen für den allgemeinen Fall vorbringen. Die Probleme des klinischen Alltags sind damit programmiert: Ärger, Widerstand, Abbruch, Entwertung, Machtkampf, Noncompliance, Burnout und klinische Folie à deux bzw. endlose Therapie".

Die Lösung solcher Fehlentwicklungen im Dickicht institutioneller Beziehungen kann nur in der wiederholten Erklärung von Kompetenzgrenzen und Therapiezielen liegen, d. h. in einer sorgfältigen Kommunikation über die mannigfaltigen Strukturkoppelungen. Damit erhalten die an der Therapie Beteiligten auch wichtige Rückmeldungen über den Erfolg oder Misserfolg der von ihnen eingesetzten Massnahmen.

## Ausblick

Die sorgfältigere Beachtung interaktiver Therapiewirkungen unter dem Einfluss des systemischen Denkens wird zweifellos den Wirkungsgrad der einzelnen Therapieverfahren erhöhen, störende Nebenwirkungen vermindern, die Plausibilität psychiatrischen Handelns verbessern und dadurch die Kooperationsbereitschaft schizophren erkrankter Menschen und ihrer Angehörigen steigern. Je besser uns dies gelingt, umso näher kommen wir dem anspruchsvollen Ziel, eine wirkliche Partnerschaft aller Betroffenen auf den Weg zu bringen. Dann könnte eines Tages dem Einbruch der „schizophrenen Katastrophe", als der früheren Generationen dieses Krankheitsschicksal erschienen ist, manches von seinem Schrecken und seinen oft so bedrückenden Auswirkungen genommen werden!

## Literatur


Ahlers, C.: Experten als Mitwirker im Problemsystem der Psychiatrie. Eine Fallgeschichte. In: L. Reiter, C. Ahlers (Hrsg.) Systemisches Denken und therapeutischer Prozess. Springer, Berlin 1991

Bellack, A.S., et al.: An examination of the efficacy of social skills training for chronic schizophrenic patients. Hospital & Community Psychiatry 35 (1984) 1023

Benton, M.K., H.E. Schröder: Social skills training with schizophrenics: A meta-analytic evaluation. Journal of Consulting and Clinical Psychology 58 (1990) 741

Bergold, J.B.: The systemic character of the psychosocial and psychiatric health services. In: W. Tschacher, G. Schiepek, E.J. Brunner (eds.) Self-Organization and clinical psychology. Springer, Berlin 1992

Brenner, H.D., B. Hodel, G. Kube, V. Roder: Kognitive Therapie bei Schizophrenen: Problemanalyse und empirische Ergebnisse. Nervenarzt 58 (1987) 72

Carpenter, W.T., J.H. Stephens, T.E. Hanlon: A comparative trial of pharmacologic strategies in schizophrenia. Am. J. Psychiatry 144 (1987) 1466

Gaebel, W.: Medikamentöse Frühintervention in der Rückfallprophylaxe: Grundlagen, Indikation und Durchführung. In: W. Böker, H.D. Brenner (Hrsg.) Integrative Therapie der Schizophrenie. Huber, Bern Göttingen Toronto Seattle 1996

Goldstein, M.J., E.H. Rodnick, J.R. Evans et al.: Drug and family therapy in the aftercare treatment of acute schizophrenia. Arch. Gen. Psychiatry 35, 169

Heinrich, K.: Zur Bedeutung des postremissiven Erschöpfungssyndroms für die Rehabilitation Schizophrener. Nervenarzt 38 (1967) 487

Herz, M.I., W.M. Glazer, M.A. Mostert et al.: Intermittent vs. maintenance medication in schizophrenia. Two-year results. Arch. Gen. Psychiatry 48 (1991) 333

Hogarty, G.E., C. Anderson: Eine kontrollierte Studie über Familientherapie, Training sozialer Fertigkeiten und unterstützender Chemotherapie in der Nachbehandlung Schizophrener. In: W. Böker, H.D. Brenner (Hrsg.) Die Bewältigung der Schizophrenie. Huber, Bern 1986

Hogarty, G.E., C.M. Anderson, D.J. Reiss, S.J. Kornblith, D.P. Greenwald, R.F. Ulrich, M. Carter: Family psychoeducation, social skills training, and maintenance chemotherapy in the aftercare treatment of schizophrenia. II. Two-year effects of a controlled study on relapse and adjustment. Environmental-Personal Indicators in the Course of Schizophrenia (EPICS) Research Group. Arch. Gen. Psychiatry 48 (1991) 340

Jolley, A.G., S.R. Hirsch, E. Morrison et al.: Trial of brief intermittent neuroleptic prophylaxis for selected schizophrenic outpatients: Clinical and social outcome at two years. British Medical Journal 301 (1990) 837

Keith, S.J.: Combined treatment strategies with schizophrenic disorders: Preliminary results from the NIMH Multicenter Study. Paper presented at the IVth International Symposium on Schizophrenia Bern, Switzerland 1993

Ludewig, K.: Problem-"Bindeglied" klinischer Systeme. Grundzüge eines systemischen Verständnisses psychosozialer und klinischer Probleme. In: L. Reiter, C. Ahlers (Hrsg.) Systemisches Denken und therapeutischer Prozess. Springer, Berlin 1988

Maturana, H.R.: Erkennen: Die Organisation und Verkörperung von Wirklichkeit. Viehweg, Wiesbaden 1982

Müller, P., B. Bandelow, W. Gaebel, W. Köpcke, M. Linden, F. Müller-Spahn, A. Pitzcker, E. Schaefer, J. Tegeler: Intervallmedikation, Coping und Psychotherapie: Interaktion bei der Rezidivprophylaxe und Verlaufsbeeinflussung. In: H.D. Brenner, W. Böker (Hrsg.) Verlaufsprozesse schizophrener Störungen. Huber, Bern 1992

Post, R.M.: Transduction of psychosocial stress into the neurobiology of recurrent affective disorder. Am. J. Psychiatry 149 (1992) 999

Ropohl, G.: Einführung in die allgemeine Systemtheorie. In: H. Leuk, G. Ropohl (Hrsg.) Systemtheorie als Wissenschaftsprogramm. Königstein, Athenäum 1978

Scheflen, A.: Levels of schizophrenia. Brunner und Mazel, New York 1981

Steiner, E., J. Hinsch, L. Reiter, H. Wagner: Familientherapie als Etikett. Eine therapeutische Strategie bei institutionell verflochtenen Fällen? In: L. Reiter, E.J. Brunner, S. Reiter-Theil (Hrsg.) Von der Familientherapie zur systemischen Perspektive. Springer, Berlin 1988

Wallace, C.J., R.P. Liberman: Social skills training for patients with schizophrenia: A controlled clinical trial. Psychiatry Research 15 (1985) 239–247

# 19 Behandlungsorte und -institutionen

W. Böker, H.D. Brenner

Die Entwicklung von Behandlungsinstitutionen, die sich in besonderem Masse für schizophrene Menschen eignen, hat in systematischer Weise nicht vor der frühen Mitte dieses Jahrhunderts eingesetzt. Vorher und noch Jahrzehnte später waren es vor allem die psychiatrischen „Anstalten" und Kliniken der Grund- und Regelversorgung, die sich der Psychosekranken annahmen. Ansätze zu einer sozialpsychiatrischen Versorgung finden sich allerdings bereits in den 20er Jahren. Von den psychiatrischen Kliniken ging dabei neben der schon im 19. Jahrhundert geförderten Familienpflege insbesondere das System der Aussenfürsorge, d. h. der Nachbetreuung entlassener Patienten auch am Wohnort, aus. Zunächst im Rheinland, später auch in anderen Ballungsgebieten Deutschlands entstanden von den psychiatrischen Kliniken unabhängige Fürsorgestellen für psychisch Kranke im Rahmen der Gesundheitsämter, und in Berlin wurden bei den Bezirksverwaltungen dezentrale sozialpsychiatrische Dienste – eine bis heute gebräuchliche Bezeichnung – eingerichtet. Durch den Nationalsozialismus und seine ideologischen Vorläufer erfuhren jedoch diese Bestrebungen ein vorzeitiges Ende, ein Bruch in der Entwicklung der psychiatrischen Versorgung, der auch nach dem Ende des 2. Weltkriegs nur allmählich zu verheilen begann. In den 60er Jahren setzte dann aber auch im deutschsprachigen Raum eine rasche Diversifizierung stationärer, teilstationärer und ambulanter Angebote ein, die heute noch im Flusse ist (Müller 1989). In diesem Kapitel sollen die wichtigsten Behandlungsorte schizophrener Patienten kurz skizziert und bewertet werden.

## Stationäre Behandlung

### Die psychiatrische Klinik traditionellen Zuschnitts

behandelt und versorgt schwer psychisch Kranke und geistig Behinderte auf nosologisch gemischt belegten Stationen, in denen die Patienten gewöhnlich lediglich nach dem Akuitätsgrad ihrer Verhaltensstörungen aufgeteilt werden. Aufnahmeabteilungen für erregte oder suizidale Kranke stehen die „ruhigen Abteilungen" für gebesserte oder beruhigte Langzeitpatienten gegenüber, eine Strukturform, die das alte Modell der „Heil- und Pflegeanstalt" charakterisierte. Es findet sich heute nur noch selten oder nur noch in modifizierter Form. Die gemischte Behandlung diagnostisch sehr unterschiedlicher Störungsbilder ist im Rückgang begriffen.

Dies entspricht der historischen Entwicklung des psychiatrischen Krankenhauses während der letzten 150 Jahre (Böker 1986): Aus Zucht- und Tollhäusern, in denen Geisteskranke noch mit Kriminellen, Bettlern, Prostituierten und Krüppeln zusammenleben mussten, entstanden im 19. Jahrhundert die erwähnten Heil- und Pflegeanstalten, die dem psychotisch Kranken analog zum Körperkranken den Patientenstatus einräumten und Arbeitsscheue und Kriminelle ohne psychische Störungen ausschlossen. Das 20. Jahrhundert brachte Spezialkliniken für Epileptiker und neurologische Patienten, Entziehungsanstalten für Alkoholiker, Schwachsinnigenheime etc. Die breite Einführung der Neuroleptika und die sozialpsychiatrische Reformbewegung der 60er und 70er Jahre führten zu einer starken Belebung der Therapeutik, verbunden mit einer oft drastischen Verkleinerung der kustodial stagnierenden, überfüllten Grossanstalten durch energische Rehabilitationsanstrengungen und die Entlassung oder Verlegung vieler fehlplacierter Dauerinsassen. Im Zuge dieser psychiatriepolitisch überfälligen Behandlungsreform kam es auch zur Verselbständigung von Suchtkliniken, zur Abspaltung von gerontopsychiatrischen Abteilungen, zur Bildung von Kliniken für Psychosomatik und Rehabilitation, zu Tages- und Nachtkliniken und zum Aufbau vielfältiger teilstationärer Einrichtungen. Dieser Differenzierungs- und Klinifizierungsprozess des psychiatrischen Krankenhauses ist heute noch nicht abgeschlossen.

### Psychiatrische Abteilungen an Allgemeinkrankenhäusern

Neben den psychiatrischen Kliniken haben in den letzten 20 Jahren psychiatrische Abteilungen an Allgemeinkrankenhäusern zunehmend an Bedeutung gewonnen (Bauer und Rave-Schwank

1984). Diese Entwicklung wurde von einer ganzen Reihe von Zielsetzungen bestimmt. Sie sollte die Gleichstellung psychisch kranker Menschen mit körperlich Kranken mit sich bringen und die Reintegration der psychiatrischen Versorgung in die allgemeine Gesundheitsversorgung fördern, da die geographische Isolation der psychiatrischen Grosskliniken nicht zuletzt auch zu einer Entfremdung von der übrigen Medizin und zur Vernachlässigung der Psychiatrie geführt hatte. Rechnung getragen werden sollte damit auch den Wechselwirkungen zwischen psychischer und körperlicher Morbidität. Hinzu kamen die Reformbestrebungen nach wohnortnaher Behandlung, Regionalisierung und Sektorisierung. Die in diesem Zusammenhang ebenfalls propagierte vollständige Ersetzung der psychiatrischen Krankenhäuser ist aber nirgendwo gelungen und in den letzten Jahren Vorstellungen von einem Verbundsystem gewichen, in dem die psychiatrischen Kliniken weiterhin den Grossteil der stationären Versorgung übernehmen und insbesondere auch für überregionale und spezialisierte Behandlungs- und Betreuungsaufgaben verantwortlich sind.

Für die Bundesrepublik Deutschland (alte Bundesländer) zählte Rössler (1993) für das Jahr 1990 einschliesslich der Universitätskliniken etwas über einhundert psychiatrische Abteilungen. Mit einem Bettenbestand von rund 10'000 Betten (gegenüber rund 80'000 in psychiatrischen Kliniken) betreuten sie annähernd 50% der jährlich stationäre behandelten Patienten. Die Verhältnisse in anderen europäischen Ländern zeigen eine Bandbreite der Anzahl Betten in psychiatrischen Abteilungen an den psychiatrischen Betten insgesamt zwischen rund einem Viertel (Dänemark) und rund einem Zehntel (Belgien). Die Anzahl behandelter Patienten pro Bett und Jahr sowie die durchschnittliche Aufenthaltsdauer entsprechen im wesentlichen jenen der Akutstationen psychiatrischer Kliniken, was Rückschlüsse auf die heute dort behandelte Patientenpopulation gerade auch bezüglich schizophren Erkrankter zulässt. Während in den psychiatrischen Abteilungen praktisch durchweg das Prinzip der Durchmischung gilt, eröffnet die grössere Gesamtzahl der verfügbaren Betten in den psychiatrischen Kliniken eher die Möglichkeit zur Verwirklichung spezifischer Behandlungskonzepte auch für schizophrene Patienten.

## Klinische Spezialstationen für Schizophrene

Bezüglich der klinischen Behandlung schizophrener Patienten ist der Nutzen spezialisierter Settings früh erkannt worden. Die Einführung der kurmässigen somatischen Behandlungsverfahren Mitte der 30er Jahre in die Psychiatrie und ihre Anwendung bei endogenen Psychosen hat wahrscheinlich erstmals den Organisationstypus der psychosenspezifischen Therapiestation zur Entwicklung gebracht. Namentlich die breite Anwendung der von Sakel (1936) beschriebenen Hypoglykämiebehandlung der Schizophrenie mittels Insulinkomata verlangte medizinische Überwachungs- und Beeinflussungsmöglichkeiten, die nicht mehr – wie dies noch bei der Klaesischen Schlafkur (1922) möglich gewesen war – in einzelnen Wachsaalbetten durchgeführt werden konnte, wollte man nicht Gefahr laufen, von Komplikationen der nicht ungefährlichen Methode wie Nachschock, normoglykämisches Koma, epileptischer Anfall u.a. ohne intensive Interventionsmöglichkeiten überrascht zu werden. Die heute aufgegebenen Insulinstationen lassen sich sogar als Vorläufer der erst später entstehenden psychotherapeutischen Settings für Schizophrene interpretieren.

So schrieb M. Müller in seinem Insulin-Lehrbuch 1952: „Mit Vorteil wird ferner die dem Insulinarzt nach Beendigung der täglichen Insulinbehandlungen zur Verfügung stehende Zeit dazu verwendet, sich der in der somatischen Therapie befindlichen Kranken psychotherapeutisch anzunehmen“. Viele Beobachter führten nämlich die durch Insulin erzielten Remissionen weniger auf die somatischen als gerade die seelischen Auswirkungen der Komata und der daran anschliessenden intensiven Pflege zurück (Unterbrechung psychotischer Abläufe und Objektbeziehungen durch die passagere Bewusstlosigkeit; Todes- und „Wiedergeburts“erlebnisse; Aufbau neuer intensiver Beziehungen zu den Pflegepersonen im Zustand grosser Hilfsbedürftigkeit).

In den 60er Jahren verschob sich das Interesse von den Schock- und Komabehandlungen hin zu den neuen antipsychotisch wirksamen Psychopharmaka, die nun einen viel geordneteren Umgang mit den endlich ruhiger und soziabler gewordenen Psychosepatienten erlaubten. Sowohl für eine psychotherapeutische Beeinflussung als auch für differenzierte Formen der Beschäftigungs- und Arbeitstherapie liessen sich jetzt neue Wege beschreiten.

## Milieutherapeutische Konzepte

Hatte die „aktivere Krankenbehandlung" H. Simons (1929) lediglich eine nosologisch unspezifische Verbesserung des Anstaltslebens in Richtung einer angestrebten „Heilatmosphäre" bewirkt, so zeitigte die intensive Bemühung um eine genauere Anpassung der Krankenhausumgebung an die Bedürfnisse der verschiedenen Patientenkategorien deutlichere Einsichten in die Wirkungsfaktoren der aufkommenden Milieutherapie. Aus den Erfahrungen mit der „therapeutischen Gemeinschaft" (Main 1946) und unter Berücksichtigung der Bedeutung des sozialen Lernens in Gruppen und sozialen Organisationen erwuchs die Erkenntnis, „dass es jeweils spezielle Formen der Milieubehandlung sind, die bei den verschiedenartigen Patientengruppen wirksam sind" (Heim 1985, S. 168). In seiner zusammenfassenden Darstellung einer „Praxis der Milieutherapie" stellte dieser Autor in Weiterführung und Abwandlung der Vorschläge von Price und Moos (1975) sowie Gunderson et al. (1983) fünf Milieutypen vor, die sich durch eine unterschiedliche Zusammensetzung von zwölf sogenannten Wirkfaktoren akzentuieren lassen (jeweils drei Faktoren zu den Wirkungsdimensionen „Partizipation, offene Kommunikation, soziales Lernen und Leben in der Gemeinschaft):

1. Strukturierendes Milieu.
2. Äquilibrierendes Milieu.
3. Animierendes Milieu.
4. Reflektierendes Milieu.
5. Betreuendes Milieu.

Eine enge Zuordnung dieser Typisierung zu Diagnosegruppen lässt sich nicht begründen; die genannten Milieuformen sind allenfalls syndromspezifisch einzusetzen. Bei hochgradig erregten Kranken, z. B. schweren Manien, stehen Strukturierungsbedürfnisse im Vordergrund. Pflegebedürftige Patienten, z. B. auf gerontopsychiatrischen Abteilungen, profitieren am meisten von einem betreuenden Stationsmilieu. Der reflektierende Typus charakterisierte Psychotherapiestationen für neurotisch Kranke, aber auch für stabilisierte psychotische Patienten. Für eine Mehrzahl schizophrener Patienten sieht *Heim* offensichtlich die beiden Typen äquilibrierendes und animierendes Milieu als nützlichste Umgebung an. Dabei sei der erstere Typus bevorzugt bei Aufnahmestationen für erregte Schizophrene, der letztere auf Rehabilitationseinrichtungen für passive Schizophrene anzuwenden.

Heim fasst diese Typisierung nicht als rigide Konstellationen der genannten Wirkfaktoren auf, die therapeutischen Bedürfnisse des einzelnen Kranken wandeln sich ja im Laufe seines Aufenthaltes auf Station: „Zur optimalen Behandlung benötigt der Kranke nicht nur *ein* bestimmtes Milieu, sondern das Milieu müsste mit fortschreitendem Genesungsprozess sich ständig mit ihm zusammen wandeln, um ihm jenen Gegenpart zu bieten, den er gerade am meisten braucht" (Heim, op.cit. S. 180). An das milieutherapeutische Team und ihren Leiter werden also grosse An forderungen in bezug auf Wahrnehmungsfähigkeit und Anpassung der Wirkfaktoren an die wechselnden Befindlichkeiten der Patienten gestellt. Eine diagnostische Entmischung der Stationen dürfte diese komplexe Aufgabe vermutlich erleichtern.

Bei Kriseninterventionsstationen mit kurzen Aufenthaltsdauern wird man, wie auch Heim anmerkt, eine ausgeprägte „milieutherapeutische Kultur" kaum verwirklichen können. Akute schizophrene Rezidive und besonders abklärungs- und hospitalisationsbedürftige schizophrene Ersterkrankungen lassen sich aber weniger gut unter dem Konzept einer kurzfristigen Notfall- und Krisentherapie behandeln bzw. abklären; die Aufenthaltsdauern sind hier gewöhnlich länger als bei suizidalen oder erlebnisreaktiven Krisen. Insofern scheinen nicht nur für mittel- und langfristig kranke Schizophrene mit ausgeprägten Rehabilitationsbedürfnissen, sondern gerade auch für frisch und akut erkrankte Schizophrene speziell ausgearbeitete Milieutherapieformen notwendig und durchführbar.

Eine frühe, stark verhaltenstherapeutisch geprägte Milieutherapieform für chronisch schizophrene Anstaltspatienten mit deutlichen Hospitalismusschäden und Negativsymptomen war die gezielte Stimulation und Verstärkung erwünschten aktiveren Verhaltens durch Münzvergütung.

Diese „token economy"-Programme (Ayllon und Azrin 1968, Kazdin 1977) zeigten zunächst bemerkenswerte Erfolge: Die Kranken lösten sich aus ihrer autistischen Abkapselung und wurden aktiver; vielfach bildeten sich auch die Negativsymptome zurück. Die durch das Belohnungs- und Verstärkungssystem erzeugten Verhaltensfortschritte hatten aber zumeist keinen längeren Bestand und liessen sich nur schlecht auf andere Situationen, z. B. ausserhalb des Krankenhauses, übertragen; der erhoffte Generalisierungseffekt blieb aus. Offensichtlich reichte die an eine Art Verhaltensdressur erinnernde token economy-Methode nicht in tiefere Schichten der gestörten Persönlichkeit und blieb in mechanistischen Reiz-Reaktionsabläufen stecken.

Anstösse zur Bildung einer schizophreniespezifischen Stationsarbeit kamen nicht nur von der behavioralen, sondern auch von der psychoanalytischen Richtung. Angeregt durch pionierhafte Versuche, sogar schwer gestörte Schizophrene psychoanalytisch zu behandeln (Übersicht bei Benedetti 1987), wurden in den 60er Jahren analytisch orientierte Einzel- und Gruppentherapien mit milieu- und familientherapeutischen Elementen kombiniert, wobei mit verschiedenen Mischungsformen experimentiert wurde.

Beispielsweise entwickelte Häfner in Heidelberg 1962 bis 1963 das Konzept einer psychodynamisch-sozio- und somatotherapeutisch strukturierten Behandlungsabteilung für ausgelesene jüngere Schizophrene (Häfner 1966) mit dem Ziel der Restabilisierung noch erhaltener Ichfunktionen und sozialer Anpassungsfähigkeiten, wobei die schizophrene Symptomatik unter dem Einfluss dieses Behandlungsstils eine „Tendenz zur Rückübersetzung in bearbeitbare konkrete mitmenschliche Schwierigkeiten, Ängste und Konflikte zeigte" (Häfner et al. 1965). Ungünstige Reaktionen der Patienten, die durch die aufdeckende Psychotherapie häufig emotional überstimuliert wurden und den Stress dieser sehr gefühlsintensiven Milieuvariante schlecht aushielten, sowie Teamkrisen aufgrund unscharfer Rollenabgrenzungen der Mitarbeiter, aber auch positive Erfahrungen mit auf individuelles Fehlverhalten zugeschnittenen Lernprogrammen verschoben Anfang der 70er Jahre den psychotherapeutischen Schwerpunkt von der psychoanalytischen Arbeit hin zu verhaltensmodifizierenden, trainierenden Konzeptionen, während das Ensemble somatischer, sozio- und ergotherapeutischer Massnahmen im wesentlichen bestehen blieb (Böker 1978).

Dieser Heidelberger Konzeptwandel scheint auch für viele an anderen Orten ablaufenden Planungen klinischer Schizophrenietherapien nicht untypisch zu sein. Im Fortgang der 70er Jahre ist offenbar an mehreren Behandlungszentren ein Rückgang psychodynamischer und analytisch-familientherapeutischer Methoden zu beobachten gewesen. Stattdessen gewannen nuanciertere Verhaltenstherapieverfahren und Ausfaltungen kognitiver Therapieansätze bei Schizophrenen (Perris 1989) starken Einfluss auf stationäre Behandlungskonzepte. – In den letzten Jahren wurden zahlreiche , sehr detailliert ausgearbeitete, komprehensive Trainingsprogramme zur Verbesserung kognitiver, sozialer und lebenspraktisch-bewältigungsorientierter Fähigkeiten vorgestellt. Ihre Beschreibung findet sich in den Kapiteln 7 und 8 dieses Buches, so dass hier darauf verzichtet werden kann.

## Das Soteria-Modell

In den bisher vorgestellten milieugestützten psychosozialen Behandlungsprogrammen für intensiv therapiebedürftige Schizophrene war der somatische Therapieanteil – seit der Insulinaera durchweg die neuroleptische Medikation – ein konstituierendes Element und erschien als unverzichtbare Voraussetzung, um die Zugänglichkeit der Patienten für differenzierte sozio- psychotherapeutische Methoden überhaupt erst zu ermöglichen. Demgegenüber haben Mosher und Mitarbeiter in den 70er Jahren in San Francisco mit ihrem Pilotprojekt „Soteria-House" den Versuch unternommen, akut an Schizophrenie Erkrankte in einer kleinen offenen Wohngemeinschaft fast ohne Neuroleptika, nur mit intensiven milieu- und psychotherapeutischen Massnahmen, dazu noch vermittelt von nicht-professionellen Helfern, aus der Psychose herauszuführen (Mosher und Menn 1974, Mosher et al. 1990). Im Zentrum des Projektes stand die beständige 1:1 Betreuung der akut erregten Patienten in reizabgeschirmter Umgebung („weiches Zimmer"), wo der gleiche Therapeut bis zu 48 Stunden den Patienten zur Seite blieb.

Mitte der 80er Jahre begannen Ciompi und Mitarbeiter Moshers Unternehmung in einem Pilotprojekt „Soteria Bern" zu replizieren und zu überprüfen.

Abweichend von Moshers Konzept wurden die acht in einem kleinen Wohnhaus in der Stadt Bern untergebrachten schizophrenen Patienten, vorwiegend jüngere Ersterkrankte, jedoch von geschultem Pflegepersonal und Ärzten sowie in der Mehrzahl der Fälle mit Neuroleptika, wenn auch in niedriger Dosierung, behandelt. Von 1984 bis 1990 wurden 60 Patienten beiderlei Geschlechts aufgenommen, bei denen in rund 3/5 der Fälle gute bis befriedigende unmittelbare Behandlungsresultate erzielt werden konnten (Ciompi et al. 1991). Eine zweijährige prospektive Studie verglich den Verlauf von 22 akut schizophrenen Soteria-Patienten mit paarweise parallelisierten traditionell behandelten Kontrollpatienten aus vier verschiedenen Kliniken in Deutschland und der Schweiz. Bei den Variablen psychopathologischer Zustand, Wohn- und Arbeitssituation und Rückfallhäufigkeit nach zwei Jahren ergaben sich keine signifikanten Unterschiede. Zwar war der Neuroleptikaverbrauch in der Indexgruppe um mehr als die Hälfte geringer, die gesamten Behandlungskosten waren wegen der längeren Aufenthaltsdauer der Soteria-Patienten aber um einen Drittel höher. Dennoch empfehlen die Autoren die Weiterführung ihres Projektes (Ciompi et al. 1993).

Zu Moshers Soteria-Konzept und auch zu Ciompis abgewandelter Replikation sind einige kritische Anmerkungen am Platz: Trotz der nicht kleinen Rate unerwünschter Neuroleptika-Nebenwirkungen, der man durch den Medikationsverzicht bzw. die Medikationsreduktion entgeht, erscheint uns dieser Verzicht aus zwei Gründen fragwürdig: Einmal dauert der Aufenthalt im psychotischen Zustand trotz reizarmer und wohnlich-freundlicher Umgebung länger als dies bei gezielter Neuroleptikagabe in der akuten Phase notwendig wäre. Die Möglichkeit ist nicht von der Hand zu weisen, dass die Neigung zu psychotischen Rezidiven durch einen viele Tage dauernden psychotischen Desorganisationszustand der psychischen Funktionen verstärkt, durch eine mit neuroleptischer Hilfe verkürzte Dauer jedoch verringert wird. Aus der Epilepsieforschung ist bekannt, dass wiederholte Anfälle die Auslöseschwelle für neue Anfälle erniedrigen (Kindling-Hypothese). Es ist denkbar und nicht unwahrscheinlich, dass sich auch psychotische Reaktionsmuster neuronal konditionieren, also quasi „einschleifen" können, wenn sie über längere Zeit anhalten. Auch reagieren schizophrene Psychosen besser auf Neuroleptika, wenn diese so früh wie möglich gegeben werden.

Der zweite Grund zur Kritik liegt in der erheblich über der üblichen zumutbaren Belastungsgrenze für das Pflegepersonal liegenden Aufgabe, einen erregten Psychotiker 48 Stunden ohne Pause 1:1 zu betreuen und auch nachts das Zimmer mit ihm zu teilen. Auch aus diesem Grunde dürfte sich das Soteria-Konzept nicht als neue Standardmethode durchsetzen. Für jüngeres und ungeschultes Betreuungspersonal birgt diese Grenzsituation menschlicher Zuwendung in erhöhtem Masse auch die Gefahr kaum kontrollierbarer Übertragungs- und Gegenübertragungsbindungen in sich. Deren kaum konfliktfrei gelingende Auflösung muss namentlich den für zwischenmenschliche Spannungen übersensiblen Kranken in kritischer Weise belasten.

Die subjektiv höhere Akzeptanz der Schizophreniebehandlung in einem kleinräumigen offenen Wohnmilieu ist vor allem dann plausibel, wenn man sie mit traditionellen Stationsmilieus in grossen Anstalten und besonders mit der Hospitalisierung in unruhigen Wachsälen vergleicht. Je unruhiger und ängstigender die Umgebung, desto höher wird zudem der Neuroleptikagebrauch sein, um die Akutkranken zu beruhigen. Je mehr aber eine moderne psychiatrische Fachklinik kleinere, weniger dicht belegte und mit behaglichen Wohn- und Beschäftigungsräumen ausgestattete Akutstationen anbietet, umso deutlicher wird die Sozialverträglichkeit des Krankenhausaufenthaltes und damit wahrscheinlich auch die biographische Integration einer psychotischen Episode anwachsen.

## Konzept einer funktionsgerechten Station für akut und langfristig erkrankte Schizophrene

Welche Empfehlungen für die stationäre Behandlung schizophrener Patienten lassen sich nun abschliessend unter Berücksichtigung der oben vorgestellten Erfahrungen mit verschiedenartigen Konzepten formulieren?

Wie oben herauszuarbeiten gesucht, verlangt die Kombination der als wirksam erkannten Therapieelemente unterschiedlicher Art eine sorgfältige Orchestrierung und syndromabhängige Abstimmung, die nur von gut ausgebildeten Teams geleistet werden kann. Dieser Umstand spricht ganz entschieden für den Vorteil schizophreniespezifischer Behandlungsstationen und gegen nosologisch gemischte Gruppen, wie sie heute in den meisten Fachkrankenhäusern noch die Regel sind. Wenn möglich, sollten zwei stationäre Behandlungsschwerpunkte unterschieden werden:

1. Die Diagnostik und Behandlung *subakuter und akuter schizophrener Syndrome bei Erst- und Früherkrankten.* Noch ungeklärte, auf Psychose verdächtige Ersterkrankungen sind unter Einsatz aller Untersuchungsmethoden schnellstmöglich abzuklären. Schizophrene Erstmanifestationen, namentlich die akuten produktiven Syndrome, müssen in einem strukturierenden und äquilibrierenden Stationsmilieu frühzeitig medikamentös ausreichend behandelt werden. Der psychotische Zustand ist qualvoll und nicht selten gefährlich. Er sollte auch deshalb rasch unterbrochen werden, um den Identitätsbruch des Kranken zu minimalisieren und die Rezidivgefahr nicht anwachsen zu lassen. Vom Soteria-Modell ist das Vorbild kleiner, ruhiger Behandlungsgruppen in wohnungsähnlicher Umgebung zu übernehmen. Noch immer sind unsere Aufnahmestationen für Akutkranke zu gross, oft überfüllt und zu unruhig. – Die rasch einzubeziehenden Angehörigen und, sobald es geht, auch die Patienten selbst sollten mit einer plausiblen Fassung des Vulnerabilitätskonzeptes vertraut gemacht werden, um die Krankheitsverarbeitung zu erleichtern (siehe Kapitel 5). Entlassung und Nachsorge sind sorgfältig vorzubereiten. Bei Früherkrankten und als hochgradig vulnerabel Erkannten ist nach der Entlassung eine neuroleptische Langzeitmedikation zur Rezidivprophylaxe angezeigt. Deren Dauer und Intensität muss individuell angepasst werden.
2. Übungs- und Wiedereingliederungsbehandlung für *rezidivierend und langfristig Erkrankte.* Hier empfiehlt sich die Behandlung auf Spezialstationen oder in therapeutischen Wohngruppen, in denen medikamentöse kognitiv-verhaltenstherapeutische und die Bewältigungsmöglichkeiten übende Behand-

lungsanteile in ein eher äquilibrierendes bzw. animierendes Milieu integriert sind. Beruhigung, aber auch Anregung und tätige Gemeinschaft in individuell abgestimmtem Masse sollten dieses Milieu kennzeichnen. In Gruppenarbeit und Einzelbetreuung können Wahrnehmungsaufgaben, Arbeitsanforderungen, soziale Fähigkeiten und individuelles Coping eingeübt werden. Patienten mit häufigen psychotischen Episoden sollten für individuell spezifische Früh- und Warnsymptome sensibilisiert werden, damit sie in prodromalen Krisen selbst Gegenmassnahmen einzuleiten lernen. Die Vermittlung eines funktionalen Krankheitskonzeptes hilft auch hier beim Umgang mit der Erkrankung und ihren Auswirkungen. Besonders wichtig ist die Kooperation mit Angehörigen und allen rehabilitativen regionalen Diensten, Behörden, Nachbetreuern und Sozialagenturen.

Schliesslich sollte ein grösseres psychiatrisches Krankenhaus auch einige Dauerwohn- und Beschäftigungsplätze für vereinsamte, *hochgradig vulnerable und chronisch schwer defiziente Schizophrene* zur Verfügung stellen.

# Teilstationäre Behandlung

## Tagesklinik

Unter den Teilhospitalisierungsformen nimmt die Tagesklinik heute eine herausragende Stellung ein. – Von Bierer in London eingeführt (1951), hat sie sich in den letzten Jahrzehnten zunehmend durchgesetzt und dabei verschiedene Varianten entwickelt: Sie existiert als autonome, voll ausgebaute Einrichtung in der Wohngemeinde, kann eine Abteilung der stationären Versorgungseinheit sein oder in reduzierter Form lediglich auf tagesklinische Plätze in einem Krankenhaus beschränkt bleiben.

Die tagesklinische Behandlung kann zur Tagesstrukturierung und Rehabilitation chronisch Kranker, zur Fortsetzung einer stationären Behandlung, zur Intensivierung einer ambulanten Behandlung, aber auch als Alternative zu einer stationären Aufnahme dienen, indem sie labilen, strukturbedürftigen Kranken, die noch nicht oder nicht mehr psychisch voll dekompensiert sind und über eine funktionierende familiäre Betreuung oder eine eigene Wohnung verfügen, tagsüber Betreuung und fachkundige Hilfe anbietet. Einige Tageskliniken legen das Schwergewicht der Betreuung auf gruppentherapeutische Arbeit, andere verfügen über Werkstätten und ergotherapeutische Angebote, manche sind mit einem Patientenclub oder mit Angehörigenberatungsstellen verbunden.

Für schizophrene Patienten kann die Tagesklinik ein Ort sein, wo in kleinen Gruppen Arbeitssituationen erprobt, Selbstheilungsversuche trainiert und der Umgang mit Angehörigen und alltäglichen Stressituationen zum Thema von Bewältigungsmassnahmen gemacht werden. Regressiven Fehlentwicklungen und Hospitalismusschäden wird dadurch wirksam vorgebeugt. Wie alle Teilhospitalisierungen sollte auch die Tagesklinik nicht zum Daueraufenthalt von Langzeitpatienten werden. In Zeiten zunehmender Finanzknappheit werden Tageskliniken als kostengünstige Alternative zur Vollhospitalisation empfohlen; prospektive, randomisierte Vergleichsstudien zeigen, dass möglicherweise rund ein Drittel der zur stationären Behandlung eingewiesenen Patienten erfolgreich tagesklinisch behandelt werden könnten (Kluiter et al. 1992, Shene et al. 1993). Über geeignete prädiktive Kriterien für eine entsprechende Zuweisung herrscht aber noch weitgehend Unklarheit.

## Nachtklinik

Als „logisches Gegenstück" (Schindler 1986) zur Tagesklinik gilt die Nachtklinik, wo jene Patienten ärztliche Beratung, medikamentöse Überwachung und Unterkunft finden, die zwar während des Tages einer Beschäftigung nachgehen können, im Verlauf der Erkrankung aber ihre Wohnung verloren haben oder mit Angehörigen in erheblichen Konflikten leben, die eine rasche Rückkehr in das familiäre Wohnmilieu nicht ratsam erscheinen lassen. Gelegentlich findet sich eine Kombination beider Teilhospitalisationsinstitutionen. Es hat sich gezeigt, dass einige Patienten die Nachtklinik nur als Schlafasyl zu nutzen trachten und sich einer abendlichen Betreuung durch Fachkräfte entziehen (Müller 1981). In solchen Fällen geht der organisatorische Aufwand fehl, und die Entlassung in ein Wohnheim oder Übergangsheim erweist sich als sinnvoller.

In dem Masse, in dem Tagesbeurlaubungen die früher ausgeprägter bestehende Barriere zwischen intra- und extramuraler Behandlung durchlässiger machen, scheint die Bedeutung der Nachtklinik als eigenständige Institution zurückgegangen zu sein (Müller 1989).

## Komplementäre und rehabilitative Betreuung und Behandlung

Die Verlagerung der Betreuung und Behandlung, insbesondere von chronisch schizophrenen Patienten in die Gemeinde, muss Hand in Hand gehen mit dem Aufbau von geeigneten Einrichtungen zur Förderung bzw. Erhaltung der jeweils (noch) vorhandenen Fähigkeiten in den Bereichen Wohnen, Arbeit und Freizeit. Da oft die vollständige Rehabilitation und Wiedereingliederung nicht erreichbar ist, und die vorhandenen Defizite individuell stark variieren, braucht es hierfür ein gestuftes System unterschiedlicher Einrichtungen.

### Wohnheim und therapeutische Wohngemeinschaft

Auch diese Wohn- und Betreuungsformen lassen sich in einem gewissen Sinne den Teilhospitalisationseinrichtungen zuordnen, sofern sie von Fachpersonal, z. B. Sozialarbeitern, zumindest beaufsichtigt werden. Wohnheime mit zeitlich begrenzter Aufenthaltsdauer werden auch als „Übergangsheime" bezeichnet; zwischen Langzeitheimen und der traditionellen Familienpflege gibt es verschiedene Mischformen (Müller 1981).

„Geschützte", d. h. betreute Heime sollten nicht nur Küche, Schlaf- und Wohnräume, sondern auch Freizeitangebote aufweisen. Das Betreuungspersonal hat die Aufgabe, Hospitalismusschäden durch Aktivierung der Heimbewohner hintanzuhalten, eine Gefahr, die nicht nur kustodialen Grossanstalten, sondern auch schlecht geführten Wohnheimen droht. Eine lockere ärztliche Betreuung dient der medikamentösen Langzeitbehandlung und erleichtert die Rückverlegung in stationäre Krankenhausbehandlung, falls erforderlich. Wohnheime können zahlreichere Personen aufnehmen als therapeutische oder einfache Wohngemeinschaften, die sich nach der begrenzten Zimmerzahl grosser Mietwohnungen bemessen. Die Mietzahlungen für solche Wohnungen werden zweckmässigerweise von sozialpsychiatrischen Hilfsvereinen oder ähnlichem garantiert, um den von Einkommensverlusten und passagerer Arbeitslosigkeit bedrohten Bewohnern finanziellen Schutz zu geben. In den letzten Jahren ist mancherorts bei etwas selbständigeren Patienten mit Erfolg auch das betreute Wohnen in Einzelwohnungen erprobt worden.

### Familienpflege

Die Aufnahme von psychisch langfristig Behinderten in Familien, die dafür ein Entgelt erhalten, ist die traditionsreichste und älteste Institution der ausserklinischen Betreuung (Müller 1981). Nach Müller sind besonders jene Patienten dafür geeignet, die sich als nicht rehabilitationsfähig erwiesen haben, keinen schubhaften Krankheitsverlauf mit heftigen Exazerbationen aufweisen und die Gefahr laufen, als Dauerpatienten in psychiatrischen Institutionen hängen zu bleiben.

Inwieweit der Fortbestand solcher Pflegeplätze, die sich häufig in Bauernbetrieben oder in den Familien von Psychiatriepflegepersonen finden liessen und die gelegentlich zu kleinen Wohnheimen erweitert wurden, in Zukunft gewährleistet ist bzw. überhaupt angestrebt werden sollte, ist umstritten. Nicht ganz selten wurden solche Langzeitpfleglinge nur aus ökonomischen Motiven aufgenommen, unzureichend untergebracht, als billige Hilfskräfte ausgenützt etc., so dass sie schlechter betreut waren als in einem gut ausgebauten, um tätige Gemeinschaft bemühten Fachkrankenhaus. Auch scheint die Motivation der Bevölkerung, psychisch Kranke in die Familie zu integrieren, nachzulassen. Fortschritte in der Behandlung von Negativsymptomen, für die sich moderne Spezialstationen unter Anwendung wirksamerer Neuroleptika erfolgreich einsetzen, dürfte den Bedarf an Familienpflegeplätzen weiter verringern. Mancherorts ist aber in letzter Zeit im Sinne eines gegenläufigen Trends auch eine Aktivierung der Familienpflege zu beobachten, wobei oft speziell jüngere, sogenannte neue Langzeitpatienten vermittelt werden. Da diese in Phasen der Remission nicht selten belastbarer und anpassungsfähiger erscheinen, als sie es tatsächlich sind, ist hier eine engere Betreuung der Patienten selbst wie auch der Gastfamilien erforderlich, als dies in der traditionellen Familienpflege üblich war.

### Geschützte Werkstätten und Dauerarbeitsplätze

Während erste Arbeitsversuche wie auch die Erprobung neuer Leistungsmöglichkeiten oder die Rückführung in vertraute Berufsformen gewöhnlich noch zu den Aufgaben der stationären oder tagesklinischen Behandlungsphase gehören und von der Hoffnung geleitet sind, es werde den schizophren Erkrankten gelingen, wenigstens teilzeitig wieder produktive, entlöhnte Arbeit zu finden, muss jener Anteil der Patienten, der unter schweren und anhaltenden Residualsymptomen leidet, in geschützter Umgebung eine sinnvolle Beschäftigung angeboten erhalten. Die Zahl solcher Arbeitsplätze in Behindertenwerkstätten ist eine Funktion der Wirtschaftslage. In Zeiten der Rezession wird sie höher sein als in wirtschaftlich prosperierenden Phasen. Unabhängig von der konjunkturellen Entwicklung muss leider damit gerechnet werden, dass der wachsende Aus- und Weiterbildungsdruck einer sich immer schneller wandelnden Arbeitsgesellschaft („éducation permanente“!) den langfristig psychisch Behinderten immer weniger Chancen bietet, am Gelderwerb teilzunehmen. In einigen Ländern, z. B. in England, sind Industrieunternehmen gesetzlich zur Einrichtung von geschützten Arbeitsplätzen für Behinderte verpflichtet.

Dabei sind spezifische Eigentümlichkeiten schizophrener Patienten zu beachten: Anders als körperlich Behinderte, z. B. Verkrüppelte oder Querschnittgelähmte, sind die kognitiv-emotionalen Defizite der Psychotiker stark milieu- und beziehungsabhängig, d. h. sie fluktuieren in nicht sicher voraussehbarem Masse. Dies muss bei der Gestaltung solcher geschützter Arbeitsplätze, so gut es geht, berücksichtigt werden. Eine leistungsabhängige Entlöhnung ist unbedingt anzustreben.

### Rehabilitationswerkstätten und Selbsthilfefirmen

Oft ist der direkte Schritt von der Arbeitstherapie herkömmlicher Art zu einem geschützten oder gar einem regulären Arbeitsplatz auf dem allgemeinen Arbeitsmarkt aber zu gross. Diese Lücke sollen spezielle Rehabilitationswerkstätten schliessen helfen. Ihre Aufgabe ist eine den individuellen Defiziten, aber auch Stärken, angepasste, gestufte Vorbereitung auf die Arbeit in der freien Wirtschaft. Idealerweise sollte diese Vorbereitung aus einer systemisch-ökologischen Perspektive mit einem Training sozialer Fertigkeiten und sozialer Kompetenz, mit Angehörigenarbeit sowie mit einer mittelfristig angelegten berufsbegleitenden Betreuung am zukünftigen Arbeitsort, einschliesslich beratender Gespräche mit Kollegen und Vorgesetzten, verbunden sein.

Da, wie schon erwähnt, in der heutigen Industrie- und Dienstleistungsgesellschaft die Vermittlung psychisch Kranker auf Dauerarbeitsplätze in der freien Wirtschaft immer schwieriger geworden ist, sind in den letzten Jahren vereinzelt Selbsthilfefirmen gegründet worden. Diese sollen bei individuell abgestuften Arbeitsanforderungen psychisch Behinderten langfristige Arbeitsplätze unter Rahmenbedingungen anbieten, welche denjenigen auf dem allgemeinen Arbeitsmarkt im wesentlichen entsprechen. Zum Teil finden solche Firmen 'Wettbewerbsnischen'; bei Wettbewerb unter Marktbedingungen geraten sie aber rasch so unter Druck, dass sie nur eine geringe Entlöhnung anbieten können und ihre Weiterexistenz schnell einmal in Frage gestellt ist.

## Ambulante Behandlung

### Ambulante Dienste, Kontakt- und Beratungsstellen

Viele Fachkrankenhäuser verfügen über eigene Ambulanzen, in denen Vor- und Nachsorgeleistungen für schizophrene Patienten angeboten werden. Beratungsdienste sind auch mit manchen Tageskliniken, psychosozialen Begegnungsstätten, psychiatrischen Abteilungen an Allgemeinkrankenhäusern und anderem verbunden; die Variabilität ist gross. Die Funktion der psychiatrischen Polikliniken herkömmlichen Stils scheint sich zu wandeln: Manche von ihnen verschieben ihren Schwerpunkt in den Konsultations- und Liaisonbereich an somatischen Spitälern; andere konzentrieren sich weniger auf Psychosekranke als auf Psychotherapiepatienten und ambulante Kriseninterventionen. Wo eine allgemeine Sprechstunde auch für schizophrene Patienten zugänglich bleibt, kann diese mit einem Krisen- und Notfalldienst verbunden werden. Bereits bestehende derartige Krisendienste haben ganz unterschiedliche Organisationsformen. Für schizophrene Patienten besonders geeignet scheint eine enge Zusammenarbeit mit den anderen gemeindeintegrierten Einrichtungen und das Vorhandensein auch eines mobilen Einsatzteams. Dieses kann zum Beispiel aus einem Psychiater und einer Pflegeperson und einem Sozialarbeiter bestehen, die Hausbesuche machen und eng mit einer Kriseninterventionsstation zusammenarbeiten.

Die eigentliche Kerneinrichtung einer verstärkten gemeindeintegrierten Betreuung der grossen Zahl chronisch schizophrener Patienten stellt heute aber der sogenannte gemeindepsychiatrische Verbund (Rössler 1993) dar, bestehend aus einer Einrichtung mit Kontaktstellenfunktion, einem ambulanten Dienst und einer Tagesstätte. Die Kontaktstelle soll in unkomplizierter Weise zugänglich sein. Oft werden solche Kontaktstellen in Form eines Ambulatoriums in einer geräumigen Wohnung oder einem Einfamilienhaus geführt. Zu ihren Aufgaben gehören Beratung bei verschiedensten Problemen, Unterstützung bei der Alltagsstrukturierung sowie unterschiedliche Freizeitangebote. In Bern hat sich dabei der sogenannte 'runde Tisch' (Hoffmann 1993) bewährt. Der mit einer solchen Kontaktstelle verbundene ambulante Dienst soll insbesondere für die Einleitung und Koordinierung aller sozialen Massnahmen zuständig sein, nur in begrenztem Umfang für die psychiatrische Behandlung im engeren Sinn, und dies nur, soweit diese nicht von niedergelassenen Ärzten übernommen werden kann (Subsidiaritätsprinzip). Die Tagesstätte schliesslich soll für psychisch stärker behinderte Patienten, für die selbst die Anforderungen einer geschützten Werkstatt (noch) zu hoch sind, ein niederschwelliges Beschäftigungsangebot bereit halten, eventuell verbunden mit offenen Gruppen und Freizeitaktivitäten. Dabei kann dann auf die Forderung nach einer regelmässigen Teilnahme verzichtet werden. Ein sofort ausgezahltes, leistungsabhängiges Entgelt für stundenweises Arbeiten sollte es ermöglichen, in der Tagesstätte auch eine warme Mahlzeit einnehmen zu können. Auch wenn viele Patienten langzeitig auf eine solche Tagesstätte angewiesen sein werden, sollte doch immer wieder die Möglichkeit eines Übergangs in eine geschützte Werkstatt oder auch in eine Rehabilitationswerkstatt geprüft werden.

Die *Sprechstundentätigkeit niedergelassener Ärzte* findet in der Beachtung von Früh- und Warnsymptomen psychotischer Rezidive und in der Frühintervention prodromaler Störungen ein neues erfolgversprechendes Wirkungsfeld. Ein weiterer Schwerpunkt liegt in der Überwachung der neuroleptischen Langzeitmedikation und in der partnerschaftlichen Kooperation mit den Angehörigen. Sofern die Psychiater vorwiegend psychotherapeutische Praxen betreiben, sind sie an der Langzeitbetreuung psychotisch Kranker gewöhnlich weniger interessiert; auch fehlt ihnen häufig die Hilfe sozialpsychiatrischer Dienste. Wo zum Beispiel Sozialarbeiter beigezogen werden können, verbessert sich die Behandlungsbereitschaft der Fachärzte.

### Die Betreuung zu Hause

Schizophrenien brechen typischerweise in der Adoleszenz aus, d. h. in einer Lebensphase, in welcher junge Menschen in der Ausbildung oder zu Beginn ihrer Berufstätigkeit häufig noch in der Herkunftsfamilie leben. Auch in den sogenannten ruhigen Abschnitten der Krankheit, in der Remission und in Residualzuständen ist die Familie ein Lebensort für viele Kranke, die heute nur noch zu begrenzten Behandlungsepisoden in voll- oder teilstationäre Betreuungsinstitutionen aufgenommen werden. Ziel der gemeindepsychiatrischen Behandlung ist vielfach die Rückführung in häusliche Verhältnisse.

Wird der Patient in seiner gewohnten Umgebung aufgesucht, dann kann sich der Betreuer, z. B. der Hausarzt oder das Mitglied eines sozialpsychiatrischen Nachsorgeteams ein besseres Bild von den Wohnverhältnissen, dem Tagesablauf und dem Kommunikationsstil in der Familie verschaffen und den Krankheitsverlauf modellierende Stressoren und Protektoren vor Ort zu beeinflussen suchen. Auch der Kontakt mit Angehörigen gestaltet sich dadurch realitätsbezogener.

## Ausblick

Von sozialpsychiatrischer Seite wird immer wieder eine entscheidende Verlagerung von Ressourcen aus dem stationären Bereich in den teilstationären und ambulanten Bereich verlangt. Dies scheint so nur dort möglich, wo in den Kliniken noch sogenannte alte Langzeitpatienten in grösserer Zahl hospitalisiert und sozialpsychiatrische Einrichtungen erst im Aufbau begriffen sind. Wo dagegen bereits die in diesem Kapitel beschriebene Differenzierung und Klinifizierung der psychiatrischen Kliniken stattgefunden hat, und in Zusammenhang damit ein Netz sozialpsychiatrischer Dienste entstanden ist, scheint deren weiterer Ausbau allein nicht mehr zu einer nennenswerten Reduktion des Bedarfs an stationärer Behandlung zu führen. Es bestehen dann offenbar auch systemische Zusammenhänge zwischen stationären und teilstationären, ambulanten sowie komplementären Einrichtungen. Sie sind in modernen psychiatrischen Versorgungssystemen für ihre volle Funktionsfähigkeit wechselseitig aufeinander angewiesen. Deshalb muss auch bei der immer wichtiger werdenden Frage nach dem Kosten-Nutzen-Verhältnis von Behandlungseinrichtungen das Versorgungssystem stets als Ganzes betrachtet werden.

Eine weitere Reduktion psychiatrischer Betten wird inskünftig wohl nur unter zwei Voraussetzungen ohne Einbusse an Versorgungsqualität möglich sein:

(1) Alle dadurch frei werdenden Ressourcen müssen der psychiatrischen Versorgung insgesamt erhalten bleiben. Wo für weitere Reformen des Versorgungssystems auf der administrativ-politischen Ebene mit dem Kostenargument geworben wird, kann dies nur aus einer partikularen Sicht heraus geschehen und erweckt Erwartungen, die sich nicht erfüllen lassen oder dann aber fur alle Beteiligten nachteilig auswirken müssen.

(2) Flankierend dazu müssen neue Kooperationsformen mit anderen sozialen Institutionen, mit niedergelassenen Ärzten und nicht zuletzt mit den Angehörigen selbst entwickelt werden, dies mit dem Ziel einer „Ressourcenerweiterung durch Ressourcenverknüpfung". Beispielsweise sollte die Zusammenarbeit zwischen sozialpsychiatrischen Einrichtungen und kommunalen Sozialdiensten gerade bei der Betreuung chronisch schizophrener Patienten intensiviert und z. B. in Form einer regionalen „Sozialpsychiatrischen Konferenz" institutionalisiert werden; niedergelassene Ärzte sollten unmittelbar auf die Dienstleistungen eines gemeindepsychiatrischen Verbundes zurückgreifen können, wenn sie langfristig chronisch schizophrene Patienten medizinisch behandeln; die Angehörigen schliesslich sollten auch am Abend oder am Wochenende bei Bedarf durch Betreuungsangebote entlastet werden, die gemeinsam organisiert und geführt werden können.

Wo der Abbau stationärer Behandlungskapazitäten in den letzten Jahren zu stark forciert wurde, zeigt sich jedenfalls bereits, dass beim Unterschreiten einer offenbar kritischen Schwelle, die freilich von den jeweiligen regionalen Gegebenheiten abhängt, die Behandlungs- und Betreuungsqualität gerade auch schizophrener Patienten dramatisch abnimmt. Entsprechende Erfahrungen wurden in letzter Zeit z. B. aus den Innenstadtbezirken von London, aus Kopenhagen oder aus Genf berichtet (Powell et al. 1995, Hogman 1991).

## Literatur


Ayllon, T., N.H. Azrin: The token economy: a motivational system for therapy and rehabilitation. Appleton Century Crofts, New York 1968

Bauer, M., M. Rave-Schwank (Hrsg.): Psychiatrische Abteilungen an Allgemeinkrankenhäusern. Aktion Psychisch Kranke, Tagungsbericht Bd. 10. Rheinland Verlag, Köln 1984

Benedetti, G.: Psychotherapeutische Behandlungsmethoden. In: K.P. Kisker et al. (Hrsg.) Psychiatrie der Gegenwart 4, 3. Aufl. Springer, Berlin Heidelberg New York 1987

Bierer, J.: Day hospital. An experiment in social psychology and synthoanalytic psychotherapy. Lewis, London 1951

Böker, W.: Konzeptwandel eines milieutherapeutischen Rehabilitationsprogrammes für jüngere Schizophrene. Erfahrungen einer über 12jährigen Entwicklung in Heidelberg/Mannheim. In: E. Heim (Hrsg.) Milieutherapie. Huber, Bern Stuttgart Wien 1978

Böker, W.: Krankenhaus (psychiatrisches). In: C. Müller (Hrsg.) Lexikon der Psychiatrie. Springer, Berlin Heidelberg New York 1986

Ciompi, L., H.P. Dauwalder, Ch. Maier, E. Aebi: Das Pilotprojekt „Soteria Bern" zur Behandlung akut Schizophrener. I. Konzeptuelle Grundlagen, praktische Realisierung, klinische Erfahrungen. Nervenarzt 62 (1991) 428

Ciompi, L., Z. Kupper, E. Aebi, H.P. Dauwalder, T. Hubschmid, K. Trütsch, C. Rutishauser: Das Pilotprojekt „Soteria Bern" zur Behandlung akut Schizophrener. II. Ergebnisse einer vergleichenden prospektiven Verlaufsstudie über 2 Jahre. Nervenarzt 64 (1993) 440

Gunderson, J.G., O.A. Will, L.R. Mosher: Principles and practice of milieu therapy. Aronson, New York 1983

Häfner, H., B. Vogt-Heyder, D. v. Zerssen: Erfahrungen mit Schizophrenen in einem gleitenden klinischen Behandlungs- und Nachsorgesystem. Psychother. med. Psychol. 15 (1965) 97

Häfner, H.: Ein sozialpsychologisch-psychodynamisches Modell als Grundlage für die Behandlung symptomarmer Prozessschizophrenien. Sozialpsychiat. 1 (1966) 33

Heim, E.: Praxis der Milieutherapie. Springer, Berlin Heidelberg New York 1985

Hoffmann, H.: The round table in a community based outpatient service. Acta Psychiatr. Scand. 87 (1993) 153

Hogman, G.: The future looks unstable: A pilot study of hospital closure and bed availability. National Schizophrenia Fellowship, London 1991

Kazdin, A.E.: The token economy: a review and evaluation. Plenum Press, New York London 1977

Klaesi, J.: Über die therapeutische Anwendung der „Dauernarkose" mittels Somnifen bei Schizophrenen. Z. Neur. 74 (1922)

Kluiter, H., R. Giel, F.J. Nienhuis, M. Rüphan, D. Wiersma: Predicting feasibility of day treatment for unselected patients referred for inpatient psychiatric treatment: Results of a randomized trial. Am. J. Psychiatry 249 (1992) 1199

Main, T.F.: The hospital as a therapeutic institution. Bull. Menninger Clin. 10 (1946) 66

Mosher, L.R., A.Z. Menn: Soteria: An alternative to hospitalization for schizophrenia. In: J.H. Masserman (ed.) Current psychiatric therapies, vol. XIV. Grune and Stratton, New York 1974

Mosher, L.R., R. Vallone, A. Menn: The treatment of acute psychosis without neuroleptics: New data from the Soteria project. Lecture presented at the Annual Meeting of the American Psychiatric Association, New York 1990

Müller, C.: Psychiatrische Institutionen. Ihre Möglichkeiten und Grenzen. Springer, Berlin Heidelberg New York 1981

Müller, C.: Wandlungen der Psychiatrischen Institutionen. In: K.P. Kisker, H. Lauter, J.-E. Meyer, C. Müller, E. Strömgren (Hrsg.) Psychiatrie der Gegenwart 9, 3. Aufl. Springer, Berlin Heidelberg New York 1989

Müller, M.: Die körperlichen Behandlungsverfahren in der Psychiatrie, Bd. I: Die Insulinbehandlung. Thieme, Stuttgart 1952

Perris, C.: Cognitive therapy with schizophrenic patients. Gailford, London 1989

Powell, R.B., D. Hollander, R.I. Tobiansky: Crisis in admission beds. A four-year survey of the bed state of greater London's acute psychiatric units. Br. J. Psychiat. 167 (1995) 765

Price, R.H., R.H. Moos: Toward a taxonomy of inpatient treatment environment. J. Abnorm. Psychol. 84 (1975) 181

Rössler, W., H.J. Salize, H. Häfner: Gemeindepsychiatrie – Grundlagen und Leitlinien. Planungsstudie Luxemburg. Verlag Integrative Psychiatrie, Innsbruck Wien 1993

Sakel, M.: Zur Methodik der Hypoglykämiebehandlung der Psychosen. Wien. klin. Wschr. (1936)

Schene, A.H., B. van Wijngaarden, N.W. Poelijoe, B.P.R. Gersons: The Utrecht comparative study on psychiatric day treatment and inpatient treatment. Acta psychiatr. scand. 87 (1993) 427

Schindler, R.: Nachtklinik, Nachtspital. In: C. Müller (Hrsg.) Lexikon der Psychiatrie, 2. Aufl. Springer, Berlin Heidelberg New York 1986

Simon, H.: Aktivere Behandlung in der Irrenanstalt. Berlin Leipzig 1929

# 20 Genetische Beratung bei Schizophrenien

J. Körner, M. Nöthen

## Einleitung

Durch die Fortschritte der molekularen Genetik wird bei einer ständig steigenden Anzahl von genetisch bedingten Krankheiten eine präsymptomatische Diagnostik bzw. die Erkennung genetischer Dispositionen möglich. Diese Entwicklung kann für den Betroffenen eine grosse Veränderung seines Lebensschicksals bedeuten. Während man in der Vergangenheit mit der Behandlung einer Krankheit erst beginnen konnte, nachdem sie sich manifestiert hatte, kommen für den Träger von Krankheits-Genen heute eventuell Vorbeugungsmassnahmen in Betracht, wenn das Auftreten einer Krankheit bzw. die Wahrscheinlichkeit ihres Auftretens vorhergesagt werden kann und es eine Möglichkeit zum Eingreifen in den Krankheitsmechanismus gibt. Allerdings stehen bei der Mehrzahl der genetischen Erkrankungen, für die Krankheitsgene bekannt und Anlageträger theoretisch identifizierbar sind, noch keine vorbeugenden Möglichkeiten zur Verfügung. Wegen der weitreichenden Konsequenzen kann das Identifizieren eines Anlageträgers keinesfalls mit der üblichen medizinischen Diagnostik verglichen werden. Anders als in der Vergangenheit muss deshalb nicht nur der erkrankte Mensch, sondern eigentlich jedermann ein Verständnis für genetische Dispositionen und deren Vorhersagbarkeit besitzen, weil er z. B. als gesunder Angehöriger nur dann seine Handlungsoptionen nutzen kann. Jeder Arzt sollte mit dieser Entwicklung vertraut sein.

Im Prinzip kann ein Gen, dessen Beitrag an der Entstehung einer bestimmten Krankheit bekannt ist, bei jedem Genträger nachgewiesen werden. Familienangehörige eines Patienten bzw. Trägers dieses Gens haben eine erhöhte Wahrscheinlichkeit, die betreffende Erbanlage ebenfalls zu tragen. Daher sind es besonders Verwandte von Patienten, die sich nach dem Risiko für sich selbst oder ihre Kinder erkundigen. Es ist Aufgabe der genetischen Beratung, einem Ratsuchenden die entsprechenden Kenntnisse zu vermitteln.

Die *American Society of Human Genetics* hat 1975 eine Begriffsbestimmung der genetischen Beratung gegeben, die heute allgemein akzeptiert ist. Darin heisst es unter anderem: Genetische Beratung ist ein Kommunikationsprozess, bei dem es um menschliche Probleme geht, die mit dem Auftreten oder dem Risiko des Auftretens einer genetischen Krankheit in einer Familie zu tun haben. Dieser Prozess erfordert entsprechend ausgebildete Personen, um dem einzelnen oder seiner Familie eine Hilfe beim Verständnis der folgenden Sachverhalte zu geben: Medizinische Zusammenhänge einschliesslich Diagnose, voraussichtlicher Verlauf der Krankheit und Therapiemöglichkeiten; Art der Vererbung, Erkrankungsrisiko bei Verwandten der Patienten; mögliche Strategien zur Auseinandersetzung mit dem Erkrankungsrisiko, bewusste Entscheidung für die Strategie, die der eigenen Lebenssituation am besten angemessen ist; bestmögliche Anpassung an das Leben mit der Krankheit und mit dem Erkrankungsrisiko für Familienangehörige.

Sowohl an den Nervenarzt als auch an den Humangenetiker werden immer wieder Fragen nach dem Erkrankungsrisiko bei Verwandten oder der nächsten Generation herangetragen. Der Nervenarzt wird üblicherweise von den Patienten um Rat gefragt; die Verwandten eines Patienten wenden sich eher an den Humangenetiker. Aufgrund der grossen Fortschritte der molekularen Genetik ist in der Allgemeinbevölkerung die Vorstellung verbreitet, dass auch bei psychiatrischen Krankheiten molekulargenetische Untersuchungen für die genetische Beratung herangezogen werden können. Tatsächlich gilt dies nur für einige Demenzkrankheiten wie die Chorea Huntington und mit Einschränkungen für die Alzheimersche Krankheit. Für die schizophrenen und affektiven Störungen stehen nach wie vor nur die empirischen Wiederholungsziffern zur Verfügung, da bisher für diese Erkrankungen noch keine Genloci reproduzierbar gesichert werden konnten, die die Erkrankung verursachen oder zur Erkrankungsdisposition beitragen.

Im folgenden sollen daher die Bedingungen beschrieben werden, die die Wiederholungsrisiken für Verwandte von an einer Schizophrenie erkrankten Patienten beeinflussen. Dann sollen einige Charakteristika der Beratungssituation bei Schizophrenie dargestellt werden. Auf Befunde, die die genetischen Einflüsse auf die Entstehung dieser Erkrankung belegen (ausführliche Darstellung bei Propping 1989) soll nur eingegangen werden, soweit dies für das Verständnis der Abschätzung genetischer Risiken für Verwandte und Nachkommen psychiatrisch kranker Patienten notwendig ist.

## Empirische Wiederholungsrisiken für Schizophrenie bei Verwandten von schizophrenen Patienten

An der Entstehung der Schizophrenie müssen neben äusseren Einflüssen genetische Faktoren beteiligt sein, wie aus zahlreichen Familien-, Zwillings- und Adoptionsstudien abzuleiten ist. Eine trotz aller wissenschaftlichen Bemühungen bisher nicht auflösbare Schwäche besteht jedoch darin, dass kein allgemein anerkanntes genetisches Modell existiert. Wir haben also noch keine Vorstellung darüber, wie die genetischen Faktoren ihre Wirkung entfalten. Da auch die Natur dieser Faktoren unbekannt ist, können genetische Labormethoden bisher nichts zur Aussage über das Erkrankungsrisiko eines Angehörigen eines schizophren Erkrankten beitragen.

Im folgenden werden die gesicherten Kenntnisse über die Wiederholungsrisiken in den Familien schizophren Erkrankter zusammengefasst, soweit sie für die praktische Anwendung in der genetischen Beratung Bedeutung haben.

Das lebenslange Erkrankungsrisiko für eine Schizophrenie in der Allgemeinbevölkerung liegt bei etwa 1%. Bislang gibt es keinen besseren Prädiktor für das Auftreten einer schizophrenen Erkrankung als die Verwandtschaft mit einem schizophrenen Patienten. Innerhalb des Familienbefundes sind es zwei Faktoren, die das Morbiditätsrisiko beeinflussen:

Der erste Faktor ist die *Nähe der Verwandtschaft* zum Patienten. Das Erkrankungsrisiko fällt mit abnehmender Nähe der Verwandtschaft (Tabelle 1). Eltern eines schizophrenen Indexfalles haben ein geringeres Erkrankungsrisiko als Kinder und Geschwister. Dieser zunächst überraschende Befunde lässt sich durch die herabgesetzte Reproduktivität Schizophrener erklären (Essen-Möller 1955): Personen, die sekundär als

**Tabelle 1** Empirische Wiederholungsrisiken für Verwandte schizophrener Patienten in %. Zusammenfassung mehrerer europäischer Studien (nach Gottesman und Shields, 1982, ergänzt)

| Verwandtschaftsgrad zum Probanden | Lebenslanges Morbiditätsrisiko (in %) |
|---|---|
| Zwillinge (neuere (Studien) | |
| Eineiige Zwillinge | 46 |
| Zweieiige Zwillinge | 14 |
| Verwandte 1. Grades | |
| Eltern | 5,6 |
| Geschwister | |
| alle | 10,1 |
| Eltern nicht schizophren | 9,6 |
| ein Elter schizophren | 16,7 |
| Kinder | 55,7 |
| ein Elter schizophren | 12,8 |
| beide Eltern schizophren | 39,2 |
| Verwandte 2. Grades | |
| Halbgeschwister | 4,2 |
| Onkel/Tanten | 2,4 |
| Neffen/Nichten | 3,0 |
| Enkel | 3,7 |
| Verwandte 3. Grades | |
| Vettern/Cousinen | 2,4 |

Eltern von Indexfällen erfasst werden, sind durch die Tatsache, dass sie überhaupt Kinder haben, nach Gesundheit ausgelesen. Dieser Befund ist stabil und wird sowohl in den „alten" wie den „neuen" Familienuntersuchungen nachgewiesen. Der zweite risikobestimmende Faktor ist die *Anzahl der in der Familie von der Erkrankung betroffenen Familienangehörigen* (Tabelle 2). Für Kinder zweier schizophrener Eltern ist das Erkrankungsrisiko mit etwa 40% am höchsten (Erlenmeyer-Kimling 1968).

Trotz der Einführung moderner diagnostischer Kriterien (RDC, DSM-III und DSM-IIIR) und Untersuchungsmethoden (strukturierte Interviews, persönliche Untersuchung auch der Angehörigen, Mituntersuchung einer Kontrollgruppe, Blindheit des Untersuchers bezüglich der Diagnose des Probanden) bleiben die in Tabelle 1 genannten Zahlen, die noch aus mehreren älteren Familienstudien gewonnen wurden, als brauchbare Anhaltswerte für die genetische Beratung gültig: Die Risikoziffern für erstgradige Verwandte entsprechen in etwa denen, die in den modernen Untersuchungen für die im engeren Sinne psychotischen Erkrankungen insgesamt (Schizophrenie, schizoaffektive Erkrankung, schizophreniforme Störung, kurze reaktive Psy-

**Tabelle 2** Wiederholungsrisiko für Schizophrenie bei Geschwistern von schizophrenen Patienten in Abhängigkeit von der Anzahl weiterer schizophrener Verwandter in der Elterngeneration (nach Propping, 1989)

| Untersuchung | Anzahl psychotischer Verwandter in der Elterngeneration* | | | |
|---|---|---|---|---|
| | 0 | 1 | 2 | 3 |
| nach Vartanian und Gindilis (1973), UdSSR; % (ohne Alterskorrektur) | 10,2 | 16,5 | 17,9 | 31,0 |
| nach Ødegaard (1972), Norwegen; % (mit Alterskorrektur) | 8,3 | 14,9 | 2 und mehr erkrankte Verwandte: 20,9 | |

* Die Angaben von Vartanian und Gindilis beziehen sich nur auf Onkel und Tanten, wohingegen die Angaben von Ødegaard auch Eltern miteinschließen

chose) gefunden werden (z. B. Kendler et al. 1985, Maier et al. 1993a). Da der frühere, europäische Schizophreniebegriff, der den älteren Untersuchungen zugrunde liegt, deutlich weiter gefasst war, hat dies eine gewisse Logik.

Relativ konsistent wird eine Häufung schizotypischer Persönlichkeitsstörungen bei erstgradigen Verwandten schizophrener Patienten berichtet, wobei die Morbiditätsrisiken allerdings zwischen 2 und 14% schwanken (Webb und Levinson 1993). Da diese Störungen jedoch eher selten zu medizinischer Behandlung führen, ist dieses Risiko für die genetische Beratung kaum relevant. Einige Studien finden zusätzlich erhöhte Risiken für unipolar affektive Erkrankungen bei den Verwandten 1. Grades schizophrener Probanden (Maier et al. 1993a, Gershon et al. 1988) in einer Grössenordnung von 14 bis 20%.

Untersucht wurden auch noch eine Reihe von anderen Charakteristika der Erkrankung bezüglich eines Einflusses auf das Wiederholungsrisiko bei Verwandten schizophrener Patienten. Hier sind die Zusammenhänge nicht gesichert oder geringfügig: Eine Korrelation zwischen dem Ersterkrankungsalter beim Indexfall und der Höhe des Wiederholungsrisikos für Verwandte 1. Grades konnte für die Schizophrenien nicht nachgewiesen werden (Übersicht bei Kendler et al. 1987). Lediglich Pulver und Mitarbeiter (1990) berichteten über ein deutlich erhöhtes Risiko für psychotische Erkrankungen bei erstgradigen Verwandten männlicher Probanden mit Ersterkrankung unter 17 Jahren gegenüber Ersterkrankung nach dem 17. Lebensjahr. Bei weiblichen Probanden fand sich kein Zusammenhang. Allerdings haben einige neuere Untersuchungen ein etwas höheres Morbiditätsrisiko für Schizophrenie bei erstgradigen Verwandten weiblicher Patienten berichtet (z. B. Maier et al. 1993b). Dabei ergab sich jedoch keine Abhängigkeit vom Ersterkrankungsalter. Bei Ersterkrankung jenseits des 65. Lebensjahres scheint das Risiko für Verwandte 1. Grades des Patienten abzusinken; für Kinder wurde ein Risiko von 7,3%, für Geschwister ein Risiko von 2,5% gefunden (Kay 1963). Dies deutet darauf hin, dass bei spät manifesten Schizophrenien genetische Faktoren eine geringere Rolle spielen. Eventuell ist ein Teil dieser Erkrankungen eher als symptomatische Psychose zu deuten, z. B. als Folge cerebraler Abbauprozesse. Oder es handelte sich um Erkrankungen, die heute als affektive Erkrankungen mit stimmungsinkongruentem Wahn diagnostiziert würden.

Der Krankheitsverlauf und die vorherrschende Symptomatik haben keinen wesentlichen Einfluss auf die Schizophrenie-Morbidität der Verwandten. Verwandte von Patienten, die einen der Subtypen der Schizophrenie aufweisen, haben Erkrankungsrisiken in der bekannten Grössenordnung. Ob sich allerdings unter den erkrankten Verwandten eine Tendenz zu homotypischen Erscheinungsbildern findet, wird widersprüchlich beurteilt (Kendler et al. 1994). Unter den Verwandten von Patienten mit einer sog. schizophrenen Reaktion, gekennzeichnet durch Auftreten im Zusammenhang mit Lebensereignissen, kurzem Verlauf und Vollremission, fand sich ein Morbiditätsrisiko für Schizophrene von 8,3%. Dies entspricht grössenordnungsmässig dem Erkrankungsrisiko der Verwandten schizophrener Patienten (Scharfetter et al. 1977).

## Allgemeine Gesichtspunkte der genetischen Beratung bei Schizophrenien

Genetische Beratung soll dem Ratsuchenden die Information zur Verfügung stellen, die ihm eine eigenverantwortliche Entscheidung über seine persönliche Familienplanung ermöglicht (Fraser 1974). Es geht also nicht um die Erteilung eines direktiven Rats, sondern, wenn der Klient dies wünscht, um die Erarbeitung von Entscheidungsstrategien für seine spezielle Situation. Genetische Beratung hat sich also streng am individuellen (familiären) Interesse zu orientieren, sie verfolgt keine eugenischen oder sonstigen gesamtgesellschaftlichen Ziele.

Die konkrete Beratungssituation umfasst folgende, voneinander abgrenzbare Schritte: Zunächst muss die Diagnose gesichert werden, gegebenenfalls müssen weitere diagnostische Untersuchungen veranlasst werden. Es muss ein möglichst vollständiger Familienbefund erhoben werden, der Informationen über Erkrankungen bei den Grosseltern, bei Onkeln und Tanten und deren Nachkommen miteinschliesst. Aufgrund dieser Informationen können die Wiederholungswahrscheinlichkeiten der Erkrankung in der nächsten Generation eingeschätzt werden. Bei der Risikomitteilung sollen die Erkrankungsrisiken innerhalb der Familie immer in Beziehung gesetzt werden zu den Erkrankungsrisiken in der Allgemeinbevölkerung, um den Ratsuchenden eine Orientierung über die Höhe ihrer persönlichen Risiken anzubieten. Schliesslich kann der Berater mit den Ratsuchenden die verschiedenen Entscheidungsmöglichkeiten durchgehen, die sich aufgrund der speziellen Risikokonstellation ergeben, und die Konsequenzen der einzelnen Entscheidungen darstellen.

Zur genetischen Beratung kommen gewöhnlich entweder betroffene Patienten selbst, die sich nach Erkrankungsrisiken für ihre Nachkommen erkundigen wollen, oder die nicht betroffenen Angehörigen psychiatrische Kranker. Nach Möglichkeit sollen die Partner der Ratsuchenden in den Beratungsprozess miteinbezogen werden, da eine Entscheidungsfindung nur für ein Paar gemeinsam möglich ist. Im folgenden wollen wir auf die beiden genannten Konstellationen näher eingehen.

Wenn ein *von einer Schizophrenie selbst Betroffener* sich nach dem Erkrankungsrisiko für seine Kinder erkundigt, dann wirft die genetische Beratung Probleme auf, die bei körperlichen Krankheiten eine viel geringere Rolle spielen. Der Ratsuchende sollte eine Risikoangabe verstehen, die möglichen Konsequenzen beurteilen und eine für ihn und seine Familie angemessene Entscheidung fällen können. Die hierfür erforderlichen Fähigkeiten können durch eine floride Erkrankung so gestört sein, dass eine Einsicht in die eigene Situation nicht vorhanden ist.

Das Erkrankungsrisiko der Kinder des Patienten ergibt sich aus den empirischen Wiederholungsziffern der betreffenden Psychose (s. Tabelle 1). Bei mehreren betroffenen Personen im Familienstammbaum muss das Risiko unter Einbeziehung der Daten aus Tabelle 2 abgeschätzt werden. Der betreuende Psychiater hat natürlich nicht nur das Wiederholungsrisiko zu besprechen, sondern auch die persönliche Situation und die Prognose des Patienten. Der Einfluss einer psychotischen Erkrankung eines Elternteils auf die psychische Entwicklung der Kinder (Strunk 1989) kann mit den Ratsuchenden diskutiert werden. Für den erkrankten Partner können emotionale Belastungen im Zusammenhang mit der Kindererziehung unter Umständen zum Rezidivieren psychotischer Symptomatik führen. Eventuell wird der gesunde Elternteil Kinder über weite Strecken allein erziehen müssen. Die Beratung kann nur Teil eines Gesamttherapieplanes sein. Wenn die psychotische Episode bereits längere Zeit zurückliegt, der Ratsuchende urteilsfähig und sozial integriert ist, stellt sich die Besprechung aller Aspekte einfacher dar.

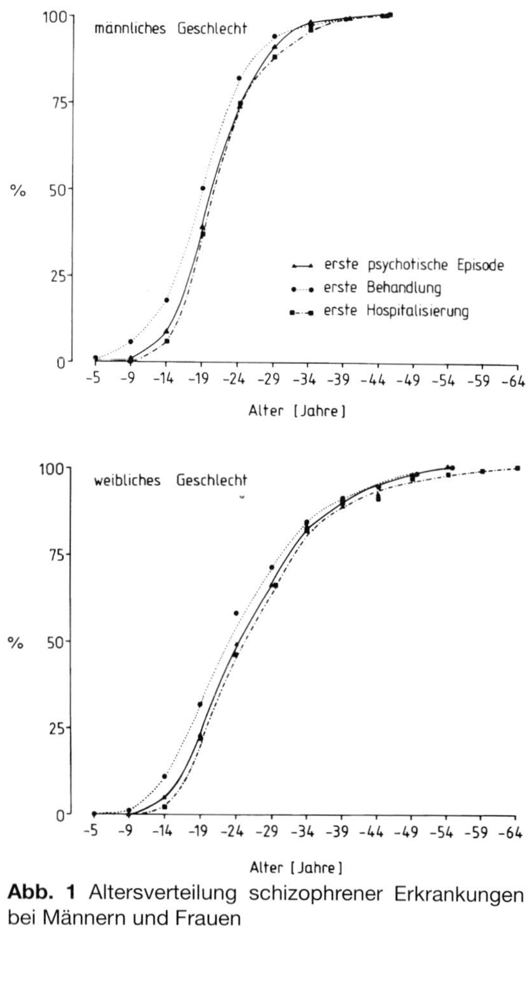


**Abb. 1** Altersverteilung schizophrener Erkrankungen bei Männern und Frauen

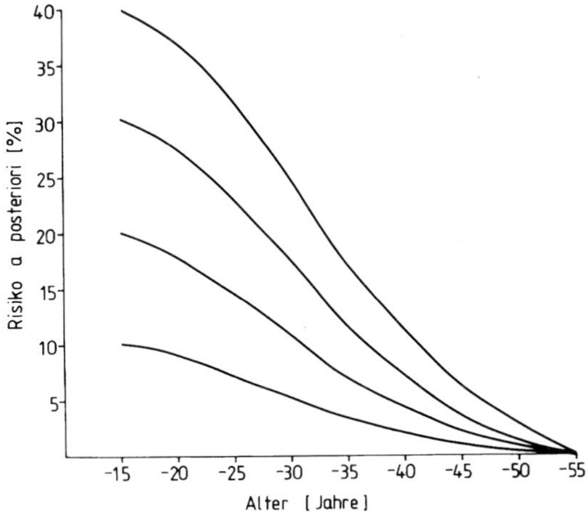


**Abb. 2** Restrisiken in Abhängigkeit vom Lebensalter

Wenn ein *Angehöriger (Kind, Geschwister) eines von einer Schizophrenie betroffenen Patienten* sich nach den Erkrankungsrisiken seiner Kinder erkundigt, dann muss der Berater ihn zunächst darüber aufklären, dass er selbst noch ein erhöhtes Risiko für die Manifestation der Krankheit trägt. Bei der Risikoabschätzung ist zu beachten, dass die empirischen Wiederholungsziffern in Tabelle 1 a-priori-Risiken darstellen. Diese Ziffern gelten nur am Beginn des Eintritts in die Risikoperiode. Meist hat der Ratsuchende aber bereits einen Teil der Risikoperiode durchlaufen. Das in einem bestimmten Alter bestehende Restrisiko lässt sich mit Hilfe des Bayes-Theorems aus der Verteilung der Ersterkrankungsalter ermitteln. Die Altersverteilung bei Erstmanifestation schizophrener Erkrankungen bei Männern und Frauen ist in Abb. 1 dargestellt. Auf diesen Verteilungen aufbauend lassen sich für verschiedene a-priori-Risiken die Restrisiken in Abhängigkeit vom Lebensalter ermitteln (Abb. 2).

Mancher ratsuchende Verwandte eines psychotischen Patienten ist durch die Höhe seines eigenen Erkrankungsrisikos beunruhigt. In diesem Fall kann vielleicht der Vorschlag, die Entscheidung über eigene Kinder bis zum Alter von etwa 30 Jahren aufzuschieben, eine Hilfe sein. Bis zu diesem Alter haben sich mehr als 85% der Schizophrenien bei männlichen Ratsuchenden und etwa zwei Drittel der Schizophrenien bei weiblichen Ratsuchenden manifestiert. Das dann noch verbleibende Restrisiko wird den Ratsuchenden möglicherweise eher tragbar erscheinen.

# Risiken durch Therapie mit Psychopharmaka in der Schwangerschaft

Die Schizophrenien erfordern im allgemeinen eine neuroleptische Langzeitmedikation. Patientinnen fragen deshalb oft nach der Vereinbarkeit einer Psychopharmaka-Einnahme mit einer Schwangerschaft. Es kommt aber auch immer wieder vor, dass eine Patientin unter der Therapie überraschend schwanger geworden ist. Daher soll auf diesen Aspekt kurz eingegangen werden.

Die Beurteilung des Teratogenitäts-Risikos eines Medikaments ist nicht einfach. Die Ergebnisse aus Tierversuchen können nur sehr bedingt auf den Menschen übertragen werden, da z. B. immer mit Unterschieden in der Metabolisierung gerechnet werden muss. Beim Menschen können naturgemäss keine gezielten Studien durchgeführt werden. Die Pharmaka-Hersteller sammeln in der Regel zwar die Informationen über alle beobachteten Fehlbildungen bei Kindern, deren Mütter ein bestimmtes Medikament in der Schwangerschaft eingenommen haben. Man muss bei diesem Erfahrungsmodus aber immer mit einem Ausleseeffekt rechnen. Auf diesem Wege wäre ein spezifischer teratogener Effekt nur dann erkennbar, wenn die gleiche Fehlbildung wiederholt auftritt. Ein Medikament muss über viele Jahre bei schwangeren Frauen angewandt worden sein, ohne dass sich Hinweise für ein erhöhtes Teratogenitäts-Risiko ergeben haben, bevor eine relativ sichere Bewertung möglich ist. Es ist deshalb verständlich, dass bei neueren Pharmaka eine abschliessende Beurteilung nicht möglich ist.

Sowohl zu *Neuroleptika* der verschiedenen chemischen Gruppen als auch zu *trizyklischen Antidepressiva*, die zur Antriebssteigerung und in der postpsychotischen Depression ebenfalls häufiger bei Schizophrenien eingesetzt werden, liegen zahlreiche Studien beim Menschen vor. Es hat sich kein überzeugender Hinweis für angeborene Fehlbildungen bei Kindern entsprechend behandelter Mütter ergeben (Schardein 1985, Friedman und Polifka 1994).

Bezüglich der selektiven Serotonin-Wiederaufnahmehemmer, die ebenfalls zunehmend bei Schizophrenien eingesetzt werden, sind noch keine sicheren Aussagen zu machen: Es wurden 128 Schwangerschaften beobachtet, in denen im ersten Trimester eine Exposition mit therapeutischen Dosen von Fluoxetin bestand. Hier fand sich keine erhöhte Rate schwerer Malformationen im Vergleich zu einer Kontrollgruppe, jedoch scheint die Rate der Fehlgeburten etwas erhöht zu sein (Pastuszak et al. 1993). Für Fluvoxamin und Paroexetin liegen keine entsprechenden Beobachtungen vor, im Tierversuch gab es für beide Pharmaka bei Verabreichung nicht-toxischer Dosen keine Hinweise für Teratogenität oder Embryotoxizität. Gleiches gilt für das neu eingeführte Neuroleptikum Risperidon. Sicherheitshalber sollte bei jeder Schwangeren, die im ersten Trimenon Psychopharmaka, insbesondere der neuen Generation, eingenommen hat, eine zusätzliche, gezielte Ultraschalluntersuchung auf Fehlbildungen in der 20. Schwangerschaftswoche veranlasst werden.

## Ausblick

Die medizinische Genetik ist das einzige Fach innerhalb der Medizin, welches die Beratung ausdrücklich zum zentralen Bestandteil des ärztlichen Handelns gemacht hat (Wolff 1992). Der Arzt muss das genetische Problem erkennen und es dem Ratsuchenden klar machen; dabei ist es wichtig, das Beratungsgespräch und seine Ergebnisse in einem für die Ratsuchenden verständlichen Brief zusammenzufassen (Berufsverband Medizinische Genetik e.V. 1990). Der Ratsuchende soll durch die Beratung in die Lage versetzt werden, eine eigenverantwortliche Entscheidung zu treffen. Bei psychiatrischen Krankheiten kommt noch hinzu, dass der beratende Arzt beurteilen muss, ob der Ratsuchende eventuell krankheitsbedingt eine nur begrenzte Einsicht in seine eigene Situation hat. Bei einem Ratsuchenden mit florider Symptomatik würde man wahrscheinlich raten, die Beratung zu einem späteren Zeitpunkt wieder aufzunehmen.

Die bisherige Entwicklung der molekularen Humangenetik lässt erwarten, dass in absehbarer Zeit Gene identifiziert werden, die zur Entwicklung einer Schizophrenie disponieren. Damit werden Möglichkeiten der präsymptomatischen Diagnostik eröffnet. Wegen der Komplexität der Vererbung und der sicherlich vorliegenden Heterogenie, d. h., dass verschiedene Gene zur Entwicklung einer Schizophrenie beitragen, wird es allerdings noch längere Zeit dauern, bis in den Familien einzelner Patienten eine präsymptomatische Diagnostik zur Verfügung stehen oder zumindest eine Risikomodifikation durch Testung krankheitsassoziierter Gene möglich sein wird. Durch die Möglichkeit einer solchen Testung wird die Komplexität der Beratung und damit der Anspruch an das Wissen und die Verantwortlichkeit des beratenden Arztes entscheidend erhöht. Ähnlich der Situation, die bei der präsymptomatischen Testung bei Chorea Huntington bereits besteht (Guidelines 1994), wird es die Aufgabe des Arztes sein, dazu beizutragen, dass dem einzelnen durch das verfügbare Wissen keine Nachteile erwachsen, sondern dass er es in möglichst freier und eigenverantwortlicher Entscheidung zu seinem persönlichen Wohl nutzen kann.

## Literatur

American Society of Human Genetics: Ad-Hoc Committee on Genetic Counselling. Am. J. Hum. Genet. 27 (1975) 240

Berufsverband Medizinische Genetic e.V.: Grundsätze genetischer Beratung: Med. Genetik 5 (1990) 5

Erlenmeyer-Kimling, L.: Studies on the offspring of two schizophrenic parents. In: D. Rosenthal, S.S. Kety (eds.) The transmission of schizophrenia. Pergamon Press, Oxfort 1968

Essen-Möller, E.: The calculation of morbid risk in parents of index cases, as applied to a family sample of schizophrenics. Acta Genet. Statist. Med. 5 (1955) 334

Fraser, F.C.: Genetic counselling. Am. J. Hum. Genet. 26 (1974) 636

Friedman, J.M., J.E. Polifka: Teratogenic effects of drugs. A resource for clinicians. Johns Hopkins University Press, Baltimore London 1994

Gershon, E.S., L.E. DeLisi, J. Hamovit, J.I. Nurnberger, M.E. Maxwell, J. Schreiber, D. Dauphinais, C.W. Dingman, J.J. Guroff: A controlled family study of chronic psychoses. Schizophrenia and schizoaffective disorder. Arch. Gen. Psychiat. 45 (1988) 328

Gottesman, I.I., J. Shields: Schizophrenia. The epigenetic puzzle. Cambridge University Press, Cambridge 1982

Guidelins for the molecular genetics predictive test in Huntington's disease. J. Med. Genet. 31 (1994) 555

Kay, D.W.K.: Late paraphrenia and its bearing on the aetiology of schizophrenia. Acta Psychiat. Scand. 39 (1963) 159

Kendler, K.S., A.M. Gruenberg, M.T. Tsuang: Psychiatric illness in first-degree relatives of schizophrenic and surgical control patients. A family study using DSM III criteria. Arch. Gen. Psychiat. 42 (1985) 770

Kendler, K.S., M.T. Tsuang, P. Hays: Age at onset in schizophrenia. A familial perspective. Arch. Gen. Psychiat. 44 (1987) 881

Kendler, K.S., M. McGuire, A.M. Gruenberg, D. Walsh: Outcome and family study of the subtypes of schizophrenia in the west of Ireland. Am. J. Psychiatry 151 (1994) 849

Loranger, A.W.: Sex difference in age at onset of schizophrenia. Arch. Gen. Psychiat. 41 (1984) 157

Maier, W., D. Lichtermann, J. Minges, J. Hallmayer, R. Heun, O. Benkert, D.F. Levinson: Continuity and discontinuity of affective disorders and schizophrenia. Results of a controlled family study. Arch. Gen. Psychiat. 50 (1993a) 871

Maier, W., D. Lichtermann, J. Minges, R. Heun, J. Hallmayer: The impact of gender and age at onset on the familial aggregation of schizophrenia. Eur. Arch. Psychiatry Clin. Neurosci. 242 (1993b) 279

Odegaard, O.: The multifactorial theory of inheritance in predisposition to schizophrenia. In: A.J. Kaplan (ed.) Genetic factors in schizophrenia. Thomas, Springfield Ill. 1972

Pastuszak, A., B. Schick-Boschetto, C. Zuber, M. Feldkamp, M. Pinelli, S. Sihn, A. Donnenfeld, M. McCormack, M. Leen-Mitchell, C. Woodland, A. Gardner, M. Horn, G. Koren: Pregnancy outcome following first-trimester exposure to fluoxetine (prozac). JAMA 269 (1993) 2246

Propping, P.: Psychiatrische Genetik. Konzepte und Befunde. Springer, Berlin Heidelberg New York 1989

Pulver, A.E., C.H. Brown, P. Wolinyec, J. McGrath, D. Tam, L. Adler, T. Carpenter, B. Childs: Schizophrenia: age at onset, gender and familial risk. Acta Psychiatr. Scand. 82 (1990) 344

Schardein, J.L.: Chemically induced birth defects. Marcel Dekker, New York Basel 1985

Scharfetter, C.: Subdividing the functional psychoses: a family hereditary approach. Psychol. Med. 11 (1981) 637

Scharfetter, C., M. Nüsperli, E. Hurwitz: Die sogenannte schizophrene Reaktion – eine Nachuntersuchung nach 20 Jahren. Arch. Psychiat. Nervenkr. 226 (1979) 347

Slater, E., V. Cowie: The genetics of mental disorders. Oxford University Press, London 1971

Strunk, P.: Formenkreis der endogenen Psychosen. In: C. Eggers, R. Lempp, G. Nissen, P. Strunk (Hrsg.) Kinder- und Jugendpsychiatrie, 5. Aufl. Springer, Berlin Heidelberg New York 1989

Vartanian, M.Y., V.M. Gindiliis: Some notes o the genetics of behavior traits in man, especially of abnormal mental traits like schizophrenia. Soc. Biol. 20 (1973) 246

Webb, C.T., D.F. Levinson: Schizotypal and paranoid personality disorder in the relativs of patients with schizophrenia and affective disorders: a review. Schizophrenia Res. 11 (1993) 81

Wolff, G.: Die Bedeutung der Beratung in der medizinischen Genetik – speziell im Rahmen der vorgeburtlichen Diagnostik. In: Fortschritt und Fortbildung in der Medizin. Deutscher Ärzteverlag, Köln 16 (1992) 199

# 21 Rechtsfragen

K. Foerster

## Strafrecht

### Kriminologie

Schizophrene Patienten sind in der allgemeinen Kriminalität unterrepräsentiert. Kriminelle Handlungen schizophren erkrankter Menschen resultieren meist aus den sozialen Schwierigkeiten, die im Rahmen der Erkrankung auftreten können – Scheitern der Berufsausbildung, Verlust des Arbeitsplatzes, Aufgabe einer geregelten Tätigkeit, Antriebsverarmung, Interessenverlust und Kontaktschwierigkeiten (Witter 1972). Dementsprechend kommen Handlungen im Rahmen der Klein- und Verwahrlosungskriminalität vor, wobei manchmal die Diagnose einer schizophrenen Erkrankung erst bei der Begutachtung gestellt wird. Gezielte Eigentumsdelikte, gemeinschaftliche Straftaten und Sexualdelikte sind selten (Venzlaff 1994). Wichtig und nicht selten dramatisch sind dagegen Gewaltdelikte schizophrener Patienten, die in der Öffentlichkeit meist erhebliches Aufsehen erregen und dann nicht selten das Bild des „geistesgestörten Täters" in fälschlicher Weise prägen. Allerdings ist auch bezüglich der Gewaltdelikte festzuhalten, dass entsprechend der Untersuchung von Böker und Häfner (1973) schizophrene Patienten in bezug auf gewalttätige Handlungen und Gewaltkriminalität keineswegs gefährlicher sind als psychopathologisch unauffällige Täter. Psychotisch determinierte Gewaltdelikte können bei Patienten mit einer paranoiden Schizophrenie vorkommen, wobei Hintergrund der Taten meist komplexe, fixierte Wahnsysteme sind. Aus der Wahnstimmung, möglicherweise akzentuiert durch Ängstlichkeit und innere Unruhe, können paranoid determinierte Eigenbeziehungen und Beeinträchtigungsvorstellungen erwachsen. Die Taten können dann verübt werden zur Abwehr vermeintlicher Bedrohungen; gelegentlich entstehen sie auch aus einem Hass- oder Racheaffekt an Personen, von denen sich der Patient benachteiligt oder gefährdet fühlt (Venzlaff 1994). Hierbei kann es sich um überraschende, aber auch um länger vorbereitete Angriffe gegen Personen und Sachen im Sinne von Körperverletzungs- bis hin zu Tötungsdelikten, Brandstiftungen und gewaltsamen Zerstörungen handeln (Witter 1972). Auch ein magisch-psychotisches Sendungsgefühl kann Anlass zu schweren Straftaten geben. Dabei ist zu bedenken, dass auch bei äusserlich geordneten Wahnkranken ausgeprägte Ängste bestehen können, vor allem durch eine angstvoll-bedrohlich erlebte Beeinträchtigung durch andere Menschen. Aufgrund der Untersuchung von Rink (1981) ist bekannt, dass sich bei knapp drei Viertel der von ihm untersuchten Patienten die Gewalttat motivisch aus der Wahnsymptomatik ableiten liess. Hieraus folgt jedoch andererseits, dass bei einem Viertel der Täter Tatmotive nicht zu eruieren waren. Die Taten sind in diesen Fällen als psychotische Impulshandlungen ohne retrospektiv eindeutig nachweisbare Tatmotivation zu betrachten. Die Erhebung von Rink ergab ausserdem ein unter sozialpsychiatrischen Aspekten ausserordentlich wichtiges Ergebnis: Ein Drittel der Täter kündigte die Tat vorher durch ernsthafte Drohungen an. Die Tat kam in fast 40% der Fälle durch grobes Versagen von Sozialkontrollen zustande. Dies entspricht auch den Ergebnissen von Böker und Häfner (1973), die feststellten, dass die schizophrenen Täter mindestens ein Jahr, meist jedoch wesentlich länger, vor der Tatausführung erkennbar psychotisch waren.

In diesem Zusammenhang zu erwähnen ist das früher häufig erörterte Konzept des „Initialdeliktes" (Wilmanns 1940, Stransky 1950). Gemeint ist hiermit das Vorkommen von Gewalttaten, die in einer beginnenden Schizophrenie oder im Prodromalstadium zu einem Zeitpunkt begangen werden, zu dem der Täter für die Umwelt noch unauffällig erscheint, oder bei Tätern, bei denen die Tat als das erste Symptom der Psychose erscheint. Die Annahme, dass schizophrene Täter vornehmlich im Anfangsstadium der Erkrankung Gewalttaten begehen würden, wird allerdings durch die epidemiologische Studie von Böker und Häfner (1973) nicht gestützt. Begehen schizophrene Patienten Gewalttaten, so hat die Erkrankung in aller Regel bereits längere Zeit (s.o.) bestanden, war aber möglicherweise noch nicht diagnostiziert. Entsprechend sollte nach Venzlaff (1994) das Konzept vom Initialdelikt dahingehend relativiert werden, dass es in der Mehrzahl dieser Fälle nur so *scheint*, als sei das Delikt die erste Manifestation der schizophrenen Erkrankung. Häufig liegen in solchen Fällen keine genügenden Informationen über die Vorgeschichte vor, oder der Täter dissimuliert zuvor bereits bestehende psychotische Erlebnisweisen. Selbstverständlich ist es prinzipiell unmöglich, die Diagnose Schizophrenie allein aufgrund absonderlichen Verhaltens, eines grausamen Deliktes oder uneinfühlbarer Motivationen zu stellen. Die Diagnose kann nur aufgrund beschreibbarer psychopathologischer Phänomene und Kriterien entsprechend den international akzeptieren Klassifikationssystemen ICD-10 und DSM-IV gestellt werden.

## Begutachtung der Schuldfähigkeit

Bei der Beurteilung der Schuldfähigkeit kommt es entscheidend darauf an nachzuweisen, dass das Verhalten eines Täters, der unter einer schizophrenen Erkrankung leidet, zum Tatzeitpunkt wahnhaft determiniert war, dass ein psychotischer Realitätsverlust vorlag oder dass das Verhalten durch halluzinatorische Erlebnisweisen tiefgreifend beeinflusst wurde. Ist es möglich, solche psychopathologische Feststellungen eindeutig zu treffen, so besteht kein Zweifel, dass die schizophrene Erkrankung der Merkmalskategorie „krankhafte seelische Störung" des § 20 StGB zugeordnet wird mit der Folgerung einer aufgehobenen Schuldfähigkeit. Es kann allenfalls strittig sein, ob bereits Einsichtsunfähigkeit vorliegt oder ob es sich um die Aufhebung der Steuerungsunfähigkeit handelt. Die rechtliche Folge „Schuldunfähigkeit" ist in beiden Fällen gleich. Besteht ein psychotischer Realitätsverlust, gegebenenfalls mitdeterminiert durch halluzinatorische Erlebnisweisen, so ist der Verlust von Einsichtsfähigkeit anzunehmen. Umstritten ist die Frage, ob es bei einem systematisierten Wahn eines im übrigen geordnet erscheinenden schizophrenen Patienten, der aufgrund dieses Wahns eine Straftat begeht, um das Vorliegen aufgehobener Einsichts- oder aufgehobener Steuerungsfähigkeit geht. Diese Frage ist letztlich für die forensisch-psychiatrische Folgerung irrelevant, besitzt aber unter psychopathologischen Aspekten Interesse.

Die Beurteilung eines schizophrenen Patienten kann dann schwierig werden, wenn es um einen Menschen geht, bei dem früher eine schizophrene Psychose diagnostiziert wurde, der sich jedoch zum Tatzeitpunkt in einem psychopathologisch remittierten Zustand befand oder bei dem allenfalls ein gering ausgeprägtes Residualsyndrom vorliegt. Nach psychiatrisch allgemein akzeptierter Meinung (Böker und Häfner 1973, Venzlaff 1994) ist es nicht gerechtfertigt, grundsätzlich Schuldunfähigkeit anzunehmen, wenn bei einem Täter früher einmal die Diagnose einer schizophrenen Psychose gestellt wurde. Entscheidend ist hier – wie auch sonst – die konkrete Beurteilung des psychischen bzw. psychopathologischen Zustandes des Täters zum Tatzeitpunkt. Liegen keine Symptome vor, und handelt es sich darüber hinaus um eine motivisch klare Straftat, so liegen aus psychiatrischer Sicht die Voraussetzungen einer aufgehobenen oder erheblich verminderten Einsichts- oder Steuerungsfähigkeit nicht vor. Sind geringfügig ausgeprägte psychopathologische Symptome im Rahmen eines Residualzustandes festzustellen, so ist sorgfältig zu prüfen, ob die Voraussetzungen einer erheblichen Einschränkung der Steuerungsfähigkeit vorgelegen haben. Dabei ist vor allem zu berücksichtigen, ob zum Tatzeitpunkt konstellative Faktoren eine Rolle gespielt haben; hierzu zu rechnen sind Alkohol- und/oder Drogeneinfluss oder zusätzliche psychosoziale Belastungen. Natürlich ist bei diesen Tätern besonders darauf zu achten, ob das strafbare Handeln möglicherweise erstes Zeichen eines Rezidivs der schizophrenen Erkrankung ist.

## Begutachtung der Vernehmungs-, Verhandlungs- und Haftfähigkeit

*Vernehmungsfähigkeit* ist die Fähigkeit, sich polizeilich oder richterlich vernehmen zu lassen und verständliche Angaben und Ausführungen zu machen. Besteht eine akute schizophrene Erkrankung mit Realitätseinbussen, psychotischer Desintegration, halluzinatorischem Erleben oder wahnhaft determiniertem Verhalten, so ist die Vernehmungsfähigkeit in diesem akuten Zustand aufgehoben. Bei einer chronischen Erkrankung richtet sich die Beurteilung nach der konkreten psychopathologischen Symptomatik. Bei einem diskreten Residualzustand ist die Vernehmungsfähigkeit nicht eingeschränkt.

*Verhandlungsfähigkeit* ist definiert als die Fähigkeit eines Beschuldigten, in oder ausserhalb der Verhandlung seine Interessen vernünftig wahrzunehmen, die Verteidigung in verständiger und verständlicher Weise zu führen sowie Prozesserklärungen abzugeben oder entgegen zu nehmen. Eine akute schizophrene Erkrankung bewirkt bis zur Stabilisierung bzw. bis zum Abklingen der psychopathologischen Symptomatik Verhandlungsunfähigkeit (Schulte 1994). Liegt eine chronische Wahnerkrankung vor und geht es um eine Straftat, die aufgrund der Wahnthematik verübt wurde, so kann Verhandlungsunfähigkeit vorliegen, wenn der Wahn bezüglich der konkreten Prozessituation das Realitätsurteil beeinträchtigt. Ein schizophrener Residualzustand wird nur dann Verhandlungsunfähigkeit bewirken, wenn eine deutlich ausgeprägte Symptomatik vorliegt.

Die Prüfung der *Haftfähigkeit* kann schwierige Fragen aufwerfen, wenn eine schizophrene Psychose erst während der Haft auftritt. In diesen Fällen ist sehr sorgfältig zu prüfen, ob die während der Haft festgestellte Erkrankung bereits zur Tatzeit bestand (Rasch 1986). Ist die schizophrene Erkrankung während der Haft manifest geworden, so ist vorübergehende oder – je nach Verlauf – auch dauerhafte Haftunfähigkeit anzunehmen. Nach § 455 StPO ist die Vollstreckung einer Freiheitsstrafe aufzuschieben, wenn der Verurteilte in „Geisteskrankheit" verfällt, wobei schizophrene Psychosen mit diesem Begriff erfasst werden. In diesen Fällen ist zu klären, ob die Erkrankung in einer Vollzugsanstalt oder in einem Anstaltskrankenhaus nicht erkannt oder nicht behandelt werden kann, und dass die Krankheit voraussichtlich für eine erhebliche Zeit fortbestehen wird. Ist dies der Fall, ist der Kranke in ein allgemeines psychiatrisches Krankenhaus zu verlegen, wobei bei anzunehmender Selbst- oder Fremdgefährdung des Patienten die weitere Behandlung entsprechend den Landesunterbringungsgesetzen (siehe unten) erforderlich werden kann.

## Therapie und Prognose

Wird die Diagnose unmittelbar oder bald nach der Tat gestellt, so erfolgt in der Regel die vorläufige Unterbringung in einem psychiatrischen Krankenhaus gemäss § 126a StPO. Venzlaff (1994) vertritt die Meinung, dass gegen eine solche Regelung erhebliche Bedenken angebracht seien. Durch eine vorläufige Unterbringung würden dem ärztlichen Handeln erhebliche Restriktionen auferlegt, die einem fortschrittlichen Therapiekonzept entgegenstünden. Dem Sicherheitsbedürfnis der Öffentlichkeit könnte in diesen Fällen durch die Regelungen der Landesunterbringungsgesetze (siehe unten) genügend Rechnung getragen werden.

Wird bei einem schizophrenen Täter das Vorliegen aufgehobener oder erheblich verminderter Schuldfähigkeit angenommen, so stellt sich immer die Frage nach einer Unterbringung gemäss § 63 StGB. Eine solche Unterbringung erfolgt dann, wenn wegen der Erkrankung des Täters mit weiteren erheblichen Straftaten zu rechnen ist. In diesen Fällen wird häufig, auch von psychiatrischen Sachverständigen, aus der Diagnose „Schizophrenie" kurzschlüssig eine weitere Gefährlichkeit angenommen, obwohl eine solche Folgerung nicht berechtigt ist. Ist die psychopathologische Symptomatik zum Zeitpunkt der Hauptverhandlung abgeklungen, und lässt sich eine eindeutige Gefährlichkeitsprognose nicht stellen, sollte an die Regelungen des § 67b StGB gedacht werden, wonach die Unterbringung angeordnet, deren Vollstreckung aber zugleich der Bewährung ausgesetzt wird, „wenn besondere Umstände die Erwartung rechtfertigen, dass der Zweck der Massregel auch dadurch erreicht werden kann". Für diese Patienten wäre die Existenz bislang weithin fehlender forensisch-psychiatrischer Ambulanzen sicherlich sehr hilfreich. Dies auch deshalb, weil die Unterbringungsdauer schizophrener Gewalttäter weit höher liegt als die Haftdauer bei geistig gesunden Tätern, obwohl dies nicht mit einer höheren Gefährlichkeit begründet werden kann (Rink 1981). Auch Leygraf (1988) fand eine überdurchschnittlich lange Verweildauer bei den schizophrenen Patienten, die 37,9% aller Massregelvollzugspatienten ausmachen, wobei sich hier allerdings grosse regionale Unterschiede zeigten. Leygraf (1988) betont, dass sich diese lange Verweildauer weder durch eine besondere Gefährlichkeit der schizophrenen Patienten noch durch eine mangelnde Behandlungsfähigkeit erklären lässt. Seiner Meinung nach bestimmend ist eher das hartnäckige Vorurteil über eine fortbestehende Gefährlichkeit dieser Patienten, verbunden mit dem Vorurteil einer Unheilbarkeit der schizophrenen Erkrankung. Dabei ist prinzipiell stets zu bedenken, dass allein aufgrund einer psychopathologischen Symptomatik weder eine ungünstige noch eine günstige Legalprognose zu stellen ist. Selbst aus noch vorhandenen Residualsymptomen der Erkrankung lässt sich allenfalls eine ungünstige Sozialprognose, nicht aber eine prinzipielle, allgemeine Gefährlichkeit oder kriminelle Rückfallgefährdung ableiten (Leygraf 1994). Diesbezüglich prognostisch ungünstig ist allerdings eine weiterbestehende paranoide Symptomatik, falls sich frühere Delikte aus der gleichen Wahnthematik heraus entwickelt haben. Besonders gefährdet sind jüngere Patienten mit einem chronischen, fixierten Wahnerleben, falls sie aus diesem wahnhaften Erleben heraus bereits Straftaten begangen hatten (Shore et al. 1988). Ungünstig ist die Prognose auch bei solchen schizophrenen Patienten, bei denen eine zusätzliche Erkrankung vorliegt, etwa eine Alkoholabhängigkeit, ein Drogenmissbrauch oder eine antisoziale Persönlichkeitsstörung.

Die *Begutachtung der Prognose* bei schizophrenen Tätern erfolgt nach den allgemeinen Kriterien der Prognosebeurteilung im Massregelvollzug (Leygraf 1994). Die Prognosen im Massregelvollzug sind bekanntlich meist nicht in absoluter Form möglich, sondern eher in Form einer „wenn-dann“-Aussage. Zu berücksichtigen sind vier Beurteilungsbereiche (Rasch 1986):

- Anamnestische Befunde, vor allem hinsichtlich früherer Delinquenz und früherer Erkrankungen
- Querschnittsbeurteilung der psychopathologischen Symptomatik
- Verlauf während der Unterbringung
- Zukunftsperspektiven.

Die innerhalb dieser Bereiche als prognoserelevant angesehenen Aspekte finden sich zusammenfassend bei Leygraf und Nowara (1992). Ganz erhebliche prognostische Probleme können vordergründig geordnete, chronisch Wahnkranke mit einer „doppelten Buchführung“ bereiten.

Für aus dem Massregelvollzug entlassene Täter gilt das bereits Gesagte: Es fehlen forensisch-psychiatrische Ambulanzen, an die diese Patienten sich nach der Entlassung wenden können. Dies ist besonders bedauerlich, da im Rahmen einer ambulanten Behandlung das Rückfallrisiko gemindert werden kann, das in den ersten ein bis zwei Jahren nach der Entlassung aus dem Massregelvollzug am grössten ist. Darüber hinaus wäre von ambulanten Behandlungsmöglichkeiten auch eine Verkürzung der Unterbringungszeiten zu erwarten. Neben der psychiatrisch-psychotherapeutischen Betreuung entscheidend wichtig ist gerade für diese Patienten eine tragfähige soziale Einbindung.

# Zivilrecht

## Begutachtung im Rahmen des Betreuungsgesetzes

In der Begrifflichkeit des Betreuungsgesetzes werden schizophrene Psychosen mit der Formulierung „psychische Krankheit“ erfasst. Eine Betreuung kann dann angeordnet werden, wenn ein Volljähriger seine Angelegenheiten ganz oder teilweise wegen einer Erkrankung nicht besorgen kann. Dabei muss der psychiatrische Sachverständige stets bedenken, dass allein aus dem Bestehen einer psychischen Krankheit die Folgerung einer Betreuung nicht abzuleiten ist. Es bedarf jeweils einer gesonderten Feststellung der Erkrankung, in diesem Fall der Feststellung einer „psychischen Krankheit“ und daneben der Unfähigkeit zur Besorgung eigener Angelegenheiten. Beide Feststellungen müssen kausal miteinander verknüpft sein. Bei akuten schizophrenen Erkrankungen wird sich die Frage einer Betreuung kaum stellen, da in diesen Fällen entweder eine freiwillige Behandlung durchgeführt wird oder eine Behandlung im Rahmen der Landesunterbringungsgesetze erfolgt (siehe unten). Patienten mit chronisch verlaufenden schizophrenen Psychosen, insbesondere dann, wenn ein ausgeprägter Residualzustand besteht, können betreuungsbedürftig sein (Foerster 1994). Dabei kann es sowohl um den Bereich der Gesundheitsfürsorge gehen, wenn beispielsweise mit Hilfe des Betreuers eine notwendige psychiatrische Behandlung gewährleistet werden soll, wie auch um die Aufenthaltsbestimmung, wenn es etwa um den Aufenthalt in einer therapeutischen Wohngemeinschaft oder in einem Fachkrankenhaus geht. Bei einer chronisch paranoiden Symptomatik kann die Notwendigkeit einer Betreuung mit den Aufgabenkreisen Vermögenssorge und Gesundheitsfürsorge erforderlich werden, wobei keine generellen Richtlinien angegeben werden können.

Eine *Unterbringung im Rahmen des Betreuungsgesetzes gemäss § 1906 BGB* darf nur bei Selbstgefährdung des Patienten oder zur Durchführung ärztlicher Massnahmen erfolgen. Sind aufgrund des psychopathologischen Zustandes des Patienten Rechtsmittel Dritter bedroht, so kommt nur die öffentlich-rechtliche Unterbringung im Rahmen der Unterbringungsgesetze der Länder in Betracht (siehe unten). Für eine Unterbringung im Rahmen des Betreuungsgesetzes sind damit folgende Voraussetzungen erforderlich: Es muss eine Betreuung bestehen und die

Aufenthaltsbestimmung bzw. die Gesundheitsfürsorge müssen zu den Aufgabenkreisen des Betreuers gehören. Weiterhin muss eine Selbstgefährdung vorliegen, oder es sind ärztliche Untersuchungen, Behandlungen oder Eingriffe erforderlich, die ohne Unterbringung nicht durchgeführt werden können, und zu denen der Patient wegen seiner Erkrankung nicht bereit ist. Solche Probleme können sich am ehesten bei chronisch kranken schizophrenen Patienten ergeben. Hierüber liegen bislang allerdings noch keine publizierten Erfahrungen vor.

Bei schizophrenen Patienten kann die *Genehmigung einer Heilbehandlung gemäss § 1904 BGB* durch das Vormundschaftsgericht erforderlich werden. Dies ist dann der Fall, wenn begründete Gefahr besteht, dass der Betreute aufgrund der zu treffenden Massnahmen stirbt oder einen schweren und längerdauernden gesundheitlichen Schaden erleidet. Eine solche Genehmigung kann erforderlich werden, wenn eine Betreuung besteht, wenn der Aufgabenkreis des Betreuers die Gesundheitsfürsorge umfasst und der Betreute darüber hinaus nicht einwilligungsfähig ist, es sei denn, es handelt sich um einen Notfall. Damit bekommt die Frage, ob ein Patient einwilligungsfähig ist oder nicht, besonderes Gewicht, wobei das Problem der Einwilligungsfähigkeit erst in jüngster Zeit in der psychiatrischen Literatur ausführlich erörtert wird (Foerster 1994, Helmchen 1992, Nedopil 1994, Neubauer 1993). Dabei wird eine Langzeitbehandlung mit Neuroleptika über die Akutbehandlung hinaus wegen der Möglichkeit von Spätdyskinesien für genehmigungspflichtig gehalten. Das gleiche gilt für die Behandlung mit Clozapin wegen des Risikos einer Schädigung der Blutbildung. Allerdings ist dieser Standpunkt umstritten (Dose 1994). Ebenfalls für genehmigungspflichtig gehalten wird die Durchführung einer Elektrokrampftherapie. Dies allerdings nicht deshalb, weil es sich bei der Elektrokrampftherapie um eine risikoreiche Methode handele, sondern deswegen, weil über die Elektrokrampftherapie eine sachliche Diskussion mit Laien kaum möglich sei und diese Behandlung von Gerichten als besonders gefährlich angesehen werden könne (Nedopil 1994). Nicht genehmigungspflichtig ist in jedem Falle die Akutbehandlung mit sämtlichen Psychopharmaka.

## Begutachtung der Geschäfts-, Prozess- und Testierfähigkeit

Die gesetzliche Regelung der Geschäftsunfähigkeit findet sich im § 104 BGB. Dabei ist beurteilungsbedürftig immer eine behauptete Geschäfts*un*fähigkeit, nie dagegen die erhaltene Geschäftsfähigkeit. Geschäftsunfähigkeit muss *bewiesen* werden. Ist der hierfür hohe Grad von Wahrscheinlichkeit nicht zu erreichen, so ist das strittige Rechtsgeschäft wirksam. Entsprechend dem Gesetzestext (§ 104 Nr. 2 BGB) geht es um die Beurteilung „eines die freie Willensbestimmung ausschliessenden Zustandes krankhafter Störung der Geistestätigkeit, sofern nicht der Zustand seiner Natur nach ein vorübergehender ist". Schizophrene Psychosen sind in diesem Sinne unter dem Begriff „krankhafte Störung der Geistestätigkeit" zu subsummieren, wobei akute schizophrene Zustände die Geschäftsfähigkeit aufheben. Das entscheidende Kriterium ist dabei die Ausprägung der psychopathologischen Symptomatik zum Zeitpunkt des Rechtsgeschäftes (Foerster 1994). Es ist zu betonen, dass bei der Beurteilung der Geschäftsfähigkeit das Vorliegen der psychopathologischen Symptomatik *und* deren Folgen für die Rechtsgeschäfte bewiesen sein muss.

Eine abgestufte oder relative Geschäftsfähigkeit, die sich an der Schwierigkeit der einzelnen Rechtsgeschäfte orientiert, gibt es nicht. Dagegen wird eine sogenannte partielle Geschäftsunfähigkeit von der Rechtsprechung anerkannt. Eine solche ist z. B. angenommen worden bei krankhafter Eifersucht in allen die Ehe angehenden Fragen oder bei einem chronischen Wahn bezüglich einer Prozessführung (siehe unten). Diese Regelung entspricht durchaus praktischer psychiatrischer Erfahrung: Isolierte Wahnbildungen können sich nur auf den Bereich des Wahnes beziehen, während die Entscheidungsmöglichkeiten des Betroffenen in anderen Bereichen nicht gestört sind. Solche Voraussetzungen können bei einem chronischen, systematisierten Wahn vorliegen.

Die gleichen Überlegungen gelten für die *Prozessfähigkeit*, da hierfür die gleichen rechtlichen Voraussetzungen gegeben sind. Wichtig ist, dass es entsprechend einer partiellen Geschäftsunfähigkeit auch eine partielle Prozessunfähigkeit gibt, wobei sich diese auf solche Prozesse bezieht, die das Krankheitsgeschehen betreffen bzw. in denen die Erkrankung unmittelbar zu Rechtsproblemen geführt hat, das heisst, es kommen hier vor allem isolierte, chronifizierte Wahnbildungen in Betracht. Wie das Vorliegen von Geschäftsunfähigkeit muss auch das Vorliegen von Prozessunfähigkeit *bewiesen* sein werden; Zweifel, auch erhebliche Zweifel, genügen nicht.

Die gleichen Feststellungen sind auch für die Beurteilung der *Testierunfähigkeit* zu treffen: Auch diese muss bewiesen sein. Wurde ein Testament im Rahmen einer akuten schizophrenen Psychose abgefasst, so liegen die Voraussetzungen vor, Testierunfähigkeit anzunehmen. Das gleiche gilt dann, wenn der Testamentsinhalt durch einen chronischen Wahn determiniert wurde. Testierunfähigkeit ist allerdings nicht anzunehmen, wenn früher einmal eine schizophrene Erkrankung festgestellt wurde, die zum Zeitpunkt der Abfassung des Testamentes vollkommen remittiert ist bzw. wenn nur geringfügige Residualsymptome vorliegen. Der letztgenannte Punkt ist deshalb besonders zu betonen, weil von juristischer Seite bei der Erörterung dieser Fragen gelegentlich die Meinung vertreten wird, eine einmal diagnostizierte schizophrene Psychose schliesse die Testierfähigkeit prinzipiell aus – eine Meinung, der psychiatrischerseits natürlich entschieden widersprochen werden muss.

## Unterbringungsfragen

Im Bereich der Unterbringung schizophrener Patienten gegen oder ohne ihren Willen in einem psychiatrischen Krankenhaus ist in der Bundesrepublik Deutschland zwischen drei Formen der Unterbringung zu differenzieren:

- Unterbringung im Rahmen des Massregelvollzuges gemäss § 63 StGB, wenn ein Patient nach einer Straftat, die er im Zustand der Schuldunfähigkeit oder der erheblich verminderten Schuldfähigkeit begangen hat, wegen fortbestehender Gefährlichkeit im psychiatrischen Krankenhaus untergebracht wird (siehe oben).
- Die Unterbringung im Rahmen des Betreuungsgesetzes gemäss § 1906 BGB wegen Selbstgefährdung oder zur Durchführung von ärztlichen Massnahmen, sofern eine Betreuung mit den Aufgabenkreisen Aufenthaltsbestimmung und Gesundheitsfürsorge besteht (siehe oben)
- Die öffentlich-rechtliche Unterbringung gemäss den Landesunterbringungsgesetzen der Bundesländer.

Die Unterschiede in den gesetzlichen Regelungen der einzelnen Bundesländer berühren nicht den Kern der Unterbringung, für die prinzipiell zwei Voraussetzungen erfüllt sein müssen: Psychische Krankheit und Selbst- bzw. Fremdgefährdung *wegen* dieser psychischen Krankheit. Dagegen reicht das Kriterium der Behandlungsbedürftigkeit allein in den Ländern der Bundesrepublik Deutschland nicht aus, während in der Schweiz eine fürsorgliche Freiheitsentziehung möglich ist (Pauchard 1994).

Zusammenfassende Darstellungen der Probleme bei der Einweisung psychisch kranker Patienten gegen oder ihren ohne Willen finden sich bei Bauer und Berger (1986) sowie bei Riecher-Rössler und Rössler (1992). Hieraus geht hervor, dass Patienten mit einer akuten schizophrenen Erkrankung und chronisch schizophrene Patienten mit akuten Rezidiven eine wesentliche Gruppe der untergebrachten Patienten bilden, wobei neben der psychopathologischen Symptomatik sehr häufig eine schwierige psychosoziale Situation mit der Neigung zu sozialer Desintegration vorliegt (Bauer und Müller 1992).

In Tübingen habe ich eine Erhebung aller untergebrachten Patienten der Psychiatrischen Universitätsklinik der Jahrgänge 1984 bis 1990 durchgeführt. Dabei ergab sich, dass 59% aller nach dem baden-württembergischen Unterbringungsgesetz untergebrachten Patienten an einer akuten schizophrenen Symptomatik litten. Für die Unterbringung entscheidend war neben der akuten psychopathologischen Symptomatik die konkrete Befürchtung, dass der Patient wegen dieser Symptomatik selbst- oder fremdgefährdende Handlungen begehen könnte. Ferner war Voraussetzung für die Unterbringung, dass die befürchtete Selbst- oder Fremdgefährdung nicht durch andere Massnahmen behoben werden konnte. Dies bedeutet, dass eine Unterbringung gegen oder ohne den Willen des Patienten immer nur die letzte Möglichkeit der Abwendung einer akuten Gefahr bedeuten kann. Aufgrund der neuen im Zusammenhang mit dem Betreuungsgesetz stehenden verfahrensrechtlichen Regelungen in der Bundesrepublik Deutschland ist es möglich, die Vollziehung einer Unterbringung auszusetzen (§ 70k FGG). Die Aussetzung kann mit Auflagen verbunden werden. Inwieweit hier ein neues gesetzliches Instrument vorliegt, das eine flexible Handhabung einer Unterbringung ermöglichen könnte, ist noch nicht zu übersehen, da Erfahrungen hiermit bislang nicht publiziert sind.

## Sozialrecht

### Gesetzliche Rentenversicherung

In der Bundesrepublik Deutschland kommt es im Rahmen der gesetzlichen Rentenversicherung darauf an, ob ein Zustand vorliegt, der die Erwerbsfähigkeit des Erkrankten erheblich und dauerhaft beeinträchtigt. Die Frage, ob Erwerbsunfähigkeit vorliegt, ist keine ärztliche Frage, sondern eine Rechtsfrage. Dem psychiatrischen Sachverständigen obliegt die Feststellung, welche konkreten gesundheitlichen Einschränkungen der Leistungsfähigkeit vorliegen (Foerster 1994). Dabei setzt die Beurteilung von Patienten mit schizophrenen Psychosen detaillierte Kenntnisse des psychopathologischen Querschnittsbildes und des Krankheitsverlaufes voraus. Es ist festzustellen, ob es zu einem Residualzustand mit krankheitsbedingten, konkreten Leistungseinbussen gekommen ist, und es ist zu berücksichtigen, wie häufig und wie schwer psychotische Episoden bislang aufgetreten sind. Dabei ist es die Aufgabe des Sachverständigen, krankheitsbedingte Leistungseinschränkungen zu erfassen, konkret zu beschreiben, Therapiechancen abzuwägen und sich zur Möglichkeit einer Rehabilitation zu äussern (Möllhoff 1986). Wenn immer es möglich ist, sollte die soziale Selbständigkeit durch Wiedereingliederung in einen Beruf angestrebt werden, wobei dieses Bemühen leider häufig an der Unmöglichkeit scheitert, den Patienten in eine entsprechend geeignete – dies muss häufig bedeuten: geschützte – Arbeitsstelle zu vermitteln (Foerster 1994).

### Gesetzliche Unfallversicherung

Ein einmaliges traumatisches Ereignis, das im Rahmen der gesetzlichen Unfallversicherung zu beurteilen ist, kann nach übereinstimmender Meinung in der Literatur (Übersicht bei Foerster 1990) *nicht* als Ursache für schizophrene Psychosen angesehen werden.

Im Rahmen der *privaten Unfallversicherung* können schizophrene Psychosen, die nach Unfällen auftreten, entsprechend dem § 10 Abs. 5 der Allgemeinen Unfallversicherungsbedingungen grundsätzlich nicht entschädigt werden, da im Rahmen dieser Regelung ausschliesslich organische Erkrankungen des Nervensystems oder eine durch den Unfall neu entstandene Epilepsie entschädigt werden können.

### Soziales Entschädigungsrecht

In der Bundesrepublik Deutschland ist der rechtliche Rahmen gegeben durch das Bundesversorgungsgesetz (BVG) und seine Folgegesetze: Soldatenversorgungsgesetz (SVG), Zivildienstgesetz (ZVG), Häftlingshilfegesetz (HHG), Gesetz über die Entschädigung von Opfern von Gewalttaten (OEG) und das Bundesseuchengesetz (BSeuchG) für Impfschäden. Für die Annahme, dass eine Gesundheitsstörung Folge einer Schädigung ist, genügt im versorgungsrechtlichen Sinn die Wahrscheinlichkeit des ursächlichen Zusammenhanges. Diese ist gegeben, wenn nach der geltenden medizinisch-wissenschaftlichen Lehrmeinung mehr für als gegen einen ursächlichen Zusammenhang spricht (Foerster 1994). Dabei muss die äussere Ursache „wesentlich" für die Entstehung der Gesundheitsstörung sein.

Grundlage für die Begutachtung sind die „Anhaltspunkte für die ärztliche Gutachtertätigkeit im sozialen Entschädigungsrecht und nach dem Schwerbehindertengesetz" (1983). Danach können schizophrene Psychosen nur ausnahmsweise als Schädigungsfolge angesehen werden. Der Zusammenhang einer schizophrenen Psychose mit einer Schädigung ist entsprechend den „Anhaltspunkten" (Nr. 69) dann als wahrscheinlich anzunehmen, wenn

a) als Schädigungsfaktoren über längere Zeit (in der Regel mehrere Jahre) psychische Belastungen vorgelegen haben, von denen im Hinblick auf die Primärpersönlichkeit des Betroffenen anzunehmen ist, dass sie tief in das Persönlichkeitsgefüge einzugreifen vermochten,
b) die Erkrankung in enger zeitlicher Verbindung mit diesen Belastungen begonnen hat und
c) die besondere Gestaltung der Psychose eine thematisch adäquate Beziehung zu den Schädigungsfaktoren erkennen lässt.

Aufgrund der aktuellen Theorien zur Kausalität schizophrener Erkrankungen ist anerkannt, dass eine multifaktorielle Ätiologie anzunehmen ist (Häfner 1989, Scharfetter 1990). Daher muss der psychiatrische Sachverständige die vorgegebene Konstitution und Disposition des jeweiligen Patienten und die äusseren Einflüsse in ihrem Gewicht bewerten. Die Entscheidung darüber, ob eine bestimmte äussere Bedingung zur Verursachung der späteren schizophrenen Psychose „wesentlich" beigetragen hat, kann somit nicht generell und abstrakt, sondern immer nur konkret anhand der Umstände des Einzelfalles getroffen werden (Foerster 1981, 1990). Meine Erfahrungen bei der Beurteilung dieser meist sehr schwierigen Frage deuten darauf hin, dass ein solcher „wesentlicher“ Zusammenhang nur selten zu belegen ist; grössere Zahlen oder umfangreichere Studien hierüber existieren nicht. Genauere Erkenntnisse wären hier nur durch Felduntersuchungen zu erwarten.

### Schwerbehindertengesetz

Grundlage ist das Schwerbehindertengesetz, wonach schwerbehinderte Personen mit einem „Grad der Behinderung von wenigstens 50“ (§ 1 SchwbG) sind. Dabei ist der Grad der Behinderung (GdB) definiert als „Auswirkung einer nicht nur vorübergehenden Funktionsbeeinträchtigung, die auf einem regelwidrigen körperlichen, geistigen oder seelischen Zustand beruht“. Grundlage für die Begutachtung sind die „Anhaltspunkte für die ärztliche Gutachtertätigkeit im sozialen Entschädigungsrecht und nach dem Schwerbehindertengesetz“ (1983).

Für schizophrene Psychosen finden sich in den „Anhaltspunkten“ GdB-Grade von 0 bis 100, je nach Akuität, Zustand und Verlauf der psychotischen Erkrankung. Dabei besteht für chronisch schizophren erkrankte Patienten ein Dilemma: Einerseits kann sich eine vorzeitige Anerkennung als „Schwerbehinderter“ auf Rehabilitationsbemühungen nachteilig auswirken. Andererseits kann gerade diese Anerkennung erforderlich werden, um dem Patienten einen sinnvollen sozialen Schutz, beispielsweise als Kündigungsschutz, zu geben. Hierbei sind die konkreten Gegebenheiten des Einzelfalles entscheidend, dabei aber so unterschiedlich, dass die Angabe von allgemeinen Richtlinien nicht sinnvoll erscheint.

## Beurteilung der Fahrtauglichkeit

Grundlage für die Beurteilung der Fahrtauglichkeit in der Bundesrepublik Deutschland ist das Gutachten „Krankheit und Kraftverkehr“ des Gemeinsamen Beirates für Verkehrsmedizin in der jeweils aktuellen Auflage, derzeit die 4. Auflage von 1992. Eine Neuauflage zur Angleichung an die Regelungen innerhalb der Europäischen Gemeinschaft befindet sich in Bearbeitung.

Die Gefährdung der Strassenverkehrssicherheit durch Patienten mit akuten oder abgeklungenen schizophrenen Psychosen wird meist überschätzt. Die Verkehrsunfallstatistik gibt diesbezüglich keine Auskunft. Empirische Untersuchungen weisen auf eine unterdurchschnittliche Beteiligung von schizophrenen Patienten an Verkehrsunfällen hin (Barbey 1994).

Der noch geltende Leitsatz für die Beurteilung schizophrener Psychosen lautet: „Die Eignung zum Führen von Kraftfahrzeugen aller Klassen ist ausgeschlossen bei schizophrenen Psychosen und psychotischen Reaktionen, wenn bezüglich der Teilnahme am motorisierten Strassenverkehr manische Syndrome, paranoid-halluzinatorische Syndrome, katatone Syndrome, hebephrene Syndrome, psychotische Residualsyndrome, Angst, paranoide und depressive Syndrome das Realitätsurteil erheblich beeinträchtigen oder die allgemeine Leistungsfähigkeit unter das erforderliche Mass herabsetzen“.

Der Vorschlag für die Neubearbeitung lautet einfacher: „Die Eignung zum Führen von Kraftfahrzeugen aller Klasse ist in akuten Stadien schizophrener Episoden nicht gegeben“. Allerdings ist derzeit nicht abzusehen, wann die Neuauflage in Kraft treten wird und inwieweit hier noch Änderungen eingefügt werden.

Die Fahreignung für die Klassen 1, 3, 4 und 5 kann nach sechsmonatiger Symptomfreiheit wieder erlangt werden. Eine Wiedererkrankung nach zehn- oder mehrjährigem symptomfreiem Intervall gilt als Neuerkrankung, so dass die Fahreignung in diesen Fällen ebenfalls sechs Monate nach Abklingen der Erkrankung wieder erlangt werden kann. Bei Wiedererkrankung innerhalb der Zehnjahresfrist erfordert die positive Beurteilung der Fahreignung ein längeres krankheitsfreies Intervall, wobei die Dauer dieses Intervalls in der Literatur umstritten ist; genannt werden 3 bis 5 Jahre. Allerdings kann die Fahreignung bei günstigen Verläufen auch früher positiv beurteilt werden. Hierzu ist eine psychiatrische Begutachtung erforderlich.

Nach einer abgeklungenen schizophrenen Erkrankung bleibt die Eignung zum Führen von Kraftfahrzeugen der Kl. 2 entsprechend den derzeitig gültigen Richtlinien ausgeschlossen. Dies wird auch entsprechend den Vorschlägen für die Neubearbeitung der Fall sein, „abgesehen von besonders günstigen Umständen“.

Bei Patienten mit schizophrenen Psychosen kann sich im Hinblick auf die Fahrtüchtigkeit das Problem einer Dauertherapie mit Psychopharmaka ergeben. In einer Langzeittherapie mit Neuroleptika kann nicht generell ein Hinderungsgrund für die Teilnahme am motorisierten Strassenverkehr gesehen werden, sofern der Patient keine psychopathologischen Symptome mehr zeigt (Barbey 1994). Dabei ist klar, dass die Patienten zuverlässig sein müssen und sich in einer kontinuierlichen psychiatrischen Behandlung befinden. Da Psychopharmaka Vigilanz und Reaktionsfähigkeit beeinflussen können, sollte bei Beginn einer Psychopharmakatherapie und bei Medikamentenumstellung eine Untersuchung der Leistungsfähigkeit im Rahmen einer psychologischen Testung erfolgen.

Somit gilt auch bei der Beurteilung der Fahrtauglichkeit, dass eine Schematisierung nicht möglich ist, sondern die Beurteilung muss differenziert anhand der Besonderheiten des Einzelfalles erfolgen.

## Literatur


Barbey, I: Verkehrsrecht. In: U. Venzlaff, K. Foerster (Hrsg.): Psychiatrische Begutachtung. 2. Aufl. Fischer, Stuttgart Jena New York 1994

Bauer, M., H. Berger: Rechtsprobleme bei der Einweisung und Behandlung von akut Kranken mit einem Anhang zu Pflegschaft und Entmündigung. In: K.P. Kisker et al. (Hrsg.): Psychiatrie der Gegenwart, Band 2 (Krisenintervention, Suizid, Konsiliarpsychiatrie). 3. Aufl. Springer, Berlin Heidelberg New York Tokio 1986

Bauer, M., H. Müller: Einweisungsstrategien. Nervenheilkunde 11(1992) 40

Böker, W., H. Häfner: Gewalttaten Geistesgestörter. Springer, Berlin Heidelberg New York 1973

Dose, M.: Genehmigungspflicht einer Behandlung mit Clozapin nach § 1904 des Betreuungsrechtes? Nervenarzt 65 (1994) 787

Foerster, K.: Zusammenhang zwischen Wehrdienst und schizophrener Psychose? Med. Sachverst. 77 (1981) 114

Foerster, K.: Kausalitätsbeurteilung bei Schizophrenien und affektiven Psychosen. Med. Sachverst. 68 (1990) 12

Foerster, K.: Psychiatrische Begutachtung im Zivilrecht. In: U. Venzlaff, K. Foerster (Hrsg.): Psychiatrische Begutachtung. 2. Aufl. Fischer, Stuttgart Jena New York 1994

Häfner, H.: Ist Schizophrenie eine Krankheit? Nervenarzt 60 (1989) 191

Helmchen, H.: Die Beurteilung der Einwilligungsfähigkeit aus ärztlicher Sicht. Z. ärztl. Fortb. 86 (1992) 773

Leygraf, N.: Psychisch kranke Straftäter. Springer, Berlin Heidelberg New York 1988

Leygraf, N.: Die Begutachtung der Prognose im Massregelvollzug. In: U. Venzlaff, K. Foerster (Hrsg.): Psychiatrische Begutachtung. 2. Aufl. Fischer, Stuttgart Jena New York 1994

Leygraf, N., S. Nowara: Prognosegutachten. In: C. Frank, G. Harrer (Hrsg.): Forensia Jahrbuch Band 3. Springer, Berlin Heidelberg New York 1992

Möllhoff, G.: Begutachtung psychisch Kranker. Münch. Med. Wschr. 128 (1986) 611

Nedopil, N.: Die Behandlung einwilligungsfähiger Patienten. In: F. Reimer (Hrsg.): Versorgungsstrukturen in der Psychiatrie. Springer, Berlin Heidelberg New York 1994

Neubauer, H.: Kriterien für die Beurteilung der Einwilligungsfähigkeit bei psychisch Kranken. Psychiat. Prax. 20 (1993) 166

Pauchard, J.-P.: Besonderheiten im schweizerischen Recht. In: U. Venzlaff, K. Foerster (Hrsg.): Psychiatrische Begutachtung. 2. Aufl. Fischer, Stuttgart Jena New York 1994

Rasch, W.: Forensische Psychiatrie. Kohlhammer, Stuttgart Berlin Köln Mainz 1986

Riecher-Rössler, A., W. Rössler: Die Zwangseinweisung psychiatrischer Patienten im nationalen und internationalen Vergleich – Häufigkeiten und Einflussfaktoren. Fortschr. Neurol. Psychiat. 60 (1992) 375

Rink, W.: Tötungsdelikte schizophrener Geisteskranker unter besonderer Berücksichtigung der Sozialkontrollen im Tatvorfeld, der Täterpersönlichkeit und der Rehabilitationschancen. In: G. Laux, F. Reimer (Hrsg.): Klinische Psychiatrie. Hippokrates, Stuttgart 1981

Scharfetter, Ch.: Schizophrene Menschen. 3. Aufl. Urban & Schwarzenberg, München 1990

Schulte, R.-M.: Die Begutachtung der Haft-, Verhandlungs- und Vernehmungsfähigkeit. In: U. Venzlaff, K. Foerster (Hrsg.): Psychiatrische Begutachtung. 2. Aufl. Fischer, Stuttgart Jena New York 1994

Shore, D., C.R. Filson, W.E. Johnson: Violent crime arrests and paranoid schizophrenia: the white house case studies. Schizophrenia Bulletin 14 (1986) 279

Stransky, E.: Das Initialdelikt. Arch. Psychiat. Z. Neurol. 185 (1950) 395

Venzlaff, U.: Die schizophrenen Psychosen. In: U. Venzlaff, K. Foerster (Hrsg.): Psychiatrische Begutachtung. 2. Aufl. Fischer, Stuttgart Jena New York 1994

Wilmanns, K.: Über Morde im Prodromalstadium der Schizophrenie. Z. ges. Neurol. Psychiat. 170 (1940) 583

Witter, H.: Die Beurteilung Erwachsener im Strafrecht. In: H. Göppinger, H. Witter (Hrsg.): Handbuch der forensischen Psychiatrie, Band 2. Springer, Berlin Heidelberg New York 1972

# 22 Über Selbsthilfegruppen, Angehörigenvereinigungen und Laienhelfer*

T. Hubschmid

## Einleitung

Mit unserem Thema verlassen wir den rein psychiatrischen Rahmen und begeben uns ins gesellschaftliche Umfeld mit seinem Kräftespiel, in dem Phänomene wie Etikettierung, Verleugnung und Ausstossung als kollektive Abwehrmechanismen eine wichtige Rolle spielen. Hier manifestiert sich die Angst vor dem Fremden und Bedrohlichen, das Geisteskrankheiten in sich tragen. Auch grosse politische Strömungen wie der Nationalsozialismus und dessen Bewältigung, der Vietnamprotest in den USA oder die Krise der Autorität seit den 68er Jahren zeitigen ihren Einfluss.

In den Psychiatriebüchern findet sich wenig unter den Stichworten Laien- oder Selbsthilfe, und auch die gewichtigen Journale der Psychiatrie tun sich damit schwer; hingegen gibt es einen ganzen Blätterwald von neueren Zeitschriften, getragen von sozialpsychiatrischen Organisationen oder Angehörigenverbänden, einige gedruckt in Selbsthilfefirmen, einige unterstützt von öffentlichen Geldern, die den Interessierten über die vielen Aktivitäten in unserem Gebiet informieren. Am Schluss dieses Beitrags, vor den Literaturangaben, finden sich Angaben über diese Zeitschriften. Auf dem zu überblickenden Gebiet gibt es eine grosse Vielfalt von Projekten, von Vereinigungen, Aktionen und Institutionen. Wir werden viele Projekte kurz erwähnen mit der Absicht, den Lesern Ideen und Anregungen zu vermitteln, wie und wo man selber aktiv werden könnte.

An unserem Thema sind im wesentlichen vier Parteien beteiligt: Erstens Patienten oder Betroffene, sie selber nennen sich Psychiatrie-Erfahrene; zweitens Familienangehörige der Patienten, Eltern, Partner, Geschwister oder Kinder von Betroffenen; drittens Professionelle, also die Mitarbeiter psychiatrischer Einrichtungen und schliesslich Laien, engagierte und interessierte Bürger. Nouvertné (1991) nennt diese vier Parteien „die vier tragenden Säulen des psychiatrischen Feldes", die alle ihre Gesichtspunkte einbringen müssen, damit die Psychiatrie sich zeitgemäss entwickeln kann.

Die drei folgenden Kapitel sind jeweils gegliedert in einen geschichtlichen Rückblick, einen Ueberblick über den heutigen Stand und den Versuch einer Bewertung.

## Selbsthilfegruppen

### Geschichtliches

Im Suchtbereich haben Selbsthilfegruppen die längste Tradition: zwei Amerikaner, Bill und Bob, gründeten 1935 die Anonymen Alkoholiker, als Gründungstag gilt der 10. Juli, der erste Tag von Bob's Dauernüchternheit nach 17 Jahren Alkoholkrankheit (Neuendorff 1989). Die „AA" breiteten sich ausgesprochen schnell aus und sind heute das erfolgversprechendste Behandlungsangebot für Alkoholiker.

Im Bereich Geisteskrankheiten entwickelte sich Selbsthilfe weniger schnell und vor allem weniger autonom von professionellen Experten. In den USA, dem Land mit der grössten Konsumentenschutz-Tradition, entstanden Patientenorganisationen im Zuge der Bürgerrechtsbewegung und im Zeitalter des Antivietnamprotests (Mosher 1992). 1973 trafen sich verschiedenste Patientengruppen bei einer Tagung über Menschenrechte und gegen psychiatrische Unterdrückung. Das nationale Forschungsinstitut unterstützte diese und ähnliche Tagungen finanziell, und 1986 wurde der erste grössere Verband, die Nationale Allianz der Psychiatriepatienten, gegründet, die sich für Menschenrechte, weniger Zwang, weniger

* Ich möchte Frau Elke Titze vom Dachverband psychosozialer Hilfsvereinigungen Deutschlands in Bonn und Frau Manuela Ziskoven von der Diakonischen Akademie in Stuttgart sehr herzlich danken für die wichtigen Informationen und Hinweise, die sie mir zu diesem Artikel gegeben haben.

Hierarchie, bessere Institutionen, mehr Öffentlichkeitsarbeit und Selbsthilfe einsetzt.

Auch in Europa lassen sich entsprechende Entwicklungen beobachten, sie stehen jedoch der antipsychiatrischen Strömung näher und sind z.T. unter dem Einfluss marxistischer Philosophie. Sie sind weniger autonom sondern stark geprägt von Mitarbeitern der Psychiatrie, welche ihren konventionellen psychiatrischen Einrichtungen kritisch gegenüberstehen. So entstand 1970 das „Sozialistische Patientenkollektiv" in Heidelberg, wohl die erste Gruppe dieser Art in Europa, im Laufe der Studentenbewegung. Sie ging aus von Patienten einer Ambulanz und stand unter dem starken Einfluss ihrer Therapeuten (Bopp 1980).

Radikal antipsychiatrisch, gegen Medikamente, ja gegen jegliche Fremdbestimmtheit und Abhängigkeit, ist die Irrenoffensive, die 1980 in Westberlin von Betroffenen oder – wie sie sich selbst auch nennen – Psychiatriegeschädigten (Stöckle 1993) gegründet wurde. In ihrem Artikel über die Irrenoffensive schreibt sie: „Verrückte sind Menschen, die geschädigt sind durch Kleinfamilie, autoritätsgeprägte und sexualfeindliche Erziehung, Schule, Berufsausbildung, Militär, Ehe, menschenfeindliche Arbeitsplatzsituation, Wohnbedingungen und Umwelt. Dadurch sind sie anpassungsunfähig bzw. anpassungsunwillig in der bürgerlichen Gesellschaft geworden." Sie wollen zu ihrer Verrücktheit stehen, sie sollen lernen, „ihre Aggression und ihre Wut nicht mehr gegen sich selber zu wenden und sich selber damit zu zerstören, sondern nach aussen gegen die kaputtmachenden Verhältnisse zu richten, diese zum Gegner zu machen." Dieses An-sich-Arbeiten, dieser Lernprozess, auch mit dem Ziel, sein Leben meistern zu lernen, findet zuerst in der Grossgruppe später, als die Irrenoffensive zu gross wurde, in vielen kleinen Gruppen statt. Aussagekräftig scheint mir das doppelsinnige Schlagwort „In die Irrenoffensive gehen"! Erwähnenswert sind sicher das im gleichen Rahmen entstandene KommRum, ein selbstverwaltetes Kommunikations- und Therapiezentrum, in dem man sich wöchentlich traf, ferner ein Beschwerdezentrum und das später entstandene Weglaufhaus. Von 1984 an erhält die Irrenoffensive eine finanzielle Unterstützung von der Landesregierung.

In der erwähnten Arbeit schreibt Tina Stöckle auch über Schwierigkeiten, mit denen man zu kämpfen hatte. Die grosse Fluktuation der Mitglieder führte zum Problem, die vielen neu Eintretenden in die bereits laufenden Gruppen zu integrieren. Die etwas anarchistisch anmutende Forderung nach Abbau jeglicher Machtverhältnisse, wonach niemand Therapeut eines andern sein solle, geriet in Widerspruch zur Notwendigkeit, sich in der Gruppe gegenseitig zu helfen. Auch erscheint die Forderung, zur eigenen Verrücktheit zu stehen und die eigene Verrücktheit zu leben, im Widerspruch zur Forderung nach einer Wiederbemündigung.

Seit Jahrzehnten schreiben Psychiatrie-Erfahrene über ihre Erlebnisse, bisweilen erregen sie mit ihren Büchern Aufsehen oder lösen gar wichtige Entwicklungen aus. Es fällt schwer, aus der Vielzahl der Bücher die richtige Auswahl zu treffen. Clifford W. Beers (1941) beschrieb in seinem 1908 erschienenen Buch „Eine Seele die sich wiederfand" seine Erfahrungen in amerikanischen Krankenhäusern und sein Kampf mit der Psychose. Die Schilderung der Missstände in den Kliniken und sein erfolgreiches Bemühen, sich selbst aus der Verrücktheit herauszuhelfen, lösten ein grosses Echo aus. Beers wurde zum Gründer der Mental Hygiene-Bewegung. Bekannt ist auch das Buch von Hannah Green (1978) „Ich hab dir nie einen Rosengarten versprochen". Obwohl dort eine veraltete Psychiatrie vor der Neuroleptikazeit beschrieben wird, ist das Buch immer noch lesenswert wegen der packenden Schilderung des Innenlebens der jungen Kranken und wegen ihrer Therapeutin, Frieda Fromm-Reichmann, einer Pionierin auf dem Gebiet der Psychosen-Psychotherapie.

Eine Art Klassiker ist das „Tagebuch einer Schizophrenen" von Marguerite Sechehaye (1950): Im ersten Teil schildert Renée ihr Erleben und im zweiten die Autorin ihre Behandlung. Dazu ist zu sagen, dass Madame Sechehaye und ihre Patientin Renée eine einmalig enge Beziehung miteinander eingegangen sind, die nicht als Modell dafür gelten kann, wie Schizophrenien allgemein psychotherapeutisch behandelt werden sollten. Das Buch „Gesichter im Wasser" der neuseeländischen Autorin Janet Frame (1994) beschreibt in Romanform eigene Erlebnisse mit Psychose und psychiatrischen Kliniken, worin vor allem das Ausgeliefertsein an die psychiatrischen Institutionen und an ihre inneren Gesetze beeindruckt. Sophie Zerchin (1990) (das Pseudonym bildete die Autorin durch Umstellen der Buchstaben von Schizophrenie), eine deutsche Bildhauerin und Lehrerin, beschreibt in ihrem erschütternden Buch „Auf der Spur des Morgensterns", wie sie als junges Mädchen unter dem Nationalsozialismus wegen einer Psychose als unheilbar und daher minderwertig erklärt und zwangssterilisiert wurde. Überlebt habe sie diese

Ausstossung aus der menschlichen Gemeinschaft dank dem Wissen, dass ihr mit dem Selbstmord ein Weg in die Freiheit offenstehe.

„Das verrückte Wohnen" von Peter Mannsdorff (1992) ist ganz aus dem sozialpsychiatrischen Leben herausgegriffen, es handelt im Wohnheim. Berührend fand ich u.a. die realistische Schilderung des mühseligen Aufnahmeprozederes in ein Wohnheim, dem er sich unterziehen musste, obwohl er noch gar nicht im Leben wieder Tritt gefasst hatte, unfähig war, selber einen Entschluss zu fassen und bloss vom bisher behandelnden Team geschickt worden war. Er wird vom neuen Team und den künftigen Mitbewohnern mehrfach geprüft auf seine Motivation und schliesslich zum „Probewohnen" zugelassen. Was für ein demütigendes Ritual! Der gleiche Autor stellt in seinem zweiten Buch „Von der Zukunft umzingelt" (1994) das Erleben seiner Psychose dar.

Seit Jahren bringt das Schizophrenia Bulletin in jedem Heft unter der Rubrik „First-Person-Account" sehr lesenswerte Berichte von Betroffenen, z.T. auch von Angehörigen. Bei den Schilderungen der Patienten fällt mir ein wiederkehrendes Muster besonders auf: Der Horror, den die Kranken in ihrer psychotischen Welt durchzumachen haben, wird mit der Einweisung abgelöst vom Horror der psychiatrischen Institution, also von der Angst vor der Zwangsbehandlung, dem Elektroschock, vor dem Eingesperrt- und Ausgeliefertsein an die starren Regeln der Institution und an das Personal. Liegt das nun daran, dass die psychiatrischen Einrichtungen an sich ein Albtraum sind, oder wäre dieses Phänomen auch daraus zu erklären, dass es für Patienten erträglicher ist, wenn das Bedrohliche, das Böse und Angstmachende von aussen kommt als wenn es – wie die Psychose – im Innern steckt? Vielleicht gibt die Bedrohung von aussen dem Kranken auch eine gewisse Identität? Diese Überlegungen sollten uns aber nicht davon abhalten, unsere Machtposition, die immer und überall die Gefahr des Missbrauchs in sich trägt, dauernd zu reflektieren und genau zu überwachen. Dass soviel Kritik an der Psychiatrie geäussert wird, ist ein Indiz dafür, dass wir Betreuer zuwenig aufmerksam sind, dass wir zuwenig darauf achten, wie unsere Patientinnen und Patienten die Behandlung und den Umgang mit ihnen erleben.

## Zum heutigen Stand

Am Weltkongress für Soziale Psychiatrie, der im Juni 1994 in Hamburg stattfindet, kommt es zu einer bemerkenswerten Neuerung: Der Trialog wird auf hoher Ebene eröffnet; erstmals im deutschsprachigen Raum wird ein bedeutender Kongress nicht nur von Ärzten und Psychologen, also von Mitarbeitern der Psychiatrie bestritten, sondern es kommen Angehörige und Betroffene dazu. Die drei Parteien haben gemeinsam den Kongress vorbereitet, und sie teilen sich auch in die Referate (Bock 1995, Ziskoven 1994). Von seiten der Betroffenen wird im wesentlichen die Forderung nach grösserer Respektierung ihrer Selbstbestimmung formuliert, und zudem verlangen sie, ihr psychotisches Erleben sei nicht medikamentös zu unterdrücken, vielmehr sollten ihnen die Therapeuten helfen, das Erleben zu verstehen und zu integrieren. Es entspinnt sich daraus eine faszinierende Diskussion mit prominenten Vertretern der englischen Sozialpsychiatrie, Douglas Bennet und John Wing, welche darauf hinweisen, dass viele Betroffene, und zwar gerade die schwer kranken, durch die verlangte Autonomie überfordert wären, da sie nicht fähig seien, sich Zugang zu vorhandenen Hilfsangeboten zu verschaffen. Sie verweisen dabei als ein extremes Beispiel auf die Boxpeople amerikanischer Grossstädte, unter denen sich viele psychisch Kranke befinden. Diese Menschen benötigen eine nachgehende Psychiatrie und Betreuer, welche für sie Verantwortung übernehmen. Auch seien solche Kranke mehr am täglichen Überleben und weniger an Einsicht interessiert.

Der in Hamburg auf eine internationale Bühne getretene Trialog nahm seinen Anfang in einem „Psychoseseminar" an der Hamburger Universitätsklinik, in welchem der Psychologe Thomas Bock seit 1989 Psychiatrie-Erfahrene, Angehörige und Mitarbeiter regelmässig zu Gesprächen über das Erleben in der Psychose zusammenführte und damit die Betroffenen auf eine ganz neue Art ernst nahm und sie beispielhaft zu Partnern machte (Bock 1992). Eine Teilnehmerin berichtet, wie erlösend es für sie gewesen sei, über das Psychoseerleben reden zu können, ohne fürchten zu müssen, deswegen Medikamente zu bekommen. Daraus ist unterdessen eine Bewegung entstanden, welche ganz Deutschland erfasste und vielerorts zum Zusammenschluss von Psychiatrie-Erfahrenen führte. 1991 findet eine erste Tagung im Bayrischen Bildungszentrum Irsee statt unter dem Titel: „Patienten brechen ihr Schweigen – wie wollen Psychiatriepatienten behandelt werden?" Entgegen dem gängigen Vorurteil, schizophrene Menschen seien nicht fähig, sich zusammenzuschliessen und sich zu artikulieren, melden sich auf die 120 angebotenen Plätze 450

Leute an, dies obwohl ausgesprochen chronisch Kranke eingeladen worden waren! Dort wird einerseits über die nationalsozialistische Vergangenheit, über Zwangssterilisierungen und über das Verhungern und Vergasen von Patienten gesprochen. Im Zentrum aber stehen Patientenrechte, die medikamentöse Behandlung und wiederum der Austausch über Erlebnisse in der Psychose. Wichtig ist auch das emotionale Erleben, das Staunen darüber, dass ein solches Treffen überhaupt möglich ist. So formuliert eine Betroffene: „Da sitzen 100 Verrückte und nichts geschieht!" Das Erstaunliche findet seither alljährlich in Form von Tagungen der Psychiatrie-Erfahrenen statt. Im grössten psychiatrischen Krankenhaus Deutschlands, in Bedburg-Hau, wird der Bundesverband der Psychiatrie-Erfahrenen gegründet, der sich – wie bereits die deutsche Angehörigenvereinigung – dem Dachverband Psychosozialer Hilfsvereinigungen anschliesst.

Einzelne Professionelle machen sich zum Sprachrohr von Patientenanliegen. So gibt z. B. Renate Schernus (1994) den Wunsch nach mehr Gespräch über die subjektiv erlebten psychotischen Inhalte weiter und spricht von der Angst der Betroffenen, Strukturierung und Medikation in der psychiatrischen Klinik könnten etwas zerstören, was für die Integration der Psychose wichtig wäre. Man wünsche sich ferner mehr Aufklärung über Krankheit und Behandlung sowie mehr Mitsprache bei Behandlungsentscheiden. Sie fordert eine Verbesserung des Ansehens von Geisteskranken in der Gesellschaft, weil sich das schlechte Image von Medikamenten und Psychiatrie fatal auf das Selbsterleben der Patienten auswirke. Somatisch Kranke berichteten nach einem Spitalaufenthalt an ihrem Arbeitsplatz stolz über ihre Erlebnisse, während psychisch Kranke schamhaft zu schweigen hätten. Sie weiss aber auch zu berichten, dass viele Betroffene die Klinikeinweisung als eine Erlösung erlebten. Es gebe eigentlich wenig Klagen über Gewaltszenen; im Gegenteil hätten Betroffene bisweilen fast stolz berichtet, wie viele Leute es gebraucht habe, um sie zu bändigen.

Betroffene melden sich aber auch selber zu Wort: Wolfgang Voelzke (1994) fordert mehr „Verhandeln als Behandeln" (das einprägsame Schlagwort stammt von Finzen), Förderung von Selbsthilfegruppen, Mitwirkungsmöglichkeiten für Angehörige, ein Psychiatrieforum, gebildet aus Betroffenen, Angehörigen und Professionellen. Die letzte dieser Forderungen deckt sich übrigens mit den Ansichten von prominenten Vertretern der Psychiatrie (Bauer et al. 1988, Mosher et al. 1992, Müller 1981). Unterdessen haben Psychiatrie-Erfahrene effektiv an vielen Orten Zugang zu Psychiatrieräten erhalten.

Patientenselbsthilfe zeigt sich auch in einer grossen Zahl von Beratungsstellen, Selbsthilfegruppen und Aktionen mit verschiedensten Zielrichtungen. Einen Überblick über all die entstandenen Initiativen haben wir nicht, zu gross ist die Vielfalt, z.T. sind es auch schnellebige Projekte, so dass der Versuch einer Beschreibung immer schon veraltet wäre. Das Folgende ist also nur eine vielleicht willkürliche Auswahl. Die oft originellen Namen verraten bisweilen etwas über die Stossrichtung: „Antipsychiatriegruppe", „Irrenoffensive", „Lunatics", „Die Ausserirdischen", „Durchblick". Die „Nachtschwärmer" in Bremen wollen ein alkoholfreies Nachtcafé aufziehen, um für Patienten einen Treffpunkt anzubieten. Die Hamburger Regionalgruppe der „Ver-rückten" wollen „den Sinn im Wahn erkennen und ihre Erfahrungen nicht mehr nur als 'krank' von sich selber abspalten und unter Zwang medikamentös verdrängen lassen". Und die „Selbst-Checker" des Bundesverbands Psychiatrie-Erfahrener entwickeln eine „Eigen-Check-Liste" aus der Beobachtung heraus, dass sie selber die Veränderung von ihrem üblichen, normalen Dasein zum psychotischen Sosein viel früher merken als ihre Umgebung. Eine Selbsthilfegruppe in Heidelberg will über gemeinsame Freizeitaktivitäten neue soziale Kontakte ermöglichen. Das Projekt „Weglaufhaus" in Berlin und Bochum bietet eine Alternative zum psychiatrischen Krankenhaus an. An mehreren Orten wurden Beschwerdestellen für Patienten eingerichtet, und in Hameln gibt es in Form des „Brückenkuriers" eine Zeitschrift der Psychiatrie-Erfahrenen.

In Diskussion stehen noch ein „Behandlungsvertrag", in welchem Betroffene in gesunden Zeiten mit ihren Betreuern eine Vereinbarung aushandeln über Massnahmen, die zu ergreifen wären, wenn es wiederum zu einer Erkrankung kommen sollte. Mit einer „Patientenverfügung", einer einseitigen Erklärung, möchten Patienten in notariell beglaubigtem urteilsfähigem Zustand festlegen, welcher Art von Behandlung sie im Krankheitsfall zustimmen würden. Wie weit solche Erklärungen rechtlich bindend wären, ist noch weitgehend ungeklärt.

Abschliessend sei darauf hingewiesen, dass Selbsthilfe auch in der psychiatrischen Literatur ihren Stellenwert hat: Die Stütztherapie (Hubschmid 1994) gibt Anleitungen zur Selbsthilfe, z. B. durch eine Verbesserung der Compliance und durch die Anleitung zum Nutzen der noch vorhandenen Fähigkeiten. Etwas spezifischer wird Brenner (1996) mit Lernprogrammen, die darauf abzielen, den Patienten die Fähigkeiten zu vermitteln, Frühsymptome zu erkennen, mit der psychotischen Symptomatik umzugehen, sich die notwendigen Hilfen zu beschaffen und die Medikamentation selbständig zu steuern. Wienberg und Mitarbeiter (1995) haben in Bielefeld eine psychoedukative Gruppenarbeit entwickelt, die in eine ähnliche Richtung zielt.

## Bewertung

Ähnliches wie für die Angehörigenvereinigungen zu berichten sein wird, gilt auch für die Selbsthilfe der Betroffenen: Ausgangspunkt für Zusammenschlüsse war bisweilen der Protest gegen und der Schutz vor Auswüchsen der Psychiatrie, sie richteten sich also gegen Zwang, Verelendung und Nicht-ernstgenommen-werden, und sie thematisierten die Nebenwirkungen der Medikamente. In Deutschland gab es zudem schon seit 1987 einen Zusammenschluss von Opfern der Nazizeit: „Bund der Euthanasie-Geschädigten und Zwangssterilisierten“. Obwohl sich die Psychiatrie-Erfahrenen stärker von den Professionellen distanzieren als die Angehörigen, scheint die Selbsthilfe in stärkerem Ausmass abhängig zu sein sowohl von der Start- als auch von der Ueberlebenshilfe durch Professionelle.

Betroffene sind daran, Selbstbewusstsein zu entwickeln, und damit bietet sich für die Professionellen eine neue Partnerschaft an, bei der Betroffene mitreden und selber über sich bestimmen wollen. Obwohl die Autonomie der Patienten das erklärte Ziel der sozialpsychiatrischen Behandlung ist, bekunden viele Professionelle Mühe mit dieser Entwicklung, umso mehr als die Psychiatrie eben erst daran ist, sich an selbstbewusster gewordene Angehörige und ihre Ansprüche zu gewöhnen. Die Bundesdirektorenkonferenz der Psychiatrischen Kliniken setzte in diesem Bereich ein wichtiges Signal indem sie Betroffene zu ihren Jahreskonferenzen einlud. Verbandsarbeit und Mitsprache sind anstrengend und fordern ihren Tribut, das berichten Betroffene, die während Tagungsbesuchen ihre Medikamentendosen erhöhen oder die Anstrengung mit einem Rückfall bezahlen müssen.

Die Entwicklung auf seiten der Betroffenen kommt in einer Zeit, da die weit getriebene Klinikentlassung der Langzeitpatienten und die allgemeine Tendenz, auf eine Ablösung der Betroffenen von ihren Herkunftsfamilien hinzuarbeiten zu einem neuen grossen Problem geführt haben, nämlich zu einer massiven Vereinsamung der Patienten, nicht nur auf der Gasse sondern vor allem in ihren Wohnungen und in wenig betreuten Wohnheimen und Wohngemeinschaften. Unter dem derzeitigen Spardruck wird sich dieses Problem verschärfen. Wenn Patienten sich zusammentun, unter sich das Gespräch beginnen, ihre Bedürfnisse formulieren, ihre Interessen selber vertreten und zur Selbsthilfe schreiten, indem sie Kontaktmöglichkeiten schaffen und eine eigene Lobby aufbauen, könnte das ein wichtiger Beitrag sein zur Entschärfung der entstandenen Isolation. Daher haben wir Professionelle alles Interesse, diese Entwicklung zu fördern.

Ob der so oft geforderten Autonomie dürfen wir Professionelle nicht vergessen, dass es eine grosse Schicht von Betroffenen gibt, die nicht fähig sind, sich die notwendige Behandlung und die nötigen Hilfestellungen zu beschaffen, die also der nachgehenden Fürsorge bedürfen. So schreibt Stainsby (1992), eine Betroffene selber: Schizophrene brauchten „Empathie, Unterstützung, Angenommenwerden und soviel Autonomie, wie wir zu tragen fähig sind“. Es gilt nicht zu vergessen, dass es neben dem Recht auf Selbstbestimmung auch das fundamentale Recht auf eine Behandlung gibt, sogar wenn es zeitweise eine Zwangsbehandlung ist.

Auch wenn etwa Fehlinformationen vorkommen, z. B. wird in einem Flugblatt behauptet, „man rechnet mit einem Todesfall auf 400 mit Neuroleptika behandelten Menschen“, so zeigt sich in allen Berichten ein Malaise um die Medikamente und deren Nebenwirkungen, das es ernst zu nehmen gilt.

Wahrscheinlich bringen die vermehrte Anwendung moderner Niedrigdosierungen und die neue Generation von Neuroleptika eine Verbesserung. Niedrigere Dosierungen werden nämlich von Patienten als weniger belastend erlebt, was längerfristig zu einer Verbesserung der Compliance führen könnte. Zudem können mit den niedrigen Dosierungen irreversible Veränderungen in den Rezeptorsystemen verhindert werden.

In vielen Schriften stossen wir auf einen unrealistischen Glauben an die Möglichkeiten, Psychosen psychotherapeutisch zu bewältigen und psychotisches Erleben durch Verstehen zu integrieren. Für die ausgewählten Privilegierten, welche die Fähigkeit haben, Bücher zu schreiben, mag das zutreffen; generalisieren jedoch lässt sich diese Aussage nicht. Leider erweist sich auch die Hoffnung, psychotisches Erleben enthalte eine Art von Schlüssel zur inneren Problematik, deren Bewältigung dann zur Heilung führe, als ein weiterer Irrtum, der zwar von gewissen psychotherapeutischen Schulen gehegt wird, der aber immer wieder zu falschen Hoffnungen führt und bewirkt, dass die notwendige medikamentengestützte, begleitende Behandlung abgewertet oder gar nicht unternommen wird.

## Angehörigenvereinigungen

### Geschichtliches

In den 50er Jahren ist auf zwei verschiedenen Ebenen ein neu erwachtes Interesse der Psychiatrie an den Familienangehörigen festzustellen: Einerseits begann man die Familiendynamik zu beobachten, und verschiedenste Arbeitsgruppen stellten Hypothesen auf über einen Zusammenhang zwischen Familieninteraktion und Schizophrenieentstehung. Daraus entwickelte sich über die Jahre ein wichtiger neuer Behandlungsansatz, die Familientherapie. Die zentrale Vermutung, gestörte Familienverhältnisse seien Auslöser der Schizophrenie, erwies sich bei der empirischen Überprüfung als falsch (Howells 1985). Trotzdem wirkten sich diese Hypothesen verhängnisvoll auf die Familienangehörigen der schizophrenen Patienten aus, weil sie von Mitarbeitern der Psychiatrie und von einer weiteren Oeffentlichkeit als Erklärung für die Schizophrenieentstehung aufgegriffen wurden, was zu einer schwerwiegenden Beschuldigung der ohnehin belasteten Familien führte. Als Beispiel sei aus der Informationsschrift einer Deutschen Rehabilitationseinrichtung zitiert: „Die Psychose, das 'verrückte' oder 'apathische' Verhalten des Einzelnen in der Krise hat eine wichtige Funktion für das Gleichgewicht der Familie. ... Aus einem tiefen Gefühl der Loyalität bietet er (der Patient) sich den anderen Familienmitgliedern als Lieferant von Sorge an, um diese davor zu bewahren, selber in Krisen zu geraten.“ Weiter wird dann ausgeführt, die berufliche und soziale Rehabilitation stelle für einen Patienten eine verlockende Perspektive dar, stürze ihn jedoch auch in einen tiefen Konflikt, weil er durch eine Rehabilitation das labile Gleichgewicht der Familie gefährde: „Beruflich und privat erfolgreich zu werden heisst für sie Verrat an der Familie, offener Konflikt mit den Eltern, Auseinanderfallen der oft symbiotisch gebundenen Familie. Durch sein Versagen wird also die Familie stabilisiert.“ Wen wundert's, dass die auf solche Weise verunglimpften Angehörigen sturm laufen gegen Familientherapie, ja, z.T. sogar gegen jegliche Forschung über die psychosozialen Hintergründe der Schizophrenie.

Nun zum zweiten Grund für das neue Interesse der Psychiatrie an den Familien: Wenige Jahre nach der Publikation der ersten familiendynamischen Hypothesen konnten dank der Neueinführung der Neuroleptika ganze Patientenpopulationen aus der psychiatrischen Klinik entlassen werden, die zum guten Teil zu ihren Herkunftsfamilien heimkehrten, womit den Familien eine schwierige Aufgabe aufgebürdet wurde. Mit den nun notwendig werdenden Nachbetreuungen musste eine Kooperation zwischen Professionellen und Angehörigen entstehen, ein schwieriges Unterfangen auf dem dergestalt vorbereiteten Feld!

Worin besteht die Belastung der Familien? In der Anfangszeit der Psychose und vor allem in den akuten Phasen stehen Angst und Hilflosigkeit im Vordergrund, etwas Fremdes und Unbeeinflussbares ist in der Familie aufgebrochen, und ein vorher vertrautes Familienmitglied verändert sich in bizarrer, nicht nachvollziehbarer Weise. Die Patienten, die sich zurückziehen, jegliche Hilfe verweigern oder unverantwortliches Verhalten zeigen, brauchen intensive Betreuung und Pflege. Dabei beschreiben viele Familien die Negativsymptome, also die oft monatelange Apathie, den Rückzug auf sich selber, als viel belastender als die akuten Phasen. Angehörige geraten dabei unweigerlich in eine zunehmende Isolation, weil sie wegen der notwendig gewordenen Betreuung ihre eigenen Beziehungen und Aktivitäten zurückstellen müssen, aber auch weil kaum jemand die Schwierigkeiten nachvollziehen kann, vor denen Angehörige plötzlich stehen. Die aufkommenden Scham- und Schuldgefühle, die schwere innere Verunsicherung tragen dann noch wesentlich bei zur entstehenden Hilflosigkeit. Bisweilen wird die Problematik durch den Kontakt mit der Psychiatrie noch verstärkt, wenn die Angehörigen von den Betreuern nicht ernst genommen werden, wenn man ihren Schilderungen keinen Glauben schenkt, und wenn sie nicht eingehend informiert werden.

Die von Angehörigen aufgegriffenen Themen legen den Schluss nahe, dass viele Angehörigenvereinigungen aus Unzufriedenheit mit den in der Psychiatrie herrschenden Zuständen entstanden sind, also im Kampf gegen die misslichen Verhältnisse in den Spitälern, vor allem auf den sogenannten „hinteren Abteilungen“, und gegen den Machtmissbrauch durch die Psychiater. Hier erhob sich endlich eine Stimme ausserhalb der Psychiatrie, die für Patienten eintrat. Die historische Entwicklung der Angehörigenverbände ist z. B. bei Katschnig dargestellt (1986): Die erste nationale Angehörigenorganisation, die UNAFAM, entstand schon 1963 in Frankreich. Sie betrieb anfangs ein Nottelefon, später schuf sie Wohneinrichtungen für Patienten. 1972 folgte die National Schizophrenia Fellowship in England, an der John Wing massgeblich beteiligt war. Von der österreichischen Vereinigung „Hilfe für Psychisch Erkrankte", die 1977 in Wien gegründet wurde, scheint mir ein von Katschnig (1987) beschriebenes Wohnheim für Patienten speziell erwähnenswert; dort arbeiten nämlich Angehörige mit, und die besondere Idee besteht darin, dass Angehörige den ruhigen Umgang mit den Erkrankten nicht am eigenen Patienten sondern an einem andern lernen und üben können, an einem andern, mit dem die Beziehung nicht durch eine belastende gemeinsame Geschichte emotional beladen ist.

1979 entsteht in den USA die Nationale Angehörigenvereinigung. Mosher (1992) fasst einige Kernaussagen aus ihrer Satzung zusammen, die für sich sprechen: Schwere psychische Krankheiten sind Gehirnkrankheiten, die einen genetischen Ursprung haben. Die Genetik manifestiert sich über biologische Prozesse. Die Familie spielt keine Rolle bei der Entstehung oder der Erhaltung der Krankheit. Die einzig relevante Behandlung ist biologischer Art. 1985 werden neben den nationalen Verbänden von Deutschland und der Schweiz auch der Weltverband der Angehörigen gegründet. In Deutschland hatte vor allem Maria Rave-Schwank in dem von ihr geleiteten Landeskrankenhaus in Riedstadt eine vieljährige Tradition der Zusammenarbeit mit Angehörigen gepflegt. Um verlorengegangene Kontakte zwischen Patienten und ihren Familien neu zu beleben, wurden sogenannte Angehörigenbriefe geschrieben, in denen die Angehörigen über den Zustand der Patienten und über geplante Veränderungen in der Klinik orientiert wurden. In verschiedenen Angehörigengruppen sowie anlässlich grösserer Tagungen für Angehörige hatte sich eine Kultur des Dialogs und der Zusammenarbeit zwischen Angehörigen und Professionellen entwickelt. In Baden-Württemberg gab es bereits in den 70er Jahren Selbsthilfegruppen von Angehörigen. An der Hamburger Tagesklinik arbeiteten Dörner und Koenning seit den frühen 70er Jahren mit Angehörigengruppen, und in München stellte Egetmeyer den Kontakt zu Angehörigen im Rahmen eines Forschungsprojekts zur Schizophreniebehandlung her.

In der Schweiz entstand die „Vereinigung der Angehörigen von Schizophrenie-Kranken VASK" in Bern aus Informationsveranstaltungen heraus. Alle Angehörigen von schizophrenen Patienten, die in Einrichtungen der Klinik oder der Sozialpsychiatrie in Behandlung standen, wurden von uns angeschrieben und zu Informationsabenden über das Thema Schizophrenie eingeladen. Auf diesem von Professionellen angebotenen Forum konnten Angehörige sich treffen und sich organisieren. Mit der Zeit engagierte sich die Pharmazeutische Industrie als willkommener Sponsor für die Verbände.

Aus der Angehörigenbewegung sind verschiedene Schriften entstanden: Die bereits beschriebenen Projekte in Deutschland mündeten in das Buch „Freispruch der Familie" (Dörner et al. 1982). Der Titel weist darauf hin, wie belastend sich die Schuldzuschreibungen der Psychiatrie auswirkten; in dem Buch sprechen sich die Familien gegenseitig frei von der Schuld an der schizophrenen Erkrankung. 1992 kommt das Nachfolgebuch heraus, das wiederum gemeinsam von Angehörigen und Professionellen geschrieben ist „Wenn nichts mehr ist, wie es war" (Deger). In beiden Büchern wird einerseits die Not der Familien beschrieben, andererseits stellen Angehörige und Professionelle dar, auf welchen Wegen am besten Abhilfe geschafft werden kann. „Familien helfen sich selbst – ein Leitfaden für Angehörige psychisch Kranker" wurde vom Dachverband psychosozialer Hilfsvereinigungen Deutschlands erstmals 1985 heraus gegeben, die Schrift fand grossen Anklang und kam 1991 bereits in sechster Auflage heraus. Auch die schweizerische VASK hat eine Informationsschrift „Schizophrenie – eine Information für Angehörige und Laien" verfasst, die 1992 in zweiter Auflage erschien. Die österreichische Angehörigenvereinigung gibt vierteljährlich die Zeitschrift „Kontakt" heraus, schliesslich seien auch die „Newsletter" des Weltverbands der Angehörigen erwähnt. Als Beispiel eines authentischen Berichts einer Mutter sei auf das Buch der Holländerin Sarah Anstadt (1983) „Alle meine Freunde sind verrückt" aufmerksam gemacht.

Schliesslich haben Ergebnisse der empirischen Forschung den Umgang der Professionellen mit den Angehörigen stark beeinflusst. Eine Arbeitsgruppe um George Brown in London konnte zeigen, dass die Rückfallhäufigkeit nach einer schizophrenen Ersterkrankung stark vom emotionalen Klima in der Herkunftsfamilie abhängig ist.

Seither ist dieses Phänomen in vielen Studien näher untersucht worden (Uebersicht bei Fiedler et al. 1986) und man fand, dass es in jenen Familien zu häufigen Rückfällen kommt, die mit der Psychose ihrer Patienten stark überfordert sind. Die Überforderung schlägt sich nieder in einer Erbitterung über das Verhalten des Patienten und in einem emotionalen Überengagement. Es hat sich also gezeigt, dass das emotionale Klima, genannt „Expressed Emotion", geprägt ist von einem Wechselspiel zwischen dem Verhalten des Patienten und der Fähigkeit der Familie, damit umzugehen. In verschiedenen Studien gelang es dann, stark überforderten Familien durch professionelle Unterstützung, durch Informationsvermittlung, Schulung in Konfliktmanagement oder durch Angehörigengruppen mit gegenseitiger Unterstützung soweit zu helfen, dass sich das emotionale Klima entspannte, worauf die Rückfälle seltener wurden. Daraus hat sich ein neuer, partnerschaftlicher und unterstützender Ansatz im Umgang mit den Familienangehörigen ergeben (Anderson et al. 1986, Fiedler et al. 1986).

## Zum heutigen Stand

Unterdessen sind die Angehörigenverbände zu grossen Konsumentenorganisationen geworden, die kompetent mitsprechen und mitarbeiten in der Psychiatrieszene, die Tagungen organisieren, Zeitschriften herausgeben und zum Teil selber Versorgungseinrichtungen tragen. Ihren wichtigsten Beitrag sehe ich aber in den vielen verschiedenen Gruppen für Eltern von Patienten, für Partner, Geschwister oder auch für Kinder, die sich treffen, zusammenhalten und sich gegenseitig stützen. In den Verbänden gibt es höchst kompetente Exponenten, in der Mehrzahl sind es Frauen, eben Mütter von Psychiatrie-Erfahrenen, welche über mehrere Jahrzehnte Erfahrung verfügen sowohl im Umgang mit der Psychose wie im Umgang mit Psychiatrie, Behörden und anderen Angehörigen. Es sind Menschen, die viel gelitten, aber auch viel erlebt, viel beobachtet und viel an sich gearbeitet haben.

Auf der Seite der Psychiatrie ist zur Zeit ein langsames Umschwenken in Gang, das nicht an allen Orten gleich weit gediehen ist; aber allmählich setzt sich doch die Erkenntnis durch, dass der Einbezug der Angehörigen und eine intensive Kooperation mit ihnen unverzichtbarer Bestandteil einer guten Behandlung sind. Dennoch ist heute ein ähnliches Phänomen wie zur Anfangszeit der Familientherapie zu beobachten: Die neuen Spezialausdrücke, mit denen pathologische Familienmuster beschrieben werden, setzen sich sehr leicht durch; die neuen Behandlungstechniken aber, die Informationsvermittlung, der Einbezug von Angehörigen, die Angehörigengruppen, die alle zur gleichen Entwicklung gehören würden, sie werden nur zum kleineren Teil wirklich angewandt.

Angehörige und ihre Verbände stellen eigentlich überall ähnliche Forderungen auf: Sie möchten mehr und bessere, biologisch ausgerichtete Forschung, welche den Schizophrenieursachen auf die Spur kommen solle oder neue und bessere Medikamente zu entwickeln habe. Sie wünschen sich mehr Informationen von den Professionellen sowohl über die Krankheit als solche wie über die spezifische Situation ihres eigenen Patienten. Sie möchten, dass die Professionellen in ihrer Beurteilung die Ansicht der Angehörigen ernster nehmen, sie äussern den Wunsch nach fliegenden Equipen, welche Hausbesuche machen könnten, um in Krisensituationen zu helfen und die oft traumatisierenden Einweisungen zu vermeiden. Recht oft verlangen sie zudem, dass die gesetzlichen Bestimmungen geändert würden, um leichtere Einweisungen zu ermöglichen. Vor allem bei zwei Punkten, nämlich bei den Einweisungsmöglichkeiten und bei der Privatsphäre der Patienten widersprechen sich die Forderungen der Patienten und der Angehörigen diametral, was die Professionellen oft in Schwierigkeiten bringt.

## Bewertung

Angehörigenverbände haben ihren Mitgliedern ein neues und wichtiges Selbstgefühl gegeben, sie haben sie informiert und ihnen dank den vielen Gruppen zu einem Netz von Beziehungen verholfen. Ein neuer Typ von Angehörigen begegnet nun dem Psychiater. Den wichtigsten Effekt der Angehörigenselbsthilfe sehe ich im Zusammenschluss von Angehörigen, im neuen Gefühl der Zusammengehörigkeit, im Austausch und in der gegenseitigen Stützung, was, verglichen mit der früheren Isolation, eine gewaltige Verbesserung bedeutet.

Angehörige tragen ausserordentlich viel bei zur Versorgung von psychisch Kranken und entlasten damit die Gesellschaft. Für die Angehörigen selber ist die Belastung durch die Psychose echt und gross (Katschnig et al. 1984). Das Verständnis der Betreuer für diese Situation wächst, es gibt aber weiterhin viele abfällige und pathologisierende Beschreibungen von Angehörigen in den Krankengeschichten, welche die Frage nahelegen, ob die Professionellen vielleicht auf diesem Weg ihre unerträglichen Ohnmachtsgefühle der Psychose gegenüber abzuwehren versuchen. Betreuer weigern sich bisweilen unter Berufung auf das Arztgeheimnis, Angehörige überhaupt zu empfangen, ihnen Auskunft zu geben oder mit ihnen in Abwesenheit der Patienten zu sprechen. Oft arbeitet man noch primär auf eine Ablösung von der Familie hin, wohl aus dem Eindruck heraus, dass das Familienklima dem Patienten schade, ohne zu bedenken, dass die sozial behinderten Patienten oft nicht fähig sind, sich neue Beziehungen zu erschliessen und daher diese Ablösung teuer bezahlen mit Vereinsamung und mit der Verelendung in sozialpsychiatrischen Einrichtungen.

Was mag hinter dieser negativen Haltung den Herkunftsfamilien gegenüber stehen? Warum kann sich der unglückliche Begriff der schizophrenogenen Mutter so lange halten? Vor wenigen Jahren machte der Bundesverband der Angehörigen seine Jahrestagung in Bonn mit der erklärten Absicht, die schizophrenogene Mutter endgültig zu beerdigen. Ich bin der Ansicht, dass Mütter auch in Zukunft die Beschuldigten sein werden; denn weitverbreitet ist die Ansicht, dass es frühkindliche Erlebnisse seien, welche für das ganze Leben die Weichen stellten (Ernst et al. 1985). Von hier aus ist es nur ein kleiner Schritt bis zur Beschuldigung der Mutter, die ja in dieser frühen Phase für das Kind die Hauptbezugsperson ist. Im weiteren führt eine psychotische Erkrankung zu einer starken Regression, was oft mit einer neuen Abhängigkeit von der Herkunftsfamilie einhergeht, und wiederum sind es meist die Mütter, welche die sorgende Rolle zu übernehmen haben, womit also neue Abhängigkeiten von der Mutter entstehen. Auch dieses Phänomen führt zu unverdienten Beschuldigungen.

Arbeit mit Angehörigen, v.a. mit Gruppen von Angehörigen, wäre ein wichtiges Weiterbildungsinstrument für uns Mitarbeiter der Psychiatrie. Wir haben bisweilen keine Ahnung, wie schlimm es zuhause wirklich zugeht; Angehörige wagen es nämlich meist nicht, die Verhältnisse um ihre Patienten offen zu schildern. Dahinter stehen zum Teil Schuld- und Schamgefühle, aber auch die Erfahrung, dass Psychiatriemitarbeiter sich die häusliche Situation mit einem Psychotiker nicht vorstellen können, verständnislos reagieren oder gar aus den geschilderten schlimmen Vorkommnissen schliessen, dass es sich in diesem Fall um eine „schizophrenogene“ Familiensituation handeln müsse, von der es den Patienten zu schützen gelte. In Angehörigengruppen dagegen kommen die wahren Geschichten eher auf den Tisch, weil hier Angehörige andern Angehörigen berichten. Dabei können Profis lernen, Angehörige besser zu verstehen und sie als wertvolle Stützen in der Behandlung zu schätzen.

Angehörige bedürfen unserer Unterstützung und Hilfestellungen! Gerade die erwähnten Studien zum emotionalen Klima zeigen, dass es den Patienten besser geht, je besser sich die Angehörigen fühlen. Daher sollen sich die Professionellen in den Rücken der Angehörigen stellen.

## Laienhelfer

### Geschichtliches

Zu den ältesten Formen der Laienhilfe gehört die Familienpflege, welche im belgischen Städtchen Geel eine ins zwölfte Jahrhundert zurückreichende Tradition hat. Schmidt-Michel (1994) berichtet, dass im siebten Jahrhundert eine irische Prinzessin vor dem sie sexuell missbrauchenden Vater nach Geel geflohen und hier vom Vater enthauptet worden sei. Auf ihrem Grab, das zu einem Wallfahrtsort wurde, fanden Irrenheilungen statt, und es entwickelte sich die Tradition, dass Irre und andere Behinderte in Geel an Familientischen essen durften und zum Teil auch bleibend aufgenommen wurden. Seit 1676 sind Vorschriften zum Umgang mit psychisch Kranken belegt, und vom Ende des 18. Jahrhunderts an wurden psychisch Kranke von verschiedenen Orten nach Geel gebracht, da man dort besser mit ihnen umzugehen wusste als in den Spitälern. Im 19. Jahrhundert wurde eine „Infirmerie“ eingerichtet, in der die Patienten bis zur Aufnahme in den Pflegefamilien behandelt wurden. Zudem steht die „Infirmerie“ für Notfallsituationen zur Verfügung. 1980 gab es in Geel 1’100 Kostgänger, wie die Patienten in diesem Städtchen genannt werden, weitere 200 waren in der „Infirmerie“ in Pflege. Dieser zentralen Einrichtung sind 15 Schwestern und Pfleger angegliedert, die in Dreiergruppen die Gastfamilien betreuen. Die Familien erhalten ein Kostgeld, und der Staat gibt finanzielle Zuschüsse an Familien, die ein Haus bauen, in dem Raum für Kostgänger vorgesehen ist.

Im 19. Jahrhundert entstehen Hilfsvereine für Psychisch Kranke, es sind Organisationen, die für bedürftige Patienten Geld sammeln (Müller

1981). Parallel dazu entwickeln sich Laienhelferkreise, welche die Isolation der psychiatrischen Patienten lindern wollen, indem sie Patenschaften eingehen, Patienten in der Klinik besuchen und zu Ausflügen mitnehmen. In den USA steht diese Entwicklung in engem Zusammenhang mit der bereits erwähnten Psychohygienebewegung.

Ganz speziell gefördert wurde die Laienhilfe durch Haase (1977) in der Pfalzklinik Landeck. Er begann 1973 mit Aufrufen in den Medien, Bürger für Patenschaften mit Patienten zu suchen. Die Bürger mussten ein Empfehlungsschreiben vorweisen von einem Arzt oder Pfarrer, sie absolvierten darauf Einführungskurse, die anfangs in der Klinik, später im Versorgungsgebiet stattfanden und besuchten dann Patienten, vorzugsweise chronisch Kranke, die keine Besuche und keine Post mehr erhalten hatten. Innert Wochen habe man auf diese Weise Paten für 24 chronisch Kranke gefunden. Später machten die Paten Autofahrten oder luden die Patienten zu sich nach Hause ein. Gruppen von Laien organisierten abendliche Freizeitveranstaltungen in der Klinik und bauten in der Gemeinde Patientenclubs auf. Alle austretenden Patienten wurden jeweils befragt, ob sie den Besuch eines Laienhelfers oder den Anschluss an einen Patientenclub wünschten. Bei den samstäglichen Treffen von Laienhelfern in der Klinik wurden Patienten vorgestellt, um die Beziehung zu einem geeigneten Helfer zu knüpfen. Später wurden speziell geschulte Krankenschwestern angestellt, welche die Vermittlungstätigkeit übernahmen. Das ganze System zielt darauf ab, die Isolation der Psychiatriepatienten zu durchbrechen; es sollte der Tendenz, einen Klinikaufenthalt zu verheimlichen dadurch entgegengearbeitet werden, dass die Klinikentlassenen von Bürgern ihrer Gemeinde aktiv aufgesucht wurden. Das System scheint sich sehr zu bewähren: Um 1980 gab es 240 aktive Laienhelfer, welche gegen 700 entlassene Patienten betreuten und zehn Patientenclubs betrieben. Haase ist der Meinung, das System der Laienhilfe habe in seiner Region viel beigetragen zum Abbau der Aengste vor Psychiatriepatienten.

Frentzel (1989) berichtet von einem Laienhelferkreis in München, der seit 1970 zuerst Einzelbegleitungen, später Gesprächsgruppen für chronisch psychotisch Kranke im Bereich der ambulanten Psychiatrie anbot. Die Zielsetzungen des Helferkreises verdienen es, zitiert zu werden: „Man wolle zu chronisch psychotisch Kranken in einen mitmenschlichen Kontakt kommen, der frei sei von Forderungen.“ Den Patienten sollte geholfen werden, gute Erfahrungen zu machen. Sie sollten mehr Verbindungen finden zum Leben. Die Helfer sehen sich als eine Erweiterung des Bekanntenkreises der Patienten, sie wollen aber auch eine Brücke bilden zu Arzt und Arbeitgeber, zur Familie, zu Ämtern und zur Öffentlichkeit.

Als Laienhilfeprojekt im weiteren Sinn kann schliesslich die von Loren Mosher (1992) 1971 gegründete „Soteria“ gelten. In der therapeutischen Wohngemeinschaft für jüngere akut psychotisch Erkrankte wurden Laien als Therapeuten eingesetzt, die aus dem gleichen soziokulturellen Milieu stammten wie die zu behandelnden Patienten. Mosher begründet sein Vorgehen damit, dass es diesen Leuten, die die gleiche Sprache sprechen und den gleichen Hintergrund haben, am ehesten gelingt, Zugang zu den psychotisch Kranken zu finden.

## Zum heutigen Stand

Die Begriffe Laien und Laienhilfe kommen in den meisten der gängigen Psychiatriebüchern gar nicht vor. In verschiedenen psychiatrischen Versorgungssystemen spielen Laienhelfer eine ganz unterschiedliche bzw. überhaupt keine Rolle. Neben dem bereits erwähnten pionierhaften Beispiel der Pfalz sei hier auf Offenbach hingewiesen, wo die Laienhilfe einen wichtigen Baustein in einer konsequent gemeindepsychiatrisch ausgerichteten Versorgung darstellt (Bauer et al. 1988). Dort ging die Entwicklung von einem 1980 gegründeten, gemeinnützigen Verein „Lebensräume“ aus, in dem sich zukünftige Mitarbeiter und interessierte Laien zusammenschlossen, um komplementäre Dienste zu initiieren. Bauer bezeichnet die Laienhilfe als ein kritisches Korrektiv für den gesamten institutionellen Bereich und zugleich als ein bedeutendes Bindeglied zur Gemeinde. 1988 arbeiteten 15 Laienhelferinnen, unterstützt von zwei Klinikmitarbeitern, indem sie mit Patienten Einzelverabredungen trafen, offene Gesprächsrunden mit Kaffee und Kuchen an drei Nachmittagen anboten und zudem gemeinsam mit Patienten und Mitarbeitern den Patientenclub trugen. Es gibt dort ausserdem ein Projekt „Club Distelgarten“, bei dem sich Patienten, Ex-Patienten, Alleinstehende, Mitarbeiter und Bürger jeweils dienstags abends in der Tagesklinik treffen zu gemeinsamen Aktivitäten. Pro Abend werde der Club von 15 bis 20 Besuchern benutzt.

Anhand des Beispiels Bern sei noch auf die Institution des Hilfsvereins für Psychisch Kranke hingewiesen. Es ist ein von der Kirche getragener Verein, bestehend aus wenigen zentralen, strukturbildenden Mitgliedern und vielen Kassieren, die im ganzen, etwa 900'000 Einwohner umfassenden Kantonsgebiet tätig sind. Die jährlichen Sammlungen ergeben jeweils Beträge um 100'000 Franken, daneben verwaltet der Verein ein grosses Vermögen aus früheren Spenden und Erbschaften. Jährlich können damit finanzielle Unterstützungen an bedürftige Patienten, vor allem aber an sozialpsychiatrische Einrichtungen geleistet werden. Mehrfach konnte die finanzielle Starthilfe für ein Wohnheim, für Patientenclubs u.a. geboten werden, bis die an sich dafür vorgesehenen staatlichen Mittel endlich zu fliessen begannen. Auch unsere 20 Plätze in verschiedenen Wohngemeinschaften sind finanziell nur überlebensfähig dank der Tatsache, dass Mietzinsausfälle wegen Rehospitalisationen und anderen Zwischenfällen vom Hilfsverein übernommen werden.

Beginnend in Völklabruck, später in ganz Oberösterreich hat Schöni (1995) von 1980 an ein grosses System von Laienhilfe aufgebaut. Seine Laienhelfer sind in Gruppen von fünf bis zwölf organisiert, sie erhalten regelmässige Supervision durch einen Psychologen oder Sozialarbeiter und haben einen Psychiater, der im Hintergrund zur Verfügung steht. Sie betreuen je ein bis zwei Patienten durch gegenseitige Besuche oder mit Telefonkontakten, um deren Isolation zu vermindern. Daneben organisieren sie gemeinsam Patientenclubs für ausgetretene Patienten. Laienhelfer erhalten einen Einführungskurs und jährliche Weiterbildungsveranstaltungen z. B. zum Thema „Umgang mit depressiven Menschen" oder in Form eines Kommunikationstrainings. Laienhilfe ist ehrenamtlich, und es werden nur die Spesen vergütet. Schöni betont, wie wichtig eine sorgfältige Auswahl der Laienhelfer sei, um nicht Menschen zu rekrutieren, die sich als Laienhelfer melden, weil sie selber eine Betreuung brauchen. Unter seinen ersten Laienhelfern fanden sich bekannte Leute, z. B. ein Lehrer, die Ehefrau eines Gemeindepräsidenten oder die Frau eines Fabrikanten; damit bekundeten in der Gemeinde geachtete Persönlichkeiten öffentlich ihre Unterstützung für die sozialpsychiatrischen Anliegen der Trägerorganisation Pro Mente Infirmis, was wesentlich beitrug zu Verbesserung des Ansehens der Psychiatrie. Interessant scheinen mir auch andere Erfahrungen, die Schöni im persönlichen Gespräch berichtet: Das Laienhelfersystem wurde aufgebaut zu einer Zeit als es noch keine öffentlichen Einrichtungen in diesem Bereich gab. Mit dem Erscheinen von Sozialarbeitern und andern Professionellen in den neuen Beratungsstellen gab es viel Verunsicherung sowohl in dem von Professionellen wie in dem von Laien getragenen System. Ferner gelang es ihm dank seinem Laienhilfesystem, Bürger für psychiatrische Probleme zu interessieren, womit wichtige Vorarbeit für die politische Realisierung des notwendigen sozialpsychiatrischen Versorgungssystems geleistet wurde.

## Bewertung

Beim Vergleich verschiedener Versorgungssysteme springen die grossen Unterschiede in der Bedeutung der Laienhilfe ins Auge. In dem von mir überblickten Gebiet sind Bürgerinitiativen dort entstanden, wo es keine staatlichen Einrichtungen gab, die sich der anstehenden Aufgaben annahmen. Ausserdem ist Laienhilfe in denjenigen Gebieten zu einem wichtigen Faktor geworden, wo sie, wie z. B. in Offenbach, von Vertretern der staatlichen Psychiatrie bewusst initiiert und gefördert wurde.

In sozialpsychiatrischen Einrichtungen stiess ich unter Professionellen wiederholt auf einen bisweilen heftigen Widerstand gegen den Beizug von Laien, der im wesentlichen mit zwei Argumenten untermauert wurde: Einmal die mangelnde Professionalität; es hiess, die Laienhelfer verstünden es nicht, die notwendige Distanz einzuhalten, sie seien überfordert mit dem psychotischen Erleben, so dass die Betreuung der Laienhelfer aufwendiger sei als die Arbeit selber zu erledigen. Hinter diesem Einwand vermute ich ein unbewusstes Rivalisieren, eine gewisse Angst, es könnte sich erweisen, dass Laien ebenso gute Arbeit zu verrichten vermögen wie Ausgebildete. Der zweite Einwand stammte von feministischer Seite: Es wurde nämlich geltend gemacht, freiwillige Hilfe werde ausschliesslich von Frauen geleistet, die dadurch auf die traditionelle Frauenrolle als wenig geachtete, nicht bezahlte Hilfskraft festgelegt würden. Auch wenn diese Einwände nicht von der Hand zu weisen sind, so liegt doch in der Laienhilfe eine gute Möglichkeit, seinen Horizont zu erweitern und sich auf sinnvolle und bereichernde Art selbst zu verwirklichen. Zum Rivalisieren der bezahlten Mitarbeiter mit den Laien vertritt Nouvertné (1991) einen klaren Standpunkt: Bürgerhelfer und hauptamtliche Mitarbeiter müssten völlig unterschiedliche Aufgabenfelder haben, damit die verschiedenen Qualitäten der Beziehungen zum Tragen kommen könnten; während Mitarbeiter professionelle Beziehungen zu Patienten pflegen, sollen Bürgerhelfer ein Ersatz sein für die fehlenden Freunde und Partner, sie sollen menschliche Anteilnahme, Aufmerksamkeit und Freundschaft bieten.

An verschiedenen Orten gibt es Ausbildungen für Laienhelfer, angeboten von Volkshochschulen oder von Ausbildungsstätten für Sozialarbeit. Auch wenn es paradox klingen mag, wenn Laien ausgebildet werden, so scheint es doch sinnvoll, Laienhelfer darauf vorzubereiten, was ihnen in ihrer Arbeit wartet. Viele sind innerlich nicht darauf eingestellt und aus ihrer sonstigen Kompetenz heraus nicht gewohnt, plötzlich auf der untersten Stufe der Hierarchie zu stehen. So scheint auch eine Begleitung der Laienhelfer durch Professionelle notwendig, um auftauchende Fragen zu beantworten, das Erlebte verarbeiten zu helfen, Erwartungen auf ein realistisches Mass zu begrenzen oder schlicht, um die verdiente Anerkennung und den Dank für die geleistete Arbeit auszusprechen. Dieser Dank in Form einer Einladung zu Klinikveranstaltungen oder zu einem jährlich wiederkehrenden gemeinsamen Essen ist ein wichtiger Teil der Arbeit mit Laien.

Schliesslich sei einmal mehr betont, dass interessierte Bürger, eben Laien, neben den Professionellen, den Betroffenen und den Familienangehörigen in Psychiatrieräte gehören als Aussenstehende und als Brücke zur Gemeinde; in der Psychiatrie können sie den Standpunkt des Bürgers vertreten und in der Gemeinde die Anliegen der Psychiatrie.

## Literatur


Anderson, C.M., D.J. Reiss, G.E. Hogarty: Schizophrenia and the family. A practioner's guide to psychoeducation and management. Guilford, New York 1986

Anstadt, S.: Alle meine Freunde sind verrückt. Piper, München 1983.

Bauer, M., H. Berger: Kommunale Psychiatrie auf dem Prüfstand. Enke, Stuttgart 1988

Beers, C.: Eine Seele die sich wiederfand. Schwabe, Basel 1941

Bock, T., J.E. Deranders, I. Esterer: Stimmenreich. Mitteilungen über den Wahnsinn. Psychiatrieverlag, Bonn 1992

Bock, T. et al. (Hrsg): Abschied von Babylon – Verständigung über Grenzen in der Psychiatrie. Psychiatrieverlag, Bonn 1995

Bopp, J.: Antipsychiatrie – Theorien, Therapien, Politik. Syndikatverlag, Frankfurt am Main 1980

Brenner, H.D.: (Symptommanagement, Stressmanagement) in diesem Buch, 1996

Brown, G.W., E.M. Monck, G.M. Carstairs, J.K. Wing: Influence of family life on the course of schizophrenic illness. Br. J. Preven. Soc. Medicine 16 (1962) 55

Buchkremer, G., H. Schulze-Mönking: Die Effizienz von Angehörigengruppen und Selbsthilfegruppen bei der Rezidivprophylaxe schizophrener Patienten. In: W. Böker, H.D. Brenner (Hrsg) Bewältigung der Schizophrenie. Huber, Bern 1986

Dachverband Psychosozialer Hilfsvereinigungen: Familien helfen sich selbst – ein Leitfaden für Angehörige psychisch Kranker. Thomas Mannstr. 49a, 5300 Bonn 1 1991.

Deger-Erlenmaier, H.: Wenn nichts mehr ist, wie es war: Angehörige psychisch Kranker bewältigen ihr Leben. Psychiatrieverlag, Bonn 1992

Dörner, K., A. Egetmeyer, K. Koenning: Freispruch der Familie. Psychiatrieverlag, Bonn 1982

Ernst, C., N. v.Luckner: Stellt die Frühkindheit die Weichen? Enke, Stuttgart 1985

Fiedler, P., T. Niedermeier, C. Mundt: Gruppenarbeit mit Angehörigen schizophrener Patienten. Materialien für die therapeutische Gruppenarbeit mit Angehörigen und Familien. Psychologie-Verlagsunion, München 1986

Frame, J.: Gesichter im Wasser. Piper, München 1994

Frentzel, A.: Mitarbeit von Laienhelfern im Bereich der ambulanten Psychiatrie. In: H. Hippius et al. (Hrsg) Rehabilitation in der Psychiatrie. Springer, Berlin 1989

Green, H.: Ich hab dir nie einen Rosengarten versprochen. Rowohlt, Reinbeck bei Hamburg 1978

Haase, H.J.: Sozialpsychiatrie im Wirkungsbereich des psychiatrischen Krankenhauses. In: H. Haase (Hrsg) Sozialpsychiatrie. Schattauer, Stuttgart 1977

Howells, J.G., W.R. Guirguis: The Family and Schizophrenia. International University Press, New York 1985

Hubschmid, T.: Psychotherapie in Psychiatrischen Institutionen – über Psychotherapie am andern Pol des diagnostischen Spektrums. Psychiat. Praxis 20 (1994) 141

Katschnig, H.: Die andere Seite der Schizophrenie, die Patienten zuhause. Urban und Schwarzenberg 1984

Katschnig, H., T. Konieczna: Die Philosophie und Praxis der Selbsthilfe für Angehörige psychisch Kranker. In: W. Böker, H.D. Brenner (Hrsg) Bewältigung der Schizophrenie. Huber, Bern 1986

Katschnig, H., T. Konieczna: Der Ansatz des „Psychosozialen Netzwerkes“ am Beispiel eines sozialtherapeutischen Wohnheims. In: K. Dörner (Hrsg) Neue Praxis braucht neue Theorie. von Hodis, Gütersloh 1987

Mannsdorff, P.: Das verrückte Wohnen. Psychiatrieverlag, Bonn 1992

Mannsdorff, P.: Von der Zukunft umzingelt. Psychiatrieverlag, Bonn 1994

Mosher L.R., L. Burti: Psychiatrie in der Gemeinde. Psychiatrieverlag, Bonn 1992

Müller, C.: Psychiatrische Institutionen. Springer, Berlin 1981

Neuendorff, S.L., J. Schiel: Die Anonymen Alkoholiker. Beltz Verlag, Weinheim 1989

Nouvertné, K.: Bürgerhilfe in der Psychiatrie. So notwendig wie schwierig. In: Th. Bock, H. Weigand (Hrsg.) Handwerksbuch Psychiatrie. Psychiatrieverlag, Bonn 1991

Schernus, R.: Innenansichten – Aspekte aus einer Psychosegruppe. Sozialpsychiatrische Informationen 24 (1994) 9

Schmidt-Michel, P.O.: Psychiatrische Familienpflege in Geel (Belgien). Kerbe, Fachzeitschrift für Sozialpsychiatrie 12 (1994) 24

Schöni, W.: Pro Mente Infirmis – Gesellschaft für psychische und soziale Gesundheit. A-4020 Linz, Figulystr. 32, 1995

Sechehaye, M.: Tagebuch einer Schizophrenen. Suhrkamp, Frankfurt am Main 1950

Stainsby, J.: First person account. Schizophrenia Bulletin 18 (1992) 543

Stöckle, T.: Die Irrenoffensive; Möglichkeiten und Grenzen antipsychiatrischer Selbsthilfe. In: K. Kempker, P. Lehmann (Hrsg): Stattpsychiatrie. Antipsychiatrieverlag, Berlin 1993

VASK: Schizophrenie. Eine Information für Angehörige und Laien. VASK, Postfach 140 CH-3084 Wabern 1992

Voelzke, W.: Vorstellungen und Forderung von Psychiatrieerfahrenen an eine tatsächliche Reformpsychiatrie. In: M. Krisor (Hrsg) Den Menschen begegnen – zur Wiederentdeckung des Subjekts in Psychiatrie. Roderer, Ravensburg 1994

Wienberg, G. (Hrsg.): Schizophrenie zum Thema machen. Psychoedukative Gruppenarbeit mit schizophren und schizoaffektiv erkrankten Menschen. Psychiatrieverlag, Bonn 1995

Zerchin, S.: Auf der Spur des Morgensterns, Psychose als Selbstfindung. Paul List Verlag, München 1990

Ziskoven, M.: Begegnung wagen. Trialog und professionelles Selbstverständnis. Soziale Psychiatrie 18 (1994) 23

Hier einige Zeitschriften, in denen unsere Thematik breit diskutiert wird:

- Sozialpsychiatrische Informationen (seit 1971), herausgegeben vom Psychiatrieverlag, Postfach 2145, D-53001 Bonn
- Soziale Psychiatrie (seit 1977). Rundbrief der Deutschen Gesellschaft für Soziale Psychiatrie eV. Stuppstr. 14, D-50823 Köln
- Gemeindenahe Psychiatrie (seit 1980). Zeitschrift der österreichischen Gesellschaft für gemeindenahe Psychiatrie, Kaisergasse 18, A-4020 Linz
- Die Kerbe, Fachzeitschrift für Sozialpsychiatrie (seit 1982), Diakonisches Werk der Evangelischen Kirche, Postfach 10 11 42, D-70010 Stuttgart
- Psychosoziale Umschau (seit 1986). Dachverband Psychosozialer Hilfsvereinigungen und Bundesverband der Angehörigen Psychisch Kranker, Thomas Mannstrasse 49a, D-53111 Bonn
- Kontakt, Mitteilungsblatt der österreichischen Angehörigenvereinigung HPE, Westbahnstrasse 1b, A-1070 Wien

# Sachregister